INDEX
VERBORUM VERGILIANUS

INDEX
VERBORUM
VERGILIANUS

BY

MONROE NICHOLS WETMORE

Professor of Latin in Williams College

NEW HAVEN: YALE UNIVERSITY PRESS
LONDON: HUMPHREY MILFORD:
OXFORD UNIVERSITY PRESS

EDVARDO PARMELEE MORRIS

D. D. D.

MONROE NICHOLS WETMORE

———

In freta dum fluvii current, dum montibus umbrae
Lustrabunt convexa, polus dum sidera pascet,
Semper honos nomenque tuum laudesque manebunt.
Quae me cumque vocant terrae.

PREFACE

This is a complete word index to the acknowledged works of Vergil, the *Eclogues*, the *Georgics*, and the *Aeneid*, and to the poems usually included in the *Appendix Vergiliana*. The index has been made on the basis of Ribbeck's text edition of Vergil, 1895, but it also contains the variants found in Ribbeck's critical edition, 1894, and in the editions of Ladewig-Schaper-Deuticke, 1902–1907, of Conington-Nettleship-Haverfield, 1883–1898, of Thilo, 1886, of Benoist, 1876–1880, and of Gossrau, 1876. In addition the readings are given from the edition of the *Appendix Vergiliana* by Ellis, 1907, and that of the *Culex* by Leo, 1891.

Ribbeck's text was selected as the basis of this work because his edition alone has a full critical apparatus. The fact that Ribbeck made many excisions, transpositions, and emendations not accepted by other scholars has no effect upon this index. The references apply correctly to any standard edition.

Manuscript variants are noted if they appear in any of the editions used. Important variants (*i.e.*, different words or forms) in the manuscripts and editions are given in critical notes, while unimportant variants (*e.g.*, those of spelling) are indicated by a dagger. In general no reference is made to the manuscripts of the *Appendix Vergiliana*.

Under each word the forms are arranged in the usual paradigm order. Small capitals indicate that the first of the paradigm forms occurs. In case its position in the article does not serve to identify a form, a note in parenthesis gives the information required. Whenever the vocative and the ablative are identical in spelling, any form which is not shown to be in the vocative is in the ablative. When it is impossible to locate a form exactly, to tell, for example, whether a substantive is in the dative or ablative, or whether a verb is in the future indicative or present subjunctive, the form is given in both places with cross references.

The substantive use of adjectives and participles is given after the primary use. When certain words, particularly adverbs, seem to form integral parts of phrases, these phrases follow the simple words.

By a somewhat remarkable coincidence, a new edition of this index has become necessary during the very year of the *Bimillennium Vergilianum*, which is being celebrated throughout Europe and America. Without doubt an increasing number of scholars and literary men and women will become deeply interested in Vergil's works. It is hardly necessary to state that the index gives complete

control of the poems.   If one word is remembered, the whole pas-
sage can be quickly found.   If it is desired to learn how Vergil uses
a particular word in other places, that information can be obtained
just as quickly.   A considerable number of teachers in the schools
and colleges have already told me that their teaching would be
much less effective without the help of the index.   Further, many
technical scholars in Europe and America have written their appre-
ciation of the volume, saying that their work would have been
impossible, if the index had not been published.

To the many friends and scholars who have informed me of errors
discovered in the use of this index I am very grateful.   Their
corrections together with my own are listed in a table of "errata et
corrigenda," fortunately not long, on pages ix and x.   To in-
corporate them into the text of the new edition was found to in-
volve a prohibitory expense.

In this year when the whole world pauses to pay homage to the
memory of Vergil it is most fitting and it gives me the greatest
pleasure to renew the dedication to Edward Parmelee Morris, now
Professor Emeritus.   Without his advice and aid this work would
never have been begun.

Finally, I would express my deep gratitude to Mr. George Parmly
Day, President of the Yale University Press, for his courtesy and
kindness at all times.   To his generous recognition of the value of a
work, for which one could not ordinarily hope to find a publisher,
the present as well as the original edition owes its existence.

M. N. W.

WILLIAMSTOWN, MASS.
  January 15, 1930.

ERRATA ET CORRIGENDA

p. 4, 1, 43, pro "433" lege "483."
p. 17, 1, 31, pro "64" lege "164."
p. 49, 2, 20, dele "(vid. *ac*)" et ad finem lin. 23 adde "Vid. *ac*."
p. 56, 1, 26, pro "404" lege "104."
p. 58, 2, 4, dele "3.235" et ad finem lin. 21 adde "235."
p. 58, 2, 41, dele "6.890" et in pag. 59, 1, 2, adde "890."
p. 69, 2, 22–23, transpone "771" et "755."
p. 83, 1, 34, pro "117" lege "177."
p. 87, 2, 26–27, pro "3.70" lege "370."
p. 88, 1, 32, pro "794" lege "494."
p. 93, 2, 34, transpone "*conquiro*" infra "*conp*-; vid. *comp*-."
p. 97, 1, 21, pro "697" lege "679."
p. 100, 1, supra "corusci" adde "corusca, G. 1.328" et dele "corusca (acc.), G. 1.328."
p. 102, 1, 15, pro "G. 2.2" lege "G. 2.3."
p. 114, 1, 44, dele "dedere, G. 4.204;" et in pag. 130, 2, 40, adde "4.204."
p. 138, 2, 38, pro "eburnus" lege "*eburnus*."
p. 146, 2, 21, pro "513" lege "503."
p. 156, 1, 40–41, dele "abl." et "10.148," et infra "Etrusci" adde "Etruscis (neut.), A. 10.148."
p. 159, 1, 42, adde "12.445" et in 2, 25, dele "excita (fem. nom.), A. 12.445."
p. 164, 1, 30, pro "*exsul (exul)*" lege "EXSUL (EXUL)."
p. 173, 1, 36, dele "558" et in 2, 26, adde "6.558."
p. 174, 1, 32, pro "550" lege "551."
p. 179, 1, 15, pro "809" lege "509."
p. 198, 1, 33, pro "456" lege "546."
p. 216, 1, 36, dele "5.631" et infra "iecit," 2, 8, adde "iacere, A. 5.631."
p. 217, 1, 10, pro "639" lege "629."
p. 219, 2, dele lin. 5 et ad finem lin. 9, adde "10.52."
p. 224, 1, 33–34, transpone "251" et "247."
p. 231, 1, 40, transpone "*Inachius*" infra "INACHIS."
p. 234, 2, 45, pro "738" lege "728."
p. 236, 2, 17, transpone "*ineptus*" supra "INERMIS."
p. 237, 1, 18, pro "267" lege "257."
p. 240, 1, 18, transpone "579" ad init. lin. 12 supra.
p. 267, 1, 22, pro "*Laurentium*" lege "*Laurentum*."
p. 271, 2, 42, pro "547" lege "546."

ix

p. 164. — Word order wrong

p. 280, 2, 13, pro "154" lege "151."
p. 301, 1, 31, dele "109" et in lin. infra adde "2.109."
p. 315, 1, 30, ante "2.491" adde "A."
p. 323, 1, transpone "NONNE" supra "*nonus.*"
p. 326, 1, 28, pro "191" lege "199."
p. 330, 2, 7, pro "obiecienda" lege "obicienda."
p. 333, 1, 43, pro "139" lege "129."
p. 336, 2, 40, post "167" adde "318."
p. 337, 1, 43, dele "318."
p. 342, 1, 7, pro "251" lege "257."
p. 345, 2, 44, pro "pampinea" lege "pampinea (fem.)."
p. 385, 1, 27, transpone "*Promolus*" supra "*promoveo.*"
p. 392, 2, 17, pro "512" lege "513."
p. 392, 2, 18, pro "378" lege "278."
p. 421, 2, 43, pro "repulit" lege "reppulit."
p. 427, 1, 33, pro "9.727" lege "8.727."
p. 431, 2, 17, pro "372, 373" lege "372–373."
p. 442, 1, 9, pro "396" lege "346."
p. 443, 2, 5, pro "49" lege "149."
p. 451, 2, 33, pro "609" lege "619."
p. 479, transpone "*superimpono*" et "*superincumbo*" supra "*super-infundo.*"
p. 497, 1, 1, dele "8.40" et infra "terrebere" adde "terrere, A. 8.40."
p. 502, 2, 12, pro "A. 8.820" lege "A. 5.820."
p. 533, 2, 34, pro "579" lege "519."
p. 546, 1, 5, pro "260" lege "263."
p. 551, 1, infra "volabant" adde "volent, A. 6.75."
p. 551, 2, 15, dele "75."

INDEX
VERBORUM VERGILIANUS

LIST OF ABBREVIATIONS

A   schedae Berolinenses, aut Puteanae
F   schedae Vaticanae
G   schedae Sangallenses rescriptae
M   codex Mediceus
P   codex Palatinus
R   codex Romanus
V   schedae Veronenses rescriptae
γ   codex Gudianus

E.   Ecloga
G.   Georgicon
A.   Aeneis
Cu. Culex
Ci.   Ciris
Co. Copa
M.   Moretum
Ca. Catalepton
D.   Dirae
L.   Lydia

Ben. Benoist
Con. Conington–Nettleship–Haverfield
Gos. Gossrau
Ld. Ladewig–Schaper–Deuticke
Rb. Ribbeck
Th. Thilo

INDEX
VERBORUM VERGILIANUS

Abas, A. 1. 121.
Abas, A. 10. 170; Abantem, A. 10. 427†.
abdo. 9.
  abdit, A. 7. 387;
  abdunt, Cu. 48;
  abdidit, G. 3. 422, A. 1. 60, 2. 553, 11. 810;
  abdiderat, A. 2. 574;
  abde, G. 3. 96;
  abdita (fem. nom.), A. 9. 579†.
abduco. 6.
  abduxere, A. 5. 428;
  abducite, A. 3. 601†;
  abducere, E. 2. 43, A. 10. 79;
  abducta (fem. abl.), A. 7. 362;
  abductis (masc. abl.), G. 1. 507.
Abella; vid. *Bella.*
abeo. 27.
  abis, A. 2. 675, 5. 162, 166, 11. 855;
  abit, G. 3. 225, A. 1. 415, 5. 318, 9. 386, 700, M. 19;
  abeunt, A. 3. 452;
  abibat, A. 2. 382, 10. 859;
  abibis, A. 7. 733;
  abibit, G. 4. 410†, A. 5. 305, Ca. 6 (3). 4 (edd. *abivit* Ellis);
  abii, A. 10. 670†;
  abivit, Ca. 6 (3). 4 (vid. *abibit*);
  abiere, Cu. 226;
  abeat, E. 7. 56†;
  abiret, A. 10. 800;
  abi, A. 11. 366†;
  abito (tert. pers.), A. 5. 314;
  abire, A. 4. 281;
  abiisse, A. 2. 25†; abisse, Co. 5 (edd. *abesse* Leo Ellis);
  masc. subst. abeuntibus (dat.), A. 1. 196.
abicio: abicit, M. 96†; abiectum (masc.), A. 10. 736.
Abies. 8.
  abies, E.7. 66, G. 2. 68, A. 8. 91;

abiete, A. 2. 16, 5. 663, 8. 599, 11. 667;
abietibus (dat.), A. 9. 674.
abigo: abegit, Cu. 125;
  abigat, A. 4. 25 (F Rb. *adigat* GMPRγ edd.);
  abactae (gen.), A. 8. 407;
  abacti (nom.), A. 11. 261†.
abitus: abitum, A. 8. 214, 9. 380†.
abiungo: abiungens (masc.), G. 3. 518.
abiuro: abiuratae (nom.), A. 8. 263†.
abluo: abluero, A. 2. 720; abluam, A. 4. 684; abluta (abl.), A. 9. 818.
abnego: abnegat, G. 3. 456, A. 2. 637, 654, 7. 424.
abnuo: abnuit, A. 5. 531; abnueram, A. 10. 8; abnuat, A. 4. 108.
aboleo: abolere, G. 3. 560, A. 1. 720, 4. 497;
  aboleri, A. 11. 789.
abolesco: abolescet, A. 7.232†.
abripio: abreptum (neut. acc.), A. 4. 600; abreptas, A. 1. 108.
abrumpo. 14.
  abrumpit, G. 3, 530, A. 3. 55, 4. 388;
  abrumpunt, A. 9. 118;
  abrumpere, A. 4. 631, 8. 579, 9. 497;
  abrupto (neut. abl.), A. 12. 451;
  abruptas, Ci. 465†;
  abruptis (fem.), G. 3. 259, A. 3. 199†;
  abruptis, A. 11. 492;
  neut. subst. abruptum (acc.), A. 3. 422, 12. 687.
abscessus: abscessu, A. 10. 445.
abscido: abscisa (acc.), A. 12. 511†.

233, 343, 387 (Ld. *atque* mss. edd.), 396, 413, 441, 506, 510, 589, 621, 661†, 677, 790, 817, 10. 227†, 405, 522 (γ^2 M^2 ? Rb. Gos. *at* γ^1 PR edd.), 707, 803, 11. 103, 470, 672, 740, 809, 854, 893, 908†, 12. 132 (PRγ Rb. Con. *et* M edd.), 228, 284, 365, 406, 521, 683, 684, 715, 908, Cu. 73 (Th. *et* edd. *om.* Ellis), 139 (edd. *appetit* Rb. Leo), 274, 352†, 392, Ci. 482†, M. 41†, 88†, L. 25; haut minus ac, A. 3. 561; haut secus ac, A. 3. 236; non secus ac, G. 3. 346, A. 8. 243, 10. 272, 12. 856; simul ac, A. 4. 90, 12. 222, Ci. 163. Vid. *atque.*

Acalanthis: Acalanthida, G. 3. 338.

ACAMAS, A. 2. 262†.

ACANTHUS. 7.
acanthos, Cu. 398†;
acanthi, G. 2. 119, 4. 123;
acantho (abl.), E. 3. 45, 4. 20, A. 1. 649, 711.

ACARNAN, A. 5. 298.

ACCA, A. 11. 897; Accam, A. 11. 820; Acca (voc.), A. 11. 823.

accedo. 14.
accedimus, A. 3. 293;
accedet, A. 5. 813†;
accessi, A. 3. 24, 8. 165;
accessit, A. 12. 787, Cu. 109 (Ben. *aspexit* edd.);
accestis, A. 1. 201;
accesseris, A. 3. 441;
accesserit, G. 3. 190 (MAγF^2 edd. *acceperit* PR Rb. Con.);
accesserit, A. 1. 307;
accede, A. 5. 732†;
accedere, G. 2. 433, A. 1. 509, 10. 712†.

accendo. 30.

accendit, G. 1. 251, A. 4. 232, 8. 501, 10. 368, 12. 426, 560;
accendam, A. 7. 550;
accendet, Ci. 439†;
accendi, Cu. 246 (Ellis *accendit* Rb. Leo *accendens* Th. Ben.);
accendit, A. 7. 482, Cu. 246 (vid. *accendi*);
accenderit, G. 4. 401†;
accenderit, A. 5. 4;
accendere, G. 3. 414, A. 6. 165, 12. 804;
accendens (fem.), Cu. 246 (vid. *accendi*);
est accensa, A. 5. 183;
accensus, A. 4. 203, 12. 946;
accensa, A. 1. 29, 4. 364, 697, 7. 75 *bis*, 11. 709, 12. 277;
accenso (masc. dat.), A. 12. 9;
accensi, A. 9. 788;
accensos, A. 10. 397, 11. 188;
accensas, A. 7. 392.

accerso; vid. *arcesso.*

accessus: accessum, A. 8. 229;
accessu, A. 3. 570.

accido: accidit (perf.), A. 12. 593.

accido: accisam, A. 2. 627; accisis (fem. abl.), A. 7. 125†.

accingo. 13.
accingunt, A. 1. 210, 2. 235;
accinxerat, A. 11. 489;
accinge, A. 11. 707;
accingor, A. 2. 671†;
accingitur, A. 6. 184, 7. 640, 9. 74;
accingar (fut.), G. 3. 46;
accingier, A. 4. 493;
accincta (fem. nom.), A. 2. 614, 6. 570, Ci. 6.

accio: acciri, A. 9. 192; acciti (nom.), A. 7. 642 (M Ld. *exciti* FR edd.); accitos, A. 11. 235.

4

adicitur, M. 99†.
adigo. 8.
  adegit, A. 6. 594, 696, 7. 113, 9. 601;
  adigat, A. 4. 25 (GMPRγ edd. *abigat* F Rb.);
  adactum (est), A. 10. 850;
  adactus, A. 9. 431;
  adacta (fem. nom.), A. 12. 320.
adimo. 7.
  adimit, A. 4. 244;
  adimunt, G. 2. 56;
  ademit, Ci. 313;
  adempta est, A. 9. 131†, 12. 879†;
  ademptum (est), A. 3. 658†;
  ademptis (neut. abl.), A. 8. 320.
ADITUS. 18.
  aditus, G. 4. 9;
  aditum, A. 6. 424, 635, 9. 58, 507†;
  aditus, A. 6. 43, 11. 525;
  aditus, G. 4. 35†, A. 2. 494, 4. 293, 423, 5. 441, 9. 67, 683, 11. 466, 766 *bis*, 886.
adiungo. 9.
  adiungit, E. 6. 43, A. 12. 244;
  adiungam (indic.), A. 8. 515;
  adiungere, G. 1. 2, A. 7. 238, 8. 13, 9. 199;
  adiungi, A. 7. 57;
  adiuncta (fem. nom.), A. 9. 69.
ADIURO, A. 12. 816.
adiuvo: adiuvat, A. 5. 345, 12. 219; adiuvet, A. 10. 458†.

adlabor. 11.
  adlabitur, A. 6. 2, 9. 474, 10. 292;
  adlabimur, A. 3. 131†, 569;
  adlapsa est, A. 12. 319; adlapsa (est), Ci. 476;
  adlabere, Cu. 25;
  adlabi, A. 8. 108, 10. 269;
  adlapsa (fem. nom.), A. 9. 578.

adlacrimo: adlacrimans, A. 10. 628.
ADLOQUOR. 17.
  adloquor, E. 8. 20†, A. 6. 466, Ci. 406;
  adloquitur, A. 1. 229, 594, 4. 8, 222, 5. 780, 6. 341, 8. 372, 10. 228, 860, 11. 821, 12. 792, L. 5†;
  adloquere, A. 4. 226, 8. 123.
adludo: adludens (masc.), A. 7. 117.
adluo: adluit, G. 2. 158, A. 8. 149†.
Admetus: Admeti, Cu. 264†.
admiror: admirantur, G. 4. 215†;
  admirans (masc.), A. 2. 797, 6. 408;
  admiranda (acc.), G. 4. 3.
admisceo: admiscere, G. 4. 267;
  admisceri, A. 7. 579; admixtos, M. 45 (Th. Ben. *admixta* Rb. *admixtas* Ellis); admixtas M. 45 (vid. *admixtos*); admixta, M. 45 (vid. *admixtos*).
admitto: admittier, A. 9. 231;
  admissi (nom.), A. 6. 330.
admoneo. 10.
  admonet, A. 4. 353, 6. 619, 10. 153, 11. 233;
  admonuit, E. 6. 4†, G. 4. 187, A. 6. 538, 9. 109, 10. 587;
  admoneat, A. 6. 293.
admordeo: admorso (masc. abl.), G. 2. 379 (M¹ edd. *ad morsum* P Rb.).
admoveo. 6.
  admovet, M. 10;
  admovi, E. 3. 43, 47;
  admovit, A. 12. 171;
  admorunt, A. 4. 367;
  admoverit (indic.), A. 3. 410.
adnitor. 8.
  adnixus, A. 1. 144, 5. 226†, 9. 744;

adnixa (nom.),A. 4. 690, 12.92;
adnixi (nom.), A. 3. 208, 4.
583, 9. 229.
adno: adnabam, A. 6. 358; ad-
navimus, A. 1. 538; adnare,
A. 4. 613.
adnuo. 10.
adnuis, A. 1. 250;
adnuit (perf.), A. 4. 128, 9.
106, 10. 115, 11. 797, 12. 841;
adnuerit, A. 12. 187;
adnuerint (indic.) A. 11. 20†;
adnue, G. 1. 40, A. 9. 625.
adoleo: adolet, A. 7. 71;
adolemus, A. 3. 547;
adole, E. 8. 65;
adolere, A. 1. 704, M. 38†.
adolesco: adolescunt, G. 4. 379.
adolesco: adolescit, G. 2. 362;
adoleverit (indic.), A. 12. 438†;
adultos, G. 4. 162, A. 1. 431;
adulta, Ca. 2*. 11†.
ADONIS, E. 10. 18.
adoperio: adopertus, A. 3. 405.
adoreus: adorea (acc.), A. 7. 109.
adorior: adorti (sunt), A. 6. 397;
adorta (fem. nom.), A. 7. 386.
ADORO, A. 10. 677;
adorat, A. 1. 48, 2. 700;
adoret, G. 1. 343;
adora, A. 3. 437.
adpareo. 21.
apparet, G. 1. 404, A. 2. 483,
3. 270, 531, 701, 8. 557;
apparent, G. 3. 353, A. 1. 118,
2. 422, 484†, 622, 3. 193, 11.
605, 12. 850;
apparuit, A. 8. 241, 10. 579,
12. 576, 941;
apparere, E. 9. 60, G. 1. 484,
A. 8. 17.
adparo: apparat, A. 9. 147, 10.
453, 11. 117.
adpello: appulit, A. 1. 377, 3.
338, 715, 7. 39;

appulsae (nom.), Ca. 13 (5).
24†.
adpeto: appetit, Cu. 139 (Rb.
Leo *ac petit* edd.); adpetii, A.
11. 277†.
adpono: apposuit, Ci. 532†;
adpone, G. 4. 280†.
adposco: adposcit, Cu. 81 (Th.
adgnovit edd.).
adquiro: adquirit, A. 4. 175.
ADRASTEA, Ci. 239†.
Adrastus: Adrasti, A. 6. 480.
adrideo: adridet, L. 5†.
adrigo. 23.
arrexit, A. 10. 726;
arrexere, A. 12. 251;
arrectae (sunt), G. 3. 105, A.
4. 280, 5. 643, 11. 452, 12. 731,
868;
arrecta (sunt), A. 2. 206;
arrectus, A. 5. 426;
arrecta, A. 5. 138;
arrectum (masc.), A. 10. 892;
arrecto (neut.), A. 11. 639;
arrecti, A. 1. 579;
arrectos, A. 9. 317;
arrectas, A. 12. 618;
arrectis (fem.), A. 1. 152, 2.
303†, 9. 465†, 11. 496, 754, Ci.
210†;
arrectis, A. 2. 173.
adripio. 8.
arripit, A. 9. 561;
arripuit, A. 10. 595, 11. 531;
arripe, A. 3. 477, 9. 13;
arripiens (masc.), Cu. 177;
arrepta (fem. abl.), A. 10. 298;
arrepto, A. 11. 459.
adscio: adscire, A. 12. 38.
adscisco: ascitis, A. 11. 308 (P¹
Rb. *adscitis* P² MRγ edd.);
asciverit (subi.), A. 11. 472
(Rb. *adsciverit* mss. edd.), 12.
613†.
ADSCRIBO, Ca. 13 (5). 34.

adsensus: adsensu, G. 3. 45, A. 7. 615, 10. 97.
adsentio: adsensere, A. 2. 130.
adservo: adservabant, A. 2. 763.
adsideo: adsidet, A. 11. 304†, Cu. 301, 335, Ci. 268†.
ADSIDUE, E. 2. 4, G. 2. 374, 441, A. 4. 248, 8. 55.
adsiduus. 13.
  adsiduum, G. 2. 149;
  adsiduae (gen.), Cu. 398†;
  adsiduum (masc.), M. 26†;
  adsiduo, A. 7. 12, 9. 245, 808;
  adsidua, E. 7. 50, Ca. 3*. 7†;
  adsiduo, A. 5. 866;
  adsiduas, Ci. 417;
  adsiduis, G. 1. 155;
  adsiduis (fem.), A. 4. 447, Ci. 346.
adsigno: adsignant, Ci. 304; adsignem, Ca. 13 (5). 6 (Th. *adsultem* Rb. *dixim* Ben. *mas sim* Ellis).
adsimilis: adsimilis (nom.), A. 6. 603.
adsimulo: adsimulat, A. 10. 639; adsimulata (fem. nom.), A. 12. 224.
adsisto: adsistit, M. 19; adsistunt, A. 12. 790; adstitit, G. 4. 319; adsistens (masc.), A. 10. 490.
adspecto (aspecto). 8.
  aspectat, A. 1. 420†, 10. 4†, 12. 915;
  aspectabat, A. 12. 136;
  aspectabant, A. 5. 615†;
  aspectans (masc.), G. 3. 228, A. 6. 186, 10. 251.
adspergo (aspargo): aspargine,A. 3. 534.
adspergo: asperge, G. 4. 62; aspergere, G. 3. 419; aspersa (neut. nom.), A. 3. 625 (mss. edd. *expersa* Serv. Rb. Con.).

adspernor: aspernabere, G. 1. 228; aspernata (es), G. 3. 393; aspernanda (neut. acc.) A. 11. 106.
adspiro. 10.
  adspirat, A. 2. 385, 5. 607, 8. 373, 12. 352;
  adspirant, A. 7. 8;
  adspirate, A. 9. 525, Ci. 99;
  adspirare, Ca. 9 (11). 61†;
  adspirans (masc.), A. 1. 694†, 5. 764.
ADSTO (ASTO). 20.
  asto, A. 2. 303;
  adstat, A. 7. 72;
  adstant, A. 1. 152, 9. 677, 12. 133†;
  astabat, A. 5. 478; adstabat, A. 12. 93;
  astabant, A. 7. 181;
  astitit, A. 1. 301, 3. 194†, 4. 702, 5. 10, 6. 17;
  astare, A. 3. 123†, 150†; adstare, A. 9. 550;
  astans (masc.), A. 2. 328;
  astantem (masc.), A. 10. 885 (Rb. *adstantem* edd.);
  adstantis (masc.), A. 3. 677;
  adstantibus (fem.), G. 3. 545†.
adstringo: adstringit, G. 1. 91†; adstricti (neut.), M. 59.
adsuesco. 20.
  adsuerint, G. 3. 168;
  adsuescat, A. 8. 517;
  adsuescant, G. 2. 361;
  adsuesce, G. 1. 42;
  adsuescite, A. 6. 832†, 8. 174;
  adsuetus,G. 3. 418,A. 7. 490,9. 201, 11. 495;
  adsueta, G. 2. 472, A. 7. 746, 806, 9. 607;
  adsuetum (masc.), G. 2. 168, A. 7. 487;
  adsueti, A. 5. 301, 9. 511;
  adsuetae, A. 7. 33;

masc. subst. adsuetis (dat.), A. 9. 618.

adsulto: adsultem, Ca. 13 (5). 6 (Rb. *adsignem* Th. *dixim* Ben. *mas sim* Ellis).

adsultus: adsultibus (abl.), A. 5. 442.

ADSUM. 73.

adsum, A. 1. 595, 2. 701, 7. 454, 9. 427;

ades, A. 11. 380;

adest, A. 3. 688, 5. 49, 7. 577, 9. 38, 49, 10. 279, 12. 96, Cu. 89, Ca. 9 (11). 3†;

adsumus, A. 5. 57;

adsunt, A. 2. 330, 3. 225, 7. 506, 8. 286, 12. 288†, Cu. 88 (edd. *adflant* Th. *addunt* Ellis);

aderat, A. 2. 132, 5. 104, 8. 203, 228, 609, 9. 107, 12. 391, Cu. 145;

aderant, A. 8. 657, 11. 100;

adero, A. 4. 125, 386;

aderit, E. 4. 48, A. 2. 662, 3. 395;

aderunt, A. 2. 182;

adfuit, A. 10. 143, Ci. 106;

adsis, G. 1. 18, A. 4. 578, 8. 78, 10. 255, 461, Cu. 378†, Ca. 14 (6). 11;

adsit, E. 2. 68, 4. 56†, A. 1. 734†, 3. 116, 5. 364, Cu. 5;

adsint, G. 4. 19, A. 5. 70, 10. 774;

adesset, A. 10. 443, 11. 415;

adforet, A. 1. 576, 2. 522, 6. 35;

ades, E. 2. 45, 7. 9, 9. 39, 43, G. 2. 39, 44;

adeste, Ca. 12 (4). 7 *bis*;

adesse, A. 2. 271, 732, 8. 656;

adfore, A. 7. 270, 9. 243, 10. 547·

adsurgo. 13.

adsurgis, A. 10. 95;

adsurgit, G. 2. 98, 3. 355;

adsurgunt, A. 4. 86, 12. 494;

adsurgat, A. 11. 284;

adsurrexerit, E. 6. 66;

adsurgere, G. 3. 109†;

adsurgens (masc.), G. 2. 160, A. 1. 535, 10. 208;

adsurgentis (masc.), A. 10. 797;

adsurgenti (masc. dat.), A. 9. 348.

ADULESCENS, Ca. 3*. 6†.

ADULTER, A. 10. 92, 11. 268.

adulterium: adulterium, A. 6. 612.

aduro: adurat, G. 1. 93.

adveho. 6.

advehitur, A. 8. 136;

est advectus, A. 3. 108; advectus (est), A. 10. 655;

advectum (esse masc.), A. 8. 11;

advecta (nom.), A. 5. 864;

advecti (nom.), A. 1. 558.

advelo: advelat, A. 5. 246.

ADVENA. 8.

advena (masc.), A. 4. 591, 10. 460, 516, 12. 261;

adi. advena (nom.), E. 9. 2, A. 7. 38, D. 80, 81.

advenio. 8.

advenit, A. 10. 346;

adveniet, A. 10. 11;

advenit, A. 7. 803, 11. 687;

adveniat, A. 7. 265;

adveneris, A. 1. 388;

advenisse, A. 7. 145, 168.

advento: adventat, A. 11. 514;

adventabant, A. 5. 328;

adventare, A. 7. 69;

adventante (fem.), A. 6. 258;

adventantibus (masc. abl.), G. 4. 192.

ADVENTUS. 8.

adventus, A. 11. 607;

adventum, A. 5. 36, 6. 798†,
8. 201, 11. 911†;
adventu, E. 7. 59, G. 3. 93, A.
7. 344.
adversor: adversata (fem. nom.),
A. 4. 127†.
adversus. 66.
adversa, A. 1. 103†, 6. 552, 9.
283, 374, 11. 719, 12. 647 (M
Ld. Th. Ben. *aversa* mss. edd.);
adversi, A. 5. 477†, 9. 412
(mss. Ld. *abversi* Rb. *aversi*
edd.), 11. 667;
adversi, A. 5. 504;
adversae, A. 3. 38;
adverso, G. 1. 218 (M Ld.
averso APRγ edd.);
adversum, A. 6. 684, 8. 58,
11. 742, Cu. 175;
adversam, A. 10. 699;
adversum, A. 11. 370†, Cu.
85†;
adverso, A. 4. 701, 5. 89, 6.
631, 12. 1, 291†, 370, 446, Cu.
243†;
adversa, A. 1. 166, 8. 616, 9.
35, 10. 579;
adverso, G. 1. 201, A. 2. 727,
6. 279, 418, 636, 9. 347, 443†,
12. 950, Ca. 9 (11). 47;
adversi, A. 2. 416, 11. 605;
adversis (fem.), A. 11. 612†;
adversos, E. 10. 45, A. 12. 266,
456, 461†;
adversas, A. 1. 420, Cu. 262;
adversa, A. 10. 571, 12. 651;
adversis (masc.), A. 3. 287, 6.
831†, D. 68;
adversis (neut.), G. 2. 526;
subst. adversi (masc.), A. 9.
588, 12. 307;
adverso (masc.), A. 10. 734;
adversum (neut.), A. 8. 237,
9. 211;
adversi, A. 5. 584†;

adversa, A. 9. 172;
adversos, A. 6. 755†, 9. 761
(mss. edd. *aversos* Bentl. Rb.),
10. 412, 11. 389.
adverto. 17.
advertit, A. 6. 410, 10. 293;
advertitis, A. 7. 196;
advertunt, A. 8. 101;
adverteret, A. 12. 555;
adverte, A. 4. 116, 8. 50;
advertite, A. 2. 712, 4. 611, 5.
304, 8. 440;
advertere, G. 4. 117, A. 6. 386,
7. 35;
advertuntur, A. 5. 34;
adversis (neut. abl.), G. 2. 259
(Rb. *animadversis* MR edd.),
3. 123 (Rb. *animadversis* mss.
edd.).
advoco: advocat, A. 5. 44, 8. 250,
M. 24.
advolo: advolat, A. 10. 456, 511,
896, 12. 293.
advolvo: advolvont, A. 6. 182;
advolvere (indic.), G. 3. 378.
adytum. 9.
adyto (abl.), A. 6. 98, 7. 269;
adytis (abl.), A. 2. 115, 297,
351, 404, 764, 3. 92, 5. 84.
AEACIDES. 6.
Aeacides, Cu. 322;
Aeacidae (gen.), A. 1. 99, 3.
296, 6. 58;
Aeaciden, A. 6. 839;
Aeacides (nom.), Cu. 297.
Aeaeus: Aeaeae (gen.), A. 3.
386; Aeaeis (fem. dat.), Ci.
375 (Th. Ben. *Idaeis* Rb. Ellis).
aedes. 9.
aedes, A. 2. 487, 12. 607;
aedes, A. 12. 473;
aedibus, G. 2. 462, 4. 258, A.
2. 512, 8. 468, 12. 93, Cu. 318
(Leo *turbine* Rb. Ellis *om.* Th.
Ben.).

411, 8. 89, 9. 68 (P¹γF²Rb.
aequum P²F¹ MR edd.), 10.
233, 269, 451, 693, Ci. 394;
aequore, E. 1. 59 (Rb. Ld.
aethere PR edd.), G. 1. 97, 246,
361, 2. 205, 3. 359, 470†, A. 1.
29, 117, 128, 511, 5. 456, 715,
862, 6. 342, 348, 729†, 7. 29,
196, 781, 811, 8. 96, 10. 444,
569, 665, 11. 599, 746, 12. 333,
501, 614, 710, Ci. 480, 493;
aequora, G. 1. 469, 3. 262, A.
1. 164, 2. 69, 3. 197†, 413, 4.
524, 5. 843†, 7. 7, 728;
    aequora, G. 1. 206, 3. 195, 201,
A. 1. 43, 142, 154, 376, 2. 176,
419, 3. 290, 325, 378, 403, 662,
668†, 4. 240, 255, 5. 171, 219,
235†, 763, 778, 819, 6. 171,
335, 355, 692, 7. 228, 738, 8.
674, 9. 119, 10. 103, 166, 206,
660, 12. 524, 742, Ci. 516†.
aequoreus: aequoreum (nom.),
    G. 3. 243; aequoreo (masc.
    abl.), Cu. 357†; aequoreae, Ci.
    451 (edd. *aequorei* Ellis).
AEQUOS (AEQUUS, AECUS). 37.
    aequos, G. 2. 225, 3. 118, 546;
    aecus, A. 6. 129, 10. 450;
    aecum, E. 5. 4†, A. 12. 20†;
    aequae, A. 1. 479;
    aequo, A. 9. 56;
    aequo, A. 11. 706;
    aequam, A. 7. 203;
    aequo, A. 7. 540†, 12. 465†;
    aequo, A. 4. 520, 5. 154†, M.
    49;
    aequi, A. 12. 230†;
    aequos, A. 5. 424, 7. 695 (edd.
    Aequos Th. Con. Gos.), 9.
    674†;
    aequas, G. 2. 286, A. 11. 321;
    aequa, A. 12. 569;
    aequis, A. 2. 724, 4. 372; 9.
    209;

aequis (fem.), A. 5. 809, 9.
    234, 754, 10. 357, 431, 11. 861,
    12. 218;
    neut. subst. aequi, A. 2. 427;
    aequum, A. 9. 68 (P²F¹ MR
    edd. *aequor* P¹γF² Rb.);
    aequo, Ci. 293†;
    aequius (nom.), A. 11. 115.
AER. 25.
    aer, G. 3. 546, A. 5. 20;
    aeris, E. 7. 57, A. 6. 887, Cu.
    152†;
    aera, G. 1. 428, 2. 123, 3. 109,
    336, 4. 311, A. 1. 300, 3. 514,
    5. 839, 6. 202, 9. 699, Ci. 211,
    538 (Th. *áethera* edd.), 541
    Th.(*aethera* edd.);
    aere, G. 1. 404†, 3. 367, 4. 80,
    A. 1. 411, 5. 216, Cu. 166 (edd.
    ore Th. Ben.), Ci. 49.
AERATUS. 11.
    aeratus, Ci. 222;
    aeratam, A. 11. 656;
    aerata, A. 10. 166;
    aerato, A. 10. 887;
    aeratae, A. 7. 743, 9. 121†, 10.
    223;
    aeratos, A. 2. 481;
    aeratas, A. 7. 703, 8. 675, 9.
    463.
AEREUS. 11.
    aereus, G. 3. 173, A. 7. 743;
    aerea, A. 5. 198†, 274, 490, 10.
    835;
    aerei (masc.), A. 12. 541 (edd.
    aeris mss. Con.);
    aerei (nom.), A. 7. 609;
    aerea, A. 1. 448, 7. 615;
    aerea, A. 10. 313.
aeripes: aeripedem (fem.), A. 6.
    802†.
aerius. 22.
    aerii (masc.), E. 8. 59, G. 4. 1,
    A. 8. 221†, Ci. 302†;
    aeriam, A. 7. 704, 9. 803;

aerio, A. 6. 234;

aeria, E. 1. 58, G. 4. 508, A. 12. 810;   .

aeriae, E. 3. 69, G. 1. 375, A. 3. 680, 9. 679, Cu. 124;

aerios, Cu. 22†;

aerias, G. 3. 474, A. 3. 291, 5. 520, Ci. 173†;

aeriis, Cu. 139;

aeriis (fem.), Ci. 487.

aerumna: aerumnis (dat.), Ci. 58†.

AES. 44.

aes, A. 8. 445;

aeris, G. 2. 165, 4. 71†, A. 10. 482, 12. 541 (mss. Con. *aerei* edd.), M. 60 (Rb. *heros* edd.);

aere, E. 1. 35, 5. 90, G. 2. 282, 3. 29, A. 1. 35, 449, 2. 545, 3. 240, 286, 5. 266, 6. 165, 591, 7. 804, 8. 593, 621, 9. 503, 10. 214, 784, 869, 11. 10, 433, 12. 210, 712, M. 82, Ca. 2*. 13†;

aera, G. 1. 480, 3. 363, A. 3. 111, 7. 526, 9. 809;

aera, G. 2. 464, 4. 151†, 173, A. 2. 734, 6. 847, 8. 451, 10. 336, 11. 329.

AESCULUS, G. 2. 16, 291.

AESTAS. 22.

aestas, E. 7. 47, G. 1. 66, 312, 2. 149, 322, 377, 3. 190†, 296, 322, 4. 207, A. 1. 265, 756, 3. 8, 5. 626;

aestatem, G. 4. 59, 138;

aestate, E. 2. 22, G. 4. 156, A. 1. 430, 6. 707, 10. 405, Ca. 1*. 1.

AESTIFER (AESTIPER), G. 2. 353 (MRγ edd. *aestiper* P Rb.).

aestivus. 6.

aestivom (masc.), G. 4. 28;

aestivo, Co. 5;

aestiva, G. 4. 52;

aestivo, Co. 29;

aestivis (fem. abl.), G. 4. 312;

subst. aestiva (acc.), G. 3. 472.

aestuo. 8.

aestuat, G. 1. 107, 4. 263, 309, A. 6. 297, 8. 258, 10. 870, 12. 666;

aestuantes (masc. acc.), Ca. 13 (5). 31 (edd. *exaestuantes* Ellis).

AESTUS. 34.

aestus, E. 3. 98†, G. 2. 164, A. 1. 107, 2. 759;

aestum, E. 5. 46, A. 8. 674, Ca. 13 (5). 3, D. 59;

aestu, E. 2. 10, G. 1. 297, 298, 3. 434, 479, A. 3. 397, 419, 557, 4. 532, 564 (M Ld. Th. Gos. *aestus* FP edd.), 7. 464, 8. 19, 10. 292, 687, 11. 627, 12. 486, Cu. 165, D. 16;

aestus (acc.), G. 1. 352, 3. 459, 4. 401, A. 2. 706, 4. 564 (vid. *aestu*), 7. 495, Ci. 340, D. 23;

aestibus, G. 3. 331.

AETAS. 21.

aetas, E. 4. 4, 37, 9. 51 (edd. *voc.* Rb. in ed. min.), G. 2. 362†, 3. 60, 165, A. 1. 283, 7. 680, 8. 200, 326, 9. 212, 275, 10. 434, 11. 174, 12. 438, L. 51†, 75;

aetas, E. 9. 51 (vid. nom.);

aetate, A. 1. 705†, 2. 596, 4. 599;

aetatibus (abl.), E. 7. 4.

aeternus. 31.

aeternum (masc.), A. 2. 297, 11. 583;

aeternam, G. 1. 468, A. 4. 99, 7. 2, 10. 746, 12. 310, 879, Ci. 484 (Rb. Th. *externam* Ben. *aeternum* Ellis);

aeternum, A. 1. 36, 6. 235, 381;

aeterna, A. 10. 18;

aeterno, A. 8. 394, Ci. 100;

aeterna, A. 12. 504;

aeterno, A. 11. 356;

aeterna, A. 7. 609;

aeternas, A. 4. 201;

aeterna, G. 1. 60†, A. 8. 37, 12. 191, Cu. 131;

aeterni, A. 2. 154;

aeternis (neut.), A. 1. 230;

adv. aeternum, G. 2. 400, A. 6. 401, 617, 11. 97, 98, Ci. 40, 484 (vid. *aeternam*).

AETHER. 66.

aether, G. 1. 324, 2. 325, 3. 150, A. 1. 90, 4. 167, 668, 5. 228, 6. 640, 8. 239, 10. 102;

aetheris, A. 2. 512, 8. 28, 12. 140, 181;

aethera, G. 1. 406, 409, 3. 358, A. 1. 379, 587, 2. 338, 3. 462, 572, 5. 13, 140, 6. 130, 7. 34, 65, 395, 530, 8. 70, 526, 9. 24, 10. 265, 459, 11. 272, 556, 756, 12. 253, 409, 578, 724, Ci. 33, 50 (Th. Ellis *sidera* Rb. Ben.), 203, 538 (edd. *aera* Th.), 541 (edd. *aera* Th.);

aethere, E. 1. 59 (PR edd. *aequore* Rb. Ld.), G. 4. 78, A. 1. 223, 2. 113, 4. 574, 5. 695, 821†, 6. 436, 7. 25, 143, 288, 8. 524, 701, 9. 645, 10. 356, 11. 104, 724, 802, 12. 853, D. 40.

aetherius. 25.

aetherii (masc.), A. 8. 68, 10. 621;

aetherium (masc.), A. 6. 579, 747, 11. 867;

aetherio, A. 6. 536, 8. 319, Cu. 102;

aetheria, A. 1. 394†, 547, 9. 638;

aetherio, A. 7. 281, Ci. 533†;

aetherios, G. 4. 221, A. 8. 137, 608;

aetherias, G. 2. 292, A. 4. 446, 6. 762, 7. 557, Cu. 42†;

aetheria, A. 7. 768;

aetheriis (masc.), D. 35;

aetheriis (neut.), A. 5. 518†, 838.

Aethiops: Aethiopum, E. 10. 68, G. 2. 120, A. 4. 481.

AETHON, A. 11. 89.

aethra: aethra, A. 3. 585†, 12. 247.

AETNA. 6.

Aetna, G. 4. 173†, A. 3. 554, 571, 674;

Aetnam, G. 1. 472, A. 3. 579.

AETNAEUS. 6.

Aetnaeus, Cu. 332;

Aetnaea (neut.), A. 8. 419;

Aetnaeos, A. 3. 678, 7. 786, 11. 263;

Aetnaei, A. 8. 440.

Aetolus: Aetola (fem. abl.), A. 11. 239;

Aetolis (masc. abl.), A. 10. 28;

masc. subst. Aetolus, A. 11. 428;

Aetolum (gen.), A. 11. 308.

AEVUM (AEVOM). 32.

aevom, A. 9. 609;

aevi, E. 4. 11, G. 3. 66, 189, 4. 206†, A. 2. 638, 3. 415, 5. 73, 8. 627, 9. 255, 10. 472, 582, 11. 425, Ci. 44;

aevom, G. 3. 100, 4. 154, A. 7. 776, 10. 53, 235, 11. 569;

aevum, Cu. 38, Ci. 518;

aevo, E. 8. 27†, 10. 43, A. 2. 435, 509, 3. 491†, 8. 307, 9. 447, 11. 85, 237, Cu. 79.

AFER. 6.

Afer, G. 3. 344, Ci. 480;

Afra (fem. nom.), M. 32;

subst. Afros, E. 1. 64, A. 8. 724, Ca. 9 (11). 51.

affatus: affatu, A. 4. 284.

AFFABILIS, A. 3. 621.

AFRICA, A. 4. 37.

AFRICUS, A. 1. 86, D. 39.

AGAMEMNONIUS, A. 4. 471†, 7. 723;
  Agamemnoniae (nom.), A. 6. 489†;
  Agamemnonias, A. 3. 54, 6. 838.

AGANIPPE, E. 10. 12†.

Agathyrsus: Agathyrsi (nom.), A. 4. 146.

AGAUE, Cu. 111.

agellulus: agellulum, Ca. 2*. 3†.

agellus: agelli, E. 9. 3, D. 90;
  agelle, Ca. 8 (10). 1;
  agellos, D. 45;
  agelli, D. 82.

Agenor: Agenoris, A. 1. 338.

AGER. 66.
  ager, E. 3. 56, 7. 57, G. 1. 102, 107, 2. 6, 236, 243, 330, A. 4. 525, 11. 316, 602;
  agri, A. 1. 343 (mss. edd. *auri* Rb.), 7. 262, 10. 563, M. 3†, D. 22†;
  agro (abl.), A. 12. 898;
  agri, G. 2. 183, A. 11. 209;
  agros, E. 1. 72†, 5. 35, 75, 6. 48, G. 1. 81, 84, 123, 471, 2. 54, 215, 274, 346, 4. 522, A. 2. 306, 3. 141, 4. 163, 7. 551, 8. 8, 492, 11. 144, 206. 255, 367, 386, 12. 359, 463, D. 52, 70, 79;
  agri, L. 1, 8, 20;
  agris, E. 1. 12, G. 1. 422, 3. 249, 434, 4. 159, A. 7. 206, 812, 10. 390 (P Rb. *arvis* MR edd.), 11. 198, 247 (mss. Rb. Con. Ben. *arvis* edd.), 431, 12. 24 (PRγ Con. Gos. *arvis* M edd.), 185, 516, D. 49.

AGGER. 25.
  agger, A. 11. 382†;

aggere, A. 1. 112, 5. 44, 113, 273, 7. 6, 106, 127, 159, 9. 43, 567, 769, 10. 144, 11. 212, 398, 850, 12. 446†, 564, Cu. 395;
  aggeribus (abl.), G. 3. 354, A. 2. 496, 6. 830, 9. 70, 784, 10. 24.

aggero: aggerat, G. 3. 556, A. 4. 197, 11. 79, 342, M. 51.

aggero: aggeritur, A. 3. 63.

AGIS, A. 10. 751†.

AGITATOR, G. 1. 273, A. 2. 476.

agito. 32.
  agitat, G. 2. 527, A. 6. 727, 9. 187;
  agitant, G. 3. 372, 4. 154;
  agitabat, G. 4. 533, A. 7. 478, 11. 337, 770, 12. 248;
  agitabo, G. 3. 18;
  agitabis, G. 3. 409;
  agitavimus, A. 2. 421;
  agitet, A. 3. 609;
  agitate, A. 2. 640;
  agitare, G. 3. 181, 287, 415, A. 10. 71, 235, 11. 686, 12. 397, 803;
  agitans (fem.), G. 2. 496;
  agitante (masc.), Ci. 145†;
  agitatus, A. 3. 331, 4. 471, 10. 872†, 12. 668;
  agitata (nom.), A. 11. 694;
  agitata (nom.), G. 1. 357;
  agitata, A. 6. 68.

AGLAIE, Ca. 9 (11). 60†.

AGMEN. 110.
  agmen, G. 1. 322, 2. 280, A. 1. 186, 4. 404, 5. 602, 10. 171;
  agminis, A. 7. 707, 12. 249;
  agmen, G. 4. 59, A. 2. 408, 613, 5. 549, 834, 7. 69, 707, 804, 8. 683, 9. 47, 10. 198, 440, 513, 11. 433, 781, 12. 450, 457, 555, Ci. 308;
  agmine, G. 1. 381, 3. 348 (FMRγ edd. *agmina* P Rb.),

369, 4. 167, A. 1. 82, 393, 434,
2. 212, 450, 727, 782, 5. 90,
211, 378, 562, 580 (P Gos.
agmina MR edd.), 6. 712, 749,
7. 703, 8. 587, 595, 9. 28, 375†,
728, 788, 10. 769, 11. 60†, 412,
684, 757, 762, 880, 907, 12.
324, 442, Cu. 248†, Ci. 117†;
agmina, G. 3. 423†, A. 5. 675†,
7. 794, 10. 431, 11. 663, 12.
122†, 279, 368;
agmina, G. 3. 348 (vid. *agmine*), A. 1. 490†, 2. 68, 267,
371, 466, 4. 142, 154, 406, 469,
5. 580 (vid. *agmine*), 805, 6.
572, 815, 7. 144, 508, 648, 694,
8. 696, 9. 113, 478, 800, 10.
318, 427, 561, 721, 11. 146,
729, 734, 909, 12. 239, 329,
482, 557, 597, 683, 689, 861,
Cu. 233 (Th. *omnia* edd. *ostia*
Ellis);
agminibus, A. 9. 686.
agna: agnam, A. 5. 772†, 6. 249;
agnae, E. 2. 21.
AGNUS. 11.
agnus, E. 1. 8, Ca. 2*. 12;
agnum, A. 9. 565;
agni, G. 1. 341, 4. 435, A. 9. 61;
agnos, E. 3. 103, 4. 45, 7. 15†,
A. 1. 635;
agnis, E. 3. 6.
AGO. 179.
ago, E. 1. 13, 9. 37, A. 4. 534,
10. 675, 12. 637;
agit, G. 2. 130, 364, 3. 344,
552, 4. 474, A. 3. 682, 4. 245,
465†, 5. 116, 456, 7. 393, 405,
8. 258, 9. 814, 10. 514, 540,
11. 734, 12. 429, 457, 502, Cu.
99, M. 124;
agunt, G. 3. 377, A. 11. 620;
agebat, G. 1. 421, 2. 338†, 538,
A. 5. 265, 272, 833, 6. 337, 8.
203, 465, 9. 696, Ci. 499;

agebant, A. 11. 445;
agam, A. 4. 546;
aget, G. 3. 203†, A. 6. 837, 873;
egit, G. 2. 392, 4. 51, A. 9. 587,
761, 10. 73, 11. 579†;
egere, E. 5. 24, A. 6. 463, 7.
240, 8. 118, 133, 335, 11. 629,
Cu. 116;
agat, G. 1. 462, A. 4. 283, 9.
723, 12. 78, 486, D. 38, 58†;
agamus, E. 9. 66;
agerem, A. 5. 51;
ageres, Ci. 300;
agerent, A. 7. 481;
egerit, G. 3. 120;
egerimus, A. 6. 514;
age, E. 3. 52, 8. 17, 9. 24, G. 1.
63, 3. 42†, 4. 149, 329, 358, A.
1. 70, 753, 2. 707, 3. 169, 362,
462, 4. 223, 569, 5. 548, 6. 343,
389, 531, 629, 756, 7. 37, 429,
8. 59†, 10. 241, 11. 587, 12.
832, Ci. 98†, 234, Co. 31;
agite, G. 2. 35, A. 1. 627, 3.
114, 5. 58, 635, 7. 130, 8. 273;
egisse, A. 3. 695;
agens, G. 3. 412†, 470, A. 1.
117, 191, 4. 71, 6. 805, 7. 707,
8. 678, 683, 10. 634;
agens (fem.), A. 7. 804, 11.
433;
agentem (masc.), G. 4. 510;
agentis (masc.), G. 1. 352·
agendum, E. 9. 24;
agor, Cu. 216, 229, 260;
agitur, G. 3. 87, A. 7. 384, 524,
12. 101;
agimur, A. 3. 5;
aguntur, A. 12. 336;
agetur, A. 1. 574;
acta (est), A. 9. 156;
agi, A. 5. 638†;
actam (esse), A. 1. 391, 10. 38;
actum (esse), A. 11. 227;
actus, G. 2. 401, A. 2. 128, 3.

INDEX VERBORUM VERGILIANUS

ALABASTRIA, Ci. 94 (Th. Ben.
  alvaria Rb. Ellis).
ALACER (ALACRIS). 6.
  alacris, A. 5. 380,. 6. 685†;
  alacer, A. 10. 729, 12. 337;
  alacris (nom.), E. 5. 58;
  alacres (masc. nom.), A. 9.
  231.
alatus: alatis (fem. abl.), A. 4.
  259.
Alba. 6.
  Albae (gen.), A. 9. 387;
  Albam, A. 1. 271, 5. 597, 6.
  . 770, 8. 48;
  Alba, A. 6. 766. Vid. *Longa.*
ALBANUS. 8.
  Albanus, A. 12. 134;
  Albanum (nom.), A. 6. 763;
  Albani (nom.), A. 1. 7, 9. 388,
  12. 826;
  Albanae, A. 7. 602;
  subst. Albane, A. 8. 643;
  Albani, A. 5. 600.
albeo: albent, A. 12. 36.
albesco: albescere, G. 1. 367, 3.
  237, A. 4. 586, 7. 528.
ALBULA, A. 8. 332.
Albunea: Albunea, A. 7. 83.
Alburnus: Alburnum, G. 3. 147.
ALBUS. 34.
  albus, A. 7. 517;
  alba, G. 2. 465, A. 3. 392, 8. 45;
  album (masc.), A. 11. 580;
  albam, A. 3. 120, 5. 567;
  albo, G. 2. 71, A. 8. 82;
  alba, E. 7. 38, A. 9. 548;
  albo, A. 12. 87;
  albi, G. 2. 146†, A. 3. 392, 8.
  45;
  albae, G. 2. 91;
  alba, E. 2. 18, A. 12. 69;
  albis (masc.), G. 3. 82;
  albos, G. 3. 386, A. 5. 865, 7.
  417, 9. 651†;
  alba, G. 4. 130, A. 5. 567;

albis, A. 7. 667, 10. 575, 11.
  681;
albis, A. 5. 565, 9. 49, 12. 164;
albis, A. 10. 539 (Serv. Rb.
  Con. *armis* MRγP² edd.);
  neut. subst. albo (abl.), E. 2.
  41†, G. 3. 56.
Alcander: Alcandrum, A. 9. 767.
ALCANOR, A. 10. 338; Alcanore,
  A. 9. 672.
Alcathous: Alcathoi, Ci. 105
  (Rb. Th. *Actaei* Ben. Ellis),
  106†.
Alcathous: Alcathoum, A. 10.
  747.
ALCESTIS, Cu. 262.
ALCIDES. 13.
  Alcides, A. 6. 801, 8. 203, 249,
  256, 363, 10. 464;
  Alcidae, A. 8. 219, 10. 321;
  Alcidae, E. 7. 61;
  Alciden, A. 5. 414, 6. 123, 392;
  Alcide (voc.), A. 10. 461.
ALCIMEDON, E. 3. 44; Alcime-
  dontis, E. 3. 37.
Alcinous: Alcinoi, G. 2. 87.
Alcippe: Alcippen, E. 7. 14.
Alcon: Alconis, E. 5. 11, Cu. 67†.
alcyon: alcyonem, G. 3. 338†;
  alcyones (nom.), G. 1. 399.
ales. 15.
  alitis (masc. gen.), A. 8. 430;
  masc. subst. ales, A. 1. 394, 5.
  506, 861, 11. 721, 12. 247, 255,
  Ci. 528†, M. 2, Ca. 14 (6). 9
  (edd. *alas* Ellis);
  alitis, A. 12. 862, Cu. 238;
  alituum, A. 8. 27;
  alitibus (dat.), A. 9. 486, 10.
  559.
ALETES, A. 1. 121, 9. 246, 307.
ALEXIS. 8.
  Alexis, E. 2. 56, 7. 55;
  Alexim, E. 2. 1†, 73†, 5. 86†;
  Alexi (voc.), E. 2. 6, 19, 65.

24

141, 5. 151, 6. 316, 656, 664
(F² Ld. Con. *aliquos* MPRF¹
edd.), 7. 55, 9. 727, 11. 416, 12.
391, Ci. 110, Ca. 4 (13). 5;
alias, E. 3. 78, A. 3. 321, 11.
537, 821, Ci. 444†, 473, Ca.
9 (11). 23†;
aliis (masc.), A. 12. 436;
aliis (neut.), A. 7. 112;
II alius . . . alius:
aliam . . . alia, G. 3. 65†,
Ca. 9 (11). 53;
alios . . . alio, G. 1. 276†;
alios . . . aliae, G. 2. 442;
alias . . . alio, Cu. 248;
alias . . . alii, Ci. 64;
alia . . . aliis, A. 3. 494, Ci.
364;
subst. alius . . . alius, G. 1.
141, 142;
alii . . . alii, G. 4. 171, 172†;
A. 1. 427, 428; 2. 330, 332; 8.
449, 450; 12. 577, 578; 584,
586; Ci. 303, 304;
aliae . . . aliae, G. 4. 96, 98;
aliae . . . aliis, A. 6. 740, 741;
hic . . . alius, G. 2. 507;
alii . . . pars, E. 1. 64, A. 1.
213, 2. 399, 11. 193;
aliae . . . pars . . . aliae . . aliae,
G. 4. 158, 162, 163;
aliae . . . pars . . . aliis . . .
aliae (M Rb. *alii* edd.) . . .
aliae . . . aliae, G. 2. 10, 17,
22, 26, 28.
ALLECTO. 7.
Allecto, A. 7. 341, 405, 415,
445, 476, 10. 41;
Allecto, A. 7. 324.
Allia; vid. *Alia.*
alligo: alligat, G. 4. 480, A. 1.
169, 6. 439.
allium (alium): alia (acc.), E. 2.
11, M. 89†, 102†.
all-; vid. *adl-.*

ALMO, A. 7. 532; Almonem, A.
7. 575.
ALMUS. 24.
almus, G. 2. 330;
alma, A. 1. 306, 618, 2. 591,
3. 311, 7. 644, 774, 8. 455, 10.
215, 220, 332, 439, Cu. 326
(Th. Ben. *firma* Leo Rb. *arma*
Ellis);
almum (masc.), E. 8. 17, A. 5.
64, Ci. 349;
almam, A. 11. 182;
alma (voc.), G. 1. 7, A. 2. 664,
6. 74, 117, 10. 252, 11. 557;
almis (fem. dat.), G. 2. 233.
ALNUS. 7.
alnus, E. 8. 53, 10. 74, G. 2.
451, Cu. 55;
alni (nom.), G. 2. 110;
alnos, E. 6. 63, G. 1. 136.
alo. 15.
alit, E. 3. 30, G. 2. 251, 327,
A. 4. 2, 38, 5. 231, 6. 726, 11.
71, Cu. 152†;
alitis, G. 1. 22;
alebat, G. 4. 563, A. 8. 318;
aluit, D. 36;
alitur, G. 3. 454;
alendum (masc.), A. 3. 50.
Aloidae: Aloidas, A. 6. 582†.
ALPES, G. 1. 475; Alpis, G. 3.
474, A. 10. 13 (-es).
ALPHESIBOEUS, E. 5. 73, 8. 62;
Alphesiboei, E. 8. 1, 5.
Alpheus: Alpheae (nom.), A. 10.
179†;
Alphea (acc.), G. 3. 180;
masc. subst. Alpheum, G. 3.
19, A. 3. 694.
Alpinus: Alpini (nom.), A. 4.
442;
Alpinas, E. 10. 47;
Alpina, A. 8. 661;
Alpinis (masc.), A. 6. 830.
Alsus: Alsum, A. 12. 304.

ALTARIA. 19.

altaria, E. 1. 43, G. 3. 490;
altaribus, A. 7. 211;
altaria, E. 5. 66, 8. 64, 74, 105,
A. 2. 515, 550, 4. 145, 517, 5.
54, 93, 7. 71, 8. 285, 11. 50, 12.
174, Ci. 376;
altaribus, Ca. 13 (5). 22.

ALTE. 28.

alte, E. 6. 80 (Rb. *ante* mss.
edd.), G. 2. 78, 230, 521, 3.
241, 422, A. 1. 337, 506, 5. 443,
6. 145, 7. 465, 9. 749, 10. 850,
11. 496, 751, 804, 12. 729, Cu.
280, Ci. 217†;
altius, E. 6. 38, G. 3. 76, 442,
553, 4. 285, A. 7. 529, 10. 813,
Ci. 7, Ca. 3 (12). 2.

ALTER. 63.

alter, E. 4. 34, 8. 39, G. 2. 397,
A. 3. 356, 7. 321, 10. 27;
altera (nom.), E. 4. 34, G. 3.
286, A. 9. 131, 12. 168, 830,
D. 53;
altera (nom.), E. 4. 35, A. 6.
713;
altera, A. 3. 86, 7. 690, 12. 582;
subst. alter, E. 3. 34, 40, 5. 49 ,
G. 3. 224, A. 1. 544, 6. 143,
164, 7. 649, 9. 179, 772, 12.
639, Cu. 302 (Leo *acer* edd.),
320, 323, Ca. 4 (13). 3, 4;
altera, Ca. 9 (11). 24†;
alterius (masc.), G. 1. 158, Cu.
228;
alterius (neut.), A. 3. 31, 33;
alteri (masc.), Ca. 6 (3). 1;
alteram, Ca. 12 (4). 6;
altera (acc.), E. 3. 71;
alter . . . alter G. 4. 91,93; A.
5. 298, 299; 11. 670, 671; Ca.
3*. 7, 9;
altera . . . altera, G. 2. 228;
4. 339, 340; A. 6. 893, 895;
alter . . . alterius, Cu. 256;

alterius . . . alterius (fem.),
G. 2. 32, 33;
alterum . . . alterius (masc.),
A. 2. 667;
primus . . . alter . . . tertius,
A. 5. 311;
una . . . alter. . . extremus, A.
5. 568.

alterno: alternat, M. 29; alter-
nantes (masc. nom.), G. 3.
220; *masc. subst.* alternanti
A. 4. 287.

alternus. 23.

alterna, A. 11. 426;
alterno (abl.), A. 11. 624, Ci.
25, Ca. 9 (11). 19;
·alterna, A. 6. 121, Ci. 97;
alterni, A. 12. 233;
alternos, E. 7. 19, A. 3. 423, 5.
584†, 8. 634, 12. 386;
alternas, Ci. 397†;
alterna, E. 5. 14, G. 3. 192, A.
5. 376;
alternis (masc.), E. 7. 18;
neut. subst. alterna (acc.), E.
3. 59;
alternis, E. 3. 59, G. 1. 71†,
79, Ci. 351, 535†.

ALTRIX, Cu. 312; altricem, A. 3.
273.

ALTUS. 278.

altus, G. 4. 368, A. 6. 9, 8. 27,
9. 30, 10. 737†, 875, 11. 726,
12. 140, 295;
alta, G. 1. 173, 310, 2. 431,
461, A. 2. 56†, 290 (Ld. Th.
alto mss. edd.), 3. 681, 6. 237,
522, 7. 785, 9. 715, 10. 101,
374, 526, 11. 135, 797, 837, 12.
546, 547, 883 (Th. *ima* MRP²
edd.);
altum, A. 11. 187;
alti, A. 9. 697, 12. 181;
altae, A. 1. 7†, 4. 97, 265, 7.
108;

alti, G. 4. 333, A. 5. 799, 10. 806;

altae, G. 4. 48;

alto, G. 4. 227;

altum, G. 3. 358, 4. 560, A. 1. 209, 11. 211;

altam, G. 1. 364, A. 9. 403 (mss. edd. *altum* Th.), 10. 246;

altum, G. 3. 42, 93, 4. 107, 528, A. 5. 375, 7. 682, 9. 699;

alta, A. 2. 56†;

alto, E. 6. 76, G. 1. 96, 4. 78, 96, A. 2. 2, 307, 4. 230, 574, 5. 45, 220, 243, 489, 511, 6. 310, 436, 500, 7. 25, 95, 674, 704, 8. 66, 9. 644, 11. 95, 456, 633, 849, 853, 12. 114, 886, 941†, Ci. 60;

alta, E. 1. 56, 10. 67, G. 2. 389, 3. 376, 547, 4. 459, A. 1. 26, 3. 239, 5. 12, 175, 588, 841, 6. 267†, 7. 82, 8. 115, 10. 126†, 454, 11. 490, 12. 603, 752, 787;

alto, E. 4. 7, G. 3. 354, A. 2. 290 (vid. *alta*), 410, 4. 691, 5. 261, 542, 727, 6. 599, 7. 141, 200, 8. 423, 461, 541, 10. 633, 857, 11. 301, 482, 721, 817, 12. 244, 357, 365;

altae, G. 1. 485, 2. 14, 55, 3. 198, A. 4. 443;

alta, G. 2. 479, 4. 462, A. 4. 343, 7. 6, 10. 51 (RP² Ld. *om.* mss. edd.), 86, 12. 929;

altorum (neut.), G. 3. 520;

altis, D. 76;

altis (fem.), A. 11. 36;

altos, E. 8. 86, G. 3. 412, 535†, A. 1. 61, 692, 2. 635†, 3. 662, 4. 151, 645, 685, 8. 692, 10. 658, 11. 98, 740, 810, 12. 675;

altas, G. 2. 305†, A. 3. 699;

alta, G. 1. 332, 2. 307, 3. 329, 393, 533, 4. 359, 467, 541, A. 1. 189, 427 (MPRγ edd. *lata*

F Rb. Ben.), 429†, 680, 2. 448 (F² M Con. Ld. Gos. *illa* PF¹ edd.), 3. 619, 678, 4. 665, 5. 512 (P Rb. *atra* MR edd.), 732, 6. 41, 179, 323, 836, 8. 667, 9. 388, 557, 617, 678, 10. 63, 197, 723, 11. 235, 638, 12. 474, 705, Ca. 13 (5). 1†;

altis, E. 1. 83, 7. 66, G. 1. 357, 4. 112, 533, A. 3. 644, 675, 6. 603, 668, 7. 563, 624†, 726, 8. 321, 9. 530, 10. 707, 11. 256†, 12. 523;

altis, G. 3. 273, 4. 125 (M² Ben. *arcis* P edd.), A. 2. 219, 464, 4. 187, 9. 470, 10. 121, 287, 11. 485, Ci. 175 (edd. *aulae* Th.), 192, 195, 389;

altis, G. 1. 411, A. 1. 95, 3. 322, 7. 59, 275, 413, 9. 325, 805, 10. 469, 11. 462;

neut. subst. altum (acc.), G. 1. 456, 2. 210†, A. 1. 34, 3. 11, 70, 192, 374, 454, 4. 310, 5. 164, 764, 9. 403 (vid. *altam*), Cu. 342;

alto, G. 1. 324, 443, 3. 238, 505, A. 1. 3†, 110, 126, 160, 297, 4. 661, 8. 395, 9. 125, Ci. 75†;

alta (acc.), G. 1. 142, A. 2. 203, 5. 508, 6. 787, 7. 362, 8. 691, 9. 81, 169, 564, 10. 687;

altior, A. 8. 162, 12. 902;

altior, G. 2. 290†, A. 10. 625, 11. 697;

altissima (fem. nom.), A. 8. 234.

ALUMNA. 11.

alumna, Ci. 441 (Ellis *alumnam* edd.);

alumnae, Ci. 289, 347;

alumnae, Ci. 274, 381;

alumnam, Ci. 246, 441 (vid. *alumna*);

alumna (voc.), Ci. 224, 311, 324, 331, 338.
ALUMNUS. 6.
alumnus, Cu. 183†;
alumno, A. 11. 33;
alumnum, A. 6. 595;
alumno, A. 6. 877;
alumnis (dat.), Cu. 312†, Ca. 9 (11). 39.
alvarium (*alvearium*): alvaria, G. 4. 34†; alvaria, Ci. 94 (Rb. Ellis *alabastria* Th. Ben.).
ALVEUS. 6.
alveus, G. 1. 203;
alveo, A. 7. 33;
alveo, G. 2. 453 (R edd. *alvo* MPγ Rb. Con.), A. 6. 412, 7. 303, 9. 32.
ALVUS (ALVOS). 11.
alvos, G. 3. 80, A. 10. 211;
alvom, G. 3. 427†, 4. 94, A. 2. 51;
alvo, G. 2. 453 (MPγ Rb. Con. *alveo* R edd.), A. 2. 401, 6. 516†, 9. 152, 12. 273 (P² edd. *auro* M Ld.), M. 34.
AMARACUS, A. 1. 693.
AMARANTUS (-THUS), Cu. 406.
AMAROR, G. 2. 247†.
amarus. 19.
amara, E. 10. 5, G. 2. 238;
amarae (gen.), E. 6. 62†;
amarum (masc.), G. 4. 431;
amare, A. 10. 900;
amaro, A. 4. 203, 12. 588;
amara, G. 2. 86;
amaro, E. 6. 68;
amaros, E. 3. 110;
amaras, E. 1. 78;
amaris, A. 11. 337;
amaris, G. 1. 120;
amaris, G. 2. 314, A. 10. 368, 591, 12. 766;
neut. subst. amara (nom.), D. 98;

amarior (masc.), E. 7. 41.
AMARYLLIS. 10.
Amaryllis, E. 1. 30, 2. 52;
Amaryllidis, E. 2. 14†, 3. 81;
Amaryllida, E. 1. 5, 9. 22;
Amarylli, E. 1. 36, 8. 77, 78, 101.
AMASENUS, A. 11. 547; Amasene, A. 7. 685.
Amastrus: Amastrum, A. 11. 673.
Amata. 6.
Amatae (gen.), A. 7. 343, 401, 581, 9. 737, 12. 56;
Amatam, A. 12. 71.
AMATHUS, A. 10. 51.
AMATHUSIA, Ci. 242.
AMATOR, Ca. 2. 1.
AMAZON, A. 11. 648; Amazones (nom.), A. 11. 660.
Amazonis: Amazonidum, A. 1. 490.
Amazonius: Amazoniam, A. 5. 311.
AMBAGES, A. 1. 342;
ambages, G. 2. 46, A. 6. 29, 99.
ambedo: ambesas, A. 3. 257;
ambesa, A. 5. 752†.
ambiguus. 6.
ambiguum (masc.), A. 5. 326;
ambiguam, A. 1. 661, 3. 180;
ambiguae, A. 5. 655†, 8. 580;
ambiguas, A. 2. 99.
ambio: ambit, A. 6. 550, · M. 122†;
ambiit, A. 10. 243;
ambire, A. 4. 283, 7. 333
AMBO. 37.
ambo, A. 10. 125;
ambae, A. 12. 190;
amborum (masc.), A. 7. 316;
ambobus (masc.), A. 7. 470;
ambo, G. 4. 88†, A. 12. 342;
ambas, A. 6. 496, 540, 10. 844, 868, 12. 136†;

subst. ambo, E. 3. 34, 5. 1, 7. 4 *bis*, 18†, A. 11. 291 *bis*, 906, 12. 525;

ambae, G. 4. 341, 342 *bis*, A. 5. 147;

amborum (masc.), E. 1. 61, A. 5. 425, 8. 142, 9. 251, 423, 10. 759, 12. 731;

ambobus (masc.), A. 1. 458, 2. 710;

ambo, E. 6. 18;

ambas, G. 1. 238, A. 4. 679;

ambo (masc. voc.), A. 9. 446.

ambrosia: ambrosiae (gen.), G. 4. 415†, A. 12. 419.

ambrosius: ambrosiae (nom.), A. 1. 403.

amburo: ambustus, Cu. 128†; ambusta, A. 12. 301; ambustum (masc.), A. 12. 298; ambustis (fem. abl.), Cu. 314.

amellus: amello (dat.), G. 4. 271†.

AMENS. 14.

amens, A. 2. 314, 321, 745, 4. 203, 279, 7. 460, 9. 424, 10. 681, 12. 622, 742, 776; amens (fem.), A. 3. 307, 9. 478, Ci. 294.

amentum; vid. *ammentum.*

Amerinus: Amerina (acc.), G. 1. 265.

amicio: amicti (nom.), A. 1. 516.

amicitia: amicitiae (dat.), A. 11. 321; amicitiam, A. 7. 546.

AMICTUS. 16.

amictus, A. 6. 301; amictum, A. 5. 421; amictu, A. 1. 412, 3. 405, 545, 7. 669, 8. 33, 11. 77, 12. 401, 885, Cu. 75, 172, Ci. 250, L. 73; amictus (acc.), G. 3. 563, A. 12. 602.

amicus. 33.

amicum (neut. nom.), A. 2. 735;

amico (neut. abl.), A. 3. 463; amica, D. 65;

amicos, G. 4. 115, A. 5. 57, 7. 265;

amica, A. 2. 255;

amicis (fem.), A. 5. 41;

amicis, A. 2. 147, 372, 5. 770, 8. 126, 10. 466;

masc. subst. amici, A. 1. 486, 2. 93, 5. 337†, 350, 719, 869, 6. 149;

amicum, A. 1. 610, 3. 82, 5. 452, 9. 198, 389, 430, 444, 774; amice, A. 6. 507, 509;

amici, A. 8. 172;

amicis, Ci. 359†;

amicos, A. 11. 109.

Aminaeus (Aminneus): Aminneae (nom.), G. 2. 97†.

Amiternus: Amiterna (fem. nom.), A. 7. 710.

AMITTO. 28.

amitto, A. 3. 710; amittebat, A. 5. 853; amittes, A. 11. 409; amisit, G. 2. 198, 3. 227, A. 8. 332;

amissae (gen.), A. 3. 341†; amissum, A. 5. 614, 814; amissam, A. 2. 741†, 4. 375†; amisso, G. 4. 213, A. 5. 867; amissa, A. 5. 519, 795, 11. 868, 12. 236;

amissi, A. 11. 272†; amissos, G. 4. 512, A. 1. 217, 2. 148;

amissis, A. 5. 271;

amissis, G. 4. 318, A. 1. 251, 5. 699, 713;

amissis, A. 1. 474;

subst. amissa (acc.), G. 3. 70†.

ammentum: ammenta (acc.), A. 9. 665†.

amor, E. 7. 21;

amore, E. 6. 10†, 46, 8. 18, 81, 10. 10, G. 2. 476, 3. 285, A. 1. 171, 344, 349, 675, 721†, 2. 343, 3. 298, 330, 4. 54, 395, 5. 5, 296, 6. 314, 455, 889, 7. 57, 496, 550, 769, 8. 163, 394, 9. 197, 10. 614, 789, 11. 549, 782, 12. 29, 392, Ci. 1, 241†, 259, 329†;

amores, E. 10. 54;

amorum, A. 1. 350†, 5. 334, 10. 326;

amores, E. 3. 109, 8. 23, 9. 56, 10. 6, 34, 53, G. 3. 227, 4. 347†, A. 4. 28, 292, Ci. 273, 301, L. 15, 36, 72.

AMOR. 14.

Amor, E. 8. 43, 47, 10. 28, 29, 44, 69, G. 3. 244, A. 1. 689, Co. 20, Ca. 14 (6) 10;

Amori, E. 10. 69;

Amorem, A. 1. 663;

Amor, A. 4. 412, 10. 188 (Rb. Ld. Con. *amor* (nom.) edd.).

amoveo: amovet, A. 6. 524 (P² F² M edd. *emovet* F¹ Rγ Con.).

AMPHION, E. 2. 24.

Amphitrite: Amphitrites, Ci. 73†, 486†.

AMPHITRYONIADES, A. 8. 214; Amphitryoniadae (dat.), A. 8. 103.

Amphrysius: Amphrysia (fem. nom.), A. 6. 398.

Amphrysus: Amphryso (abl.), G. 3. 2.

AMPLECTOR. 18.

amplector, A. 3. 351;

amplectitur, A. 5. 312 (mss. edd. *circumplectitur* M Gos.), 8. 369†, Ci. 413†;

est amplexus, E. 3. 45;

amplecti, G. 2. 42;

amplectens (masc.), A. 10. 523;

amplexus, A. 2. 214, 3. 607, 5. 86, 531, 8. 124;

amplexa (nom.), A. 4. 686, Ci. 309;

amplexi (nom.), A. 2. 218;

amplexae, G. 2. 367, A. 2. 490, 517.

amplexus. 6.

amplexu, A. 6. 698;

amplexu, A. 8. 388, 568;

amplexus (acc.), A. 1. 687, 8. 405, 615.

AMPLIUS. 10.

amplius, E. 3. 105, G. 4. 503, A. 1. 683, 3. 192, 260, 5. 8, 9. 426, 519, 11. 807, 12. 680.

amplus. 6.

ampla, A. 2. 310, 503 (P² Rb. *tanta* M edd.);

amplum (masc.), A. 6. 743;

ampla (acc.), A. 1. 725, 4. 93†;

amplis (fem.), A. 3. 353.

Ampsanctus; vid. *Amsanctus.*

ampulla: ampullae (voc.), Ca. 5 (7) 1†.

Amsanctus: Amsancti, A. 7. 565†.

amurca (amurga): amurca, G. 1. 194 (PR edd. *amurga* Mγ Ld.), 3. 448†.

Amyclae: Amyclis (abl.), A. 10. 564.

Amyclaeus: Amyclaei (masc.), G. 3. 89†;

Amyclaeum (masc.), G. 3. 345; Amyclaeo (masc.), Ci. 376†, 489.

Amycus: Amyci, A. 5. 373.

Amycus: Amyco (dat.), A. 10. 704.

Amycus: Amycum, A. 12. 509†.

Amycus: Amyci, A. 1. 221.

Amycus: Amycum, A. 9. 772.

AMYNTAS. 11.

Amyntas, E. 2. 35, 39, 3. 66,

83, 5. 8, 15, 18, 10. 37, 38, 41;
Amynta (voc.), E. 3. 74.

AMYTHAONIUS, G. 3. 550†.

AN. 37.

an, E. 3. 1, 21, 5. 53, 87, 8. 49
(mss. edd. *at* Rb. Ben.), 108,
9. 1, G. 2. 227, 273, A. 2. 390,
3. 39, 4. 208, 325, 544, 5. 28,
9. 400, 11. 389†, 12. 636, Ci.
319, Ca. 11 (14). 1, Ca. 13 (5).
35 (Ben. *Luciene* Rb. Th.
iamne Ellis);

an . . . an, A. 1. 329†; 10. 681,
683; Ca. 13 (5). 17†, 18;

an . . . anne . . . an, G. 2. 158,
159, 161;

ne . . . an, A. 7. 363 (M edd. *at*
Rγ Ld. Con.), 8. 114†, 9. 185,
10. 89, 12. 230†;

ne . . . an . . . an, A. 6. 533;

ne . . . an . . . anne, G. 1. 29, 30.

ANAGNIA, A. 7. 684.

anceps. 8.

anceps (fem.), A. 4. 603, 10.
304, 359;

ancipitem (masc.), A. 5. 589;

ancipiti (fem.), A. 3. 47;

ancipiti, A. 7. 525;

ancipites (fem.), A. 5. 654;

ancipites (fem.), Ci. 368.

Anchemolus: Anchemolum, A.
10. 389†.

ANCHISES. 48.

Anchises, A. 2. 687, 3. 9, 263,
473, 525, 539, 558, 610, 6. 679,
713, 723, 752, 854, 867, 888,
897, 7. 123, 245, 8. 163, 12. 934;

Anchisae, A. 2. 300, 4. 351,
427, 5. 31, 99, 535, 664, 723,
8. 156, 10. 534;

Anchisae, A. 1. 617, 5. 537,
652, 9. 647;

Anchisen, A. 2. 597, 747†, 3.
82, 179, 710, 5. 614†, 6. 670,
7. 134;

Anchisa (voc.), A. 3. 475 (edd.
Anchise Ld.);

Anchisa, A. 5. 244, 424, 6. 322,
331†, 7. 152.

Anchiseus: Anchiseo (masc.
dat.), A. 5. 761.

ANCHISIADES. 6.

Anchisiades, A. 5. 407, 8. 521,
10. 250, 822;

Anchisiade (voc.), A. 6. 126
(mss. edd. *Anchisiada* M²
Gos.), 348 (mss. edd. *Anchisiada* Gos.).

ancile: ancile, A. 7. 188; ancilia
(acc.), A. 8. 664.

ANCHORA, A. 1. 169†, 3. 277, 6.
4 (ancora), 901.

ancillaris: ancillaris (fem. acc.),
Ci. 443†.

ANCUS, A. 6. 815.

Androgeus: Androgeo (gen.), A.
6. 20†.

ANDROGEOS, A. 2. 371, 382; An-
drogei, A. 2. 392.

ANDROMACHE. 6.

Andromache, A. 2. 456, 3.
303†, 482;

Andromachae (gen.), A. 3. 487;

Andromachen, A. 3. 297, 319
(Serv. Con. Ben. *Andromache*
mss. edd.);

Andromache (voc.), A. 3. 319
(vid. acc.).

anethum: anethi, E. 2. 48, M. 59.

anfractus: anfractu, A. 11. 522.

Angitia: Angitiae (gen.), A. 7.
759†.

ango: angit, G. 3. 497, A. 8. 260,
9. 89, Cu. 64 (edd. *tangit* Ben.
anget Leo);

anget, Cu. 64 (vid. *angit*).

ANGUIS. 21.

anguis, E. 3. 93, 8. 71, G. 1.
205, 244, 2. 154†, 3. 425, A. 5.
84, 8. 300;

3

anguem, A. 2. 379, 7. 346;

angues, A. 2. 204;

anguis, G. 3. 38†, 4. 482 (-es), A. 6. 572, 7. 450, 658 (-es), 8. 289 (-es), 437, 697;

anguibus, A. 7. 561, Cu. 221.

ANGUSTUS. 17.

angustus, G. 2. 75;

angusta, A. 11. 309;

angusti (masc.), A. 3. 411;

angusti, G. 4. 206†, 296, A. 8. 366;

angustam, G. 4 228 (R Con. *augustam* Pγ M² edd.);

angustum, G. 1. 380;

angusto, A. 3. 419, 4. 405;

angusta, A. 3. 687†;

angusto, G. 4. 83;

angustae, A. 11. 525;

angustis (fem.), G. 3. 290;

angustos, G. 4. 35;

angustis (fem.), Ci. 463;

subst. angusta (acc.), A. 2. 332.

ANHELITUS, A. 5. 199†, 432†, 9. 814.

anhelo: anhelat, A. 8. 421; anhelans (masc.), A. 10. 837; *masc. subst.* anhelanti (dat.), A. 5. 254.

anhelus. 6.

anhela, G. 3. 497;

anhelum, A. 6. 48;

anheli (masc. gen.), A. 12. 790;

anhelis (masc.), G. 2. 135;

anhelis (masc.), G. 1. 250, A. 5. 739.

Anienus: Aniena (neut. nom.), G. 4. 369.

anilis: anilem (masc.), A. 4. 641 (γ² Th. Gos. *anili* M edd.); anili (masc.), Ci. 285; anili (neut.), A. 4. 641 (vid. *anilem*); anilis, A. 7. 416†; anilis, A. 9. 489.

ANIMA. 59.

anima, A. 10. 529, 12. 648;

animae (gen.), E. 6. 32, A. 9. 580, 10. 601;

animam, G. 4. 204, A. 1. 98, 3. 67, 654, 4. 652, 695, 5. 98, 483, 640 (R Rb. *animum* M Pγ edd.), 6. 817, 884, 7. 351, 9. 349, 443, 10. 348, 525, 598, 854, 908†, 11. 162, 408, 440, 12. 230, Ca. 9 (11). 31;

anima, G. 4. 526†, A. 2. 118, 4. 385;

animae, A. 6. 319, 427, 486, 713, 827, 8. 403, 10. 376, 11. 372;

animarum, A. 6. 264;

animas, E. 8. 98, G. 2. 134, 3. 495, 4. 238, A. 3. 140, 4. 242, 6. 411, 436, 680, 720, 758, 8. 564, 567, 9. 663, 11. 24, 883;

animae, A. 5. 81, 6. 669.

animadverto: animadversis (neut. abl.), G. 2. 259 (MR edd. *animum adversis* Rb.), 3. 123 (edd. *animum adversis* Rb.).

animal: animalia, E. 6. 40, G. 4. 309, A. 9. 224;

animalia, A. 3. 147, 8. 26.

animans: masc. subst. animantis (gen.), Ci. 491.

animosus: animosa, A. 12. 277; animosum, G. 3. 81; animosi (masc. gen.), G. 2. 441.

ANIMUS. 196.

animus, A. 2. 12, 3. 60†, 4. 639, 5. 363, 7. 356, 9. 205, 10. 487, 610, 715, 11. 325, 510, 12. 23, Ci. 262;

animi, G. 3. 289, 4. 491, A. 2. 61†, 144, 4. 203, 300, 529, 5. 202†, 6. 332 (M Ld. Con. *animo* RP edd.), 9. 246†, 611, 685, 10. 686, 898, 11. 417, 12. 19, Ci. 241†, 340;

animo, A. 1. 529, 2. 755 (mss. edd. *animos* Gos. Con.), 4. 3, 9. 721†, 741†, 12. 142;

animum, E. 9. 51, G. 2. 51, 259 (Rb. *animadversis* MR edd.), 285, 3. 123 (Rb. *animadversis* edd.), 521, 4. 386, 516, A. 1. 304, 464, 579, 2. 586, 741, 3. 434, 611, 4. 22, 54, 113, 197, 285, 395, 630, 5. 465, 640 (MPγ edd. *animam* R Rb.), 720 (Serv. Gos. *animo* mss. edd.), 869, 6. 11, 344, 468, 889, 8. 20, 9. 294, 311, 717, 764, 10. 548, 11. 538, 12. 57, 487, Cu. 64, Ci. 377;

animo, E. 3. 74, G. 4. 531, A. 1. 26, 582, 2. 575, 660, 3. 34, 4. 15, 5. 720 (mss. edd. *animum* Serv. Gos.), 748, 6. 105, 158, 332 (vid. *animi*), 690, 8. 370, 9. 191, 10. 648, 680, 890, 12. 26, 348, 439, Ci. 86;

animi, G. 3. 165, A. 2. 73, 120, 316, 451, 3. 260, 5. 404, 8. 4, 151, 9. 123 (MPγ¹ Gos. Ben. *animis* FRγ² edd.), 498, 11. 300, 451†;

animorum, G. 1. 420, 4. 86;

animis, A. 1. 11, 2. 355, 3. 89, 6. 832, 11. 733;

animos, G. 2. 350, 3. 100, 182, 207, 4. 69, 83, 105, 240, A. 1. 57, 153, 202, 515, 722†, 2. 617, 755 (vid. *animo*), 3. 342, 4. 13, 210, 414, 5. 192, 292, 751, 6. 782, 7. 383, 482, 550, 9. 127, 144, 249, 637, 10. 250, 259, 278†, 11. 315, 366, 800, 12. 4, 251, 426;

animis, G. 3. 119, 4. 132, A. 1. 149, 2. 386, 712, 799, 3. 250, 505, 5. 304, 462, 473†, 529, 6. 261, 7. 42, 216, 401, 475, 814, 8. 228, 256, 530, 9. 123 (vid.

animi), 676 (Bentl. Rb. Th. *armis* mss. edd.), 688, 703, 10. 7, 104, 357, 11. 18, 291, 438, 491, 641, 715, 854 (M¹ Rb. Gos. Ben. *armis* M² PRγ edd.), 12. 371, 535, 574, 788†, 892.

Anio (*Anien*): Anienem, A. 7. 683.

ANIUS, A. 3. 80†.

ANNA. 7.

Anna, A. 4. 31, 500;

Annam, A. 4. 634;

Anna (voc.), A. 4. 9, 20, 416, 421.

annalis: annalis (acc.), A. 1. 373.

ANNE, G. 1. 32, 2. 159, A. 6. 719 864, Co. 36.

annosus: annosam, A. 10. 766 annoso (neut.), A. 4. 441; annosa (acc.), A. 6. 282.

ANNUS. 60.

annus, E. 3. 57, 8. 39†, G. 2. 402, 516, A. 3. 139, 6. 311, Ci. 27;

anni, G. 1. 64, 224, 2. 514, A. 6. 796;

annum, G. 1. 6, 217, 258, 2. 405, A. 3. 284, 9. 155, 11. 290, Ci. 28;

anno, E. 7. 43, G. 3. 304;

anni, A. 2. 198;

annis, A. 8. 511;

annos, G. 2. 100, 208, 3. 47, 61, 4. 208, A. 1. 31, 47, 74, 272, 2. 363, 647, 715, 6. 329, 748, 7. 60, 8. 399, 481, 560, 9. 85, 311, 10. 549, 708, Cu. 40, Ci. 45†;

annis, G. 3. 95†, A. 1. 234, 2. 14, 87, 6. 649, 7. 53, 205, 8. 47, 517, 9. 235, 246, 11. 174, 12. 686.

ANNUUS, A. 5. 46†;

annua (fem. nom.), G. 1. 216;

annua (acc.), G. 1. 338, A. 5. 53, 8. 173.

ansa: ansa, E. 6. 17; ansas, E. 3. 45.

ANSER, E. 9. 36, G. 1. 119, A. 8. 655;

ansere, Ci. 489.

Antaeus: Antaeum, A. 10. 561†.

Antandros: Antandro (abl.), A. 3. 6.

ANTE (*adv.*). 58.

ante, E. 1. 45, 3. 65, 5. 85, 6. 70, 80 (mss. edd. *alte* Rb.), 9. 15 (edd. *antesinistra* Serv. Con.), 63, G. 1. 167, 173, 2. 230, 266, 369, 3. 71 (Rb. Con. *anteveni* edd.), 489, 552†, A. 1. 198, 374, 673, 2. 589, 4. 36, 538, 5. 185, 731, 6. 52, 105, 152, 216, 343, 677, 7. 623, 9. 47, 141, 300, 315, 591, 624, 648, 711, 10. 385, 420, 11. 32, 167, 302, 12. 354, 455, 612†, 680, Cu. 277 (edd. *Orphea* Ben.), Ci. 197 (Ellis *laudate* Rb. *blandaeque* Th. Ben.), 279, 422, 531, M. 51, 111, Ca. 2*. 3†, 10 (8). 8, 13 (5). 2, L. 21.

ANTE (*praepos.*). 88.

ante, E. 2. 62, 3. 78, 5. 70, G. 1. 125, 225, 2. 475, 3. 61, 206, 266, 348, 503, 4. 351, 458, 477, A. 1. 95, 114, 334, 347, 349, 2. 40, 270, 469, 531, 663, 773, 3. 150, 302, 321, 545†, 4. 59, 62, 141, 204, 328, 411, 620, 697, 5. 109, 151, 237, 318, 381, 406, 492, 540, 553, 570, 673, 833, 6. 47, 273, 308, 604, 667, 7. 55, 162, 420, 531, 673, 8. 104, 590, 640, 719, 9. 293, 311, 595, 627, 10. 643, 11. 233, 311, 416, 424, 537, 744, 806, 821, 887, 915, 12. 82, 334, 391, 448, 638, Ci. 110†, 473, Ca. 2*. 15, 4 (13). 5, 9 (11). 23.

anteeo: anteirent, A. 12. 84.

antefero: anteferam (indic.), A. 4. 371.

antemna: antemnarum, A. 3. 549.

ANTEMNAE, A. 7. 631.

ANTENOR, A. 1. 242.

Antenorides: Antenoridas, A. 6. 484.

ANTEQUAM. 16.

    1. c. indic.:

ante . . quam, A. 9. 115, 116; Cu. 135; Ci. 255, 256†;

ante . . ante . . quam, G. 2. 536, 537;

ante . . prius . . quam, A. 4. 27; L. 63, 64;

ante . . ante . . ante . . prius . . quam, D. 4†, 5, 7;

    2. c. subi.:

ante . . quam, G. 1. 347, 349; 4. 306, 307; A. 3. 255, 256; 384, 387; 6. 140, 141;

ante . . ante . . quam, E. 1. 59, 61, 63; G. 2. 259, 261, 262;

ante . . quam . . quam, G. 1. 221, 223.

antes: antes, G. 2. 417.

antesinister: antesinistra (fem. nom.), E. 9. 15 (Serv. Con. *ante sinistra* edd.).

antevenio: anteveni, G. 3. 71 (edd. *ante veni* Rb. Con.).

ANTHEUS, A. 12. 443; Anthea, A. 1. 181, 510.

ANTIGENES, E. 5. 89.

Antiphates: Antiphaten, A. 9. 696.

ANTIQUUS (ANTICUS). 49.

anticus, A. 11. 316†, Ca. 13 (5). 5;

antiqua, A. 1. 12, 531, 2. 363, 714, 3. 164, 4. 312, 670, 5. 688, 7. 365;

anticum, A. 3. 15†, 6. 580 (-quom), 648†;

antiqui, A. 4. 458, 11. 851, 12. 347;
antiquae (gen.), G. 2. 174, A. 1. 642 (P²γ² M Ld. Ben. Gos. *antiqua* P¹γ¹R edd.), 2. 742;
anticum, A. 5. 608†, 9. 266†, 647 (-quom);
antiquam, A. 2. 137, 626, 3. 96, 342, 6. 179, 7. 306, 10. 688;
anticum, A. 4. 431†, 12. 897†;
antiqua, A. 1. 375, 626, 642 (vid. *antiquae*), 2. 188, 4. 633, 7. 178, 11. 540;
antiquo, G. 3. 332, A. 7. 38;
antiquis (fem.), A. 3. 131;
antiquos, E. 9. 46, G. 2. 157;
antiquas, G. 2. 209, A. 2. 635;
antiqua, A. 12. 529;
antiqui, A. 11. 253;
antiquis (masc.), A. 10. 719, Ci. 15.
ANTISTITA, Ci. 166.
ANTONIUS, A. 8. 685.
Antores: Antoren, A. 10. 778†, 779†.
ANTRUM. 38.
antrum, A. 1. 166, 8. 451;
antro, E. 5. 6, 19†, 9. 41, A. 6. 262;
antrum, E. 5. 6, A. 3. 631, 6. 11, 42, 157;
antro, E. 1. 75, 6. 13, G. 4. 44, 152, A. 1. 52, 3. 431, 446, 617, 624, 641, 6. 77, 99, 400, 418, 423, 8. 217, 254, 297, 424, 630, Cu. 113, Co. 9;
antra, A. 8. 419, Cu. 78;
antra, G. 4. 429, Cu. 23†;
antris, G. 4. 509 (M edd. *astris* R Rb.).
ANUBIS, A. 8. 698†.
ANUS, A. 7. 419, Ci. 221; anubus (dat.), Ci. 375†.

ANXIUS. 6.
anxius, A. 9. 89, Cu. 159, 237;
anxia (nom.), Cu. 353;
anxia (nom.), Cu. 349;
anxia, Cu. 250†.
Anxur: Anxuris, A. 10. 545.
ANXURUS, A. 7. 799†.
Aones: Aonas (masc.), E. 6. 65†.
Aonia: Aoniae (gen.), E. 10. 12 (MRγ Rb. *Aonie* P? Serv. edd.).
Aonius: Aonie (gen.), E. 10. 12 (vid. *Aonia*); Aonio (masc. abl.), G. 3. 11.
Aornos: Aornon, A. 6. 242 (γ edd. *Avernum* R Con.).
APER. 10.
aper, E. 5. 76, G. 3. 248, A. 10. 708;
apri, E. 7. 29, A. 1. 324;
aprum, A. 4. 159;
apros, E. 2. 59, 3. 75, 10. 56, G. 3. 411.
aperio. 16.
aperit, G. 1. 217, A. 1. 107, 146, 2. 246, 6. 12, 406, 7. 448, 570, 10. 864, Ci. 280†;
aperiret, A. 2. 60†;
aperire, A. 3. 206, 11. 884, 12. 26;
aperitur, A. 3. 275, 8. 681.
apertus. 25.
apertum (masc.), A. 1. 587;
apertum, A. 10. 314, 11. 666;
aperto, G. 2. 280, A. 11. 493, 12. 353, 450;
aperto, A. 1. 155, 394, 5. 212, 6. 262, 8. 523, 12. 333;
apertos, G. 2. 112, A. 11. 904;
apertas, A. 10. 13, 11. 748, M. 107;
aperta, G. 1. 393, 3. 194, A. 9. 663, 11. 360;
apertis, A. 9. 25;
apertis, A. 8. 585;

apertis, A. 7. 522.
APEX. 7.
   apex, A. 2. 683, 10. 270, Ci.
   501;
   apicem, A. 4. 246, 7. 66, 12.
   492;
   apices (acc.), A. 8. 664.
Aphaea: Aphaeae (gen.), Ci.
   303†.
Aphidnus: Aphidnum, A. 9. 702†.
apis. 22.
   apes, E. 5. 77, 10. 30, G. 2.
   452, A. 6. 707, 7. 64;
   apibus, G. 1. 4, 2. 213, 4. 8, 37,
   149, 197, 220, 251, 534;
   apes, G. 4. 177, 285, 556, A. 1.
   430, 12. 588;
   apibus, E. 1. 54, G. 4. 139, 318.
apium: apii, M. 90; apio (abl.),
   E. 6. 68, G. 4. 121.
APOLLO. 38.
   Apollo, E. 3. 104, 4. 10, 57, 5.
   35, 6. 73, 10. 21, G. 4. 7, 323,
   A. 2. 121, 3. 154, 162, 251, 275,
   395, 434, 479, 4. 144, 345, 376,
   6. 9, 101, 344, 7. 241, 8. 336,
   704, 9. 638, 649, 654, 656, 10.
   875, 12. 393, 405;
   Apollinis, A. 2. 430, 3. 79, 12.
   516;
   Apollo, A. 3. 119, 11. 785;
   Apolline, A. 10. 171.
appello: appellat, A. 5. 540; ap-
   pellabunt, A. 5. 718†.
Appenninicola (*Apen-*): Appen-
   ninicolae (gen.), A. 11. 700.
APPENNINUS, A. 12. 703.
applico: applicat, A. 1. 616†, 10
   536, 12. 303.
apricus: apricis, A. 5. 128;
   apricis (fem.), A. 6. 312;
   apricas, Cu. 93†;
   apricis, (masc.) E. 9. 49;
   apricis (neut.), G. 2. 522.

APTE, M. 71 (Rb. Ellis *apta* Th.
   Ben.).
apto. 19.
   aptat, A. 8. 80, 721, 9. 364†,
   10. 588†, 11. 8, 12. 88;
   aptant, G. 4. 74, A. 5. 753;
   aptarat, A. 9. 305;
   aptemus, A. 2. 390;
   aptent, A. 4. 289, 10. 259;
   aptare, G. 2. 359, A. 1. 552, 3.
   472, 7. 731, 10. 131;
   aptans (masc.), A. 2. 672;
   aptantur, G. 1. 172.
aptus. 9.
   apta, Ca. 2*. 21†;
   aptum (masc.), A. 4. 482, 6.
   797, M. 50†;
   aptum, A. 11. 202;
   apta (abl.), M. 71 (Th. Ben.
   apte Rb. Ellis);
   aptos, G. 3. 168;
   apta, Cu. 36;
   aptius (nom.), G. 2. 234.
APUD. 7.
   apud (aput), E. 3. 62, A. 2. 71,
   4. 539, 5. 261, 6. 568, 11. 288,
   12. 331.
AQUA. 42.
   aqua, G. 2. 244†, D. 102;
   aquae, E. 5. 47, 8. 87, A. 1.
   105, 7. 464 (aquai), 8. 22, 10.
   603, 11. 495, Cu. 390†, Co. 12;
   aquae, A. 10. 196;
   aquam, E. 8. 64, 9. 9, G. 3. 14,
   A. 4. 489;
   aqua, G. 1. 369, A. 5. 696, 6.
   336, 356, 636, 7. 517, 8. 549,
   M. 97†, Ca. 13 (5). 26;
   aquae, G. 2. 349, A. 1. 167;
   aquarum, G. 1. 322, 4. 136,
   229, 365, A. 8. 77;
   aquis, A. 5. 821† (vid. abl.),
   8. 89 (vid. abl.);
   aquas, G. 3. 335, 4. 61, 166,
   410, A. 6. 298, 374, Cu. 240;

aquis, A. 5. 821† (vid. dat.),
8. 89 (vid. dat.), Ca. 13 (5).
29 (Ellis *labris* edd.).

AQUARIUS, G. 3. 304.

AQUICULUS (AQUICOLUS), A. 9.
684†.

AQUILA, A. 11. 752;
  aquila, E. 9. 13;
  aquilae, D. 5;
  aquilis (abl.), Ci. 529†.

AQUILO. 13.
  aquilo, G. 2. 404, 3. 196;
  aquiloni, G. 2. 261†;
  aquilonem, G. 2. 113;
  aquilone, G. 1. 460, A. 1. 102,
  5. 2, 7. 361, Ci. 145;
  aquilonibus (abl.), G. 2. 334,
  A. 1. 391, 3. 285, 4. 310.

aquor: aquantur, G. 4. 193†.

AQUOSUS, A. 4. 52;
  aquosi, G. 4. 234;
  aquosae (gen.), E. 10. 66, A.
  8. 429;
  aquosam, A. 9. 671.

ARA. 87.
  ara, A. 2. 513, 523, 7. 764, 9.
  585, Ca. 14 (6). 12 (edd. *ora*
  Ben.);
  arae, A. 8. 179;
  arae, A. 2. 129, 514;
  aram, E. 1. 7, G. 2. 395, 3. 486,
  A. 2. 223, 425, 6. 177, 8. 85,
  186, 271, 337†, 640†, 12. 219†,
  Ca. 3*. 15 (Ellis *arma* Rb.);
  ara, A. 12. 298;
  arae, G. 4. 276, 379, A. 1. 417,
  3. 63, 4. 509, 676†, 5. 639, 8.
  718;
  aris, G. 3. 160, A. 1. 49, 3. 231,
  4. 453, 9. 406, 11. 269, 12. 171,
  234;
  aras, E. 5. 65, G. 2. 193, 3. 5†,
  4. 541, 549, A. 1. 109 (Rb.
  Aras edd.), 334, 349, 355, 2.
  202†, 501, 663, 3. 25†, 279,

305, 332, 545†, 4. 56, 62, 200,
204, 219, 5. 48, 86, 101, 237,
661, 6. 124, 252, 7. 245 (mss.
edd. *auras* M¹ Gos.), 8. 106,
284, 542, 719, 9. 627, 12. 118,
201, 215, 283, 496, Ci. 525†;
  arae, A. 2. 155;
  aris, G. 2. 380†, A. 2. 351, 574,
  3. 118†, 404, 5. 762, 12. 292.

ARABS, A. 8. 706†; Arabum, G.
2. 115.

Arabus: Arabae (gen.), Ci. 238†;
  masc. subst. Arabis (dat.), A.
  7. 605.

Aracinthus (Aracynthus): Ara-
  cintho (abl.), E. 2. 24.

Arae: Aras, A. 1. 109 (edd. *aras*
  Rb.).

ARANEA, G. 4. 247.

araneolus: araneoli (gen.), Cu.
2.

Araris: Ararim, E. 1. 62†.

ARATOR. 8.
  arator, E. 3. 42, 4. 41, G. 1.
  261, 2. 207, 3. 517, 4. 512, A.
  10. 804, D. 80.

aratrum. 21.
  aratri, G. 1. 19, 162, 170, A. 7.
  635, M. 68;
  aratro, G. 1. 506;
  aratrum, E. 6. 50, M. 124;
  aratro, G. 1. 45, 98, 494, 2.
  513, A. 5. 755, 9. 435;
  aratris, G. 1. 213†, 2. 189, 3.
  62†;
  aratra, E. 2. 66, G. 3. 50, 519;
  aratris, A. 7. 539.

ARAXES, A. 8. 728.

arboreus: arboreum (neut. acc.),
  A. 12. 888; arborei, G. 1. 55;
  arboreis (neut. abl.), A. 1. 190.

ARBOS (ARBOR). 54.
  arbos, E. 3. 56, G. 2. 57, 66, 81,
  131, 150, 290, 4. 24, 142, A. 3.
  27, 6. 206, 12. 210;

arboris, G. 2. 124†, 3. 233, 4. 44, A. 7. 108, 10. 835, 12. 105;

arbore, E. 1. 37, 3. 70, 7. 54, G. 1. 262, 2. 76, 300, 470, 3. 256, 353, 4. 557, A. 4. 485, 5. 504, 6. 136, 141, 187, 203, 10. 207, Cu. 192 (Rb. Ellis *orno* edd.);

arboribus, E. 3. 81, 5. 32, 10. 54, G. 1. 444, 2. 9, 116, 267, A. 3. 139, 12. 454, D. 44;

arboribus, G. 2. 89, 278, 4. 560, A. 1. 311, 2. 300, 3. 230, 6. 178, 8. 96.

arbustum. 11.

arbustum, E. 3. 10;

arbusta, E. 1. 39, 2. 13, 4. 2, 5. 64, G. 2. 416, Cu. 153 (Th. Ben. *ardore* mss. edd.), D. 12;

arbusta, G. 3. 328, A. 10. 363, Co. 27.

arbuteus: arbuteae (nom.), G. 1. 166; arbuteis (fem. abl.), A. 11. 65.

arbutum: arbuta, G. 1. 148 (vid. acc.), Cu. 52;

arbuta, G. 1. 148 (vid. nom.), 2. 520†, 3. 301, 4. 181.

ARBUTUS, E. 3. 82, 7. 46, G. 2. 69.

Arcadia. 6.

Arcadiae (gen.), E. 10. 26, G. 3. 392, A. 8. 159, 10. 429;

Arcadia, E. 4. 58†, 59†.

Arcadius: Arcadii (masc.), G. 4. 283, A. 8. 573;

Arcadio, A. 12. 272;

Arcadio, A. 10. 425†;

Arcadio (masc.), A. 5. 299†.

arcanus: arcanos, A. 4. 422;

arcana, A. 6. 72;

subst. arcana (acc), A. 1. 262, 7. 123.

ARCAS. 22.

Arcas (masc.), A. 8. 102, 10. 239;

Arcades (fem.), A. 11. 835, 12. 551;

Arcadas, A. 8. 518;

Arcadas, A. 10. 364;

Arcades (masc.), E. 7. 26;

masc. subst. Arcas, A. 8. 129;

Arcada, A. 12. 518;

Arcades, E. 7. 4, A. 8. 51, 352, 11. 93, 142, 12. 231, 281;

Arcadibus, A. 10. 452;

Arcadas, A. 10. 397, 11. 395;

Arcades, E. 10. 31, 33, A. 10. 491.

ARCENS, A. 9. 583; Arcentis, A. 9. 581.

ARCEO. 15.

arceo, Ca. 2*. 5;

arcet, A. 5. 742, 6. 316, D. 52 (Ellis *arsit* Rb.);

arcent, G. 3. 131, 4. 168, A. 1. 435;

arcebat, A. 1. 31;

arcebant, A. 2. 406, Ci. 403;

arcebis, G. 3. 155;

arceat, A. 11. 826;

arceret, A. 1. 300†;

arcete, A. 8. 73;

arcentur, A. 7. 779.

arcesso: arcessit, A. 5. 746 (P edd. *accersit* MRγ² Con.);

arcessite, A. 10. 11;

arcessere, G. 4. 224, A. 6. 119 (edd. *accersere* MRγ¹ Con.).

Arcetius: Arcetium, A. 12. 459 (mss. edd. *Tarchetium* Th.).

Archippus: Archippi, A. 7. 752.

Arcitenens; vid. *Arquitenens.*

arctos: arcton, G. 1. 138†;

arctos, G. 1. 245, 246, A. 6. 16.

arcturus: arcturi, G. 1. 204;

arcturum, G. 1. 68, A. 1. 744, 3. 516.

ARCUS. 27.

arcus, G. 1. 381, A. 5. 88, 9. 631, 10. 169, 11. 652, 774;

arcum, E. 3. 12, A. 1. 187, 318,
3. 533, 5. 521, 609, 658, 8. 704,
9. 15, 11. 575, 12. 815†;

arcu, A. 5. 507, 513, 6. 803, 11.
654;

arcus (acc.), G. 2. 26, 448, A.
5. 500, 7. 164, 9. 665, 11. 874.

ARDEA, G. 1. 364.

ARDEA, A. 7. 411, 412, 631, 9.
738, 12. 44.

ARDENS. 53.

ardens, G. 1. 34, 4. 91, A. 2. 41,
529, 5. 277, 456, 9. 421, 10.
514, 689;

ardens (fem.), A. 6. 5, 130;

ardentis (fem.), G. 1. 222;

ardentem, A. 6. 467, 9. 198,
653, 703, 10. 262, 12. 55;

ardentem, G. 4. 384, A. 7. 142,
345, 9. 535;

ardenti, E. 2. 13;

ardente (fem.), G. 1. 391, A.
7. 244;

ardentes, G. 3. 505, A. 1. 423,
7. 481;

ardentes, G. 3. 564, 4. 99;

ardentis, G. 4. 451, A. 1. 472,
2. 210, 734, 5. 648, 7. 781, 10.
237 (Pγ¹ edd. horrentis MR
Con. Gos.), 11. 200, 12. 670;

ardentis, G. 3. 46, A. 5. 637, 9.
568;

ardentia, A. 2. 405, Ci. 402;

ardentibus (fem.), A. 4. 482, 6.
797, 11. 202 (MP edd. fulgentibus R Con.), Cu. 272;

ardentibus, A. 6. 254;

masc. subst. ardentis, A. 12.
101†;

ardenti, A. 10. 552;

ardentem, A. 9. 760, 12. 732.

ardeo. 34.

ardet, A. 1. 491, 2. 311, 4. 101,
281, 7. 623, 9. 66, 10. 270, 12.
3, 71, 325, Cu. 179;

ardemus, A. 2. 105;

ardent, G. 3. 490, A. 2. 316, 11.
602, 895†;

ardebat, E. 2. 1, 5. 86, G. 4.
426, A. 4. 262, 8. 163, 11. 782;

ardebant, G. 3. 512, A. 1. 515,
581;

arsit, A. 5. 525, D. 52 (Rb.
arcet Ellis);

arsere, G. 1. 488, A. 2. 172;

arserit, A. 2. 581;

arserit, A. 7. 644;

arsisse, A. 10. 567;

arsuras, A. 11. 77;

arsura, M. 37.

ardesco: ardescit, A. 1. 713, 11.
607; ardescere, Ci. 352.

ARDOR. 11.

ardor, A. 4. 581, 7. 393, 10.
273, 11. 786, Cu. 101, D. 44†;

ardorem, A. 9. 184, Cu. 222†,
365;

ardore, G. 3. 432, Cu. 153
(mss. edd. arbusta Th. Ben.).

ARDUUS (ARDUOS). 41.

arduus, G. 1. 240, 324, 2. 145,
3. 439, A. 2. 328, 475 (-os), 3.
619, 703 (-os), 5. 278, 480, 567,
7. 624, 8. 299, 683 (-os), 9. 53
(-os), 10. 3, 102 (-os), 197,
11. 638, 755, 12. 789;

ardua (nom.), G. 2. 67, 3. 58,
79, A. 3. 271, 8. 417;

ardua (nom.), A. 12. 745;

ardua, G. 3. 291, A. 3. 665, 4.
246, 5. 428, 831, 6. 515, 7. 161,
512, 11. 513, 12. 892;

neut. subst. ardua, A. 5. 695;

ardua, G. 3. 315, A. 7. 562, 8.
221.

AREA, G. 1. 178, 192, 298, 3. 133,
M. 84.

areo. 12.

aret, E. 7. 57, 10. 67, G. 3.
501†;

arebant, G. 4. 427, A. 3. 142;
arentem, A. 3. 350;
arentem, A. 12. 522†;
arenti (masc.), Cu. 242;
arentes (fem.), G. 3. 555†;
arentibus (masc.), G. 2. 377;
arentis (fem.), G. 4. 268;
arentia, G. 1. 110.
ARETHUSA, G. 4. 344, 351;
Arethusa (voc.), E. 10. 1, A. 3.
696.
ARGENTEUS, A. 8. 655.
ARGENTUM. 16.
argentum, A. 1. 593, 640;
argenti, G. 2. 165, 3. 449, A. 1.
359, 5. 112, 248, 10. 527, 531;
argentum, A. 3. 466;
argento, A. 5. 267, 307, 7. 634,
8. 673, 9. 263, 357.
Argeus: Argea (fem. nom.), Cu.
343†.
Argi. 10.
Argis, A. 1. 285;
Argos, A. 2. 95, 326, 6. 838,
10. 782, Cu. 319 (Th. Ben. *om.*
edd.);
Argis, A. 1. 24, 2. 178, 7. 286,
10. 779.
Argiletum: Argileti, A. 8. 345.
ARGILLA, G. 2. 180.
ARGITIS, G. 2. 99.
Argivus. 11.
Argiva, A. 2. 254, 7. 672, 794;
Argivae, A. 1. 650;
Argivae, A. 3. 547;
Argivom (masc.), A. 2. 393;
Argivae, A. 12. 544;
Argiva (acc.), A. 11. 243;
masc. subst. Argivom (gen.),
A. 1. 40, 5. 672†, Cu. 335
(-um).
ARGO, E. 4. 34.
Argolicus. 12.
Argolici (masc.), A. 3. 637;
Argolicum (masc.), A. 9. 202;

Argolica, A. 2. 78, 119, 5. 314;
Argolico, A. 5. 52;
Argolici, A. 8. 374;
Argolicos, A. 10. 56;
Argolicas, A. 2. 55, 3. 283;
Argolicis (fem.), Cu. 303;
Argolicis, A. 2. 177.
Argous: Argoae (dat.), Cu. 137.
ARGUMENTUM, A. 7. 791.
arguo: arguit, A. 4. 13;
arguet, A. 11. 393†;
arguerit, A. 9. 282;
arguerim, A. 11. 164†;
argue, A. 11. 384†.
ARGUS, A. 7. 791.
Argus: Argi, A. 8. 346.
argutus. 13.
arguta, E. 7. 24, G. 1. 377;
argutum, G. 3. 80;
arguti (masc.), D. 74;
argutae, G. 1. 143;
arguto (masc.), Ci. 186;
argutum (neut.), E. 8. 22;
arguta, E. 7. 1;
arguto, G. 1. 294, A. 7. 14;
arguta, Ci. 178;
argutos, E. 9. 36;
argutis (fem.), Cu. 153.
Argyripa: Argyripam, A. 11.
246†.
ARICIA, A. 7. 762†.
ARIDUS. 10.
aridus, G. 1. 357†, 4. 98;
arida (nom.), G. 3. 458, Ca.
2*. 2, 3*. 3;
arida (nom.), G. 1. 289;
arida, G. 1. 79, 3. 197, A. 1.
175, 5. 200.
ARIES. 8.
aries, E. 3. 95, 4. 43, G. 3. 387,
446, Ca. 14 (6). 7;
ariete, A. 2. 492, 7. 175, 12.
706.
arieto: arietat, A. 11. 890.
ARION, E. 8. 56†.

Arisba: Arisba, A. 9. 264.

ARISTA. 14.

arista, Ca. 2*. 7;

arista, E. 4. 28, G. 1. 8†, Ca. 3*. 11;

aristae, A. 7. 720†;

aristis, G. 1. 220, 348;

aristas, E. 1. 69, A. 7. 809†, D. 44;

aristis, G. 1. 111, 226 (AMR Th. Ben. *avenis* Pγ edd.), 2. 253, Cu. 136†.

ARISTAEUS, G. 4. 317, 355;

Aristaei, G. 4. 350;

Aristaeo (dat.), G. 4. 437.

Ariusius: Ariusia (acc.), E. 5. 71.

ARMA. 299.

arma, G. 1. 160, 3. 83, A. 1. 16, 119, 550 (Rγ edd. *arva* M Gos.), 2. 243, 5. 111, 6. 507, 7. 183, 685, 8. 441, 565 (vid. acc.), 9. 731, 10. 319, 488, 836, 11. 191, 293, 634, 652, 12. 78;

armorum, G. 1. 474, A. 2. 301, 412, 6. 654, 9. 517†, 11. 523;

armis, G. 4. 245, A. 2. 409, 3. 51, 4. 629, 9. 655, 10. 181, 796, 11. 114, 815;

arma, G. 1. 511, 3. 27, 182, 345, A. 1. 1, 150, 177, 183, 248, 295, 315, 489, 542, 2. 87, 99, 181, 314, 337, 353, 391, 509, 618, 655, 668 *bis*, 3. 54, 156, 234, 288, 307, 469, 597, 4. 86, 290, 495, 592, 629, 5. 15, 410, 412, 417, 6. 233, 485, 490, 523, 612, 651, 814, 859, 7. 43, 340, 430 (mss. edd. *arva* Peerlk. Rb.), 441, 453, 460 *bis*, 468, 472, 551, 554, 625, 694, 784, 8. 3, 114, 120, 220, 249, 299, 320, 376, 383, 435, 528, 535, 565 (vid. nom.), 616, 9. 22, 29†, 57, 133, 139, 180, 273,

318, 358, 462, 557, 620, 651, 753, 777, 10. 10, 30, 80, 90, 150, 242, 412, 423, 462, 541, 672, 684, 700, 817, 827, 841, 11. 6, 18, 161, 229, 348, 402, 403, 439, 453 *bis*, 467, 512, 593, 644, 696, 747, 778, 830, 886, 12. 6, 31, 71, 185, 192, 242, 308, 326, 425, 472, 491, 586, 707, 739, Cu. 178, 326 (Ellis *firma* Leo Rb. *alma* Th. Ben.), Ca. 3*. 15 (Rb. *aram* Ellis), 13 (5). 4;

armis, E. 10. 44†, G. 2. 283, 459, 3. 116, 346, A. 1. 474, 506, 531, 545, 751, 2. 238, 314, 317, 339, 383, 518, 676, 749, 3. 164, 260, 471, 595, 4. 11, 48, 228, 615, 5. 262, 425, 440, 550, 585, 6. 184, 217, 353, 403, 479, 769, 826, 861, 7. 235, 434, 553, 644, 745, 8. 80, 474†, 482, 493, 567, 588, 685, 723, 9. 40, 148, 168, 176, 269, 376, 399, 462, 547, 581, 676 (mss. edd. *animis* Bentl. Rb. Th.), 684, 815, 10. 46, 52, 170, 259, 539 (MR P²γ edd. *albis* Serv. Rb. Con.), 550, 735, 768, 11. 83, 93, 124, 154, 173, 175, 188, 218, 291, 293, 308, 351, 395, 411, 461, 464, 536, 602†, 630, 641, 660, 677, 687, 710, 769, 789, 854 (M² PRγ Ld. Th. Con. *animis* M¹ edd.), 886, 910, 12. 107, 123, 167, 226, 275, 281, 344, 433, 642, 654, 700, 788, 844, 890, 938, Ci. 110, L. 69.

Armenius: Armenias, E. 5. 29†.

armentalis: armentalis (fem. gen.), A. 11. 571.

ARMENTARIUS, G. 3. 344.

armentum. 31.

armento (dat.), G. 3. 71;

armenta, E. 4. 22, 6. 45, G. 2.

144, 201, 329, 3. 150, 162, A. 1. 185, 3. 540, 7. 486, 539, 12. 719;

armentis, G. 3. 286;

armenta, E. 2. 23, 6. 59, G. 1. 355, 483, 2. 195, 515, 3. 129, 155, 352, 4. 223, 395, A. 2. 499, 3. 220, 8. 214, 360, 11. 494, 12. 688.

ARMIGER. 6.

armiger, A. 2. 477;

masc. subst. armiger, A. 5. 255, 9. 564, 648, 11. 32;

armigerum, A. 9. 330.

ARMIPOTENS, A. 9. 717;

armipotentis, A. 6. 839;

armipotentis (fem.), A. 2. 425;

armipotens (masc.), A. 6. 500;

armipotens (fem.), A. 11. 483.

armisonus: armisonae (gen.), A. 3. 544.

armo. 39.

armat, A. 2. 395, 7. 648, 9. 11, 10. 204, 398, 11. 682;

armavit, A. 11. 574;

armet, A. 10. 165;

armate, A. 9. 115;

armare, A. 7. 335, 8. 397, 9. 773, 10. 140;

armantur, A. 3. 540;

armari, A. 4. 299, 7. 429†, 11. 463;

armatus, A. 6. 388, 7. 506, Co. 23;

armata, A. 6. 288, Ci. 213;

armato (masc.), A. 6. 880;

armatum, A. 3. 517, 6. 516†;

armatam, A. 4. 472, 12. 857;

armato (masc.), A. 2. 20, 11. 516;

armati, A. 7. 748, 8. 490, 595, 640, 9. 46, 308, 678;

armatas, G. 1. 255;

subst. armatos, A. 2. 328, 485.

armus. 7.

armo, A. 10. 894†;

armo, G. 3. 86;

armos, A. 6. 881, 10. 711, 11. 497, 644, 12. 722.

ARNA, Cu. 14 (edd. *acta* Ben.).

aro. 10.

arat, G. 2. 224, A. 7. 417;

arant, A. 3. 14†, 7. 798;

ara, G. 1. 299;

arando (abl.), G. 2. 204, 239;

arandum (neut. acc.), A. 4. 212;

arandum (est), A. 2. 780, 3. 495.

ARPI, A. 11. 428; Arpos, A. 11. 250; Arpis, A. 10. 28.

ARQUITENENS, A. 3. 75 (mss. edd. *arcitenens* Ben.).

arr-; vid. *adr-.*

ARRUNS. 7.

Arruns, A. 11. 759, 763, 784, 806, 814, 864;

Arruntem, A. 11. 853.

ARS. 52.

ars, A. 12. 519;

artis, G. 2. 174 (Mγ edd. *artem* P Rb.), 4. 440, A. 2. 106, 7. 772, 8. 377;

artem, G. 1. 122†, 2. 174 (vid. *artis*), 4. 315, A. 5. 359 (mss. Ben. *artes* M edd.), 484, 521, 8. 143, 10. 135, 12. 632;

arte, G. 4. 56, 294, A. 1. 639, 2. 15, 152, 195, 5. 270†, 442, 705, 7. 477, 755, 765, 8. 226, 401, 442, 612, 9. 304, 11. 760, 12. 427, 874, 892, Cu. 86, 99, Ca. 2*. 1;

artes, G. 1. 145†, 3. 549, A. 6. 852, 7. 338;

artes, G. 1. 133, 2. 52, 3. 101† (-is), A. 1. 657, 4. 493† (-is), 5. 359 (vid. *artem*), 6. 663 (-is), 11. 716 (-is), 12. 393, 397, Ci. 42.

44

artifex: artificis, A. 2. 125, 11. 407, 12. 210;
artificum, A. 1. 455.
artus: arta (acc.), A. 2. 146; artis, G. 4. 297†; artis (fem.), A. 1. 293.
artus. 41.
artus (nom.), A. 3. 627, 6. 732, Ci. 494;
artus, E. 6. 78†, G. 3. 84, 458, 483, 514, 566, 4. 190†, A. 1. 173. 2. 173, 215, 253, 3. 511, 4. 336, 385, 695, 5. 199, 422, 432, 857, 6. 726, 7. 446, 458, 8. 457, 9. 433, 490, 753, 814, 11. 424, Cu. 128†, 138†, 160, 199, 205, 409†, Ci. 81, 198, 237, 399, 482.
arundineus, arundo; vid. *harundineus, harundo.*
Aruns; vid. *Arruns.*
arvina: arvina, A. 7. 627.
arvum. 89.
arvo, G. 3. 136;
arvo, G. 2. 24, Cu. 401†;
arva, G. 1. 82, 507, 2. 263, 331, A. 1. 3*, 550 (M Gos. *arma* Rγ edd.), 3. 496, 8. 695;
arvorum, G. 2. 1, 177, 4. 559, A. 8. 601;
arvis, E. 5. 33, G. 1. 99, 316, 2. 422, A. 3. 35, 7. 799, 8. 38, 10. 300, 12. 681;
arva, E. 1. 3, G. 1. 21, 95, 104, 110, 125, 2. 353, 438, 3. 201, 475†, 4. 518, A. 1. 246, 569†, 2. 209, 498, 781, 3. 171, 418, 500, 550, 4. 236, 311, 5. 82, 215, 6. 60, 477, 744, 793†, 7. 45, 430 (Rb. *arma* mss. edd.), 662, 682, 696, 739, 8. 551, 9. 100, 135, 10. 78, 404, 741†, 908, Cu. 71, Ci. 470, D. 50;
arvis, G. 1. 151, 2. 180, 341, 3. 75, A. 3. 136, 4. 39, 355, 5. 702,

7. 537, 721, 736†, 8. 605, 10. 183, 390 (MR edd. *agris* P Rb.), 473, 590, 11. 247 (Ld. Th. Gos. *agris* mss. edd.), 12. 4, 24 (M edd. *agris* PRγ Con. Gos.), 237†, 898†.
ARX. 64.
arx, A. 2. 56 (vid. voc.);
arcis, G. 4. 125 (P edd. *altis* M² Ben.), A. 2. 166, 319, 8. 313, 652, 9. 151, Cu. 344†;
arcem, A. 1. 250, 366, 424, 2. 226, 315, 322, 760, 3. 134, 336, 8. 98, 357†, 657;
arx, A. 2. 56 (vid. nom.);
arce, A. 1. 56, 2. 33, 41, 245, 3. 531, 4. 410, 6. 17†, 519, 830, 7. 70, 8. 1, 9. 86, 10. 805†, 11. 490, Ci. 14†;
arces, G. 4. 461, A. 1. 298, 3. 109, 553, 4. 347;
arcibus, A. 10. 12;
arces, E. 2. 61, G. 1. 240, 2. 535, A. 1. 20, 420, 2. 615, 3. 291, 4. 234, 260, 6. 9, 774, 783, 7. 61, 696, 8. 375, 11. 477, 12. 655, 698, Cu. 30, 42, 336†, Ci. 465;
arcibus, G. 2. 172.
Asbytes (Asbutes): Asbyten, A. 12. 362†.
Ascanius: Ascanium, G. 3. 270.
ASCANIUS. 41.
Ascanius, A. 1. 267, 2. 598, 652, 3. 339, 4. 156, 354, 5. 74, 597, 667, 673, 7. 497, 8. 48, 9. 256, 258, 592, 622, 636, 10. 236, 605, 12. 168, 385;
Ascanio, A. 1. 645, 691, 3. 484, 4. 234, 5. 548, 7. 522, 8. 550, 9. 649;
Ascanium, A. 2. 666, 747, 4. 84, 274, 602, 9. 646, 662, 10. 47, 12. 433;
Ascanio, A. 1. 646, 659, 8. 629.

ascendo. 8.
ascendebant, A. 1. 419;
ascendet, Ci. 205 (Rb. Th. *ascendat* Ben. Ellis);
ascendat, Ci. 205 (vid. *ascendet*);
ascendisset, A. 2. 192†;
ascendite, A. 9. 37†;
ascendere, A. 9. 507, 12. 144, Ci. 8, 172.
ascensus: ascensu, A. 2. 303.
ascio; vid. *adscio.*
Ascraeus: Ascraeo, E. 6. 70, Cu. 96; Ascraeum (neut.), G. 2. 176.
ASELLUS, Co. 25; aselli (gen.), G. 1. 273.
Asia. 11.
Asiae (gen.), G. 2. 171, 3. 30, A. 2. 557, 3. 1, 7. 224, 12. 15, Ca. 3 (12). 4;
Asiam, A. 2. 193, 10. 91, 11. 268;
Asia, A. 1. 385.
ASILAS, A. 9. 571.
ASILAS, A. 10. 175, 11. 620, 12. 127, 550.
asilus: asilo (dat.), G. 3. 147†.
ASINUS, Co. 26.
Asius: Asia (fem. nom.), G. 4. 343, A. 7. 701; Asia (acc.), G. 1. 383.
ASIUS, A. 10. 123†.
aspargo; vid. *adspargo.*
aspecto; vid. *adspecto.*
ASPECTUS (ADSPECTUS). 8.
aspectus, A. 4. 348;
aspectu, A. 6. 465;
aspectu, A. 1. 613, 3. 597, 4. 279, 11. 699, Cu. 173;
aspectus (acc.), A. 9. 657†.
ASPER. 44.
asper, E. 3. 89, G. 3. 149, 434, 4. 245, 277, A. 7. 647, 729, 8. 318, 330, 365, 9. 62, 794, Cu.

319 (Th. Ben. *super* edd.), Ca. 3*. 8 (Rb. *aspera* Ellis);
aspera (nom.), E. 10. 49, G. 1. 152, 3. 57, 384, 508, A. 1. 279, 2. 110, 5. 730, 767, 7. 505, 9. 667, 10. 366, 11. 635, 12. 124, Ca. 3*. 8 (vid. *asper*);
aspera (voc.) A. 11. 664;
aspera (nom.), G. 2. 413†, A. 1. 291;
aspera, A. 2. 96, 4. 526, 5. 267, 6. 351, 360, 882, 9. 263, 10. 87, 11. 282, 902;
aspris (masc.), A. 2. 379;
asperrima (fem. nom.), A. 1. 14;
subst. asperrima (acc.), A. 11. 319.
aspergo; vid. *adspergo.*
aspernor; vid. *adspernor.*
aspero: asperat, A. 3. 285.
ASPICIO (ADSPICIO). 49.
aspicio, E. 7. 8, A. 2. 569, 9. 481;
aspicis, A. 4. 208†, Ci. 415 (Th. Ben. *accipis* mss. Rb. Ellis);
aspicit, A. 4. 372, 7. 101†, 9. 209†, 10. 782, 12. 558;
aspicimus, A. 2. 285;
aspiciunt, G. 4. 555, A. 4. 664;
aspiciebat, A. 7. 218;
aspiciam, A. 2. 786;
aspicies, A. 2. 596, 3. 443, 6. 155, 375, 11. 56;
aspiciet, A. 2. 578;
aspexit, A. 12. 734, Cu. 109 (edd. *accessit* Ben.);
aspiceres, A. 8. 650;
aspiceret, A. 12. 642;
aspice, E. 2. 66, 4. 50, 52, 5. 6, 8. 105, 9. 58, G. 2. 114, 4. 2, A. 1. 393, 526, 2. 604, 690, 6. 771, 788, 825, 855, 8. 190, 385, 10. 481, 11. 374, Ca. 3 (12). 1†;

aspicere, A. 12. 151;
aspiciens (masc.), Cu. 109, 235.
asporto: asportare, A. 2. 778 (Fγ Rb.Con.Ben.*portare* M? edd.).
ASSARACUS. 7.
Assaracus, A. 6. 650;
Assaraci, G. 3. 35, A. 1. 284, 6. 778, 9. 259, 643, 12. 127.
Assaracus: Assaraci (nom.), A. 10. 124.
assensus, assentio, asservo; vid. *adsensus, adsentio, adservo.*
assideo, assiduus, assimilis, assimulo, assisto; vid. *adsideo, adsiduus, adsimilis, adsimulo, adsisto.*
assuesco, assultus, assum, assurgo; vid. *adsuesco, adsultus, adsum, adsurgo.*
Assyrius: Assyrium (nom.), E. 4. 25;
Assyrio (abl.), Cu. 62;
Assyrio, G. 2. 465, Ci. 440.
AST. 19.
ast, A. 1. 46, 116, 2. 467, 3. 330, 410, 4. 488, 5. 468, 509, 676, 6. 316, 7. 308, 395, 9. 162, 727, 10. 173, 743†, 11. 293†, 12. 951, Cu. 300 (edd. *Periboea* Th. Ben.). Vid. *at.*
asto, astringo; vid. *adsto, adstringo.*
Asteria: Asteriae (gen.), Cu. 15†.
ASTRUM. 32.
astrum, E. 9. 47, 48, L. 49;
astro (abl.), G. 1. 218;
astra, A. 4. 352;
astrorum, A. 3. 585, 8. 590, 9. 405;
astris, A. 5. 759;
astra, E. 5. 23, 51, 52, G. 1. 232, A. 2. 460, 3. 158, 567, 5. 25, 853, 6. 725, 7. 99, 272, 9. 76, 641, 12. 893, Cu. 139;

astris, G. 1. 440†, 3. 156†, 4. 509 (R Rb. *antris* M edd.), A. 1. 287, 5. 517, 838, 8. 59.
ASTUR (ASTYR), A. 10. 180†, 181†.
astus: astu, A. 10. 522†, 11. 704.
Astyanax: Astyanactis, A. 3. 489; Astyanacta, A. 2. 457.
Astyr; vid. *Astur.*
Asylas; vid. *Asilas.*
asylum: Asylum, A. 8. 342; asylo, A. 2. 761.
AT. 206.
at, E. 1. 64, 2. 12†, 3. 66†, 4. 18†, 26†, 5. 88, 6. 49, 7. 35, 55, 67†, 8. 49 (Rb. Ben. *an* mss. edd.), 10. 31, G. 1. 50 (γ edd. *ac* mss. Con.), 58, 67, 191, 219, 242, 297 (mss. edd. *nec* Rb. in ed. min.), 298 (Rb. in ed. min. *et* mss. edd.), 370, 401, 430†, 458, 2. 151, 184, 211†, 246, 256†, 265 (Pγ Con. Ben. *ad* R *ac* M edd.), 447, 467, 468†, 469 (P Con. *et* M edd.), 3. 87, 110†, 190, 240, 322, 331†, 349, 394, 522, 4. 6, 18, 103†, 180, 208†, 241†, 333, 360†, 416, 446†, 460, 471, 513, 530, A. 1. 4*, 267, 305, 411, 543†, 557, 637, 657, 691, 719†, 2. 35, 225, 486, 535, 540, 559, 687, 3. 225, 259, 424†, 594, 675, 4. 1, 156, 279, 296, 393, 504, 529, 615†, 642, 5. 35, 178, 188, 210†, 258, 264, 453, 545, 613, 654, 700†, 779, 6. 9, 77, 232, 406, 489, 542, 592, 679, 7. 5, 81, 297, 315, 316, 363 (Rγ Ld. Con. *an* M edd.), 446, 500, 511, 691, 774, 789, 8. 140, 205, 241, 370, 443†, 489, 572, 608, 643, 714, 9. 126, 144†, 290, 438, 475†, 503, 523, 556, 607, 686 (Rb. *aut* mss. edd.), 747, 793†, 10.

om. Ld.), 86, 110, 116, 134,
139†, 141, 148, 219, 227, 295,
320, 330, 343 *bis*, 406, 409, 418,
444, 463 *bis*, 475†, 481, 484,
492, 519, A. 1. 7, 30, 40, 65,
112, 147, 162, 175, 227, 243,
252, 254, 311, 349, 385, 389,
464, 475, 500, 531, 543, 575,
619, 660, 687, 2. 61, 68, 146,
158, 200, 243, 267, 299, 303,
372, 386, 413, 419†, 423, 490,
514, 574, 634, 648, 691, 734,
772, 796, 3. 87, 89, 164, 230,
250, 373, 421, 446, 457, 504,
514, 557, 600, 611†, 639, 642,
684, 4. 128, 142†, 148, 151,
154, 190, 197, 261, 285, 424,
447†, 505, 537, 549, 663, 679,
687, 705, 5. 20, 59, 267, 271,
352, 367, 382, 423, 438, 512,
580, 596, 630, 680, 730, 787,
807†, 6. 13, 35, 105, 113, 127,
162, 185, 297, 306, 387, 394,
422, 472, 494, 607, 622, 631,
668, 672, 716, 723, 747, 772,
830, 854, 860, 887, 7. 17, 24,
29, 74, 91, 94, 146, 159, 194,
205, 224, 304, 314, 315, 317,
336, 355, 465, 473, 502, 540,
623, 739, 802, 8. 20, 81, 107,
209, 215, 248†, 267, 318, 387,
400, 459, 486, 513, 527, 618,
655, 659, 9. 1, 57, 68, 72, 74,
90, 127, 246, 251, 255, 263,
294, 305, 354, 364, 380, 381,
387 (mss. edd. *ac* Ld.), 440,
478, 550, 569, 595, 640, 652,
694, 702, 734, 753, 754, 755,
777, 10. 2, 13, 23, 28, 31, 51,
60, 78, 104, 178, 219, 237, 243,
259, 265, 278†, 305, 387, 422,
473, 477, 480, 507, 531, 535,
539, 572, 607, 624, 629, 648,
691, 695, 698, 732, 741, 743,
772, 780, 842, 873, 883, 11. 11,

121, 150, 163, 183, 239, 244,
319, 342, 370, 395, 401, 555,
565, 627, 668, 725, 734, 752,
822, 865, 882, 12. 10, 21, 104†,
239, 295, 312, 316, 326, 332,
343, 355, 358, 383, 424, 429,
431, 531, 558, 559, 574, 615,
616, 623, 640, 648, 710, 712,
745, 861, 944, Cu. 2, 16, 72,
169, 196, 221, 248, 395, 401,
Ci. 6†, 17, 47 (edd. *-que* Rb.),
68, 86 (Rb. Ellis *-que* Th.
Ben.), 91, 100, 134, 159 (Th.
Ben. *om.* Rb. Ellis), 181, 247†,
290†, 297, 310, 331, 332, 337,
400, 445, 453, 495, M. 37, 45,
96, 115, 124, Ca. 9 (11). 36,
L. 14 (Ellis *-que* Rb.), 40
(Ellis *fugat* Rb.), 56, 60, 73, 75;
atque . . . atque (vid. *ac*), E.
5. 23;
haut secus atque, A. 11. 456;
non secus atque, A. 8. 391.
ATQUI, G. 3. 526.
ATRIDES. 9.
    Atrides, A. 11. 262, Cu. 334
    (edd. *Atrida* Ben.);
    Atridae (nom.), A. 2. 104, 415,
    9. 602;
    Atridis, A. 8. 130;
    Atridas, A. 1. 458, 2. 500, 9.
    138.
atrium. 6.
    atria, A. 2. 483;
    atria, A. 1. 726, 2. 528, 4. 666,
    7. 379, 12. 474.
ATROX, G. 1. 407, A. 9. 420, Cu.
    330, Ci. 539;
    atrox (fem.), A. 1. 662.
attactus: attactu, A. 7. 350.
Attalicus: Attalicis (fem. abl.),
    Cu. 63.
attero (adtero): atterat, G. 4. 12;
    attrivere, G. 4. 204;
    attritus, G. 1. 46;

4   49

attrita (abl.), E. 6. 17.

Atticus: Atticae (gen.), Ca. 2.
3 (edd. *Atticaest* Ellis); Attica
(acc.), Ci. 115.

attingo. 10.
attigit, E. 5. 26, A. 1. 737, 7.
662;
attigerat, A. 10. 659†;
attigerit, A. 4. 568;
attigerint (indic.), A. 6. 829;
attingere, G. 3. 562, A. 5. 797,
9. 558, Ca. 9 (11). 55.

attollo (adtollo). 31.
attollit, A. 3. 552, 574, 4. 176,
5. 452, 7. 561, 10. 856, 12. 4,
Cu. 170;
attollunt, G. 4. 217, A. 9. 682;
attollet, A. 4. 49;
attollat, A. 5. 364;
attollens, A. 1. 354, 5. 278,
847, 8. 731, 12. 703;
attollens (fem.), A. 4. 690†, 6.
607;
attollentem (masc.), A. 2. 381;
attollere, A. 2. 185, 3. 134, 205,
4. 688, 7. 173, 8. 32, 9. 321, 11.
130;
attollitur, A. 5. 127;
attolluntur, A. 9. 714;
attolli, A. 5. 829.

attondeo (adtondeo): attondent,
E. 10. 7; attondens (masc.),
G. 2. 407; attodisse, Ca. 10
(8). 9 (edd. *attotonse* Ben.).

ATTONITUS (ADTONITUS). 10.
attonitus, G. 2. 508, A. 3. 172,
4. 282, 12. 610;
attonitae (gen.), A. 6. 53;
attoniti (nom.), G. 3. 545;
attonitae, A. 5. 659, 7. 580;
attonitis (masc. abl.), A. 5.
529, 7. 814.

attorqueo (adtorqueo): attorquens
(masc.), A. 9. 52†.

attraho (adtraho): attraxerit

(subi.), A. 11. 250†; attractus,
G. 3. 505.

attrecto (adtrecto): attrectare, A.
2. 719†.

ATYS, A. 5. 568, 569.

AUCTOR. 25.
auctor, G. 1. 432, 2. 315†, 3.
36, A. 2. 150, 3. 503, 4. 365, 5.
17, 418, 6. 650, 7. 49, 8. 134,
269, 336, 9. 748, 10. 510, 11.
339, 12. 159, 405, Cu. 12, Ci.
63, L. 62;
auctorem, G. 1. 27, A. 9. 421;
auctoribus (abl.), A. 10. 67, Ci.
367.

AUDAX. 17.
audax, G. 4. 565, A. 5. 67, 8.
110, Cu. 270;
audacis (masc.), A. 4. 615, 7.
409;
audacis (neut.), A. 11. 812;
audaci, A. 9. 126, 10. 276;
audaci (fem.), A. 12. 786;
audacem (masc.), A. 9. 3, Cu.
277;
audaces (masc.), A. 9. 519;
audacibus (neut.), G. 1. 40,
A. 9. 625;
audacibus, A. 7. 475;
audacibus (fem.), A. 7. 114.

AUDEO. 61.
audeo, A. 11. 503;
audes, A. 10. 811, 12. 152;
audet, G. 3. 78, A. 1. 493, 5.
379, 383, 9. 802, 11. 808;
audetis, A. 1. 134;
audent, E. 3. 16, G. 2. 332, A.
9. 690, 11. 884;
audebit, G. 4. 108;
ausus (sum), A. 2. 768, L. 53;
ausus (est), G. 3. 113, A. 1.
452, 9. 428, 12. 350;
ausa (est), A. 7. 300; ausa est,
Ci. 8, 83, 365;
ausi (sunt), A. 6. 624, 12. 361;

audeat, G. 1. 464, 3. 188
(PFAM¹ edd. *audiat* Rγ *gaudeat* Ld.), A. 4. 284, 9. 399;
auderet, A. 8. 650, 9. 7;
auderent, A. 9. 42;
ausim, E. 3. 32, G. 2. 289, Ca.
9 (11). 56;
aude, A. 8. 364, 11. 370;
audere, A. 2. 347†, 12. 814;
audentem (masc.), A. 2. 349
(Serv. edd. *audendi* Mγ¹ Ld.);
masc. subst. audentis (acc.), A.
10. 284;
audentior (masc.), A. 6. 95, 9.
291;
ausus, G. 2. 175, A. 5. 499, 6. 15;
ausa, A. 5. 792, 9. 217, Ci. 265
(Rb. Th. *ipsa* Ben. *aegra* Ellis);
ausum (masc.), A. 10. 389;
ausi, A. 2. 168;
subst. ausum (masc.), A. 10.
458;
auso (neut.), A. 6. 624;
ausis (neut. abl.), A. 2. 535, 9.
281, 12. 351;
audendi, A. 2. 349 (vid. *audentem*), 12. 159;
audendo (abl.), Ca. 9 (11). 48;
audendum (est), A. 9. 320.
audio. 78.
audis, A. 4. 562, 6. 791, Cu.
379, 380 (Ben. *audieris* Ellis
vadis Leo *vades* Rb. *vagis* Th.),
Ci. 415;
audit, E. 8. 23, G. 1. 514, 4. 7†,
A. 4. 83, 439, 6. 567, 7. 90, 8.
312, 9. 394 *bis*;
audimus, A. 3. 556;
audiam, A. 4. 387†;
audivi, Ca. 1. 5†;
audisti, A. 11. 295;
audiit, E. 6. 83†, G. 1. 475†,
A. 4. 220, 672, 5. 239†, 7. 225†,
516† *bis*, 9. 630†, 10. 424†,

464†, 11. 794†, 864†, 12. 449†;
audivit, A. 11. 911;
audieram, E. 9. 7, 45;
audieras, E. 9. 11†;
audierat, A. 1. 20;
audierant, G. 2. 539;
audiero, Ca. 8 (10). 4;
audieris, Cu. 380 (vid. *audis*);
audiat, E. 3. 50, A. 12. 200;
audierit, A. 2. 346;
audite, A. 3. 103, 4. 612, 7.
400, 8. 574, 9. 234;
audire, G. 3. 184, A. 1. 373,
409, 2. 11, 103, 4. 78, 6. 689,
7. 628, D. 88†;
auditura (fem. nom.), Cu. 285;
auditur, G. 4. 72, 260, A. 2.
706, 3. 40;
est auditus, G. 4. 493†;
audita (est), A. 1. 326;
auditae (sunt), A. 6. 426;
audiri, G. 1. 358;
audita, A. 7. 117;
audito (abl.), A. 4. 302;
audita, A. 9. 778;
audito, A. 5. 316, 12. 697;
auditi, A. 7. 196, 8. 420;
auditis (masc. abl.), G. 4. 435;
auditis (neut.), A. 11. 251;
neut. subst. auditis (dat.), A. 8.
140†;
audita, A. 3. 107, 6. 266.
aufero. 24.
aufert, A. 4. 389, 9. 332, 10.
508, 11. 744;
abstulit, E. 8. 41, A. 3. 199, 4.
29, 6. 272, 429, 8. 567, 9. 443,
10. 394, 11. 28, 814, 12. 382,
Ci. 430, Ca. 11 (14). 1†;
abstulerat, A. 4. 699;
auferte, A. 8. 439, 12. 316;
auferor, Cu. 258†;
aufertur, A. 11. 713, 867;
ablata (fem. nom.), A. 3. 258.
Aufidus, A. 11. 405.

augeo: auget, A. 7. 211 (mss. edd. *addit* Ld. Con.);
augent, A. 7. 111;
auxi, A. 9. 407;
augens (fem.), Ci. 201;
auctura (fem. nom.), A. 5. 565†.

AUGUR, A. 4. 376, 9. 327, 12. 258, 460.

AUGURIUM. 12.
augurium, A. 2. 703;
augurium, A. 1. 392, 2. 691 (edd. *auxilium* mss. Gos. Con. Ben.), 3. 89, 5. 7, 7. 260, 10. 255, 12. 257, 394;
augurio, A. 5. 523, 9. 328;
auguriis (abl.), A. 3. 5.

auguro: augurat, A. 7. 273.

augustus: augustum (nom.), A. 7. 170; augustam, G. 4. 228 (Pγ M² edd. *angustam* R Con.); augusta (acc.), A. 7. 153.

AUGUSTUS, A. 6. 792, 8. 678.

aula. 7.
aulai, A. 3. 354; aulae, Ci. 175 (Th. *altis* edd.);
aula, G. 4. 90, A. 1. 140, 4. 328;
aulas, G. 2. 504, 4. 202†.

aulaeum: aulaea (acc.), G. 3. 25;
aulaeis, A. 1. 697†.

AULESTES, A. 10. 207; Aulesten, A. 12. 290.

Aulis: Aulide, A. 4. 426.

Aunus: Auni, A. 11. 700; Auno (dat.), A. 11. 717.

AURA. 119.
aura, G. 4. 417†, A. 6. 204, 7. 646, 12. 370, 617, Cu. 156, 344;
aurai, A. 6. 747†; aurae, A. 11. 801;
auram, A.4.278, 7. 230, 9. 658;
aura, A. 1. 546, 3. 339†, M. 14;
aurae, E. 9. 58, A. 2. 728, 3. 356, 530, 5. 844, 7. 8, 9. 312,

745, 12. 691, Cu. 168 (Rb. in ed. min. Ben. Ellis *herbae* Rb. in ed. mai. *acres* Th. *irae* Leo), D. 22;
auris, A. 5. 850†, 11. 560;
auras, E. 1. 56, G. 1. 376, 407, 408, 2. 47 (M² Con. *oras* M¹ edd.), 291, 363, 422, 3. 109†, 193†, 251, 274, 4. 171, 486, 499, A. 1. 59, 387, 2. 158, 259, 699†, 759, 791, 3. 422, 576, 4. 176, 226, 270, 357, 378, 388, 417, 445, 494, 504, 5. 257, 377, 427, 503, 520, 740, 861, 6. 82, 128, 194, 363, 554, 561 (MRγ edd. *auris* P Rb. Ld.), 733, 761, 7. 245 (M¹ Gos. *aras* mss. edd.), 287, 466, 543, 557, 593, 768, 8. 24, 449, 535, 9. 52, 112, 409, 645, 10. 634, 819, 892, 898, 11. 455, 558, 595, 617, 795, 799, 863, 12. 84, 253, 267, 592, 703, Cu. 253, 383, Ci. 3, 400, 539, 540, D. 43†, 49†;
aurae, Ci. 407;
auris, G. 2. 330†, A. 6. 816, D. 29†.

AURATUS. 16.
auratus, G. 4. 371;
auratum (masc.), A. 9. 304;
auratam, A. 5. 250, Ci. 151†;
aurato, A. 10. 171, Cu. 43;
aurata, A. 1. 741, 9. 627, 11. 858, Cu. 203†, Ci. 32;
aurati, A. 12. 163;
auratas, A. 2. 448;
aurata, A. 12. 536;
auratis (fem.), A. 8. 655;
auratis, G. 1. 217.

aureolus: aureolos, Cu. 144.

AUREUS. 52.
aureus, E. 7. 36, G. 1. 232, 2. 538, 4. 51, 274, A. 6. 137, 144, 187, 9. 270, 10. 271†, 884†, 11. 490, 652, 774, L. 40;

aurea, E. 4. 9, G. 1. 431, A. 4.
139, 7. 210, 8. 659 *bis*, 672†,
9. 50, 10. 16, 11. 774, Cu. 11,
Ci. 127;
aureo (abl.), A. 8. 372;
aurea, A. 1. 698, 7. 190;
aureo, A. 10. 116;
aurea, A. 6. 604, 7. 278, 8. 324,
L. 47;
aurea, E. 3. 71, 8. 52, A. 1. 492,
2. 488, 4. 240, 6. 13, 792, 8.
168, 348, 9. 359, 11. 832, Ci.
160, Ca. 9 (11). 52;
aureis (fem.), A. 5. 352, 8. 553;
aureis, A. 1. 726;
subst. aurea (acc.), L. 74.
auricomus: auricomos, A. 6. 141.
AURIGA. 9.
auriga, G. 1. 514;
aurigae (gen.), A. 12. 624, 737,
784;
aurigam, A. 9. 330, 12. 469,
918;
aurigae, A. 5. 146, 12. 85.
auris. 42.
aurem, E. 6. 3, A. 5. 547, Co.
38, L. 7, 27†;
aure, A. 9. 417†, 11. 637;
aures, G. 1. 172, 3. 55, 500, Ci.
355;
auribus, D. 24;
auris, E. 3. 73, G. 4. 349, A. 1.
375†, 2. 81†, 119, 731, 3. 40,
93†, 294, 4. 183, 428, 440, 5.
435, 6. 561 (P Rb. Ld. *auras*
MRγ edd.), 7. 166, 437, 8.
582, 9. 395, 474, 12. 618, Cu.
150 (-es), Ci. 312 (-es), D. 63†;
auribus, G. 3. 84, A. 1. 152, 2.
303, 3. 514, 4. 359, 6. 497, Ci.
210.
auritus: auritos, G. 1. 308.
AURORA. 25.
Aurora, G. 1. 249, 447, 4. 544,
552, A. 3. 521, 589, 4. 7, 129,
568, 585, 5. 65, 6. 535, 7. 26, 9.
460, 11. 1, 182, 12. 77, Cu. 44,
L. 72;
Aurorae (gen.), A. 1. 751, 8.
686†;
Auroram, A. 5. 105, 7. 606;
Aurora, A. 9. 111, 10. 241.
AURUM. 90.
aurum, A. 7. 352, 12. 23;
auri, A. 1. 343 (Rb. *agri* mss.
edd.), 349, 359, 3. 49, 57, 483†,
5. 112†, 559, 6. 204†, 208, 8.
445, 9. 26, 265, 10. 527, 531,
11. 333, Cu. 63;
auro, G. 2. 507;
aurum, A. 4. 138, 7. 279, 10.
134, 11. 228, Ci. 177;
auro, G. 2. 137, 166, 192, 464,
3. 26, 4. 91, 99, 342, A. 1. 363,
484, 593, 640, 648, 655, 728,
739, 2. 504, 765, 3. 55, 355,
464, 467, 517, 4. 134, 138, 148,
264, 5. 87, 132, 259, 312, 366,
817, 6. 32, 621, 7. 142, 245,
279, 639, 790, 816, 8. 167, 436,
624, 661, 677, 9. 163, 707, 10.
138, 142, 243, 314, 499, 818,
11. 72, 75, 488, 576, 771, 776,
779, 12. 87, 126, 273 (M Ld.
alvo P² edd.), 430, L. 26.
AURUNCI, A. 11. 318.
Auruncus: Aurunci (masc.), A.
12. 94;
Aurunci (nom.), A. 7. 727;
Auruncae, A. 7. 795, 10. 353;
Auruncos, A. 7. 206.
AUSONIA. 9.
Ausonia, A. 7. 623, 11. 58;
Ausoniae (gen.), A. 3. 477,
479, 496, 9. 136, 10. 356;
Ausoniam, A. 10. 54;
ν Ausonia, A. 7. 55.
Ausonidae: Ausonidum, A. 10.
564, 11. 297, 12. 121†.
Ausonius. 27.

36†; G. 1. 73, 75; 247, 249; 263; 274, 275; 356, 358; 445, 446; 484, 485; 2. 100; 196; 348†; 435; 499; 3. 4, 5; 95; 353; 416, 418; 438; 560; 4. 49; 84, 85; 167; 257, 258; 409, 410; A. 1. 183; 361, 362; 396; 400; 527, 528; 2. 36, 38; 4. 186, 187; 5. 448, 449; 6. 365, 367; 454†; 609 (Rb. *et* FMPR γ edd.), 610; 7. 164; 307; 721; 8. 317; 613, 614; 9. 186; 608; 686 (mss. edd. *at* Rb.), 687; 10. 9, 10; 135; 449, 450; 806; 862†, 864; 11. 494, 495; 12. 14, 17; 329, 330†; 701; 825; Ci. 96, 97; 280†, 282; 288, 289†; L. 11, 13; aut . . . aut . . . aut, E. 5. 10, 11; 8. 44; G. 1. 332; 374, 375, 377; 2. 516, 517; 3. 159, 160; 464†, 465†, 466; 4. 245, 246; A. 1. 432, 434; 2. 45, 46, 48; 9. 563, 565.

AUTEM. 38.

autem, G. 2. 14, 238, 3. 129, 387, 515, 4. 33, 67, A. 2. 101, 203, 318, 518, 526, 673, 3. 396, 687, 4. 540, 5. 336, 6. 255, 347, 695, 808, 826, 7. 286, 561, 8. 81, 251, 711, 9. 132, 219, 10. 661, 717, 739, 878, 12. 672, 752, Ci. 257, 276, Ca. 7 (9). 3.

AUTOMEDON, A. 2. 477.

autumnalis: autumnalis (fem. gen.), Co. 18 (Th. Ben. *autumnali* edd.), autumnali (masc. abl.), Co. 18 (vid. *autumnalis*).

AUTUMNUS. 9.

autumnus, G. 2. 521; autumni, G. 1. 311†, 2. 321, 3. 479, A. 6. 309; autumno (abl.), G. 2. 5, 4. 134, 143, Ca. 1*. 1.

AUXILIUM. 31.

auxilium, G. 2. 130;

auxilio, A. 2. 216, 5. 686, 7. 551, 8. 536, 11. 420, 428, 12. 388;

auxilium, A. 1. 358, 2. 344, 691 (mss. edd. *augurium* Rb. Th. Ld.), 3. 146, 4. 617, 7. 504, 522, 8. 10, 201, 376, 472, 9. 129, 12. 378;

auxilio, A. 1. 571, 621, 2. 452, 521, 4. 538, 8. 171, 10. 33;

auxilia (acc.), A. 5. 222, 8. 8;

auxiliis, A. 2. 163.

avarus. 6.

avari (masc.), G. 1. 47, 2. 492, A. 1. 363;

avarum, Cu. 64;

avarum, A. 3. 44;

avara (abl.), Cu. 282†.

aveho: avexere, A. 2. 179;

avexerat, A. 1. 512†;

avecta (fem. nom.), Ci. 290†;

avectos, A. 2. 43;

avecta, A. 11. 205.

avello. 12.

avellere, A. 2. 165†;

avelli, A. 11. 201;

avolsus, A. 4. 616;

avolsa, A. 2. 631;

avolsum (nom.), A. 2. 558, 12. 685;

avolsam, A. 8. 238†, 10. 660;

avolso (masc.), A. 6. 143;

avolsa (acc.), A. 2. 608, 3. 575†, 9. 490.

AVENA. 11.

avena, D. 7;

avenae (gen.), G. 1. 77;

avena, E. 1. 2, 10. 51, A. 1. 1*, D. 97;

avenae, E. 5. 37, G. 1. 154;

avenis, D. 19;

avenas, D. 15;

avenis, G. 1. 226 (P γ edd. *aristis* AMR Th. Ben.).

AVENTINUS, A. 7. 657.

avia (nom.), G. 2. 328;
avia, A. 7. 580;
subst. avia (acc.), A. 2. 736, 9.
58, Cu. 231†, 232†.
avolo: avolat, A. 11. 712, Ci. 214
(Rb. *evolat* edd.).
AVUNCULUS (AVUNCOLUS), A. 3.
343†, 12. 440.
AVUS (AVOS). 20.
avos, A. 10. 76†; avus, Ci.
134;
avi, A. 5. 564, 12. 164;
avo, A. 2. 457, 5. 550, 6. 777;
avom, A. 12. 348;
avo, A. 4. 258, 7. 220;
avi, G. 4. 209;
avorum, G. 4. 209, A. 7. 177,
12. 529, 649;
avis, A. 7. 412;
avos, A. 6. 840, 876;
avis, A. 7. 56, 10. 201†.
AXIS. 12.
axis, G. 3. 107, 172, A. 12. 379;
axi, G. 2. 271;
axem, G. 3. 351, A. 4. 482, 6.
536, 790, 797;
axe, A. 2. 512, 5. 820, 8. 28.
BACA. 9.
baca, G. 2. 86, 519†, Cu. 68;
bacas, G. 1. 306, 2. 119, A. 3.
649;
bacis, E. 10. 27, G. 2. 183, 430.
bacatus: bacatum (neut. acc.), A.
1. 655; bacata (acc.), Ci. 170†.
baccar: baccare, E. 4. 19, 7. 27.
Baccheius: Baccheia (neut.
nom.), G. 2. 454†.
bacchor. 9.
bacchatur, A. 4. 301, 666, 6.
78, Ci. 167, 480;
bacchata, A. 10. 41, Cu. 113;
bacchatam, A. 3. 125;
bacchata (nom.), G. 2. 487.
BACCHUS. 38.
Bacchus, G. 2. 113, 455, A. 1.

734, Ca. 9 (11). 60; bacchus,
G. 2. 275;
Bacchi, E. 5. 30, G. 2. 143, 3.
264, 526, 4. 380, 521, A. 3. 354,
7. 385, 405, 11. 737, Ci. 229;
bacchi, G. 4. 102, A. 1. 215;
Baccho, E. 5. 79, G. 2. 380,
393, 4. 129; baccho, G. 2. 240;
Bacchum, A. 8. 181;
Bacche, G. 2. 2, 388, A. 7. 389;
Baccho, E. 5. 69, A. 4. 302†,
5. 77, 7. 580, 725; baccho, G.
1. 344, 2. 37, 191, 228, 4. 279,
L. 12.
BACTRA, G. 2. 138; Bactra, A. 8.
688.
baculum: baculo (abl.), Cu. 98.
Baiae: Baiarum, A. 9. 710.
balatus: balatum, A. 9. 62;
balatu, G. 3. 554;
balatibus (abl.), G. 4. 435, A.
9. 565.
Balearis: Balearis (fem. gen.), G.
1. 309.
balo: *masc. subst.* balantum
(gen.), G. 1. 272, 3. 457, A. 7.
538.
balsamum: balsama (acc.), G. 2.
119.
BALTEUS, A. 5. 313, 12. 274, 942;
baltei (gen.), A. 10. 496.
BARATHRUM, A. 8. 245; barathri,
A. 3. 421.
BARBA. 10.
barba, E. 1. 28, 8. 34, A. 3.
593, 4. 251, 12. 300, L. 71†;
barbam, A. 2. 277, 10. 838:
barbas, G. 3. 311;
barbis, G. 3. 366†.
barbaricus: barbarica (abl.), A.
8. 685;
barbarico, A. 2. 504, Ci. 166;
barbaricae, Ca. 9 (11). 5†.
barbarus: barbara (fem. nom.),
A. 1. 539, D. 53;

barbara (acc.), A. 11. 777;
subst. barbarus, E. 1. 71.
BARBATUS, Ca. 3*. 16.
BARCAEI, A. 4. 43†.
Barce: Barcen, A. 4. 632.
Battarus. 7.
  Battare, D. 1, 14, 30, 54, 64, 71, 97.
Batulum: Batulum, A. 7. 739†.
Bavius: Bavium, E. 3. 90.
BEATUS. 10.
  beatus, E. 6. 82;
  beata, Ca. 3*. 4;
  beatae (gen.), Ci. 445†;
  beate, Ca. 6 (3). 1†, L. 31†;
  beati, A. 1. 94;
  beatos, Ca. 5 (7). 8;
  beatas, A. 6. 639;
  subst. beati (voc.), L. 9;
  beatior (masc.), Cu. 79.
Bebrycius: Bebrycia (abl.), A. 5. 373.
Belgicus: Belgica (acc.), G. 3. 204†.
Belides: Belidae (gen.), A. 2. 82†.
Bella (Abella): Bellae (gen.), A. 7. 740 (mss. Rb. *Abellae* Serv. edd.).
BELLATOR. 7.
  bellator, G. 2. 145†, A. 9. 721, 11. 89, 700, 12. 614;
  bellatoris, A. 10. 891;
  subst. bellator, A. 11. 553.
BELLATRIX, A. 1. 493, 7. 805.
BELLIPOTENS (masc.), A. 11. 8.
bello. 8.
  bellare, A. 8. 400;
  bellantes (masc.), A. 1. 466;
  bellantum (masc.), A. 12. 410;
  bellando (abl.), A. 11. 256, Ca. 9 (11). 53;
  masc. subst. bellantum, G. 3. 183;
  bellantis, G. 3. 224;

bellantur, A. 11. 660.
BELLONA, A. 7. 319, 8. 703.
BELLUM. 202.
  bellum, A. 3. 235, 8. 535, 11. 279; Bellum, A. 6. 279; ✓
  belli, A. 1. 14, 23, 566, 2. 151, 162, 5. 674, 6. 842, 7. 339, 461, 553, 607, 622, 8. 1, 40, 327, 472, 683, 9. 528, 10. 55, 70, 146, 160, 173, 427, 532, 582, 737, 809, 11. 96, 126, 156, 483, 505, 515, 541, 658, 12. 559, 567, 572, Cu. 304†, Ci. 358†, 447, Ca. 9 (11). 50, D. 85;
  ✓Belli, A. 1. 294;
  bello, G. 2. 447†, 4. 69 (vid. abl.), 217, A. 2. 315, 3. 540, 7. 482, 572, 637, 642, 693, 8. 150, 606, 9. 656, 759, 10. 508, 11. 474;
  bellum, G. 1. 509, A. 1. 263, 3. 247, 248, 539, 540, 6. 828, 7. 80, 541, 583, 604, 647, 8. 55, 637, 10. 627, 11. 18, 113, 116, 217, 250, 305, 535, 12. 79, 109, 804, Cu. 26;
  bello, G. 2. 170, 279, 3. 28, 4. 69 (vid. dat.), 561, A. 1. 5, 21, 339, 444, 545, 2. 13, 109, 193, 241, 718, 3. 603, 4. 40, 87, 108, 229, 615, 5. 623, 754, 6. 478, 481, 553 (FPR edd. *ferro* Mγ² Gos.), 878, 7. 235, 545, 761, 8. 29, 118, 146, 290, 374, 480, 9. 363, 511, (599) 600, 608, 10. 8, 185, 609, 11. 109, 295, 338, 362, 399, 842, 12. 43, 261†, 347, 359, 436, 779, 852, Ci. 114, Ca. 3 (12). 3;
  bella, E. 4. 35, G. 1. 505, A. 2. 439, 6. 890, 7. 325, 444, 9. 642, 11. 379, 12. 33;
  bellis, A. 9. 201, Cu. 364 (edd. *tellus* Th. *pallens* Leo);
  bella, E. 6. 7, G. 1. 465, 3. 179,

× dat². vid. Kappes

A. 1. 48, 457, 541, 2. 84, 3. 458,
4. 14, 43, 6. 86 *bis*, 820, 832, 7.
41†, 444, 455, 549, 616, 664,
782, 8. 547, 629, 675, 9. 182,
279, 10. 66, 93, 370, 11. 254,
736, 12. 158, 180, 333, 390,
517, 633, Cu. 81;
bellis, A. 1. 291, 10. 87, 411,
859.
BELUA, A. 6. 287.
BELUS, A. 1. 729; Belo, A. 1.
730.
BELUS, A. 1. 621†; Beli, A. 1.
621†.
Benacus: Benace, G. 2. 160;
Benaco, A. 10. 205†.
BENE. 15.
bene, E. 2. 48, 3. 94, 9. 6, A. 4.
317, 539, 9. 157, 206, Co. 35;
melius, E. 9. 67, G. 1. 287, 289,
2. 63, 3. 204, A. 1. 452, 6. 849.
benefactum: benefacta (nom.),
G. 3. 525.
benignus: benignam, A. 1. 304.
Berecyntius: Berecyntia (fem.
nom.), A. 6. 784, 9. 82, 619.
BEROE, G. 4. 341.
BEROE, A. 5. 620†, 646; Beroen,
A. 5. 650.
beta: betae (gen.), M. 72†.
Bianor: Bianoris, E. 9. 60.
bibo. 12.
bibit, G. 1. 380, 2. 218, A. 11.
804;
bibunt, A. 7. 715;
bibebat, A. 1. 749;
bibet, E. 1. 62;
bibi, Ca. 11 (14). 3†;
biberunt, E. 3. 111;
bibat, G. 2. 506;
bibamus, E. 10. 65;
bibant, G. 4. 32;
bibissent, A. 1. 473.
bibulus: bibula, G. 1. 114;
· bibulum (masc.), G. 2. 348†;

bibulam, A. 6. 227;
bibulum, Ci. 344;
bibulo (masc.), Co. 6†.
BICOLOR, A. 5. 566; bicolor
(fem.), A. 8. 276.
BICORNIS, A. 8. 727; bicornis
(fem. acc.), G. 1. 264.
bidens. 10.
bidente (masc.), Ca. 10 (8). 9;
bidenti (neut.), Ci. 213;
subst. bidentem (fem.), A. 12.
170;
bidentis, G. 2. 355;
bidentis, A. 4. 57, 5. 96, 6. 39,
7. 93, 8. 544;
bidentibus (masc.), G. 2. 400.
bifer: biferi (neut.), G. 4. 119.
biforis: biforem (masc.), A. 9.
618.
biformis: biformis (fem. nom.),
A. 6. 25, Ci. 67 (edd. *biformi*
Ellis);
biformi (neut. abl.), Ci. 67
(vid. *biformis*);
biformes (fem. nom.), A. 6.
286.
bifrons: bifrontis (masc.), A. 7.
180; bifrontem (masc.), A. 12.
198.
bigae: bigis (abl.), A. 2. 272, 5.
721, 7. 26, 12. 164, Ci. 38†.
biiugis: biiuges (masc.), G. 3. 91;
biiugis (masc.), A. 12. 355, Cu.
202†, 283 (-es).
biiugus. 7.
biiugo (neut. abl.), A. 5. 144;
biiugi, A. 10. 253;
masc. subst. biiugos, A. 10. 587,
10. 595;
biiugis, A. 10. 399, 453, 575†.
bilinguis: bilinguis (masc. acc.),
A. 1. 661†.
bilix: bilicem (fem.), A. 12. 375.
bimembris: bimembris (masc.
acc.), A. 8. 293.

bimus: bima (acc.), G. 4. 299.
bini. 14.
  binae, G. 1. 172, 4. 95;
  binos, E. 3. 30;
  binas, A. 5. 96†;
  bina, E. 2. 42, 5. 67, A. 1. 313,
  5. 61, 306, 557, 7. 688, 8. 168,
  9. 263, 12. 165.
bipatens: bipatentibus (fem.
  abl.), A. 2. 330; bipatentibus,
  A. 10. 5 .
bipennis. 6.
  bipenni (neut. abl.), A. 11.
  135;
  fem. subst. bipennem, G. 4.
  331, A. 5. 307, 11. 651;
  bipenni, A. 2. 479;
  bipennibus (abl.), A. 2. 627†.
bipes: bipedum (masc.), G. 4.
  389, Ci. 395.
biremis: fem. subst. biremis
  (acc.), A. 1. 182, 8. 79.
BIS. 49.
  bis, E. 1. 43, 3. 5, 30, 34, G. 1.
  48 *bis*, 491, 2. 150 *bis*, 410, 411,
  3. 33, 4. 231, 504, A. 1. 71, 381,
  393, 2. 126, 218 *bis*, 3. 476, 4.
  228, 5. 561, 6. 32, 33, 134 *bis*,
  578, 8. 518, 9. 161, 272, 599,
  635, 799, 800, 11. 9, 133, 326,
  402, 629, 630, 12. 34, 163, 582,
  899, Cu. 62, Ci. 292 (Ellis
  sistam edd.), M. 1, 18†.
BISALTAE, G. 3. 461.
BISTONIS, Ci. 165.
BISTONIUS, Cu. 252.
BITIAS, A. 9. 672, 11. 396; Bit-
  ian, A. 9. 703.
Bitias: Bitiae (dat.), A. 1. 738.
bitumen: bitumen, G. 3. 451;
  bitumine, E. 8. 82.
bivius: bivias, A. 11. 516; *neut.*
  subst. bivio (abl.), A. 9. 238.
blandus. 10.
  blando (masc.), G. 3. 127;

blandum (masc.), Ci. 11;
blanda, Cu. 279†, Ci. 341;
blandae, Ci. 197 (Th. Ben.
laudate Rb. *laris ante* Ellis);
blanda, A. 5. 827;
blandis (masc.), G. 3. 496;
blandos, E. 4. 23;
blandis (fem.), G. 3. 185, A. 1.
670.
blatta: blattis (abl.), G. 4. 243.
BOCCHUS, Cu. 406†.
BOCULA (BUCULA), E. 8. 86†, G.
  1. 375, 4. 11†.
Boethus: Boethi, Cu. 67 (edd.
  Rhoeci Th. Ben.).
Bola: Bolam, A. 6. 775.
BONUS. 75.
  bonus, E. 5. 61, 65, A. 1. 195,
  5. 541, 770, 9. 572, 11. 106, Ci.
  188;
  bona, G. 2. 447, A. 1. 734, Cu.
  20 (Th. Ben. *ventura* edd.), 21
  (edd. *voti* Th. *om.* Ben.);
  bonae (gen.), Ci. 356 (edd.
  novae Ellis);
  bone, A. 11. 344;
  boni, E. 5. 1, A. 12. 647;
  bonas, A. 11. 658†;
  subst. bonum (nom.), E. 8. 106;
  bona (nom.), Cu. 58, Ci. 356;
  bonis (masc.), Cu. 41;
  bonis (neut.), A. 11. 435;
  bona, G. 2. 458, Ca. 4 (13). 6;
  melior, G. 4. 92†, A. 5. 68, 153,
  415, 430, 9. 556, 10. 735, 11.
  338;
  melior, G. 1. 286, A. 2. 35, 9.
  156, 12. 179, 296;
  melius, G. 2. 273, A. 11. 303;
  melioris (fem.), A. 4. 221;
  meliorem (fem.), A. 5. 483;
  melioribus (masc. abl.), A. 6.
  649;
  melioribus (neut.), A. 3. 498,
  6. 546;

subst. melior (masc.), G. 4. 90; melius (acc.), A. 1. 281†, 10. 632, 11. 426;

meliora, A. 12. 153;

meliora, G. 3. 456, 513, A. 3. 188;

optimus, A. 5. 358, 9. 40 (optumus);

optima, G. 2. 205, 319 (optuma), 3. 51 (optuma), 66, A. 4. 291, 10. 557;

optime, A. 1. 555 (optume), 3. 710, 6. 669, 10. 402, 11. 294;

optima (voc.), A. 12. 777†, Ci. 278, D. 95;

optima (nom.), G. 2. 262;

optima, A. 10. 791†;

subst. optime, A. 8. 127 (optume), A. 11. 353, 12. 48, Ca. 9 (11). 9;

optima (fem. voc.), D. 27.

BOOTES, G. 1. 229.

BOREAS. 10.

Boreas, A. 3. 687;

Boreae (gen.), E. 7. 51, G. 1. 93, 370, A. 10. 350, 12. 365, D. 37;

borean, G. 3. 278†;

borea, G. 2. 316;

boreae, A. 4. 442.

BOS. 31.

bos, A. 5. 481, 7. 790;

bovis, E. 6. 58, G. 3. 52, A. 8. 183;

boves, A. 8. 204, 215, 263;

boum, G. 1. 3, 118, 325, 2. 470, 515, 3. 211 (bovom), 369, 419†, 4. 543, 555†, A. 2. 306 (bovom), 3. 220, 247, 5. 61, 405, 8. 217†, 11. 197;

boves, E. 1. 9, 45, 5. 25, G. 1. 285, 3. 532, A. 7. 663.

bracchium. 27.

bracchio (abl.), Ca. 2*. 20;

bracchia, A. 5. 136, Ci. 450, 504;

bracchia, G. 1. 34, 202, 2. 296, 368, 4. 174, A. 2. 792, 3. 535, 5. 364, 377, 403, 427, 829, 6. 282, 700, 8. 452, 619, 9. 623, 10. 565, 12. 209, Cu. 129, 142, M. 72, L. 68 (Rb. *clam dea* Ellis).

BRATTEA (BRACTEA), A. 6. 209 (MR edd. *bractea* γ Gos. Ben.).

BREVIS. 9.

brevis, G. 3. 80;

brevis, E. 9. 23;

breve (nom.), A. 10. 467;

brevis (masc. acc.), G. 4. 194;

brevibus (neut.), A. 5. 221;

neut. subst. brevibus, A. 10. 289;

brevia, A. 1. 111;

brevior (masc.), G. 1. 312;

brevissimus, A. 3. 507.

BREVITER. 9.

breviter, A. 1. 561, 2. 11, 4. 632, 6. 321, 398, 538, 9. 353, 10. 251, 621.

BRIAREUS, A. 6. 287.

BRITANNI, G. 3. 25; Britannos, E. 1. 66.

Britomartis: Britomarti (voc.), Ci. 295†, 296†.

Brixia: Brixiam, Ca. 10 (8). 5.

BROMIUS, Co. 20.

BRONTES, A. 8. 425.

BRUMA, G. 3. 443, A. 2. 472;

brumae (gen.), G. 1. 211;

bruma, G. 3. 321.

brumalis: brumali (neut. abl.), A. 6. 205.

Brutus: Bruti, A. 6. 818.

BUBO, A. 4. 462.

BUCINA (BUCCINA), A. 7. 519, 11. 475.

bucula; vid. *bocula.*

BUFO, G. 1. 184.

bulbus: bulbum, M. 96†.

bulla: bullis (abl.), A. 9. 359, 12. 942.

BUMASTUS, Cu. 407†; bumaste,
G. 2. 102†.
buris: burim, G. I. 170.
Busiris: Busiridis, G. 3. 5.
BUSTUM, A. II. 850; busta
(acc.), A. II. 201; bustis, A.
12. 863.
Butes: Buten, A. 5. 372.
Butes: Buten, A. 9. 647.
Butes: Buten, A. II. 690, 691.
Buthrotum: Buthroti, A. 3. 293.
BUXUM, G. 2. 449;
buxum, A. 7. 382;
buxo, G. 2. 437, A. 10. 136, Ci.
166.
BUXUS, A. 9. 619.
Byrsa: Byrsam, A. I. 367.

Cacumen. 9.
cacumen, G. 2. 29;
cacumina, A. 3. 274;
cacumina, E. 2. 3, 6. 28, 9. 9,
G. 2. 307,A. 6. 678, Cu. 54, 143.
Cacus. 7.
Caci, A. 8. 194, 205, 218, 241,
303;
Cacum, A. 8. 222, 259.
CADAVER, A. 8. 264; cadavera
(acc.), G. 3. 557.
Cadmeis: Cadmeis (fem. nom.),
Cu. III.
Cadmeus: Cadmeo (neut. abl.),
Cu. 254.
cado. 57.
cadis, A. 10. 830;
cadit, E. 9. 17†, G. 3. 304, A.
2. 426, 9. 711, II. 668, 12. 460;
cadunt, E. I. 83, 2. 18, G. 4.
80, A. 2. 368, 3. 207, 6. 310, 12.
409;
cadebat, E. I. 28;
cades, D. 33;
cadet, A. I. 334;
cadent, A. 2. 709, 12. 203†, D.
32†;

cecidit, G. 3. 488, 4. 165, A. I.
154, 3. 2;
cecidistis, A. 10. 390;
ceciderunt, E. 9. 58, G. I. 487;
cecidere, A. 3. 260, 6. 33, 10.
470, II. 677;
cadat, A. 4. 620, 9. 283, II.
793;
cadant, E. 6. 38, D. 17;
caderem, A. 2. 434;
caderent, G. I. 354;
cecidisset, Ci. 366;
cadere, G. 3. 138;
cecidisse, A. II. 168, 349, 689,
898;
cadens, G. I. 229;
cadens (fem.), G. I. 109;
cadenti (fem.), A. 6. 602;
cadentem, G. 2. 298, A. 4. 480;
cadentem, A. 2. 575;
cadente (masc.), G. 3. 401†;
cadentia, A. 2. 9, 4. 81;
cadentum (masc.), A. 12. 410;
cadentibus (neut. abl.), A. 8.
59;
casuras, A. 8. 375†;
masc. subst. cadentum, A. 10.
674.
caducus: caduca, Ca. 2*. 9 (Ellis
glauca Rb.);
caduco (masc. dat.), A. 10.
622;
caduci, A. 6. 481;
caducas, G. I. 368.
cadus: cado (abl.), A. 6. 228, Co.
II; cadis (abl.), A. I. 195.
CAECILIUS, Cu. 368 (Th. Ben.
Flaminius Rb. Leo *flamminius*
Ellis).
CAECULUS, A. 7. 681, 10. 544.
CAECUS. 42.
caecus, A. I. 349;
caeca, A. II. 781, 889;
caeci (masc.), G. 3. 210:
caecam, A. 2. 397;

caecum, A. 1. 356, 7. 591, 10.
733;
caeco, A. 2. 335, 4. 2, 6. 734,
9. 518, 12. 444, 591;
caeca, G. 3. 260, A. 3. 203, 8.
253, 9. 152, Ci. 523;
caeco, A. 2. 19;
caeci, A. 2. 244, 4. 209, 12. 279;
caecae, A. 2. 453;
caecos, G. 1. 464, A. 2. 357, 6.
157;
caeca, G. 1. 89, 2. 503, 4. 237,
A. 1. 536, 5. 164, 6. 30, 10. 98,
D. 58;
caecis, A. 5. 589, 12. 617†;
caecis, A. 3. 200, 232, 424, 7.
619;
caecis, A. 3. 706.
CAEDES. 38.
  caedes, A. 2. 411, 9. 342, 11.
885;
  caedis, A. 3. 256, 7. 577, 9. 760,
10. 245, 11. 207†;
  caedem, A. 8. 492†, 12. 498;
  caede, A. 1. 471, 2. 500, 526,
718, 3. 247, 4. 21, 6. 503, 8.
196, 695, 9. 242, 354, 453, 456,
693, 778, 818, 10. 119, 426,
515, 901, 11. 634, Cu. 112;
  caedes, A. 8. 537;
  caedes, A. 8. 483, 709, 11. 648,
729, 12. 500†.
CAEDICUS, A. 9. 362.
CAEDICUS, A. 10. 747†.
caedo. 34.
  caedit, A. 5. 96, 10. 404;
  caedunt, G. 3. 364, 375;
  caedebant, A. 10. 756†;
  caedere, A. 5. 773;
  caeditur, G. 1. 173, 2. 381,
415;
  caeduntur, A. 2. 266;
  caesi (sunt), A. 6. 612;
  caesa, A. 10. 498, Ci. 366;
  caesum (masc.), Cu. 201;

caesum, Ci. 185 (Ellis *sectum*
edd.);
caeso, A. 7. 175, 11. 82;
caesa, G. 4. 547, A. 2. 116, 8.
641;
caesi, A. 8. 719;
caesae, G. 2. 312;
caesarum, A. 7. 87;
caesis (masc.), A. 12. 338;
caesos, G. 3. 23;
caesis (masc.), G. 2. 537, 4.
284, A. 2. 166, 3. 369, 5. 329,·
6. 837, 9. 151, 11. 167;
subst. caesos, A. 7. 574.
caedrus (cedrus): cedrum, G. 2.
443, G. 3. 414 (caedrum), A.
7. 13 (caedrum M Rb. *cedrum*
FPR γ edd.), A. 11. 137†;
caedro, A. 7. 178†.
caelestis. 10.
  caelestis (nom.), A. 6. 730;
  caelesti (neut. abl.), Cu. 347;
  caelestibus (masc.), A. 1. 11;
  caelestia, G. 4. 1, A. 11. 276;
  caelestibus (neut.), A. 6. 379,
12. 167;
  masc. subst. caelestum, A. 7.
432;
  caelestibus (dat.), A. 1. 387,
11. 51.
caelicola. 10.
  caelicolae (nom.), A. 2. 641, 6.
554, 10. 97, 117, L. 74;
  caelicolum, A. 3. 21;
  caelicolis, A. 2. 592;
  caelicolas, A. 6. 787;
  caelicolae, A. 10. 6, L. 51.
CAELIFER, A. 6. 796.
Caelius: Caeli, E. 3. 105 (Rb.
caeli edd.).
caelo. 7.
  caelaverat, A. 10. 499;
  caelatus, A. 8. 701;
  caelati (neut.), A. 10. 527;
  caelatam, A. 5. 307;

6. 792, 8. 678, 714, Ca. 14 (6).
11;

Caesaris, G. 3. 47;

Caesar, G. 1. 25, 503, 2. 170.

CAESARIES. 6.

caesaries, A. 8. 659, 11. 643,
Ci. 121 (Th. Ben. *caesarie* Rb.
Ellis);

caesariem, G. 4. 337, A. 1. 590,
12. 302;

caesarie, Ci. 121 (vid. *caesaries*).

caespes: caespite, E. 1. 68, G. 4.
273, A. 3. 304, 11. 566, Cu.
393.

caestus. 9.

caestu, G. 3. 20, A. 5. 69;

caestus (acc.), A. 5. 379, 401,
410, 420, 424, 479, 484.

CAETRA, A. 7. 732 (R Rb. *cetra*
Mγ edd.).

CAICUS, A. 9. 35; Caici, A. 1.
183.

CAICUS, G. 4. 370.

Caieta: Caieta (voc.), A. 7. 2.

Caieta: Caietae (gen.), A. 6. 900.

Calaber: Calabris (masc. abl.),
G. 3. 425.

calamus. 14.

calamo (abl.), E. 1. 10, 2. 34,
Cu. 72, M. 62;

calamos, E. 2. 32, 3. 13, 5. 2,
6. 69, 8. 24, G. 1. 76, 2. 358, A.
10. 140, Co. 4;

calamis, E. 5. 48.

calathus: calathis, A. 7. 805;

calathis, E. 2. 46, 5. 71, G. 3.
402, Co. 16.

calcaneum: calcanea (nom.), M.
36†.

calcar: calcaribus (abl.), A. 6.
881.

CALCHAS, A. 2. 176, 182, 185;

Calchanta, A. 2. 122;

Calchante, A. 2. 100.

Calchidicus: Calchidico (masc.
abl.), E. 10. 50†; Calchidica
(fem.), A. 6. 17†.

calco: calcatur, A. 12. 340; calcentur, G. 2. 244†.

CALCULUS, G. 2. 180.

calefacio: calefacta (sunt), A. 12.
269†; calefacta (acc.), A. 12. 66.

caleo: calent, A. 1. 417; calentia
(acc.), A. 12. 297.

Cales: Cales, A. 7. 728.

calidus. 7.

calidum (masc.), G. 3. 119;

calidum, A. 9. 414, 10. 486;

calido, A. 9. 422;

calido, A. 11. 698, 12. 100;

calidos, A. 6. 218.

caligo. 9.

caligine, G. 2. 309, A. 3. 203,
6. 267, 8. 253, 9. 36, 11. 187,
876, 12. 466, D. 38.

caligo: caligat, A. 2. 606; caligantem (masc.), G. 4. 468.

CALLIOPE (CALIOPEA), E. 4. 57†,
Ca. 14*. 4; Calliope (voc.), A.
9. 525.

calix: calices, Co. 7 (Th. *Kalybae* edd. *Kelebes* Ellis); calices, Co. 30.

callis: calle, A. 4. 405; calles, A.
6. 443; calles, A. 9. 383.

CALOR. 14.

calor, G. 1. 89, 3. 272, 4. 36, A.
3. 308, 4. 705, 8. 390, 9. 475, L.
23;

calori, G. 4. 23;

calorem, G. 2. 344†;

calore, G. 1. 190, Ci. 492;

calores (acc.), G. 2. 270†, Ca.
9 (11). 45.

calta (caltha): calta, E. 2. 50, Ci.
97 (caltha).

caltula: caltula, Ca. 13 (5). 21
(Rb. Ellis *stola* Th. *crocotula*
Ben.).

5   65

calx. 6.
  calcem, A. 5. 324;
  calce, A. 5. 324, 11. 714;
  calcibus (abl.), A. 10. 404, 730, 892.
CALYBE, A. 7. 419†.
Calybita: calybita (voc.), Co. 25†.
Calydon: Calydona, A. 7. 306, 307 (M²F² edd. *Calydone* RM¹ Rb. Ld. Ben.), 11. 270; Calydone, A. 7. 307 (vid. *Calydona*).
CAMERINA (CAMARINA), A. 3. 701†.
camena: camenae (nom.), E. 3. 59;
  camenas, Ca. 9 (11). 61 (Ben. *Cyrenas* edd.);
  camenae, Ca. 5 (7). 11, 12.
Camers: Camerti, A. 12. 224; Camertem, A. 10. 562.
CAMILLA. 19.
  Camilla, A. 7. 803, 11. 432, 498, 535, 563, 649, 657;
  Camillae, A. 11. 604, 689, 856†, 868;
  Camillae, A. 11. 821;
  Camillam, A. 11. 543, 760, 796, 839, 892†, 898;
  Camilla, A. 11. 833.
Camillus: Camilli, Cu. 362†; Camillum, A. 6. 825; Camillos, G. 2. 169†.
caminus: caminis (abl.), A. 3. 580, 6. 630, 8. 418.
Campanus: Campanae (dat.), A. 10. 145†.
CAMPUS. 118.
  campus, E. 4. 28, G. 2. 185, 211, A. 5. 128, 6. 709, 873, 12. 444;
  campi, G. 2. 274†, 3. 202, 343, A. 7. 486, 781, 9. 230†, 274†, 12. 710;
  campo, A. 9. 42, 56;

campum, G. 1. 72, 77, 126, 2. 198, 3. 103, 161, 522, A. 3. 538, 5. 144, 287, 6. 653 (FMP edd. *campos* R Gos.), 8. 596, 11. 875, 903†, 12. 116, 136;
campo, G. 1. 401, 2. 145, 280, 3. 13, 353, 390, 466, 4. 11†, A. 7. 721, 8. 504, 9. 53†, 10. 540, 763†, 11. 493, 605, 12. 80, 353, 450†, 771, 897;
campi, G. 2. 486, 3. 198, A. 3. 701, 5. 695†, 6. 441, 11. 602, 12. 36, 542†;
camporum, A. 11. 866;
campos, G. 1. 38, 482, 492, 2. 11, 4. 77, A. 2. 498, 3. 11, 334, 400, 4. 154, 5. 552, 6. 640†, 653 (vid. *campum*), 677, 724, 7. 223, 540, 643, 10. 214, 408, 582, 602, 11. 102, 513, 908, D. 21, 51, 77, 88, 94;
campis, G. 1. 210, 314, 3. 246, 4. 186, A. 1. 97, 3. 13, 220, 4. 404, 6. 887, 7. 294, 624, 794, 9. 25, 32, 34, 368, 10. 335, 455, 804, 11. 373, 450, 465, 12. 383, 406, Cu. 323†, D. 68, L. 34†.
camur: camuris (neut. abl.), G. 3. 55†.
canalis: canalibus (abl.), G. 3. 330, 4. 265.
cancer: cancri (gen.), E. 10. 68; cancros, G. 4. 48.
candeo. 9.
  candentis, A. 8. 720;
  candentis (fem.), A. 4. 61†;
  candentem (masc.), A. 5. 236, 9. 628, 12. 91;
  candenti, A. 6. 895;
  candente, A. 3. 573;
  candenti, A. 9. 563;
  candentes (masc. acc.), Ci. 320.
CANDIDUS. 29.
  candidus, E. 2. 16, 5. 56, G. 1. 217, 3. 387;

66

candida (nom.), E. 2. 46, 9. 41,
G. 2. 320, A. 5. 571, 7. 8, 8. 82,
138, 608, Ci. 205, 392, Ca. 4
(13). 10, 9 (11). 27;
candida (nom.), A. 6. 708, Ci.
121;
candida, E. 6. 75, G. 4. 337, A.
9. 432, Cu. 43, 130, Ci. 37, 59,
102;
subst. candida (acc.), D. 99;
candidior (fem.), E. 1. 28, 7.
38.
candor: candore, A. 3. 538, 12.
84.
caneo. 6.
  canent, G. 3. 325;
  canebat, A. 5. 416;
  canentem (fem.), A. 10. 192;
  canentia (nom.), G. 2. 13;
  canentia, G. 2. 120, A. 10.
  418†.
CANIS. 31.
  canis, G. 1. 218, 2. 353, A. 12.
  751;
  canem, G. 3. 345;
  canes, G. 1. 470, 3. 44, A. 6.
  257†, 7. 494, 8. 462;
  canum, G. 3. 265, 404, A. 4.
  132, 5. 257, 10. 707;
  canibus, E. 1. 22, 3. 67, G. 3.
  496, A. 7. 479, 9. 485;
  canes, G. 3. 540;
  canibus, E. 6. 77†, 8. 28, 10.
  57, G. 1. 140, 3. 371, 410 *bis*,
  A. 3. 432, Cu. 331, Ci. 61, 79.
canistrum: canistris (abl.), G. 4.
  280, A. 1. 701, 8. 180†.
CANITIES, A. 6. 300;
  canitiem, A. 9. 612, 10. 549,
  844, 12. 611.
CANO. 76.
  cano, E. 6. 9, G. 1. 12, 2. 176,
  A. 1. 1, 8. 49;
  canit, E. 6. 61†, 64, 84, G. 2.
  417, A. 1. 742, 2. 176, 3. 155,

366, 373, 444, 5. 113, 6. 99, 7.
398, 513, 10. 191, 12. 864, Cu.
26;
canimus, E. 4. 3, 10. 8;
canunt, A. 2. 239, 7. 271, 10.
310;
canebam, G. 4. 559;
canebat, E. 6. 31, 9. 26†, G. 4.
466, A. 3. 183, 559, 4. 14, 190,
6. 345, 8. 656, 9. 777;
canebant, A. 2. 124, 7. 79, 698,
12. 28;
canam, E. 1. 77, G. 2. 2;
canet, E. 1. 56, 6. 11;
canemus, E. 9. 67, G. 3. 1;
cecini, G. 4. 566†;
cecinit, A. 8. 340, 534, Cu. 209;
cecinerunt, A. 5. 524; cecin-
ere, G. 1. 378;
canas, A. 6. 76;
canat, A. 3. 457†;
canamus, E. 4. 1, 9. 61, D. 2;
canerem, E. 6. 3, G. 4. 119;
caneret, E. 9. 19;
cane, A. 3. 438, 11. 399†;
canere, G. 1. 5;
cecinisse, E. 10. 70;
canens (masc.), A. 8. 499, 10.
417 (mss. Con. *cavens* edd.);
canenti (masc.), A. 9. 525;
canentem, E. 9. 44, A. 9. 621;
canentem, Cu. 21 (Th. *tenentis*
edd.);
canentis (masc.), A. 6. 657;
canendo (abl.), E. 2. 31, 5. 9,
Cu. 118.
Canopus: Canopi, G. 4. 287.
CANOR, G. 4. 71.
canorus. 6.
  canora (abl.), Cu. 99;
  canoro, A. 9. 503;
  canoros, G. 4. 150, A. 7. 700;
  canoris (fem.), G. 2. 328, A. 6.
  120.
CANTHARUS, E. 6. 17.

CANTO. 20.
  canto, E. 2. 23;
  cantat, M. 29, L. 7;
  cantabat, L. 7;
  cantabitis, E. 10. 31;
  cantabunt, E. 5. 72;
  cantaret, E. 10. 41;
  cantare, E. 7. 5, 10. 32;
  cantantes (masc.), E. 9. 29, 64, 65;
  masc. subst. cantantibus (dat.), E. 10. 75;
  cantando (abl.), E. 3. 21, 25, 6. 71, 8. 71, 9. 52;
  cantari, E. 5. 54;
  cantata (voc.), D. 26.
cantus. 23.
  cantum, A. 9. 618;
  cantu, G. 1. 293, 3. 328, 4. 471†, A. 6. 165, 172, 7. 12, 34, 754, 8. 2, M. 2, Co. 27;
  cantus, A. 7. 757, 8. 456;
  cantus, G. 1. 403, A. 1. 398, 7. 641, 8. 285, 10. 163, Cu. 147, 282, Ci. 92, Ca. 9 (11). 7.
canus. 11.
  cana, A. 1. 292;
  canae (gen.), A. 5. 744, 9. 259;
  cano (abl.), A. 8. 672, Ci. 514;
  cana, G. 2. 376;
  cano, G. 3. 442;
  canos, Ci. 320†;
  cana, E. 2. 51;
  canis, G. 1. 43;
  canis (fem.), D. 60.
CAPELLA. 24.
  capella, E. 2. 64, Ca. 2*. 10†, 3*. 16†, L. 34†;
  capellam, E. 2. 63†;
  capellae, E. 4. 21, 8. 33, 10. 7, 30, Cu. 76, 104, 154;
  capellas, E. 1. 12, 3. 96, 7. 3, 9. 23, G. 2. 196, 3. 287, Cu. 45, Ci. 300†;

capellae, E. 1. 74, 77, 10. 77, D. 91.
Capenus: Capenos, A. 7. 697†.
CAPER. 9.
  caper, E. 3. 23, 7. 7, 9, G. 2. 380;
  capro, E. 9. 25†;
  caprum, E. 3. 17, 22;
  capris (dat.), G. 3. 300, A. 12. 414.
capesso. 8.
  capessunt, A. 9. 366;
  capessam (subi.), A. 8. 507;
  capessat, A. 11. 466†;
  capessant, A. 3. 234;
  capesseret, A. 5. 703;
  capessere, A. 1. 77, 4. 346, 11. 324.
CAPHEREUS, A. 11. 260; Caphe-rei, Cu. 354†.
capillus. 8.
  capillo, Ci. 321†;
  capillum, Ci. 382;
  capillo, G. 1. 405, Ci. 52, 126;
  capillos, A. 10. 832, Ci. 168, 236.
CAPIO. 77.
  capio, A. 2. 314;
  capit, A. 4. 242, 5. 185, 6. 754, 7. 466, 9. 644, 10. 106, 12. 562, Cu. 391†;
  capiunt, A. 5. 315;
  capiebat, Cu. 161;
  capies, G. 2. 230;
  cepit, E. 2. 69, 6. 47, G. 4. 316, 488, A. 5. 465, 8. 363, 9. 264, Ci. 238;
  ceperunt, G. 4. 332;
  capias, A. 11. 856;
  cepissent, A. 5. 232;
  cape, G. 3. 420 *bis*, 4. 380, A. 2. 294, 717, 3. 488, 5. 712, 6. 377, 10. 242, 11. 590;
  capite, A. 7. 403;

capite, A. 2. 219, 12. 312, Ci. 120;

capita, A. 11. 861;

capitum, A. 3. 391, 7. 185, 632, 742, 8. 44, 300, M. 94;

capita, G. 2. 355, A. 1. 189, 3. 545†, 678, 5. 62, 428, 6. 360, 9. 466, 678, 682, 12. 512.

CAPYS, A. 2. 35, 9. 576, 10. 145; Capyn, A. 1. 183.

CAPYS, A. 6. 768.

carbaseus: carbaseos, A. 11. 776.

CARBASUS, A. 3. 357, 4. 417, 8. 34.

carcer. 6.

carcere, G. 3. 104, A. 1. 54, 141, 5. 145, 6. 734;

carceribus (abl.), G. 1. 512.

carchesium: carchesia (acc.), G. 4. 380, A. 5. 77.

CARDO. 9.

cardo, A. 1. 449, Ci. 222;

cardine, A. 1. 672, 2. 480, 493, 3. 448, 6. 573, 7. 621, 9. 724.

CARDUUS (CARDUOS), E. 5. 39†, G. 1. 152.

carectum: carecta (acc.), E. 3. 20.

careo. 11.

caret, A. 9. 540, 12. 209†;

carebunt, G. 1. 435;

caruere, A. 5. 173;

careat, A. 4. 432;

careret, A. 5. 651;

carere, A. 2. 44;

carentum, G. 4. 472;

carentum (fem.), G. 4. 255†;

carentis, A. 6. 333;

carentis, M. 11.

Cares: Caras, A. 8. 725.

carex: caricis, Ca. 3*. 2†; carice, G. 3. 231.

CARINA. 26.

carina, A. 4. 398, 10. 296;

carina, A. 5. 158†, 186†, 6. 391, 10. 197;

carinae, G. 1. 303, A. 2. 198, 4. 658, 5. 115, 699, 9. 95, 10. 301;

carinis, G. 1. 360, A. 2. 23, 11. 328;

carinas, G. 2. 445, A. 4. 46, 5. 682, 7. 431, 8. 93;

carinis, A. 2. 179, 3. 465, 7. 186, 9. 148, Cu. 346.

Carinae: Carinis (abl.), A. 8. 361†.

CARME, Ci. 220†, 285†; Carme (voc.), Ci. 278†.

CARMEN. 105.

carmen, E. 5. 45, 9. 38, D. 19, 30;

carminis, E. 4. 4, 6. 18, Cu. 12;

carmen, E. 3. 27, 5. 42, 6. 5, 7. 21, G. 2. 176, 4. 514, A. 1. 2*, Cu. 100, Ci. 5, D. 14, 54, 71, 75, 97;

carmine, E. 5. 81, 6. 67, 8. 3, G. 2. 45, 95, 3. 3†, 4. 348, 510, A. 3. 287, 4. 462, 8. 287, 12. 500†, Cu. 35 (Ben. *carmina* edd.), Ci. 40, 68, Ca. 9 (11). 62, 14 (6). 4, 14*. 4, D. 1;

carmina, E. 3. 61, 6. 25, 8. 67, 69†, 9. 11, 33, 53, 10. 3, 62, A. 9. 446, 775, Cu. 3, 10, 134, Ca. 9 (11). 13†, 14, 15†, 16, D. 25, 47;

carmina, E. 1. 77, 2. 6, 3. 86, 90, 5. 14, 55, 63, 6. 25, 8. 10, 12†, 103, 9. 21, 67, 10. 3, 51, G. 1. 350, 2. 388, 4. 565, A. 3. 445, 451, 6. 74, 644, Cu. 35 (vid. *carmine*), 147, M. 29, Ca. 9 (11). 19†, 59, L. 6†;

carmina, E. 8. 68, 72, 76, 79, 84, 90, 94, 100, 104, 109;

carminibus, E. 3. 22, 4. 55, 8. 70, 9. 10, G. 2. 394, A. 4. 487, 7. 733, 8. 303.

Carmentalis: Carmentalem (fem.), A. 8. 338.

Carmentis: Carmentis (gen.), A. 8. 336, 339.

carnarium: carnaria (nom.), M. 56.

Carpathius (*Carphatius*): Carpathium (neut. acc.), A. 5. 595†, Ci. 113; Carphatio (masc.), G. 4. 387†.

carpo. 37.
carpis, A. 1. 388;
carpit, G. 2. 90, 3. 215, 347, A. 12. 412†;
carpunt, G. 4. 311†;
carpebat, A. 4. 555, 7. 414;
carpebant, G. 4. 335, A. 4. 522;
carpam, E. 2. 54;
carpes, G. 3. 176;
carpetis, E. 1. 78, D. 92;
carpent, E. 9. 50, G. 2. 201;
carpsit, G. 2. 501†;
carpamus, G. 3. 325;
carpe, A. 6. 146, 629;
carpere, G. 3. 142, 191, 296, 435, 4. 134, A. 9. 353;
carpens, Cu. 166, 231;
carpens (fem.), E. 2. 47, A. 6. 245;
carpentem (fem.), G. 3. 465†;
carpente (masc.), Cu. 54;
carpentes (fem. nom.), G. 1. 390;
carpitur, A. 4. 2;
carpuntur, Cu. 52;
carpere, A. 4. 32;
carpendae (sunt), G. 2. 366.

Carthago; vid. *Karthago.*

carus. 36.
cara, A. 4. 91, 5. 564 (P¹ Rb. *clara* P² MRγ edd.), 9. 84, 11. 537, 586, Ci. 398;
cari, A. 1. 646, 677, 2. 560, 5. 747, 6. 108, 10. 789;
carae, A. 1. 689, Ci. 73 (Ben. *castae* edd.);
cari, A. 4. 354;

caro, A. 11. 33;
caro, A. 11. 550;
carum (neut.), Ci. 177;
care, A. 2. 707, 5. 725, 8. 581;
cara, E. 4. 49, A. 4. 492, 634;
caro (masc.), Ci. 126†;
cara (nom.), A. 11. 215;
caros, A. 6. 682, Ci. 419;
cara, E. 8. 92, Cu. 293;
caris (masc.), A. 1. 24;
carior, A. 12. 639, Ca. 4 (13). 3;
carior, Cu. 211;
carissima, Ci. 200;
carissime, A. 8. 377.

Carybdis; vid. *Charybdis.*

casa: casas, E. 2. 29.

caseolus: caseoli (nom.), Co. 17.

CASEUS, E. 1. 34†, M. 58, 99.

casia. 7.
casiam, G. 4. 182, Ci. 370;
casia, E. 2. 49, G. 2. 466†;
casiae, G. 4. 30;
casias, G. 2. 213, 4. 304.

Casmilla: Casmillae (gen.), A. 11. 543.

Casperia: Casperiam, A. 7. 714.

Caspius: Caspia (neut. nom.), A. 6. 798.

CASSANDRA. 7.
Cassandra, A. 2. 246, 404, 3. 183, 187;
Cassandrae (gen.), A. 2. 343, 5. 636, 10. 68.

CASSIDA (CASSIS), A. 11. 775.

CASSIOPEA, Ca. 9 (11). 28†.

cassis: cassis (acc.), G. 4. 247;
cassibus, G. 3. 371†.

cassus: cassum (masc.), A. 2. 85;
cassis (masc. dat.), A. 11. 104;
cassa, A. 12. 780. Vid. *incassum.*

Castalia: Castaliae (gen.), Cu. 17†; Castaliam, G. 3. 293.

castanea. 6.

catulos, E. 1. 22, G. 3. 405, 438.

Caucaseus (Caucasius): Caucaseo (masc. abl.), G. 2. 440†; Caucaseas, E. 6. 42†.

CAUCASUS, A. 4. 367,

cauda. 8.
  caudae (gen.), G. 3. 423;
  caudam, A. 11. 812;
  cauda, G. 3. 59, A. 8. 210†, M. 23;
  caudarum, Ci. 453;
  caudas, A. 3. 428;
  caudis, A. 8. 674.

caudex: caudicibus (abl.), G. 2. 30.
caulae: caulas, A. 9. 60.
caulis: caulem, A. 12. 413.
Caulon: Caulonis, A. 3. 553.
caurus (corus): caurum, G. 3. 278†;
  coro, Ci. 460†;
  cauri, G. 3. 356†, A. 5. 126 (cori).

CAUSA. 52.
  causa, E. 1. 26, 3. 102, G. 4. 532, A. 2. 285, 3. 584, 4. 170, 290, 5. 5, 6. 93, 458, 7. 197, 482, 8. 112, 9. 216, 376, 10. 90, 11. 178, 250, 480, Cu. 378, Ci. 157, 231 (Ben. *abl.* edd.), Ca. 4 (13). 12 (Th. *contra* edd.), 9 (11). 12;
  causam, G. 4. 397, A. 3. 305, 12. 567, 600, Cu. 376†, Ci. 173, 336;
  causa, A. 11. 361, Ci. 314;
  causa, Ci. 229, 231 (vid. nom.);
  causae, A. 1. 25, 7. 553;
  causas, G. 2. 455, 490, 3. 440, A. 1. 8, 414, 2. 105 (P² Mγ edd. *casus* P¹ Rb.), 3. 32, 4. 51, 5. 788, 6. 488, 710, 849, 8. 395, 9. 219, Ci. 254, 354.

causor: causando (abl.), E. 9. 56.
caute: cautius, A. 11. 153.
CAUTES (COTES). 12.
  cautes, A. 6. 471;
  cote, A. 7. 627;
  cautes, A. 3. 534, 5. 205, 11. 260;
  cautes, A. 3. 699, 5. 163, Cu. 355, Ci. 467†;
  cotibus, E. 8. 43, G. 4. 203, A. 4. 366†.
cavea: caveae (gen.), A. 5. 340, 8. 636; caveis (abl.), G. 4. 58.
caveo: cavete, A. 11. 293;
  caveto, E. 9. 25, D. 61†;
  cavens (masc.), A. 10. 417 (edd. *canens* mss. Con.);
  cavendi (gen.), Ci. 380†.
caverna: cavernae (nom.), A. 2. 53, 8. 242;
  cavernas, A. 2. 19;
  cavernis, A. 3. 674, 8. 420.
cavo. 10.
  cavat, G. 1. 262, 3. 87;
  cavant, A. 7. 632;
  cavavit, A. 2. 481;
  cavantur, G. 2. 450;
  cavata (abl.), A. 1. 310, 3. 229;
  cavatas, G. 1. 136;
  cavatis (fem.), G. 2. 387, 4. 33.
cavus. 49.
  cava, A. 5. 448;
  cavo (neut.), A. 5. 434†;
  cavom (masc.), A. 1. 81, 10. 784†, M. 97 (cavum);
  cava, E. 1. 18†, 9. 15, G. 2. 186, 4. 464, A. 1. 516, 2. 360, 3. 191, 5. 810, 6. 171, 293, 10. 475, 636, 11. 593, 12. 893;
  cavo, A. 2. 260, 3. 240, 286, 450, 641, 8. 248;
  cavi, A. 8. 599;
  cavae, G. 1. 117, 2. 391, 3. 253, A. 2. 53, 487, 9. 666;
  cava, G. 1. 326, 4. 427;

cavas, A. 2. 38, 9. 534;

cava, A. 3. 566†, 9. 633, 671, 808, 10. 891;

cavis, G. 4. 44;

cavis (fem.), G. 2. 453, A. 8. 69, 9. 46, 12. 86;

neut. subst. cava (acc.), Cu. 51, D. 74;

cavis, G. 1. 184.

Caystros: Caystri, G. 1. 384.

Cea: Ceae (gen.), G. 1. 14.

Cecropia: Cecropiae (gen.), Ci. 128 (edd. *morsilis* Ellis).

CECROPIDAE, A. 6. 21.

CECROPIUS, Ci. 3;

Cecropium (neut. acc.), G. 4. 270;

Cecropio (masc.), Ca. 9 (11). 14, Co. 13 (edd. *croceo* Leo Ellis);

Cecropias, G. 4. 177.

CEDO. 51.

cedo, A. 2. 704, 6. 848 (P¹ Rb. *credo* P² MR edd.), 12. 818;

cedit, E. 5. 16, 18, A. 3. 484, 5. 224, 9. 220, 10. 358†;

cedunt, A. 3. 447, 7. 677†, 12. 368;

cedebat, A. 10. 795;

cedet, E. 4. 38, A. 12. 185†;

cessi, A. 2. 804, 6. 460;

cessit, A. 3. 333, 5. 394, 445, 6. 102, 7. 636, 8. 395, 9. 126, 10. 276, Cu. 366;

cesserunt, A. 10. 444; cessere, G. 3. 549†, A. 12. 717;

cesserit, A. 12. 183;

cedat, E. 7. 68†, A. 7. 332, 9. 805, 11. 321, 359, 12. 17;

cedamus, E. 10. 69, A. 3. 188;

cede, A. 5. 467, 6. 95, 7. 559;

cedite, A. 9. 620;

cedere, G. 4. 84†, A. 10. 647, 12. 148;

cessisse, A. 3. 121, 297;

cedens (masc.), G. 1. 218†;

cedentem (masc.), A. 12. 324;

cedentia (nom.), A. 3. 496, 11. 729.

cedrus; vid. *caedrus.*

CELAENO, A. 3. 211, 245, 365†, 713†.

celebro. 14.

celebramus, A. 3. 280;

celebrant, A. 8. 303;

celebrabat, A. 4. 641 (Pγ¹ M² Rb. *celerabat* M¹ edd.);

celebrabit, A. 12. 840;

celebravit, L. 43†;

celebremus, A. 5. 58;

celebrent, A. 7. 555†;

celebrate, A. 1. 735, 8. 173, Cu. 19;

celebrare, A. 5. 598;

celebrabere, A. 8. 76;

celebratus (est), A. 8. 268;

celebrata (sunt), A. 5. 603.

Celemna (Celenna): Celemnae (gen.), A. 7. 739†.

CELER. 32.

celer, A. 6. 425;

celeri (fem.), Ci. 297†;

celerem, A. 4. 285, 8. 20, 9. 178;

celerem, A. 4. 180, 9. 590, 12. 853;

celeri, A. 12. 855, Ci. 161 (Rb. in ed. mai. *certo* Rb. in ed. min. Ben. *taetro* Th. *terret* Ellis);

celeri, A. 3. 243, 5. 485;

celeri, A. 5. 211, 445;

celeres, G. 1. 361, A. 7. 519, 11. 603;

celeres, A. 6. 202, Cu. 49;

celeres, Ca. 9 (11). 51;

celeris, A. 1. 187, 4. 226, 270, 357, 5. 217, 7. 811, 11. 765, 12. 394, 859;

celeres (fem.), Ci. 195;

celerrimus, Ca. 10 (8). 2;
celerruma (neut. nom.), A. 12.
507†.
celero. 8.
  celerant, A. 8. 90†, 10. 249;
  celerabat, A. 4. 641 (M¹ edd.
  celebrabat Pγ¹ M² Rb.);
  celerare, A. 1. 357, 3. 666, 9.
  378;
  celerans, A. 1. 656;
  celerans (fem.), A. 5. 609†.
Celeus: Celei, G. 1. 165†.
cella: cellae (gen.), M. 15 (Th.
  clavi edd.);
  cellas, G. 4. 164, A. 1. 433;
  cellis, G. 2. 96.
celo. 6.
  celant, A. 6. 443;
  celabat, M. 9;
  celavit, A. 1. 351, L. 73†;
  celarat, A. 10. 417†;
  celare, A. 9. 425.
celsus. 26.
  celsa, A. 10. 51;
  celsi, A. 11. 320, Ci. 218 (edd.
  gelidi Ellis);
  celsi, A. 10. 653;
  celsum, Ci. 34;
  celsam, A. 3. 293, 5. 439;
  celso, A. 3. 679, 5. 35 (mss.
  edd. *excelso* Serv. Con.), 6.
  805, 8. 604, 12. 564;
  celsa, A. 1. 56, 3. 76, 527 (Mγ
  edd. *prima* G² Rb.), 4. 554, 8.
  680, 10. 261;
  celsas, A. 4. 397, 8. 107;
  celsa, A. 7. 343, 8. 653;
  celsis (fem.), A. 1. 183, 2. 375,
  8. 65†, Ci. 175 (Th. *caeli* edd.).
census: censu, Cu. 80 (Th. *sensu*
  edd.).
centaureum: centaurea (acc.), G.
  4. 270.
Centaureus: Centaureos, Cu. 29.
Centaurus: Centauri (nom.), A.

6. 286, 7. 675 (centauri); Cen-
tauros, G. 2. 456.
CENTAURUS, A. 5. 155, 157;
  Centaurum, A. 10. 195;
  Centauro, A. 5. 122.
centenus: centena (abl.), A. 10.
  207; centeni, A. 9. 162; cen-
  tenas, A. 10. 566.
CENTUM. 38.
  centum, G. 1. 15, A. 3. 643, 6.
  43, 7. 275, 609, 9. 370;
  centum, G. 2. 43, A. 1. 416,
  705, 6. 625;
  centum (neut. nom.), G. 2. 43,
  A. 6. 43, 81, 625;
  centum (masc. acc.), G. 3. 18,
  A. 1. 272, 635, 4. 510, 6. 329,
  786, 7. 153, 658, 8. 518, 10.
  182, 11. 331;
  centum, G. 4. 383, A. 2. 501,
  3. 106, 4. 200, 7. 93;
  centum (neut. acc.), G. 4. 383,
  A. 1. 634, 4. 199, 8. 716, 10.
  565;
  centum, A. 1. 295;
  centum, A. 7. 170;
  centum, A. 7. 539.
CENTUMGEMINUS, A. 6. 287.
CERA. 8.
  cera, E. 8. 80;
  cera, E. 2. 32, 3. 25, G. 4. 38;
  ceras, G. 3. 450, 4. 57, 162,
  241.
cerasus: cerasis (dat.), G. 2. 18.
Ceraunia: Ceraunia (acc.), G. 1.
  332, A. 3. 506.
CERBERUS, G. 4. 483, A. 6. 417,
  Cu. 220;
  Cerberon, Cu. 270†.
Cerealis: Cerealis (masc.), G. 2.
  517†;
  Cereale, G. 1. 212, A. 7. 111;
  cerealia (acc.), A. 1. 177.
cerebrum. 7.
  cerebro (abl.), A. 5. 413, 480,

9. 419, 753, 10. 416, 11. 698, 12. 537.

CERES. 26.

Ceres, G. 1. 96, 147, Co. 20; ceres, G. 1. 297, M. 27, 43, 55; Cereris, A. 2. 714, 742, 8. 181, Cu. 135, Ci. 230, D. 15; Cereri, E. 5. 79, G. 1. 339, 349, 2. 229, 4. 129 (Rb. *pecori* mss. edd.), A. 4. 58, 6. 484; Cererem, G. 1. 343, 347, A. 7. 113; cererem, A. 1. 177, 701; Ceres, G. 1. 7.

cereus: cerea (neut. nom.), Co.18; cerea, E. 2. 53, G. 4. 202, A. 12. 589.

cerintha: cerinthae (gen.), G. 4. 63.

CERNO. 54.

cerno, A. 2. 286, 734, 5. 27, 6. 87, Cu. 259; cernis, E. 1. 9, A. 1. 365 (M edd. *cernes* PRγ Rb. Ben.), 4. 561, 5. 413, 6. 325, 574, 826, 8. 62, 9. 188, 10. 20, 581; cernit, A. 4. 246, 6. 333, 446, 9. 722†, 11. 703, Ci. 468; cernimus, A. 2. 441, 696, 3. 677, 7. 68; cernitis, Ci. 409; cernunt, A. 2. 446, 9. 372, 12. 218; cernebant, A. 7. 161; cernam, A. 3. 501; cernes, G. 1. 460, 2. 205, A. 1. 258, 365 (vid. *cernis*), 4. 47; cernetis, A. 9. 243; cernent, D. 99†; cernam, A. 2. 667; cernas, A. 4. 401; cernat, A. 10. 462†; cernere, A. 1. 413, 2. 538, 6. 596, 8. 516, 676, 12. 709†; cernens (masc.), A. 6. 482, 8. 704;

cernenti (fem. dat.), A. 4. 408; cernitur, A. 1. 440, 3. 552, 554; cernatur, A. 8. 246.

CERNUUS, A. 10. 894†.

CERTAMEN. 42.

certamen, E. 7. 16; certamen, A. 11. 104, 12. 116; certamine, G. 3. 103, A. 3. 128, 4.98(mss.edd.*certamina*Heins. Th.), 5. 144, 197, 286, 390, 493, 545, 7. 523, 8. 639, 700, 9. 726, 11. 155, 780, 891, 12. 61, 553, 598†, 790 (Con. Gos. *certamina* mss. edd.), Ca. 3 (12). 7†, 9 (11). 29; certamina, G. 4. 86, A. 4. 98 (vid. *certamine*), 5. 603; certamina, G. 2. 530, A. 5. 66, 114, 596, 6. 172, 9. 662, 10. 146, 11. 221†, 434, 12. 39, 73, 467, 790 (vid. *certamine*), Cu. 82, 316, Ci. 358.

CERTATIM. 16.

certatim, G. 1. 385, 4. 38, A. 2.628, 3.290, 5.778, 7.146, 472, 585, 8. 179, 436, 11. 209, 486, 12. 704, Ci. 412†, Ca. 9 (11). 21, 22.

CERTE. 10.

certe, E. 3. 102, 8. 107†, 9. 7, 10. 37, A. 1. 234, 328, 12. 881, Ci. 306, Ca. 4 (13). 10†, L. 70.

CERTO. 34.

certo, A. 5. 194; certat, E. 5. 8†, A. 9. 557, Cu. 350; certatis, A. 10. 7; certant, A. 2. 64†, 4. 443, 6. 178, 9. 520, 10. 130, 12. 765; certabant, A. 9. 533; certes, E. 2. 57†, 3. 31; certet, E. 4. 58, 5. 9, 15, Cu. 37 (Rb. Leo *crescet* Th. *restet* Ellis *certa est* Ben.); certent, E. 8. 55, G. 2. 138;

INDEX VERBORUM VERGILIANUS

certaverit, G. 2. 99;
certare, A. 2. 30, 5. 108, 485, 10. 14;
certasse, A. 1. 548;
certantes (masc.), A. 11. 446, 647;
certantis (masc.), E. 8. 3;
certantibus (masc.), A. 3. 668, 12. 574;
certatur, A. 10. 355;
certatum est, A. 11. 313;
certandum est, A. 12. 890.
CERTUS. 44.
certus, A. 4. 554, 5. 2, 9. 96;
certa, A. 2. 350, 3. 393, 4. 125, 564, 6. 673, 7. 548, 611, 8. 39, 46†, 10. 240, 12. 268, Cu. 37 (Ben. *certet* Rb. Leo *crescet* Th. *restet* Ellis);
certum, E. 10. 52, A. 3. 686†, 9. 153;
certae (dat.), A. 2. 62†;
certum, A. 3. 179;
certam, G. 4. 294†, A. 11. 767;
certo, A. 12. 490, Ci. 161 (Rb. in ed. min. Ben. *celeri* Rb. in ed. mai. *taetro* Th. *terret* Ellis);
certo, G. 4. 100, A. 1. 62, 2. 212;
certi, A. 8. 39;
certa, A. 5. 349;
certos, G. 4. 155, Ci. 92 (edd. *coeptos* Rb.);
certa, A. 9. 249, 12. 112;
certis, G. 2. 329;
certis, G. 1. 231;
certis, G. 1. 60, 351, 394;
subst. certos, A. 1. 576;
certa, A. 9. 193;
certior (masc.), A. 10. 510;
certissimus, G. 1. 432;
certissima (voc.), A. 6. 322;
certissima (nom.), G. 1. 439.
CERVA, A. 4. 69; cervam, A. 6. 802.

CERVIX. 28.
cervix, G. 3. 52, 79, 524, A. 1. 477, 9. 434, 10. 137;
cervicis, G. 3. 186;
cervici, G. 3. 167†, A. 2. 707;
cervicem, A. 3. 631;
cervice, G. 3. 92, 536, 4. 408, 523, 540, 551, A. 1. 402, 2. 224, 8. 633, 10. 536, 12. 7, 364, 899, Cu. 171, Ci. 449, M. 82;
cervicibus (abl.), A. 2. 219, 11. 496.
CERVUS (CERVOS). 16.
cervos, A. 7. 483;
cervi, E. 7. 30†;
cervom, G. 3. 413, A. 7. 481, 10. 725, 12. 750;
cervi, E. 1. 59, G. 3. 265, 369, 539, A. 4. 154;
cervis, E. 5. 60, G. 1. 307;
cervos, E. 2. 29, A. 1. 184, 5. 253.
cespes; vid. *caespes.*
cesso. 15.
cessas, A. 6. 51, 52, 11. 389†;
cessat, A. 2. 468, M. 53†;
cessant, A. 11. 138;
cessabat, M. 68;
cessabit, E. 1. 58, A. 1. 672;
cessavit, G. 1. 485;
cessa, A. 11. 401†;
cessare, E. 7. 10, G. 1. 71;
cessantem (masc.), A. 3. 430;
cessatum est, A. 11. 288†.
ceterus. 27.
cetera (nom.), G. 3. 62, A. 2. 207, 5. 74, 134, 573, 7. 614, 8. 548, 9. 368, 11. 467, 12. 40, 562, 606;
cetera (nom.), G. 3. 162, A. 2. 438, 9. 224, 11. 791;
cetera, E. 5. 58, A. 11. 207;
neut. subst. cetera, G. 3. 3, A. 1. 585, 11. 310, Ca. 3 (12). 6;

cetera, A. 3. 379, 594, 9. 254, 656, 11. 91.

Cethegus: Cethegum, A. 12. 513.

cetra; vid. *caetra.*

cetus: cete (nom.), A. 5. 822†.

CEU. 24.

  1. c. singulis verbis: G. 3. 194, 542, 4. 499, A. 2. 355, 516, 5. 740, 6. 492, 7. 378, 12. 740;

  2. c. indic.: a) ceu: A. 2. 416, 5. 88, 9. 339, 10. 357;

    b) ceu saepe: A. 5. 527, 10. 723;

    c) ceu cum: G. 1. 303, 4. 96, A. 7. 674, 699, 9. 30, 792, 10. 97, 11. 297;

  3. c. subi.: A. 2. 438.

Chalcidicus; vid. *Calchidicus.*

Chalcodonii: Chalcodoniis (abl.), Cu. 264†.

CHALYBES, G. 1. 58; Chalybum, A. 8. 421, 10. 174.

CHALYPS (CHALYBS), A. 8. 446 (P Rb. *chalybs* R² edd.).

Chaon: Chaone, A. 3. 335.

Chaonia: Chaoniam, A. 3. 335.

Chaonius: Chaonio (masc.), A. 3. 293†;

  Chaoniam, G. 1. 8†;

  Chaonii, G. 2. 67;

  Chaonios, A. 3. 334;

  Chaonias, E. 9. 13.

Chaos: Chaos, A. 4. 510; Chaos, A. 6. 265; Chao, G. 4. 347†.

CHARON, A. 6. 299, 326; Charonis, Cu. 216 (edd. *Charontis* Ben.).

charta: chartae (nom.), Ci. 62; chartis, Ci. 39; chartas, Ca. 5 (7). 13, 9 (11). 13; chartis, Cu. 24 (edd. *tantis* Ben.).

CHARYBDIS, A. 3. 420, 558, 684 (Rb. *Charybdim* mss. edd.), 7.

302, Cu. 332 (edd. *Carybdis* Ellis); Charybdim, A. 3. 684 (vid. *Charybdis*).

chelae: chelas, G. 1. 33†.

chelydrus: chelydros, G. 3. 415; chelydris, G. 2. 214.

CHIMAERA, A. 6. 288; Chimaeram, A. 7. 785.

Chimaera: Chimaeram, A. 5. 118, 223.

Chimaereus: Chimaereo (masc. abl.), Cu. 14.

CHIRON, G. 3. 550.

chlamys. 7.

  chlamydem, A. 3. 484, 4. 137, 5. 250, 8. 167, 9. 582, 11. 775;

  chlamyde, A. 8. 588.

Chloreus: Chlorea, A. 12. 363†.

CHLOREUS, A. 11. 768†.

chorda: chorda, Ci. 178; chordae, Co. 7.

chorea. 6.

  chorea, Cu. 19, 119;

  choreis, A. 9. 615;

  choreas, A. 6. 644;

  choreis, A. 6. 520 (Rb. *curis* mss. edd.), 10. 224.

CHORUS. 20.

  chorus, E. 6. 66, G. 1. 346, 4. 460, A. 5. 240, 823, 8. 287, 718, 10. 219, Ca. 4 (13). 7†;

  chorum, A. 6. 517;

  choro, A. 6. 657, 7. 391†;

  chori, A. 9. 112;

  choros, G. 4. 533, A. 1. 499, 4. 145, 11. 737, Cu. 116, Ca. 9 (11). 8;

  choris, A. 5. 581.

CHROMIS, E. 6. 13.

Chromis: Chromin, A. 11. 675.

CHRYSANTHUS (CHRYSANTHES), Cu. 405 (edd. *chrysanthes* Th. Ben.).

cibus: cibum, G. 2. 216; ciborum, M. 76.

circensis: circensibus (masc. abl.), A. 8. 636.

circueo: circuit, A. 11. 761, M. 117†.

circuitus: circuitum, A. 11. 767;
circuitu, A. 3. 413.

CIRCULUS (CIRCLUS), A. 5. 559, 10. 138; circlos, G. 3. 166†.

CIRCUM (*adv.*). 43.
circum, E. 3. 45, 10. 16, G. 1. 245, 2. 392, 4. 46, 64, 130, 193, 274, 478, A. 1. 117, 311, 2. 238, 463, 605, 698, 767, 3. 65, 92, 230, 306, 4. 416, 509, 5. 312 (mss. edd. *circumplectitur* M Gos.), 6. 175, 443, 7. 32, 588, 589, 8. 673, 9. 70, 10. 118, 837, 885, 11. 34, 655, 824, 12. 162, 335, 433, 606, 929, Ci. 452.

CIRCUM (*praepos.*). 62.
circum, E. 8. 12, 9. 40, G. 1. 235, 345, 383, 2. 382, 484, 523, 3. 537, 540†, 4. 30, 113, 188, 289, 334, 400, 430, A. 1. 32, 56, 466, 483, 667, 2. 133, 278, 515, 564, 599 (edd. *circumerrant* Con.), 684, 3. 75, 392, 4. 145, 254 *bis*, 561, 5. 250, 435, 440, 6. 166, 329, 706, 708, 7. 379, 763, 8. 45, 285, 310, 631, 9. 440, 584, 587, 679, 808, 11. 188, 579, 661, 12. 476, 518, 662, Cu. 174, 397, Ci. 80, 236.

CIRCUMDO. 28.
circumdo, E. 8. 74;
circumdat, E. 6. 62, A. 2. 510, 8. 458†, 12. 88, Ci. 251;
circumdabit, A. 6. 783;
circumdedit, G. 2. 535, A. 1. 176 (tmesis);
circumdare, E. 10. 57, G. 1. 140, A. 1. 368, 2. 792 (tmesis), 6. 207, 700 (tmesis), 9. 153†, 10. 74;

circumdatur, G. 3. 487, A. 1. 593, Cu. 353;
circumdatus, A. 9. 462;
circumdata (nom.), G. 4. 497, A. 4. 137, 10. 483, 11. 596, 12. 416;
circumdati (nom.), A. 2. 219 (tmesis);
circumdata (acc.), A. 6. 549.

CIRCUMDUCO, E. 8. 75 (tmesis);
circumducebat, A. 6. 518 (tmesis).

circumerro: circumerrant, A. 2. 599 (Con. *circum errant* edd.).

circumfero: circumfert, A. 10. 887; circumtulit, A. 6. 229, 12. 558.

circumflecto: circumflectere, A. 3. 430, 5. 131.

circumfundo. 9.
circumfudit, A. 1. 412 (tmesis);
circumfundimur, A. 2. 383†, 3. 635 (tmesis);
circumfusa, A. 1. 586, 2. 64;
circumfusum (neut. acc.), Ci. 493;
circumfuso (masc.), A. 11. 546;
circumfusa (nom.), G. 3. 368;
circumfusos, A. 6. 666.

circumligo: circumligat, A. 11. 555.

circumplector: circumplectitur, A. 5. 312 (M Gos. *circum amplectitur* mss. edd.).

circumsisto: circumsistunt, A. 8. 490.

circumsono: circumsonat, A. 8. 474†.

circumspicio: circumspicit, A. 3. 517, 12. 896;
circumspiciunt, A. 9. 416;
circumspexit, A. 2. 68;
circumspice, G. 3. 390.

circumsto. 9.

circumstant, G. 4. 216, A. 6. 486, 7. 585, 11. 388, 12. 85;

circumstetit, G. 4. 361†, A. 2. 559†, 8. 300;

circumstare, A. 10. 905.

circumtextus: circumtextum (neut. acc.), A. 1. 649.

circumvector: circumvectamur, G. 3. 285.

circumveho: circumvehor, Ci. 271.

circumvenio : circumvenit (praes.), A. 6. 132.

circumvolito: circumvolitavit, G. 1. 377; circumvolitans (fem.), A. 7. 104 (tmesis).

circumvolo: circumvolat, A. 2. 360, 3. 233, 6. 866.

circumvolvo: circumvolvitur, A. 3. 284.

CIRCUS, A. 5. 289; circo (abl.), A. 5. 109, 551.

CIRIS. 6.

ciris, Ci. 202, 205, 488, 489, 537†;

cirin, Ci. 90†.

cisium: cisi, Ca. 10 (8). 3.

CISSEIS, A. 7. 320, 10. 705.

CISSEUS, A. 5. 537; Cissea, A. 10. 317.

CITHAERON, G. 3. 43, A. 4. 303.

cithara: citharae (gen.), Ci. 107; citharam, A. 12. 394; cithara, A. 1. 740, 6. 120; citharae, A. 9. 776.

cito: citius, A. 1. 142, 5. 242.

cito: citatorum (masc.), A. 12. 373.

CITUS. 12.

citus, A. 1. 301, 11. 462: cita, A. 5. 33; citae (gen.), A. 5. 66†; citum (masc.), A. 11. 714; cito (masc.), A. 5. 610;

citi, A. 4. 574, 594, 5. 824, 9. 37, 12. 425;

citae, A. 8. 642.

civilis: civili (fem. abl.), A. 6. 772; civili, D. 81.

civis. 19.

civis, D. 83;

cives, A. 8. 489, Ci. 116;

civibus, A. 5. 631, 11. 119;

civis, E. 1. 71, A. 11. 360 (-es), 12. 583, Ci. 363 (-es);

cives, A. 2. 42, 5. 196, 671, 9. 36, 783, 11. 243, 305, 459, 12. 572;

civibus, A. 8. 571.

clades. 7.

cladem, A. 2. 361, 6. 843, 12. 604;

clade, A. 12. 556, Ci. 89, 283; cladibus (abl.), Cu. 214.

CLAM, A. 1. 350, L. 68 (Ellis *bracchia* Rb.).

clamo. 9.

clamat, A. 4. 674†, 7. 400, 12. 600, M. 31;

clamarem, E. 3. 19†;

clamassent, E. 6. 44;

clamantis (masc.), A. 9. 442;

clamanti (neut. abl.), A. 10. 323 (R Serv. edd. *clamantis* MPγ Con.);

masc. subst. clamantis (gen.), A. 10. 323 (vid. clamanti);

clamatum (est), Ca. 13 (5). 15.

CLAMOR. 74.

clamor, A. 1. 87, 2. 313, 338, 488, 3. 128, 4. 665, 5. 140, 227, 451, 6. 493, 8. 595, 9. 395, 504, 566, 664, 11. 192, 454, 745, 832, 12. 268, 409, 462, 621, 756;

clamorem, G. 1. 362, A. 3. 566, 672, 9. 54 (MP Rb. Gos. *clamore* F² Rγ² edd.), 10. 262, 11. 622, 878, 12. 618;

clamore, G. 1. 347, 3. 43, 375, 413, 4. 439, 460, A. 1. 324, 519, 2. 58, 437, 769, 3. 313, 524, 4. 303, 5. 150, 167, 207, 491, 578, 6. 175, 8. 216, 9. 38, 54 (vid. *clamorem*), 466, 597, 636, 791, 10. 266, 716, 799, 895, 11. 609, 838, 12. 252, 257, 312;
clamores (acc.), A. 2. 222;
clamoribus, G. 4. 76, A. 2. 128, 4. 411, 5. 341, 10. 713, 11. 147.
CLANGOR, A. 2. 313, 6. 561 (Pγ Rb. Ld. *plangor* MR edd.), 8. 526†, 11. 192;
clangoribus (abl.), A. 3. 226†.
CLANIUS, G. 2. 225.
claresco: clarescunt, A. 2. 301.
Clarius: masc. subst. Clarii (gen.), A. 3. 360†.
CLARUS, A. 10. 126.
CLARUS. 30.
clarus, G. 4. 93, A. 1. 550, 7. 141, 9. 582, 11. 772;
clara, A. 2. 589, 5. 43, 139, 564 (MP² Rγ edd. *cara* P¹ Rb.), 9. 19;
clarum, A. 12. 225;
clari, A. 5. 106;
clarae, Cu. 367;
clari, A. 8. 48;
clarum, Ci. 535;
claram, G. 1. 138, A. 2. 569 (Rb. *clara* mss. edd.), 696;
clarum, A. 3. 519;
claro, G. 1. 460, A. 4. 268;
clara, A. 1. 588, M. 93;
clari, A. 8. 673;
claras, A. 1. 284;
clara, A. 2. 569 (vid. *claram*);
claris (neut.), A. 7. 474;
subst. clari (nom.), A. 6. 478;
clarior (masc.), A. 2. 705;
clarissime, A. 5. 496;
clarissima (neut. voc.), G. 1. 5.

classicum: classica, A. 7. 637; classica, G. 2. 539.
CLASSIS. 69.
classis, A. 5. 33, 862, 10. 231, Ci. 459;
classis, A. 5. 66, 6. 334, 9. 88, Cu. 82;
classi, A. 5. 689, 6. 1;
classem, A. 1. 39, 128, 310, 390, 517, 551, 583, 3. 5, 117, 472, 651†, 4. 289, 299, 309, 375, 396, 426, 587, 5. 607, 612, 832, 843, 6. 150, 7. 38, 106, 288, 9. 69, 81, 10. 83†, 155;
classe, A. 1. 379, 5. 1, 115, 794, 8. 11 (-i), 79, 9. 8, 10. 194;
classes, A. 3. 403, 6. 697, 7. 716;
classibus, A. 2. 30, 3. 61, 5. 726, Cu. 319 (Th. Ben. *om.* edd.);
classis, G. 1. 255, A. 3. 300 (-es), 4. 537 (-es), 7. 436, 8. 675, 10. 36 (-es), Cu. 309 (-es), Ci. 479 (-es);
classibus, A. 3. 157, 602, 4. 313, 582, 10. 269, Cu. 314.
Claudius: Claudia (fem. nom.), A. 7. 708.
claudo. 37.
claudit, G. 2. 317, A. 3. 642, 10. 377;
claudunt, A. 6. 139†, 7. 609;
claudes, G. 3. 321†;
clauderet, E. 7. 15;
claudite, E. 3. 111, 6. 55, 56;
claudere, A. 11. 883, Ci. 20;
clauditur, A. 1. 233;
claudimur, A. 8. 473;
clauduntur, A. 10. 746, 12. 310 (MRγ edd. *conduntur* P Rb. Con.);
claudentur, A. 1. 294;
clausa (est), A. 3. 213;
clausa, Ca. 1. 2;
clausae (gen.), M. 15 (Th.

clausam Rb. *casulae* Ben.
plausa Ellis);
clausum, A. 12. 893;
clausam, A. 1. 311, 3. 230
(Pγ¹ M¹ Rb. *clausa* M²γ² Th.
Con. *clausi* edd.), 11. 554;
clauso, A. 1. 141, 374, 11. 298;
clausa, A. 3. 230 (vid. clausam);
clausi, A. 3. 230 (vid. clausam);
clausae, A. 6. 734†;
clausa, A. 10. 22†;
clausos, G. 3. 214, 4. 364, A.
9. 67;
clausa, G. 3. 352;
clausis (fem.), G. 4. 258, 263,
A. 8. 385;
subst. clausam, M. 15 (vid.
clausae);
clauso (neut.), G. 4. 303.
claudus: clauda (fem. nom.), A.
5. 278†.
claustrum. 7.
claustra, A. 2. 491, 3. 411, 7.
185;
claustra, G. 2. 161, A. 1. 56, 2.
259, 9. 758.
Clausus, A. 7. 707, 10. 345†.
clava, Ca. 2*. 21; clava, A. 10.
318.
clavis: clavi (abl.), M. 15 (edd.
cellae Th.).
clavus: clavom, A. 5. 177, 852†,
10. 218.
cliens: clienti (dat.), A. 6. 609.
Clio, G. 4. 341†.
Clio, Ca. 4 (13). 10.
clipeatus: clipeata (neut. nom.),
A. 7. 793.
clipeus (clipeum, clupeus). 51.
clipeum, A. 9. 709; clipeus,
A. 12. 432;
clipei, A. 2. 227, 392, 546, 3.
637, 8. 625, 10. 336, 477, 546,

553, 589, 12. 541, 925;
clipeo, A. 2. 671;
clipeum, A. 3. 286, 5. 359, 7.
639, 789, 8. 447, 729, 9. 270,
10. 242 (MPR edd. *clupeum* V
Rb.), 261, 482, 638, 11. 10,
284, 12. 89, 866 (clupeum);
clipeo, A. 7. 657, 9. 733†, 806†,
10. 330, 777†, 795, 12. 167,
332 (MR edd. *clupeo* P¹ Rb.),
377, Cu. 316;
clipei, A. 7. 186, 686;
clipeos, A. 2. 389, 422, 443,
734, 7. 626, 11. 196;
clipeis, A. 10. 568 (clupeis),
12. 712, 724.
Clitumnus: Clitumne, G. 2. 146†.
clivosus: clivosi, G. 1. 108; clivosi
(neut.), G. 2. 212.
clivus: clivo (abl.), E. 9. 8, G. 3.
293.
Cloanthus. 9.
Cloanthus, A. 5. 122, 152, 225,
233;
Cloanthum, A. 1. 222, 510,
612, 5. 167, 245.
Cloelia, A. 8. 651.
Clonius: Clonium, A. 9. 574.
Clonius; vid. *Cronius.*
Clonus, A. 10. 499.
Cluentius: Cluenti (voc.), A. 5.
123.
clupeus; vid. *clipeus.*
Clusinus: Clusinis (fem. abl.),
A. 10. 655†.
Clusium: Clusi, A. 10. 167†.
Clymene, G. 4. 345.
Clytius: Clytium, A. 9. 774†, 10.
325;
Clytio, A. 10. 129†, 11. 666.
Cnosius (Gnosius). 7.
Cnosius, A. 6. 566†, 9. 305
(Gnosius);
Cnosia (fem. nom.), G. 1.
222†, A. 6. 23†;

Cnosia (acc.), A. 3. 115 (F¹ Rb. *Gnosia* mss. edd.), 5. 306†, Ci. 299 (Gnosia).

coagulo: cogulet, D. 74 (Ellis *occubet* Rb.).

coccina: coccina, Ci. 169 (Ellis *cognita* edd.).

coccum: cocco (abl.), Ci. 31 (edd. *Gorgo* Rb.).

Cocles, A. 8. 650†.

Cocytius: Cocytia (fem. nom.), A. 7. 479.

Cocytus. 6.

Cocytus, A. 6. 132†;

Cocyti, G. 3. 38, 4. 479, A. 6. 323, 7. 562;

Cocyto (dat.), A. 6. 297.

Codrus: Codri, E. 5. 11; Codro (dat.), E. 7. 22, 26.

coeo. 13.

coit, A. 3. 30, 9. 801, 10. 410, 452;

coeunt, G. 4. 73, A. 7. 582;

coeant, A. 7. 317, 546, 8. 385, 11. 292;

coirent, A. 11. 860;

coiisse, A. 12. 709†;

coiens (masc.), L. 40 (Ellis *currus* Rb.).

coepi. 20.

coepit, E. 8. 16, G. 3. 237, 504, A. 1. 521, 6. 372, 7. 528;

coepere, E. 7. 19, G. 1. 225, Ci. 498;

coeperat, A. 12. 941, Ca. 10 (8). 19;

coeperit (subi.), E. 6. 36;

coepta (sunt), A. 6. 256;

coepti (neut.), A. 2. 162;

coeptum (neut.), Ci. 9;

coeptae, A. 4. 86;

coeptorum (neut.), A. 3. 20;

coeptos, A. 8. 439, Ci. 92 (Rb. *certos* edd.);

coepta, E. 8. 12;

neut. subst. coeptis, G. 1. 40, A. 9. 625, 10. 461, Cu. 25;

coepta, Cu. 41;

coeptis, A. 4. 642, 8. 15, 9. 296.

coeptum; vid. *coepi.*

coerceo: coercet, G. 4. 480, A. 6. 439; coercent, A. 9. 27.

coetus. 6.

coetum, A. 1. 735, 5. 43;

coetu, A. 1. 398†, 5. 107, Cu. 117†;

coetus (acc.), Ci. 49.

Coeus: Coeo, A. 4. 179; Coeum, G. 1. 279.

cogito: cogitet, G. 1. 462.

cognatus: cognato (masc. abl.), A. 12. 29, Ci. 409;

cognati, A. 8. 132;

cognatos, Ci. 201;

cognatas, A. 3. 502.

Cognomen. 14.

cognomen, A. 1. 267, 9. 593;

cognominis, A. 8. 48;

cognomine, A. 1. 530, 3. 133, 163, 334, 350, 702, 6. 383 (vid. *cognominis*), 7. 671†, 8. 331, 11. 246, 12. 845.

cognominis: cognomine (fem. abl.), A. 6. 383 (Con. Th. *subst.* edd.).

cognosco. 24.

cognoscis, Ca. 13 (5). 18;

cognoscit, A. 12. 903;

cognovit, G. 4. 375, A. 6. 340;

cognovimus, A. 9. 245;

cognoscite, E. 6. 25, A. 5. 474;

cognoscere, E. 1. 41, 4. 27, 60, G. 1. 177, 394, 2. 226, 490, 4. 253, A. 2. 10, 3. 299, Ci. 243, L. 80;

cognitus (est), A. 1. 623;

cognitus, Cu. 66;

cognita (acc.), Ci. 169 (edd. *coccina* Ellis), 375;

84

cognitissima (neut. acc.), Ca. 10 (8). 13†.

cogo. 45.

cogis, A. 3. 56, 4. 412, 10. 63;

cogit, G. 4. 36, A. 7. 639, 9. 463, 11. 235, M. 123;

cogunt, G. 4. 231, A. 1. 563, 4. 406, 5. 782, 6. 462, 8. 7, Cu. 215, 377;

cogebat, Cu. 108;

coges, E. 2. 7†;

coget, A. 7. 125;

coegi, A. 1. 2*;

cogant, A. 4. 289;

coge, E. 3. 20, G. 3. 169;

cogite, E. 3. 98, A. 11. 460;

cogere, E. 6. 85, G. 4. 140, A. 11. 304;

cogente (masc.), A. 12. 423;

cogentibus (masc. abl.), G. 2. 10;

cogor, Cu. 211, 373, L. 55†;

cogitur, G. 4. 420, A. 4. 414, 5. 20;

cogemur, A. 12. 237;

coacta fuissent, E. 6. 31‡;

cogi, A. 12. 581;

coactam, A. 7. 43;

coacto (neut.), M. 46;

coacti, A. 12. 457 (M² Th. *coactis* PRVM¹γ edd.);

coactis (masc.), A. 12. 457 (vid. *coacti*);

coactis (masc.), A. 7. 509;

coactis (fem.), A. 2. 196;

cogendae (sunt), G. 2. 62.

cohibeo: cohibet, A. 3. 424†, 9. 738; cohibete, A. 12. 314.

COHORS. 6.

cohors, A. 3. 563, 7. 710, 10. 328, 11. 500; ·

cortis (gen.), L. 79 (Ellis *cordis* Rb.);

cohortis (acc.), G. 2. 279†.

Colchis: Colchida (fem.), Cu. 249†.

Collatinus: Collatinas, A. 6. 774.

colligo. 26.

colligit, G. 1. 427, 2. 154, A. 10. 412, 11. 671;

collegit, A. 12. 491, M. 92;

collegerat, A. 11. 776;

collegerit, G. 3. 327†;

colligat, E. 9. 63;

colligere, A. 5. 15;

collectum (est), G. 3. 235;

collecta, A. 1. 320, 9. 63, 12. 862 (conlecta);

conlectum (masc.), G. 1. 114, 3. 85 (collectum);

collectam, A. 2. 798;

collectum, G. 4. 40;

collecti, A. 2. 414, 7. 582, 9. 689;

collectae, G. 1. 324;

collectos, A. 9. 11†;

collectas, A. 1. 143;

collectis, A. 2. 743;

collectis (fem.), A. 1. 170.

collis. 27.

collis, A. 7. 659;

collem, A. 1. 419, 8. 351, Ci. 8;

colle, A. 8. 604;

colles, E. 9. 7, G. 2. 179, 3. 555, A. 5. 150, 8. 216, 305, 598, D. 11, 87;

collibus, E. 7. 58;

colles, G. 2. 113, 276 (-is), A. 3. 522 (-is), 7. 798, 11. 319, 902 (-is), Cu. 47, Ci. 102;

collibus, E. 9. 49, G. 2. 273, A. 5. 287, 7. 726.

colloco: collocat, G. 4. 424.

colludo: colludere, G. 1. 369.

collum. 38.

collo, E. 6. 50, A. 1. 654, 2. 218, 236, 792, 6. 700, 10. 135, L. 68;

collum, A. 5. 559;

collo, G. 3. 204, A. 1. 715, 7. 351, 8. 438, 9. 436, 11. 11, 12. 356, Ci. 170;

colla, G. 3. 167, A. 8. 660, 11. 692, Cu. 221;

colla, G. 2. 542, 3. 421, 4. 337, A. 2. 381, 721, 5. 277, 6. 419, 7. 394, 701, 9. 331, 10. 838, 11. 497, 622, 829, 12. 86, 722, Ca. 10 (8). 10.

collustro; vid. *conlustro.*

COLO. 43.

colo, A. 5. 735;

colis, Ca. 14 (6). 2;

colit, E. 3. 61, G. 3. 430, A. 5. 63, 7. 603, 11. 584, Cu. 87;

colimus, A. 11. 786;

colunt, A. 3. 212, 7. 684, 714, Ca. 3*. 5;

colebat, A. 4. 458;

colui, A. 12. 778;

coluere, G. 2. 532, A. 1. 532, 3. 165, 7. 602;

colat, E. 2. 62†;

colant, G. 1. 30;

colerem, A. 4. 343;

cole, Cu. 381;

colito (sec. pers.), G. 2. 413;

colere, A. 4. 422;

coluisse, A. 1. 16, 11. 843;

colens (masc.), Ca. 3*. 7;

colendi, G. 1. 121, 4. 118;

colendo (abl.), G. 2. 36, 222;

colitur, A. 3. 13, 73, Cu. 86;

coli, A. 3. 77;

subst. culta (acc.), E. 1. 70, G. 1. 153, 2. 196, 4. 126, 372, A. 8. 63, 10. 141.

colocasium: colocasia (acc.), E. 4. 20.

colonus. 12.

colono (dat.), G. 1. 299, A. 1. 3*;

coloni, G. 1. 125, 2. 385, A. 1. 12;

colonis, A. 7. 63, 410 (vid. abl.), 422;

colonos, A. 4. 626;

coloni, E. 9. 4, G. 3. 288;

colonis, G. 1. 507, A. 7. 410 (vid. dat.).

Colophoniacus: Colophoniaco (masc. dat.), Ci. 65.

COLOR. 31.

color, G. 2. 178, 256, 3. 82, 4. 254, A. 6. 47, 11. 819, M. 104;

colori, E. 2. 17;

colorem, E. 9. 49, A. 4. 558, 6. 272, 9. 650;

colore, E. 8. 73, G. 4. 335, Cu. 62, 399 (Ben. *rubore* Th. *ruborem* Rb. *per orbem* Ellis *terrorem* Leo), Ci. 371, M. 33†, D. 21;

colores (acc.), E. 4. 42, 8. 77, G. 1. 452, A. 4. 701, 5. 89, 12. 69, Ci. 502;

coloribus, G. 4. 306, A. 5. 609, 7. 191, Cu. 71†, Ca. 14 (6). 9 (edd. *ignicolorius* Ellis).

coloratus: coloratis (masc. abl.), G. 4. 293.

COLUBER. 6.

coluber, G. 3. 418, A. 2. 471, 7. 352;

colubris, G. 2. 320†;

colubris, A. 6. 419†, 7. 329†.

colum: cola (acc.), G. 2. 242†.

COLUMBA. 8.

columba, A. 5. 213;

columbam, A. 5. 488, 516, 11. 722;

columbae, A. 2. 516, 6. 190;

columbas, E. 9. 13, D. 5.

columna. 6.

columnae (dat.), A. 12. 92 (mss. edd. *columna* γ Con.);

columna, A. 12. 92 (vid. *colum-nae*);
columnae, A. 6. 552;
columnas, G. 3. 29, A. 1. 428, 11. 262;
columnis, A. 7. 170.
colurnus: colurnis (neut. abl.), G. 2. 396.
colus: colo, A. 7. 805; colum, Ci. 177; colo, A. 8. 409.
COMA. 31.
  coma, A. 5. 556, Cu. 75, Ci. 387;
  comam, G. 4. 137, A. 1. 319, 2. 552 (M edd. *coma* Pγ¹ Ben. Rb.), 629†, 7. 60, 9. 478, M. 33;
  coma, A. 2. 552 (vid. *comam*);
  comae, A. 1. 403, 477, 2. 774, 3. 48, 4. 280, 6. 48, 12. 868;
  comas, G. 2. 368, A. 2. 684, 3. 174, 405, 4. 590, 7. 75, 353, 394, 8. 274, 277, 10. 726, 11. 77, 12. 209, M. 90.
comans. 8.
  comantem, G. 4. 122†, A. 12. 413;
  comantem, A. 2. 391;
  comantis, A. 12. 6, D. 28;
  comantis, G. 3. 312, A. 3. 468;
  comantia, A. 12. 86.
comatus: comata (acc.), Ca. 10 (8). 10.
COMES. 59.
  comes, A. 2. 704, 711, 3. 613, 691, 6. 159, 166, 292, 448, 528, 538, 8. 466, 9. 179, 223, 10. 321, 11. 33, 479, 12. 385†, 881, Cu. 281 (Ben. *om.* edd.), 344;
  comiti, A. 2. 729, 11. 710;
  comitem, A. 2. 86, 778, 4. 677, 5. 546, 6. 777, 8. 308, 9. 177, 277, 649, 765, 775, 10. 703, 779, 11. 542, 12. 362;
  comites, A. 4. 123, 140, 162,

664, 5. 301, 8. 52, 11. 655, 805;
comitum, A. 2. 796, 5. 822, 6. 865, 10. 220, 11. 94, 586, Ci. 143;
comites, A. 2. 181†, 294, 744, 5. 191, Cu. 261, Ci. 308, 338.
cometes: cometae (nom.), G. 1. 488, A. 10. 272.
cominus; vid. *comminus.*
COMITATUS, A. 12. 336; comitatu, A. 4. 215.
comito: comitatus, A. 1. 312, 9. 48, M. 83;
  comitata, A. 2. 580;
  comitate, A. 10. 186.
comitor. 19.
  comitatur, A. 6. 863, 7. 681;
  comitamur, A. 11. 52;
  comitantur, A. 3. 660, 8. 462, 10. 126;
  comitabantur, Cu. 134;
  comitabor, A. 4. 543;
  comitetur, A. 10. 164;
  comitentur, G. 1. 346, A. 11. 61;
  comitante (fem.), A. 2. 40, 3. 70, 5. 76, 11. 498;
  comitantibus (masc. abl.), A. 3. 346;
  comitantibus (neut.), A. 4. 48;
  comitatus, A. 6. 112, 10. 194.
commaculo: commaculare, E. 8. 48†.
COMMENDO, A. 2. 748, Ca. 8 (10). 5;
  commendat, A. 2. 293, 5. 771.
commercium: commercia (acc.), A. 10. 532.
comminiscor: es commenta, Ci. 323 (Ellis *es conata* edd.).
COMMINUS. 11.
  comminus, G. 1. 104, 3. 374, A. 7. 553, 732, 9. 347, 440, 770, 10. 454, 11. 706, 12. 890, Cu. 190†.

commisceo. 11.
  commiscet, M. 115;
  commixtus, G. 2. 327, 4. 500,
  A. 6. 762;
  commixtum (masc.), A. 12.
  618;
  commixtam, A. 9. 76;
  commixta, A. 4. 120, 161;
  commixti, A. 12. 835;
  commixta (acc.), A. 3. 633;
  commixtis (fem.), A. 8. 255.
commissum: commissa (acc.), G.
  4. 454, A. 1. 136.
committo. 18.
  commisit, A. 7. 542;
  commiserat, Ci. 71;
  committas, G. 1. 223;
  committere, G. 2. 289, 3. 78,
  A. 1. 231, 5. 69, 10. 69, 12. 60,
  Ci. 485†, M. 70;
  committitur, A. 11. 560, 589;
  commissa (erat), A. 9. 675;
  commissa (fem. nom.), A. 3.
  428, 10. 156;
  commissos, A. 5. 113;
  commissa, A. 6. 569.
commodus: commoda (neut.
  nom.), G. 4. 129.
commoveo. 9.
  commovet, A. 5. 217;
  commovit, Ci. 433;
  commovere (indic.), A. 7. 794;
  commotus, A. 1. 126, Ci. 522;
  commota (nom.), A. 1. 360, 5.
  213;
  commotae (nom.), G. 4. 471;
  commotis (neut. abl.), A. 4.
  301.
communis. 14.
  communis, A. 2. 573, Ci. 441;
  commune, A. 2. 709;
  communis (masc.), A. 2. 789;
  communem (masc.), A. 4. 102,
  8. 275, Ci. 359, Ca. 9 (11). 50;
  commune, A. 12. 16;

  communi (fem.), A. 9. 183;
  communibus (masc.), A. 12.
  118;
  communibus (neut.), A. 11.
  435;
  communis (masc.), G. 4. 153,
  Ci. 361 (-es).
como. 6.
  comptus, A. 7. 751;
  compta, Cu. 218;
  comptum (masc.), Ci. 127;
  comptae, A. 6. 48;
  comptos, A. 8. 128, 10. 832.
compages: compagibus (abl.), A.
  1. 122, 293, 2. 51.
comparo: comparat, Cu. 178
  (edd. *computat* Ellis), 205†, M.
  55.
compello. 6.
  compellit, Cu. 29;
  compulerant, E. 7. 2†;
  compellere, E. 2. 30;
  compellente (masc.), Cu. 104†;
  compulsus, A. 1. 575;
  compulso (masc. abl.), Cu.
  204.
compello. 11.
  compellat, A. 1. 581, 2. 372, 3.
  474, 4. 304, 5. 161, 6. 499, 10.
  606;
  compellabat, A. 11. 534†;
  compellare, A. 2. 280, 3. 299, 8.
  164.
compesco: compesce, G. 2. 370,
  3. 468.
compingo: compacta, E. 2. 36;
  compacta (abl.), Cu. 100;
  compactis (fem. abl.), A. 12.
  674.
compitalia: compitalia, Ca. 13
  (5). 27.
compitum: compita (acc.), G. 2.
  382.
COMPLECTOR. 17.
  complector, A. 9. 277;

complectitur, A. 1. 694, 2. 253,
5. 31, 11. 743, 12. 433, Ci.
4;
complexus, A. 8. 260, 558, 582
(M² R Ld. Th. Gos. *complexu*
PM¹ edd.), 11. 46, Ci. 72†;
complexa (nom.), E. 5. 22, A.
2. 514, 673, 6. 786;
complexi (nom.), A. 5. 766.
compleo. 19.
complet, A. 9. 113, 12. 724;
complent, A. 2. 20, 495, 3. 71,
645, 676†, 7. 395, 9. 39, 567;
complebant, A. 5. 107 (M edd.
complerant PR Rb. Ben.), 9.
382 (M Ben. *complerant* RVP
edd.);
complebunt, G. 4. 250;
complerant, A. 5. 107 (vid.
complebant), 9. 108, 382 (vid.
complebant);
complerint (subi.), A. 6. 712,
7. 643†;
complere, A. 11. 327;
completur, A. 5. 46†;
complentur, G. 2. 391.
complexus: complexu, A. 1. 715†,
4. 616, 8. 488, 582 (PM¹ Rb.
Con. Ben. *complexus* M² R
edd.);
complexibus (abl.), A. 5. 742.
comploro: complorat, Ci. 285.
compluris: complures, Ci. 54;
complures (nom.), Ci. 391.
compono. 26.
componit, M. 44;
componet, A. 1. 374 (Mγ P²
edd. *componat* P¹ R Con.);
component, A. 12. 822;
composuit, A. 1. 698, 8. 322;
composuere, G. 4. 189;
componat, A. 1. 374 (vid. *componet*);
componite, A. 10. 15;
componere, E. 1. 23, 3. 108, G.

4. 176, 438†, A. 1. 135, 3. 387,
4. 341, 8. 317;
componens, A. 8. 486;
componens (fem.), Ci. 369;
compositae (sunt), A. 12. 315;
componi, A. 12. 109;
compostus, A. 1. 249;
compositam, A. 7. 339;
composito, A. 7. 6;
composito, A. 2. 129;
compositi, A. 11. 599;
compositis (masc. abl.), G. 3.
192†, 4. 417.
comporto: comportare, A. 9. 613.
COMPOS, Cu. 191.
comprendo (comprehendo). 8.
comprendit, G. 2. 305;
comprenderit (indic.), G. 1.
428;
comprendere, G. 2. 104, A. 6.
626, 7. 73;
comprensa, A. 2. 793, 6. 701†;
comprensam, A. 11. 723.
comprimo. 6.
compressi, A. 5. 802;
comprime, A. 6. 389;
compressus (est), A. 2. 73, 8.
184†;
compressa (neut. nom.), G. 4.
87;
compressior (fem.), M. 34†.
computo: computat, Cu. 178 (Ellis *comparat* edd.).
conatum: conata (acc.), Ci. 337.
conatus: conatibus (abl.), A. 12.
910.
concavus: concava (neut. nom.),
G. 4. 49; concava, A. 5. 677.
concedo. 19.
concedit, A. 9. 655;
concessit, A. 2. 91, 7. 305, 10.
820;
concessere, A. 8. 41;
concesserat, A. 10. 215;
concedat, E. 2. 57;

concede, E. 10. 1, A. 2. 523, 10. 906;

concedite, E. 7. 22, 10. 63;

concedere, A. 11. 111, Ci. 104;

concessae (sunt), G. 1. 238;

concessus, Ci. 244;

concessa (fem. nom.), A. 3. 700;

concessos, Ci. 205;

subst. concessa (acc.), A. 5. 798.

CONCENTUS, G. 1. 422.

concha: concha, A. 6. 171, 10. 209;

conchas, G. 2. 348;

conchis, Ci. 103.

concheus: conchea (fem. nom.), Cu. 68.

concido. 8.

concidit, G. 3. 516†, A. 5. 448, Cu. 326†;

concidit, A. 2. 532, 5. 333, 448, 11. 245;

conciderant, Ca. 3 (12). 6.

concido: concidere, G. 2. 260†.

concieo. 8.

concitus, A. 9. 694, 11. 744, 12. 331, 379, 902;

concita (nom.), A. 11. 889;

concita (nom.), A. 12. 921;

concita, A. 3. 127.

concilio: concilias, A. 1. 79†;

conciliet, A. 10. 151.

concilium. 11.

concilium, A. 3. 679, 6. 433†, 10. 2, 11. 234, 304, 460, 469†;

concilio, A. 5. 75;

concilia, G. 1. 25;

concilia, A. 5. 735;

conciliis, A. 2. 89 (MP edd. *consiliis* V² Con.).

concipio. 19.

concipis, A. 11. 369;

concipit, A. 4. 502†;

concipiunt, G. 1. 87, 422;

concepit, A. 4. 474, Cu. 158, Ci. 164;

concipe, A. 11. 519, 12. 13;

concepta, Cu. 266 (Rb. Ellis *incorrupta* Th. Ben. *conspecta* Leo);

conceptum (masc.), A. 5. 38, 8. 139;

conceptum, A. 12. 158;

concepto (masc.), M. 13.

concito: concitat, A. 4. 564 (FP Rb. Con. Ben. *fluctuat* M edd.), 7. 476, 11. 742, 784, M. 26†.

conclamo. 10.

conclamat, A. 3. 523, 6. 259, 7. 504, 9. 35, 375, 425, 12. 426;

conclamant, A. 2. 233, 5. 660, 10. 738.

concludo: concludere, A. 1. 425.

concolor: concolor (fem.), A. 8. 82.

concors: concordes (fem. nom.), E. 4. 47, A. 6. 827, Ci. 125;

concordia (acc.), A. 3. 542.

concrebresco: concrebruit, Ci. 25†.

concredo: concredere, A. 10. 286.

concresco. 13.

concrescunt, G. 3. 360;

concrevit, A. 12. 905;

concreverit (subi.), E. 6. 34;

concrescere, G. 1. 392, Ci. 497;

concretam, G. 2. 318 (PRγ M² edd. *concretum* M¹ Rb. Ld.), A. 6. 746;

concretum, G. 3. 463;

concretae, G. 1. 236;

concreta, G. 2. 376, Ci. 492;

concretos, A. 2. 277;

concreta, A. 6. 738.

concretus: concretum, G. 2. 318 (M¹ Rb. Ld. *concretam* PRγ M² edd.).

concubitus: concubitu (dat.), G.

4. 198; concubitus (acc.), E. 6. 50, G. 3. 130.

concurro. 25.

concurrit, A. 12. 563;

concurrunt, A. 7. 520†, 10. 361, 431, 691, 11. 805, 12. 297, 724;

concurrant, A. 11. 293†;

concurrerit, A. 7. 224†;

concurrere, G. 1. 318†, 489, A. 1. 493, 2. 315, 8. 692, 10. 8, 436, 715, 11. 117, 12. 149, 315, 503†, 571, 771;

concurritur, G. 4. 78.

CONCURSUS, A. 6. 318, 9. 454;

concursum, A. 5. 611†;

concursu, A. 1. 509, 12. 400.

concutio. 24.

concutit, A. 6. 101;

concussit, A. 8. 3, 237, 12. 594, Ci. 501;

concussere, A. 5. 147;

concusserat, Ca. 3 (12). 3;

concuteret, A. 8. 354;

concute, A. 7. 338;

concussa est, A. 9. 752;

concussi (sunt), A. 9. 498;

concussae (sunt), A. 5. 205;

concussa (sunt), A. 11. 451;

concussus, G. 3. 151, A. 5. 700, 869, 6. 475†;

concussa, A. 12. 411, 468;

concussam, A. 4. 666;

concusso, A. 2. 629, 4. 444†;

concussa (fem.), G. 1. 159, 4. 81.

condensus: condensae (nom.), A. 2. 517, 8. 497.

CONDICIO, A. 12. 880, Ci. 187, L. 48, 52.

CONDITOR, A. 8. 313.

condo. 62.

condit, G. 2. 507, 4. 496, A. 4. 177, 10. 767, 12. 950, M. 124†;

condimus, A. 3. 68;

condunt, G. 2. 452, 4. 473, A. 2. 24, 3. 237, 5. 126†, 9. 39, 12. 361†;

condebat, A. 1. 447, 11. 247;

condet, G. 1. 438, 458†, A. 1. 276, 6. 792, 8. 48, 10. 558;

condent, G. 4. 66;

condidit, E. 2. 61, A. 2. 621, 5. 243, 6. 271, 7. 619, 8. 66, 357, 9. 32, 348, 443, 12. 886;

condidimus, A. 5. 48;

condatis, D. 15 (Rb. *abscondatis* Ellis);

condant, A. 7. 145, 11. 323;

conderet, A. 1. 5, 7. 61;

conde, A. 6. 152;

condere, E. 6. 7, 8. 97, 9. 52, A. 1. 33, 522, 2. 696, 10. 35, 12. 893;

conditur, A. 7. 719, 802, 11. 187;

conduntur, A. 2. 401, 7. 303, 12. 310 (P Rb. Con. *clauduntur* MRγ edd.);

condemur, A. 9. 152;

sunt condita, E. 10. 50;

conditus, G. 1. 442;

condita (fem. nom.), A. 7. 570†;

condita (acc.), E. 3. 43, 47, A. 3. 388.

conduco: conducta (abl.), A. 12. 520.

conecto: conexae (nom.), G. 4. 257†; conexos, A. 8. 437.

confero. 12.

contulit, A. 10. 735;

contulimus, A. 11. 283;

contulerant, A. 10. 147;

conferre, G. 3. 169, A. 6. 488, 9. 44, 690, 10. 876, 12. 345, 480, 678;

conlatis (neut. abl.), A. 11. 517.

confercio: conferto (neut. abl.), G. 3. 369†; confertos, A. 2. 347.

CONFESTIM, A. 9. 231.

conficio. 8.

  conficit, A. 11. 824;

  confecimus, G. 2. 541;

  confecti (sunt), A. 5. 362;

  confectus, A. 11. 85;

  confecta, A. 3. 590;

  confectum (masc.), A. 4. 599, 6. 520;

  confecto (neut.), Ci. 24.

·confido: confidere, A. 1. 452, 5. 849;

  confidentissime, G. 4. 445;

  confise, A. 5. 870†.

configo. 6.

  confixa, Cu. 267;

  confixum (masc.), A. 3. 45;

  confixa, A. 9. 765†;

  confixi, A. 2. 429, 9. 543, 11. 883.

confingo: conficta (fem. nom.), Ci. 362†.

confio: confieri, A. 4. 116†.

confiteor: confessa (fem. nom.), A. 2. 591.

confligo: confligunt, A. 2. 417.

conflo: conflantur, G. 1. 508.

confluo: confluere, G. 4. 558.

confodio: confossus, A. 9. 445.

conformo: conformare, Cu. 391.

CONFUGIO, A. 1. 666; confugere (infin.), A. 8. 493.

confundo. 11.

  confundere, A. 5. 496, 12. 290, Cu. 156;

  confunditur, A. 3. 696;

  confusus, A. 12. 665;

  confusa, A. 9. 800;

  confusae (gen.), A. 6. 504, 11. 207, 12. 619;

  confusam, A. 2. 736;

  confusa (acc.), A. 11. 211.

congemino: congeminat, A. 11. 698; congeminant, A. 12. 714.

congemo: congemuit, A. 2. 631.

congero. 9.

  congessere, E. 3. 69;

  congerere, A. 6. 178;

  congeritur, A. 2. 766;

  congesta (sunt), G. 4. 243;

  congestum (neut. acc.), E. 1. 68, Cu. 395†;

  congesta (nom.), A. 6. 224;

  congesta, G. 2. 156, 3. 377.

CONGREDIOR. 13.

  congredior, A. 12. 13;

  congreditur, A. 11. 720;

  congrediamur, A. 12. 233;

  congressus, A. 1. 475, 10. 540, 889, 12. 342, 510;

  congressum (masc.), A. 5. 809;

  congressi, A. 2. 397, 8. 467, 11. 631;

  congressos, A. 12. 465†.

congressus: congressu, A. 12. 514; congressus (acc.), A. 5. 733.

conicio. 21.

  conicit, A. 5. 619, 7. 347, 9. 411, 10. 646†, 657, 891;

  coniciunt, A. 5. 662†, 6. 222, 10. 330, 801†, 11. 194;

  coniecit, A. 2. 545, 7. 456, 9. 535, 12. 483;

  conice, G. 4. 26;

  conicite, A. 9. 494;

  coniecta (abl.), A. 4. 69, 12. 362;

  coniecto, A. 9. 698;

  coniectis (fem. abl.), A. 12. 711†.

conifer: coniferae (nom.), A. 3. 680.

conitor. 7.

  conixus, A. 9. 410†, 769, 10. 127;

  conixa (nom.), E. 1. 15, A. 5. 642;

  conixi (nom.), A. 5. 264, 11. 613.

conscendi, A. 1. 381;
conscendit, A. 1. 180, 4. 646, 10. 155;
conscenderat, A. 8. 97;
conscendens (fem.), Ci. 50.
CONSCIUS. 15.
conscius, A. 2. 99, 4. 167, 11. 812, Cu. 378;
conscia (nom.), A. 1. 604, 5. 455, 8. 393, 10. 679, 872†, 12. 668;
conscia (voc.), A. 4. 608;
conscia (acc.), A. 2. 141, 267, 4. 519, 9. 429.
consequor. 6.
consequitur, A. 5. 153, 224, 494, 11. 722, 12. 375;
consequimur, A. 2. 409.
consero: consevimus, E. 1. 72†;
conserere, G. 2. 38.
consero. 7.
conserit, Cu. 398;
conserimus, A. 2. 398;
consere, A. 9. 741;
conserta, A. 11. 771;
consertum (nom.), A. 3. 594;
consertam, A. 3. 467, 5. 259.
consessus: consessum, A. 5. 340†, 577†;
consessu, A. 5. 290†, 8. 636†.
consido. 31.
considit, G. 4. 436†;
considunt, A. 5. 136, 10. 5, 11. 915;
consident, G. 4. 65;
consedit, A. 3. 245, 5. 841, 7. 169†, M. 92;
consedimus, E. 3. 55, 5. 3, A. 12. 237;
consedere, A. 7. 431, 11. 457;
consederat, E. 7. 1, A. 5. 388, 10. 780†;
considant, A. 11. 323;
consederis, A. 4. 39†;
considite, A. 4. 573†;

considere, A. 1. 572, 2. 624, 3. 162, 289, 378, 4. 349, 6. 67†, 7. 176, 9. 145, Ci. 193†;
consedisse, A. 11. 350.
CONSILIUM. 14.
consilium, A. 2. 656;
consilium, A. 4. 477, 7. 407, 592†, 9. 227;
consilio, A. 7. 216, 11. 704;
consiliis, A. 5. 712, 728, 749;
consilia, A. 1. 281, 658;
consiliis, A. 2. 89 (V² Con. *conciliis* MP edd.), 11. 339.
consisto. 23.
consistit, A. 5. 423;
consistunt, A. 9. 789;
constitit, G. 4. 484, A. 1. 187, 226, 459, 2. 68, 4. 253, 5. 426, 507, 6. 331, 559, 8. 381, 9. 624;
constiterunt, A. 3. 681†;
constiterant, A. 12. 271;
consistere, G. 4. 27, A. 1. 541, 629†, 643, 6. 807, 8. 10†, 10. 75.
consono: consonat, A. 5. 149, 8. 305; consonet, Cu. 4.
consors: consortia (acc.), G. 4. 153; *subst.* consors (fem.), Ci. 15; consortem (masc.), A. 10. 906.
conspectus. 10.
conspectum, A. 6. 108, 9. 262, Ci. 279†;
conspectu, A. 1. 34, 184, 2. 21, 67, 10. 260, 11. 903, 12. 213†.
CONSPICIO. 18.
conspicio, A. 6. 631;
conspicit, A. 4. 261, 5. 611, 6. 656, 9. 420;
conspiciam, Ci. 309;
conspexi, A. 3. 652 (P edd. *prospexi* M Ld. Gos.);
conspexit, A. 1. 487, 3. 306, 4. 649, 10. 725;
conspeximus, A. 9. 237;
conspexere, A. 1. 152;

conspicere, A. 6. 508;
conspicitur, A. 8. 83;
conspectus, G. 3. 17, A. 8. 588;
conspecta (fem. nom.), Cu.
266 (Leo *concepta* Rb. Ellis *incorrupta* Th. Ben.).
conspiro: conspirant, A. 7. 615.
consterno: consternunt, A. 4. 444;
consternere, A. 12. 543; con-
sternens (masc.), Ci. 33.
constituo. 10.
constituit, A. 6. 244, 11. 6;
constituunt, A. 6. 217;
constituam, A. 5. 237;
constituent, A. 12. 194;
constitui, A. 6. 506;
constituit, A. 1. 309, 5. 130;
constituere, A. 11. 185;
constitue, G. 4. 542.
consto: constet, A. 5. 748, M.
118†; constare, A. 3. 518.
construo: constructam, A. 9. 712;
constructa (acc.), G. 4. 213.
consuesco: consuescere, G. 2. 272;
consueto (masc. abl.), Ci. 259;
consueta (acc.), G. 4. 429, A.
10. 867.
CONSUL, A. 7. 613†;
consulis, A. 6. 819;
consule, E. 4. 3, 11;
consulibus (abl.), Ca. 9 (11).
38.
consulo. 7.
consulis, A. 11. 344;
consulit, A. 4. 64†, 7. 83;
consule, A. 9. 322;
consulite, A. 11. 335;
consulere, A. 12. 21;
consultus, G. 3. 491.
consultum: consulta (acc.), A. 6.
151, 11. 410.
consumo. 8.
consumimus, A. 7. 116;
consument, G. 3. 178†;
consumpsit, Cu. 364;

consumere, A. 7. 125;
consumerer, E. 10. 43;
consumpta, A. 5. 527;
consumpta (abl.), A. 2. 795;
consumptis (neut. abl.), A. 7.
112.
consurgo. 16.
consurgit, G. 1. 241, A. 7. 530,
8. 457, 9. 749, 12. 729;
consurgunt, A. 5. 20, 120, 207,
450, 8. 110, 9. 681, 12. 928;
consurgere, A. 8. 637, 10. 90,
299, Cu. 350.
contactus: contactu, A. 3. 227.
contagium: contagia (nom.), E.
1. 50, G. 3. 469.
contego: contexit, A. 12. 885.
contemno. 7.
contemnunt, G. 4. 104;
contemnere, G. 2. 360, A. 3.
77, 8. 364, Ci. 17;
contempsisse, Cu. 244;
subst. contempta (acc.), M. 95†.
contemplor: contemplator (sec.
pers.), G. 1. 187, 4. 61.
CONTEMPTOR, A. 7. 648†, 8. 7, 9.
205.
contendo. 20.
contendunt, A. 1. 158, 6. 643;
contendit, A. 5. 520 (M¹ R
Con. Gos. *contorsit* PγM²
edd.), 9. 623 (MR edd. *intendit*
P Rb.);
contenderat, A. 10. 521†;
contenderet, A. 12. 815;
contende, G. 2. 96, 4. 412;
contendere, E. 7. 18, 69, A. 4.
108, 5. 291, 370, 834, 9. 518,
Ci. 329†, 418;
contendens (fem.), Ci. 299;
contenta (abl.), G. 3. 536;
contenta (acc.), A. 5. 513.
contentus. 6.
contentus, A. 5. 314, 7. 737,
11. 815, Cu. 92;

contenta (fem. nom.), A. 9.
187, 11. 582.
conterreo: conterret, Cu. 183†;
conterritus, A. 3. 597, 9. 123;
conterrita (fem. nom.), A. 7.
722, 12. 54.
contexo: contextus, A. 2. 112.
conticesco: conticuit, A. 3. 718,
6. 54;
conticuere, A. 2. 1, 253, 9. 237 †.
contiguus: contiguum (masc.), A.
10. 457.
contineo: continet, G. 1. 259;
continuit, A. 2. 593, 3. 598, 10.
686.
contingo. 19.
contingit, G. 2. 322, A. 7. 480;
contigit, A. 1. 96, 2. 649;
contigimus, A. 11. 245;
contigerat, A. 5. 836;
contigerit, A. 9. 268;
contingat, A. 6. 109†, 11. 371;
contingere, E. 8. 40†, A. 1.
413†, 2. 168, 239†, 5. 18, 509,
6. 606, Cu. 139, Ci. 230;
contactos, G. 3. 566†.
contingo: contingunt, G. 3. 403,
448.
CONTINUO. 28.
continuo, G. 1. 60, 169, 356, 3.
75, 158, 271, 386, 468, 4. 53,
69, 254, 548, A. 3. 196, 548, 4.
265, 5. 368, 6. 426, 570, 7. 68,
120, 9. 118, 684, 731, 757, 11.
612, 810, 912, 12. 560.
continuus: continuis (fem. abl.),
M. 36†.
contorqueo. 11.
contorquent, A. 7. 165;
contorsit, A. 2. 52, 3. 562, 5.
520 (M² Pγ edd. *contendit* M¹
R Con. Gos.), 6. 593, 11. 676,
12. 266;
contorquens (masc.), G. 1.
481, A. 12. 490;

contorta, A. 9. 705;
contortum (neut. acc.), A. 11.
561.
CONTRA (*adv.*). 61.
contra, E. 7. 8†, G. 2. 420, 4.
440, A. 1. 76, 325, 2. 445, 651, 3.
552, 684, 4. 107, 5. 21, 27, 6.
23, 95, 398, 544, 7. 267, 374,
552, 8. 711, 9. 93, 136, 280,
377, 509, 533, 768, 795, 802,
10. 16, 84, 285, 309, 343, 359,
434, 530, 550, 585, 760†, 769,
898, 11. 145, 160, 222, 374, 402,
438, 603, 749, 873, 12. 271,
597, 760, 779, 807, 887, Cu. 296,
315 (edd. *conto* Th.), Ci. 472,
Ca. 4 (13). 12 (edd. *causa* Th.).
CONTRA (*praepos.*). 21.
contra, A. 1. 13, 3. 692, 5. 124,
370, 414, 477, 7. 583, 584, 8.
447, 699 *bis*, 9. 552, 10. 9, 448,
545, 567, 11. 282, 406, 504, 12.
279, 790.
contraho. 8.
contrahit, G. 1. 34, M. 45, 117;
contrahimus, A. 3. 8;
contrahe, A. 12. 891;
contractus, G. 4. 295;
contracto (neut. abl.), G. 4.
259;
contractior (masc.), M. 79.
contrarius. 6.
contraria (fem. nom.), G. 1.
286;
contraria (neut. acc.), A. 1.
239, 2. 39, 4. 628, 7. 293;
subst. contraria (acc.), A. 12.
487.
contremesco (*-isco*): contremuit,
A. 7. 515; contremuere, A. 3.
673†.
contristo: contristat, G. 3. 279,
A. 10. 275.
contubernium: contubernium,
Ca. 13 (5). 7.

contundo: contundit, E. 2. 11,
Ci. 370 (edd. *incendit* Rb.);
contundet, A. 1. 264†;
contusos, G. 4. 240†.

contus: conto (abl.), A. 6. 302,
Cu. 315 (Th. *contra* edd.);
contos, A. 5. 208;
contis, A. 9. 510.

conubium (connubium). 16.
conubio (abl.), A. 1. 73, 4.
126, 7. 253;
conubiis, A. 4. 168†, 7. 96†,
Cu. 299 (conubis);
conubia, A. 3. 319, 4. 213, 316,
535, 9. 600, 12. 42, Cu. 247;
conubis, A. 3. 136 (edd. *conubiis* Con. Ben. *connubiis* Gos.),
7. 333 (-iis), 12. 821 (-iis).

conus: conum, A. 3. 468.

convallis: convalle, G. 2. 186, A.
6. 697†;
convallis, G. 3. 276;
convallibus, G. 2. 488†, A. 6.
139.

convecto: convectant, A. 4. 405;
convectare, A. 7. 749.

convello. 13.
convellimus, A. 2. 464;
convellunt, G. 2. 294, A. 2.
446;
convellere, G. 1. 457, A. 3. 24,
31, 6. 148, 12. 774;
convolsum (nom.), A. 5. 143,
8. 690;
convolsae (nom.), A. 1. 383;
convolsa (acc.), A. 2. 507, 3.
414.

convenio. 15.
conveniunt, A. 1. 361, 700†, 5.
293, 9. 720, 779, Ci. 452;
convenit, A. 12. 184;
convenimus, E. 5. 1;
convenere, A. 1. 708, 2. 799, 4.
417, 5. 490, 11. 236†;
conveniat, G. 1. 3, 255.

conventus: conventus (acc.), A.
6. 753.

converto. 28.
convertunt, A. 12. 252;
convertere, A. 5. 582, 11. 746,
800, 12. 705;
convertant, A. 2. 191;
convertite, A. 9. 427;
convertere, A. 10. 83;
convertens (masc.), D. 59†;
conversi (sunt), A. 2. 73;
conversae (sunt), A. 12. 548;
conversus, A. 11. 601 (MP
edd. *obversus* R Con. Ben.),
12. 377;
conversa, A. 7. 543 (M¹ edd.
convexa Rγ M² Rb. Th.), 12.
623, 784 (M² P Ld. Ben. *mutata* M¹ edd.), D. 6;
converso (masc. abl.), A. 9.
724, 11. 654;
conversa, A. 1. 81†;
conversi, A. 11. 121, 12. 172;
conversae, A. 12. 369;
conversa (acc.), G. 3. 303, A.
2. 131, 5. 466;
conversis (fem.), A. 11. 713,
12. 716.

convexus. 9.
convexo (masc. abl.), E. 4. 50,
A. 11. 515;
convexa (acc.), A. 1. 608 (Rb.
subst. edd.);
neut. subst. convexo (abl.), A.
1. 310;
convexa (acc.), A. 1. 608 (vid.
adi.), 4. 451, 6. 241, 750, 7.
543 (Rγ M² Rb. Th. *conversa*
M¹ edd.), 10. 251.

convicium: convicia (acc.), Cu.
209, M. 110.

convivium: convivia, Ca. 13 (5).
13†;
convivia, E. 5. 69, G. 1. 301,
A. 1. 638, 4. 77.

convolvo: convolvit (praes.), A.
2. 474†; convolvens (masc.),
G. 3. 426.

coorior: coortast, G. 3. 478†;
coorta est, A. 1. 148; coortis
(masc. abl.), A. 10. 405†.

COPA, Co. 1.

COPIA. 13.
copia, E. 1. 81, G. 3. 308, 4.
31, A. 1. 520, 2. 564, 5. 100, 9.
484, 720, 11. 248, 378, 834, Cu.
339, 353.

coquo. 6.
coquebant, G. 4. 428, A. 7. 345;
coquat, G. 1. 66;
coquitur, G. 2. 522;
cocta (nom.), Ca. 2*. 9†;
cocto (neut. abl.), A. 11. 553.

cor. 43.
cordis, L. 79 (Rb. *cortis* Ellis);
cordi, A. 7. 326, 9. 615, 776, 10.
252, 11. 369†, Cu. 91, Ci. 261;
corde, A. 1. 50, 209, 562, 4.
332, 533, 6. 185, 383, 675, 8.
522, 10. 465, 871, 12. 18, 667,
Cu. 161;
corda, A. 4. 528†, 5. 643, 6. 49,
407, 9. 225, 12. 269, 453;
corda, G. 1. 123, 330, 3. 106, 4.
70, 470, A. 1. 303, 722, 5. 138,
729, 6. 80, 8. 265, 9. 55, 10. 87,
12. 223.

Cora: Coram, A. 6. 775.

CORAM. 7.
coram, A. 1. 520, 595, 2. 538, 3.
173, 6. 716, 8. 122, 11. 248.

CORAS, A. 7. 672, 11. 465, 604.

coriandrum: coriandra (acc.), M.
91.

Corinthus: Corinthi, Ci. 464;
Corintho (abl.), A. 6. 836.

Corinthius: Corinthiorum (neut.),
Ca. 2. 1†.

corium: coriis (abl.), G. 3. 559,
M. 95.

corneus: cornea (fem. nom.), A.
6. 894.

corneus: cornea (neut. nom.), A.
3. 22; cornea, A. 5. 557.

CORNIGER, Ca. 14 (6). 7; corniger, A. 8. 77.

cornipes: cornipes (fem.), Ca.
3*. 16†; cornipedes (masc.),
A. 7. 779; cornipedum (masc.),
A. 6. 591.

CORNIX, E. 1. 18 (Ben. *om.* edd.),
9. 15, G. 1. 388.

cornu. 45.
cornu (acc.), A. 11. 859;
cornu, E. 3. 87†, 9. 25, 10. 59,
G. 1. 428, 2. 395, 3. 57, 88, 509,
A. 5. 382, 7. 497, 513, 9. 606,
629, 11. 773, Ci. 299;
cornua, G. 3. 222, A. 3. 645, 7.
615, 8. 2;
cornua, E. 6. 51, 7. 30, G. 3.
232, 4. 299, 371†, A. 3. 549, 4.
61, 5. 479, 832, 6. 245, 7. 488,
10. 725, 12. 89, 104, 721, Cu.
16;
cornibus, G. 1. 217, 433, 2.
526, 3. 55, 218, 370, A. 1. 190,
7. 483, 789.

cornum: corna (acc.), G. 2. 34,
A. 3. 649.

CORNUS, G. 2. 448, A. 9. 698, 12.
267.

COROEBUS, A. 2. 341, 386, 407,
424.

COROLLA, Ca. 2*. 6, 3*. 10; corol-
lae (nom.), Co. 13†.

CORONA. 17.
corona, A. 9. 508;
coronae (gen.), G. 1. 222, 2.
66;
coronam, A. 1. 655, 5. 355, 7.
75, 8. 505;
corona, A. 3. 525, 5. 556, 8.
684, 9. 551, 10. 122, 11. 475,
12. 744;

corticibus (abl.), E. 8. 54, G. 2. 387, 453, 4. 33.

CORTINA, A. 3. 92, 6. 347.

corulus; vid. *corylus.*

corus; vid. *caurus.*

corusco. 8.

coruscat, A. 5. 642, 10. 651, 12. 431, 887, 919;

coruscant, G. 4. 73, 98, A. 8. 661†.

CORUSCUS. 12.

coruscus, A. 2. 470;

coruscum (masc.), A. 2. 552;

corusco (masc.), G. 1. 233, A. 2. 333, 8. 391;

corusci, A. 9. 163, 678†;

coruscae, A. 2. 172;

corusca (acc.), G. 1. 328;

coruscis (fem.), A. 1. 164, 12. 701, Ci. 529†.

corvus: corvi (nom.), G. 1. 410, 423; corvorum, G. 1. 382.

Corybantius: Corybantia (neut. nom.), A. 3. 111.

Corycius: Corycium (masc.), G. 4. 127; Corycio (neut.), Ci. 317†.

CORYDON. 13.

Corydon, E. 2. 1, 65, 5. 86, 7. 2, 3, 16, 20, 70, 70†;

Corydonis, E. 7. 40;

Corydon, E. 2. 56, 69 *bis.*

corylus (*corulus*). 7.

corylum, G. 2. 299†;

coryli, G. 2. 65;

corylis, E. 5. 3;

corylos, E. 1. 14†, 7. 63, 64;

coryli, E. 5. 21†.

corymbus: corymbo (abl.), Cu. 405; corymbos, E. 3. 39, Cu. 144.

CORYNAEUS, A. 6. 228; Corynaeum, A. 9. 571.

CORYNAEUS, A. 12. 298.

Corythus: Corythi, A. 7. 209, 9. 10, 10. 719†.

Corythus: Corythum, A. 3. 170.

cos; vid. *cautes.*

Cosae: Cosas, A. 10. 168†.

Cossus: Cosse, A. 6. 841†.

costa. 13.

costis, G. 4. 303, A. 7. 463, 10. 382;

costas, G. 1. 273, 3. 256, A. 2. 16, 9. 432, 10. 682, 11. 817, 12. 276, 508;

costis, G. 4. 556, A. 1. 211.

cothurnus (*coturnus*): cothurno (abl.), E. 7. 32, 8. 10, A. 1. 337; coturnis (abl.), G. 2. 8.

Cotyttia: Cotyttia, Ca. 13 (5). 19†.

CRABRO, G. 4. 245†.

CRAS, E. 3. 71.

CRASSUS. 6.

crassus, G. 2. 309;

crassum (masc.), A. 5. 469, 10. 349;

crassa (abl.), G. 3. 205†;

crassa (acc.), G. 2. 236†;

crassis (fem.), G. 2. 110.

CRASTINUS. 6.

crastinus, A. 4. 118;

crastina (fem. nom.), G. 1. 425, A. 8. 170, 10. 244, 12. 76; *subst.* crastina (acc.), Co. 37.

CRATAEIS, Ci. 66 (edd. *Hecateis* Ellis); Crataein, Ci. 66†.

crater (*cratera*). 14.

cratera, G. 2. 528, A. 3. 525, 5. 536†, 9. 266, 346;

cratere, G. 2. 457;

crateres, A. 2. 765†, 6. 225;

crateras, E. 5. 68, A. 1. 724, 7. 147, 9. 165, 358, 12. 285.

cratis. 6.

crates, G. 1. 166;

crates, G. 1. 95†, 4. 214, A. 7. 633 (-is), 11. 64, 12. 508 (-is).

CREATRIX, A. 6. 367, 8. 534.

CREBER. 26.

  creber, G. 3. 470, A. 1. 85, 2. 731, 5. 199, 460, 764;

  crebra, A. 5. 436;

  crebro (masc. abl.), A. 2. 492, 12. 533, Co. 27;

  crebros, A. 12. 713†, Ci. 273, 345;

  crebra, A. 11. 611;

  crebris, G. 3. 554, 4. 27, A. 1. 90, 11. 209, Cu. 196†, M. 12;

  crebris, G. 3. 334†, A. 2. 627, 3. 127, Ci. 176;

  crebris, G. 3. 221;

  adv. crebra, G. 3. 500.

crebresco: crebrescit, A. 12. 407; crebrescunt, A. 3. 530; crebrescere, A. 12. 222.

CREDO. 60.

  credo, E. 3. 10, G. 1. 415, A. 1. 387, 4. 12, 6. 368, 848 (P² MR edd. *cedo* P¹ Rb.), 7. 297, 10. 29, 865, L. 69;

  credis, E. 8. 35, A. 4. 34;

  credit, A. 4. 501, 12. 598;

  credimus, E. 8. 108, A. 8. 140†;

  creditis, A. 2. 43;

  credunt, G. 4. 192, A. 8. 147, 353;

  credidit, A. 7. 680, 10. 457, 648, 11. 114, Cu. 271;

  crediderat, A. 10. 548;

  credam, A. 5. 850;

  credas, A. 8. 691;

  credat, A. 9. 206, Ci. 156;

  credant, A. 1. 218;

  crederet, A. 3. 187;

  crediderim, G. 2. 338;

  crede, E. 2. 17, G. 4. 48, A. 7. 97, 11. 707;

  credite, A. 2. 48, 11. 283;

  credere, E. 10. 46, G. 1. 224, 2. 333, 3. 391, A. 4. 422, 5. 383, 6. 15, 173, 463, 9. 42, 10. 70, 289, 11. 153, 808, Ci. 62, 189;

  credens (masc.), A. 2. 371;

  creditur, E. 3. 95;

  credita (est), A. 2. 196, 7. 486;

  credita (fem. nom.), A. 2. 247.

CREDULUS, E. 9. 34.

cremo: cremant, A. 11. 208;

  cremavit, A. 7. 295;

  cremato (sec. pers.), G. 2. 408;

  cremantur, A. 6. 224;

  cremari, A. 7. 74.

CREMONA, Ca. 8 (10). 6; Cremonae (dat.), E. 9. 28; Cremona (voc.), Ca. 10 (8). 12.

creo. 8.

  creat, G. 1. 279, A. 10. 705 (mss. Con. *Paris* edd.);

  creavit, A. 7. 283;

  crearat, A. 10. 551, 12. 271;

  creatus, A. 10. 543;

  creatos, A. 10. 517;

  creandis (fem. dat.), G. 2. 9.

crepido: crepidine, A. 10. 653.

crepito. 11.

  crepitant, A. 5. 436, 459;

  crepitabat, A. 6. 209;

  crepitare, G. 2. 540†;

  crepitans, A. 3. 70, Co. 12 (edd. *strepitans* Leo Ellis);

  crepitans (fem.), G. 1. 449;

  crepitante (fem.), A. 7. 74;

  crepitantia (acc.), G. 4. 151;

  crepitantibus (fem.), G. 1. 85, A. 11. 299.

crepitus: crepitus (nom.), A. 12. 923.

crepo: crepant, Ca. 13 (5). 36;

  crepuere, A. 5. 206; crepantis (masc. acc.), A. 11. 775.

Cres: Cretes (nom.), A. 4. 146.

cresco. 26.

  crescit, E. 10. 73, Cu. 399 (Th. Ben. *crescens* Rb. Ellis *crescent* Leo), M. 77;

  crescunt, G. 1. 326;

crescet, Cu. 37 (Th. *certet* Rb. Leo *certa est* Ben. *restet* Ellis); crescetis, E. 10. 54†; crescent, E. 10. 54, Cu. 399 (vid. *crescit*); crevit, G. 2. 533, Cu. 396, D. 81; crescant, Ci. 384 (Ellis *Cressa* edd.); cresceret, G. 4. 122; crescere, G. 3. 206, A. 11. 393, 12. 799; crescens (fem.), Cu. 399 (vid. *crescit*); crescentis, G. 2. 336; crescentis (fem.), G. 2. 2; crescenti (fem.), G. 2. 56; crescentem (masc.), E. 7. 25 (PM² Rb. Ld. *nascente* M¹ *nascentem* edd.); crescenti (masc.), A. 10. 292; crescentis (fem.), E. 2. 67; cretus, A. 2. 74, 3. 608, 8. 135; cretum (masc.), A. 4. 191; creti, A. 9. 672.

Cresius: Cresia (neut. acc.), A. 4. 70, 8. 294.

Cressus: Cressa, A. 5. 285†; Cressam, G. 3. 345; Cressa (acc.), Ci. 384 (edd. *crescant* Ellis).

CRETA, G. 2. 215; cretae (gen.), E. 1. 65 (edd. *Cretae* Ld. Th.); creta, G. 1. 179.

CRETA. 6.
Creta, A. 3. 104; Cretae (gen.), E. 1. 65 (Ld. Th. *cretae* edd.), A. 3. 122; Cretam, A. 3. 129; Creta, A. 5. 588; Cretae (loc.), A. 3. 162.

Cretaeus: Cretaea (abl.), A. 12. 412†, Ci. 115; Cretaeis (fem. abl.), A. 3. 117†.

Cretheus: Crethea, A. 9. 774, 775.

Cretheus: Cretheu, A. 12. 538†.

CREUSA. 10.
Creusa, A. 2. 562, 597, 651, 738; Creusae (gen.), A. 2. 772, 784, 9. 297;

Creusam, A. 2. 666, 769, 778.

cribrum: cribra (acc.), M. 40.

CRIMEN. 18.
crimen, A. 10. 188; crimen, A. 11. 407, 12. 16, 600, Ca. 11 (14). 4; crimine, A. 2. 65, 4. 550, 6. 430, 7. 577, 10. 668, 851, 11. 122, D. 81; crimina, A. 7. 326; crimina, A. 6. 433, 7. 339; crimina, D. 82†; criminibus, A. 2. 98.

Crimisus: Crimiso (neut. abl.), A. 5. 38 (Serv. Ld. Gos. *Criniso* mss. edd.).

crinalis: crinali (neut. abl.), A. 11. 576; crinalis (fem.), A. 7. 403.

CRINIS. 37.
crinis, Ci. 122; crinem, A. 2. 685, 3. 65, 4. 148, 216, 698, 704, 5. 528, 6. 281, 7. 391, 815, 11. 35, Ci. 185, 281; crine, Ci. 380; crines, A. 4. 138; crinis, E. 6. 68, A. 2. 277, 4. 509, 559, 6. 809, 7. 418, 8. 34†, 9. 651, 10. 137, 12. 99, 605, 870, Ci. 284 (-es); crinibus, G. 4. 417, 482, A. 1. 480, 2. 404, 7. 73, 346, 450, Cu. 44.

Crinisus; vid. *Crimisus.*

CRINITUS, A. 1. 740, 9. 638; crinita (fem. nom.), A. 7. 785.

crispo: crispans (masc.), A. 1. 313, 12. 165.

crispus: crispum (neut. acc.), Co. 2.

CRISTA. 20.
  crista, Cu. 171;
  cristae (gen.), A. 12. 89;
  cristam, A. 12. 370, Ci. 501;
  crista, A. 9. 50, 10. 869;
  cristae, A. 6. 779, 7. 185, 9. 732, Cu. 197†;
  cristis, A. 10. 270;
  cristas, A. 3. 468, 9. 270, 10. 701, 11. 8, 12. 493;
  cristis, A. 8. 620, 9. 163, 365, 678.
CRISTATUS, A. 1. 468.
croceus. 12.
  croceam, A. 11. 775;
  croceum, G. 1. 447, A. 4. 585, 9. 460;
  croceo, A. 1. 649, 711, 6. 207, Co. 13 (Leo Ellis *Cecropio* edd.);
  croceo, E. 4. 44;
  croceos, G. 1. 56;
  croceis, G. 4. 109;
  croceis (fem.), A. 4. 700.
crocota: crocota, Ci. 252†.
crocotula: crocotula, Ca. 13 (5). 21 (Ben. *stola* Th. *caltula* Rb. Ellis).
CROCUS, Cu. 401†, Ci. 97;
  crocum, G. 4. 182†;
  croco, A. 9. 614.
Cronius: Cronium, A. 10. 749 (Pγ¹ Rb. Con. *Clonium* MR edd.).
crotalum: crotalo (abl.), Co. 2†.
CRUDELIS. 49.
  crudelis, E. 8. 48, 10. 29, A. 2. 368, 4. 661, 6. 24, Cu. 292, 292†;
  crudelis, E. 8. 49, 50, A. 1. 407, 4. 681, 6. 359, Ci. 313, 424;
  crudele, A. 1. 361;
  crudelis (masc.), A. 6. 446;
  crudelem, L. 38;

crudelem, G. 4. 356, A. 8. 579, 9. 497;
crudele, A. 2. 124, 11. 53, 535, 841, 12. 636, Ci. 292, 532;
crudelis (masc.), E. 2. 6, A. 4. 311, 9. 483, Ci. 286;
crudeli (fem.), A. 6. 442, 10. 386, Ci. 199†;
crudeli, E. 5. 20, G. 3. 263, A. 2. 561, 4. 308, 8. 146;
crudelia, G. 4. 495; -
crudelis (fem.), A. 1. 355, 3. 44, 6. 501, 585;
crudelia, E. 5. 23, A. 1. 221, 3. 616;
crudelibus (fem.), A. 1. 547;
crudelius (acc.), A. 2. 746.
CRUDELITER, A. 6. 495, Ci. 191.
crudesco: crudescit, A. 11. 833;
  crudescunt, A. 7. 788; crudescere, G. 3. 504.
CRUDUS. 7.
  crudus, A. 7. 690;
  cruda, A. 6. 304;
  crudum (masc.), A. 10. 682†, 12. 507;
  crudo (masc.), G. 3. 20†, A. 5. 69, 9. 743.
cruento: cruentat, A. 10. 731.
CRUENTUS. 29.
  cruentus, A. 1. 471, 7. 501;
  cruenta, A. 10. 340;
  cruenti (masc.), A. 10. 862 (P? Rb. *cruenta* MRγ edd.);
  cruentum, A. 12. 385;
  cruentam, A. 11. 668;
  cruentum, A. 11. 474;
  cruento, A. 2. 272;
  cruenta, A. 6. 555, Cu. 112;
  cruento, A. 1. 296†, 3. 632, 8. 297, 9. 341, 10. 416, 489, 12. 8;
  cruenti, A. 10. 498;
  cruenta, Co. 21;
  cruentas, G. 3. 203, Ci. 467;
  cruenta, G. 1. 306, A. 9. 753,

10. 462, 862 (vid. *cruenti*), Cu.
274;
cruentis (fem.), G. 4. 15, A. 2.
167, 3. 618, 6. 281.
CRUOR. 24.
cruor, G. 1. 485, 4. 285, A. 3.
43, 8. 106, 9. 434, 10. 728, 11.
646, 724, 12. 340;
cruorem, G. 3. 516, 4. 542, A.
3. 663, 4. 455, 5. 469, 6. 248,
10. 349, 11. 804;
cruore, A. 4. 210†, 664, 5. 333,
9. 333, 10. 908†, 12. 308;
cruores (acc.), A. 4. 687.
crus. 11.
crus, Ca. 13 (5). 32 (Ellis *osus*
Th. *os usque* Rb. Ben.);
crurum, G. 3. 53, 192†, A. 11.
777;
crura, G. 2. 8, 3. 76, 4. 181, A.
11. 639, Ci. 506, M. 122;
cruribus, M. 35.
crusta: crustae (nom.), G. 3. 360.
crustum: crusti, A. 7. 115.
CRUSTUMERI, A. 7. 631.
Crustumius: Crustumiis (fem.
dat.), G. 2. 88†.
crystallum: crystalli, Co. 30 (Ellis Leo *crystallo* edd.); crystallo (abl.), Co. 30 (vid. *crystalli*).
CUBILE. 18.
cubile, A. 9. 715;
cubile, G. 1. 447, A. 3. 324, 4.
585, 648, 8. 412, 9. 460, 12.
144, Ci. 231;
cubili, E. 4. 63†, G. 3. 230, Ci.
209;
cubilia, G. 4. 243;
cubilia, G. 1. 183, 4. 45, A. 6.
274, L. 29;
cubilibus, G. 1. 411.
cubitum: cubitum, Co. 4; cu-
bito, A. 4. 690, Ci. 348†.
cubo: cubuere, Cu. 154.
CUCUMIS, G. 4. 122, Co. 22.

CUCURBITA, M. 78; cucurbitae
(nom.), Ca. 3*. 13.
cuius: cuium (neut. acc.), E. 3.
1, 5. 87.
culex: culicis, Cu. 3, 7, 208, 387;
culex, Cu. 413.
culina: culinam, Ca. 13 (5). 27.
culmen. 18.
culminis, A. 2. 458;
culmen, E. 1. 68;
culmine, G. 1. 402, A. 2. 290,
410, 603, 4. 186, 7. 512, 8. 456;
culmina, E. 1. 82;
culmina, A. 2. 446, 478, 695,
4. 671, 12. 569;
culminibus, A. 4. 462, 5. 459,
12. 863.
CULMUS. 7.
culmus, G. 1. 111†;
culmi, G. 2. 517;
culmum, G. 1. 321;
culmo, G. 1. 317, A. 8. 654;
culmos, G. 1. 150, 192.
CULPA. 10.
culpa, Ca. 11 (14). 3†, L. 56;
culpae, A. 12. 648;
culpae, A. 4. 19;
culpam, G. 2. 380, 455, 3. 468,
A. 2. 140, 4. 172;
culpa, Ci. 457.
culpo: culpare, Cu. 6; culpatus,
A. 2. 602.
culta; vid. *colo.*
culter: cultri (nom.), G. 3. 492;
cultros, A. 6. 248.
CULTOR, M. 3;
cultor, G. 1. 14;
cultores, A. 11. 788;
cultoribus, G. 2. 114;
cultoribus, A. 8. 8.
CULTRIX, A. 3. 111; cultrix, A.
11. 557; cultrice, Cu. 23 (edd.
tutrice Th.).
CULTURA, G. 2. 420.
CULTUS. 13.

cultus, G. 1. 3, A. 8. 316;
cultu, E. 4. 18, G. 1. 102, 2. 51,
4. 559†, A. 3. 591, 5. 730, Cu.
95†;
cultus (acc.), G. 1, 52, 2. 1, 35,
Cu. 22 (edd. *tractus* Th. Ben.).
CUM (*praepos.*). 208.
cum, E. 1. 79, 2. 12, 28, 31, 3.
31, 32, 4. 19, 58†, 7. 16, 8. 21,
25, 28, 29a†, 31, 36, 38, 42, 46,
51, 57, 9. 18, 37, 10. 40, 43, G.
1. 41, 178, 190, 327, 389, 483,
2. 2, 8, 209, 424 (vid. *cum*
coni.), 3. 10, 223, 324, 343,
463, 4. 110†, 439, 465, 524†,
533, A. 1. 37, 47, 50, 55, 59, 74,
193, 221, 245, 281, 292, 379,
572, 635, 675, 2. 72, 93, 179,
316, 378, 435, 466, 499, 532,
652, 675, 688, 694, 3. 12, 49,
149, 177, 235, 491, 568, 577,
599, 4. 29, 74, 108, 115, 215,
241, 425, 475, 514, 533, 598,
606, 621, 636, 662, 687, 5. 75,
83, 167, 289, 368, 549, 599,
635, 716, 858, 859, 6. 105, 112,
158, 185, 351, 359, 370, 645,
718, 7. 130, 403, 418, 420, 667,
697, 8. 55, 72, 82, 85, 174, 506,
522, 525, 679, 687, 703, 9. 51,
147, 154, 203, 242, 286, 349†,
528, 562, 628, 727, 771, 793
(vid. *cum* coni.), 816, 10. 124,
159, 266, 285, 337, 667, 697,
864, 886, 902, 11. 48, 104, 113,
117, 279, 305, 394, 409, 421,
465, 467, 510, 518, 550, 565,
604, 681, 707, 822, 831, 12.
689, 828, 843, 952, Cu. 74 (edd.
iam Th.), 384, Ci. 153, 329,
361, 372, 393, 396, 469 (Ellis
eheu edd.), 513†, 515, M. 89,
Ca. 8 (10). 3, 9 (11). 59, 64, 11
(14). 3, 13 (5). 13, 14 (6). 4,
D. 96, L. 24, 34†, 41 *bis*, 45,

64, 66 (Rb. *moechum* Ellis).
CUM (*coni.*). 297.
1. *c. indic.: a) praes.:* E. 3. 16,
5. 22, 8. 15, 85, 10. 67, G. 1. 43,
107, 113, 217, 288, 310, 310
(quom), 313, 314, 314†, 361
(quom), 362, 370 *bis*, 427
(quom), 450, 2. 218, 321, 423,
424 (vid. *cum* praepos.), 3. 133
bis, 139, 303, 336, 347 (quom),
358 *bis*, 423, 437, 458, 462, 4.
97 (quom), 103 (quom), 171,
402, A. 1. 36, 431, 432, 509,
586†, 697, 2. 304, 323, 567,
627, 680†, 3. 10, 345, 522, 590,
646, 655, 4. 8†, 208, 403, 441,
473, 524, 525, 5. 160, 328, 627
bis, 693, 6. 45, 7. 166, 462, 603,
674, 700, 720, 8. 98, 391, 408,
622, 9. 60 (quom), 353, 395,
437, 513 (mss. edd. *num* Rb.
quos Ld.), 670, 793 (vid. *cum*
praepos.), 10. 98, 509, 665,
764, 11. 298, 304†, 379, 406,
659, 661, 783, 904, 12. 103,
114, 249, 331, 365, 473, 685,
702, 716, Cu. 70†, 174, 204†,
347, 356, Ci. 23, 209, 283, 479,
490, M. 3, L. 39;
 b) praes. et perf.: G. 2. 193,
 279, 3. 103, 105, 196, 237,
 A. 1. 148, 2. 731, 7. 27, 9. 32,
 372, 435, 11. 456, 751, 12.
 208, 379†;
 c) praes. et pluperf.: A. 2.
 256;
 d) imperf.: E. 10. 10, G. 4.
 429, A. 3. 301, 4. 597, 5.
 270, 7. 148, 12. 735, Cu.
 108, Ca. 9 (11). 30 (quom
 Rb. *quam* Th. Ben. *quod*
 Ellis), L. 47;
 e) fut.: E. 3. 77, 5. 74, 75, 7.
 39, 10. 4, G. 1. 187, 438, 458,
 493, 3. 322, 4. 21, A. 1. 284,

685, 687, 3. 389, 6. 874, 7.
124, 8. 170, 10. 12, 504, 12.
76, 821, 822, Cu. 9, Ci. 335,
336, D. 31†, 40;
f) perf.: E. 3. 10, 12, 14, G.
1. 303, 314, 467, 512, 2. 319,
340, 403, 422, 3. 443, 4. 488,
A. 1. 223, 535, 2. 117, 223,
496, 589, 3. 137, 448, 679,
5. 84, 657, 838, 867, 6. 125,
190, 372, 515, 564, 735, 7.
39, 87, 105, 528, 8. 28, 276,
561, 9. 108, 249, 10. 261,
454, 11. 276, 12. 154, 415,
587†, 632, 941, Cu. 34, 187
(edd. *tum* Ben.), 223, Ci. 25,
149, 149 (Rb. Ben. *quoque*
Th. Ellis), Ca. 3 (12). 7, D.
57;
g) pluperf.: A. 5. 42;
h) fut. perf.: E. 9. 67, G. 4.
401, A. 4. 385, 436, 618, 6.
91, 10. 503, 12. 438;
2. c. subi.: a) praes.: E. 6.
39 *bis*, 8. 8, A. 10. 483 (RM²
quom Rb. *quem* M¹ edd.),
Cu. 378;
b) imperf.: E. 2. 26, 3. 19, 5.
88, 6. 3, 9. 22, G. 1. 148, 316,
391, 4. 135, 414, A. 2. 112,
651, 3. 51†, 416, 623, 626,
712†, 4. 409, 453, 461, 5.
597, 804, 810, 6. 880, 7. 61,
246, 427, 494, 735, 8. 213,
353, 9. 88, 361, 10. 567, 11.
42, 46, 540, Cu. 306, 308,
Ci. 75†, 77, 235 (Ellis *cur*
edd.), 311, 316, 523 (edd.
dum Th.);
c) imperf. et pluperf.: L. 59;
d) perf.: G. 1. 118, Cu. 236;
e) pluperf.: Ci. 366;
cum (quom) . . . tum, Cu.
376 (Ellis *iam* . . . *tum* edd.),
Ca. 9 (11). 14†. Vid. *tum.*

Cumae: Cumarum, A. 6. 2†.
Cumaeus (*Cymaeus*)*:* Cymaea,
A. 6. 98; Cumaei (neut.), E.
4. 4; Cymaeam, A. 3. 441†.
CUMBA (CYMBA), A. 6. 413, Ci.
479†;
cumba, G. 4. 506, A. 6. 303
(MP edd. *cymba* R Gos. Ben.);
cumbae, G. 4. 195†.
CUMULO. 6.
cumulat, A. 5. 532, 11. 50;
cumulant, A. 8. 284†, 12. 215;
cumulavit, Cu. 395;
cumulatam, A. 4. 436†.
cumulus: cumulo (abl.), A. 1.
105, 2. 498; cumulos, G. 1
105†.
CUNABULA, E. 4. 23, A. 3. 105;
cunabula, G. 4. 66.
Cunarus: Cunare, A. 10. 186
(Rb. *Cinyre* edd. *Cinyra* Con.).
cunctor. 17.
cunctatur, A. 9. 124, 10. 717,
12. 916;
cunctantur, G. 4. 258;
cunctanti (masc.), A. 5. 856,
12. 919;
cunctantem, A. 4. 390, 6. 211,
7. 449, 8. 388, 12. 940;
cunctantem, A. 4. 133;
cunctantis, G. 3. 488, A. 10.
831;
cunctantis, G. 2. 236;
cunctantibus (masc.), G. 4.
107;
cunctando (abl.), A. 6. 846.
CUNCTUS. 54.
cunctus, A. 1. 154, 233;
cuncta, G. 1. 343, 3. 19, A. 3.
563;
cunctam, G. 3. 473, A. 10.
695;
cuncti, A. 1. 559†, 3. 363, 5.
385, 10. 96, 11. 745, 801;
cunctae, A. 5. 614, 12. 251;

cunctis (fem.), A. 3. 97;
cuncta, A. 3. 398†, 515, 4. 498,
8. 19, 11. 241, 12. 180, Cu.
351, Ca. 4 (13). 6, 7;
cunctis (fem.), A. 1. 518†;
subst. cuncti (nom.), A. 2. 409,
3. 100, 189, 5. 58, 70, 227, 7.
583, 8. 109, 306, 11. 344;
cuncta, Cu. 153;
cunctis, A. 1. 594, 2. 228, 7.
230;
cunctis (fem.), A. 12. 143;
cunctos, A. 5. 380;
cuncta, G. 2. 42, A. 2. 77, 570,
653, 3. 518, 8. 439, 9. 345, 12.
472, Cu. 182;
cunctis (masc.), A. 5. 244, 8.
162, 12. 229.
cuneus. 10.
cuneum, A. 12. 575;
cunei, A. 12. 269;
cuneos, G. 2. 509, A. 5. 664;
cuneis, G. 1. 144, 2. 79, A. 6.
181, 7. 509, 11. 137, 12. 457.
Cupavo: Cupavo, A. 10. 186†.
Cupencus: Cupencum, A. 12. 539.
CUPIDO. 13.
cupido, G. 1. 37, A. 2. 349, 5.
138, 6. 133, 373, 721, 823, 7.
263, 9. 185, 760;
cupidine, A. 4. 194, 7. 189, 9.
354.
CUPIDO, A. 1. 658, 695; Cupidine, A. 10. 93.
CUPIDUS. 6.
cupidus, A. 8. 165;
cupido (masc. dat.), Ci. 93†;
cupidis (masc.), Cu. 312 (edd.
cupidas Leo);
cupidos, Ci. 78;
cupidas, Cu. 312 (vid. *cupidis*), Ci. 393;
cupidis (masc.), Ci. 132.
Cupidineus: Cupidineo (masc.
abl.), Cu. 409.

CUPIO. 12.
cupio, A. 6. 717;
cupit, E. 3. 65, A. 4. 394;
cupiunt, A. 6. 733;
cupiere, A. 2. 108;
cupiam, Ci. 294†;
cupiat, A. 8. 16;
cupiant, E. 6. 7;
cuperem, A. 5. 810†, 10. 443;
cupiens (masc.), A. 9. 796;
cupientis (masc. acc.), Cu.
284 (Leo *currentis* edd.).
CUPRESSUS. 7.
cupressus, A. 2. 714, Cu. 140;
cupressum, G. 1. 20;
cupresso, A. 3. 64;
cupressi, E. 1. 25;
cupressos, G. 2. 443†, A. 6.
216†.
CUR. 16.
cur, E. 5. 1, A. 1. 408, 2. 286, 4.
428, 10. 34, 35, 11. 423, 424,
855, 12. 39, 879, Ci. 235 (edd.
cum Ellis), L. 37†, 38†, 41, 75.
CURA. 133.
cura, E. 1. 32, 57, 7. 40, 8. 89,
10. 22, G. 1. 3, 52, 216, 2. 415,
3. 138, 157, 404, 530, 539, 4.
118, 354, A. 1. 261, 646, 662,
678, 704, 2. 595, 599, 3. 341,
505, 4. 5, 379, 5. 804, 6. 654,
691, 7. 365, 402, 443, 8. 396, 9.
160, 757, 10. 132, 217, 828, 12.
933, Cu. 21 (edd. *om.* Th.
Ben.), 91, 264 (Leo Ellis *tura*
Rb. *fata* Th. Ben.), 394, 403†,
Ci. 75, 126, 227, D. 101, L. 19;
curae, G. 3. 112, 286, 319, A. 3.
709, 8. 401, Cu. 398, Ci. 47
(Rb. *om.* Th. Ellis *rebus* Ben.),
M. 66†;
curae, E. 3. 61, G. 1. 17, 2. 439,
3. 384, 4. 113, 178, A. 4. 59,
521;
curam, G. 1. 26, 228, 2. 433†,

4. 345, A. 4. 332, 6. 85, 9. 311, 11. 519, 12. 48;

cura, A. 3. 476, Ca. 5 (7). 6;

cura, G. 3. 229, 305†, A. 4. 1, 7. 487, Cu. 263, M. 71 (Th. Ben. *curvans* Rb. *circa* Ellis), Ca. 5 (7). 10;

curae, A. 4. 531, 6. 382, 444, 7. 345, 8. 580, 11. 3, 12. 487, 801; Curae, A. 6. 274;

curarum, A. 4. 608, 8. 19, Ca. 5 (7). 6;

curis, A. 4. 639, 6. 474, Cu. 60;

curas, G. 1. 177, 302, 2. 405, 3. 124, 4. 531, A. 1. 227, 562, 2. 775, 3. 153, 4. 341, 394, 448, 488, 528†, 551, 5. 701, 720, 8. 35, 9. 225, 489, 11. 822, Cu. 99, Ci. 17, 232;

curis, G. 1. 123†, A. 1. 208, 4. 652, 5. 779, 6. 159, 520 (mss. edd. *choreis* Rb.), 7. 441, Cu. 90, 379 (edd. *cures* Ellis), Ca. 9 (11). 9†.

curalium: curalio (abl.), Ci. 434†.

CURCULIO, G. 1. 186.

Cures: Curibus, A. 8. 638; Curibus, A. 6. 811, 10. 345.

Curetes: Curetum, G. 4. 151, A. 3. 131.

CURIA, A. 7. 174, 11. 380.

CURIUS, Cu. 367.

curo. 23.

curas, E. 2. 6;

curat, E. 2. 33, 56, 8. 103, 10. 28, A. 3. 451, 9. 218, Co. 37;

curamus, E. 7. 51, A. 3. 511;

curant, G. 1. 301, 2. 263, 4. 187, A. 8. 607, 9. 518;

cures, Cu. 379 (Ellis *curis* edd.);

curet, G. 1. 39, A. 2. 536†, Ci. 5 (Th. *quae* Rb. *quit* Ben. *quaeret* Ellis);

curare, E. 8. 35, G. 1. 504, A. 4. 34;

curandis (fem. dat.), G. 2. 397.

curriculum: curriculo (abl.), A. 8. 408.

CURRO. 24.

curro, A. 5. 235;

currit, A. 5. 862;

currimus, A. 3. 191;

currunt, A. 12. 524;

current, A. 1. 607;

cucurrit, A. 2. 120, 694, 5. 251, 6. 54, 8. 390, 11. 296, 12. 66, 447;

currite, E. 4. 46;

currere, G. 1. 386, A. 5. 222, Cu. 35 (Rb. Leo *currens* Th. *decurrere* Ellis *decurrens* Ben.), L. 18 (Rb. *gurgite* Ellis);

currens (fem.), Cu. 35 (vid. *currere*);

currentem, A. 12. 903;

currentem, G. 3. 330;

currenti (neut.), G. 3. 360;

currentis, Cu. 284 (edd. *cupientis* Leo);

currentis, D. 67;

currentia, G. 1. 132.

CURRUS. 67.

currus, G. 1. 514, 3. 91, A. 1. 17;

curru, E. 5. 29, A. 1. 156†, 476, 3. 541, 7. 724;

currum, G. 3. 359, A. 3. 113, 6. 837, 7. 280, 655, 779, 8. 433, 10. 581, 12. 327, 372, 495, 624, 664, Ci. 26†;

curru, G. 4. 389, A. 1. 468, 5. 819, 6. 785, 7. 782, 10. 215, 403, 440, 590, 596, 11. 661, 12. 162, 329, 355, 370, 478, 511, 681, Cu. 43, 127, Ci. 395;

currus, G. 3. 104, A. 5. 145, 7. 184, 686;

currum, A. 6. 653†;

currus, G. 1. 174†, 3. 18, 113,
181, 533, A. 1. 486, 6. 485†,
651, 7. 163, 9. 12, 317, 10. 574†,
592, 11. 88, 12. 287, 350, 485,
918†, L. 40 (Rb. *coiens* Ellis).

CURSUS. 91.

cursus, A. 1. 534†, 3. 454, 507;
cursus, A. 5. 596;
cursum, G. 1. 40, A. 1. 324, 3.
269, 337†, 362, 4. 46, 299, 653,
5. 834, 6. 194, 313, 7. 8 (R Ben.
cursus mss. edd.), 196, 10.
870†, 12. 747;
cursu, E. 6. 80, G. 3. 132, 409,
529, A. 1. 157, 468, 2. 321†,
399, 736, 3. 116, 200, 253, 4.
154, 157, 672, 5. 67, 253, 265,
291, 592, 6. 338, 536†, 7. 165,
383, 478†, 676, 807, 809, 8. 221,
9. 91, 478, 559, 11. 702, 719,
875, 879, 12. 484, 489, 683,
751, 763, 775, 890, 902, Cu.
345, Ci. 171, 462, Ca. 9 (11).
26;
cursus, A. 5. 362;
cursus, E. 8. 4†, G. 4. 136, A. 3.
146, 430, 460, 686, 717†, 4.
196†, 5. 131, 549, 583, 667, 738,
6. 350, 7. 8 (vid. *cursum*), 10.
249, 12. 909, Ci. 152, 233, 425;
cursibus, G. 3. 20, 119, 193, A.
12. 84.

CURTIUS, Cu. 363.

curvo. 8.

curvabit, G. 1. 188†;
curvans (masc.), G. 4. 299, M.
71 (Rb. *cura* Th. Ben. *circa*
Ellis);
curvatus (est), A. 3. 533;
curvata, G. 4. 361;
curvato (masc. abl.), A. 3. 564;
curvata (acc.), A. 11. 860;
curvatis (neut.), A. 7. 381.

CURVUS (CURVOS). 28.

curvos, E. 3. 42, Ci. 413 (-us);

curva, A. 11. 737;
curvi (neut.), G. 1. 170;
curvam, A. 2. 51, 7. 179;
curvo, G. 2. 406, A. 11. 522;
curva, A. 2. 748;
curvo, A. 3. 16, 223, 7. 497, 11.
184;
curvae, G. 1. 508, A. 6. 4, 7.
184;
curvis (fem.), G. 1. 360;
curvis, G. 2. 189;
curvas, G. 2. 216;
curva, G. 2. 12, 4. 278, A. 3.
238, 643, 10. 684;
curvis, A. 5. 287;
curvis (fem.), G. 3. 544, A. 2.
179, 3. 674.

CUSPIS. 14.

cuspis, A. 10. 484;
cuspidis, A. 7. 756, 11. 41;
cuspide, A. 1. 81, 2. 230, 5. 208,
7. 817, 10. 733, 11. 691, 12.
362, 386, 510, Ci. 32, Ca. 3
(12). 6.

CUSTODIA. 7.

custodia, G. 4. 165, 327, A. 6.
574, 7. 486, 9. 166, Ci. 129,
207.

custodio: custodi, A. 9. 322; cus-
todita (fem. nom.), A. 8. 218.

CUSTOS. 36.

custos, E. 3. 5, 5. 44, 7. 34, 10.
36, G. 4. 110, 215, 433, A. 4.
186, 484, 6. 350, 7. 610, 791,
8. 270, 652, 9. 176, 648, 11. 836,
Cu. 413, M. 31, Co. 23;
custodem, A. 5. 546, 6. 395;
custos, G. 1. 17, A. 9. 405, 11.
785;
custode, A. 1. 564, 3. 221, 6.
424, 9. 380;
custodes, A. 2. 492, 762, 5. 257,
8. 461;
custodibus, G. 3. 406, A. 2.
166, 9. 151.

cyaneus: cyaneo (masc. abl.), D. 40.

cyathus: cyathi (nom.), Co. 7†, Ca. 11 (14). 4†.

CYBEBE, A. 10. 220.

Cybela: Cybelae (gen.), A. 3. 111 (edd. *Cybele* mss. *Cybeli* Non. Rb. Con.), 11. 768 (Macrob. edd. *Cybelo* M Rb.).

Cybele: Cybeles, Ci. 166.

Cybelus: Cybeli, A. 3. 111 (vid. *Cybela*); Cybelo, A. 11. 768 (vid. *Cybela*).

Cyclades: Cycladas, A. 3. 127, 8. 692, Ci. 471.

Cyclopeus: Cyclopea (neut. acc.), A. 1. 201.

CYCLOPS. 13.
    Cyclops, Cu. 332;
    Cyclopis, A. 3. 617;
    Cyclopes, G. 4. 170, A. 3. 644, 8. 424;
    Cyclopum, G. 1. 471, A. 3. 569, 675, 6. 630, 8. 418;
    Cyclopas, A. 3. 647, 11. 263;
    Cyclopes, A. 8. 440.

cycneus: cycneo (neut. abl.), Ca. 9 (11). 27; cycneas, D. 1.

cycnus. 9.
    cycnum, A. 9. 563, 12. 250;
    cycni, E. 9. 29, A. 7. 699, 11. 458;
    cycnis, E. 8. 55;
    cycnos, G. 2. 199, A. 1. 393;
    cycnis, E. 7. 38.

Cycnus: Cycnum, A. 10. 189.

CYDIPPE, G. 4. 339.

Cydon: Cydon, A. 10. 325.

CYDON, A. 12. 858.

Cydonius: Cydonia (neut. acc.), E. 10. 59†.

cylindrus: cylindro (abl.), G. 1. 178†.

CYLLARUS, G. 3. 90.

Cyllene: Cyllenae (gen.), A. 8. 139†.

CYLLENIUS, G. 1. 337; Cyllenia (fem. nom.), A. 4. 258; Cyllenia (neut. acc.), Ci. 108.

CYLLENIUS, A. 4. 252, 276.

Cymaeus; vid. *Cumaeus.*

cymba; vid. *cumba.*

cymbalum: cymbalon (voc.), Ca. 5 (7). 5†; cymbala (acc.), G. 4. 64.

cymbium: cymbia (acc.), A. 3. 66, 5. 267.

CYMODOCE (CYMODOCEA), G. 4. 338†, A. 5. 826, 10. 225 (Cymodocea).

CYMOTHOE, A. 1. 144.

CYNTHIUS, E. 6. 3†, G. 3. 36, Ca. 9 (11). 60.

Cynthus: Cynthi, A. 1. 498, 4. 147.

cyparissus: cyparissi (nom.), A. 3. 680; cyparissis (dat.), G. 2. 84.

Cyprius: Cypria (neut. acc.), L. 68 (Rb. *gaudia* Ellis).

Cyprus: Cyprum, A. 1. 622†.

Cypselides: Cypselidae (gen.), Ci. 464†.

Cyrenae: Cyrenas, Ca. 9 (11). 61 (edd. *Camenas* Ben.).

CYRENE, G. 4. 376, 530;
    Cyrene (voc.), G. 4. 321, 354.

Cyrneus: Cyrneas, E. 9. 30†.

CYTHERA, A. 10. 51, 86; Cythera, A. 1. 680.

CYTHEREA. 7.
    Cytherea, A. 1. 657, 4. 128, 8. 523, 615;
    Cytherea (voc.), A. 1. 257, 5. 800, Ca. 14 (6). 11.

Cythnos: Cythnon, Ci. 475†.

cytisus. 6.
    cytisum, E. 1. 78, 2. 64†, G. 3. 394;

cytiso, E. 9. 31, 10. 30;
cytisi, G. 2. 431.
Cytorius: Cytorio (neut. abl.),
Ca. 10 (8). 10 (Ellis *quod hor-
ridum* edd.).
Cytorus: Cytorum, G. 2. 437.

DACUS, G. 2. 497.
DAEDALUS, A. 6. 14, 29.
daedalus: daedala (fem. nom.),
A. 7. 282; daedala (acc.), G. 4.
179.
DAHAE, A. 8. 728†.
damma: dammae (nom.), E. 8.
28†, G. 3. 539;
dammas, G. 1. 308, 3. 410.
damno. 7.
damnat, M. 108;
damnabis, E. 5. 80;
damnaverat, A. 4. 699;
damnet, A. 12. 727;
damnare, Ci. 189;
damnata fuisset, Ci. 530†;
damnati (nom.), A. 6. 430.
DAMOETAS, E. 2. 37, 39, 5. 72;
Damoeta (voc.), E. 3. 1, 58.
DAMON. 6.
Damon, E. 3. 23, 8. 16, 62†;
Damonis, E. 3. 17, 8. 1, 5.
DANAE, A. 7. 410.
DANAI. 45.
Danai, A. 2. 5, 108, 327, 368,
413, 495, 505, 757, 802;
Danaum, A. 1. 30, 96, 598†,
754, 2. 14, 36, 44, 65†, 162, 170,
276, 309, 370, 389, 398, 433,
462, 466, 572, 3. 87, 6. 489, 8.
129, 12. 349;
Danais, A. 2. 396, 617, 669, 5.
360;
Danaos, A. 2. 49, 71, 258, 440,
6. 519;
Danai, A. 2. 117;
Danais, A. 3. 288†, 4. 425, 9.
154.

Danaus: Danais (fem. abl.), A.
3. 602.
DAPHNIS. 35.
Daphnis, E. 5. 29, 30, 41, 43,
52, 57, 61, 7. 1, 8. 81, 83†, 109†;
Daphnidis, E. 3. 12;
Daphnim, E. 2. 26†, 5. 20†,
51†, 52†, 7. 7, 8. 68†, 72†, 76†,
79†, 84†, 85†, 90†, 93†, 94†,
100†, 102†, 104†;
Daphni, E. 5. 25, 27, 66, 9. 46,
50;
Daphnide, E. 8. 83.
daps. 19.
dapes, A. 6. 225†;
dapibus, A. 1. 210;
dapes, E. 6. 79, A. 3. 227, 234,
301, 5. 92, 7. 109, 8. 175, 186,
11. 738, Ca. 13 (5). 28;
dapibus, G. 4. 133, A. 1. 706,
3. 224, 355, 618, 630, 7. 125.
Dardania. 7.
Dardaniae (gen.), A. 2. 281,
325, 3. 52, 6. 65, 8. 120, Cu.
323;
Dardania, A. 3. 156.
Dardanides. 22.
Dardanidae (masc. nom.), A.
2. 59, 9. 660;
masc. subst. Dardanides, A. 10.
545, 12. 775;
Dardanidae (nom.), A. 1. 560,
2. 72, 445, 5. 386, 576, 6. 85,
482, 9. 293, 10. 263, 12. 549;
Dardanidum, A. 2. 242, 5. 622,
10. 4;
Dardanidis, A. 11. 353, 12.
585;
Dardanidae, A. 3. 94, 5. 45, 7.
195.
DARDANIS, A. 2. 787†.
DARDANIUS. 34.
Dardanius, E. 2. 61, A. 4. 163,
5. 711, 10. 92, 133, 603;
Dardanium, A. 2. 582;

decorae, A. 5. 343;

decoros, A. 11. 194, 480;

decora, A. 4. 559.

decumbo: decubuisse, Co. 6.

decumus: decumum (acc.), A. 9. 155†, 11. 290 (decimum); decumam, G. 1. 284.

decurro. 11.

decurrit, A. 2. 41, 5. 212, 610, M. 27†;

decurrunt, E. 5. 84;

decurre, G. 2. 39;

decurrere, A. 4. 153, 11. 189, Cu. 35 (Ellis *currere* Rb. Leo *currens* Th. *decurrens* Ben.), Ca. 14 (6). 1;

decurrens (masc.), A. 11. 490, Cu. 35 (vid. *decurrere*).

decursus: decursu, A. 12. 523.

DECUS. 42.

decus, E. 4. 11, 5. 34, A. 4. 150, 7. 473, 8. 301, 10. 135, 858, 11. 155, 12. 58, Cu. 11, 15†, 65, 137, 265, 266, 317, 342†, 402, Ca. 9 (11). 3;

decoris, A. 5. 174;

decori, E. 5. 32;

decus, A. 1. 592, 2. 89, 5. 229, 262, 11. 657, 12. 83, Cu. 360†, Ci. 246 (edd. *deum* Ellis), 481, Ca. 9 (11). 58;

decus, G. 2. 40, A. 6. 546, 9. 18, 405, 10. 507, 11. 508, 12. 142, Cu. 18, L. 28;

decora (acc.), A. 1. 429, 2. 448.

decutio: decutit, A. 10. 718;

decussit, G. 1. 131, 2. 404;

decutiat, G. 4. 12.

dedecus: dedecus, A. 10. 681, 11. 789, 12. 641.

dedico: dedicat, Ca. 10 (8). 24.

dedignor: sim dedignata, A. 4. 536.

dedo: dedere, G. 4. 204; dede, G. 4. 90.

deduco. 13.

deducit, G. 1. 114†, A. 10. 618†;

deducunt, A. 3. 71, 4. 398;

deducam (indic.), G. 3. 11;

deducat, G. 3. 122;

deducere, E. 6. 71, 8. 69†, G. 1. 255, 269†, A. 2. 800, 6. 397;

deductum (neut. acc.), E. 6. 5†.

deerro: derraverat, E. 7. 7†.

defectus: defectus (acc.), G. 2. 478.

DEFENDO. 23.

defendo, E. 7. 6;

defendit, A. 10. 709, M. 14;

defendet, G. 1. 448;

defende, A. 10. 905;

defendite, E. 7. 47, A. 12. 265;

defendere, A. 2. 447, 9. 114, 511, 533, 10. 130, 12. 586, 627;

masc. subst. defendentum, A. 11. 886;

defensa fuissent, A. 2. 292;

defendi, A. 2. 292; defendier, A. 8. 493;

defensus, A. 2. 257;

defensa, G. 3. 544†, Ca. 9 (11). 29;

defensum (masc.), A. 12. 437;

defensi, A. 8. 658.

defensor: defensoribus (abl.), A. 2. 521.

defero. 18.

deferimus, A. 9. 604;

detulit, A. 4. 299, 358, 9. 19, 12. 417;

detulerat, A. 12. 773;

defer, A. 4. 226, 5. 730;

defertur, A. 10. 688;

deferar (indic.), E. 8. 60;

delatus, A. 3. 441, Cu. 210†, 260†;

delata, A. 7. 411;

delato (masc. dat.), A. 3. 154;

delati, A. 3. 219, 5. 57, 7. 22.
DEFESSUS. 6.
  defessus, A. 7. 126;
  defessum (masc.), Co. 5;
  defessi, A. 1. 157, 2. 285, 565;
  defessa (acc.), G. 4. 438†.
deficio. 14.
  deficit, G. 1. 290, 3. 96†, A. 2.
  505, 4. 689†, 6. 143†, 11. 231;
  deficimus, A. 11. 424;
  defecit, A. 12. 255;
  defecerit, G. 4. 281;
  deficeret, A. 6. 354;
  deficerent, G. 1. 149;
  defice, A. 6. 196;
  deficere, A. 9. 352;
  defecisse, A. 12. 2.
defigo. 11.
  defigunt, A. 12. 130;
  defixit, A. 1. 226, Ci. 162 (Th.
  defixerat edd.);
  defixerat, Ci. 162 (vid. *defixit*);
  defigere, Ci. 377†;
  defigitur, G. 2. 290;
  defixus, A. 1. 495, 6. 156†;
  defixi (nom.), A. 8. 520;
  defixae, A. 6. 652†;
  defixa (acc.), G. 3. 519, A. 7.
  249.
defio: defit, E. 2. 22.
deflecto: deflectunt, Ci. 260; de-
  flexit, A. 10. 331†.
defleo: deflevit, A. 11. 59; de-
  fleta (acc.), A. 6. 220; deflende, Cu. 133 (edd. *dicende* Leo).
defluo: defluit, G. 3. 447, A. 8.
  549;
  defluxit, A. 1. 404, 11. 501†;
  deflueret, A. 7. 495.
defodio: defosso (masc. dat.), G.
  2. 507;
  defossa (nom.), A. 10. 526;
  defossas, Cu. 274 (edd. *ecfossas*
  Ellis);
  defossis (masc.), G. 3. 376.

deformis: deformis (fem. nom.),
  G. 4. 478.
deformo: deformat, G. 4. 255, A.
  10. 844; deformare, A. 12. 805.
defringo: defringit, A. 11. 748;
  defringe, G. 2. 300.
defrutum: defruta (acc.), G. 4.
  269.
defundo: defundit, G. 4. 415 (G
  Rb. *diffundit* M edd.); defusa
  (fem. nom.), Co. 11 (edd. *diffusa* Ben.).
defungor: defuncte, A. 6. 83;
  defunctae, A. 9. 98;
  defuncta (nom.), G. 4. 475, A.
  6. 306.
degener: degenerem (masc.), A.
  2. 549; degeneres (masc. acc.),
  A. 4. 13.
degenero: degenerant, G. 2. 59;
  degenerare, G. 1. 198.
dego: degere, A. 4. 551; degen-
  tem (masc.), Cu. 73†.
degusto: degustat, A. 12. 376.
DEHINC. 9.
  dehinc, G. 3. 167, A. 1. 131,
  256, 3. 464, 5. 722, 6. 678†, 8.
  337, 9. 480, 12. 87.
dehisco. 9.
  dehiscit, A. 5. 142;
  dehiscunt, G. 1. 479, 3. 432;
  dehiscent, A. 6. 52;
  dehiscat, A. 4. 24, 10. 675†, 12.
  883†;
  dehiscens (fem.), A. 1. 106, 8.
  243.
deicio. 24.
  deicis, A. 11. 665;
  deicit, G. 1. 333†, A. 8. 428†,
  10. 753†, 11. 642;
  deiecit, A. 3. 320, 5. 542, 8.
  226†, 10. 319, 11. 580;
  deiecerat, A. 10. 546;
  deice, G. 3. 422;
  deiecturum (esse), A. 12. 655;

INDEX VERBORUM VERGILIANUS

deiectus, A. 10. 858, Ci. 32†;
deiecta, A. 11. 480;
deiectum, A. 9. 770 (MPγ²
edd. *desectum* γ¹ Rb.);
deiectum, A. 12. 509;
deiectam, A. 3. 317, 5. 490;
deiecta, A. 11. 833;
deiecto, A. 6. 862;
deiecti, A. 6. 581;
deiectae, A. 4. 152.
DEINDE (DEIN). 41.
    deinde, E. 3. 58, 5. 15, G. 1.
    106, 2. 79, 3. 565, 4. 161, 225,
    A. 1. 195, 614, 2. 391, 691, 3.
    327, 373, 450, 609, 4. 561, 5.
    14, 152, 258, 296, 303, 321,
    323, 400, 741, 773, 6. 434, 756,
    812, 890, 7. 135, 8. 66, 481, 9.
    766, 781, 10. 261, 12. 195, 889,
    Ci. 253, Ca. 3*. 21†, 13 (5). 21
    (dein).
DEIOPEA, G. 4. 343†, A. 1. 72.
DEIPHOBE, A. 6. 36.
DEIPHOBUS, A. 6. 544†;
    Deiphobi, A. 2. 310;
    Deiphobo, A. 6. 510†;
    Deiphobum, A. 6. 495†;
    Deiphobe, A. 6. 500†.
delabor. 9.
    delapsus, A. 2. 377, 5. 838, 10.
    596;
    delapsa (nom.), A. 5. 518, 722,
    7. 620, 11. 595 (M edd. *de-
    missa* PRγ Con.);
    delapsae (nom.), A. 3. 238†;
    delapsa (nom.), E. 6. 16.
DELECTUS, G. 3. 72†.
deleo: delere, A. 9. 248; deletas
    (esse), A. 11. 898.
DELIA, E. 3. 67, Ca. 1. 1†, 3†;
    Delia (voc.), E. 7. 29.
delibo: delibans (masc.), A. 12.
    434.
delicatus: delicata (fem. nom.),
    Ca. 2*. 10.

deliciae: delicias, E. 2. 2, 9. 22;
    deliciis, Ci. 433†.
DELICIUM, Co. 26†.
deligo. 15.
    delegi, A. 5. 191;
    delegit, A. 11. 658;
    delegere, A. 8. 53;
    delige, G. 4. 540, A. 5. 717;
    delecti (sunt), A. 9. 162†;
    delecta, A. 4. 130, 9. 226;
    delecta (voc.), A. 8. 499;
    delectae, A. 5. 115;
    delectos, E. 4. 35, A. 3. 58, 7.
    152, 11. 431;
    delecta, A. 2. 18†.
delitesco: delitui, A. 2. 136; del-
    ituit, G. 3. 417.
DELIUS, A. 3. 162, 6. 12; Delia
    (fem. voc.), Cu. 110.
DELOS, G. 3. 6†, Ci. 473; Delum,
    A. 4. 144.
delphin (delphis, delphinus). 6.
    delphines, A. 8. 673, D. 5 (del-
    phini);
    delphinum, A. 3. 428, 5. 594, 9.
    119;
    delphinas, E. 8. 56.
delubrum. 10.
    delubri, A. 2. 410;
    delubra, A. 4. 66;
    delubra, G. 3. 23, 4. 541, 549,
    A. 2. 225, 248, 4. 56, 8. 716, Ci.
    424.
deludo: deludunt, A. 10. 642;
    delusit, A. 6. 344.
DEMENS. 18.
    demens, A. 2. 94, 4. 107, 469†,
    6. 172, 590, 9. 577, 728, 10.
    813, 11. 276;
    demens (fem.), A. 4. 78, 374, 6.
    280, 12. 601, Ci. 185†;
    demens (masc. voc.), E. 2. 60†,
    A. 4. 562, 9. 560, 11. 399†.
DEMENTIA, E. 2. 69, 6. 47, G. 4.
    488, A. 5. 465, 9. 601.

densum (neut. acc.), A. 5. 833;
densa (voc.), D. 27;
denso, G. 4. 216;
densa, A. 9. 514, 551, 12. 466†,
575, 744, Cu. 157;
denso, G. 2. 275, 3. 124†, A. 2.
450, 9. 788, 12. 442;
densi, A. 9. 382, 534, 11. 834,
12. 280, 457, 563; .
densae, G. 1. 342, 4. 75, A. 7.
64, 720, 12. 663;
densa, G. 1. 419, A. 12. 409,
Cu. 53;
densos, G. 4. 347†, A. 2. 511,
10. 178, 379, 729, Ca. 9 (11).
49;
densas, E. 1. 14, 2. 3, 9. 60, Cu.
108, 248 (edd. *densant* Ellis);
densa, G. 1. 445, 2. 275, A. 6.
7, 592, 7. 673;
densis, G. 2. 411, A. 5. 459,
696;
densis, G. 1. 382, 2. 142, A. 7.
565, 11. 523;
densis, A. 2. 383, 409, 3. 23;
densior (fem.), G. 3. 308, 4. 80;
densissimus, G. 1. 333, A. 10.
373;
densissima (fem. nom.), G. 2.
17;
densissima (neut. acc.), A. 9.
555.
dentale: dentalia (nom.), G. 1.
172.
denubo: denubere, Ci. 330†.
denuntio: denuntiat, G. 1. 453,
A. 3. 366.
depasco. 6.
depascit, G. 1. 112;
depascunt, G. 4. 539;
depascitur, G. 3. 458, A. 2.
215;
depasta (fem. nom.), E. 1. 54;
depasta (neut. acc.), A. 5. 93.
depecto: depectant, G. 2. 121.

depello. 9.
depulit, A. 5. 727, 9. 78;
depellere, E. 1. 21, A. 9. 109,
328, Cu. 321;
depulsus, G. 3. 187;
depulsis (masc.), E. 3. 82;
depulsos, E. 7. 15.
dependeo: dependet, A. 6. 301,
10. 836, 11. 693;
dependent, A. 1. 726, Ci. 96
(Th. *deponunt* edd.).
deperdo: deperdunt, M. 104.
DEPONO. 17.
depono, E. 3. 31;
deponunt, A. 5. 751, 7. 108, 12.
564, Ci. 96 (edd. *dependent*
Th.);
deposuit, G. 2. 24;
deposuere, A. 12. 707;
deponas, A. 12. 49;
depone, E. 9. 62;
deponere, E. 3. 32, G. 4. 531†,
A. 6. 632, Ci. 11;
deposisse, Ca. 10 (8). 16†;
depositi (masc.), A. 12. 395;
deposita (abl.), A. 2. 76†, 3.
612.
DEPRECOR, A. 12. 931.
deprendo (deprehendo). 6.
deprensus, A. 5. 52, 273;
deprensum (masc.), A. 8. 247;
deprensa (nom.), A. 10. 98;
deprensos, Ci. 61;
deprensis (masc.), G. 4. 421.
deprimo: depresso (neut. abl.),
G. 1. 45; depressas, G. 3. 276.
depromo: depromit, M. 17;
depromunt, A. 5. 501;
deprompsit, A. 11. 859;
deprome, A. 11. 590;
depromens (masc.), Ci. 160.
Dercennus: Dercenni, A. 11.
850†.
derigesco: deriguit, A. 3. 260,
308; deriguere, A. 7. 447.

derigo (*derigo* Rb. Con. *dirigo*
edd.). 13.
derigit, A. 11. 654, 12. 490, Cu.
91;
derexti, A. 6. 57;
derexit, A. 7. 497;
derexere, A. 7. 523;
derexerat, A. 10. 401;
derige, A. 1. 401, 5. 162, 11.
855;
derigite, A. 6. 195;
derigere, A. 10. 140;
derectae (sunt), G. 2. 281.
deripio. 9.
deripit, A. 10. 414, 475†;
deripiunt, A. 1. 211 (Heins.
Rb. in ed. min. Th. Gos. *diripiunt* mss. edd.);
deripient, A. 4. 593 (Rb. Th.
Gos. *diripient* mss. edd.);
deripe, G. 2. 242;
deripere, A. 3. 267 (Pγ edd.
diripere M Ld. Ben.);
dereptum (masc.), A. 11. 743;
derepta (acc.), A. 11. 193;
dereptis (masc.), G. 2. 8 (edd.
direptis mss. Ben.).
desaevio: desaevit, A. 4. 52, 10.
569.
DESCENDO. 17.
descendo, A. 2. 632;
descendit, G. 2. 326, 4. 235, A.
5. 683, 6. 404;
descendunt, A. 7. 675†;
descendam, A. 12. 649;
descendet, E. 7. 60;
descendit, A. 8. 423;
descendite, D. 91;
descendere, A. 4. 159, 491, 5.
782, 11. 450;
descendens, G. 2. 497, A. 6.
831;
descendens (fem.), Ci. 209.
DESCENSUS, A. 6. 126.
describo: describent, A. 6. 850;

descripsi, E. 5. 14†;
descripsit, E. 3. 41, A. 3.
445;
est descripta, Ci. 69.
deseco: desectum (nom.), A. 9.
770 (γ¹ Rb. *deiectum* MPγ²
edd.); desecto (neut. abl.), A.
8. 438†.
desero. 56.
deseris, A. 3. 711, 4. 323, 10.
594†;
deserit, E. 8. 30, G. 1. 364, A.
4. 144, 5. 220, 7. 543, 9. 694,
11. 470, 902, 12. 683, 698 *bis*,
732, Ci. 463;
deserimus, A. 3. 190;
deseruit, A. 2. 791;
deseruere, A. 2. 565, 3. 618, 4.
582, 7. 394;
deserat, G. 1. 70;
desere, G. 4. 543, A. 10. 600,
649;
deseruisse, A. 7. 291;
deserti sumus, A. 11. 412;
deserta (esse), A. 3. 122†;
deserta, A. 2. 562, 4. 42, 330,
677, 8. 191;
deserti, G. 4. 508, A. 2. 572;
desertae, A. 2. 714, Cu. 51
(Th. Ben. *desertas* Rb. Leo *desertis* Ellis);
desertae, A. 11. 843†;
deserta, A. 4. 468;
deserto, A. 2. 24, 12. 664;
desertos, A. 2. 28, 5. 612;
desertas, A. 3. 4, Cu. 51 (vid.
desertae);
deserta, G. 3. 476, A. 3. 646;
desertis (fem.), Cu. 51 (vid.
desertae);
desertis, A. 12. 863, Ci. 519;
subst. deserta (acc.), E. 6. 80,
G. 3. 291, 342, 462, A. 1. 384,
7. 404, 11. 514.
desertor: desertorem, A. 12. 15.

devota, A. 1. 712, D. 34;
devotum (nom.), D. 19;
devotum (masc.), Cu. 364;
devota (nom.), Cu. 370;
devota, Cu. 368;
devoti, D. 82.
DEXTER. 136.
dexter, A. 4. 294, 5. 162, 8. 237, 302, 9. 769†;
dextera, A. 6. 541, 9. 469†, Ca. 10 (8). 18; dextra, A. 2. 388;
dextrum (neut. acc.), A. 3. 413, 420;
dextro (masc.), G. 3. 86;
dextros, A. 5. 831;
dextra, A. 4. 579;
fem. subst. dextera, A. 4. 307, 6. 879, 7. 366, 474, 9. 289, 747, 10. 333, 341, 395, 11. 172, 178, 339, 12. 428, 436, 538, D. 31;
dextra, E. 1. 35†, A. 4. 597, 8. 169, 567, 10. 610, 773, 11. 118, 385, 12. 97, Cu. 257, M. 25;
dexterae (dat.), Ca. 2*. 21;
dextrae, A. 1. 408, 2. 723, 4. 104, 7. 498†, 8. 164, 10. 847, 12. 357†;
dexteram, Ca. 2*. 13†; dextram, A. 1. 408, 3. 610, 4. 314, 5. 443, 6. 370, 697, 7. 234, 266, 8. 124†, 164, 278, 558, 9. 741, 10. 414, 823, 11. 277, 672, 750, 12. 196, 311, 579, 734, 930, 939;
dextera, M. 101; dextra, G. 1. 235, 329, A. 1. 98, 334, 611, 2. 291, 425, 552, 592†, 3. 670†, 4. 60†, 704, 5. 457, 479, 642, 692, 6. 486, 656, 8. 354, 563, 9. 320, 677, 807, 10. 226, 246, 279, 326, 339†, 650, 797†, 830, 11. 267, 408, 528, 556, 651, 743, 862, 12. 14, 50, 206, 373, 403, 644, 659, Cu. 192;
dextrae, A. 10. 517, 11. 292;

dextras, A. 1. 514, 3. 83, 6. 613, 8. 467, 9. 250, 558†, 11. 165, 414;
dextris, A. 2. 444, 8. 274†, 11. 606, 735;
neut. subst. dextera (acc.), D. 99.
DIANA. 12.
Diana, A. 1. 499;
Dianae, A. 3. 681, 4. 511, 7. 306, 764, 769, 11. 652, 857;
Dianae, A. 11. 537, Ci. 297;
Dianam, A. 11. 843;
Diana, A. 11. 582.
dicio: dicione, A. 1. 236, 622†, 7. 737, 10. 53.
dico: dicabo, A. 1. 73, 4. 126;
dicatis (neut. abl.), A. 5. 60.
dico. 343.
dicit, G. 4. 356, A. 5. 486 (Pγ Rb. Con. *ponit* VMR edd.), Ci. 358†, M. 110, Ca. 10 (8). 9†, 15†, D. 75†;
dicunt, E. 1. 19, 9. 13, 33, G. 3. 280†, 531, A. 1. 530, 3. 163, 6. 441, 644, 7. 607, 10. 565, Ca. 11 (14). 2†, D. 55†;
dicam, G. 1. 104 (vid. subi.), 311 (vid. subi.), 2. 95, 226, 4. 5, 537, A. 2. 712, 3. 388, 4. 43 (vid. subi.), 6. 722, 7. 41†, 42, 11. 348, Ci. 230 (vid. subi.), 265, 266, Ca. 7 (9). 1, 4, D. 8;
dicet, A. 1. 277†, 12. 40†;
dicemus, E. 5. 51, 8. 5, G. 2. 393;
dicetis, E. 3. 59;
dicent, A. 6. 850;
dixit, E. 2. 38, 39, G. 4. 499, A. 1. 402, 736, 2. 376, 3. 258, 312, 335, 362, 4. 579, 650, 659, 5. 164, 239, 467, 477, 6. 155, 231†, 677, 8. 66, 366, 615, 9. 14, 10. 776, 867, 882, 11. 561, 595, 709, 858, 12. 266, 681, 780, Cu. 384;

diximus, A. 8. 332;

dixerunt, E. 4. 46, A. 6. 242†;

dixere, G. 3. 125, 4. 221, A. 3. 693, Ci. 305;

dixerat, A. 2. 152, 621, 705, 3. 607, 4. 238, 331, 663, 5. 84, 740, 6. 633, 752, 7. 212, 8. 152, 276, 387, 9. 104, 410, 743, 10. 246, 482, 530, 547, 11. 120, 132, 12. 574, Ci. 86 (Ellis *vixerat* Rb. *vixit* Th. Ben.);

dixerit, Ca. 9 (11). 24;

dicam, G. 1. 104 (vid. indic.), 311 (vid. indic.), A. 4. 43 (vid. indic.), Ci. 230 (vid. indic.);

dicat, E. 4. 59†, 10. 34, G. 1. 350;

dicamus, E. 10. 6, A. 11. 322;

diceret, E. 9. 4, A. 6. 162;

dixim, Ca. 13 (5). 6 (Ben. *adsultem* Rb. *adsignem* Th. *mas sim* Ellis);

dixerit, E. 6. 69;

dic, E. 3. 1, 31, 104, 106, 8. 78, A. 1. 753, 4. 635, 5. 551, 6. 318, 343, 7. 546, Ci. 234;

dicite, E. 3. 55, 8. 63, A. 1. 137, 6. 669, 7. 195, 8. 119, 9. 79, Ca. 1. 6†, 9 (11). 2, 11 (14). 7;

dicere, E. 4. 54, 5. 2, 6. 5, 6, 8. 8, 9. 35, G. 1. 463, 3. 46, 4. 502, A. 2. 791, 4. 391, 7. 370†, 449, 8. 12, 9. 233, 268†, 10. 555, 11. 345, 508, 12. 112, Cu. 376†, Ci. 21, 137, 266, 410, Ca. 7 (9). 3, 9 (11). 56, L. 46;

dixisse, A. 1. 533, 3. 166†;

dicens (masc.), A. 2. 550, 10. 744, 856, 12. 950;

dicentem (masc.), A. 4. 362;

dicente (masc.), A. 10. 101;

dicturus est, A. 3. 154;

dictu, G. 2. 30, 3. 275, 4. 554, A. 1. 439, 2. 174, 680, 3. 26†,

365, 621, 4. 182, 454, 7. 64, 8. 252, 565, Ci. 120;

dicitur, A. 4. 204, 5. 602, 6. 107, 235, 7. 409, 9. 591, Ci. 27;

dicuntur, A. 12. 845, Ci. 65 (Ellis *dicantur* edd.);

dicetur, A. 8. 272;

dicentur, A. 5. 633;

dictus (est), G. 3. 6, A. 7. 412;

dictus est, L. 64;

dicti (sunt), A. 9. 387;

dicta (sunt), A. 1. 81, 5. 32, 315, 8. 175, 337;

dicatur, E. 6. 72, D. 53;

dicantur, Ci. 65 (vid. *dicuntur*), Ca. 13 (5). 10, D. 61;

dicerer, L. 60†;

sint† dicta, Cu. 3 (edd. *docta* Rb. Leo);

dici, A. 11. 353, D. 41 (Ellis *Ditis* Rb.);

dictus, A. 6. 138;

dicta, A. 2. 678, 3. 702, Ci. 415†;

dictam, A. 7. 671, Ci. 84;

dictum, A. 8. 344†;

dictae, A. 3. 210;

dictas, M. 99;

dicta, A. 6. 73;

neut. subst. dicto, A. 1. 695, 3. 189, 7. 433, 11. 242;

dicto, A. 1. 142, Ci. 159 (Rb. Ellis *facto* Th. Ben.);

dicta, A. 10. 584, 12. 895, Cu. 383;

dictis, A. 1. 585, 689, 8. 373, 12. 565;

dicta, A. 2. 115, 790, 3. 169, 250†, 4. 226, 380, 428, 5. 852†, 6. 377, 628, 7. 212†, 292, 323, 471, 8. 541, 583 (P γ¹ R²M² edd. *maesta* M¹ Ben.), 9. 431, 10. 104, 244, 448, 491, 585, 600, 612 (PRγ Con. Gos. *iussa* M edd.), 633, 11. 330, 12. 11,

41, 75, 81, 441, 644, Ca. 5 (7). 9;

dictis, A. 1. 153, 197, 579, 663, 2. 147, 336, 775, 3. 153, 358, 379, 4. 54, 92, 197, 219, 388, 394, 476, 5. 357, 387, 464, 719, 770, 816, 6. 98, 124, 382, 387, 468, 759, 898, 7. 249, 284, 373, 445, 8. 35, 126, 359, 611, 643, 9. 127, 621, 652, 661, 10. 278†, 368, 448, 466, 591, 11. 222, 342, 376, 520, 827, 12. 45, 212, 238, 625;

dicende, Cu. 133 (Leo *deflende* edd.);

dicendum (est), G. 1. 160: dicendum est, Ci. 271†; sunt dicenda, E. 10. 3.

Dictaeus. 7.
Dictaei (masc.), G. 2. 536;
Dictaeo (abl.), Cu. 275 (Th. Ben. *Ditis sine* edd.);
Dictaeo, G. 4. 152;
Dictaeos, A. 4. 73;
Dictaeas, Ci. 300;
Dictaea, A. 3. 171;
Dictaeae, E. 6. 56†.

dictamnus: dictamnum, A. 12. 412†.

Dictynna: Dictynnae (gen.), Ci. 245†; Dictynnam, Ci. 305 (edd. *Dictynam* Ellis).

dictum; vid. *dico.*

dido: diditur, A. 7. 144; didita (fem. nom.), A. 8. 132†.

DIDO. 34.
Dido, A. 1. 299, 340, 360, 446, 496, 503, 561, 613, 670, 685, 718, 749, 4. 60, 68, 101, 117, 124, 165, 171, 192, 263, 291, 308, 450, 642, 5. 571, 6. 450, 9. 266, 11. 74;
Dido (acc.), A. 4. 383;
Dido (voc.), A. 1. 601, 4. 408, 596, 6. 456.

diduco: diducere, G. 2. 354†;
diducitur, A. 5. 720†;
diducta (neut. nom.), Cu. 185;
diductas, A. 3. 419†;
diductis (masc.), A. 5. 581.

Didymaon: Didymaonis, A. 5. 359†.

DIES. 95.
dies, E. 8. 8, G. 1. 312, 434, 3. 66, A. 2. 132, 249, 324, 3. 356 *bis*, 588, 4. 169, 5. 43, 49, 104, 783, 6. 429, 745, 7. 149, 9. 7, 107, 281, 447, 759, 10. 215, 257, 467, 508, 11. 28, 425, 687, 12. 114, 150, 202, Ci. 27;
die (gen.), G. 1. 208†; dii, A. 1. 636 (P edd. *dei* MRγ Con.);
diei (gen.), A. 9. 156;
diem, E. 8. 17, G. 1. 249, 253, 458, 3. 303, 341, A. 1. 88, 374, 732, 2. 802, 3. 198, 201, 4. 63, 620, 697, 5. 64, 766, 7. 145, 8. 94, 269, 601, 10. 504, 808, Ci. 28, 296†, 349, M. 2, 121;
die, E. 2. 42, 3. 34, G. 3. 400, 4. 466, A. 3. 205†, 4. 77, 8. 102, 11. 397, 914, Co. 18 (edd. *deae* Th. Ben.);
dies, G. 1. 205;
dies, E. 1. 43, G. 1. 276, 2. 337, 527, 3. 553, A. 2. 126, 5. 762, 6. 70, 127, 556, 9. 488, 11. 133;
diebus, E. 5. 24, G. 1. 268, 2. 201, 329, 3. 503, A. 2. 342, M. 80.

differo. 7.
differt, G. 3. 197, A. 11. 470;
distulit, G. 4. 144, A. 6. 569, 9. 155;
distulerant, A. 8. 643†;
differre, A. 8. 173.

difficilis: difficile (neut. nom.), G. 2. 257;
difficiles (fem. nom.), G. 2. 179;

difficilis (masc.), A. 4. 694, 5. 865.

diffido: diffideret, A. 3. 51.

diffindo: diffidit, A. 9. 589.

diffugio. 9.
  diffugimus, A. 2. 212;
  diffugiunt, G. 3. 150, 277, A. 2. 226 (M Ld. *effugiunt* P edd.), 399, 5. 677, 9. 756;
  diffugient, A. 4. 123;
  diffugit, A. 10. 804.

diffundo. 14.
  diffundit, G. 4. 415 (M edd. *defundit* G Rb.), A. 4. 195, 10. 908†;
  diffunditis, D. 49;
  diffundite, A. 11. 465, D. 68;
  diffundere, A. 1. 319;
  diffundens (masc.), Cu. 176;
  diffunditur, A. 7. 708;
  diffusa, Co. 11 (Ben. *defusa* edd.);
  diffuso (masc. abl.), D. 77;
  diffusos, E. 3. 39;
  diffusas, Cu. 383;
  diffusis (masc.), D. 43.

digero: digerit, A. 2. 182, 3. 446†;
  sit digesta, G. 2. 54;
  digesta (fem. nom.), G. 2. 267.

digitus. 8.
  digiti (nom.), A. 10. 396;
  digitos, G. 2. 250†, A. 5. 426;
  digitis, A. 6. 647, Ci. 212, M. 88, 116, L. 11.

DIGNOR. 9.
  dignor, A. 1. 335;
  dignatur, A. 12. 464;
  dignabere, A. 10. 866;
  est dignatus, A. 10. 732;
  dignata est, E. 4. 63†, 6. 1†;
  digner, A. 11. 169;
  dignetur, A. 4. 192;
  dignate, A. 3. 475.

DIGNUS. 41.
  dignus, E. 3. 109, 5. 54, 89, G.

1. 507, A. 7. 653, Cu. 294, Ca. 9 (11). 8;
  digna, G. 1. 168, A. 3. 318, Ci. 104, L. 26;
  dignum, G. 3. 391, A. 6. 173, Ci. 509;
  digno (masc.), E. 8. 32†;
  dignum, A. 7. 389, 8. 364, 10. 668;
  dignam, Ci. 418;
  dignum, A. 10. 826, Ci. 5;
  digno (neut.), Ca. 14 (6). 3;
  dignae, E. 4. 3;
  digna, Cu. 10†, Ca. 9 (11). 16;
  dignis (masc.), A. 11. 355;
  dignas, A. 1. 600, 2. 537;
  digna, E. 8. 10, 9. 36, A. 1. 605, 5. 355, 9. 252, 296, 11. 856, Ci. 247;
  subst. digna (acc.), A. 2. 144, 6. 662, 9. 595, 12. 811;
  dignior (fem.), A. 9. 212.

DIGREDIOR. 9.
  digredior, Cu. 381†;
  digressa est, Cu. 223;
  digressi (sunt), A. 4. 80;
  digrediens (masc.), A. 3. 492;
  digressus, G. 3. 300;
  digressa, A. 5. 650;
  digressum (masc.), A. 2. 718, 3. 410, 715.

digressus: digressu, A. 3. 482, 8. 583.

dilabor: dilapsus (est), A. 4. 705†;
  dilapsus, G. 4. 410†; dilapsa (neut. acc.), G. 3. 557†.

dilato: dilatat, M. 48.

diligentia: diligentia, Ca. 3*. 7.

diligo. 10.
  diligit, A. 8. 590;
  dilexi, Ci. 428;
  dilexit, A. 9. 430;
  dilectus, A. 1. 344, 5. 569, 12. 391†;
  dilecta, A. 9. 85†;

dilectae (gen.), A. 2. 784;
dilecta (voc.), A. 4. 31†;
dilectae, G. 1. 399.

diluo: diluit (praes.), G. 1. 326;
dilue, G. 1. 344.

diluvium: diluvio (abl.), A. 7.
228, 12. 205.

dimetior: sint dimensa, G. 2.
284†; dimensum (masc.), G.
1. 231; dimensi, A. 12. 117†.

dimitto. 12.
dimittit, M. 97†;
dimittunt, A. 3. 535 (P Rb.
demittunt M edd.);
dimittam, A. 1. 571, 577, 8.
171;
dimittes, Cu. 380†;
dimisit, Cu. 385;
dimitte, A. 11. 706;
dimittere, A. 10. 46, 366†, 12.
844;
dimissa (fem. nom.), M. 78
(edd. *demissa* Ellis).

dimoveo. 6.
dimovet, A. 9. 645†;
dimovit, G. 2. 513†, A. 5. 839;
dimoverat, A. 3. 589, 4. 7†, 11.
210.

DINDYMA, A. 10. 252; Dindyma,
A. 9. 618.

dinumero: dinumerans (masc.),
A. 6. 691.

Diomedes: Diomedis, A. 1. 752,
8. 9, 10. 581, 11. 226;
Diomede (acc.), A. 11. 243
(Rb. Ben. *Diomedem* edd. *Dio-
meden* mss.).

Dionaeus: Dionaei (masc.), E. 9.
47†; Dionaeae (dat.), A. 3.
19†.

DIORES, A. 5. 297, 324, 339,
345†; Dioren, A. 12. 509 (PR
Rb. *Diorem* M edd.).

Dioxippus: Dioxippum, A. 9.
574.

Dira; vid. *dirus.*

DIRCAEUS, E. 2. 24.

dirigo; vid. *derigo.*

dirimo: dirimit, A. 7. 227; dir-
emit, A. 5. 467; dirimamus, A.
12. 79.

diripio. 11.
diripiunt, A. 1. 211 (mss. Rb.
in ed. mai. Ld. Con. Ben. *deripiunt* Heins. edd.), 3. 227†;
diripient, A. 4. 593 (mss. Ld.
Con. Ben. *deripient* edd.);
diripuere, G. 4. 214, A. 9. 75,
12. 283;
diripere, A. 3. 267 (M Ld. Ben.
deripere Pγ edd.);
direpta, A. 2. 563;
direpta (abl.), Ci. 191†;
direptis (masc. abl.), G. 2. 8
(mss. Ben. *dereptis* edd.);
direptis (neut.), Ci. 423†.

diruo: diruta (neut. acc.), A. 10.
363.

DIRUS. 48.
dirus, A. 2. 261†, 762;
dira, G. 1. 37, A. 2. 519, 3. 211,
228, 256, 593, 713, 6. 373, 721,
7. 520, 8. 194, 350, 9. 185, 11.
792, 12. 914;
dirum, G. 4. 246;
dirae, Cu. 288 (Rb. *divae* edd.),
Ci. 466;
dirae, A. 10. 50†;
dirum (neut.), A. 4. 563, 11.
56, 217, 12. 924;
dira, A. 3. 235, Cu. 200;
diri, G. 1. 488;
dirae, A. 1. 293, 2. 622, 3. 262;
dira, G. 3. 469;
dirarum, A. 7. 324, 454, 8. 235;
dira, A. 6. 498, 7. 22, 11. 273;
diris (masc.), Cu. 220;
subst. Dirae (gen.), A. 12. 869;
Dirae (nom.), A. 4. 473†, 8.
701†, 12. 845;

diras, D. 3, 62;
dira (acc.), A. 9. 621, 10. 572;
dirae (voc.), A. 4. 610.
dis: ditissimus, A. 1. 343, 7. 537,
9. 360, 10. 563;
ditissima (fem. nom.), G. 2.
136.
Dis. 18.
Ditis, G. 4. 467, 519, A. 5. 731,
6. 127, 269, 397, 541, 7. 568, 8.
667, 12. 199, Cu. 271, 273, 275
(edd. *Dictaeo* Th. Ben.), 286,
372, D. 41 (Rb. *dici* Ellis),
66†;
Diti, A. 4. 702.
discedo. 14.
discedam, A. 6. 545;
discessere, A. 12. 696;
discedat, G. 3. 24;
discedite, A. 2. 644;
discedere, E. 3. 78, G. 4. 359,
A. 2. 109, 5. 551 (P Rb. Ben.
decedere MR edd.), 9. 20†, 12.
184†;
discedens (masc.), A. 8. 167, 9.
40, 10. 246†, 11. 46.
discerno: discernis, Cu. 375†;
discreverat, A. 4. 264, 11. 75;
discerneret, A. 12. 898;
discernere, A. 3. 201.
discerpo: discerpunt, A. 9. 313;
discerptum (masc.), G. 4. 522.
discessus: discessu, A. 6. 464, 8.
215.
discindo: discindit, A. 12. 602;
discissos, G. 3. 514.
discingo: discinctos, A. 8. 724.
discludo: discludere, E. 6. 35†,
A. 12. 782†.
DISCO. 22.
disco, A. 1. 630;
discit, G. 3. 232, A. 6. 433;
discimus, G. 2. 249;
discunt, G. 3. 558;
disces, A. 5. 737;

discet, E. 4. 42, D. 41 (Ellis
ducens Rb.);
discetis, L. 8†;
discat, E. 10. 61;
disce, G. 3. 414†, A. 2. 66, 12.
146, 435;
discite, G. 2. 35, A. 3. 103, 6.
620;
discere, G. 1. 351 (M¹ edd.
noscere M² Con.), 2. 106†, A. 6.
488†, 755;
discentem (masc.), A. 5. 222.
discolor: discolor (fem.), A. 6.
204.
DISCORDIA. 12.
discordia, E. 1. 71, G. 2. 496, 4.
68, A. 7. 545, 10. 9, 106, 12.
313, 583, D. 6, 83; Discordia,
A. 6. 280, 8. 702.
discordo: discordantes (masc.
nom.), Cu. 254.
discors: discordes (masc. nom.),
A. 10. 356†;
discordia (acc.), A. 2. 423;
discordibus (masc.), A. 9. 688;
discordibus (neut.), G. 2. 459.
discrepo: discrepat, A. 10. 434.
discrimen. 19.
discrimen, Ci. 499;
discrimine, A. 1. 574, 3. 629,
685, 5. 154, 6. 319, 9. 210, 10.
108, 511, 12. 498, 770, M. 49;
discrimina, A. 9. 143†;
discrimina, A. 1. 204, 6. 646,
10. 382, 393, 529, Cu. 102.
discrimino: discriminat, A. 11.
144.
discumbo: discumbere, A. 1.
708†; discumbitur, A. 1. 700.
discurro. 6.
discurrit, G. 4. 292;
discurrunt, A. 9. 164, 12. 577,
590;
discurrere (indic.), A. 5. 580;
discurritur, A. 11. 468.

discutio: discutit, G. 3. 357; discussae (sunt), A. 9. 810, 12. 669.

disicio (disiicio, dissicio). 13. dissicit, A. 12. 308 (M² Rb. Con. Ben. *disicit* M¹P² Ld. Th. *disiicit* P¹ Gos.);
disiecit, G. 1. 283†, A. 1. 43;
disiecerit (subi.), A. 8. 290;
disice, A. 1. 70†, 7. 339 (dissice);
disiectae (sunt), A. 8. 191†;
disiectam, A. 1. 128;
disiecti, A. 11. 870†;
disiectas, A. 2. 608;
disiecta, A. 12. 482, 689;
disiectis (masc.), A. 8. 355.

disiungo: disiungimur, A. 1. 252†.

dispar: disparibus (fem. abl.), E. 2. 36.

dispello: dispulit, A. 1. 538, 5. 839; dispulerat, A. 1. 512.

dispendium: dispendia (nom.), A. 3. 453.

disperdo: disperdere, E. 3. 27.

dispereo: dispeream, Ca. 4 (13). 3, 7 (9). 2.

dispergo. 8.
dispergit, G. 4. 431 (MR edd. *dispersit* Rb.), A. 11. 607;
dispersit, G. 4. 431 (vid. *dispergit*), A. 10. 416, 11. 795, Ci. 516;
dispersum (neut. acc.), A. 8. 321;
dispersi, A. 3. 197;
dispersa (acc.), A. 10. 406.

dispicio: dispiciunt, A. 6. 734†;
dispicere, G. 2. 187 (γ edd. *despicere* MP Con. Ben.), Ci. 17 (edd. *despicere* Ben. Ellis);
dispiciens (masc.), A. 1. 224 (Serv. Rb. Th. *despiciens* mss. edd.).

displiceo: displiceat, G. 3. 56.

dispono: disponunt, A. 3. 237; disponere, M. 69†.

dissensus: dissensu, A. 11. 455

dissero: dissitus, Cu. 188.

dissicio; vid. *disicio.*

dissideo: dissidet, A. 7. 370.

dissilio: dissiliunt, G. 3. 363; dissiluit, A. 12. 741; dissiluisse, A. 3. 416.

dissimilis: dissimilem (masc.), A. 9. 282.

DISSIMULO, A. 4. 368;
dissimulant, A. 1. 516;
dissimulent, A. 4. 291;
dissimulare, A. 4. 305.

dissulto: dissultant, A. 8. 240, 12. 923.

distendo. 6.
distendunt, G. 4. 164, A. 1. 433;
distendant, E. 9. 31†;
distendere, G. 3. 124;
distentas, E. 7. 3;
distenta, E. 4. 21.

distineo: distinet, A. 11. 381†;
distentus, L. 69.

distinguo: distincta (acc.), Cu. 71.

disto: distant, A. 3. 116;
distantia (acc.), Cu. 232, 259;
subst. distantia (acc.), M. 117.

distraho: distractus, A. 7. 767.

distringo: districti (nom.), A. 6 617†.

ditio; vid. *dicio.*

dito: ditata (est), Cu. 343.

DIU. 15.
diu, G. 1. 197, A. 1. 351, 2. 509, 6. 738, 10. 304, 359, 480, 861 *bis*, 12. 738, 781, Ci. 47†, 123, 140 (Ellis *ut iam* Rb. Ben. *eheu* Th.), Ca. 9 (11). 29. Vid *iam.*

diurnus: diurnis (fem. abl.), G. 3. 400.

divae, Ci. 139 (vid. gen.), Ca. 9 (11). 21 (vid. *divi*), 22;

divom (masc.), E. 3. 73, G. 1. 238, 4. 347†, 358, A. 1. 46, 65, 79, 632, 2. 123, 241†, 269†, 336, 517, 602 *bis*, 648, 777, 3. 5, 114†, 148, 359, 370, 717, 4. 95, 201, 204, 356, 378, 396, 5. 45, 56, 6. 125, 368, 533, 589, 799, 7. 50, 192, 211 (divorum), 443†, 648†, 8. 131, 504, 572, 9. 6, 495, 10. 2, 65, 155†, 175, 743, 880, Cu. 241, Ci. 273 (divum), 363 (divum), 388 (divum), Ca. 4 (13). 5 (divum);

divis (masc.), E. 4. 15, A. 2. 402, 647, 3. 19, 8. 103, 301, 12. 296, 817, Ci. 219;

divos, E. 1. 41, 8. 19, A. 3. 222, 526, 5. 234, 6. 172, 620, 7. 370, 471, 8. 279, 11. 301†, 12. 286, Ci. 137, 405;

divae, E. 10. 70, A. 7. 645, 9. 529†, Ci. 93†, 98.

DO. 384.

do, A. 12. 833;

das, A. 1. 79, 241;

dat, G. 1. 405, 3. 556†, 4. 562, A. 1. 105, 156, 485, 2. 698, 3. 239, 519, 611, 4. 5, 244, 5. 62, 216, 248, 276, 352, 729, 758, 7. 243, 567, 676, 9. 266, 306, 362, 618, 709, 10. 217, 425, 639, 640, 11. 172, 377, 474, 565, 12. 227, 245, 267, 328, 383, 713, Ci. 361 (Ellis *par sit* Th. *nolit* Rb. Ben.);

damus, A. 2. 145, 3. 191;

dant, E. 6. 69, G. 2. 442 *bis*, 520, 3. 107, 200, 265, 503, 4. 376, A. 1. 701, 2. 366, 569, 633, 3. 70, 650, 4. 167, 5. 435, 798, 7. 383, 394, 701, 9. 144, 667, 10. 265, 11. 458, 614, 646, 12. 173, 367, 463, 524, 575, Cu.

358 (Leo *sidunt* edd. *resident* Ellis);

dabam, A. 3. 137†;

dabas, A. 4. 409, 597, 10. 600;

dabat, A. 1. 507, 4. 485, 5. 415, 706, 852†, 6. 116, 9. 312, 431, 10. 383†, 11. 341, 535, 12. 69, 394†, Cu. 122, 316, 346†;

dabant, G. 1. 471, A. 1. 35, 2. 464, 8. 106, 10. 34, 12. 738;

dabo, A. 5. 306, 8. 519, 9. 263, 323, 12. 192, 645;

dabis, A. 4. 386, 5. 355, 8. 538;

dabit, G. 1. 439, 463, 2. 241, 286, 4. 398, 409, A. 1. 199, 274, 687, 3. 460, 9. 273, 10. 529, 826, 12. 194, 264, 437, 453, Ci. 194;

dabimus, A. 3. 159;

dabunt, G. 4. 536, A. 1. 293, 2. 391, 4. 627, 9. 254, Cu. 9;

dedi, A. 1. 279, 9. 89, 10. 93;

dedisti, A. 5. 195, 7. 2, 12. 633;

dedit, E. 1. 44, 2. 37, 8. 96, G. 1. 276, 2. 20, 306, 455, 3. 267, 480, 4. 528, 529, A. 1. 62, 66, 248, 523, 738, 2. 171, 310, 482, 790, 3. 77, 4. 55, 370, 5. 139, 579, 6. 76, 628, 7. 24, 323, 471, 520, 554, 8. 30, 167, 322, 405, 541, 9. 173, 816, 10. 200, 235, 242, 393, 508, 633, 704, 870†, 11. 385, 795, 798, 799, 840, 12. 81, 83, 211, 301, 341, 441, 540, 681, 879, Cu. 247, 368, Ca. 3 (12). 10 (Rb. Th. *premit* Ben. *terit* Ellis);

dedimus, A. 4. 213;

dedere, G. 1. 287, 3. 83, 115, 247, 378, A. 1. 398, 2. 53, 243, 566, 3. 238, 337, 566, 9. 292 (M edd. *dederunt* PRγ Con.), 686, 10. 488, 11. 190, 12. 696, Ca. 4 (13). 6;

dederam, A. 11. 46;

docuere, G. 3. 116, A. 1. 392, 5. 600;

doceas, A. 1. 332, 6. 109;

doceat, A. 4. 434;

docens (masc.), A. 12. 111;

doceri, A. 6. 614;

doctus, Ca. 9 (11). 20;

docta, A. 6. 292, Ci. 88, 332, Co. 2;

doctum (neut. acc.), Cu. 5 (Ellis *ducum* mss. Rb. Leo *ducam* Th. Ben.);

docta (abl.), Cu. 59;

docta, Cu. 3 (Rb. Leo *dicta* edd.);

docta, Ca. 5 (7). 9;

doctae, Ca. 9 (11). 2;

doctior, Ca. 4 (13). 8;

doctior, L. 25;

doctissima, A. 10. 225;

doctissime, Ci. 36.

DODONA, G. 1. 149.

Dodonaeus: Dodonaeos, A. 3. 466†.

doleo. 10.

dolent, A. 6. 733, Ca. 13 (5). 17;

dolebas, E. 3. 14;

doluisti, A. 1. 669;

doluit, G. 2. 499;

dolere, A. 4. 434†;

dolens (fem.), A. 1. 9;

masc. subst. dolentis, L. 42;

dolentem, A. 4. 393;

dolituri (voc.), A. 11. 732.

Dolichaon: Dolichaonis, A. 10. 696†.

dolo: dolones (acc.), A. 7. 664.

Dolon: Dolonis, A. 12. 347, Cu. 328.

Dolopes: Dolopum, A. 2. 7, 29, 415, 785.

DOLOR. 52.

dolor, G. 3. 192, 457, A. 2. 594, 4. 679, 5. 172, 6. 31, 383, 8.

220, 501, 9. 66, 139, 10. 398, 507, 857 (Peerlk. Rb. *quamquam vis* MRP¹γ edd.), 12. 422, 801, Cu. 244†, Ci. 183, L. 42;

doloris, A. 9. 216, 12. 945, Ci. 336;

dolori, A. 2. 776;

dolorem, A. 1. 209, 2. 3, 4. 419, 547, 693, 5. 608, 6. 464, 9. 426, 10. 64, 11. 159, 12. 146, Cu. 387, L. 30†, 38;

dolore, A. 1. 386, 669, 4. 474, 7. 291, 11. 151, 645, 709, 12. 411, 599, L. 22;

dolores, A. 1. 25, 5. 5;

dolorum, A. 10. 863†;

dolores, A. 12. 880, D. 64.

DOLUS. 33.

dolus, A. 2. 390;

doli, A. 2. 264†, 8. 206, Cu. 132 (Th. Ben. *lamentandi mala* edd.);

dolum, E. 5. 61†, 6. 23, A. 5. 590;

dolo, A. 1. 684, 2. 34, 4. 95, 5. 342, 11. 712, Ci. 362;

doli, G. 4. 400†, A. 1. 130;

dolis, A. 11. 523;

dolos, G. 4. 346, A. 1. 682, 2. 62, 252, 4. 296, 563, 6. 29, 567, 11. 704;

dolis, A. 1. 673, 2. 44, 152, 196, 4. 128, 8. 393, 12. 26, Cu. 326.

DOMINA. 6.

domina, L. 24;

dominae (gen.), A. 3. 113;

dominam, A. 3. 438, 6. 397, 11. 805;

domina, A. 11. 868.

dominatus: dominatus (acc.), Ca. 9 (11). 37.

dominor. 7.

dominantur, G. 1. 154, A. 2. 327;

dominabitur, A. 1. 285, 3. 97, 6. 766;
dominarier, A. 7. 70;
dominata (fem. nom.), A. 2. 363.
dominus. 17.
domini, E. 2. 2, A. 12. 473, 534, M. 79, Ca. 3*. 18, D. 33;
domino, A. 9. 332, Ca. 8 (10). 2;
dominum, A. 4. 214, 6. 621;
domini, E. 3. 16, Ca. 3*. 5†;
dominorum, A. 6. 613;
dominis, A. 12. 236, D. 78†;
dominos, A. 1. 282, 10. 866.
domito: domitant, A. 7. 163;
domitare, G. 1. 285, Ci. 135.
DOMITOR. 7.
domitor, A. 5. 799, 7. 189, 651, 691, 9. 523, 12. 128, 550.
DOMITRIX, G. 3. 44.
domo. 16.
domat, G. 3. 539, A. 9. 608, M. 84;
domuit, G. 2. 456;
domuere, A. 2. 198;
domans (masc.), A. 6. 80;
domitura (acc.), G. 4. 102;
domandi, G. 3. 164;
domandum, G. 3. 206†;
domatur, G. 1. 169;
domitus, G. 3. 89;
domitum (masc.), G. 2. 114;
domito (masc.), A. 9. 84;
domitas, G. 3. 30;
masc. subst. domitis (dat.), G. 3. 206;
domandae (sunt), G. 2. 62.
DOMUS. 123.
domus, G. 1. 371, 2. 461, 524, A. 1. 168, 284, 637, 2. 241, 300, 311, 483, 486, 563, 652, 3. 97, 213, 618†, 5. 121, 214, 638, 6. 673, 7. 122, 8. 39, 65, 192, 235, 262, 270, 422, 9. 448, 10. 1, 52,

101, 526, 12. 59, 519, 546, 547;
domus, G. 4. 209, A. 1. 356, 4. 318, 645, 6. 27, 53, 81, 7. 371, Cu. 64†;
domi (loc.), E. 3. 33, 7. 15;
domum, E. 1. 35, 4. 21, 7. 44, 8. 68, 72, 76, 79, 84, 90, 94, 100, 104, 10. 77, G. 2. 206, 4. 10, 133, 363, A. 1. 661, 2. 579, 677, 702, 756, 3. 85, 123 (FPγ¹ Rb. Con. *domos* M edd.), 7. 52, 348, 407, 492, 8. 253, 490, 11. 163, 395, 12. 805, Cu. 121†, M. 82, Ca. 2*. 13, 10 (8). 6†;
domo, G. 3. 96, A. 1. 600, 4. 82, 8. 114, 10. 141, 183;
domus, G. 4. 481;
domorum, G. 4. 159, A. 2. 445, 8. 98, 11. 882, 12. 132;
domibus, G. 2. 443;
domos, G. 1. 182, 2. 115, 209 (mss. edd. *domus* Ld.), 511, 4. 446†, A. 1. 140, 2. 47, 365, 635, 3. 123 (vid. *domum*), 137, 550, 647, 4. 97, 311, 5. 732, 756, 6. 269, 534, 705, 7. 126, 336, 394, 11. 140, 12. 643, Cu. 274.
donarium: donaria (acc.), G. 3. 533.
DONEC. 19.
1. c. indic.: a) praes.: G. 3. 558, A. 10. 268, 11. 201;
b) praes. et perf.: A. 6. 745, 10. 301;
c) fut.: G. 4. 413, A. 1. 273, 9. 442;
d) perf.: E. 6. 85, G. 4. 312, A. 2. 630, 5. 798, 8. 326, 11. 803, 12. 254, Ci. 481;
e) fut. perf.: A. 2. 719;
2. c. subi.: A. 11. 860;
3. sine verb.: A. 2. 100.
dono. 12.
donat, A. 5. 262, 282, 361, 10. 701, Ci. 246;

donant, A. 9. 313;
donabimus, E. 5. 85†;
donavit, Ci. 269, Ca. 9 (11). 39;
donatus, A. 5. 305;
donati (nom.), A. 5. 268;
donata (acc.), E. 3. 14.
DONUM. 66.
donum, A. 5. 478;
dono, E. 2. 37;
donum, A. 1. 652, 2. 31, 6. 408, 11. 566;
dono, A. 2. 269, 8. 658;
dona, G. 2. 454, A. 3. 469, 6. 225, 871;
donis, A. 11. 352;
dona, E. 5. 81†, 6. 79, G. 3. 22, 4. 1, 520, A. 1. 679, 695, 709, 2. 36, 44, 49, 189, 3. 301, 464, 488, 4. 453, 5. 101, 266, 362, 385, 391, 400, 6. 632, 7. 86, 155, 8. 181, 284, 609, 721, 729, 9. 283, 361, 407, 626, 10. 882, 11. 228, 479, 12. 768, Ci. 46;
donis, A. 1. 447, 659, 714, 3. 439, 485, 4. 63, 5. 54, 543, 6. 885, 7. 284, 8. 76, 617, 10. 620, 11. 50.
Donusa (Donysa): Donusam, A. 3. 125†, Ci. 476† (Donysam).
Doricus: Dorica (acc.), A. 2. 27, 6. 88.
‣ *Doris:* Doris, Cu. 336;
DORIS, E. 10. 5.
dormio: dormiat, G. 2. 506†.
dorsum. 9.
dorso, G. 1. 172;
dorsum, A. 1. 110, 11. 577;
dorso, G. 3. 116, 436, A. 8. 234, 10. 226, 303, M. 41.
Doryclus: Dorycli, A. 5. 620, 647.
dos: dote, Ca. 13 (5). 31 (Th. Ellis *nocte* Rb. Ben.); dotes (acc.), A. 7. 423.

dotalis: dotalis (fem. nom.), A. 9. 737, A. 11. 369; dotalis (masc. acc.), A. 4. 104.
doto: dotabere, A. 7. 318.
DOTO, A. 9. 102†.
DRACO, G. 4. 408;
draconis, Cu. 105;
draconi, A. 4. 484;
draconem, A. 11. 751;
dracones (nom.), A. 2. 225.
DRANCES. 7.
Drances, A. 11. 122, 220, 336, 443;
Drancis, A. 12. 644;
Drance (voc.), A. 11. 378†, 384.
Drepanum: Drepani, A. 3. 707.
DRUMO (DRYMO), G. 4. 336†.
Drusus: Drusos, A. 6. 824†.
dryas: dryades, Cu. 116†;
dryadum, G. 3. 40, 4. 460;
dryadas, E. 5. 59†;
dryades, G. 1. 11.
Drymo; vid. *Drumo.*
DRYOPE, A. 10. 551.
DRYOPES, A. 4. 146.
Dryops: Dryopem, A. 10. 346.
dubito. 10.
dubitas, A. 9. 12;
dubitat, G. 2. 29;
dubitamus, A. 6. 806;
dubitant, G. 2. 433†;
dubitem, A. 7. 311, 9. 191;
dubites, A. 8. 614;
dubitet, G. 4. 242;
dubita, A. 3. 316;
dubitanda (acc.), A. 3. 170.
DUBIUS. 17.
dubius, G. 2. 283, 3. 289, A. 9. 797;
dubium, Cu. 194;
dubiae (dat.), A. 4. 55, 11. 314;
dubiam, A. 2. 359;
dubio (neut.), G. 1. 252;
dubii, A. 1. 218;

dubiis (fem.), A. 6. 196, 11.
560;
dubiis (abl.), Cu. 71 (Ellis
dulci edd.), Ci. 63;
dubiis, A. 11. 445;
dubiis, G. 4. 253, A. 2. 171;
neut. subst. dubiis (abl.), A. 7.
86.

DUCO. 131.
duco, E. 1. 13, 8. 75, A. 3. 315;
ducis, E. 9. 56, A. 5. 801, 6. 834;
ducit, E. 9. 1, G. 3. 269, 4. 551,
A. 1. 401, 490, 631, 3. 347, 372,
4. 74, 5. 563, 7. 652, 8. 347, 9.
166, 11. 524, Ca. 12 (4). 7†;
ducimus, A. 6. 539;
ducitis, G. 1. 6, A. 2. 701;
ducunt, G. 3. 317, 379, 4. 256,
A. 3. 114, 5. 7, 471, 528, 6. 43,
7. 634, 8. 55, 552, 10. 117, 11.
88;
ducebam, A. 6. 690;
ducebat, A. 2. 802, 5. 668, 6.
518, 9. 383 (P²γ Rb. *lucebat*
MP¹ V² edd. *lucebant* R), 10.
206;
ducebant, A. 8. 665;
ducam, G. 4. 403, A. 8. 57, 9.
323;
duces, Ca. 13 (5). 28†;
ducet, A. 5. 736, 12. 437;
ducent, G. 4. 21, A. 6. 848;
duxi, A. 8. 165;
duxisti, A. 10. 669;
duxit, A. 6. 565, 888, 8. 367,
11. 860†;
duxere, G. 2. 148, A. 5. 568†;
ducam, Cu. 5 (Th. Ben. *ducum*
mss. Rb. Leo *doctum* Ellis);
ducat, A. 1. 645†, 4. 326, 636,
5. 550;
duceret, E. 9. 49;
duxerit, E. 6. 65†;
duc, G. 4. 358 *bis*, A. 6. 153,
11. 464;

ducite, E. 8. 68 *bis*, 72 *bis*, 76
bis, 79 *bis*, 84 *bis*, 90 *bis*, 94
bis, 100 *bis*, 104 *bis*;
ducere, G. 3. 22, 140, A. 1. 423,
2. 641, 4. 340, 463, 560, 5. 385,
534, 10. 285, Cu. 162;
duxisse, A. 10. 192;
ducens, A. 2. 288, 9. 623;
ducens (fem.), A. 2. 694;
ducentem (masc.), A. 11. 168;
ducens, D. 41 (Rb. *discet* Ellis);
ducente (fem.), A. 2. 632;
ducentibus (neut. abl.), G. 3.
156;
ducitur, E. 8. 29, G. 4. 207, A.
10. 145, 11. 85;
ducantur, G. 3. 170;
duci, A. 1. 19, 2. 33, 187, 7.
276, 10. 858, 11. 79;
ductos (esse), G. 3. 533;
ductus, G. 2. 395, A. 2. 201;
ducta, A. 1. 642;
ductum (neut. acc.), Ci. 274
(Ellis *sanctum* edd.);
ducto (masc.), A. 12. 378;
ducta (nom.), Ca. 11 (14). 2
(edd. *dura* Ellis);
ductis (fem. abl.), A. 6. 22;
ducendum (esse), A. 2. 232;
ducenda, A. 7. 359;
ducendam, Cu. 287.

DUCTOR. 24.
ductor, A. 8. 129, 10. 602, 11.
266, 12. 456;
ductori, A. 9. 691, 10. 814;
ductorem, A. 6. 334, 8. 496;
ductor, A. 8. 470, 513, 10. 185;
ductores, A. 2. 14, 4. 37, 5. 133,
561, 8. 6, 9. 226, 778, 12. 126;
ductoribus, A. 5. 249;
ductores, G. 4. 88, A. 1. 189,
235, 12. 562.
DUDUM, A. 2. 726, 5. 650, 10. 599,
12. 632. Vid. *iamdudum.*

dulcedo: dulcedine, G. 1. 412, 4. 55, A. 11. 538, Cu. 126.

DULCIS. 81.

dulcis, G. 3. 291;

dulcis, G. 4. 417, 563, A. 6. 522, Cu. 89, Ca. 2*. 8, L. 60; dulce, E. 3. 82, A. 4. 318, 12. 882;

dulcis, Ci. 229;

dulcis, E. 5. 47, A. 6. 428;

dulcis, G. 1. 295†;

dulcem, G. 2. 216, L. 65;

dulcem, G. 4. 17, Cu. 161, Ci. 246 (Ellis *dulce* edd.);

dulce, A. 4. 493, Ci. 246 (vid. *dulcem*);

dulcis (fem.), G. 4. 465, A. 2. 777;

dulci, A. 1. 659, 4. 185, 6. 455, 8. 568, Ci. 206, 315, L. 12†;

dulci, G. 2. 184, A. 1. 694, Cu. 122†;

dulci, A. 1. 433†, 12. 802, Cu. 71 (edd. *dubiis* Ellis);

dulces, G. 1. 342, 2. 523, A. 5. 214†;

dulces, G. 2. 243, 475, A. 1. 167, Ca. 5 (7). 13, D. 22;

dulcis, E. 3. 110, G. 1. 414†, 3. 178, A. 2. 138 (Mγ edd. *duplicis* P Rb.), 4. 33, 10. 782;

dulcis, G. 3. 495, 4. 61, A. 3. 140, 4. 281, 342, D. 49;

dulcia, E. 1. 3, G. 2. 511, 4. 101 *bis*, 346, A. 1. 687, Cu. 146, Ci. 253, Ca. 9 (11). 19, L. 59;

dulces (fem.), A. 4. 651, Ca. 5 (7). 12†;

dulcia, D. 89;

dulcibus, G. 3. 445;

dulcibus, G. 3. 217;

dulcibus, G. 1. 384;

neut. subst. dulcia (nom.), D. 24, 98;

adv. dulce, Co. 9;

dulcior, Ca. 4 (13). 4, 14*. 1; dulcior, E. 7. 37, D. 89;

dulcius, L. 57;

dulcius, D. 71;

dulcissime, Ca. 7 (9). 1†.

DULICHIUM, A. 3. 271.

Dulichius: Dulichias, E. 6. 76†, Ci. 60.

DUM. 131.

1. *c. indic.*: a) *praes.*: E. 2. 12†, 3. 4, 75, 7. 6, 8. 19, 32, 33 *bis*, 106, 9. 23, 10. 7, 71, G. 1. 214 *bis*, 2. 362, 363, 372, 3. 63, 165 *bis*, 285, 296, 325 *bis*, 428 *bis*, 455, 487, 4. 348, 560, A. 1. 453, 454, 494, 495, 2. 737, 3. 616, 4. 52, 53, 121, 336 *bis*, 565, 5. 202, 605, 628, 6. 151, 171, 338, 586, 827, 7. 71, 354, 475, 536, 540, 8. 454, 580 *bis*, 581, 9. 1, 368, 418, 539, 10. 58, 191, 283, 303, 322, 325, 381, 386, 587, 809, 11. 350, 381, 671, 672, 12. 374, 383, 737, 783, Cu. 98, 99, 103 (Th. *qua* edd. *qui* Ben.), Ci. 142, 405, M. 52;

b) *imperf.*: E. 1. 31, G. 1. 421, A. 2. 22, 88, 455, 4. 651, 5. 415, 724, 6. 608, 661, 8. 374, 11. 701, 12. 738;

c) *fut.*: E. 5. 76 *bis*, 77 *bis*, 7. 63†, A. 1. 607 *bis*, 608, 9. 448;

d) *perf.*: G. 4. 84, A. 1. 268, 3. 16, 10. 43, 321†, 424, 807, Cu. 126, 211;

2. *c. subi*: a) *praes.*: A. 4. 325, 434, 11. 739, 792, 12. 570, Cu. 83, L. 19;

b) *imperf.*: G. 4. 457†, A. 1. 5, 2. 136, 10. 800, Ci. 523 (Th. *cum* edd.);

c) *perf.*: A. 1. 265. Vid. *necdum, nondum, dummodo.*

dummetum (*dumetum*): dummeta (acc.), G. 1. 15†.

DUMMODO: modo . . dum, Cu.
230 (edd. *tum* Th.).

dumosus: dumosa (abl.), E. 1. 76;
dumosis (neut. abl.), G. 2. 180.

dumus. 13.
dumi (nom.), G. 3. 338;
dumos, G. 3. 315, A. 8. 594,
657;
dumis, G. 4. 130, A. 4. 526, 8.
348, 9. 381, 393, 11. 570, 843,
Cu. 48, 155.

DUO. 37.
duo, E. 2. 40, A. 5. 300, 7. 674,
10. 124, 12. 716;
duae, G. 1. 237;
duo, E. 3. 40, G. 4. 92, 231, A.
9. 706;
duorum (masc.), A. 2. 213, 4.
95;
duobus (masc.), G. 4. 67, A. 5.
183;
duo, E. 5. 68 (PRγ Rb. Con.
duos Serv. edd.), A. 11. 285;
duas, E. 5. 66 *bis*, G. 1. 245, A.
12. 725, Ca. 12 (4). 5, 6†;
duo, E. 3. 44, G. 3. 32, A. 3.
623, 5. 77, 78 *bis*, 6. 842, 8. 355,
661, 9. 265, 11. 690, 12. 488;
duobus (masc.), M. 116;
masc. subst. duorum, A. 12.
511, 726.

duodeni: duodena (acc.), G. 1.
232.

duplex. 14.
duplex (fem.), G. 3. 87;
duplicem, A. 5. 421;
duplicem, A. 1. 655;
duplex, A. 12. 198;
duplici, A. 5. 251;
duplici, A. 9. 707;
duplici, G. 1. 172, Ci. 534;
duplicis, A. 2. 138 (P Rb. *dulcis* Mγ edd.), 7. 140;
duplicis, A. 1. 93, 4. 470, 9. 16,
10. 667.

duplico. 6.
duplicat, E. 2. 67, A. 11. 645;
duplicant, A. 8. 556;
duplicabat, Ci. 34 (Th. Ben.
duplicarat Rb. Ellis);
duplicarat, Ci. 34 (vid. *duplicabat*);
duplicantibus (fem. abl.), Cu.
204;
duplicato (masc. abl.), A. 12.
927.

duresco: durescit, E. 8. 80; dur-
escere, G. 1. 72.

duro. 10.
durat, G. 1. 91, 3. 257, M. 46
(Ben. *durata* edd.);
duramus, A. 9. 604;
durate, A. 1. 207;
durare, E. 6. 35, G. 2. 100, A.
8. 577;
durando (abl.), G. 2. 295;
durata, M. 46 (vid. *durat*);
durati (masc. gen.), M. 57.

DURUS. 101.
durus, G. 2. 412, 3. 259, 4. 512,
A. 6. 442, M. 98;
dura, E. 10. 47, G. 3. 502, A. 1.
563, 5. 730, 6. 471, 10. 45, 72,
745, 12. 309, 677, Ca. 10 (8).
11;
durum, G. 1. 63†, A. 9. 603,
715;
duri, E. 10. 44, G. 2. 378, A. 2.
7, 4. 247, 6. 377, 10. 422†, 12.
73, 199;
durae, G. 3. 68, A. 10. 791, 11.
288, Ca. 9(11). 42;
duri, A. 10. 146;
durae, A. 12. 873;
durum, G. 1. 261, 3. 4, 4. 102,
A. 8. 380, 10. 317;
duram, G. 3. 297†, 4. 239, 331
(M¹ Rb. Ld. *validam* M² PRγ
edd.), 399;
durum, A. 6. 688, Ca. 13.(5). 3;

duro, G. 4. 114†, A. 8. 371, 12. 410;

dura, A. 11. 48, Ca. 9 (11). 46;

duro, G. 3. 515, A. 5. 403, 436, 6. 148, 8. 315, 9. 543, 726, 11. 893, Ca. 2*. 9 (Rb. *om*. Ellis);

duri, A. 5. 5, 9. 468;

durae, E. 4. 30, 8. 52, G. 2. 65 (mss. edd. *ecdurae* Rb.);

dura, A. 11. 157, Ca. 11 (14). 2 (Ellis *ducta* edd.), D. 98;

duris, G. 1. 160;

duris, G. 2. 540;

duris, G. 3. 208;

duros, G. 2. 170, 355, A. 5. 478, 6. 437, 7. 504, 8. 291, 11. 318, 890, Ci. 291;

duras, A. 4. 428, 488;

dura, G. 2. 369, 3. 230, A. 2. 479, 3. 706, 5. 837, 6. 54, 7. 807, 10. 393;

duri, A. 3. 94;

duris, A. 7. 524, 9. 510;

duris, E. 8. 43†, G. 1. 146, 4. 203, A. 4. 366, 7. 747;

duris, G. 2. 341, A. 9. 66†;

subst. dura (acc.), A. 8. 522;

durior (fem.), L. 52;

durissima (acc.), A. 6. 566.

DUX. 55.

dux, E. 8. 38, A. 1. 364, 4. 124, 165, 9. 28;

ducis, A. 1. 533†, 3. 166, 401, 9. 675, 10. 370, 11. 7, 519, 758, Cu. 308†;

duci, A. 10. 156†;

ducem, G. 3. 125, A. 3. 122, 4. 224, 6. 263, 9. 100, 10. 374†, 574, Cu. 175;

dux, A. 6. 348, 562;

duce, E. 4. 13, A. 1. 696, 6. 59, 10. 92, 12. 260, Cu. 36;

duces, A. 2. 261, 6. 194, 7. 107, 11. 171, 430, 598, 835, 870, Cu. 370;

ducum, A. 11. 13, 349, 12. 501, Cu. 5 (mss. Rb. Leo *ducam* Th. Ben. *doctum* Ellis);

ducibus, A. 10. 267;

duces, G. 4. 4, A. 3. 470, 7. 431, 8. 120, 161, 503, 11. 84, 521, 12. 325;

ducibus, A. 10. 431.

DYMAS, A. 2. 340, 394, 428.

E. 52.

e, E. 7. 13†, G. 1. 381, 2. 31, 3. 168†, 4. 186, 200†, 200 (MP Rb. Ld. *et* γ edd.), 429, 434, A. 1. 34, 42, 505 (P? Rb. *om*. mss. edd.), 2. 718, 3. 76, 176, 377, 519, 554, 590, 602, 675, 4. 572, 586, 5. 75, 270†, 644, 7. 54, 178, 511†, 700, 8. 112, 415, 9. 168, 217†, 801, 10. 221, 263†, 11. 877†, 903, 12. 134†, 671, 681, Cu. 45†, 49, 112 (edd. *ec* Rb. *et* Ellis), 148, 214 (edd. *ex* Ellis), 318 (Ellis *a* Rb. *om*. edd.), Ci. 149, 470†, M. 104†, Ca. 3 (12). 8 (edd. *ex* Ellis). Vid. *ec* et *ex*.

ebenum; vid. *hebenum.*

ebrius: ebria (fem. nom.), Co. 3.

ebulum: ebuli, E. 10. 27.

EBUR. 7.

ebur, G. 1. 480, A. 10. 137;

eboris, A. 11. 333;

ebori, A. 1. 592;

ebur, G. 1. 57, 2. 193, A. 12. 68.

eburneus: eburnea (abl.), Ca. 10 (8). 23.

eburnus: eburnum (masc.), A. 11. 11†;

eburno, G. 3. 7†, A. 6. 647;

eburna (abl.), A. 6. 898 (mss. edd. *Averna* Rb.), 9. 305.

Ebusus (Ebysus): Ebuso (dat.), A. 12. 299 (Pγ edd. *Ebyso* MR Ld. Ben.).

EC, A. 2. 546 (Rb. *ex* Ld. *et* mss.
edd.), 4. 410 (Rb. *ex* M² Pγ
edd.), Cu. 112 (Rb. *e* edd. *et*
Ellis). Vid. *e* et *ex.*

ECCE. 53.

ecce, E. 2. 46, 3. 50, 5. 66, 9.
47, G. 1. 108, 407, 3. 515, A. 2.
57, 203, 270, 318, 403†, 526,
673, 682, 3. 219, 477, 687, 4.
152, 576, 5. 167, 324, 793, 854,
6. 46, 255, 337, 656, 7. 286,
706, 8. 81, 228, 9. 417, 10. 133,
219, 322, 377, 570, 11. 226,
448, 547, 12. 319, 650, 672, Cu.
170 (Rb. Leo *effert* edd.), 265,
Ci. 500, 539, Ca. 2*. 2, 18†, 19,
9 (11). 3, 12 (4). 8.

ecdurus; vid. *edurus.*

ECHIDNA, Ci. 67 (edd. *om.* Ellis).

Echionius: Echionium (neut.
acc.), A. 12. 515.

ECHO, Cu. 152†.

ECQUIS, E. 10. 28†;

ecqua (fem. nom.), A. 3. 341†;

subst. ecquis, A. 9. 51†;

ecquid (acc.), A. 3. 342.

ecus; vid. *equus.*

EDAX, A. 2. 758.

edera (*hedera*). 9.

hederae (gen.), Cu. 405;

hederam, E. 8. 13;

edera, E. 3. 39†, 7. 25 (hedera),
38;

ederae, G. 2. 258, Cu. 141
(hederae);

hederas, E. 4. 19, G. 4. 124†.

EDICO, G. 3. 295, A. 3. 235;

edicit, A. 10. 258;

edice, A. 11. 463.

edisco: ediscere, E. 6. 83†.

edissero: edissere, A. 2. 149.

edo. 8.

edit, A. 12. 801 (P¹γ¹ Rb. Con.
edat P²γ² M edd.); est, A. 4.
66, 5. 683;

edebat, G. 3. 566;

edat, A. 12. 801 (vid. *edit*);

esset, G. 1. 151;

edendi, A. 7. 113, 8. 184, 9. 63.

edo. 22.

edit, Cu. 252†;

edunt, E. 8. 45, G. 4. 199, Cu.
147;

edebat, A. 10. 602;

edidit, A. 5. 799, 7. 194†, 660,
8. 137;

ediderat, A. 5. 693, Ci. 283;

ediderit, A. 9. 785;

ederet, Ca. 10 (8). 11;

ediderit, A. 9. 527;

editus (est), Cu. 318 (Ben. *est*
edd. *aedibus* Leo), 401;

editus, G. 2. 188;

edita (fem. nom.), Cu. 137
(edd. *addita* Rb. Th.), 172, Ci.
15 (Rb. Ellis *est data* Th.
Ben.), 320, Ca. 9 (11). 27.

edoceo: edocet, A. 5. 748, 10. 152;

edoceat, A. 8. 13.

Edones: Edonum, Ci. 165†.

Edonus: Edoni (masc. gen.), A.
12. 365†.

educo. 16.

educit, M. 89;

educunt, G. 4. 163, A. 1. 432;

educet, A. 6. 765†, 779;

eduxit, A. 9. 673, 10. 744;

eduxerat, A. 12. 674;

educere, A. 2. 186, 6. 178, 8.
413, 11. 20;

eductum (masc.), A. 7. 763, 9.
584;

eductam, A. 2. 461;

educta (acc.), A. 6. 630†.

educo: educat, A. 10. 518, Cu.
13; educata (fem. nom.), Ca.
3*. 14.

edurus (*ecdurus*): eduram, G. 4.
145†; ecdurae, G. 2. 65 (Rb.
et durae mss. edd.).

effero. 40.

effert, G. 3. 553, A. 2. 297, 5. 368, Cu. 170 (edd. *ecce* Rb. Leo);

extulit, E. 1. 24, G. 1. 379, 2. 169, 341, 4. 352, A. 1. 127, 2. 553, 688, 3. 215, 5. 424, 427, 444, 8. 2, 591, 9. 817, 10. 262, 11. 73, 462, 12. 441, Ci. 515;

extuleram, A. 2. 753, 3. 150;

extulerat, A. 1. 652, 2. 257, 11. 183, Ca. 3 (12). 2;

extulerit (indic.), A. 4. 119, 5. 65;

effer, E. 8. 64;

efferre, A. 2. 657†;

efferri, A. 5. 359†;

elata, A. 6. 23;

elatam, A. 10. 415;

elate, A. 11. 715;

elati, G. 3. 108;

elatis (fem. abl.), A. 12. 115.

efferus. 6.

effera (fem. nom.), A. 4. 642, 7. 787, 8. 6, 205, 10. 898;

effera (acc.), A. 8. 484.

effervo: effervere, G. 1. 471, 4. 556.

effetus. 6.

effeta (nom.), A. 7. 440†, 452†, 8. 508†;

effetae (nom.), A. 5. 396†;

effetos, G. 1. 81†;

effetas, D. 15.

efficio: efficit, A. 1. 160†;

efficiam (indic.), E. 3. 51;

effecta (est), A. 11. 14;

effectos (esse), G. 2. 417†;

effecti (neut. gen.), M. 118.

EFFIGIES. 10.

effigies, Cu. 208, Ci. 491;

effigiem, E. 8. 75, A. 2. 167, 184, 3. 497†, 4. 508;

effigies, A. 3. 148, 7. 177;

effigies, A. 7. 443.

effingo: effingit, A. 10. 640; effingere, A. 6. 32.

efflagito: efflagitat, A. 12. 759.

efflo: efflant, A. 12. 115; efflantem (fem.), A. 7. 786.

effluo: effluit, G. 4. 373.

effodio (ecfodio). 6.

effodiunt, A. 1. 427;

effodere (indic.), A. 1. 443;

effossi (neut.), A. 3. 663†;

ecfossas, Cu. 274 (Ellis *defossas* edd.);

effossis (fem.), G. 4. 42;

effossis, G. 1. 497.

effor. 29.

effatur, A. 9. 295, 737, 10. 523;

effatus est, A. 3. 463; effatus (est), G. 4. 450†, A. 6. 547, 8. 443, 10. 256, 299, 877;

effata (est), A. 4. 456, 5. 653;

effare, A. 6. 560;

effari, A. 4. 76;

effatus, A. 6. 197†, 7. 135, 274, 9. 22, 644, 11. 98, 741, 12. 896;

effata (fem. nom.), A. 2. 524, 4. 30, 499, 6. 262†, 7. 456, 12. 601, 885.

effrenus: effrena (fem. nom.), G. 3. 382.

effringo: effracto (neut. abl.), A. 5. 480.

effugio. 14.

effugit, A. 5. 151, 9. 632†;

effugimus, A. 3. 272;

effugiunt, A. 2. 226 (P edd. *diffugiunt* M Ld.), 11. 881;

effugies, E. 3. 49, A. 9. 748;

effugit, A. 2. 793, 6. 701, 7. 437;

effuge, A. 3. 398, 11. 825;

effugere, Ci. 292;

effugisse, A. 3. 653.

effugium: effugia (acc.), A. 2. 140.

effulcio; vid. *effultus.*

633, 666, 4. 217, 5. 21, 6. 539,
10. 88, 89, 230, 11. 51, 127,
329, 372, 12. 50, 236, 629, Cu.
41, Ca. 5 (7). 8, 9 (11). 59, 11
(14). 5;

nostri, E. 2. 7, 10. 16, G. 4. 324,
A. 2. 595, 4. 237, 7. 263, 439,
8. 514, 10. 72 (M¹ Rb. *nostra*
M² PRVγ edd.), Ci. 242;

nobis, E. 1. 6, 16, 18, 80, 2. 62,
3. 44, 72, 81, 5. 45, 53, 55, 7.
70, 9. 17, 27†, 59, 10. 62, G.
1. 204, 242, 503, 3. 305, 4. 315,
A. 1. 544, 753, 2. 371, 389, 3.
167, 4. 227, 5. 391, 6. 187, 342,
542, 846, 8. 37, 150, 185, 200,
272, 397, 472, 9. 321, 10.
376, 11. 17, 24, 388, 419, 428,
12. 187, Ci. 19, 224, 278, 310
(edd. *non sic* Th.), 456, Ca.
11 (14). 1, D. 93, L. 37†, 52†;

nos, E. 1. 30, 3. 28, 5. 52, 86,
G. 1. 250, 4. 358, A. 1. 253,
375, 598, 2. 675, 690, 3. 155, 4.
350, 6. 632, 7. 128, 221, 236,
239, 646, 8. 147, 302, 9. 243,
10. 84, 231, 377, 11. 96, 109,
Cu. 295 (Ben. *tuom* Th. Rb. *vos*
Leo Ellis), 296 (Ben. *has* Th.
Rb. *vos* Leo Ellis), Ca. 4 (13).
1;

nobis, G. 1. 249, Ci. 293†;
nobiscum, A. 8. 174.

egredior. 8.
egreditur, Ci. 213 (edd. *progreditur* Ellis);
egredere, A. 8. 122†;
egressus, A. 1. 2*;
egressi (nom.), A. 1. 172, 3. 79,
9. 314, 10. 283 (Rγ Con. *egressis* MP edd.);
masc. subst. egressis (dat.), A.
2. 713†, 10. 283 (vid. *egressi*).
EGREGIUS. 24.
egregius, A. 6. 770, 11. 417;

egregia, A. 6. 523;
egregium, A. 7. 473, 556, 11.
705 ;
egregio (masc.), A. 11. 355;
egregium, A. 5. 361, 6. 861, 10.
778, 12. 275;
egregiam, A. 1. 445, 4. 93, 7.
258;
egregium, Ca. 9 (11). 58;
egregium, A. 7. 213;
egregia, A. 5. 297, 11. 432;
egregio, A. 4. 150;
egregii, A. 10. 435;
egregias, G. 2. 155, A. 8. 290,
11. 24;
egregiis (neut.), A. 9. 581.
EHEU, Cu. 258†, Ci. 140 (Th. *ut
iam* Rb. Ben. *diu* Ellis), 469
(edd. *heu* Ellis).
EI (HEI), A. 2. 274, 11. 57, 12.
620, Ci. 237, Ca. 6 (3). 4.
eia; vid. *heia.*
eicio: eiectus, A. 1. 578†;
eiectum (masc.), A. 4. 373, 8.
646;
eiecto (masc.), A. 10. 894†.
eiecto: eiectantem (masc.), A. 5.
470.
elabor. 13.
elabitur, G. 1. 244, A. 5. 151;
elapsi (sunt), A. 9. 545;
elapsus, G. 2. 305, A. 1. 242, 2.
318, 526, 5. 326, 445, 8. 492;
elapsa, A. 2. 465 (P¹ Rb. *ea
lapsa* P² M edd. *ea labsa* F),
D. 79†;
elapso (masc. dat.), A. 12. 356
(P¹ Rb. *lapso* P² MRγ edd.).
Electra: Electram, A. 8. 136;
Electra, A. 8. 135.
electrum: electro (abl.), G. 3.
522, A. 8. 402, 624, Ci. 434;
electra (acc.), E. 8. 54.
Eleis: Eleis, Ca. 9 (11). 32 (Ben.
similis edd.).

elementum: elementa (nom.), Ca. 14*. 3.

elephantus: elephanto (abl.), G. 3. 26†, A. 3. 464, 6. 895.

Eleus: Elei (masc. gen.), G. 3. 202.

Eleusinus: Eleusinae (gen.), G. 1. 163.

Elias: Eliadum, G. 1. 59.

elicio: elicit, G. 1. 109†.

elido: elisit, Ca. 2. 4 (Ben. *illi sit* edd.);
eliserit (subi.), A. 8. 289;
elisam, A. 3. 567;
elisos, A. 8. 261.

eligo: eligit, A. 7. 274; eligitur, G. 4. 296.

Elis: Elidis, A. 3. 694, 6. 588†.

Elissa: Elissae (gen.), A. 4. 335, 610, 5. 3.

elleborus: elleboros, G. 3. 451†.

ELOGIUM, Cu. 412.

eloquium: eloquio (abl.), A. 11. 383.

eloquor: eloquar (subi.), A. 3. 39†.

eluceo: elucent, G. 4. 98.

eluctor: eluctabitur, G. 2. 244.

eludo: eludit, A. 11. 695†;
eludent, G. 4. 406†;
elusit, G. 1. 226;
elusus est, A. 12. 755†.

eluo: eluitur, A. 6. 742.

Elysium: Elysium, A. 5. 735, 6. 744, Cu. 260 (Ellis *Elysiam* Rb. Leo *Eridanus* Th. Ben.).

Elysius: Elysium (nom.), A. 6. 542; Elysiam, Cu. 260 (vid. *Elysium*); Elysios, G. 1. 38.

emano: emanent, D. 72†.

Emathia: Emathiae (gen.), G. 4. 390; Emathiam, G. 1. 492.

Emathion: Emathiona, A. 9. 571.

Emathius: Emathio (masc. abl.), Ci. 34.

emergo: emersere, D. 57.

emetior: emensus, A. 10. 772;
emenso (masc. abl.), G. 1. 450;
emensi, A. 7. 160, 11. 244†;
emensae, A. 5. 628.

emico. 8.
emicat, A. 5. 319, 337, 6. 5, 9. 736, 11. 496, 12. 327, 728;
emicuit, A. 2. 175.

emigro: emigret, D. 101.

emineo: eminet, A. 6. 856 (Rb. *supereminet* edd.), 10. 227.

EMINUS. 9.
eminus, A. 10. 346, 645, 776, 801, 11. 674, 12. 342 *bis*, 711, 921.

emitto. 8.
emittit, A. 6. 898, 9. 52, 10. 474;
emissa, G. 3. 551, 4. 22;
emissam, A. 1. 125;
emissum, G. 4. 58;
emissa (acc.), A. 11. 676.

emo: emat, G. 1. 31; emi, A. 9. 206; emptum (masc.), A. 10. 503.

emoveo: emovet, A. 6. 524 (F¹ Rγ Con. *amovet* F² MP² edd.);
emotae (sunt), A. 6. 382;
emoti (nom.), A. 2. 493;
emota (acc.), A. 2. 610.

emundo: emundata (fem. nom.), M. 43†.

emunio: emuniit, A. 8. 227†.

EN. 34.
en, E. 1. 12, 67, 71, 5. 65, 6. 69, 8. 7†, 9, 9. 42 (Rb. *et* mss. edd.), G. 3. 42, 4. 326, 495, A. 1. 461, 3. 155†, 4. 534, 597, 5. 639, 672, 6. 346, 781, 7. 452, 545, 8. 612, 9. 7, 52, 600, 11. 365, 12. 231, 359, Cu. 180 (Ben. *eversis* edd.), 210 (Th. Ben. *quis inquit* edd.), 220 (Rb. *et* mss. edd.), Co. 9 (edd.

est Th. Ben.), Ca. 3*. 4 (Rb. *nutrior* Ellis), D. 93 (Rb. *et* Ellis).

enarrabilis: enarrabile (acc.), A. 8. 625.

Enceladus: Enceladi, A. 3. 578; Encelado (dat.), A. 4. 179.

ENIM. 64.

enim, E. 1. 31, G. 1. 77, 2. 349, 509, 3. 70, 215, 4. 407, A. 1. 261, 2. 100, 4. 20, 105, 6. 317, 7. 505, 533, 645, 8. 84, 9. 340, 354, 529†, 696, 10. 724, 874, 12. 744, Ci. 180†, 350 (Ellis *ignem* edd.), Ca. 4 (13). 4, 9 (11). 11, D. 103†;

neque enim, G. 2. 104, 4. 207, A. 1. 198, 643, 2. 376, 4. 170, 6. 52, 368, 7. 195, 581, 8. 251, 9. 617, 704, 748, 10. 217, 865, 11. 537, 684, 12. 74, 764, Ci. 227;

quis enim, E. 2. 68, M. 79;

quid enim, A. 5. 850, 12. 798, Ci. 71, 190, 257 (Ellis *nunc* Rb. Ben. *om.* Th.), 334, 437, 513;

sed enim, A. 1. 19, 2. 164†, 5. 395, 6. 28, Ci. 13 (Ellis *saeclis* Rb. *saecli* Th. Ben.).

ENIPEUS, G. 4. 368.

eniteo: enitet, A. 4. 150; enituit, G. 2. 211.

enitor: enixa (est), A. 7. 320; eniti, G. 2. 360; enixa (nom.), A. 3. 391, 8. 44; enixae (nom.), A. 3. 327.

eno: enavit, A. 6. 16†.

enodis: enodes (masc. nom.), G. 2. 78†.

ENSIS. 67.

ensis, A. 2. 600, 4. 262†, 7. 743, 9. 431, 10. 394, 12. 731, D. 94 (Rb. *esse* Ellis);

ensem, G. 1. 508, A. 2. 393,

553, 4. 507, 579, 646, 664, 5. 367, 471, 6. 524, 8. 459, 621, 9. 303, 347, 441, 749, 10. 387, 475, 536, 577, 682, 786, 815, 896, 907, 11. 11, 489, 12. 89, 90, 508, 729, 759, 785, 798;

ense, A. 6. 251, 7. 640, 9. 324†, 423, 548, 10. 414, 545, 11. 711, 12. 175, 304, 306, 382, 389, 458;

enses, A. 7. 732;

enses, G. 2. 540, A. 3. 237, 7. 636, 9. 400 (Serv. Rb. Con. *hostis* mss. edd.), 10. 568, 11. 194, Cu. 29;

enses, A. 2. 155;

ensibus, A. 7. 526, 12. 288, 713.

ENTELLUS. 7.

Entellus, A. 5. 437, 443, 446;

Entello, A. 5. 472;

Entellum, A. 5. 387, 462;

Entelle, A. 5. 389.

enumero: enumerare, A. 4. 334, 6. 717.

eo. 183.

it, G. 3. 342, 507†, 517†, A. 1. 246†, 725 (Rb. *fit* MRγ² edd.), 4. 130, 173, 404, 443, 665†, 5. 451†, 558†, 6. 122, 159, 448†, 7. 637, 8. 557†, 595, 9. 179 (Rb. *et* mss. edd.), 434, 498, 664†, 10. 207, 448, 11. 90, 192, 12. 164, 283†, 409, 452†, 592, 609, M. 103†;

imus, A. 11. 389;

itis, A. 2. 375;

eunt, A. 7. 592;

ibat, G. 4. 365, 430, A. 1. 695, 2. 254, 4. 149, 5. 75, 6. 589, 7. 761, 8. 162, 307, 466, 671, 726, 9. 25, 269, 424, 597, 649, 11. 33, 12. 378, Cu. 342, M. 112;

ibant, G. 4. 472, A. 1. 479, 518, 5. 269, 6. 268, 7. 698, 8. 281, 9. 369, 10. 213;

ibo, E. 10. 50, A. 2. 786, 9. 291,
11. 438, D. 87;
ibis, A. 2. 547;
ibit, G. 1. 433, A. 2. 578, 4.
590, 654;
ibimus, E. 1. 64;
ibitis, A. 3. 254;
ibunt, G. 2. 245;
iit, A. 1. 376, 2. 174, 9. 418
(it MR edd. *iit* P Con. Gos.);
eat, G. 1. 345, Ca. 14 (6). 4†;
eamus, E. 9. 64, 65;
iret, G. 2. 344, A. 6. 880, 12.
555, Cu. 341†;
ierit, A. 7. 223;
iisses, Ci. 302†;
i, A. 4. 381†, 424†, 6. 546 *bis*,
7. 425, 426†, 9. 634†;
ite, E. 1. 74 *bis*, 7. 44 *bis*, 10.
77 *bis*, A. 4. 593, 9. 116, 117,
617, 11. 24, 119, Cu. 18, 245†,
246†, Ca. 5 (7). 1† *bis*, 5, 11,
11†;
ito, A. 6. 95;
ito, A. 12. 566;
ire, E. 10. 59, G. 1. 457, 2. 235,
3. 77, 292, 4. 108, 221, A. 1.
678, 2. 27, 704, 3. 88, 144, 374,
4. 118, 310, 413, 468, 660, 5.
769, 6. 108, 386, 461, 719, 860,
7. 154, 624, 8. 555, 10. 453,
458, 770, 11. 332, 504, 12. 839,
881, Ci. 183, Ca. 4 (13). 1†;
euntis (masc.), A. 8. 558, 10.
640;
eunti (fem.), A. 5. 607, 649;
euntem, A. 5. 241, 6. 392, 863,
11. 46, 12. 73, 903;
euntem, A. 6. 476, 7. 813;
euntibus (masc.), A. 7. 676;
euntis (masc.), A. 2. 111, 3.
130, 5. 554, 777, 9. 243, 308;
ituras, A. 6. 680, 758;
eundi, A. 4. 554;
eundo (abl.), A. 4. 175;

itur, A. 6. 179, 9. 641, 12. 528.
EODEM, A. 9. 689†.
eous. 9.
eoae (nom.), G. 1. 221†;
eoas, G. 2. 115, A. 1. 489;
eois (masc.), A. 2. 417;
subst. eous, G. 1. 288†;
Eoum (neut. acc.), Ci. 352†;
eoo (masc.), A. 3. 588, 11. 4
(Eoo);
eois (masc. abl.), A. 6. 831.
EPEOS, A. 2. 264†.
Ephialtes: Ephialten, Cu. 235.
EPHYRE, G. 4. 343†.
Ephyreius: Ephyreia (acc.), G.
2. 464.
EPIDAURUS, G. 3. 44.
EPIRUS (EPIROS), G. 1. 59;
Epiri, A. 3. 292;
Epirum, G. 3. 121;
Epiro, A. 3. 513.
EPOPS, Cu. 253.
EPULAE. 13.
epulae, G. 3. 527, A. 6. 604;
epulis, A. 1. 723, 5. 63, 6. 599,
7. 110, 175;
epulas, A. 4. 484, 7. 146, 8.
283;
epulis, G. 4. 378, A. 1. 79, 216.
Epulo (Epulon): Epulonem, A.
12. 459 (mss. *Epulontem* Ld.).
epulor: epulamur, A. 3. 224;
est epulata, G. 2. 537; epulata
(est), A. 5. 762;
epulata (fem. nom.), A. 4. 207;
epulandum (masc.), A. 4. 602.
EPYTIDES, A. 5. 579†; Epyti-
den, A. 5. 547†.
EPYTUS, A. 2. 340.
equa: equae (gen.), A. 11. 571;
equarum, G. 1. 59, 3. 266, A.
11. 494.
EQUES. 19.
eques, A. 6. 858†, 10. 239;
equitem, G. 3. 116, A. 10. 893,

11. 464†, 517;

equites, A. 4. 132, 9. 367, 379, 12. 408;

equitum, A. 5. 560, 7. 804, 9. 48, 11. 433, 512, 598;

equites, A. 8. 518, 555, 11. 504.

equester: equestris (masc. acc.), A. 5. 667.

EQUIDEM. 41.

equidem, E. 1. 11, 9. 7, G. 1. 193, 415, 4. 116, 147, A. 1. 238, 335, 576, 619, 2. 77, 704, 3. 315, 4. 12, 45, 330, 382, 5. 26, 56, 399, 6. 690, 716, 722, 848, 7. 205, 311, 369, 8. 129, 471, 9. 207, 10. 29, 793, 11. 111, 302, 348, 12. 818†, 931, Ci. 19, 266, 418, 431.

equinus: equino (neut.), G. 3. 72;

equino, G. 3. 463, A. 9 622; equina (abl.), G. 3. 92, A. 10. 869.

EQUITATUS, A. 8. 585.

equito: equitavit, A. 10. 885.

EQUUS. 152.

equus (edd. *equos, ecus, equus* Rb. Con.), G. 2. 145, 3. 499, A. 2. 113, 260, 329, 5. 566, 6. 515, 9. 50, 11. 89, 493;

equi, G. 3. 182†, A. 1. 444, 2. 32, 150, 4. 515, 6. 881, 9. 152, 10. 750, 891, 12. 364;

equo, A. 2. 48, 10. 181, 11. 637, 706;

equum (edd. *equom, ecum* Rb. Con.), G. 1. 13, A 2. 15, 401, 5. 310, 10. 858, 11. 710, 719, 741, 770;

equo, A. 4. 157, 5. 571, 668, 7. 166, 9. 58, 269†, 11. 499, 671, 678, 730, 743 (mss. edd. *eo* Gos.), 12. 291, 295, 345, 509, 651;

equi, G. 3. 91, A. 1. 752, 3. 540,

5. 105, 6. 653, 7. 779, 8. 551, 11. 635, 12. 115;

equorum, G. 3. 44, 211, 250, 4. 389, A. 2. 476, 3. 704, 5. 549, 6. 591, 10. 592, 11. 607, 911, 12. 373, 484, 534, 616, Cu. 33, 127, Ci. 395, Ca. 9 (11). 29†; equum (edd. *equom, ecum* Rb. Con.), G. 2. 542, A. 7. 189, 651, 691, 9. 26, 523, 12. 128, 550;

equis, E. 8. 27, A. 12. 352;

equos, G. 3. 50, 114, A. 1. 156, 316, 472, 568, 3. 470, 537, 5. 817, 6. 655, 7. 274, 639, 656, 724, 782, 8. 3, 607, 9. 12, 353, 394, 606, 777, 10. 367, 571†, 577, 581, 11. 80, 610, 619, 914, 12. 82, 288, 326, 333, 337, 355, 495, 624, 736, Cu. 202†, 284;

equis, G. 1. 250, 514, 2. 322, 3. 8, 358, A. 1. 476, 2. 418, 5. 554, 574, 578, 739, 6. 587, 7. 163, 285, 625†, 767, 9. 124, 331, 10. 21, 354, 11. 190, 501, 871†, 12. 478.

Erato: Erato (voc.), A. 7. 37.

Erebous (Erebeus): Erebois (abl.), Cu. 202 (Rb. Ellis *Erebeis* edd.).

Erebus. 9.

Erebi, G. 4. 471, A. 4. 26 (MP² edd. *Erebo* FGP¹ Rb. *Eribo* R); erebi, A. 6. 404, 671;

Erebo, D. 41 (Rb. *nec ero* Ellis);

Erebum, A. 4. 510;

Erebo, A. 4. 26 (vid. *Erebi*); erebo, A. 6. 247, 7. 140.

Erechtheus: Erechtheis (fem. loc.), Ci. 22†.

Eretum: Ereti, A. 7. 711.

ERGO (*adv.*). 62.

ergo, E. 1. 46, 59, 3. 28, 5. 58, G. 1. 63, 489, 2. 293, 393, 3.

100, 229, 318, 534, 4. 77, 139, 206, A. 1. 663, 2. 26, 547, 707, 3. 62, 114, 132, 238, 250, 278, 4. 102, 474, 503, 700, 5. 58, 380, 618, 6. 145, 175, 384, 456, 739, 7. 467, 8. 90, 169, 247, 382, 494, 9. 44, 107, 130, 578, 661, 806, 10. 104, 11. 234, 729, 799, 12. 742, Cu. 198 (Ben. *et* edd. *sed* Rb.), 376, Ci. 29, 126, 386, M. 60, 113, L. 75.

ERGO (*praepos.*), A. 6. 670.

Erichaetes (Ericetes): Erichaeten, A. 10. 749 (Rb. Con. Ben. *Ericeten* M edd.).

ERICHTHONIUS, G. 3. 113.

Erichthonius: Erichthoniae (gen.), Cu. 344; Erichthonias, Cu. 30, 336.

ERIDANUS, G. 1. 482, 4. 372, Cu. 260 (Th. Ben. *Elysiam* Rb. Leo *Elysium* Ellis); Eridani, A. 6. 659.

erigo. 11.

erigit, E. 6. 63†, A. 3. 423, 576, 5. 488, 7. 530;

erexit, A. 7. 450;

erige, A. 4. 495;

erigitur, A. 8. 25, 417, 9. 240;

erecta (abl.), A. 4. 505.

Erigone: Erigonen, G. 1. 33.

erilis (herilis): erili (fem.), A. 7. 490; erilem (masc.), A. 8. 462.

Erilus; vid. *Erulus.*

ERINYS, A. 2. 337, Cu. 246; erinys, A. 2. 573, 7. 447†, 570†.

Eriphyle: Eriphylen, A. 6. 445.

eripio. 50.

eripis, A. 2. 665†;

eripit, A. 4. 579, 10. 788, 896;

eripiunt, A. 1. 88, 12. 215;

eripiam, A. 2. 606, 9. 101;

eripui, A. 2. 134, 6. 111, 12. 31;

eripuit, A. 2. 736, 5. 464, 6.

342, 7. 119, 9. 129, 12. 539;

eripiat, A. 7. 388, 12. 917;

eriperet, Cu. 320;

eripe, G. 4. 107, A. 2. 289, 619, 5. 690, 6. 260, 365, 10. 624, 12. 157;

eripite, A. 3. 560;

eripere, A. 9. 400, 12. 388;

eripiens (masc.), A. 8. 254;

erepta (est), A. 2. 738 (Rb. *erepta* edd.); erepta est, A. 7. 51;

eripiare, A. 12. 948;

ereptus, A. 1. 596, Cu. 214;

erepta, A. 2. 738 (vid. *erepta est*), 764, 11. 679;

ereptae (gen.), A. 2. 413, 3. 330;

ereptum (masc.), A. 5. 342, 12. 799;

erepte, A. 3. 476†, 711;

erepto, A. 10. 878;

erepta (abl.), A. 12. 141, Ci. 295†;

erepta, A. 7. 186;

erepta, A. 1. 647.

errabundus: errabunda (neut. nom.), E. 6. 58.

erro: erronibus (dat.), D. 70†.

erro. 48.

erras, E. 6. 52;

errat, G. 2. 283†, 3. 14, A. 1. 578, 4. 684, 5. 435, 7. 353, 9. 393, Ci. 357†;

erramus, A. 1. 333, 3. 200, 204;

errant, E. 2. 21, G. 3. 139, A. 2. 489, 599 (edd. *circumerrant* Con.), 3. 644, 6. 329;

errabat, A. 6. 451, 7. 491;

errabant, A. 1. 32;

erravit, G. 3. 246, A. 2. 739;

erravere, A. 11. 135;

erret, G. 1. 337;

errent, E. 6. 40;

errare, E. 1. 9, G. 1. 452, A. 5.

738, 740, 744, 745, 749, 751,
753, 755, 758, 761, 764, 768,
769, 772, 775, 780, 784, 787,
791, 796 *bis*, 800, 804, 813, 817,
8. 2, 6, 8, 10, 12, 14, 26, 34, 35,
40, 53, 56, 57, 63, 68, 73, 78,
85, 87, 91, 95, 108, 112, 119,
128, 129, 131†, 133, 134, 145,
149, 151, 153, 156, 161, 164,
165, 174, 175, 177, 182, 183,
184, 192, 200, 216, 218, 221†,
226, 229, 237, 241, 242, 244,
250, 260, 261, 270, 272, 274†,
275, 278, 283, 288, 295, 308,
311, 315, 320, 327 *bis*, 328,
329, 334, 336, 341, 343, 346,
347, 361, 364, 366, 368, 369,
371, 373, 382, 387, 390, 393,
410, 413, 418, 421, 422, 425,
430, 440, 456, 458, 463, 464,
468, 474, 482, 487, 493, 501,
514, 516, 517, 521, 525, 529,
531†, 539, 540, 542, 557, 563,
567, 572, 574, 576, 581, 586,
588, 593, 595, 599, 603, 605,
606, 610 (PRγ M² Con. *egelido*
M¹ edd.), 615, 617, 619, 625,
630, 632, 634, 635, 641, 645,
651, 653, 658, 664, 668 *bis*, 673,
679, 682, 686, 687, 698, 699,
702, 705, 708, 710, 712, 723,
724, 728, 731, 9. 8 *bis*, 13, 14,
17 (MR edd. *ac* P Rb. Th.),
22†, 26, 29†, 32, 39, 43, 45, 48,
52, 53, 60, 62, 64, 65, 67, 70,
76, 81, 103†, 106, 107, 110, 113,
117, 147, 150, 154, 158, 160,
165, 168, 170, 173, 179 (mss.
edd. *it* Rb.), 191, 196, 204,
205, 225, 226 (Rb. Th. Ben.
om. mss. edd.), 229 (mss. edd.
in Rb.), 230 *bis*, 241, 245, 249,
251, 259, 265, 268, 277, 288,
290, 313, 322, 323, 327, 335,
342, 345, 348, 349†, 352, 359,

366, 369, 373, 378, 389, 394,
397, 398, 401, 403 (MP edd.
om. Ld. Th. Ben. *ad* RV), 405,
409, 410, 412, 415, 429, 432.
443, 453†, 456, 458, 459, 466,
467, 470, 477, 489, 491, 500,
501†, 506, 507, 522, 524, 528,
530, 536, 537, 541, 543, 545,
553, 555, 562, 567, 575 *bis*,
579, 582, 585, 588, 597, 599,
604, 606, 613, 614, 616 *bis*, 620,
627, 629, 630, 633, 642, 651 *bis*,
655, 658, 671, 672, 674, 678,
682, 684, 685 *bis*, 689, 690 *bis*,
693, 696, 701, 707, 709, 714,
718, 723, 731, 736, 741, 743,
749, 750, 757, 762, 765, 774
bis, 776, 781, 783, 787, 788, 790,
792, 794, 798, 809†, 813, 818,
10. 15, 24, 30, 40, 49, 50, 56,
60, 64, 75, 79, 82, 83 (mss. edd.
tu Rb.), 85, 87, 91, 95, 98, 102,
115, 119, 122, 124, 138, 140,
149, 169, 171, 177 *bis*, 181, 184,
186, 191, 193, 197, 199, 209,
214, 229, 235, 241, 242, 246,
256, 260, 271, 275, 277, 285,
289, 301, 306, 309, 316†, 336,
337, 346, 349, 351 *bis*, 357, 369,
374, 379, 388, 397, 398, 430,
431, 433, 444, 448, 460, 467†,
485, 489, 495, 502, 504, 523†,
524, 544, 546, 549, 554, 561,
564, 572†, 582, 598, 600, 604,
605, 612, 619, 628, 632, 635,
644, 654, 658, 667, 669, 674,
682, 683, 688, 701, 704, 711,
716, 718, 722, 726, 730†, 736,
745, 748, 754, 755, 759, 767,
771, 773, 778, 782, 788, 794,
805 *bis*, 810, 821, 824, 828,
831, 836, 844, 845, 857, 860†,
863, 866, 867, 877, 881, 889,
890, 892, 897 *bis*, 906, 11. 2,
9, 15, 18, 28, 35, 39, 49, 50,

51, 58, 60, 64, 65, 75, 79, 80,
93, 104, 107, 110, 114, 119,
122, 128, 133, 137, 139, 140,
142, 144, 151, 155, 157, 170
bis, 174, 176, 196, 204, 211,
214, 219, 223, 240, 242, 248,
258, 260, 270, 272, 274, 277,
287, 290, 300, 315†, 318, 320,
321, 323, 330, 334, 335, 338,
342, 351, 356, 357, 361, 364,
366, 367, 369†, 373 (Gos. *etiam*
edd.), 394, 396, 397, 404, 405,
407, 409, 410, 412, 414, 418,
427, 428, 429, 431, 433, 442,
444, 452, 460, 462, 464, 465,
469, 481, 482, 484, 491, 503†,
506, 519, 520, 521, 529, 531,
534†, 536, 546, 553, 554, 561,
569, 571, 575, 579, 583, 590,
593, 600, 601, 604 *bis*, 606,
612, 617, 619, 622, 641, 650,
652, 656, 660, 675, 678, 681,
683, 685, 690, 693, 697, 704,
706, 718, 724†, 728, 738, 741,
742, 744†, 748, 750, 754, 760,
761, 763, 767, 772, 774, 777,
782, 784, 787, 794, 824, 825,
830, 853, 858†, 860, 861, 871,
877, 889, 890, 897, 899, 901,
910, 912, 915, 12. 8, 13, 16, 24,
30, 42, 51, 53, 55, 66, 79, 86,
89, 91, 99, 108, 112, 118, 120,
130, 131, 132 (M edd. *ac* PRγ
Rb. Con.), 136, 148, 150, 157,
160, 167, 168, 173, 176, 178
bis, 182, 188†, 199, 201, 209,
214, 217, 219, 221, 223, 226,
243, 244, 254, 262, 265, 266,
267, 268, 274, 275, 281, 288,
292, 299, 308, 309, 314, 327,
342, 355, 356, 357, 359,
364, 370, 372, 376, 378, 379,
381, 384, 387, 397, 399, 406,
408, 410, 413, 419, 437, 439,
449, 470, 472 *bis*, 474, 476,

482, 491, 496, 497, 507, 508,
512, 514, 516, 517, 522, 524,
529, 532, 543, 550 *bis*, 556,
568, 569, 578, 584, 586, 599,
603, 606, 619, 624 *bis*, 628,
629, 634, 642, 645, 661, 666,
668 *bis*, 669, 677†, 681, 692,
693, 695, 709, 714, 721, 723,
726, 727, 728, 730, 743, 751,
752, 757†, 762, 765, 769, 773†,
783, 789, 794, 799, 801, 805,
814, 818, 822, 832, 833, 841,
846, 859, 868, 869, 871, 881†,
886, 888, 891, 895, 902, 910,
915, 920, 925, 929, 935, 936,
940, 942, 946, 949, Cu. 4 (edd.
ut Ellis), 12, 13, 19, 20, 23, 24,
37 (edd. *haec* Ellis), 39 *bis*, 44,
46, 52, 59, 73 (edd. *ac* Th. *om.*
Ellis), 77 *ter*, 89, 94, 99, 104,
109 (Th. *at* Rb. *haud* Ben. *ut*
Leo Ellis), 112 (Ellis *ec* Rb. *e*
edd.), 116, 122, 133†, 140, 140
(mss. Ben. Ellis *nec* edd.), 150,
153, 176 (edd. -*que* Ben.), 184,
187, 192 (edd. *sed* Ben.), 198
(edd. *sed* Rb. *ergo* Ben.), 205,
208, 220 (mss. edd. *en* Rb.),
226 (edd. *ex* Ellis), 227 (edd.
om. Ellis), 237, 266, 278, 284,
297, 299, 307, 316, 325†, 328,
333, 354, 363, 365, 367, 374,
380 (edd. *ut* Ellis), 382 *bis*,
383 (mss. edd. *set* Rb.), 384,
391, 401, 403†, 406, 407, 410,
Ci. 8, 11, 19, 26, 27, 37, 45†,
50, 53†, 54 (edd. *om.* Ellis),
60, 69†, 78, 79 (edd. *haec* Ellis), 84, 89, 102, 109, 113, 118†,
122 (Ellis *at* edd.), 128 (Rb.
Ellis *om.* Th. Ben.), 136, 142,
145, 156 (Th. *set* Rb. *at* Ben.
etsi Ellis), 164, 184, 202, 204,
211, 217, 224, 249, 285, 303†,
312†, 341, 343, 350, 353, 363,

368, 388, 392, 393, 395, 405, 407, 434 (edd. *aut* Th.), 449, 452, 469, 474, 478, 480, 491, 496†, 497, 498, 507, 508, 516, 519 *bis*, 531, 537, M. 9†, 11, 12, 15, 22, 26, 33, 38, 41, 49, 59, 62, 70, 74, 78, 86, 91, 93, 95, 100, 108, 124, Co. 7 (edd. *om.* Th.), 8, 15 (edd. *sunt et* Ben.), 19, 21†, 22, 32, 37, Ca. 1*. 3, 2*. 3†, 14 (Rb. *-que* Ellis), 2. 4 (edd. *al* Ben.), 4 (Th. Ellis *ut* Rb. Ben.), 3*. 4 (Rb. *ut* Ellis), 13, 18, 3 (12). 2†, 5 (7). 3, 13, 14, 6 (3). 3 (edd. *heu* Ben.), 8 (10). 1, 3, 9 (11). 8, 18, 34, 54, 60 *bis*, 61 (Ellis *si* edd.), 10 (8). 6†, 12, 13, 17†, 25, 11 (14). 5, 6†, 13 (5). 5†, 6, 7 (Th. Ellis *per* Rb. Ben.), 9†, 11, 15†, 27†, 29 (Th. *ut* edd.), 31 (edd. *exaestuantes* Ellis), 34, 38, 39, 14 (6). 6, 12, 14*. 4†, D. 2, 6, 8, 14, 23, 25, 26, 44, 47, 51, 60, 68, 73, 77, 89, 90 *bis*, 93 (Ellis *en* Rb.), 96 (Ellis *etsi* Rb.), 98, 99, L. 6, 7, 15, 17, 21, 23, 28, 31, 35, 44, 66, 70;

et . . . et, E. 1. 65, 66; 3. 109; 4. 24; 5. 54; 74, 75; 7. 5; 53; 8. 52, 55; 10. 39; G. 1. 305, 306; 434; 438†; 440; 2. 65 (Mγ edd. *ecdurae* Rb.), 65; 69, 70; 214; 223; 4. 41; 45, 46; 92†, 93; 102; 391†; 494; A. 1. 3; 47; 63; 66; 200, 201; 579, 580; 2. 133; 3. 98; 274, 275; 343; 361; 384, 385; 399, 400; 4. 162; 166; 249; 512, 513; 5. 63; 319; 407†; 475, 476; 6. 137; 167; 437; 7. 195, 196; 238; 273; 645; 708; 8. 169, 170; 302; 337†, 338; 379, 380; 511, 512; 607; 9. 529†; 556, 557;

811; 10. 126; 143, 145; 248; 615, 616; 817, 818; 872†; 11. 191; 237, 238; 294, 295; 303; 419; 12. 231; 440; 698; 809; Cu. 202, 203; 219; 351; Ca. 12 (4). 6; D. 18;

et . . . et . . . et, G. 1. 284, 285; 3. 77, 78; 396, 397; A. 5. 181, 182; 6. 798, 799, 800; 11. 633, 634; 12. 127, 128; 704; Cu. 398, 399, 400;

et . . . et . . . et . . . et, G. 4. 181, 182, 183;

et = etiam, E. 3. 62, 86, 4. 6, 5. 29, 7. 56, 9. 32, 33, 10. 16, 18, 19, 24, 69, 76, G. 1. 150, 155, 160, 173, 379, 2. 91, 97, 114, 288, 455, 493, 3. 34, 92, 414†, 544, 4. 13, 267, 283, 310, A. 1. 203, 549, 2. 49, 89, 426, 506, 675, 3. 469, 486, 4. 350, 420, 515, 6. 90, 582, 585, 7. 92, 327, 371, 516, 616, 8. 9, 400, 9. 124, 136, 392, 10. 353, 751, 11. 81, 87, 88, 111, 403, 404, 421, 432, 12. 50, 62, 632, 933, Cu. 269, 296, 334†, 361†, 362, 400, Ci. 385, Co. 9, 11, 13 (edd. *etiam* Leo Ellis), 15 (Ben. *et quae* edd.), 17, 21†, 24 (edd. *om.* Th. Ben.), L. 37, 41†;

nec non et, G. 1. 212, 2. 53, 451, 452, 3. 72, A. 1. 707, 748, 3. 352, 4. 140, 5. 100, 6. 595, 7. 521, 8. 345, 461, 9. 310;

nec minus et, A. 11. 203;

quin et, G. 2. 30, A. 6. 735, 777, 7. 750, 11. 130;

sed non et, A. 10. 343†, 584.

ETENIM, A. 7. 390.

ETIAM. 106.

etiam, E. 1. 13, 2. 8, 9, 4. 35, 58, 59, 5. 27, 10. 13, 14, G. 1. 268, 450, 464, 466, 2. 18, 67, 371, 397, 3. 55, 189† *bis*, 398

evolvo: evolvite, A. 9. 528; evolvere, A. 5. 807; evolvisse, G. 4. 509.

evomo: evomit, A. 8. 253†.

EX. 138.

ex, E. 3. 70, 6. 19, 33 (P Ld. Th. *exordia* R Rb. Ben. *ex ordia* Con.), 7. 70, 10. 35, G. 1. 324, 361, 393, 2. 76, 205, 218, 300, 389, 3. 26, 32, 65, 238, 341, 4. 499, 507, A. 1. 89, 171, 378, 456, 623, 2. 163, 169, 410, 546 (Ld. *ec* Rb. *et* mss. edd.), 625, 648, 659, 716, 727, 3. 149, 209, 232, 373, 494, 613, 4. 138, 263, 278, 389, 401, 410 (M² Pγ edd. *ec* Rb.), 592, 625, 5. 35 (mss. edd. *excelso* Serv. Con.), 44, 47, 115, 129, 244, 266, 305, 378, 421, 632, 773, 6. 98, 111, 301, 407, 519, 7. 19, 29, 70, 95, 139, 177, 228, 244, 269, 288, 574, 652, 703, 8. 36, 47, 186, 268, 395, 455, 621, 701, 9. 64, 367, 658, 755, 10. 341, 362, 593, 11. 10, 60, 100, 198, 239, 261, 275, 533, 575, 652, 720, 757, 764, 774, 780, 783, 814, 820, 850, 12. 32, 255, 324, 435, 436, 768, 802, 949, Cu. 214 (*ex* Ellis *e* edd.), 226 (Ellis *et* edd.), Ci. 91, 159, 175, 264 *bis*, 364, 412, 417, 431, Ca. 2*. 12, 3 (12). 8 (Ellis *e* edd.), 9 (11). 53, 10 (8). 14, D. 42, L. 3 (Ellis *heu* Rb.), 60.

exacuo: exacuit, G. 3. 255; exacuunt, G. 1. 264, 4. 74.

exaestuo: exaestuat, G. 3. 240, A. 3. 577, 9. 798†; exaestuantes (masc. acc.), Ca. 13 (5). 31 (Ellis *et aestuantes* edd.).

EXAMEN. 8.

examen, A. 7. 67;

examine, G. 4. 139, A. 12. 725; examina, E. 7. 13, 9. 30†, G. 4. 103†; examina, G. 2. 452†, 4. 21†.

exanguis; vid. *exsanguis.*

EXANIMIS. 8.

exanimis, A. 5. 481, Cu. 191 (Th. Ben. *exanimus* edd.); exanimis (nom.), A. 4. 672, 5. 517; exanimem (masc.), A. 6. 161†, 10. 841; exanimes (masc. nom.), A. 5. 669†; *masc. subst.* exanimem, A. 10. 496.

EXANIMUS. 8.

exanimus, Cu. 191 (edd. *exanimis* Th. Ben.); exanimi (masc.), A. 11. 30†; exanimum, A. 9. 444†, 451†, 11. 51†; exanimum, A. 1. 484, 6. 149; *masc. subst.* exanimis (dat.), A. 11. 110.

exanimo: exanimata (acc.), A. 5. 805.

exardesco. 6.

exarsit, A. 5. 172, 7. 445, 11. 376, Cu. 409; exarsere, A. 2. 575; exarserat, A. 8. 219.

exaudio. 6.

exaudire, A. 1. 219; exaudita (est), G. 1. 476; exaudiri, A. 4. 460, 6. 557, 7. 15†; exaudita (neut. nom.), A. 11. 157.

EXCEDO. 15.

excedo, A. 2. 737; excedit, A. 12. 842; excedunt, A. 6. 737, 9. 366, Cu. 143 (edd. *escendunt* Ellis); excessit, G. 3. 228, Cu. 189;

excessere, A. 2. 351;
excederet, A. 11. 540;
excedere, A. 1. 357, 3. 60, 5. 380, 9. 789;
excedens (fem.), G. 2. 474;
excedentem (fem.), A. 9. 286.
excellens: excellentem (masc.), A. 12. 250.
excelsus: excelsi (masc.), Cu. 46; excelso (masc. abl.), A. 5. 35 (Serv. Con. *ex celso* mss. edd.); excelsis (masc. abl.), Cu. 155†.
excepto: exceptant, G. 3. 274†.
excerno: excretos, G. 3. 398†.
excessus: excessum, Cu. 302 (edd. *inexcussus* Th. Ben.).
excidium. 7.
excidio, A. 1. 22, 12. 655;
excidium, A. 5. 626, 8. 386;
excidia (acc.), A. 2. 643, 10. 46;
excidiis, G. 2. 505.
excido. 8.
excidit, G. 2. 303, A. 2. 658, 6. 686, 9. 113, 12. 424;
excidet, G. 4. 410;
exciderat, A. 6. 339;
exciderant, A. 1. 26.
excido. 6.
excidunt, A. 1. 429;
excisurum (esse), A. 12. 762;
excisum (est), A. 6. 42;
excisa (abl.), A. 2. 481†, 637, Ci. 53.
excindo; vid. *exscindo.*
excio. 8.
excierat, A. 5. 107†;
excierit (subi.), A. 5. 790;
excire, E. 8. 98;
exciti (sint), A. 7. 642 (FR edd. *acciti* M Ld.);
excita, A. 4. 301, 7. 376;
excitum (nom.), A. 3. 676;
excitos, A. 10. 38.
excipio. 26.

excipit, A. 3. 318, 332, 5. 41, 9. 258, 763, 10. 387, 12. 507;
excipiunt, A. 3. 210 (FGPγ edd. *accipiunt* M Ld. Gos.), 5. 575, 9. 54;
excipiam, A. 9. 271;
excipiet, A. 1. 276;
excepi, A. 4. 374†;
excepit, A. 4. 114, 297, 8. 124;
excepere, A. 9. 745;
excipiat, G. 4. 207†;
exciperet, G. 2. 345†;
excipe, A. 11. 517;
excipere, E. 3. 18;
excepisse, A. 7. 233;
exceptus, A. 10. 867;
exceptum (masc.), A. 6. 173, 11. 684;
excepto (neut.), A. 7. 650.
excito. 10.
excitat, G. 4. 549, A. 2. 594, 728, 3. 343, 8. 434, 543†, 9. 221, M. 12;
excitet, A. 12. 440†;
excita (fem. nom.), A. 12. 445.
exclamo: exclamat, A. 2. 535, 733; exclamant, A. 12. 730.
excludo: exclusus, G. 4. 147; exclusi (nom.), A. 11. 887; exclusos, A. 9. 726.
excolo: excoluere, A. 6. 663.
excoquo: excoquere, G. 2. 260; excoquitur, G. 1. 88.
excubiae: excubias, A. 4. 201, Ci. 208; excubiis, A. 9. 159.
EXCUBITOR, M. 2.
excubo: excubat, A. 9. 175.
excudo: excudunt, G. 4. 57†; excudent, A. 6. 847; excudit, A. 1. 174†; excuderet, G. 1. 135.
excurro: excurrit, M. 18†.
excursus: excursus (acc.), G. 4. 194.
excutio. 23.

excutit, A. 12. 470, 532†;
excussit, A. 2. 224, 12. 493;
excutiat, A. 9. 68;
excute, A. 12. 158;
excutere, A. 2. 686, 3. 683;
excussisse, A. 6. 79;
excutiens, A. 12. 7;
excutiens (fem.), Co. 4;
excutior, A. 2. 302;
excutitur, A. 1. 115;
excutimur, A. 3. 200;
excussa est, A. 5. 679, 10. 777†;
excussi (sunt), A. 9. 476;
excussus, A. 10. 590, 11. 615, 640;
excussa (fem. nom.), A. 6. 353;
excussos, A. 3. 267, 7. 299.
execror; vid. *exsecror.*
exedo. 6.
  exedisse, A. 5. 785†;
  exesa, G. 2. 214;
  exesi, G. 4. 419;
  exesae (gen.), G. 4. 44;
  exesa (nom.), A. 8. 418†;
  exesa, G. 1. 495.
exemplum: exemplum, A. 11. 758; exempla (acc.), G. 4. 219, A. 12. 439.
exeo. 18.
  exis, A. 8. 75;
  exit, G. 1. 116, 2. 53, A. 5. 438, 8. 65, 11. 750, Ci. 466;
  exiit, G. 2. 81 (M Con. Ben. exit Ld. Th. *exilit* γ Rb.), A. 2. 497 (MPγ Gos. Con. Ben. exit edd.); exit, A. 5. 492;
  exierat, A. 8. 585, 11. 903;
  exierint, G. 2. 368, 4. 67;
  exiret, E. 1. 33;
  exire, E. 1. 40, A. 1. 306, 9. 739.
exequiae; vid. *exsequiae.*
exequor; vid. *exsequor.*
exerceo. 39.
  exercet, G. 1. 99, 403, 2. 415, 3.

229, A. 1. 431, 499, 4. 87, 6. 543, 7. 441, 8. 412†, 9. 175;
exercemus, A. 4. 100;
exercent, G. 4. 453, A. 3. 281, 6. 642, 7. 380, 748, 798, 9. 62, 10. 142, 11. 319;
exercebat, A. 7. 782;
exercebant, A. 8. 424;
exercebis, G. 1. 220;
exercuit, G. 3. 152;
exerce, G. 2. 370;
exercete, G. 1. 210, A. 4. 623;
exercere, G. 1. 268, 2. 356, A. 8. 378, 10. 808;
exercentur, G. 4. 159, A. 6. 739, 7. 163†;
exercita, A. 5. 779;
exercite, A. 3. 182, 5. 725;
exercita (nom.), G. 3. 529.
EXERCITUS. 9.
  exercitus, G. 1. 382, A. 2. 415, 5. 824, 7. 39, 9. 25, 10. 27, 11. 171, 598, 12. 123.
exero; vid. *exsero.*
exerto; vid. *exserto.*
exhalo: exhalat, G. 2. 217†, A. 7. 84; exhalantem (masc.), A. 2. 562†.
exhaurio. 9.
  exhauriat, D. 60;
  exhaustum est, A. 9. 356;
  exhausta (sunt), A. 11. 256†;
  exhaustae fuerint (indic.), G. 4. 248;
  exhausto (neut. abl.), G. 3. 309;
  exhaustos, A. 1. 599 (F² MPR γ edd. *exhaustis* F¹ Rb.);
  exhausta, A. 4. 14, 10. 57;
  exhaustis (masc.), A. 1. 599 (vid. *exhaustos*);
  neut. subst. exhausti, G. 2 398†.
exhorresco: exhorrescat, A. 7. 265.

exhortor: exhortantur, A. 7. 472, 11. 610;
exhortarer, A. 8. 510†;
exhortata (fem. nom.), A. 12. 159.
exigo. 18.
exigit, A. 4. 476, 10. 815, Ci. 518, M. 64†;
exegit, A. 2. 357, 11. 569, Ci. 74;
exegimus, Ci. 45†;
exigat, A. 1. 75, 10. 53†, 682;
exigeret, A. 7. 777;
exactum (masc.), G. 1. 435;
exactis (abl.), G. 3. 139, A. 5. 46;
exactis, G. 3. 190;
exactis, A. 6. 637;
subst. exacta (acc.), A. 1. 309.
EXIGUUS. 20.
exiguus, G. 1. 70, 181, 4. 295, M. 63;
exigui, M. 3;
exigui, G. 4. 87, M. 114;
exiguam, A. 4. 212, 6. 493, 7. 113†, 229, 10. 128;
exiguum, G. 2. 413;
exiguo, G. 1. 196;
exigua, G. 2. 202;
exiguo, M. 91;
exigui, A. 5. 754;
exiguae, A. 8. 473;
exigua (nom.), A. 11. 63;
neut. subst. exiguo (dat.), G. 2. 472†.
exilio; vid. *exsilio.*
exilis: exilis (nom.), M. 35.
exilium; vid. *exsilium.*
EXIM (EXIN), A. 6. 890. Vid. *exinde.*
eximius: eximiae (gen.), A. 7. 496; eximios, G. 4. 538†, 550†.
eximo: eximet, A. 9. 447;
exemit, A. 6. 746;
exempta (est), A. 1. 216, 8. 184.

EXINDE, A. 6. 743, 890 (F¹ Rb. *exin* F² MRPγ edd.), 7. 341 (FM Rb. *exin* RVγ² edd.), 8. 306 (MP Rb. Con. *exin* R edd.), 12. 92 (M Rb. Con. *exin* R edd.).
exitialis: exitiale, A. 6. 511; exitiale, A. 2. 31.
EXITIUM. 16.
exitium, E. 3. 101, A. 10. 850, Cu. 230;
exitio, G. 3. 511, A. 5. 625, 9. 316;
exitium, G. 3. 503†, 4. 534, A. 2. 131, 190, 10. 13, 12. 761, 924, Ci. 292;
exitio, Ci. 332 (edd. *exilio* Th.);
exitiis (dat.), A. 7. 129 (MPγ R² edd. *exiliis* Rb.).
EXITUS, A. 2. 554†, 5. 523, 6. 894, 10. 630.
exoptatus: exoptatum (masc.), A. 2. 138; exoptata (acc.), A. 6. 330.
exorabilis: exorabile (nom.), Cu. 288.
exordior: exordiar, Ci. 265; *neut. subst.* exorsa, A. 10. 111; exorsa, G. 2. 46.
exordium: exordia, E. 6. 33 (R Serv. Rb. Ben. *ex ordia* Con. *ex omnia* P Ld. Th.);
exordia, A. 4. 284, 7. 40, Ci. 47 (edd. *om.* Th.).
exorior. 9.
exoritur, A. 2. 313, 3. 128, 5. 765, 12. 583, 756;
exorta (est), A. 3. 99;
exoriare, A. 4. 625;
exoriens (masc.), G. 1. 438;
exorto (neut. abl.), A. 4. 130.
exorno: exornarat, Ci. 148†.
exoro: exorat, A. 3. 370.
EXOSUS, A. 5. 687 (mss. edd.

exosu's Rb. in ed. mai.);
exosa, A. 11. 436†, 12. 818;
exosum (masc.), A. 12. 517.
expallesco: expalluit, Ci. 81.
expecto; vid. *exspecto.*
expedio. 18.
 expedit, Ca. 2*. 17;
 expediunt, A. 1. 178, 702, 5.
 209, 6. 219, 12. 258;
 expediam, G. 4. 150, 286, A. 3.
 379, 6. 759, 7. 40, 11. 315;
 expediet, A. 3. 460;
 expedient, A. 4. 592;
 expedias, A. 8. 50†;
 expediat, G. 4. 397†, A. 12.
 503†;
 expedior, A. 2. 633.
expello: expulerat, A. 8. 408;
 expellere, A. 10. 354;
 expulsum (masc.), A. 1. 620;
 expulsam, G. 1. 320†.
expendo: expendimus, A. 11. 258;
 expendunt, A. 6. 740;
 expendere, A. 10. 669, 12. 21;
 expendisse, A. 2. 229.
expergo; vid. *exspergo.*
EXPERIENTIA, G. 1. 4, 4. 316.
experior. 23.
 experiuntur, G. 4. 157;
 experiar, E. 5. 15, A. 4. 535;
 experiere, G. 2. 222;
 experietur, E. 3. 110;
 est expertus, A. 7. 235;
 experti (estis), A. 1. 202;
 experti (sunt), A. 11. 396†;
 expertae (sunt), Ca. 9 (11).
 34†;
 experiar, E. 8. 67;
 experiare, A. 11. 387;
 experiatur, A. 7. 434;
 experiamur, E. 3. 29;
 sint experti, G. 1. 119;
 expertus, A. 2. 676;
 experta, G. 4. 340, A. 7. 373,
 Cu. 289†, Ci. 332;

expertum (masc.), Ci. 2, 325;
expertos, A. 10. 173;
masc. subst. experto (dat.), A.
11. 283.
EXPERS, A. 10. 752; expertem
 (fem.), A. 4. 550.
expiro; vid. *exspiro.*
expleo. 11.
 explet, G. 3. 431;
 explent, G. 4. 40, A. 12. 763;
 explebo, A. 6. 545;
 explebit, A. 1. 270;
 explerit (subi.), A. 7. 766;
 explesse, A. 2. 586;
 expleri, A. 1. 713, 8. 265, 618;
 expletus, A. 3. 630.
explico: explicat, G. 2. 335; ex-
 plicuit, G. 2. 280; explicet, A.
 2. 362.
explorator: exploratores (nom.),
 A. 11. 512.
exploro. 8.
 explorat, G. 1. 175†, 3. 537, A.
 3. 514, M. 6†;
 explorant, A. 7. 150, 9. 170;
 explorare, A. 1. 77, 307.
expono. 6.
 exponit, A. 6. 416, 10. 288,
 305;
 exponat, L. 19;
 exposta (fem. nom.), A. 10.
 694;
 expositis (fem. abl.), A. 10.
 654.
exporto: exportant, G. 3. 402
 (mss. Con. *exportans* Schol.
 Bern. edd.), 4. 256; exportans,
 G. 3. 402 (vid. *exportant*).
exposco: exposcit, A. 4. 79;
 exposcunt, A. 9. 193;
 exposcere, A. 3. 261, 7. 155.
expromo: expromere, A. 2. 280,
 Ca. 9 (11). 7†.
expugno: expugnavit, A. 10. 92;
 expugnare, A. 9. 532.

exquiro. 9.
exquirit, A. 8. 312;
exquirunt, G. 2. 266, 3. 119, A. 4. 57;
exquirite, A. 3. 96;
exquirere, G. 2. 256, 3. 331, A. 7. 239, Ci. 254.
exsanguis (exanguis): exsanguis (nom.), A. 11. 818;
exangue (acc.), A. 2. 542;
exsangui (masc.), A. 9. 453†;
exangues (masc. nom.), A. 2. 212;
exsanguis (fem.), A. 6. 401.
exsaturabilis: exsaturabile (nom.), A. 5. 781.
exsaturo: exsaturata (fem. nom.), A. 7. 298.
exscindo (excindo). 6.
excindere, A. 4. 425, 6. 553, 7. 316, 9. 137;
excindi, A. 2. 177, 12. 643.
exseco: exsectum (masc.), A. 10. 315.
exsecror (execror): execramur, A. 3. 273; execrantur, A. 11. 217.
exsequiae (exequiae): exequiis (abl.), A. 7. 5.
exsequor (exequor): exsequitur, A. 4. 396, 6. 236 (exequitur);
exsequar, G. 4. 2;
exequerer, A. 5. 54;
exsequere, A. 4. 421.
exsero (exero): exerta, A. 11. 649;
exertae (dat.), A. 1. 492; exertam, A. 11. 803†.
exserto (exerto): exertantem (fem.), A. 3. 425.
exsilio (exilio, exsulio): exilit, G. 2. 81 (γRb. *exit* Ld. Th. *exiit* M Con. Ben.); exsulit (praes.), G. 3. 433 (Rb. *exsilit* R Con. *exilit* P edd.).
exsilium (exilium). 9.
exilio, G. 2. 511, A. 2. 798;

exilium, A. 2. 638, Ca. 3 (12). 8;
exilio, A. 11. 542, Ci. 332 (Th. *exitio* edd.);
exilia, A. 2. 780;
exiliis, A. 7. 129 (Rb. *exitiis* MPγR² edd.);
exilia, A. 3. 4.
exsisto: existat, Cu. 231.
exsolvo: exsolvit (perf.), A. 11. 829; exsolvite, A. 4. 652.
exsomnis: exsomnis (nom.), A. 6. 556†.
exsors: exsortem (masc.), A. 5. 534†, 8. 552; exsortis (masc.), A. 6. 428†.
exspecto (expecto). 24.
expectat, A. 4. 225;
expectant, G. 2. 27, 421, A. 2. 358, 4. 134, 5. 137, 6. 614, 9. 46, 130 (mss. edd. *expectans* M¹ Rb.);
expectem, A. 12. 570;
expectet, A. 4. 430;
expectent, A. 5. 70;
expecta, G. 2. 237†;
expectate, A. 11. 738 (mss. Rb. Ld. Ben. *expectare* edd.);
expectare, E. 7. 34, A. 11. 738 (vid. *expectate*);
expectans (masc.), A. 9. 130 (vid. *expectant*);
expectata, G. 1. 226, A. 5. 104, 6. 687;
expectate, A. 2. 283, 8. 38;
expectati, A. 11. 54†;
neut. subst. expectatum (acc.), G. 3. 348.
exspergo: (expergo): expersa (neut. nom.), A. 3. 625 (Serv. Rb. Con. *adspersa* mss. edd.).
exspiro (expiro). 8.
expirant, A. 11. 883†;
expirare, A. 3. 580;
expirans, A. 10. 731, 739, Ci. 3;

expirans (fem.), A. 11. 820;
expirantem (masc.), A. 1. 44, 11. 865.
exstinguo (extinguo, exstingo, extingo). 13.
extinxti, A. 4. 682†;
extinxem, A. 4. 606;
extinxisse, A. 2. 585;
extinctus (est), A. 4. 322;
extingui, A. 6. 527;
extinctum (esse), A. 12. 599;
extinctam (esse), A. 6. 457;
extinctus, Ci. 523;
extinctum (masc.), E. 5. 20†;
extincto (masc.), G. 1. 466, A. 7. 662, 12. 38;
extinctos, A. 8. 267.
exsto (exto): extat, Cu. 241†; extant, G. 3. 370; extantem (masc.), A. 6. 668.
exstruo (extruo). 7.
extruis, A. 4. 267;
extruimus, A. 3. 224;
extructus, A. 9. 326;
extructo (masc. abl.), Ci. 193†;
extructos, G. 1. 283, A. 11. 66;
neut. subst. extructo (abl.), A. 5. 290.
exsudo: exsudat, G. 1. 88.
exsul (exul). 6.
exul, E. 1. 61†, A. 3. 11, 5. 51, 8. 320, D. 84 (exsul);
exulibus (dat.), A. 7. 359.
exsulo (exulo): exulat, G. 3. 225, A. 11. 263†.
exsulto (exulto). 17.
exultat, A. 2. 470, 5. 398, 10. 643, 813†, 11. 491, 648, 12. 688;
exultant, A. 3. 557, 7. 464, 11. 663;
exultans (masc.), G. 4. 431, A. 2. 386, 10. 550, 12. 700;
exultantis (masc. acc.), A. 8. 663;

exultantia, G. 3. 105, A. 5. 137.
exsuperabilis: exsuperabile (acc.), G. 3. 39†.
EXSUPERO (EXUPERO). 8.
exsupero, A. 3. 698;
exsuperas, A. 12. 20;
exsuperat, A. 10. 658, 11. 905, 12. 46 (exuperat);
exsuperant, A. 2. 759;
exsuperare, A. 7. 591;
ecsuperante (masc.), A. 2. 311 (Rb. *superante* mss. edd.).
exsurgo (exurgo): exsurgit, A. 6. 607; exurgens (masc.), A. 11. 697.
exta. 9.
exta, G. 2. 194, 396, A. 4. 64, 5. 237, 775;
extis, G. 1. 484, A. 6. 254, 8. 183, Ci. 367†.
EXTEMPLO. 16.
extemplo, G. 1. 64, A. 1. 92, 2. 176, 376, 4. 173, 5. 426, 746, 6. 210, 7. 276, 8. 4, 262, 11. 451, 618, 863, 12. 138, Ci. 223.
extendo. 11.
extendit (perf.), G. 2. 405†, A. 5. 374, 9. 589;
extende, G. 1. 230†;
extendere, G. 2. 287†, A. 6. 806†, 10. 468, 12. 909;
extenditur, A. 6. 423, 10. 407;
extenta (fem. nom.), A. 7. 226.
exterus. 62.
extera (acc.), A. 4. 350†;
extremus, G. 2. 417, A. 3. 714, 4. 684, 5. 498, 544, 570, 11. 701;
extrema, A. 7. 225;
extremi, G. 2. 123, 4. 319;
extremae (gen.), G. 1. 340, 3. 423;
extremum, G. 1. 211, A. 9. 352;
extremam, G. 3. 466, A. 4.

179†, 435, 621, 7. 572, 11. 626;
extremum, E. 8. 60, A. 4. 429,
Ci. 267, D. 97;
extrema, A. 2. 431;
extremo, G. 3. 304, 4. 116, A.
7. 218;
extrema, E. 8. 20, A. 2. 447,
11. 846†, Cu. 384, Ci. 406;
extremo, G. 3. 542, A. 5. 327,
12. 614;
extremi, E. 8. 44, A. 8. 727, 10.
432;
extremae, G. 1. 235;
extremis (masc.), G. 2. 114;
extremos, G. 3. 517, A. 5. 196,
12. 925;
extremas, A. 9. 10;
extrema, G. 2. 473, A. 3. 488,
9. 204, 10. 814;
extremis (fem.), G. 2. 171;
subst. extremum (nom.), A. 6.
466;
extremum (neut.), E. 10. 1;
extremis (masc.), A. 5. 183;
extrema, A. 1. 219, 577, 2. 349,
3. 315, 6. 457, 8. 333;
adv. extremum, A. 9. 484†; extrema, A. 11. 865.
EXTERNUS. 12.
externus, A. 7. 424;
externo (masc.), A. 10. 156;
externum, A. 3. 43, 7. 68;
externam, A. 7. 370, Ci. 484
(Ben. *aeternam* Rb. Th. *aeternum* Ellis);
externa, A. 7. 255, 367;
externi, A. 6. 94, 7. 98;
externos, A. 8. 503;
externis (fem.), A. 7. 270.
exterreo. 21.
exterrens (masc.), A. 10. 210;
exterritus, G. 3. 434†, A. 4.
571, 6. 559, 8. 240†, 9. 424, 11.
806;
exterrita, G. 3. 417, A. 3. 307,

673, 4. 450, 672, 5. 215, 505, 8.
370, 504, 12. 660, Ci. 48†, 283;
exterrita (voc.), G. 4. 353;
exterrita (nom.), G. 3. 149.
extimesco: extimui, A. 8. 129.
extingo, extinguo, exto; vid. *exs-*.
extollo: extollere, A. 11. 401.
extorqueo: extorquet, A. 12. 357.
EXTORRIS, A. 4. 616.
EXTRA, A. 2. 672, 6. 795, 796, Ci.
142.
extruo; vid. *exs-*.
extundo: extudit, G. 4. 315;
extuderat, G. 4. 328, A. 8.
665†;
extunderet, G. 1. 133†.
exubero: exuberat, G. 1. 191, A.
7. 465; exuberet, G. 2. 516.
exudo, exul, exulo, exulto; vid.
exs-.
exuo. 11.
exuit, A. 1. 690, 5. 423, 7. 416,
9. 303;
exuit, A. 8. 567†;
exuerint (indic.), G. 2. 51;
exue, A. 4. 319, 5. 420;
exuta (fem. nom.), A. 4. 518;
exutos, A. 11. 395;
exutas, A. 2. 153.
exupero, exurgo; vid. *exs-*.
exuro. 11.
exussit, A. 5. 794†;
exure, A. 7. 431;
exurite, A. 5. 635;
exurere, A. 1. 39, 3. 141, 9. 115;
exuritur, A. 6. 742;
exusta (est), G. 3. 432;
exustus, G. 1. 107;
exusto (masc. abl.), M. 8·
exustas, A. 10. 36.
EXUVIAE. 14.
exuviae, A. 11. 577;
exuvias, E. 8. 91, A. 2. 275,
646, 4. 496†, 507, 9. 307, 10.
423, 11. 7, 790, 12. 946;

exuviae, A. 4. 651;

exuviis, G. 3. 437, A. 2. 473†.

Faba: fabis (dat.), G. 1. 215.

Fabaris: Fabarim, A. 7. 715†.

Fabius: Fabii (nom.), Cu. 361†;
Fabii, A. 6. 845.

FABRICATOR, A. 2. 264.

Fabricius: Fabricium, A. 6. 844.

fabrico: fabricata est, A. 2. 46†;
fabricata (fem. nom.), Ca. 2*.
1; fabricata (acc.), A. 9. 145.

fabrilis: fabrilia (acc.), A. 8. 415.

FABULA, L. 26.

facesso: facessit, G. 4. 548†; fa-
cessunt, A. 4. 295, 9. 45.

FACIES. 41.

facies, A. 2. 601, 3. 310, 407,
426, 5. 722, 768, 6. 104, 575, 7.
448, 8. 194;

faciem, G. 2. 85, 131, 3. 58, 4.
361†, A. 1. 658, 683, 5. 357,
619, 7. 415, 9. 734, 10. 234,
637, 699, 12. 416, 623, 784,
865, Ci. 227 (Rb. Th. *faceres*
Ben. Ellis);

facie, A. 2. 412, 7. 19, 9. 336,
583;

facies, G. 1. 506, 4. 95, A. 2.
622, 5. 822, 6. 560, 7. 329, 8.
298, 9. 122;

facies, A. 12. 891.

FACILE, G. 4. 404, A. 11. 721.

FACILIS. 25.

facilis, G. 1. 79, A. 3. 621, 6.
126, 146, 894;

facilis (nom.), G. 1. 266†, 4.
272, A. 2. 646, L. 37, 77;

facilem, G. 1. 40, 2. 460;

facilem, G. 1. 122, 2. 223, A. 1.
445, 3. 529, 4. 430;

facili (masc.), E. 3. 38†, A. 6.
676;

faciles, G. 3. 165;

faciles, E. 3. 9;

facilis, A. 8. 310;

facilis, G. 4. 535, Cu. 275†
(faciles);

facillima (fem. nom.), A. 11.
761. Vid. *facile.*

facinus: facinus, Ci. 327.

FACIO. 171.

facio, A. 3. 179;

facis, A. 1. 80;

facit, E. 3. 86, 7. 23, A. 1. 302,
2. 395, 5. 73, 266, 281, 7. 508,
11. 50, Ci. 173;

facimus, A. 8. 189;

faciunt, G. 3. 135, A. 3. 236,
561;

faciebat, E. 2. 35, L. 70;

faciam, E. 3. 77, G. 3. 27†, A.
12. 837;

faciet, E. 2. 44, G. 2. 54 (M²γ
Con. *faciat* M¹ edd.), **246**†;

faciemus, A. 3. 504†;

facietis, E. 10. 72;

facient, E. 5. 80;

feci, A. 9. 427;

fecisti, A. 2. 539;

fecit, E. 1. 6, 3. 44, G. 1. 137,
182, 2. 474, A. 7. 191, Ci. 528;

fecimus, E. 7. 35;

fecere, E. 9. 32, 10. 12, G. 4.
272, A. 3. 498, 5. 830, 6. 664,
12. 779, L. 79;

fecerat, A. 4. 264, 8. 628, 630,
710, 9. 304, 11. 75, 12. 91, Cu.
277, Ci. 111, 221;

faxo, A. 9. 154, 12. 316;

fecerit, E. 4. 37, G. 1. 208;

faciat, G. 1. 1, 2. 54 (vid.
faciet), A. 1. 58†, 75, 9. 399, 10.
875;

faciant, E. 3. 16;

facerem, E. 1. 40, 7. 14;

faceres, Ci. 227 (Ben. Ellis
faciem Th. Rb.);

faceret, G. 4. 504;

facerent, A. 9. 228;

fecissent, A. 2. 110;

fac, A. 4. 540;

facite, E. 5. 42†;

facito (sec. pers.), A. 12. 438;

facere, A. 1. 676;

fecisse, Ci. 458†;

facturum (masc. esse), Ci. 427†;

facturos (esse), Ci. 423;

factura (fem. nom.), G. 2. 58;

fit, G. 2. 76, 4. 79, 188, A. 1. 725 (MRγ² edd. *it* Rb.), 2. 209, 494, 5. 620, 6. 220, 7. 351, 352, 419, 8. 280, 9. 185, 752, 10. 153, 381, 11. 298, Cu. 229†, Ca. 2*. 21†;

fiet, G. 4. 407, D. 7 (Ellis *fient* Rb.);

fient, D. 7 (vid. *fiet*), 98†, L. 17†;

factus (est), A. 5. 763;

facta est, G. 2. 534†; facta (est), A. 9. 356;

facta (sunt), A. 1. 730, 11. 241;

fiat, E. 8. 58 (mss. Rb. Ben. *fiant* Serv. edd.), D. 36†, 46†;

fiant, E. 8. 58 (vid. *fiat*);

fieret, A. 3. 473;

fieri, E. 5. 41, 8. 97, A. 8. 402, 12. 824, Ci. 328;

esse facta, Ca. 10 (8). 21†;

factus, A. 2. 382 (Rb. *tremefactus* edd.), L. 63 (Ellis *furti* Rb.);

facta, A. 2. 629 (Rb. *tremefacta* edd.), 7. 541;

facti (neut.), A. 10. 527;

facto (abl.), A. 3. 718;

facta, A. 5. 587, 12. 254;

facto, G. 4. 167, A. 1. 82, 434, 8. 595;

factae, A. 9. 95;

facta (acc.), A. 2. 228 (Rb. *tremefacta* edd.), 11. 439;

facienda (sunt), A. 8. 441;

neut. subst. facti, A. 1. 364,

367, 4. 539, 7. 232, 9. 194, 11. 812, 12. 322, Ci. 336, 488, L. 56;

facto, A. 9. 79;

factum, A. 1. 351, 4. 109, 9. 299;

facto, Ci. 159 (Th. Ben. *dicto* Rb. Ellis);

facta, A. 1. 641, 4. 596, 11. 792, Ca. 9 (11). 58;

facta, E. 4. 26, 54, 8. 8, A. 2. 548, 4. 190, 6. 822, 8. 288, 483, 516, 10. 282, 369, 398, 791, Ca. 13 (5). 18, D. 8;

factis, A. 3. 462, 6. 806 (M edd. *vires* PR Rb. Con.), 7. 474, 10. 468†.

factum; vid. *facio.*

FACULTAS, G. 4. 437.

Fadus: Fadum, A. 9. 344.

faenilia: faenilia, G. 3. 321.

FAGINUS, G. 3. 172; fagina (acc.), E. 3. 37.

FAGUS. 10.

fagus, G. 1. 173, 2. 71 (fagos), Cu. 141;

fagi, E. 1. 1, 5. 13, G. 4. 566;

fagos, E. 2. 3, 3. 12, 9. 9†, G. 2. 71 (vid. nom.).

FALARICA, A. 9. 705 (Rb. *phalarica* mss. edd.).

falcatus: falcati (nom.), A. 7. 732.

Falernus: Falernis (fem. abl.), G. 2. 96.

Faliscus: subst. Faliscos, A. 7. 695†.

FALLACIA, G. 4. 443 (M² edd. *pellacia* Con.), Ci. 378.

FALLAX. 8.

fallax, A. 6. 343;

fallax (fem.), E. 4. 24, Ca. 3 (12). 10;

fallacis (fem.), A. 9. 392;

fallacis, Ci. 2;

fallaci (masc. dat.), A. 11. 717;
fallacibus (fem. dat.), G. 1.
195, A. 5, 850.
fallo. 36.
  fallis, A. 12. 634;
  fallit, E. 2. 27†, A. 4. 96, 7.
350, 9. 243 (PR Rb. Ben. Con.
fallet M edd.), 9. 385, 10. 608,
812†;
  fallunt, G. 2. 152, A. 12. 877;
  fallet, G. 1. 425, A. 9. 243 (vid.
fallit);
  fefellit, G. 3. 392, A. 2. 744, 4.
17, 6. 347, 691, 7. 215, 8. 218,
12. 246;
  fallas, A. 1. 688, Ci. 432 (edd.
fallor Ellis);
  falleret, A. 5. 591 (M edd.
frangeret PRγ Rb.);
  falle, A. 1. 684;
  fallere, G. 1. 139, 2. 467, 4.
447, A. 4. 85, 296, 6. 324, 613,
11. 701;
  fallente (fem.), A. 9. 572, 10.
754;
  fallor, A. 5. 49, Ci. 228, 432
(vid. *fallas*);
  fallar (subi.), Ci. 228†.
falsus. 13.
  falsa, Ci. 263;
  falsi (masc.), A. 1. 716, 3. 302;
  falsum (masc.), G. 1. 463;
  falsa, A. 2. 83, 7. 442, 453, 10.
631;
  falso, A. 6. 430;
  falsa (acc.), A. 6. 513†, 896;
  falsis, E. 6. 48;
  falsis (fem.), A. 1. 407.
falx. 14.
  falcis, G. 2. 365, A. 7. 635;
  falcem, E. 4. 40, G. 1. 348, 2.
416, 421, A. 7. 179;
  falce, E. 3. 11, G. 1. 157, 4.
110, Cu. 86, Co. 23;
  falces (nom.), G. 1. 508;

falcibus (abl.), A. 4. 513.
FAMA. 77.
  fama, E. 6. 74, 9. 11, G. 4. 42,
318, A. 1. 463, 532, 2. 17, 3.
165, 294, 551, 578, 694, 4. 323,
387, 5. 106, 302, 392, 6. 14,
502, 7. 205, 232, 333, 392, 8.
132, 554, 600, 9. 79, 195, 10.
510, 641, 679, 11. 224, 368,
511, 12. 608, 735, Cu. 362, L.
44, 58; Fama, A. 3. 121, 4.
173, 174, 298†, 666, 7. 104, 9.
474, 11. 139;
  famae (gen.), G. 2. 40, A. 4.
221, 6. 889, 7. 646;
  famam, G. 4. 286, A. 1. 287, 2.
587 (Th. Con. *flammae* edd.),
4. 91, 218, 6. 527†, 7. 2, 8. 731†,
10. 468, 11. 847, Cu. 32;
  fama, G. 3. 47, A. 1. 379, 457,
2. 21, 82, 4. 170, 7. 79, 564,
745, 765, 11. 124, 12. 235, Cu.
7, Ci. 104, Ca. 9 (11). 24†.
FAMES. 18.
  fames, A. 1. 216, 3. 256, 7. 124,
128, 8. 184, 9. 340, 10. 724;
  Fames, A. 6. 276;
  famis, M. 121†;
  famem, G. 1. 159, A. 3. 367,
M. 84;
  fames, A. 3. 57;
  fame, G. 4. 259†, 318, A. 3.
218, 6. 421, Ca. 13 (5). 36.
famosus: famosa (abl.), Co. 3
(Leo Ellis *fumosa* edd.).
famula. 7.
  famulam, A. 3. 329, 11. 558,
M. 93;
  famulae, A. 1. 703, 4. 391;
  famularum, Ci. 444;
  famulas, A. 8. 411.
famulus. 8.
  famulo, A. 3. 329;
  famulum, A. 5. 95;
  famuli, A. 1. 701†, 5. 263, 8. 584;

4. 340, 440, 614, 651, 5. 709, 6.
147, 511, 869, 7. 239, 272, 8.
398, 512†, 575, 9. 137, 10. 113,
438, 472, 740, 11. 97, 112, 701,
12. 507, 676, Ci. 183, 318†, Ca.
11 (14). 4†, L. 61 (Rb. *vota*
Ellis);

fatorum, E. 4. 47, A. 1. 262, 2.
294, 554, 5. 703, 707, 7. 123,
Ci. 199;

fatis, G. 4. 452, A. 3. 9, 7. 293,
9. 135, 11. 759, 12. 149;

fata, A. 1. 222, 239, 382, 3.
375, 444, 494, 717, 4. 20, 678,
6. 45, 72, 376, 683, 759, 882, 7.
234, 294, 584, 8. 499, 731, 9.
94, 204, 10. 35, 417, 11. 160,
12. 111, 395, 726, Cu. 228†,
247 (Th. Ben. *praefata* edd.),
264 (Th. Ben. *tura* Rb. *cura*
Leo Ellis), L. 55†;

fatis, G. 1. 199, 4. 324, A. 1. 32,
39, 239, 2. 13†, 246, 257, 3. 17,
182, 700, 4. 14, 110, 225, 450,
5. 656, 725, 784, 6. 67, 546, 7.
79, 120, 224, 255, 314, 594, 8.
12, 133, 292, 477, 10. 67, 109,
380, 624, 11. 287, 587, 12. 610,
795†, Cu. 353.

Faunus. 14.
Fauni, A. 7. 81†, 102, 213, 254,
368;
Fauno, A. 7. 48, 10. 551, 12.
766;
Faune, A. 12. 777;
Fauno, A. 7. 47;
fauni, A. 8. 314;
faunos, E. 6. 27;
fauni, G. 1. 10, 11.
FAUTOR, Cu. 13.
faux. 22.
fauces, G. 1. 207, A. 9. 64, 11.
525;
faucibus, A. 2. 774, 3. 48, 4.
280, 12. 868;

fauces, G. 3. 508, 4. 467, A. 6.
201, 7. 570, 11. 516, Cu. 182;
faucibus, G. 3. 497, 4. 428, A.
2. 358, 6. 241, 273, 7. 786, 8.
252, 267, Ci. 463.
faveo. 8.
favet, G. 2. 228;
fave, E. 4. 10, G. 4. 230 (M¹
Ben. *fove* PRM² edd.);
favete, A. 5. 71;
favens (masc. voc.), G. 1. 18;
faventes (masc.), A. 1. 735, 8.
173;
faventum (masc.), A. 5. 148.
favilla: favillam, A. 5. 666, 6.
227, 9. 76;
favilla, A. 3. 573.
FAVOR, A. 5. 343.
favus. 8.
favorum, G. 4. 214;
favis, G. 4. 161;
favos, G. 1. 344, 4. 104, 179,
242;
favis, G. 4. 22†, 141.
fax. 25.
facem, A. 2. 694, 6. 224†, 607,
7. 456;
face, A. 4. 626, 7. 319, 10. 77,
704;
faces, A. 1. 150, 12. 656;
faces, E. 8. 29, G. 1. 292, A. 4.
567†, 604, 5. 637, 640, 661, 6.
593, 7. 337, 11. 143, 12. 573,
Cu. 262†, 312;
facibus, A. 4. 472, 9. 74.
FEBRIS, G. 3. 458; febris (gen.),
Ca. 2. 3.
fecundo: fecundat, G. 4. 291.
FECUNDUS. 8.
fecundus, M. 73;
fecunda, G. 1. 67, Cu. 77†;
fecundum (neut. acc.), A. 7.
338;
fecundae, G. 2. 446;
fecunda, D. 10;

fecunda, A. 6. 598;
fecundis (masc.), G. 2. 325.
fel: felle, A. 8. 220, 12. 857.
feliciter: felicius, G. 1. 54.
FELIX. 41.
    felix, E. 5. 65, G. 2. 490, A. 9.
337, 11. 429, Ci. 27;
    felix (fem.), G. 1. 284, 345, A.
1. 330, 3. 321, 4. 657 *bis*, 6.
784, Ci. 27;
    felicis (fem.), A. 6. 230;
    felicis, G. 2. 127;
    felicem, G. 2. 188;
    felicem, Ca. 9 (11). 23;
    felix, A. 3. 480, L. 28, 31;
    felix, A. 11. 159;
    felix, E. 1. 74, D. 90;
    felici (fem.), A. 7. 751;
    felici, A. 7. 599;
    felices (masc.), A. 3. 493, Ci.
28;
    felicia, D. 10;
    felicibus (masc.), A. 3. 120;
    felicis, G. 1. 277, Cu. 40;
    felicis, G. 4. 329;
    felicia, A. 7. 725, 11. 196;
    felices (fem.), A. 6. 669;
    felicia, D. 33;
    felicibus (masc.), G. 2. 81;
    felicibus (neut.), A. 7. 745, 11.
32, 12. 821;
    felicior (masc.), A. 9. 772.
felix; vid. *filix.*
FEMINA. 12.
    femina, G. 3. 216, A. 1. 364, 4.
95, 211, 570, 5. 6, 6. 448, 8.
408, 11. 705, 734, L. 35;
    femina (voc.), Ca. 13 (5). 17.
femineus. 12.
    femineum (masc.), A. 11. 878;
    femineum, A. 9. 142, Cu. 266;
    femineo, A. 4. 667†, 9. 477, 11.
782;
    feminea, A. 2. 584, 12. 53;
    femineae, A. 7. 345;

feminea, A. 11. 663;
femineas, A. 7. 8c6;
femineis (masc.), A. 2. 488.
femur: femur, A. 10. 344, 857,
12. 926;
    femine, A. 10. 788.
fenestra: fenestram, A. 2. 482;
    fenestras, G. 4. 298, A. 3. 152,
9. 533.
fera; vid. *ferus.*
feralis: ferali (neut. abl.), A. 4.
462; feralis (fem.), A. 6. 216.
ferax: ferax (fem.), G. 2. 222;
    feraces (fem.), G. 2. 79; fera-
cis (fem.), G. 4. 114.
FERE, G. 2. 203, A. 3. 135, 5. 327,
835.
feretrum: feretro, A. 6. 222; feretrum, A. 11. 64†; feretro, A.
11. 149†.
ferinus: ferino (neut. abl.), A.
11. 571; *subst.* ferinae (gen.),
A. 1. 215.
ferio. 26.
    ferit, E. 9. 25†, G. 3. 500, A. 1.
103, 115, 2. 488, 4. 580, 5. 140,
6. 251, 8. 25, 10. 154†, 315,
346, 349†, 415, 11. 832, 12.
295, 304†, 458, 511, 730, Cu.
197, 300 (Rb. Leo *Periboea* Th.
Ben. *Hesiona* Ellis);
    feriunt, A. 3. 290, 5. 778;
    feriant, E. 9. 43;
    ferire, G. 3. 460.
ferior: feriatos, Ca. 13 (5). 20.
feritas: feritatis, Cu. 311 (edd.
frondentibus Th. Ben.); feritate, A. 11. 568, Cu. 303 (edd.
trepidante Ellis).
fermentum: fermento (abl.), G.
3. 380†.
FERO. 311.
    fero, G. 2. 476, A. 4. 703;
    fers, E. 9. 51 (Rb. in ed. min.
fert mss. edd.);

ferenti (masc.), A. 2. 570, 3. 473†, 12. 299;

ferentem, A. 2. 216, 9. 570, 628;

ferentem, G. 2. 56, A. 9. 804;

ferentis, A. 1. 189, 2. 49, 3. 678, 4. 430, 11. 872, 12. 465;

ferentis, G. 4. 145;

ferendo (abl.), A. 5. 710;

est latura, A. 10. 792†;

feror, G. 4. 497†, A. 2. 337, 655, 3. 11, 16, 78, 4. 110, 376, 10. 442, 631, 670, Cu. 23, 231;

fertur, G. 1. 514, 3. 236, A. 1. 15, 476, 2. 498, 511, 3. 40, 93, 5. 33, 215, 574, 588, 863, 6. 893, 7. 208, 381, 735, 8. 549, 9. 82, 553, 11. 530, 678, 730, 12. 346, 478, 687, 855, Ci. 184, 478;

ferimur, A. 2. 725, 5. 628†, 7. 594;

feruntur, A. 5. 157, 587, 7. 156, 673, 9. 122, 11. 906, 12. 575†;

ferebar, A. 2. 588;

ferebatur, A. 7. 62;

feretur, A. 7. 231, 12. 235, Cu. 7 (edd. *feratur* Th.);

feraris, Ci. 327 (Th. Ben. *sequaris* Rb. Ellis);

feratur, G. 2. 267†, A. 10. 20†, Cu. 7 (vid. *feretur*);

feramur, Cu. 41;

ferantur, D. 24†;

ferri, G. 1. 397, 3. 109, A. 3. 465, 6. 142, 558, 7. 78, 8. 710, 9. 354, 11. 232, 900;

ferendis (fem. dat.), G. 2. 178.

FERONIA, A. 7. 800, 8. 564.

FEROX. 12.

ferox, A. 4. 135, 5. 277, 10. 610, 711;

ferox (fem.), Cu. 267;

ferox (masc.), A. 12. 895;

feroci (fem.), A. 12. 19;

feroces (acc.), A. 1. 263, 7. 384, 724 (-is);

ferocis, G. 3. 179;

ferocia, A. 1. 302.

ferratus: ferrata (abl.), A. 11. 714;

ferratos, G. 3. 361, A. 7. 622;

ferratas, A. 5. 208;

ferratis (neut.), G. 3. 399.

FERREUS. 14.

ferreus, A. 10. 745, 11. 601, 817, 12. 284, 309;

ferrea (nom.), E. 4. 8, G. 2. 44, 341 (M¹ PRγ Th. *terrea* M² edd.), A. 3. 45, 6. 554, 626, 12. 664;

ferrei (nom.), A. 6. 280;

ferrea (acc.), G. 2. 501.

ferrugineus: ferruginea (abl.), A. 6. 303; ferrugineos, G. 4. 183.

ferrugo: ferrugine, G. 1. 467, A. 9. 582, 11. 772, Cu. 273.

FERRUM. 131.

ferrum, A. 8. 694, 9. 701, 11. 864;

ferri, G. 1. 143, A. 2. 333, 7. 461, 609, 10. 316, 482, 11. 862, Cu. 392, Ci. 280 (Rb. *ferrum* edd.);

ferro, A. 10. 421, 12. 540;

ferrum, G. 1. 58, 2. 220, 369, 504, 4. 175, A. 2. 510, 4. 71, 5. 489, 6. 260, 290, 7. 694, 8. 386, 424, 648, 9. 37, 410, 427, 773, 10. 10, 396, 11. 637, 735, 748, 894, 12. 50, 260, 278, 404, 578, 737, 774, 777, 950, Ci. 280 (vid. *ferri*);

ferro, G. 1. 50, 147, 292, 2. 301, 450, 3. 374, 453, 468, 489, A. 1. 293, 313, 350, 355, 527, 2. 55, 463, 581, 614, 627, 671, 3. 222, 241, 4. 131, 547, 580, 601, 626, 663, 679, 5. 306, 405, 509, 557, 6. 148, 294, 361, 457, 553 (Mγ²

Gos. *bello* FPR edd.), 7. 525,
692, 8. 226, 402, 570, 701, 9.
137, 146, 331, 494, 526, 609,
620, 633, 678, 750, 10. 232,
372, 479, 514, 546, 715, 11.
102, 135, 218, 255, 276, 307,
646, 12. 16, 100, 124†, 165,
173, 186, 209, 282, 361, 489,
695†, 709, Cu. 320, Ci. 213,
280†, 366, D. 31.
FERTILIS. 7.
  fertilis, G. 2. 185, 191, M. 63;
  fertilis (fem. nom.), G. 2. 252,
  4. 128, 142;
  fertilis (fem. gen.), A. 9. 136.
ferula: ferulas, E. 10. 25.
FERUS. 44.
  ferus, A. 2. 326, 4. 466;
  fera, A. 10. 12;
  ferum (neut. acc.), D. 61;
  fera, Cu. 249;
  feri, E. 5. 28†;
  ferae, A. 4. 152;
  fera, A. 6. 49;
  feris (masc.), A. 10. 559, 12.
  414;
  feros, G. 2. 36;
  fera, A. 6. 80, Ci. 139 (Th.
  periuria edd.);
  subst. fera, A. 9. 551;
  feri, A. 2. 51†;
  ferae (gen.), A. 4. 550;
  ferum, A. 7. 489;
  feram, G. 4. 442;
  ferae, G. 1. 330, 2. 342, A. 1.
  308;
  ferarum, E. 10. 52, G. 2. 471,
  3. 242, 480, 4. 223, 406, A. 3.
  646, 6. 7, 179, 285, 7. 20, 404,
  651, 9. 771, Cu. 278, Ci. 86,
  308;
  feris (masc.), A. 5. 818;
  feras, E. 6. 27, G. 1. 139, A. 7.
  478, 9. 591, 11. 686.
ferveo. 11.

fervet, G. 1. 327, 4. 169†, A.
1. 436†, 4. 407;
fervent, Cu. 62 (Ellis *fulgent*
Th. Ben. *fuerint* Rb. Leo);
fervere, G. 1. 456, A. 4. 409,
567, 8. 677; fervĕre, A. 9. 693;
ferventis (fem. acc.), A. 11.
195.
FERVIDUS. 14.
  fervidus, G. 3. 107, A. 8. 230,
  9. 72, 350, 736, 10. 788, 12.
  293, 325, 748, 951;
  fervida, A. 7. 397;
  fervido (masc. abl.), Ca. 2*. 7;
  fervida (nom.), A. 12. 894;
  fervida, A. 7. 24.
fervor: fervore, A. 10. 578; fer-
  voribus (abl.), G. 3. 154.
Fescenninus: Fescenninas, A. 7.
  695.
FESSUS. 50.
  fessus, G. 4. 403, A. 8. 232, Ci.
  193, Co. 31;
  fessa, E. 8. 85;
  fessae, Ci. 461;
  fessae, M. 28;
  fessum, A. 2. 596, 3. 710, 5.
  463, 6. 503, 845†;
  fessam, Ci. 223;
  fessum, A. 3. 581;
  fesso (neut.), Ci. 448 (Th.
  fessae edd.);
  fessi, A. 1. 178, 2. 109, 3. 276,
  5. 327, 717†, 8. 489, 607;
  fessae, G. 4. 180, Cu. 154 (edd.
  fusae Rb.), Ci. 448 (vid. *fesso*);
  fessa, A. 4. 522, 7. 298;
  fessis, E. 2. 10, A. 12. 593;
  fessis (fem.), A. 3. 145, 11.
  335†;
  fessos, G. 4. 190, A. 2. 253, 3.
  78, 511†, 568, 5. 41, 845, 9.
  814, 11. 913, Cu. 205;
  fessas, A. 1. 168, 5. 29, 715, Ci.
  232;

fessa, A. 8. 26;
subst. fessis, E. 5. 46†, A. 3. 85;
fessis (fem.), A. 5. 615;
fessas, G. 4. 266†, Cu. 122†.
festino: festinant, A. 6. 177, 7.
156;
festinem, G. 4. 117;
festinate, A. 2. 373;
festinare, A. 4. 575.
festinus: festina (fem. nom.), A.
9. 488.
festus. 6.
festa, M. 68;
festa (abl.), A. 2. 249, 4. 459;
festos, G. 2. 527, A. 6. 70;
festis (masc.), G. 1. 268.
FETURA, E. 7. 36†; feturae (dat.),
G. 3. 62; fetura, Cu. 21 (Rb.
in ed. mai. *secura* Rb. in ed.
min. edd.).
fetus. 7.
feta, A. 2. 238;
feto (neut.), E. 3. 83;
fetam, A. 8. 630;
fetae, G. 3. 176;
feta (acc.), A. 1. 51;
fetis (fem.), G. 4. 139;
subst. fetas, E. 1. 49.
FETUS. 28.
fetus, G. 1. 195;
fetum, G. 2. 196 (P edd. *fetus*
M Con.), A. 12. 170;
fetu, G. 2. 69, 390, 429, 517, A.
6. 207, 8. 82;
fetus, G. 1. 55, 189;
fetus, E. 1. 21, 3. 30, G. 1. 75,
2. 56, 196 (vid. *fetum*), 327,
442, 521, 4. 163, 199, 231†,
512, A. 1. 432, 3. 391, 6. 141, 8.
44, Ci. 230;
fetibus, G. 1. 82.
fibra. 6.
fibrae (nom.), G. 1. 484, A. 10.
176;
fibris, A. 6. 600;

fibris, G. 1. 120, 3. 490, M. 89.
FIBULA, A. 4. 139, 5. 313, 7. 815,
12. 274, Ci. 127.
FICTOR, A. 9. 602.
fidelis: fidelis (fem. nom.), A. 9.
707.
Fidena: Fidenam, A. 6. 773.
FIDES. 28.
fides, A. 2. 143, 309, 3. 69, 375,
434, 4. 12, 373, 552, 597, 6.
346, 459, 878, 7. 365, 9. 79,
260, 280, 11. 55; Fides, A. 1.
292, Cu. 227;
fidem, G. 4. 213, A. 2. 161, 541,
5. 604, 8. 150, 10. 71, 792, 11.
511;
fide, A. 7. 235†.
fides: fidibus (abl.), A. 6. 120.
fido. 15.
fidis, A. 11. 706†;
fidit, A. 5. 69;
fidite, A. 10. 372;
fidere, A. 2. 402, 5. 800, 7. 290,
9. 378;
fidens (masc.), A. 2. 61, 5. 398,
10. 181, 345, 11. 351, 370, 12.
789;
fidentem (masc.), G. 3. 31.
FIDUCIA. 12.
fiducia, A. 1. 132, 2. 75, 162, 8.
395, 9. 126, 142, 188, 10. 152,
276, 11. 502, Cu. 24, Ci. 380.
FIDUS. 24.
fidus, A. 1. 188, 6. 158†, 8. 521,
586, 9. 307, 648, 12. 384;
fida, A. 2. 23, 11. 821 (M¹ R
edd. *fidam* Pγ¹ M² Rb.), 12.
271;
fidum (masc.), A. 1. 113, 6.
524, 10. 332;
fidam, A. 5. 547, 11. 821 (vid.
fida);
fido (masc.), A. 7. 640;
fidi, A. 5. 468;
fida, A. 2. 377, 3. 112;

1. 300, 620, 4. 211, 616, 5. 139
(mss. edd. *funibus* Rb.), 7.
469, 10. 719, Ca. 9 (11). 54†,
D. 80.

FINITIMUS (FINITIMOS). 5.
finitimos, A. 8. 569 (P Rb. *fini-timo* MRγ edd.);
finitimo (neut. dat.), A. 8. 569
(vid. *finitimos*);
finitimos, A. 11. 206;
finitimas, A. 7. 549;
masc. subst. finitimi (nom.), A.
6. 378;
finitimos, A. 5. 106.

fio; vid. *facio.*

firmo. 15.
firmat, G. 3. 209, A. 3. 611,
659;
firmamus, Ci. 43;
firmabant, A. 12. 212;
firmarunt, Ci. 125 (Ben. Ellis
firmarant Rb. Th.);
firmarant, Ci. 125 (vid. *firma-runt*);
firmes, A. 8. 78, 11. 356 (M² R
Ld. Th. Gos. *iungas* M¹ P
edd.);
firmet, A. 11. 466†;
firment, A. 11. 330, 12. 188;
firma, A. 2. 691;
firmans (fem.), G. 4. 386†;
firmantur, A. 9. 788;
firmata (fem. nom.), E. 4. 37.
firmus: firma (nom.), Cu. 326
(Leo Rb. *alma* Th. Ben. *arma*
Ellis);
firmo (neut. abl.), A. 6. 261;
firma (acc.), A. 2. 481, 12. 317;
firmissima (neut. nom.), G. 2.
97.

fiscella: fiscellam, E. 10. 71.
FISCINA, G. 1. 266, Co. 17†.
fissilis: fissile, A. 6. 181; fissile,
G. 1. 144.
FISTULA. 8.

fistula, E. 2. 37, 3. 22, 25, 7. 24,
8. 33, 10. 34, Co. 10, D. 75.
flabrum: flabra (nom.), G. 2.
293; flabris (abl.), G. 3. 199†.
flagellum: flagello (abl.), A. 5.
579, 6. 570, 7. 731, 8. 703;
flagella (acc.), G. 2. 299.
flagito: flagitat, A. 2. 124.
flagro. 13.
flagrat, Cu. 220 (Ben. *flagrant*
Rb. Leo *latrantia* Ellis Th.);
flagrant, Cu. 220 (vid. *flagrat*);
flagrabit, D. 35†;
flagrans (masc.), A. 12. 167;
flagrantem, A. 2. 685†;
flagrantem, A. 7. 397;
flagrante, A. 11. 225;
flagranti, A. 9. 72†, Cu. 314
(Th. Ben. *lacrimante* edd.);
flagranti, G. 1. 331†;
flagrantia, Cu. 216;
flagrantibus (fem.), A. 12. 171;
flagrantis, A. 1. 710;
flagrantis, A. 12. 65.
flamen: flamine, A. 4. 241;
flamina, A. 5. 832, 10. 97;
flamina, Cu. 168 (Ben. *ad omnia*
edd.), Ci. 404.
FLAMINIUS, Cu. 368 (Rb. Leo
Caecilius Th. Ben. *flamminius*
Ellis).
FLAMMA. 92.
flamma, G. 3. 271, 4. 385†, A.
2. 304, 684†, 4. 66, 5. 680 (P¹
Rb. *flammae* M² Rγ² edd.), 6.
226, 7. 462, 8. 694, 10. 232,
270, Cu. 335;
flammae, G. 4. 409, A. 2. 587
(edd. *famam* Th. Con.), 4. 23,
6. 6;
flammae, A. 4. 640†, Cu. 368
(edd. *flammis* Th.);
flammam, A. 1. 176, 2. 632, 3.
580, 5. 689, 6. 518, 586 (P Rb.
flammas MR edd.), 7. 356, 8.

389, 9. 536, 11. 82 (Rγ Con.
flammas MP edd.), 199, 12.
214;
flamma, A. 2. 431;
flamma, G. 3. 560, A. 1. 673,
6. 300†, 7. 74, Cu. 314, Ci.
424†, M. 38;
flammae, A. 2. 173, 600, 633,
759, 4. 670, 5. 680 (vid. *flamma*), D. 42;
flammarum, G. 1. 367, 473, A.
3. 574, 11. 144, Cu. 173†;
flammis, A. 6. 253, Cu. 368
(vid. *flammae*);
flammas, A. 1. 44, 213, 2. 256,
337, 478, 4. 594, 6. 110, 586
(vid. *flammam*), 8. 282†, 620†,
680, 10. 409, 520, 11. 82 (vid.
flammam), Cu. 103, 219;
flammis, E. 8. 105, G. 1. 85,
2. 308, A. 1. 179, 679, 704, 727,
2. 37, 289, 4. 567, 605, 607,
5. 4, 526†, 752, 6. 218, 288,
550, 7. 787, 8. 432, 9. 160†, 10.
74, 119, 12. 300, 573, 672, 811,
Ci. 176.
flammeus: flammea (acc.), A. 7.
448†; *subst.* flammea (acc.),
Ci. 317.
FLAMMINIUS, Cu. 368 (Ellis *Flaminius* Rb. Leo *Caecilius* Th.
Ben.).
flammo: flammavit, A. 4. 54
(FRP¹ Rb. Con. *inflammavit* P²
Mγ edd.);
flammantia (acc.), G. 3. 433;
flammatus, A. 3. 330 (FPγ¹
Rb. Con. *inflammatus* Mγ²
edd.);
flammato (neut. abl.), A. 1. 50.
FLATUS. 7.
flatus, A. 7. 28;
flatu, G. 3. 111;
flatibus, G. 2. 339;
flatus, A. 11. 346, 911†;

flatibus, A. 4. 442, M. 12.
flaveo: flaventem (masc.), A. 10.
324;
flaventis (fem.), G. 3. 350, A.
4. 590;
flaventia, G. 4. 126;
flaventibus (neut.), A. 7. 721.
flavesco: flavescet, E. 4. 28†;
flavescant, D. 16†.
Flavinius: Flavinia (acc.), A. 7.
696†.
FLAVUS (FLAVOS). 14.
flavos, A. 7. 31;
flava, G. 1. 96, 4. 339;
flavom (masc.), A. 4. 698, Ca.
13 (5). 23 (-um);
flavom, G. 4. 352;
flavo, A. 9. 816†, Ci. 511†;
flava, A. 5. 309;
flavo, A. 1. 592;
flavis (neut.), G. 1. 316;
flavos, A. 4. 559, 12. 605 (mss.
Gos. Ben. *floros* edd.);
flava, G. 1. 73.
flecto. 34.
flectit, A. 1. 156, 6. 804, 10.
577, 12. 471;
flectunt, A. 7. 632;
flectes, G. 4. 399†;
flexit, G. 2. 496, A. 4. 369;
flexere, G. 4. 516, A. 4. 35;
flectat, A. 12. 658;
flecte, A. 5. 28, 6. 788;
flectite, D. 67, 68;
flectere, G. 2. 357, A. 7. 35,
312, 8. 384, 9. 606, 12. 940, Ci.
133, 329, 334, 379;
flectentis (masc. acc.), A. 9.
372;
flecteris, A. 2. 689;
flectitur, A. 12. 46, Ci. 461;
flecti, A. 6. 376;
flexa, G. 1. 169;
flexi (masc.), G. 4. 123;
flexos, A. 5. 500;

formabat, A. 9. 80;
formabis, G. 3. 163;
formavimus, Cu. 2;
formans (masc.), Cu. 397;
formatum (masc.), Cu. 396.
FORMONSUS (FORMOSUS). 29.
formonsus, E. 4. 57, 7. 55, 10.
18; formosus, Co. 33 (Th.
Ben. *formosum* edd.);
formonsa, G. 3. 219; formosa,
L. 2;
formonsi (neut.), E. 5. 44;
formonsae, E. 7. 62;
formonsum, E. 2. 1, 5. 86;
formonsam, E. 1. 5†;
formonsum, E. 5. 90;
formonse, E. 2. 17, 45, 3. 79,
7. 67;
formoso (neut.), L. 68†;
formosae, D. 32;
formosos, Ci. 236;
formosi, Ca. 5 (7). 7;
formosa, L. 1, 2;
formosis (neut.), D. 27;
adv. formosum, Co. 33 (vid.
formosus);
formonsior, E. 5. 44;
formonsior, E. 7. 38, Ci. 489,
D. 32, L. 25;
formonsissimus, E. 3. 57.
fornax: fornace, A. 8. 446;
fornacibus (abl.), G. 1. 472, 4.
262, A. 7. 636, 8. 421.
fornix: fornice, A. 6. 631, 10.
806.
FORS. 57.
fors, A. 2. 94, 7. 554, 8. 476, 10.
458, 12. 714; Fors, E. 9. 5, A.
12. 41, Cu. 162†;
forte, E. 6. 57, A. 1. 377;
adv. fors, A. 2. 139, 5. 232, 6.
537, 11. 50, 12. 183;
forte, E. 7. 1, A. 1. 322, 362, 2.
342, 3. 22, 301, 5. 291, 329,
486, 6. 171, 186 (MP edd. *voce*

R Con.), 190, 349†, 682, 7. 112,
494, 509, 8. 102, 9. 3, 325, 437,
638, 10. 653, 11. 456, 552, 768,
12. 206, 270, 488, 766, 897;
ne forte, E. 3. 29;
si forte, G. 1. 202, 4. 28, A. 1.
151, 375, 2. 81, 136, 756 *bis*,
10. 724, M. 68.
FORSAN, A. 1. 203†, 4. 19†, 12.
153.
FORSITAN, E. 6. 58†, G. 2. 288†,
4. 18, A. 2. 506.
FORTASSE, A. 10. 548.
FORTIS. 50.
fortis, A. 1. 579, 12. 127, 550;
fortis, G. 2. 533, 3. 62;
fortis (masc.), A. 1. 120;
forti (masc.), A. 5. 808, 10.
238 (vid. abl.), 11. 705;
fortem (masc.), A. 1. 222 *bis*,
510, 612 *bis*, 4. 288, 9. 592, 10.
562, 12. 513, 561;
forti (masc.), A. 10. 238 (vid.
dat.);
forti (neut.), A. 4. 11;
fortes (masc.), G. 1. 65;
fortia, G. 2. 48, A. 1. 641, 8.
150;
fortibus, A. 9. 364;
fortibus (fem.), G. 2. 83;
fortis, G. 2. 296†, 3. 50, A. 7.
151;
fortis, G. 3. 121;
fortia, A. 1. 101, 8. 539, 10.
369, 12. 328;
fortes (masc.), G. 3. 288;
fortibus (neut.), A. 9. 281, 10.
735;
subst. forti (masc. dat.), A. 11.
502;
fortia (acc.), A. 8. 509;
fortissimus, A. 6. 169, 7. 752;
fortissime, A. 8. 513, 10. 185;
fortissima (acc.), A. 5. 729;
fortissima, A. 2. 348;

subst. fortissime, A. 1. 96, 5. 389, 8. 154, 10. 865, 12. 538.

FORTUNA. 71.

fortuna, G. 3. 452, 4. 209, A. 1. 240, 454, 517, 628, 2. 79, 350, 387, 656, 3. 16, 318, 493, 609, 615, 4. 109, 434, 603, 5. 710, 6. 615, 7. 413, 559, 8. 15, 9. 41, 214, 260, 282, 723, 10. 43, 107†, 11. 108, 128, 253, 345, 761, 12. 593; Fortuna, A. 2. 385, 3. 53, 4. 653, 5. 22, 356, 604, 625, 6. 62, 96, 533, 8. 127, 334, 10. 49, 284, 435, 11. 43, 413, 427, 12. 147, 405, 637, 677, 694, Cu. 277, Ci. 313;

fortunae, A. 7. 243, Cu. 340;

fortunae, A. 11. 180;

fortunam, A. 10. 112, 422, 12. 436, 920;

Fortuna, A. 8. 578;

fortuna, A. 9. 240;

fortunas, A. 6. 683.

FORTUNATUS. 13.

fortunatus, G. 2. 493, A. 11. 416;

fortunata, G. 4. 287;

fortunatam, E. 6. 45;

fortunate, E. 1. 46, 51, 5. 49;

fortunati, A. 9. 446;

fortunatorum (neut.), A. 6. 639;

fortunatos, G. 2. 458;

fortunatae, A. 11. 252;

subst. fortunati (voc.), A. 1. 437, L. 9.

Foruli: Forulos, A. 7. 714†.

forum: foro, Ca. 9 (11). 43; forum, G. 2. 502, A. 5. 758; foro, A. 8. 361.

forus: foros, G. 4. 250, A. 4. 605, 6. 412†.

fossa. 12.

fossa, A. 7. 157;

fossae, G. 1. 326, A. 10. 24

(MR Ld. Gos. Ben. *fossas* Pγ V² edd.), 11. 382;

fossarum, A. 9. 143;

fossas, A. 9. 314, 470, 506, 567, 10. 24 (vid. *fossae*), 11. 888;

fossis, G. 1. 372, A. 10. 236.

FOSSOR, G. 2. 264.

fovea: foveis (abl.), G. 3. 558.

foveo. 20.

fovet, E. 3. 4, A. 1. 18, 718, 8. 388, 10. 838, Cu. 152;

fovemus, A. 4. 218;

fovent, G. 2. 135, 4. 56;

fovebat, A. 4. 686;

fovebit, A. 1. 281;

fovi, A. 10. 93;

fovit, G. 3. 420, A. 12. 420;

fovere, G. 4. 43†;

fove, G. 4. 230 (M² PR edd. *fave* M¹ Ben.);

fovere, A. 4. 193, 9. 57;

fovens (masc.), G. 4. 46;

fotum (masc.), A. 1. 692.

fragilis. 6.

fragili (abl.), G. 1. 317;

fragili, E. 5. 85;

fragili, Ci. 434;

fragilis, E. 8. 40, G. 1. 76;

fragilis, E. 8. 82.

fraglo; vid. *fragro.*

FRAGMEN, A. 12. 741 (RM² Gos. *fragmina* PM¹ edd.);

fragmine, A. 9. 569, 10. 698;

fragmina (nom.), A. 10. 306, 12. 741 (vid. *fragmen*).

fragmentum: fragmenta (acc.), G. 4. 304.

FRAGOR. 13.

fragor, G. 1. 358, 4. 493, A. 1. 154, 8. 527, 11. 214, 12. 724, Cu. 318, 352;

fragore, A. 2. 692, 7. 587, 677, 9. 541;

fragoribus (abl.), A. 5. 228†.

FRAGOSUS, A. 7. 566.

fragro: fragrans (masc.), Ci. 512 (edd. *fraglans* Ellis);
fragrantia, G. 4. 169†, A. 1. 436†;
fragrantis (masc.), Ci. 168 (edd. *fraglantis* Ellis);
fragrantia, M. 101 (edd. *fraglantia* Ellis).
fragrum: fragra (acc.), E. 3. 92.
frango. 32.
frangit, G. 1. 94, A. 12. 8;
frangunt, G. 2. 441;
fregisti, E. 3. 13;
fregere, G. 2. 72;
fregerat, Ca. 3 (12). 4;
frangeret, A. 3. 625, 5. 591 (PRγ Rb. *falleret* M edd.);
frange, A. 11. 484;
frangite, G. 1. 267;
frangere, A. 1. 179, 10. 297;
frangitur, A. 1. 161, 9. 413, 12. 732, Cu. 342;
frangimur, A. 7. 594;
franguntur, G. 4. 400 (PR Rb. *frangentur* Mγ edd.), A. 1. 104;
frangentur, G. 4. 400 (vid. *franguntur*);
fracta, Cu. 366 (edd. *timefacta* Rb. Ellis);
fracta, A. 10. 291;
fracti, A. 2. 13;
fractae, A. 2. 170, 3. 53;
fractos, G. 4. 72†, A. 5. 209; ·
fractas, G. 4. 240, A. 3. 556;
fracta, E. 9. 9;
fractis, A. 5. 222;
fractis (fem.), G. 3. 161;
fragenda (est), G. 2. 400.
FRATER. 50.
frater, G. 2. 533, A. 1. 667, 4. 325, 5. 495, 10. 338, 576 *bis*, 595, 600;
fratris, G. 1. 396, A. 7. 671†, 9. 104, 10. 113, 342, 12. 636, 844;

fratri, A. 12. 785, 813, 881, Ci. 157, Ca. 2. 5;
fratrem, A. 1. 130, 5. 514, 6. 121, 10. 338, 403, 600, 12. 157, 509;
frater, A. 12. 883†;
fratre, A. 1. 292, 4. 656, 10. 129, 11. 465, 604, Ca. 13 (5). 12;
fratres, A. 6. 608, 7. 670, 12. 277, Cu. 254;
fratrum, G. 2. 510, A. 10. 328, 12. 270;
fratres, G. 1. 280, 2. 496, A. 3. 678, 7. 335, 9. 695†, 12. 516, Ca. 13 (5). 38.
fraternus. 6.
fraterni, A. 5. 630;
fraternae (gen.), A. 9. 736;
fraterna (abl.), G. 3. 518, A. 4. 21;
fraternos, Cu. 142†;
fraterna, A. 5. 24.
FRAUDO, A. 4. 355; fraudare, Ci. 83.
FRAUS. 14.
fraus, A. 6. 609, 9. 428, 11. 717;
fraudis, E. 4. 31†, A. 7. 552;
fraudi, A. 11. 522;
fraudem, G. 1. 465, A. 10. 72, 11. 708†;
fraude, A. 4. 675†, 5. 851, 9. 397, Cu. 73, Ca. 7 (9). 1.
fraxineus: fraxineae (nom.), A. 6. 181; fraxineas, G. 2. 359.
FRAXINUS, E. 7. 65, 68, G. 2. 66, A. 11. 136.
FREMITUS. 8.
fremitus, A. 2. 338, 11. 607;
fremitum, A. 5. 152†;
fremitu, G. 2. 160†, 4. 216†, A. 5. 148, 338, 9. 54.
fremo. 41.
fremit, A. 5. 555, 7. 460, 9. 60,

341, 11. 453, 496, 599, 12. 8, 702;

fremunt, A. 1. 56, 4. 146, 668†, 5. 19, 7. 590, 8. 497, 9. 637, 10. 98, 11. 299, 12. 922, Cu. 153†, 325;

fremebant, A. 1. 559, 5. 385, 6. 175, 8. 717, 10. 96, 11. 132;

fremet, A. 1. 296;

fremens, G. 3. 85 (M edd. *premens* γ Rb. Con. *primens* P *praemens* R), A. 12. 398;

fremens (fem.), A. 7. 389, 787;

frementi (masc.), A. 12. 535;

frementem, G. 1. 12, A. 9. 703, 10. 572, 12. 371;

frementem, A. 4. 229;

frementes (masc.), A. 6. 486 (P² Rb. *frequentes* MR edd.);

frementis (masc.), A. 7. 638†, 12. 82.

FREMOR, A. 11. 297.

frendo: frendens (masc.), G. 4. 452.

freno: frenat, A. 1. 54;

frenaret, G. 4. 136;

frenare, A. 1. 523;

frenatis (masc. abl.), A. 5. 554.

frenum (frenus). 14.

frenum, A. 12. 568;

frena, G. 3. 252;

frena, G. 3. 115, A. 3. 542, 4. 135, 5. 818, 6. 100, 8. 168, 10. 253, 11. 195; frenos, G. 3. 184;

frenis, A. 11. 719, 889, 12. 372.

FREQUENS. 9.

frequens, G. 1. 99, 2. 185;

frequenti (masc. abl.), G. 2. 51;

frequentes, G. 4. 216, A. 1. 707, 10. 506;

frequentes (fem.), A. 6. 486 (MR edd. *frementes* P² Rb.);

frequentis (fem.), G. 3. 394;

frequentibus (neut.), A. 10. 692.

frequento: frequentant, A. 6. 478; frequentor, Ca. 1*. 1.

fretum. 16.

freta, E. 1. 60, G. 1. 356, A. 2. 312, 5. 141;

fretis, G. 1. 386, 2. 164;

freta, G. 2. 503, 3. 260, A. 1. 557, 607, 3. 127, 5. 627, 10. 147, 210, Ca. 13 (5). 2;

fretis, G. 1. 327.

FRETUS. 7.

fretus, A. 4. 245, 5. 430, 6. 120, 8. 143;

freta (nom.), A. 5. 791;

freti (nom.), A. 9. 676, 11. 787.

frico: fricat, G. 3. 256.

frigeo: frigent, A. 5. 396; *masc. subst.* frigentis (gen.), A. 6. 219.

frigidulus: frigidulam, Ci. 251; frigidulos, Ci. 348.

FRIGIDUS. 32.

frigidus, E. 3. 93, 8. 71, G. 1. 259, 2. 404, 484, 3. 97, 303, 336, 441, 501, 4. 261, A. 3. 29, 6. 311, 9. 415, 10. 452;

frigida, E. 8. 14, G. 1. 336, 3. 298, 4. 506, 525, A. 2. 472, 4. 385, 7. 715, 11. 338, 828, Co. 8;

frigida (voc.), Ca. 10 (8). 12;

frigida (nom.), G. 2. 469, A. 11. 818;

frigida, E. 5. 25, G. 3. 324, 4. 104.

FRIGUS. 34.

frigus, E. 5. 70, G. 1. 93;

frigus, E. 1. 52, G. 2. 256, 344, Ca. 1*. 3, 13 (5). 3;

frigore, E. 2. 22, 7. 6, G. 3. 279†, 4. 35, 135, 259, A. 1. 92, 6. 205, 309, 12. 905, 951, Ca. 2*. 9†, L. 23;

frigora, E. 10. 48, 57, G. 2. 376;

frigora, E. 2. 8, 7. 51, 10. 47,

frustum: frusta, M. 105†; frusta, A. 1. 212†, 3. 632†.

frutex: fruticum, G. 2. 21, Cu. 56.

frux. 22.

fruges, G. 2. 143, A. 2. 133;

frugum, G. 1. 27, 2. 173, 4. 327;

frugibus, E. 3. 80, 10. 76, G. 1. 69, 2. 239;

fruges, G. 1. 22, 267, 298, 345, 2. 424, 3. 535, A. 1. 178, 12. 173, D. 12;

frugibus, E. 3. 77, 9. 48, G. 3. 133, A. 6. 420.

FUCINUS, A. 7. 759.

fuco: fucatur, G. 2. 465; fucata (acc.), G. 4. 335.

fucus: fuco (abl.), G. 4. 39.

FUCUS, G. 4. 244; fucos, G. 4. 168, A. 1. 435.

FUGA. 62.

fuga, A. 8. 251, 10. 592, 670, 757, 12. 733;

fugae, A. 3. 160, 4. 400, 5. 769, 9. 131, 10. 121, 11. 547;

fugae, G. 1. 286, A. 10. 378, 11. 351†;

fugam, G. 4. 443†, A. 1. 137, 357, 360, 2. 108, 619, 640, 3. 283, 666†, 4. 328, 338, 430, 575, 7. 24, 9. 378, 539, 781†, 11. 706, 12. 252, 263, 367, 484;

Fugam, A. 9. 719;

fuga, G. 3. 31, 120, 142, 201, 422, 4. 85, A. 1. 317, 2. 176, 3. 243, 4. 72, 155†, 281, 543, 5. 218, 586, 658, 9. 15, 557, 660, 800, 10. 624, 11. 815, 12. 463, 742;

fugas, A. 5. 593.

FUGAX. 7.

fugax, A. 11. 713;

fugacem, A. 10. 697, 12. 52;

fugacem, A. 10. 724;

fugaces (masc. nom.), G. 3. 539;

fugaces (fem. acc.), A. 9. 591;

fugacibus (masc.), A. 11. 390.

FUGIO. 110.

fugio, E. 3. 53;

fugis, E. 2. 60, A. 4. 314, 565†, 5. 742, 6. 466, 9. 200, 10. 649;

fugit, E. 3. 65, 9. 54, G. 3. 67, 284 *bis*, 462, A. 2. 528, 4. 389, 473, 5. 243, 8. 223, 10. 247, 340, 11. 405, 559, 563, 628, 806, 831, 868, 869, 12. 285, 733, 753, 952, Ci. 149†;

fugimus, E. 1. 4, A. 3. 268†;

fugitis, A. 10. 369;

fugiunt, G. 3. 543, A. 5. 821, 10. 266, 11. 623, 869, Ci. 448;

fugient, D. 5;

fugi, A. 2. 156;

fugit, G. 2. 265, 3. 417, 4. 500, A. 2. 223, 5. 512, 740, 11. 436, 492, 12. 256, 421, 660;

fugere, G. 1. 330, 375;

fugias, A. 3. 459;

fugiat, E. 8. 52, A. 6. 892;

fugiatis, A. 11. 109;

fugiant, E. 9. 30;

fugeret, G. 4. 457;

fugerent, A. 1. 467;

fuge, G. 1. 277, 3. 385, A. 2. 289, 733, 3. 44 *bis*, 413;

fugite, E. 3. 93, A. 3. 639 *bis*, 7. 202;

fugisse, A. 10. 56, Ci. 303;

fugiens, G. 3. 94, 4. 19, 317, A. 1. 474, 5. 276, 6. 14, 8. 320, 10. 403, 11. 541, 12. 758, Ci. 113;

fugiens (fem.), G. 1. 406, 409, 4. 234, A. 1. 341, 11. 694, Cu. 111, Ci. 301†, 538, 541;

fugientis, A. 10. 656;

fugientis (fem.), A. 6. 61;

fugientem, A. 10. 399, 732, 12. 645;

fugientem, A. 1. 406, 5. 629, 9. 17;

fugiente (fem.), G. 4. 526†;

fugientia (acc.), A. 11. 654†;

masc. subst. fugientibus (dat.), A. 9. 763, 12. 330.

fugito: fugitant, Ci. 351.

fugo. 8.

fugat, A. 1. 143, 6. 312, Ci. 535†, L. 40 (Rb. *atque* Ellis);

fugatis, A. 3. 521;

fugarat, A. 5. 42, 10. 257, Cu. 44†.

fulcio: fulcit, A. 4. 247, M. 100;

fultus, E. 6. 53;

fultum (neut. acc.), A. 11. 39;

fultos, A. 8. 227.

fulcrum: fulcra (nom.), A. 6. 604†.

fulgeo. 33.

fulgent, A. 5. 562, 7. 526, 8. 684, Cu. 62 (Th. Ben. *fuerint* Rb. Leo *fervent* Ellis);

fulgebat, A. 7. 26, 10. 171, 11. 490, 769;

fulserunt, A. 12. 942; fulsere, A. 4. 167;

fulgere, A. 6. 826;

fulgens, A. 10. 869;

fulgens (fem.), Ca. 9 (11). 28;

fulgentis (masc.), A. 10. 589;

fulgentem (masc.), A. 10. 475, 11. 854 (M² PRγ Ld. Th. Con. *laetantem animis* M¹ edd.), 12. 358;

fulgenti, A. 9. 614, 10. 414;

fulgenti (fem.), Ci. 160;

fulgentis (fem.), A. 8. 593;

fulgentia, A. 6. 490, 8. 92, 11. 6, 12. 163;

fulgentibus (fem.), A. 11. 202 (R Con. *ardentibus* MP edd.);

fulgentibus, A. 2. 749, 6. 217, 861, 10. 550, 11. 188, 12. 275, Cu. 83.

FULGOR. 8.

fulgor, A. 5. 88, 8. 524, 11. 70, Cu. 65;

fulgore, G. 4. 98, M. 13†;

fulgores (acc.), A. 8. 431;

fulgoribus, Cu. 170.

fulgur: fulgura (nom.), G. 1. 488.

fulica: fulicae (nom.), G. 1. 363.

fuligo: fuligine, E. 7. 50†, L. 71.

FULMEN. 24.

fulmen, A. 8. 427;

fulminis, A. 2. 649, 5. 319, 9. 706, 10. 177, 11. 616;

fulmen, A. 6. 590;

fulmine, G. 1. 283, A. 1. 230, 3. 578, 4. 25, 5. 691, 6. 581, 7. 773, 12. 200, 922, Ca. 9 (11). 34;

fulmina (acc.), G. 1. 329, 4. 170, A. 4. 208, 6. 842, 9. 733, 10. 567;

fulminibus, Cu. 318 (edd. *fluminibus* Th. Leo).

FULMINEUS, A. 9. 812; fulmineum (masc.), A. 4. 580, 9. 442.

fulmino: fulminat, G. 1. 370, 4. 561, A. 12. 654.

FULVUS (FULVOS). 23.

fulvos, A. 12. 247;

fulva, A. 8. 552, 11. 642, 751;

fulvi, A. 2. 722;

fulvae (gen.), G. 3. 110;

fulvom, A. 4. 159, 10. 562

fulvom, A. 7. 279, 10. 134;

fulva, G. 4. 408, A. 4. 261, 5. 374, 6. 643, 12. 276, 741, 792, D. 38;

fulvo, A. 1. 275, 7. 76, 11. 776;

fulvos, A. 7. 688;

fulvis (fem.), G. 3. 383.

fumeus: fumea (acc.), A. 6. 593.

FUMIDUS, A. 7. 465;

fumida (fem. nom.), A. 7. 76, 9. 75.

fumifer: fumiferam, A. 8. 255;
fumiferos, A. 9. 522.
fumo. 16.
fumat, A. 3. 3;
fumant, E. 1. 43, 82, A. 2. 698;
fumabat, A. 8. 106;
fumans (masc.), G. 3. 515;
fumantem (fem.), A. 3. 573;
fumantes (masc.), D. 76†;
fumantis, A. 11. 908, 12. 338;
fumantis, A. 7. 457;
fumantia, G. 2. 194, 542†, A.
10. 45†, 12. 569;
fumantibus (neut.), A. 8. 417.
fumosus: fumosa (abl.), Co. 3
(edd. *famosa* Leo Ellis); fu-
mosis (neut. abl.), G. 2. 242.
FUMUS. 16.
fumus, G. 1. 175, 4. 499, A. 5.
740, 8. 258, 9. 239, 12. 592, M.
8 (Ellis *fomes* edd.);
fumo, M. 110;
fumum, A. 2. 609, 3. 206, 5.
682, 8. 252;
fumo, A. 3. 582, 12. 588;
fumos, G. 2. 217, 4. 230.
funalis: neut. subst. funalia
(nom.), A. 1. 727.
funda: fundae (gen.), G. 1. 309;
fundam, A. 9. 586, 11. 579;
funda, G. 1. 141.
fundamen: fundamina (acc.), G.
4. 161.
fundamentum: fundamenta
(acc.), A. 1. 428, 2. 611, 4. 266.
FUNDATOR, A. 7. 678.
FUNDITUS, A. 6. 736, 11. 413, 12.
594, Cu. 336, Ci. 53.
fundo. 6.
fundabat, A. 6. 4†;
fundabit, A. 6. 811;
fundasse, A. 7. 410;
fundantem (masc.), A. 4. 260;
fundatur, A. 5. 760;
fundata (fem. nom.), A. 8. 478.

FUNDO. 69.
fundo, A. 4. 621;
fundis, A. 11. 665;
fundit, E. 9. 41, G. 2. 460, A.
2. 329, 3. 348†, 4. 61, 5. 78,
776, 842 (mss. edd. *fudit* Ben.),
6. 55;
fundunt, G. 2. 432, A. 11. 482,
610, 12. 122;
fundebat, A. 3. 152†, 344, 5.
98, 8. 584;
fundebant, Cu. 130;
fundam, E. 5. 71, A. 5. 238;
fundet, E. 4. 20, A. 12. 207†;
fundent, E. 4. 23;
fudit, G. 1. 13†, A. 1. 412, 2.
532, 5. 842 (vid. *fundit*), 8.
139†;
fudimus, A. 2. 421;
fuderunt, Ci. 504†;
fundat, A. 1. 193;
funderet, Cu. 309 (Rb. *videre*
Th. Ben. *truderet* Leo Ellis);
fudisset, A. 5. 234;
fundere, A. 2. 683;
fudisse, A. 9. 592;
fundens (masc.), A. 6. 254
(FPRγ Rb. Con. *infundens* M
Th. Gos. Ben. *superinfundens*
Ld.), 7. 792;
fundentes (fem. nom.), Cu.
120, M. 72†;
funditur, A. 10. 271, 11. 646;
funduntur, G. 4. 275, A. 6.
709;
fusus erat, M. 16;
fusus, G. 2. 527, A. 5. 330, 6.
423, 10. 838;
fusum (masc.), A. 12. 417;
fuso, A. 12. 690, Cu. 323†;
fuso, A. 6. 225, 9. 722;
fusi, A. 1. 214, 2. 252, 5. 102,
837, 6. 440, 9. 164, 11. 366†;
fusae, Cu. 154 (Rb. *fessae*
edd.);

furentibus (masc.), A. 1. 51, 2. 304;

subst. furenti, A. 3. 313;
furenti (fem.), A. 4. 298†, 6. 100;
furentem, A. 8. 489;
furentem, A. 4. 65†, 465, 548, 7. 350;
furentis (masc.), A. 10. 578.
furor: furare, A. 5. 845;
furatus (esse), L. 59;
furatus, L. 65;
furata (fem. nom.), A. 7. 283.
FUROR. 34.
furor, E. 10. 38, G. 3. 266, 4. 495, A. 1. 150, 348, 2. 316, 355, 5. 670, 6. 102, 9. 760, Ci. 237, Ca. 13 (5). 5; Furor, A. 1. 294;
furoris, E. 10. 60, A. 5. 788;
furori, A. 4. 91†, 433;
furorem, A. 4. 101, 7. 386, 10. 905, 12. 601, 680, 832, Ci. 164;
furore, A. 2. 244, 4. 697, 5. 659, 10. 63, Cu. 110, Ci. 130;
furores (acc.), A. 4. 501, 5. 801, 7. 406, Ci. 258.
FURTIM. 10.
furtim, G. 2. 304†, A. 2. 18, 258, 3. 50, 5. 677, 9. 546, 11. 765, Ci. 186, 209, L. 15.
furtivus: furtivom (masc.), A. 4. 171, 7. 660.
furtum. 14.
furti, L. 63 (Rb. *factus* Ellis);
furto, A. 9. 350;
furtum, E. 6. 42;
furto, A. 4. 337, 6. 24, 568, 10. 91, 735;
furta, Ca. 13 (5). 10†;
furtis, G. 1. 286;
furta, G. 4. 346, A. 9. 150, 11. 515, Ci. 215.
FUSCUS, E. 10. 38;
fusca, M. 33;
fuscum (masc.), D. 60;

fuscis (fem. abl.), A. 7. 408, 8. 369.
fusus: fusis, E. 4. 46; fusos, Ci. 446; fusis, G. 4. 348†.
FUTILIS (FUTTILIS), A. 11. 339 (futtilis); futtilis (fem. nom.), A. 12. 740.

Gabii: Gabios, A. 6. 773.
Gabinus: Gabinae (gen.), A. 7. 682; Gabino (masc. abl.), A. 7. 612†.
gaesum: gaesa (acc.), A. 8. 662†.
GAETULUS, A. 4. 326;
Gaetuli (masc. gen.), A. 5. 351;
Gaetulae (nom.), A. 4. 40;
Gaetulis (fem. abl.), A. 5. 51, 192.
GALAESUS, A. 7. 535†; Galaesi, A. 7. 575†.
GALAESUS, G. 4. 126.
GALATEA, A. 9. 103 (mss. edd. *Galathea* Gos.), Ci. 393; Galatea (voc.), E. 7. 37, 9. 39.
GALATEA, E. 1. 30, 31, 3. 64, 72.
galbaneus: galbaneo (masc. abl.), G. 3. 415†; galbaneos, G. 4. 264.
GALEA. 34.
galea, A. 5. 491, 7. 785, 9. 50†, 373, 809†, 10. 836;
galeae (gen.), A. 3. 468;
galeam, A. 2. 392, 5. 367, 471, 673, 7. 638, 751, 8. 620, 9. 307, 365, 457, 10. 535, 11. 91, 692, 12. 381, 434, 537;
galea, A. 5. 314, 498, 9. 612, 771, 10. 330;
galeae, A. 9. 667;
galeas, G. 1. 496, A. 1. 101, 8. 539, 11. 194;
galeis, G. 2. 142.
galerus (galerum): galero (abl.), M. 122; galeros, A. 7. 688.
Galesus; vid. *Galaesus.*

galla: gallae (gen.), G. 4. 267.

Gallia: Gallia (voc.), Ca. 10 (8). 12.

Gallicus: Gallicum (neut. nom.), Ca. 2. 4†.

Gallus: masc. subst. Gallum, A. 6. 858; Galli, A. 8. 657†; Gallos, A. 8. 656.

GALLUS. 8.
Gallus, E. 10. 10;
Galli, E. 10. 6;
Gallo, E. 10. 2, 3, 72, 73;
Gallum, E. 6. 64;
Galle, E. 10. 22.

Gangaridae: Gangaridum, G. 3. 27.

GANGES, G. 2. 137, A. 9. 31.

Ganymedes: Ganymedis, A. 1. 28.

GARAMANTES, E. 8. 44; Garamantas, A. 6. 794.

Garamantis: Garamantide, A. 4. 198.

Garganus: Gargani (masc. gen.), A. 11. 247†.

GARGARA, G. 1. 103; Gargara, G. 3. 269.

garrio: garrit, Co. 9.

garrulus: garrula (fem. nom.), G. 4. 307, D. 74.

gaudeo. 40.
gaudet, E. 3. 88, 6. 29, 8. 75, A. 4. 157, 5. 757, 6. 383, 7. 220, 8. 730, 10. 500, 726, 12. 6, 82, 702, Cu. 36 (edd. *gaudent* Ellis), Ci. 373, 529, Ca. 4 (13). 7†;
gaudent, G. 2. 181†, 510, A. 2. 239, 5. 575, 6. 733, Cu. 36 (vid. *gaudet*);
gaudebunt, L. 16 *bis*;
gavisa est, L. 66†;
gaudeat, G. 3. 188 (Ld. *audeat* AFM¹ P edd. *audiat* Rγ), Ci. 385;

gauderent, E. 9. 48, G. 4. 120;
gaudete, Ci. 195, 197, 206†;
gaudere, G. 3. 185;
gaudens, A. 1. 690, 6. 816, 12. 109;
gaudens (fem.), A. 4. 190, 7. 800, 8. 702, Ci. 144.

gaudium. 15.
gaudia, A. 1. 502, 5. 828, D. 9; Gaudia, A. 6. 279;
gaudia, A. 6. 513, 10. 325, 652, 11. 180, Cu. 120, D. 103, L. 20, 45, 59, 65, 68 (Ellis *Cypria* Rb.).

GAZA, A. 1. 119, 2. 763†; gaza, A. 5. 40†.

GELA, A. 3. 702.

GELIDUS. 37.
gelidus, G. 1. 43, 2. 202†, A. 2. 120, 3. 30, 175, 259, 5. 395, 6. 54, 7. 801, 12. 447, 905;
gelidum, M. 75†;
gelidi, E. 10. 15, A. 8. 28, 12. 331, Ci. 218 (Ellis *celsi* edd.);
gelidae (gen.), G. 2. 263;
gelidum, A. 7. 683, 8. 597;
gelidam, A. 11. 210;
gelido, A. 8. 139;
gelida, G. 1. 287, A. 8. 343, Ci. 350†, Co. 28;
gelido, A. 8. 610 (PRγ M² Con. *egelido* M¹ edd.);
gelidi, E. 10. 42, L. 17;
gelidos, A. 8. 159, M. 38;
gelidas, A. 6. 16;
gelidis (fem.), G. 2. 488, A. 12. 796, Cu. 148, Ci. 165†;
gelidis, G. 4. 509, Cu. 113.

Gelonus: subst. Gelonus, G. 3. 461; Gelonos, G. 2. 115, A. 8. 725.

Gelous: Geloi (nom.), A. 3. 701.

gelu: gelu (abl.), G. 2. 317, 3. 355, 443, A. 8. 508†, 9. 604.

gemellus: gemellos, E. 1. 14;

subst. gemelle, Ca. 10 (8). 25
bis.

gemino: geminat, Ci. 374 (Ben.
geminata Rb. *venerata* Th.
geminans Ellis);
geminans (fem.), Ci. 374 (vid.
geminat);
geminatus, G. 2. 509;
geminata (acc.), Ci. 374 (vid.
geminat).

geminus. 45.
geminum (masc.), A. 4. 470,
5. 365;
geminam, A. 1. 274;
gemino, A. 3. 535;
gemina, A. 6. 203 (MP edd.
geminae R Con.);
gemini, A. 1. 162, 2. 203, 225,
415, 5. 285, 7. 670, 8. 461;
geminae, G. 4. 300, A. 6. 190,
779, 893, 7. 607, 9. 681, 12.
845;
geminis (masc.), A. 8. 130;
geminos, A. 1. 744, 2. 500, 3.
180, 516, 5. 266, 401, 6. 582,
842, 7. 280, 450, 8. 289, 631,
697, 9. 265, M. 21;
geminas, A. 3. 305, 6. 788, 8.
79, 680, 11. 72, Cu. 150;
gemina, G. 4. 371, A. 9. 750;
geminis (neut.), A. 5. 416;
subst. geminae (nom.), A. 6.
203 (vid. *gemina*);
gemini, A. 10. 390.

GEMITUS. 39.
gemitus, A. 3. 39†, 6. 220, 9.
499;
gemitum, A. 1. 485, 2. 53, 3.
555, 8. 420 (R Con. Gos. Ben.
gemitus PM edd.), 9. 709, 10.
465, 674, 843, 11. 37, 377, 12.
713;
gemitu, G. 3. 223, 506, 4. 353,
A. 2. 73, 323, 413, 486, 679,
3. 577, 664†, 4. 667, 687, 10.

505, 11. 95, 831, 12. 722, 928,
952;
gemitus, A. 6. 557, 7. 15, 11.
633;
gemitus, G. 3. 517, A. 2. 288, 4.
409, 6. 873, 8. 420 (vid. *gemitum*).

GEMMA. 10.
gemma, A. 10. 134;
gemma, G. 2. 506, A. 5. 313;
gemmae, E. 7. 48, G. 2. 74;
gemmas, G. 2. 335;
gemmis, A. 1. 655†, 728, 7. 76,
Cu. 185 (edd. *gemmans* Ellis
somnis Ben.).

gemmo: gemmans (fem.), Cu.
185 (Ellis *gemmis* edd. *somnis*
Ben.); gemmantis (fem. acc.),
Cu. 70.

gemo. 19.
gemit, G. 3. 133, 4. 173, A. 1.
221, 8. 451†, 12. 334;
gemuit, A. 6. 413;
gemerent, A. 5. 806;
gemere, E. 1. 58;
gemens, G. 3. 226, A. 1. 465, 4.
395, 5. 869, 7. 501, 11. 150;
gemens (fem.), A. 12. 886, L.
43†;
gementem, A. 11. 865;
gementem, G. 3. 183;
gementibus (neut. abl.), A. 11.
138.

GENAE. 10.
genae, A. 5. 173, 12. 221;
genis, A. 6. 686, Ci. 253, 342;
genas, A. 4. 644, 8. 160, 12. 65,
606, Cu. 185.

GENER. 21.
gener, A. 2. 344, 6. 831, 7. 317,
367;
generi, A. 8. 484, Ca. 9 (11).
31;
genero, A. 11. 355, 12. 31;
generum, G. 1. 31, A. 7. 57,

256, 11. 472, 12. 55, 63, 613†,
Ci. 367;
gener, Ca. 6 (3). 2, 6;
generi, A. 7. 98;
generos, A. 7. 270, 12. 658.
GENERAMEN, Cu. 334†.
GENERATIM, G. 2. 35.
GENERATOR, A. 3. 704.
genero. 6.
generat, A. 8. 141;
generasse, A. 7. 734;
generandi, G. 4. 205;
generando (abl.), G. 3. 65;
generatus, A. 5. 61;
subst. generate, A. 6. 322.
generosus: generosa, A. 10. 174;
generosi (neut.), G. 3. 75;
generose, A. 10. 141.
genesta; vid. *genista.*
GENETRIX. 14.
genetrix, A. 1. 590, 2. 788, 4.
227, 8. 383, 9. 82, 117, 284,
297, 10. 234, 12. 412, 554;
genetricis, G. 4. 363†, A. 1. 689;
genetrix, A. 9. 94.
genialis: genialis (fem. nom.), G.
1. 302; genialibus (masc. abl.),
A. 6. 603.
genista: genistae (nom.), G. 2.
12, 434†.
genitalis: genitali (neut. dat.),
G. 3. 136; genitalia (acc.), G.
2. 324.
GENITOR. 59.
genitor, A. 1. 155, 621, 2. 732,
699, 3. 102, 5. 817, 7. 122, 306,
8. 427, 583, 9. 201, 264, 272,
583, 630, 10. 320, 417, 466,
800, 833, 848, 11. 161, 727, 12.
200, 843, 934, Ci. 261;
genitoris, G. 4. 355, A. 1. 677,
716, 2. 560, 4. 84, 6. 108, 7. 82,
10. 789;
genitori, A. 2. 548, 5. 94, 537,
10. 704;

genitorem, A. 3. 709, 6. 364,
404, 7. 72, 134;
genitor, A. 1. 237, 2. 717, 635,
657, 4. 208, 6. 695, 698, 7. 360,
8. 72, 10. 45, 668;
genitore, A. 2. 804, 3. 614, 9.
257, 10. 129.
genius: genium, A. 5. 95, 7. 136.
GENS. 118.
gens, E. 4. 9, G. 2. 125, 385,
537, 3. 382, 4. 287, 430, A. 1.
67, 4. 207, 5. 730, 762, 6. 359,
7. 708†, 746, 8. 146, 315, 480,
10. 155, 202, 12. 840;
gentis, G. 2. 382 (Rb. in ed.
mai. *ingeniis* R edd.), 3. 35†,
73†, 158, 4. 4, 162, A. 1. 96,
431, 602, 642, 3. 105, 4. 4, 483,
542, 5. 299, 6. 767, 7. 131, 149,
268, 11. 246, 402, Ca. 9 (11).
51;
genti, A. 1. 248, 3. 501, 6. 63,
73, 9. 759;
gentem, G. 3. 122†, 473, A. 1.
33, 276, 282, 445, 533, 3. 1,
133, 166, 653, 4. 425, 6. 788, 7.
203, 304, 671, 8. 502, 9. 137,
11. 324, Ca. 9 (11). 53;
gens, A. 5. 624, 10. 228;
gente, A. 1. 47, 273, 2. 78, 3.
235, 4. 235, 5. 373, 785, 6. 757,
875, 7. 220, 282, 367, 750, 803,
8. 36, 55, 9. 284, 643, 10. 202,
350, 388, 11. 48, 113, 305, 331,
432, Ci. 408;
gentes, G. 3. 349, A. 4. 320, 6.
706, 7. 85, 238†, 8. 328, 722†,
9. 132†, 10. 139, 12. 191;
gentibus, E. 3. 41, A. 1. 17;
gentis, G. 1. 331 (-es), 3. 33
(-es), A. 1. 523, 6. 60, 92, 8. 13,
10. 71, 11. 847, 12. 504;
gentes, A. 11. 252.
genu. 10.
genu (acc.), A. 1. 320;

GESTAMEN, A. 7. 246; gestamen,
A. 3. 286.
gestio: gestire, G. 1. 387.
gesto: gestat, A. 7. 687, L. 45;
gestamus, A. 1. 567; gestare,
A. 1. 336, 12. 211†.
GETAE, G. 4. 463; Getarum, G.
3. 462; Getis (dat.), A. 7. 604.
Geticus: Geticis (neut. dat.), A.
3. 35.
Giganteus: Giganteo (masc. abl.),
Cu. 28; Giganteis (neut. abl.),
Ci. 30.
gigno. 16.
genui, A. 10. 848;
genuisti, G. 4. 324;
genuit, A. 1. 618, 4. 366, 5. 39,
Ci. 67;
genuere, A. 1. 606, 10. 597;
subst. geniture, A. 9. 642;
genitum (masc. esse), A. 7.
47, 679;
genitos, A. 12. 708;
masc. subst. genitum, A. 1. 297;
genite, A. 9. 642;
geniti, A. 6. 131, 394.
gilvus: gilvo (masc. dat.), G. 3. 83.
GLACIALIS, A. 3. 285.
GLACIES. 10.
glacies, E. 10. 49, G. 3. 298, A.
12. 740;
glaciem, G. 1. 310, 3. 318, 365;
glacie, G. 1. 236, 4. 136, A. 4.
251;
glacies (acc.), G. 4. 517.
gladius: gladio, A. 12. 789;
gladio, A. 9. 769, 10. 313, 513;
gladios, A. 12. 278.
GLAEBA. 10.
glaeba, G. 1. 44, 2. 399;
glaebae (gen.), A. 1. 531, 3.
164†;
glaebas, G. 1. 65, 94, 2. 236,
261;
glaebis, G. 3. 161, A. 7. 747.

glans. 9.
glandis, G. 4. 81;
glandem, G. 1. 8, 2. 72;
glande, E. 10. 20, G. 2. 520;
glandes, G. 1. 148 (vid. acc.),
2. 67;
glandes, G. 1. 148 (vid. nom.),
305, A. 7. 686.
GLAREA, G. 2. 212.
glaucus. 11.
glauca, Ca. 2*. 9 (Rb. *caduca*
Ellis);
glauco (abl.), A. 8. 33, 12. 885,
Ci. 395, 452;
glauca, G. 2. 13, A. 6. 416, 10.
205;
glauco, G. 4. 451;
glauci, G. 3. 82;
glaucas, G. 4. 182.
Glaucus: Glauci, G. 3. 267.
Glaucus: Glauci, A. 5. 823, 6. 36;
Glauco (dat.), G. 1. 437.
Glaucus: Glaucum, A. 6. 483.
Glaucus: Glaucum, A. 12. 343.
gleba; vid. *glaeba.*
glisco: gliscit, A. 12. 9†; gliscet,
D. 6.
GLOBUS. 8.
globus, A. 9. 36, 515, 10. 373;
globum, A. 6. 725, 9. 409, M.
117;
globos, G. 1. 473, A. 3. 574.
glomero. 17.
glomerat, G. 2. 311, A. 3. 577,
8. 254;
glomerant, G. 1. 323, A. 4. 155,
9. 539;
glomerarem, Ci. 317;
glomerare, G. 3. 117, A. 2. 315,
9. 792;
glomerantur, G. 4. 79, A. 1.
500, 6. 311, 9. 689;
glomerari, A. 9. 33;
glomerati (nom.), A. 2. 727†,
9. 440.

GLORIA. 28.
gloria, G. 1. 168, 3. 102, 4. 6,
205, A. 2. 83, 326, 4. 49, 232,
272, 5. 394, 6. 65, 757, 767, 7.
4, 9. 278, 10. 144, 11. 154, 336,
421, 431, 444, 708, 12. 135,
322, Cu. 38, 301, 408, Ca. 3
(12). 1.
gluten: gluten, G. 4. 40†, 160†.
gnascor; vid. *nascor.*
Gnosius; vid. *Cnosius.*
Gorgo: Gorgona, A. 8. 438;
Gorgone, A. 2. 616; Gorgo, Ci.
31 (Rb. *cocco* edd.);
Gorgones (nom.), A. 6. 289.
Gorgoneus: Gorgoneis (neut.
abl.), A. 7. 341.
GORTYNIUS, Ci. 114†; Gortynia
(acc.), E. 6. 60†, A. 11. 773†.
gorytus (corytus): goryti (nom.),
A. 10. 169†.
grabatus: grabato (abl.), M. 5†.
Gracchus: Gracchi (gen.), A. 6.
842.
gracilis. 7.
gracilem (masc.), Ci. 20;
gracili, E. 10. 71;
gracili, A. 1. 1*, Cu. 1;
gracili, Ci. 151, 498;
gracilis (fem.), M. 90.
gradior. 11.
graditur, A. 1. 312, 3. 664, 4.
147, 8. 456, 9. 223, 11. 535;
gradiens (fem.), G. 3. 59, A. 1.
501;
gradientem (masc.), A. 10.
572;
gradientis (masc.), A. 1. 411;
gressi (nom.), A. 6. 633.
Gradivus: Gradivom, A. 3. 35;
Gradive, A. 10. 542.
gradus. 11.
gradum, G. 3. 169, A. 3. 598,
4. 641, 6. 128, 465, 488, Ci.
152;

gradus (acc.), A. 4. 685;
gradibus, G. 3. 191, A. 1. 448,
2. 443.
GRAECIA, G. 1. 38, 3. 20, A. 11.
287, Cu. 34, Ci. 412.
Graecus: Graeca (abl.), Co. 1
(Leo Ellis *Graia* edd.).
Graiugena: Graiugenum, A. 3.
550, 8. 127.
GRAIUS. 36.
Graius, A. 10. 720;
Graii (masc.), Cu. 66 (Ben.
gratum Rb. Leo *Graium* Th.
Ellis);
Graium (neut.), Cu. 66 (vid.
Graii);
Graia, A. 6. 97, Co. 1 (edd.
Graeca Leo Ellis);
Graio, A. 3. 210;
Grai, G. 3. 90, Cu. 305;
Graiae, A. 2. 598, Ca. 9 (11).
30 (Th. Ben. *gravidae* Rb. El-
lis);
Graiarum, A. 2. 412;
Grais (fem.), A. 2. 786†, Ci.
375†;
Graios, Ca. 9 (11). 62;
Graias, A. 3. 295;
masc. subst. Graius, A. 3. 594,
Cu. 337†;
Grai (nom.), G. 3. 148†, A. 1.
467†, 530†, 2. 727†, 3. 163†, 6.
242†, 8. 135†;.
Graium, A. 4. 228, 6. 588†, 10.
81, 334, 11. 289, 12. 538; Grai-
orum, A. 2. 157;
Grais, G. 2. 16, A. 3. 398†,
499†, 6. 529†;
Graios, A. 2. 148;
Grais, A. 10. 430†.
gramen. 25.
graminis, E. 5. 26;
gramen, G. 4. 63†, A. 9. 353;
gramine, E. 5. 46, G. 2. 219,
525, 3. 144†, A. 3. 537, 12. 664,

Cu. 69, M. 96 (mss. Ellis *germine* edd.);

gramina, E. 10. 29, G. 1. 56, 2. 200, 3. 325, A. 12. 415, Cu. 47;

gramina, G. 3. 174, 4. 19, A. 2. 471, 6. 684, 7. 655, 809, Cu. 50, Ci. 300.

gramineus. 7.

gramineum (masc.), A. 5. 287;

gramineam, Cu. 393;

gramineo, A. 7. 106, 11. 566;

gramineo, A. 8. 176;

gramineas, A. 12. 119;

gramineis (fem.), A. 6. 642.

GRANDAEVOS, G. 4. 392†, A. 1. 121; *fem. subst.* grandaevis (dat.), G. 4. 178.

grandis. 10.

grandes (fem. nom.), G. 2. 245;

grandia (acc.), E. 5. 36, 10. 25†, G. 1. 497, 4. 26, A. 4. 405, 11. 529;

grandibus (fem.), G. 3. 427, A. 11. 90;

grandior (masc.), G. 1. 195.

GRANDO. 7.

grando, G. 1. 449, 4. 80;

grandine, A. 4. 120, 161, 5. 458, 9. 669, 10. 803.

grates: grates, A. 1. 600, 2. 537, 11. 508.

GRATIA. 7.

gratia, G. 1. 83, A. 4. 539, 6. 653, 7. 232, 402, 9. 298, Cu. 223.

grator: gratatur, A. 5. 40; gratare, A. 4. 478.

GRATUS. 30.

gratus, A. 10. 392;

grata, Cu. 41, 230, Ci. 297, M. 55, 76;

gratum (neut. acc.), A. 1. 4*, Cu. 66 (Rb. Leo *Graium* Th. Ellis *Graii* Ben.);

grati, A. 11. 127;

gratae, Cu. 76;

grata (acc.), A. 8. 283;

neut. subst. gratum (acc.), Cu. 294 (edd. *veniam* Th.);

gratior, G. 3. 211;

gratior, E. 6. 11, G. 4. 402, A. 5. 28, 344;

gratissimus, E. 8. 15, G. 3. 326, A. 8. 64, 9. 327;

gratissima (nom.), E. 7. 61, A. 2. 269†, 3. 73, 5. 128, 10. 158, 607, 12. 142†, Ci. 473;

gratissima (nom.), Cu. 94.

GRAVENA, Ci. 67 (Ellis *grave* edd.).

graveolens: graveolentis (masc. gen.), A. 6. 201 (Gos. Ben. *grave olentis* edd.).

gravesco: gravescit, G. 2. 429.

GRAVIDUS. 19.

gravidus, G. 2. 5;

gravidi (masc.), A. 7. 507;

gravido (neut.), G. 3. 155;

gravidum, Ci. 26;

gravidam, G. 1. 319, A. 4. 229, 10. 87;

gravidum, Co. 32;

gravido (neut.), G. 3. 317;

gravidae, G. 2. 143, 150, 3. 139, 275, Ca. 9 (11). 30 (Rb. Ellis *Graiae* Th. Ben.);

gravidos, G. 4. 231, Ci. 230, 446;

gravidas, G. 2. 424;

gravidis (fem.), G. 1. 111.

GRAVIS. 63.

gravis, E. 6. 17, G. 3. 95, 506†, 4. 49, 84, A. 5. 178, 274, 387, 437, 447, 6. 516, 9. 246, 10. 207, 630, 755, Cu. 166†, M. 82;

gravis, E. 1. 35, 10. 75, 76, G. 2. 254, 377, A. 1. 274, 5. 781, M. 78;

grave, G. 1. 162, Cu. 295†;
gravem, A. 1. 15†, 12. 458;
gravem, A. 1. 728, Ca. 2*. 13;
grave, G. 4. 270, A. 6. 201
(edd. *graveolentis* Ben. Gos.),
8. 516, Ci. 67 (edd. *gravena*
Ellis), 291, Ca. 3 (12). 5;
gravi, G. 1. 124, A. 10. 63;
gravi, A. 4. 1;
gravi, A. 12. 5;
gravia, A. 10. 836, Ci. 310;
gravis, G. 3. 415, 451, A. 4.
688, 6. 56, 10. 321;
gravis, E. 1. 49, G. 3. 526;
gravia, A. 3. 464;
gravibus, A. 5. 114;
gravibus, G. 2. 88;
gravibus, G. 1. 496, 3. 140;
gravior (masc.), G. 4. 260, A.
2. 436, 8. 582, M. 112†;
graviore (masc.), Cu. 8;
neut. subst. graviora, A. 6. 84;
graviora, A. 1. 199, 4. 502.
GRAVISCAE, A. 10. 184†.
GRAVITER. 16.
  graviter, G. 3. 88, 133, 374, 4.
  31, 452, 456, A. 1. 126, 2. 288,
  5. 447, 7. 753, 10. 347, 789,
  823, 12. 295, Cu. 386, Ci. 285.
gravo. 6.
  gravabit, A. 2. 708;
  gravaris, A. 10. 628;
  gravantur, A. 9. 437;
  gravatum (masc.), A. 6. 359,
  520;
  gravatum, A. 8. 220.
gremium. 15.
  gremio, A. 8. 406†;
  gremium, G. 2. 326, A. 8. 713,
  11. 744†, Ci. 372, M. 23;
  gremio, A. 1. 685, 692, 718, 3.
  509, 4. 84, 5. 31, 7. 233;
  gremiis (abl.), A. 9. 261†, 10.
  79.
GRESSUS. 16.

gressus, A. 5. 649;
gressum, A. 1. 401, 410, 2. 753,
5. 162†, 6. 389, 677, 8. 462, 11.
29, 99, 855;
gressu, A. 1. 690;
gressus (acc.), G. 3. 117, 4.
360, A. 10. 640†, 12. 386.
grex. 26.
  gregis, E. 1. 15, 7. 7, 10. 36†,
  Cu. 175, L. 28;
  gregem, E. 2. 30, 7. 36, G. 1.
  272, 3. 323, 473;
  grege, E. 3. 32, 6. 55, A. 6. 38,
  8. 85, Cu. 204;
  greges, G. 2. 146, 378, A. 7.
  538;
  gregibus, E. 5. 33, G. 2. 200,
  3. 63, 538;
  greges, E. 7. 2, G. 3. 287, 329,
  386.
grillus; vid. *gryllus.*
grumus: grumos, M. 47†.
grus: gruem, A. 11. 580;
  grues, G. 1. 120, 375, A. 10.
  265;
  gruibus (dat.), G. 1. 307.
gryllus: grylli (gen.), D. 74 (Rb.
  grilli Ellis).
GRYNEUS, A. 4. 345; Grynei
  (neut.), E. 6. 72†.
gryps: grypes (nom.), E. 8. 27.
gubernaculum (*gubernaclum*):
  gubernaclo, A. 5. 176; gubernaclum, A. 6. 349; gubernaclo,
  A. 5. 859.
GUBERNATOR, A. 3. 269, 5. 12, 6.
  337.
GURGES. 33.
  gurges, A. 6. 296, Cu. 364
  (edd. *gurgitis unda* Th. Ben.);
  gurgitis, G. 4. 321, Cu. 364
  (vid. *gurges*), Ci. 416;
  gurgite, E. 6. 76, G. 3. 446, 4.
  387, 395, 524, A. 1. 118, 2. 497,
  3. 197, 421, 564, 5. 33, 160,

masc. subst. habenti (dat.), G. 2. 499;

habendi, G. 4. 177, A. 8. 327, Cu. 84;

habendo (abl.), G. 2. 250, A. 12. 88;

sint habitura, G. 1. 24;

habetur, A. 12. 134;

habitae (sunt), G. 2. 16;

habitus, A. 11. 339;

habendo (neut.), G. 1. 3, 3. 159;

habendam, A. 3. 329.

HABILIS. 8.

habilis, G. 4. 418, A. 12. 432;

habilis (fem. nom.), G. 3. 62;

habilem, A. 1. 318, 9. 305;

habilem, A. 9. 365, 11. 555;

habiles (fem. nom.), G. 2. 92.

habito. 16.

habitat, A. 6. 599, 8. 352;

habitamus, A. 6. 673;

habitant, A. 3. 106, 643, 6. 275;

habitabant, A. 3. 110;

habitarunt, E. 2. 60;

habitet, A. 11. 409;

habitare, E. 2. 29, 6. 2, A. 7. 151;

habitans (masc.), G. 3. 430;

habitantis (masc. acc.), A. 11. 265;

habitantur, A. 3. 398;

habitata (acc.), G. 3. 340.

habitus: habitum, A. 1. 315;

habitu, A. 8. 723;

habitus (acc.), G. 1. 52, A. 3. 596.

HAC. 13.

hac, A. 1. 467, 468, 6. 542†, 8. 203, 9. 321, 10. 374, 11. 763, 765, 12. 565, 625, Cu. 151†, 186†, 301 (edd. *huic* Ellis).

HACTENUS, G. 2. 1, A. 5. 603 (tmesis), 6. 62 (tmesis), 10. 625, 11. 823.

Hadriacus: Hadriacas, A. 11. 405†.

haedus. 15.

haedi (nom.), E. 7. 9, G. 2. 526, 4. 10, D. 4;

haedorum, E. 2. 30, G. 1. 205, L. 31;

haedis, E. 3. 82;

haedos, E. 1. 22†, 3. 34†, 5. 12, 9. 6, 62, G. 3. 398;

haedis, A. 9. 668†.

HAEMON, A. 9. 685.

HAEMONIDES, A. 10. 537†.

Haemus: Haemi, G. 1. 492, 2. 488.

haereo. 43.

haeres, A. 12. 796;

haeret, A. 1. 476, 495, 718, 2. 654, 4. 73, 445, 614, 7. 250, 8. 559, 10. 361, 726, 11. 150†, 12. 754;

haerent, E. 3. 102, A. 2. 442, 4. 4, 6. 284;

haerebam, A. 6. 350;

haerebat, A. 2. 674, 3. 608;

haerebant, Cu. 51 (edd. *perrepunt* Th. Ben.);

haesit, A. 2. 774, 3. 48, 597, 4. 280, 5. 204†, 6. 559 (P² F¹ MR Th. Con. Gos. *hausit* P¹ F² edd.), 7. 533, 9. 419, 537, 11. 290, 699, 752, 804, 864†, 12. 868;

haeserunt, G. 2. 422; haesere, A. 5. 529, 12. 415;

haeserat, A. 10. 780;

haerens (masc.), A. 5. 852;

haerentem (fem.), A. 10. 384.

HALAESUS. 6.

Halaesus, A. 7. 724†, 10. 352, 411†, 424;

Halaesi, A. 10. 422;

Halaesum, A. 10. 417.

HALIAEETOS, Ci. 204 (edd. *haliaetos* Ellis), Ci. 528†, 536†.

HALITUS, G. 2. 350, A. 4. 684, 6. 240.

Halius: Halium, A. 9. 767†.

halo: halant, A. 1. 417†; halantes (masc. nom.), G. 4. 109.

Halys: Halyn, A. 9. 765†.

hamadryas: hamadryades, E. 10. 62; hamadryadum, Cu. 95.

Hammon: Hammone, A. 4. 198†.

hamus: hamis (abl.), A. 3. 467, 5. 259†.

HARENA (ARENA). 43.
harena, G. 3. 493;
harenae, G. 1. 105, 3. 110, A. 1. 112, 540;
harenae, A. 3. 38, 5. 34, 12. 382†;
harenam, E. 3. 87, G. 1. 70, 3. 241, A. 6. 297, 9. 629, 11. 626;
harena, G. 1. 114, 389, 3. 195, 234, 4. 291, A. 1. 172, 4. 620, 5. 336, 374, 423, 871, 6. 316, 643, 7. 31, 9. 589, 12. 106, 276, 340, 741, Ci. 72 (arena), 442 (arena), D. 51;
harenae, G. 2. 106, A. 3. 557, 9. 714;
harenas, G. 2. 232, 3. 350;
harenis, G. 2. 139, A. 1. 107.

harenosus: harenosum (neut. acc.), A. 4. 257.

HARPALYCE, A. 1. 317.

Harpalycus: Harpalycum, A. 11. 675.

HARPYIA, A. 3. 365;
harpyiae (nom.), A. 3. 212, 226; Harpyiae, A. 6. 289†;
harpyias, A. 3. 249.

harundineus: harundinea (abl.), A. 10. 710;
harundineis (masc. abl.), G. 4. 265†.

HARUNDO. 15.
harundo, G. 2. 414, 478, A. 4.

73, 5. 525, 7. 499, 8. 34†, M. 62;
harundine, E. 6. 8, 7. 12, G. 3. 15, A. 5. 544, 10. 205, 12. 387, Cu. 100;
harundinibus (abl.), Co. 8†.

HARUSPEX, A. 8. 498†, 11. 739.

HASTA. 74.
hasta, A. 9. 411, 418, 576, 746, 10. 340, 522, 588, 11. 644, 799, 803, 12. 270, 493, 537, 772, 924;
hastae (dat.), A. 10. 457, 772, 11. 555, 807;
hastam, A. 2. 50, 175, 231, 8. 625, 9. 744, 10. 335, 383, 401, 474, 521, 645, 762, 776, 783, 891, 11. 91, 284, 565, 637, 767, 12. 93, 398, 431;
hasta, A. 12. 96;
hasta, A. 1. 478, 2. 530, 6. 167, 760, 9. 610, 10. 346, 553, 579, 736†, 877, 11. 674, 747, 12. 293, 789;
hastae, A. 6. 652†;
hastis, A. 9. 229;
hastas, E. 5. 31, A. 7. 396, 9. 763, 10. 718, 11. 605†, 12. 130, 330;
hastis, G. 2. 142, A. 9. 465†. 586†, 811, 10. 178†, 11. 601, 613, 12. 711.

hastile. 13.
hastile, A. 9. 402, 10. 795, 11. 561;
hastilia (acc.), G. 2. 358, A. 1. 313, 3. 37, 5. 557, 11. 650, 12. 165, 489;
hastilibus, G. 2. 447, A. 3. 23, 12. 691.

HAUD (HAU HAUT). 123.
haud, E. 3. 110 *bis* (hau . . . haut Rb. *aut* mss. edd.), G. 1. 122, 229, 415, 2. 29, 52, 83, 124†, 133, 265†, 428, 3. 41, 4.

548, A. 1. 327†, 335†, 387, 672†, 2. 91, 359, 396, 3. 170, 207, 214, 513, 548, 610, 628, 4. 149, 439 (Rb. *aut* mss. edd.), 508, 5. 56, 140, 284, 332, 399, 462†, 592, 618, 749, 6. 177, 239, 263, 343, 7. 156, 203, 311, 558, 654, 8. 49, 478, 603, 627, 642, 9. 154, 283 (mss. edd. *aut* γ² Rb. Gos.), 375, 552, 804, 10. 95, 106†, 128, 153, 247, 276, 437, 456, 494, 578, 599, 663, 732, 735, 737†, 752, 786, 858, 907, 11. 64, 106, 154, 238, 396, 441, 452, 584, 688, 701, 713, 728, 12. 25†, 50, 76, 227, 506, 782, Cu. 109 (Ben. *at* Rb. *et* Th. *ut* Leo Ellis), Ci. 228 (edd. *aut* Ellis), Ca. 14 (6). 7 (edd. *hos* Ellis);

haud aliter, A. 1. 399, 4. 256, 9. 65†, 554, 797, 10. 360, 714, 11. 757;

haud minus, A. 3. 561, 11. 755, 12. 481;

haud nequiquam, A. 8. 370;

haud secus, A. 2. 382, 3. 236, 4. 447, 8. 414, 11. 456, 814, 12. 9, 124;

haud setius, A. 7. 781;

haud umquam, G. 2. 249, 3. 357, A. 12. 649.

HAUDQUAQUAM (HAUTQUAQUAM), G. 4. 455†, A. 12. 45.

haurio. 18.
haurit, G. 3. 105, A. 5. 137, 10. 314;
hausi, A. 4. 359†;
hausit, A. 1. 738, 6. 559 (P¹ F² Rb. Ld. Ben. *haesit* P² F¹ MR edd.), 9. 23, 10. 648, 899, 12. 946, Ci. 163, Ca. 9 (11). 31;
hausere, G. 2. 340†;
hauserat, G. 4. 427†;
hauriat, A. 4. 661;

hauserit, A. 2. 600;
hauri, A. 12. 26;
hausurum (masc. esse), A. 4. 383.

haustus: haustu (abl.), G. 4. 229†; haustus (acc.), G. 4. 220.

haut, hautquaquam; vid. *haud, haudquaquam.*

hebenum: hebenum, G. 2. 117.

hebeo: hebet, A. 5. 396†.

hebeto: hebetat, A. 2. 605†; hebetant, A. 6. 732.

HEBRUS. 6.
Hebrus, G. 4. 463†, 524;
Hebri, A. 12. 331;
Hebrum, E. 10. 65, A. 1. 317 (MPR edd. *Eurum* Rb.), Cu. 117.

Hebrus: Hebrum, A. 10. 696.

HECATE, A. 4. 609, 6. 118, 564; Hecaten, A. 4. 511, 6. 247.

HECATEIS, Ci. 66 (Ellis *Crateis* edd.).

HECTOR. 18.
Hector, A. 1. 99, 2. 270, 282, 522, 3. 312, 343, 5. 371, 9. 155, 12. 440, Cu. 317;
Hectoris, A. 3. 319, 6. 166, 11. 289, Cu. 308;
Hectora, A. 1. 483, 6. 166;
Hectore, A. 1. 750†, 2. 275.

Hectoreus. 7.
Hectoreae (gen.), A. 3. 488;
Hectoreum, A. 3. 304;
Hectoreum, A. 2. 543;
Hectorea, A. 1. 273;
Hectoreo, Cu. 324†;
Hectoreos, A. 5. 634;
Hectorei, A. 5. 190.

HECUBA, A. 2. 515; Hecubam, A. 2. 501.

hedera; vid. *edera.*

hei; vid. *ei.*

HEIA (EIA), A. 4. 569, 9. 38, Co. 31 (edd. *hic* Rb. Leo).

Helena: Helenae (gen.), A. 1.
650; Helenam, A. 7. 364.
HELENOR, A. 9. 544, 545.
HELENUS. 11.
Helenus, A. 3. 346, 369, 559,
712;
Heleni, A. 3. 546, 684;
Heleno, A. 3. 329, 334, 433;
Helenum, A. 3. 295, 380.
HELIADES, Cu. 129.
Helicon: Helicona, A. 7. 641, 10.
163†.
Hellespontiacus: Hellespontiaci
(masc. gen.), G. 4. 111; Hel-
lespontiacis (fem. dat.), Cu.
338.
HELLESPONTUS, Cu. 33, Ci. 413.
helluor: helluato (neut. abl.), Ca.
13 (5). 11†.
Helorus: Helori, A. 3. 698.
HELYMUS, A. 5. 73, 300, 323†,
339†.
HERBA. 80.
herba, E. 4. 24, 7. 57, G. 4.
272, Cu. 404;
herbae (gen.), G. 3. 216, 498,
528, A. 5. 388†;
herbam, E. 5. 26†, G. 1. 134,
155†, 2. 527, 3. 295, 4. 121, A.
1. 214, 3. 236, 5. 102, 6. 656, 7.
109, 9. 164, 316†, L. 14;
herba, E. 7. 45;
herba, E. 3. 55, 93, 6. 59†, 8.
15, G. 1. 112, 3. 326, 4. 459,
Cu. 115, L. 66;
herbae, G. 1. 69†, 180, 2. 411,
3. 353, 4. 402, 427, A. 3. 142,
650, 4. 514, 7. 758, Cu. 88†,
168 (Rb. in ed. mai. *aurae* Rb.
in ed. min. Ben. Ellis *acres* Th.
irae Leo), Ca. 3*. 7†;
herbarum, E. 8. 2, A. 12. 396;
herbas, E. 2. 11, 6. 54†, 8. 95,
G. 1. 90, 2. 129, 251, 3. 126,
162, 283, 395, 436, 465, 4. 12,

A. 3. 221†, 4. 404, 5. 330, Cu.
70, Ci. 370, M. 99;
herbis, E. 2. 49, 7. 41, 9. 19†,
G. 1. 107, 339†, 2. 185, 3. 494,
4. 200, A. 7. 19, 769, 12. 402†,
Cu. 159, M. 63, 106†.
Herbesus: Herbesum, A. 9. 344†.
herbosus: herboso (neut. abl.),
G. 2. 199.
Hercules. 6.
Herculis, A. 5. 410, 10. 319,
779; Herculei, A. 3. 551, 8.
270;
Hercule, A. 7. 656.
Herculeus: Herculeo (abl.), A. 7.
669;
Herculea, A. 8. 276†;
Herculeae, G. 2. 66;
Herculeas, A. 8. 288;
Herculeis (masc.), A. 8. 542†.
HERES, A. 7. 424; heredis, A. 4.
274; heredibus (abl.), Ci. 15†.
herilis; vid. *erilis.*
Herminius: Herminium, A. 11.
642†.
Hermione: Hermionen, A. 3. 328.
Hermioneus: Hermionea (fem.
nom.), Ci. 472†.
HERMUS, G. 2. 137; Hermi, A.
7. 721.
hernia: herniam, Ca. 12 (4). 8
(Rb. *hirneam* edd.).
Hernicus: Hernica (acc.), A. 7.
684.
herniosus: herniosi (masc. gen.),
Ca. 13 (5). 39†.
herois: heroida, Ca. 9 (11). 21†;
heroidas, Cu. 261†.
HEROS. 33.
heros, A. 1. 196, 3. 345, 4. 447,
5. 289, 453, 459, 6. 103, 169,
192, 451, 672, 8. 18, 464, 530,
10. 584, 886, 12. 502, 723, 902,
Cu. 315, Ci. 114, M. 60 (edd.
aeris Rb.), L. 75;

125, 179, 11. 880, 12. 662, Ca.
8 (10). 3;

has, G. 1. 237, A. 2. 450†, 6.
716†, 748, 7. 611†, 9. 88, Cu.
296 (Th. Rb. *nos* Ben. *vos* Leo
Ellis);

haec, E. 3. 50, 54, 5. 13, 50, 6.
9, 67, 7. 69, 8. 62†, 9. 26†, 10.
32, 72†, G. 1. 351, 3. 187, 4. 30,
147, 400†, 415, 450, 509, 528,
559, A. 1. 37, 76, 137, 203, 297,
645, 656, 2. 76†, 149, 547, 593,
721, 3. 99, 184, 348 (Rb. in ed.
min. *et* mss. edd.), 373, 486,
612, 4. 195, 208, 372, 499, 611,
621, 630, 5. 84, 304, 394, 421,
474, 641, 653, 693, 743, 799,
6. 185, 854, 7. 194, 274, 427,
451, 454, 731, 8. 42, 119, 372,
454, 469, 671, 704, 9. 168,
207†, 209, 323, 364, 644, 10.
16, 285, 379, 444, 556, 594,
680, 897, 907, 11. 59, 95, 107,
127, 132, 220, 251, 445, 507,
590, 685, 705, 718, 725, 741,
822, 12. 25, 200, 358, 631, 878,
Cu. 37 (vid. *hoc*), 379†, Ci.
62 (Th. *om.* edd.), 250, 283,
415†, 510 (edd. *posthac* Ben.),
Ca. 2*. 1†, 9 (11). 44 (Ellis *hoc*
edd.), 44 (Ellis *hac* edd.), 10
(8). 13, M. 92, D. 58, 63, L. 49;

his (masc.), E. 6. 72, G. 2. 20,
4. 196, A. 5. 414, Cu. 411†;

his (neut.), E. 8. 97, 102, G. 2.
259, 3. 123, A. 1. 29, 360†, 2.
348, 6. 236, 637, 408, 8. 143,
9. 198, 560, 640, 12. 843;

hic . . hic, G. 2. 23, 24†; A.
6. 621, 623; 7. 506, 507; 9. 572;
12. 789;

huic . . huic (masc.), E. 4.
56;

hi . . hi, A. 6. 773, 774; 7.
695, 696;

hi . . his, A. 1. 106;

hi . . hos, A. 5. 229, 231;

hos . . hos, G. 4. 84, 85; A.
10. 9, 10;

hic . . hic . . hic, G. 2. 190,
191, 192;

hunc . . hunc . . hunc, A. 7.
473, 474;

hic . . alius . . hic . . . hunc,
G. 2. 505, 508, 508†;

haec (neut. acc.) . . hunc . .
hic (adv.), A. 7. 150, 151;

hic . . alter, G. 4. 92†, Cu.
319;

hanc . . alteram, Ca. 12 (4).
6;

hic . . ille, A. 5. 431, 7. 638, 8.
287, 9. 350, 12. 516, 529;

huic . . illi, A. 8. 466;

huic (fem.) . . illi, A. 8. 358;

hunc . . illum, A. 10. 751,
Cu. 300;

hi . . ille, A. 6. 326, 397;

hi . . illi, A. 10. 130, 355;

hae . . illae, G. 2. 92, A. 6.
320;

his (masc.) . . illis, A. 10.
757;

hos . . illos, E. 7. 20, A. 4.
157, 6. 315;

haec . . haec . . illa, Cu.
54†, 56;

hunc . . hunc, illum, A. 12.
342;

hic . . tu, E. 3. 109;

huic (masc.) . . vobis, E. 6.
26;

  2. adi.:

hic, E. 3. 5, 8. 80, A. 12. 112,
554, 3. 43, 4. 10, 614, 5. 308,
11. 179, Ci. 262, M. 79†;

haec, E. 5. 87, 7. 43, 8. 80, G.
2. 165, A. 1. 46, 261, 463, 2.
523, 584 (mss. Th. *nec habet*
edd.), 4. 287, 387, 6. 325, 373,

8. 363, 400, 567, 9. 19, 142, 737, 10. 39, 508 *bis*, 629, 11. 163, 320, 551, 792, 12. 176, 296, 593, 645, Cu. 37 (Ellis *et* edd.), 91, 286, Ci. 129, 187, 456, Ca. 3*. 21, D. 36;

hoc, E. 4. 11, G. 3. 511, A. 2. 352, 703, 4. 324, 6. 37, 7. 174, 10. 400, 11. 846, 12. 156, 206, Ci. 520†, D. 30 (Rb. *nec* Ellis);

huius (masc.), G. 4. 321;

huius (neut.), A. 9. 287, Ca. 3*. 5;

huic (fem.), A. 4. 19, 11. 115, Ci. 530, Ca. 9 (11). 43 (Rb. *om.* edd.);

huic, E. 2. 53, A. 5. 849, 8. 198, 570;

hunc, E. 10. 1†, G. 1. 500, 2. 343, 3. 290, 4. 326, A. 1. 539, 3. 49, 408, 4. 46, 102, 419, 661, 5. 596, 6. 406, 464, 7. 331, 8. 351, 514, 9. 184, 409, 10. 905, 11. 159, 12. 140, 617 (mss. edd. *huc* Rb. Th.), 680, Cu. 391, Ca. 2*. 3, 16, 3*. 1;

hanc, E. 1. 79, 3. 29, 8. 12, 83, G. 2. 532, 538, 4. 2, 315, 487, A. 1. 98, 2. 140, 150, 183, 185, 407, 677†, 716, 3. 190, 246, 336, 396, 651, 654, 4. 337, 435, 621, 652, 5. 483, 6. 85, 717, 788, 7. 216, 332, 8. 186, 190, 271, 9. 291, 654, 10. 234, 296, 525, 598, 11. 25, 356, 440, 12. 151, 202, 865, Ci. 52, 110, 227 (vid. *hoc*);

hoc, E. 1. 16, 7. 29, 8. 60, A. 2. 60, 3. 600, 4. 420, 429, 456, 5. 535, 6. 676, 8. 351, 534, 9. 300, 429†, 496, 747, 10. 903, 11. 689, 789, Ci. 265†, 267, 332, Ca. 10 (8). 21, D. 14, 54†, 71†, 75;

hoc, E. 9. 65, A. 1. 450, 4. 560,

5. 305, 7. 616, 8. 504, 9. 498, 12. 468, Ca. 9 (11). 44 (vid. *haec*);

hac, E. 5. 85, G. 4. 294†, 320, A. 1. 629†, 3. 409, 579, 5. 314, 6. 535, 7. 317†, 8. 563†, 10. 650, 11. 408, 12. 14, Ca. 9 (11). 44 (vid. *haec*);

hoc, G. 2. 248, 3. 152, A. 2. 45, 4. 172, 5. 18, 236, 286, 361, 411, 6. 344, 7. 245, 12. 948, Ci. 68, 280, 508;

hi, G. 4. 86;

hae, A. 6. 431;

haec, E. 1. 39, 8. 93, G. 4. 86, A. 3. 540, 6. 871, 9. 128, 302, 12. 317, Cu. 3, D. 20 (Ellis *hinc* Rb.), 25, 47;

harum, A. 4. 608;

horum, A. 11. 361;

his (fem.), A. 2. 145, 289, 6. 18;

his, A. 6. 512, 8. 496;

hos, E. 6. 69, 9. 6, G. 2. 20, A. 3. 559, 713, 4. 336, 647, 11. 225, Cu. 322 (vid. *hoc*), Ca. 14 (6). 7 (Ellis *haud* edd.);

has, E. 1. 71, 8. 91, 95, G. 1. 60, 2. 483, 4. 454, A. 2. 603, 642, 3. 396, 4. 314, 5. 842, 6. 298, 461, 7. 595, 8. 186, 11. 377, 436, 534, 840, 12. 56, 318, Ci. 400, D. 50;

haec, E. 1. 6, 70, 2. 4, 35, 7. 33, 8. 64, 73, 74, 95, G. 2. 140, 3. 503, 4. 40, 219, A. 2. 101, 115, 286, 691†, 790, 3. 161, 169, 250, 288, 414, 559, 643, 4. 270, 339, 623, 5. 59, 412, 417, 596, 706 (vid. *hac*), 756, 6. 329†, 417, 512, 566, 628, 632, 696, 7. 102, 292, 323, 471, 8. 172, 185, 314, 355, 362, 541, 583, 9. 635, 10. 104, 423, 491, 633, 848, 881, 902, 11. 45, 152, 176, 734, 735, 825, 12. 62, 75, 81, 186,

197, 441, 582, 633, Ci. 44, 400, Ca. 3*. 15†, 9 (11). 57;

his, E. 7. 56, A. 6. 111, 7. 206;

his, A. 1. 64, 2. 788, 4. 304, 359, 568, 652, 680, 5. 708, 717, 7. 420, 8. 51†, 323, 426, 9. 83, 10. 583, 12. 101, Cu. 148, Ci. 340†;

his, E. 6. 33, G. 4. 219, A. 1. 572, 579, 663, 2. 446†, 520, 775, 3. 153, 358, 4. 54, 388, 549, 5. 357, 816, 6. 365, 382, 445, 885, 897†, 7. 330, 373, 8. 15, 35, 335, 9. 652, 11. 117, 342, 827;

hanc . . hanc, A. 8. 357;

hos . . hos, A. 11. 766;

hic . . illum, G. 1. 242;

hos . . illos, A. 5. 441.

HIC. 212.

hic, E. 1. 14, 42, 44, 51, 79†, 3. 12, 5. 3, 7. 12, 24, 49 *bis*, 51, 8. 67, 9. 16, 40 *bis*, 41, 60, 61, 62, 10. 42 *bis*, 43 *bis*, G. 1. 244, 2. 4, 45, 149, 3. 28†, 280†, 379, 430, 478, 4. 58 (P Rb. *hinc* Mγ edd.), 264†, 423, 554, A. 1. 16, 17, 52, 168, 187, 247, 272, 322, 446, 451†, 461, 728, 2. 122, 199, 386, 410, 438, 515, 533, 608, 612, 699, 735, 743, 796, 3. 45, 97, 155, 294, 369, 453, 537, 558 (mss. Gos. *haec* edd.), 616, 708, 710, 718, 4. 127 (vid. *hic* pronom.), 252, 347 (vid. *hic* pronom.), 648, 5. 77, 129, 183, 291, 331, 340, 353, 387, 473, 484, 522, 604 (M edd. *hinc* PRγ Rb.), 630, 637, 638, 644, 692, 827, 6. 24, 27, 72, 106, 243, 290, 296, 390 (vid. *hic* pronom.), 399†, 442, 479† *bis*, 481†, 494, 540 (vid. *hic* pronom.), 580, 582, 608, 640, 648, 660, 789, 791 (vid. *hic* pro-

nom.), 860, 7. 29, 92, 112, 122, 141, 144, 173, 175, 413, 435, 479, 531, 568, 8. 39, 46 (vid. *hic* pronom.), 65, 193, 219, 259, 655†, 663, 9. 33, 110, 205 (vid. *hic* pronom.), 242, 246, 602, 717, 742, 10. 53, 73, 159, 345, 479, 518, 528, 791, 873, 11. 16 (*vid.* pronom.), 67, 193, 215 *bis*, 239, 454, 570†, 852, 12. 280 (Gos. *hinc* mss. edd.), 411, 546, 554, 767, 772, Cu. 115, 137, 296, 334, 352, 358, 361†, 361, 362, 367, Ci. 490, Co. 20†, 31 (Rb. Leo *eia* edd.), Ca. 1*. 4†, 9 (11). 17†, D. 73†;

hic . . hic, A. 1. 427 (mss. edd. *hinc* Nonius Rb.); 3. 399, 401; 8. 724†, 725†; 12. 479;

hic . . hic . . hic . . hic, A. 2. 29, 30; M. 72, 72†, 74, 75†;

hic . . hic . . hic . . hic . . hic, Cu. 398, 400, 401, 402†, 406;

hic . . hinc, A. 1. 427 (vid. *hic . . hic*);

hic . . illic, G. 1. 54†, 70;

haec . . hunc . . hic, A. 7. 151.

HICETAONIUS, A. 10. 123†.

HIEMPS (HIEMS). 36.

hiemps, G. 1. 299, 321; hiems, G. 1. 302, 2. 317, 519, 3. 356, 4. 36, 135, A. 1. 122, 2. 111, 3. 285, 4. 52, 7. 214, Ca. 1*. 2;

hiemis, E. 10. 66, G. 1. 340, 4. 156†, A. 4. 403;

hiemi, G. 3. 403; Hiemi, A. 3. 120;

hiemem, G. 1. 391, 2. 322, 3. 470, 4. 51, 239, A. 1. 125, 3. 195, 4. 193, 5. 11, 9. 671, 10. 634, Ca. 9 (11). 48;

hiemes, G. 2. 293, 3. 197†;

hiemes, G. 1. 100, 2. 373.

hilaro: hilarans (masc.), E. 5. 69.

Himella: Himellae (gen.), A. 7. 714†.

HINC. 143.

hinc, E. 1. 38, 53, 56, 64, 3. 93, 4. 37, 5. 43, 6. 41†, 9. 59†, G. 1. 5†, 252, 253, 422†, 2. 145, 146, 390, 444 *bis*, 514 (mss. edd. *hic* γ² Rb.), 514, 515, 3. 101, 202 (FRM² Rb. Ld. *hic* M¹ AP edd.), 288, 300, 308, 308†, 396, 494, 496, 4. 55, 56, 58 (Mγ edd. *hic* P Rb.), 100, 223†, 446, 449, 532, A. 1. 21, 194, 234, 235, 389†, 469, 2. 97†, 97, 98, 148, 671, 778 (mss. edd. *om.* Gos.), 3. 111, 112, 167, 551, 699, 707, 715, 4. 253, 460, 483, 565†, 5. 600, 604 (PRγ Rb. *hic* M edd.), 6. 295, 440†, 557, 719, 733†, 7. 15, 85, 209, 240, 408, 723, 8. 342, 347, 478, 511, 546, 603, 635, 666, 678, 685, 9. 120, 739, 763†, 10. 145, 204, 388, 11. 96, 12. 122†, 166, 280 (mss. edd. *hic* Gos.), 608, 838, 947, M. 17, 98 (Ben. *his* edd.), Ca. 3*. 19, 5 (7). 1, 5, 11, D. 20 (Rb. *haec* Ellis), 22 *bis*, 86, 87; hinc atque hinc, A. 1. 162; 500; 4. 447, 447†; 8. 387; 9. 380; 440; 550; 12. 431; Cu. 16; 221;

hinc . . hinc, A. 4. 40†, 42; 8. 473, 474; 10. 433, 434; 760; 12. 745; Ci. 471, 472;

hinc . . illinc, G. 1. 509, 3. 257, A. 4. 442, Cu. 315;

hic . . hinc, A. 1. 427 (Nonius Rb. *hic* mss. edd.).

hinnitus: hinnitu, G. 3. 94.

hio: hians (masc.), A. 10. 726, 12. 754;

hiantem (masc.), G. 2. 508;

hiantis (fem.), G. 1. 91;

masc. subst. hiantis (acc.), A. 6. 493.

Hippocoon: Hippocoontis, A. 5. 492.

HIPPODAME, G. 3. 7.

Hippolyte: Hippolyten, A. 11. 661.

Hippolytus: Hippolyti, A. 7. 761; Hippolytum, A. 7. 765, 774.

hippomanes: hippomanes (acc.), G. 3. 280†, 282.

Hippomenes: Hippomenen, Ca. 9 (11). 26†.

Hippotades: Hippotaden, A. 11. 674.

Hircani; vid. *Hyrcani.*

HIRCULUS, Ca. 3*. 16†.

HIRCUS (HIRQUUS), G. 2. 395; hirqui, G. 3. 312†; hircos, E. 3. 91; hirquis, E. 3. 8†.

hirnea; vid. *hernia.*

hirneosus; vid. *herniosus.*

HIRSUTUS. 6.

hirsutus, A. 10. 869; hirsuta, Cu. 138; hirsutum (nom.), E. 8. 34; hirsuti (nom.), G. 3. 444†; hirsutae, E. 7. 53; hirsutis (fem. abl.), G. 3. 231.

hirtus: hirtae (nom.), G. 3. 55; hirtas, G. 3. 287.

HIRUNDO, G. 1. 377, 4. 307, A. 12. 474.

HISBO, A. 10. 384†.

HISCO, A. 3. 314.

hispidus: hispida (fem. nom.), A. 10. 210.

HISTER, G. 3. 350; Histro (abl.), G. 2. 497.

historia: historiae (gen.), Cu. 4; historiam, Ca. 11 (14). 6.

hiulcus: hiulca (acc.), G. 2. 353.

HOC, G. 2. 187 (P¹ Rb. *huc* P² Mγ edd.), A. 8. 423†.

HODIE, E. 3. 49, A. 2. 670, 10. 107†, 862, 12. 567.

HOLUS (OLUS), M. 72 (olus); holus, G. 4. 130.

Homereus: Homereo (neut. abl.), Ca. 14*. 2†.

Homerus: Homero (dat.), Ci. 65.

HOMO. 51.

homo, A. 9. 783, 10. 720;
hominis, G. 4. 444, A. 3. 426;
hominem, A. 1. 328, 10. 211;
homines, G. 1. 63, 2. 433†, A. 1. 308, 7. 131, 12. 28, Ci. 379;
hominum, E. 10. 61, G. 1. 118, 504, 2. 10, 439, 3. 242, 4. 316, A. 1. 65, 229, 254, 332, 539, 743, 2. 284, 648, 745, 3. 80, 606, 4. 671, 6. 728, 7. 19, 8. 727, 10. 2, 18†, 65, 175, 501, 743, 11. 725, 12. 829, 900, Cu. 339, Ci. 16, 454, Ca. 9 (11). 56;
homines, A. 10. 855, 12. 839, Ci. 137, Ca. 4 (13). 2.

Homole: Homolen, A. 7. 675.

honestus: honestum (neut. acc.), G. 2. 392, 4. 232, A. 10. 133, 12. 155;
honesti, G. 3. 81.

honoro: honores, Cu. 369†; honoratum (masc.), A. 5. 50.

HONOS. 84.

honos, E. 2. 53, 5. 78, G. 1. 507, A. 1. 253, 609, 4. 4, 5. 308, 763, 7. 3, 332, 635, 815, 8. 268, 10. 493, 11. 23, 12. 57, 135, Ci. 496;
honori, A. 3. 484 (GMγ² Th. Con. Gos. *honore* Pγ¹ edd.), 5. 541 (MP²γ R edd. *honore* P¹ Rb.);
honorem, G. 2. 393, 404, 3. 290, 4. 326, A. 1. 49, 632, 736, 4. 207, 5. 58, 201, 229, 342,

365, 534 (M² Con. *honores* PRM¹γ¹ edd.), 601, 6. 589, 8. 61, 102, 339, 9. 206, 11. 61, 76, 12. 140, Cu. 299;
honore, E. 10. 24†, G. 3. 486, A. 1. 335, 3. 178, 406, 474, 484 (vid. *honori*), 4. 458, 5. 272, 541 (vid. *honori*), 6. 333, 780, 8. 76, 617, 11. 52, 208, 12. 630, Cu. 322 (Ellis *honores* edd.), 358, Ci. 100, 269, Ca. 14 (6). 8;
honores, A. 1. 28, 5. 347, Cu. 225;
honores, E. 4. 48, A. 1. 591, 3. 118, 264, 547, 5. 94, 249, 534 (vid. *honorem*), 652, 8. 189, 11. 219, 12. 778, 840, Cu. 322 (vid. *honore*), Ci. 146, 205, 439 (edd. *odores* Ben.), 500;
honoribus, Ca. 3*. 17.

HORA. 15.

hora, G. 1. 426, 3. 327, A. 4. 679, 5. 844, Ca. 3 (12). 10;
hora, E. 3. 5, 8. 20, Ci. 406, M. 53;
horas, E. 10. 73†, G. 1. 208, A. 6. 539, M. 1;
horis, G. 3. 400; Horis, A. 3. 512.

Horatius: Horatia (fem. nom.), Cu. 361†.

Horcus; vid. *Orcus.*

hordeum: hordea (acc.), E. 5. 36, G. 1. 210, 317.

horrendus, horrens; vid. *horreo.*

horreo. 57.

horret, G. 3. 79, A. 2. 12, 11. 602, 754, 12. 663, Cu. 330;
horremus, A. 4. 209, 10. 880;
horrent, G. 4. 96, A. 6. 799, Cu. 221 (edd. *lurent* Ellis), 371;
horrebat, A. 8. 654, 11. 488, 636;
horrebis, G. 3. 408;

horruit, G. 2. 142;
horreret, G. 1. 151;
horrere, A. 6. 419;
horrens (masc.), A. 4. 366;
horrentis, A. 9. 306;
horrentis (fem.), A. 7. 713;
horrentem (masc.), G. 3. 161;
horrenti (fem.), A. 1. 165;
horrentis (masc.), G. 3. 315, A. 10. 237 (MR Con. Gos. *ardentis* Pγ¹ edd.);
horrentia, A. 1. 4*, 634, 11. 570;
horrentibus (fem.), A. 1. 311, 3. 230, 10. 178;
horrendus, A. 6. 298, 9. 521;
horrenda, A. 7. 323, 9. 112;
horrendum, A. 4. 454, 7. 78, 172, 568, 8. 565;
horrendae (gen.), A. 6. 10;
horrendum (neut.), A. 3. 26, 658, 679, 4. 181;
horrenda (fem.), A. 11. 507;
horrendos, A. 2. 222;
horrendas, A. 6. 99, 327;
horrenda, G. 2. 387, A. 3. 559;
subst. horrenda (acc.), A. 3. 712;
adv. horrendum, A. 6. 288, 9. 632, 732, 12. 700.
HORRESCO. 6.
horresco, A. 2. 204;
horrescit, A. 6. 710, 7. 526;
horrescunt, G. 3. 199, A. 12. 453;
horresce, A. 3. 394†.
horreum: horrea (acc.), G. 1. 49, 182, 2. 518, 4. 250.
horribilis: horribilem (fem.), G. 4. 442;
horribili (masc.), A. 11. 271, Ci. 184;
horribilis (fem.), G. 3. 152†, Ci. 80†.
HORRIDUS. 30.

horridus, G. 4. 93, 407, A. 1. 296, 5. 37, 7. 669, 9. 670;
horrida, G. 1. 449, 2. 69, 3. 366†, 442, 4. 254†, A. 3. 23, 4. 251, 7. 746, 9. 382, 10. 408, Ca. 1*. 2;
horridum (neut. acc.), Ca. 10 (8). 10 (edd. *Cytorio* Ellis);
horrida (nom.), A. 11. 96, Ci. 31;
horrida, E. 10. 23, G. 2. 282, A. 4. 378, 6. 86, 7. 41†, 8. 348, Cu. 195, Ca. 9 (11). 5, 42;
horridior (masc.), E. 7. 42.
horrifer: horriferam, A. 8. 435.
horrifico: horrificant, A. 4. 465.
horrificus: horrificum (neut. acc.), A. 12. 851; horrifico (masc.), A. 3. 225; horrificis (fem. abl.), A. 3. 571.
horrisonus: horrisono (masc. abl.), A. 6. 573, 9. 55.
HORROR. 7.
horror, A. 2. 301, 559, 755, 3. 29, 12. 406;
horrore, A. 4. 280, 12. 868.
HORTATOR, A. 6. 529.
Hortinus; vid. *Ortinus.*
HORTOR. 15.
hortor, A. 3. 134;
hortatur, A. 2. 33, 3. 144, 5. 177, 189, 6. 184, 11. 13, 521;
hortamur, A. 2. 74, 3. 609;
hortantur, A. 3. 129;
hortati sumus, A. 10. 69;
hortare, G. 3. 164;
hortantem (masc.), G. 4. 266;
hortandi, Ca. 9 (11). 12.
HORTULUS, Ci. 3; hortulum, Ca. 2*. 4, 3*. 18†.
HORTUS. 8.
hortus, M. 61;
horti, E. 7. 34, M. 69†;
hortum, M. 87;
horti, G. 4. 109;

hortos, G. 4. 118;
hortis, E. 7. 65, 68.
HOSPES. 16.
  hospes, A. 4. 10, 5. 63, 630, 8.
123;
  hospitis, A. 8. 346, 463, 493;
  hospes, A. 1. 753, 4. 323, 8.
188, 364, 532;
  hospite, Ci. 467†;
  hospitibus, A. 1. 731, 11. 105;
  hospites (voc.), Ca. 10 (8). 1.
HOSPITIUM. 17.
  hospitium, A. 3. 15;
  hospitio, A. 4. 51;
  hospitium, A. 3. 61, 7. 202, 10.
460;
  hospitio, A. 1. 299, 540, 3. 83,
7. 264, 9. 361, 11. 165, Ci. 112;
  hospitia, A. 1. 672, 10. 495;
  hospitia, A. 11. 114;
  hospitiis, G. 3. 343, 4. 24.
hospitus: hospita, G. 3. 362, A.
6. 93, Cu. 126;
  hospita (voc.), A. 3. 539;
  hospita (acc.), A. 3. 377.
HOSTIA, G. 1. 345, 3. 486, A. 1.
334, 2. 156, 11. 740.
hostilis. 6.
  hostilis (fem. nom.), A. 3. 407;
  hostili (fem.), A. 10. 847;
  hostilem, A. 3. 322†;
  hostilem, A. 10. 489;
  hostili (masc.), A. 11. 398;
  hostilibus (neut. abl.), A. 11.
83.
HOSTIS. 99.
  hostis, A. 1. 625 (edd. *hostes*
Gos.), 2. 290, 645, 7. 723, 9. 38,
10. 26, 11. 304, 12. 895, Ci. 268;
  hostis, A. 12. 302;
  hosti, G. 3. 347†, A. 4. 549, 9.
443†, Ci. 186;
  hostem, G. 3. 236, 4. 76, A. 2.
508, 665, 4. 424, 5. 671, 6. 880,
7. 469, 8. 500, 9. 46, 51, 676,

692, 780, 10. 66, 585†, 771,
801, 882, 11. 80, 370, 381, 491,
521, 559, 743, 12. 233, 253,
377, 426, 483, 595, 901, 917,
Cu. 389;
  hostis, A. 10. 900;
  hoste, G. 3. 32, A. 1. 378, 2.
390, 541, 3. 123, 5. 632, 6. 111,
10. 375, 438, 11. 764;
  hostes, A. 9. 440, 11. 387;
  hostibus, G. 3. 513, A. 10. 903,
12. 339, Cu. 85, Ci. 420;
  hostis, E. 10. 45 (-es), G. 3.
120, A. 1. 625 (-es vid. *hostis*
nom.), 2. 43, 358, 377, 511, 527,
632, 3. 283, 9. 356, 386, 400
(mss. edd. *enses* Serv. Rb.
Con.), 554, 556, 799, 10. 372,
379, 398, 729, 11. 899, 12. 266,
456, 461, 477, 582, 650, 682,
Ca. 9 (11). 49 (-es);
  hostibus, A. 4. 669, 8. 36, 10.
593, Ci. 264.
HUC. 69.
  huc, E. 2. 45, 7. 6†, 9. 11, 9. 39,
43, G. 2. 4, 7, 76, 187 (P² Mγ
edd. *hoc* P¹ Rb.), 243, 4. 62,
225, A. 1. 170, 333, 538, 558†,
2. 18, 24, 87, 523, 763†, 3. 16,
78, 219, 441, 694, 4. 634, 5. 162,
726, 735, 6. 305, 788, 7. 86,
241†, 635 *bis*, 8. 114, 172, 440,
477, 606, 10. 656, 11. 185, 530,
855, 856, 12. 617 (Rb. Th.
hunc mss. edd.), 772, Cu. 90†,
91†, Co. 25†;
  huc . . . huc, A. 9. 57, 11.
601, 12. 558, 743;
  huc illuc, G. 2. 297, A. 4. 363,
5. 408, 12. 764;
  huc . . . illuc, A. 4. 285, 5.
701, 8. 20, 229, 9. 755, 10.
680†.
humanus. 7.
  humana, G. 1. 198;

humani (neut.), Ci. 198 (Rb.
Th. *humanos* Ben. Ellis);
humanum (neut.), A. 1. 542;
humanis (fem.), A. 10. 152;
humanos, A. 5. 689, Ci. 198
(vid. *humani*);
humanis (fem.), G. 4. 470, A.
12. 427.
humecto; vid. *umecto.*
humeo; vid. *umeo.*
humerus; vid. *umerus.*
humidus; vid. *umidus.*
HUMILIS. 15.
humilis, G. 1. 331†, Ca. 9 (11).
61 (Th. Ellis *humiles* Rb.
Ben.), 14 (6). 7;
humilis (nom.), E. 5. 17, A. 4.
255;
humilem (fem.), A. 3. 522;
humili (fem.), A. 7. 157;
humili, A. 8. 455;
humiles, G. 3. 108, Ca. 9 (11).
61 (vid. *humilis*);
humiles, E. 4. 2, G. 2. 434†;
humilis, A. 12. 930;
humilis, E. 2. 29, G. 2. 213, Ci.
17.
humo: humandi, A. 10. 493;
humandum (neut. esse), A. 6.
161†; humandis (masc. dat.),
A. 11. 2.
humor; vid. *umor.*
HUMUS. 43.
humus, E. 4. 40, 9. 41, G. 2.
184, A. 8. 196, Ca. 9 (11). 32;
humi (loc.), E. 3. 92, A. 1.
193†, 2. 380, 5. 78, 481, 6. 423,
9. 754, 10. 558 (mss. Rb. Ld.
Ben. *humo* M² edd.), 697, 11.
640, 665, Cu. 161, M. 96;
humo, A. 9. 214;
humum, E. 5. 40, 9. 19†, G. 1.
220, 2. 153†, 232, 408, 3. 298,
420, A. 5. 330, 6. 196, 9. 669,
10. 731, 11. 418, 669;

humo, G. 1. 213, 2. 460, 3. 9†,
558, 4. 115, A. 3. 3, 24, 5. 452,
10. 558 (vid. *humi*), 904, Cu.
281.
HYACINTHUS (-OS). 7.
hyacinthus, E. 3. 63, Cu. 401
(-os);
hyacinthi, G. 4. 137†, A. 11.
69;
hyacintho (abl.), E. 6. 53;
hyacinthi, Ci. 95;
hyacinthos, G. 4. 183.
hyades: hyadas, G. 1. 138, A. 1.
744†, 3. 516.
hyalus: hyali (gen.), G. 4. 335.
Hybla: Hyblae (gen.), E. 7. 37.
Hyblaeus: Hyblaeis (fem. abl.),
E. 1. 54.
Hydaspes: Hydaspen, A. 10.
747†.
HYDASPES, G. 4. 211.
HYDRA, A. 6. 576; hydram, A. 7.
658.
hydrus: hydri, G. 2. 141†;
hydrum, G. 4. 458;
hydri, G. 3. 545;
hydris, A. 7. 753;
hydris, A. 7. 447.
Hylaeus: Hylaeum, G. 2. 457,
A. 8. 294.
HYLAS, G. 3. 6;
Hylan, E. 6. 43;
Hyla (voc.), E. 6. 44 *bis.*
HYLAX (HYLAS), E. 8. 107.
Hyllus: Hyllo (dat.), A. 12. 535.
HYMEN, Cu. 247.
HYMENAEUS. 16.
hymenaeus, A. 4. 127;
hymenaei (nom.), G. 4. 516;
hymenaeis, A. 11. 355;
hymenaeos, G. 3. 60, A. 1. 651,
3. 328, 4. 99, 316, 6. 623, 7.
398, 555, 10. 720, 11. 217, 12.
805;
hymenaeis, A. 7. 344, 358.

INDEX VERBORUM VERGILIANUS

iactamur, A. 3. 197;
iactantur, G. 3. 134;
iactetur, A. 1. 668†, 10. 48;
iactemur, A. 1. 332;
iactari, Ci. 242;
iactatus, A. 1. 3, 4. 14;
iactata, G. 2. 249, 3. 86, Ci. 86;
iactatum (masc.), A. 1. 182, 6.
693, Ci. 1;
iactatam, A. 1. 639;
iactati, A. 1. 442;
iactatos, A. 1. 29.
IACTURA, A. 2. 646.
iactus: iactum, A. 11. 608;
iactu, G. 2. 124, 4. 87†, 528.
iaculor: iaculatur, M. 107; iacu-
latus, A. 2. 276; iaculata (fem.
nom.), A. 1. 42.
iaculum. 23.
iaculi, G. 2. 530;
iaculum, A. 9. 52, 10. 323, 585;
iaculo, A. 5. 68, 253, 9. 178,
572, 698, 704 *bis,* 10. 248, 342,
754, 11. 563, 574, 760, 12. 354;
iaculis (abl.), A. 3. 46, 5. 37,
10. 130, 713, 868.
IAERA, A. 9. 673.
IAM. 438.
iam, E. 1. 82, 3. 67, 87, 111, 4.
4, 6, 7, 10, 37, 41, 48†, 5. 63†,
6. 56, 7. 43, 47, 48, 8. 6, 27, 40,
61, 109, 9. 9, 54, 10. 58, 62, G.
1. 34, 141, 148, 209, 303, 312,
314, 317, 340, 383, 450, 2. 57,
322, 367, 419, 542, 3. 4, 95,
130, 164, 206, 337, 361, 398
(MRγ edd. *etiam* P Rb. Th.),
401, 512†, 541, 4. 58, 116, 137,
189, 253, 264, 299, 402, 425,
490, 506, A. 1. 133, 219, 223,
272, 302, 396, 437, 457, 459,
599, 623, 697, 699 *bis,* 755, 2.
8, 14, 34, 70, 112, 124, 217,
254, 436, 447, 533, 600, 615,
634, 656, 705, 761, 3. 41, 51†,

192, 260, 270, 340†, 381, 404,
494, 531†, 645, 665, 4. 315,
417, 536, 554, 555†, 566, 567,
584, 5. 3, 8, 105, 179, 324, 331,
515, 548, 626, 633, 638, 767,
6. 13, 34, 51, 63, 89, 304,
358†, 419, 536, 629, 676, 780,
814†, 7. 46, 53, 53†, 104, 290
bis, 414, 736, 8. 213, 251, 407,
426, 557, 605, 726, 9. 32, 228,
276, 396, 459, 461 *bis,* 629, 689,
782†, 10. 19, 161, 162, 238,
257, 315, 378, 449, 675, 755,
11. 51, 139, 184 *bis,* 213, 275,
373 (Gos. *etiam* edd.), 491,
564, 702, 708, 846†, 861, 900,
913, 12. 239†, 241, 314, 317,
407, 582, 637, 693, 704, 793,
821, 822, 873, 889, Cu. 32, 42,
74 (Th. *cum* edd.), 104, 107,
169, 202, 224, 251†, 255, 278,
357 (edd. *om.* Leo), 376 (edd.
quom Ellis), 376 (edd. *tum*
Ellis), 394, Ci. 14, 140 (Rb.
Ben. *eheu* Th. *diu* Ellis), 292
(Ellis *sistam* edd.), 383 (edd.
quoniam Ben.), 454, M. 1.
121†, Co. 25, Ca. 1. 5, 3 (12). 5,
5 (7). 7, 11 (edd. *salvete* Ellis),
9 (11). 63, 13 (5). 35 (Ellis *an
te* Ben. *Luciene* Rb. Th.), D.
87;
iamque, E. 6. 21†, 37, G. 2.
350, 3. 422†, 556, 4. 363, 485,
497, 557, A. 1. 150, 419, 695,
2. 132, 209, 481, 567, 662, 730,
789, 801, 3. 135, 356, 521, 588,
4. 246, 5. 49, 159, 225, 268,
327, 738, 762, 835, 864, 6. 81,
477, 7. 25, 160, 637, 8. 24, 42,
281, 585, 9. 25, 351, 371, 386†,
10. 215, 260, 797, 813, 11. 100,
487, 608, 621, 766, 827, 12.
341, 391, 423, 656, Cu. 256†,
280, Ci. 206, 360†, M. 47, Ca.

217

Icarus: Icare, A. 6. 31†.
ico. 7.
  icere, Ci. 118 (Ellis *reicere*
  edd.);
  icta (est), Cu. 187 (edd. *tacta*
  Rb. Ben.);
  ictum (est), A. 12. 314;
  ictus, A. 12. 926;
  icta (fem. nom.), A. 6. 180, Cu.
  326, Ci. 166.
ictus. 26.
  ictum, A. 5. 444, 7. 756, 12.
  907;
  ictu, A. 2. 544, 5. 274, 428, 7.
  165, 9. 770, 10. 484, 11. 638,
  12. 490, 732†, 740, M. 27;
  ictus, A. 8. 419;
  ictibus, A. 9. 811;
  ictus, A. 5. 457, 12. 713†, Cu.
  142†, Ci. 345;
  ictibus, G. 3. 234, A. 5. 198,
  377, 459, 12. 106, Cu. 197.
IDA, A. 9. 177.
IDA. 12.
  Ida, A. 10. 158, Cu. 311†,
  312†;
  Idae (gen.), G. 4. 41, A. 2. 801,
  3. 6;
  Ida, A. 5. 252, 254, 449, 9. 80,
  12. 412, 546.
IDAEUS. 16.
  Idaeus, A. 3. 105;
  Idaea, A. 11. 285;
  Idaeum, A. 3. 112;
  Idaeae (gen.), A. 9. 620;
  Idaeum (masc.), A. 7. 139;
  Idaea, A. 10. 252;
  Idaeo, A. 9. 672, Ci. 168;
  Idaea, A. 2. 696;
  Idaei, A. 9. 112;
  Idaeae, A. 10. 230;
  Idaeis (fem.), G. 2. 84, Ci. 375
  (Rb. Ellis *Aeaeis* Th. Ben.);
  Idaeos, A. 7. 222;
  Idaeas, G. 3. 450, A. 7. 207.

Idaeus: Idaeum, A. 6. 485.
IDAEUS, A. 9. 500.
Idalius. 6.
  Idaliae (dat.), A. 5. 760;
  Idaliae, A. 10. 52; '
  Idalias, Ca. 14 (6). 2†;
  subst. Idalium (nom.), A. 10.
  86;
  Idaliae (gen.), A. 1. 693;
  Idalium (neut.), A. 1. 681.
Idas: Idan, A. 9. 575†.
IDAS, A. 10. 351.
IDCIRCO, G. 1. 231, 3. 445, A. 5.
  680, Ca. 9 (11). 7.
IDEM. 81.
  1. pronom.:
  idem, E. 3. 91, 5. 9, G. 1. 71, 2.
  105, 3. 244, 4. 139, A. 3. 80, 5.
  371, 6. 116, 229, 7. 321, 8. 290,
  9. 327, 416, 10. 112, 732, Ci.
  138;
  eadem, E. 5. 87, G. 2. 165, 4.
  234, A. 3. 95, 4. 77 (vid. neut.
  acc.), 6. 655, 8. 382, 10. 508,
  Cu. 286;
  eadem (voc.), A. 10. 607;
  idem, A. 3. 158, 564;
  eadem, A. 9. 302;
  easdem, G. 4. 185;
  eadem, E. 2. 35, G. 4. 36, A.
  3. 448, 6. 647, 11. 132, 12. 197;
  2. adi.:
  idem, E. 3. 44, 101, G. 2. 87,
  3. 72, A. 3. 60, 503, 504, 4. 581,
  679, 7. 393, 8. 141, 10. 851, 11.
  336, Ci. 134, 272;
  eadem, G. 2. 89, A. 1. 240, 4.
  298, 679, 5. 812, 8. 146;
  idem, A. 11. 174;
  eundem, A. 4. 321, Ci. 288;
  eandem, A. 4. 124, 165;
  eodem, E. 8. 81, G. 2. 182, A.
  1. 575, 4. 556, 5. 437, 10. 596,
  12. 847;
  eadem, A. 10. 487;

eodem, G. 1. 483;
idem, A. 3. 541, 8. 639;
eadem, A. 11. 96;
easdem, A. 7. 69;
eadem, A. 4. 77 (vid. fem.
nom.), 678, 10. 741;
isdem, Cu. 163†;
isdem, A. 7. 70;
isdem, A. 2. 654.
IDEO, G. 2. 96, 3. 212, A. 4. 228.
IDMON, A. 12. 75.
IDOMENEUS, A. 3. 401; Idomenei,
A. 11. 265; Idomenea, A. 3.
122.
Idumaeus: Idumaeas, G. 3. 12†.
iecur: iecur, A. 6. 598.
ieiunium: ieiunia (acc.), G. 3.
128†, M. 4.
ieiunus: ieiuna, G. 2. 212; ieiuna (abl.), G. 3. 493.
IGITUR, E. 7. 18, A. 4. 537, 9. 199,
Cu. 369.
IGNARUS. 32.
ignarus, A. 8. 627, 730, 10. 25,
85 *bis*, 666, 11. 154;
ignara, A. 1. 630, 4. 508, 5.
284, 618, 6. 361, 8. 187, 10.
247, Ci. 420 (edd. *ignava* Rb.);
ignarum (masc.), A. 10. 706;
ignaram, A. 9. 287;
ignari, A. 1. 198, 332, 2. 106,
3. 569;
ignarae, A. 4. 65;
ignaris (masc.), Ca. 1*. 4 (Ellis *ignavis* Rb.);
ignaros, E. 6. 40†, G. 1. 41, A.
2. 384, 9. 345, 766;
masc. subst. ignarum, A. 3.
338, 10. 228†;
ignare, A. 3. 382;
ignaros, A. 11. 19.
ignave: ignavius, G. 3. 465†.
IGNAVIA, A. 11. 733.
ignavus. 9.
ignava, G. 1. 299, Ci. 420 (Rb.

ignara edd.);
ignavom (neut. acc.), G. 4.
168, A. 1. 435;
ignavi, A. 12. 12;
ignavae, G. 4. 259†;
ignavis (masc.), Ca. 1*. 4 (Rb.
ignaris Ellis);
ignavos, Ca. 13 (5). 37;
ignava, G. 2. 208.
ignesco: ignescunt, A. 9. 66.
IGNEUS. 10.
igneus, G. 1. 453, 4. 426, A. 6.
730, 8. 97, 11. 746, Cu. 42;
ignea (nom.), G. 3. 482†, A. 8.
392, 11. 718;
ignea (nom.), A. 4. 352.
IGNICOLORIUS, Ca. 14 (6). 9 (Ellis *mille coloribus* edd.).
IGNIPOTENS. 6.
ignipotens (masc.), A. 12. 90;
masc. subst. Ignipotens, A. 8.
414, 423, 628†, 710, 10. 243.
IGNIS. 138.
ignis, E. 3. 66, 7. 49, G. 1. 337,
2. 303, 528, 3. 99, 566†, 4. 263†,
A. 2. 505, 705, 758, 8. 421, 12.
102, 576, Ci. 146, D. 102;
ignis, E. 6. 33, A. 8. 430;
igni, G. 1. 454, 3. 378, A. 11.
194;
ignem, G. 1. 87, 131, 135, 2.
140, 3. 85, 244, 258, 4. 330,
442, A. 1. 42, 175, 660, 688,
2. 297, 3. 231, 4. 200, 661, 5.
4, 641, 660, 726, 6. 747, 7. 73,
281, 355, 8. 256, 491, 9. 351,
10. 131, 566, 11. 119, 189, 787,
12. 65, 119, Ci. 163, 350 (edd.
enim Ellis), M. 12, 92, Ca. 1*.
3;
igni, E. 8. 81, G. 1. 196, 234,
267, 4. 268, A. 2. 210, 312, 581,
649, 4. 2†, 6. 742, 7. 577, 692,
8. 255 (-e), 9. 153, Cu. 409
(-e), Ci. 244 (-e);

Ilionea, A. 1. 611.

Ilithyia: Ilithyiae (gen.), Ci. 326
(edd. *Ilythyiae* Ellis).

ILIUM. 9.

Ilium, A. 2. 241, 325, 625, 3. 3,
109, 6. 64;

Ilium, A. 1. 68, 5. 756;

Ilio, A. 5. 261†.

Ilius: Ilia (fem. nom.), A. 1. 268,
9. 285, 11. 245.

illabor, illacrimo; vid. *inl-*.

ILLE. 623.

1. pronom.:

ille, E. 1. 7, 9, 44, 3. 19, 21, 61,
4. 15, 5. 64, 6. 23, 70, 84, 7. 8,
23, 8. 23, 103, 9. 25, 10. 31, G.
1. 129, 331, 441, 464, 466, 2.
455, 493, 498, 3. 120†, 201,
501, 4. 137, 144, 215, 440, 446,
A. 1. 3, 139, 153, 300, 348, 370,
405, 715, 719, 738, 2. 76†, 126,
152, 220, 287, 705, 3. 53, 490,
612, 4. 13, 28, 29, 238, 242,
331, 438, 5. 39, 75, 90, 169,
186†, 334, 336, 394, 439, 444,
457†, 482, 6. 79, 112, 263, 347,
408, 421, 432, 482, 593, 695,
760, 808, 836, 838, 863, 899, 7.
168, 349, 380, 490, 586, 8. 152,
166, 251, 388, 434, 492, 617, 9.
62, 219, 362, 414, 481†, 577,
704, 743, 793, 796, 816, 10.
195, 198, 274, 348, 385, 409,
486, 522, 547†, 552, 618, 693,
707, 717, 739, 770, 794, 812,
878, 11. 49, 246, 251, 416, 440,
494, 549, 640, 668, 749, 809,
901, 12. 234, 263, 291, 306,
377, 395, 400, 430, 450, 453,
557, 752, 758, 855, 894, 901,
930, 945, Cu. 87, 270, Ci. 135,
137, 238, 268, 272, 437;

illa, E. 3. 4†, G. 1. 109, 406,
409, 2. 221, 222, 252, 3. 217,
362, 4. 128, 457, 494, 513, 533,

A. 1. 500, 650, 2. 52, 240, 571,
628, 3. 458, 4. 72, 553, 563,
641, 688, 5. 242, 512, 609, 788,
6. 469, 512, 517, 7. 561, 787,
805, 808, 9. 479 *bis*, 712, 10.
247, 336, 476, 646, 777, 783,
11. 595, 653, 684, 709, 755,
764, 816, Cu. 289, Ci. 71, 188,
257, 384, 409, 411†, 414, 445,
538, 541, Ca. 9 (11). 25, L. 4,
10;

illud, G. 2. 338, A. 3. 173, 4.
675, M. 66†, 69†, Ca. 4 (13).
11†;

illius, E. 1. 7, 63, G. 1. 49, A.
1. 683, 6. 670, 8. 198;

illius (fem.), A. 1. 16;

illi, E. 3. 61, 89, 6. 67, 79, 9. 6,
G. 3. 17†, 79, 4. 141†, 358,
416†, A. 2. 86, 548, 4. 261, 6.
479, 879, 7. 538, 9. 754, 10.
172, 219, 494, 619, 858, 11. 73,
12. 52, 617, 951, Cu. 59 (Ellis
illis edd.), 76, 86, 87, 89, 208,
Ci. 106, M. 56, 64, Co. 26, Ca.
1. 6, 2. 4 (edd. *elisit* Ben.), 8
(10). 5†, L. 35, 70; olli, A. 5.
10, 284, 358†, 6. 321, 7. 458†,
9. 740, 10. 745, 12. 18, 300†,
537, 867†;

illi (fem.), G. 2. 378, A. 1. 416
4. 698, 5. 648, 6. 473, 10. 202†
12. 140, Ci. 171, 221, 471†
513†, 524; olli, A. 1. 254, 4
105, 12. 829;

illum, E. 3. 25, 6. 58, 8. 43, 10
13, 14, 64, G. 1. 95, 203, 374
2. 495, 3. 387, 538, 4. 215†
277, 360, 398, 500, A. 1. 44
227, 693, 2. 529, 554, 3. 330
4. 83, 227, 5. 181, 468, 6. 110
168, 7. 209, 255, 272, 8. 363
649, 9. 270, 10. 661†, 11. 374
567, 865, 12. 70, 351, Cu. 13
72, 187, 331†, 332;

10. 672, 897, Cu. 227, 266†, 339, Ci. 27†, 441;
illius, Ca. 14*. 3;
illius (fem.), A. 2. 361;
illi (masc.), Ca. 8 (10). 2;
illum, E. 1. 42, G. 3. 513, 4. 197, A. 9. 337;
illam, A. 3. 583, Ci. 347, M. 121†;
illud, A. 3. 435;
illo, A. 2. 274, 8. 102, 324, 9. 195, 12. 80;
illa, G. 1. 456, A. 1. 140, 9. 335, 11. 261;
illo, E. 7. 70, G. 1. 469, 4. 563, A. 1. 623†, 7. 228, 8. 414, 11. 275, L. 76;
illi, A. 2. 503;
illa, A. 5. 393, 12. 414;
illis (masc.), L. 48;
ollis (neut.), A. 6. 730;
illos, M. 20;
illas, A. 5. 191;
illa, A. 2. 278, 448 (PF¹ Rb. Th. Ben. *alter* F² M edd.), 10. 862;
illis, E. 5. 24, 8. 19, G. 1. 493, A. 2. 342, Ci. 405;
illis (fem.), G. 3. 531;
ille . . hi, A. 6. 326;
hos . . illos, A. 5. 441.
ILLIC. 10.
    illic, G. 1. 54†, 69, 251 (mss. edd. *illis* Rb.), 247, 2. 471, 3. 352, A. 1. 206, 2. 783, 8. 626, 628.
illido, illigo; vid. *inl-*.
ILLINC.
    hinc . . illinc, G. 1. 509, 3. 257, A. 4. 442, Cu. 316;
    hic . . illinc, Cu. 408†.
ILLUC. 10.
    huc illuc, G. 2. 297, A. 4. 363, 5. 408, 12. 764;

huc . . illuc, A. 4. 285, 5. 701, 8. 20, 229, 9. 755, 10. 680†.
illudo; vid. *inludo.*
Illyricus: Illyrici (neut. gen.), E. 8. 7; Illyricos, A. 1. 243.
ILUS, A. 1. 268†, 6. 650.
Ilus: Ilo (dat.), A. 10. 400, 401.
ILVA, A. 10. 173.
Ilythyia; vid. *Ilithyia.*
IMAGO. 34.
    imago, E. 2. 27, G. 4. 50, A. 1. 353, 2. 369, 560, 773, 793, 3. 489, 4. 353, 654, 5. 636, 6. 405, 480, 695, 701, 7. 180, 8. 557, 671, 9. 294, 10. 456, 643, 656, 663, 824, 12. 560, Ci. 263;
    imaginis, Cu. 57 (edd. *marginis* Th. Ben.);
    imagine, A. 4. 84, 6. 293, 7. 179, 8. 23, 730, 12. 665;
    imaginibus (abl.), A. 1. 408.
Imaon: Imaona, A. 10. 424†.
imbellis; vid. *inbellis.*
IMBER. 39.
    imber, G. 1. 259, 333, 373, 429, 3. 441, 4. 312, 474†, A. 1. 743, 3. 194, 5. 10, 696, 9. 669, 11. 548, 12. 284, 685;
    imbris, A. 8. 429;
    imbrem, G. 1. 23, 157, 211†, 2. 334, A. 1. 123, D. 39†;
    imbri, E. 7. 60, G. 1. 393†, A. 4. 249, Ca. 9 (11). 34 (-e);
    imbres, E. 3. 80, 6. 38, G. 1. 443, 2. 293, D. 76;
    imbris, G. 2. 352 (-es), 4. 115, A. 9. 60;
    imbribus, G. 1. 236, 323, 413, 2. 325, A. 5. 693.
IMBRASIDES, A. 10. 123; Imbrasidas, A. 12. 343†.
IMBRASUS, A. 12. 343†.
imbrex: imbrice, G. 4. 296.
imbrifer: imbriferum (nom.), G. 1. 313.

imbuo: imbuet, E. 1. 8; imbuit, A. 7. 542, 554.

imitabilis: imitabile (acc.), A. 6. 590.

imitor. 11.

imitatur, A. 6. 586;

imitamur, G. 2. 204†;

imitantur, G. 3. 380, A. 11. 894;

imitabere, E. 2. 31;

imitabitur, E. 5. 73;

imitatus, Ci. 107†, 500;

imitata (fem. nom.), G. 4. 72, A. 11. 500, Cu. 404†.

IMMANIS. 59.

immanis, A. 6. 418, 597, 10. 209, 11. 173, Cu. 164, 234;

immanis, A. 6. 77, 237, 576;

immane, A. 8. 245;

immanis (masc.), G. 2. 141, A. 2. 150, 3. 702†;

immanem, G. 4. 458, A. 10. 318;

immanem, G. 3. 39, A. 7. 305, 9. 516, 730, 10. 887;

immane, A. 1. 110, 5. 351†, 6. 11, 624, 7. 666, 8. 225, 10. 196, 11. 552, 12. 442, 904†;

immani, A. 6. 594;

immani, A. 9. 542, 694;

immani, A. 3. 427, 5. 372, 401, 8. 330, 9. 751;

immania, A. 5. 822, 9. 708, Ci. 451†;

immanibus (fem.), A. 1. 616;

immanis (fem.), A. 1. 428;

immania, G. 4. 394, A. 1. 139, 3. 583†, 4. 199, 6. 19, 422, 582, 9. 734, 10. 496;

immanibus (neut.), A. 4. 642;

subst. immania (acc.), D. 37†;

adv. immane, G. 3. 239, A. 7. 510, 10. 726, 12. 535;

immanior (masc.), A. 1. 347.

immaturus: immatura (nom.),

A. 11. 166†; immatura (nom.), D. 17; immatura, L. 55.

IMMEMOR. 13.

immemor, G. 3. 498, 4. 440, 491, A. 5. 39, 9. 256, Cu. 379;

immemor (fem.), E. 8. 2, A. 7. 439;

immemorem (masc.), A. 9. 374;

immemores (masc. nom.), A. 2. 244, 3. 617, 4. 194, 6. 750.

IMMENSUS. 20.

immensus, A. 3. 632†, 11. 832;

immensa, A. 6. 823;

immensum, G. 1. 322;

immensi, Ca. 9 (11). 41;

immensi, G. 1. 29, 3. 541;

immensum, A. 3. 672;

immensam, A. 2. 185, 6. 186, 7. 377 (MRγ edd. *immensum* Rb.);

immensum, G. 2. 541;

immensae, G. 1. 49;

immensos, G. 2. 153;

immensas, G. 4. 557;

immensa, A. 2. 208, 5. 408, 6. 355;

immensis (masc.), A. 2. 204;

adv. immensum, A. 7. 377 (vid. *immensam*).

immergo: immerserat, A. 6. 174;

immerserit (indic.), G. 4. 29;

immergite, A. 3. 605.

immeritus: immerito (masc.), M. 110;

immeritam, A. 3. 2;

immeriti, Ca. 11 (14). 4†;

immeritis (masc. dat.), Ca. 9 (11). 39.

immineo. 10.

imminet, E. 9. 42, A. 1. 165, 420, 6. 603, 9. 515, 10. 26, 158, Cu. 57, 90†;

immineat, D. 39.

immisceo. 9.

immiscet, A. 10. 153;
immiscent, A. 5. 429;
immiscuit, G. 4. 245, A. 4. 570,
10. 664, 796, 11. 815;
inmiscerier, G. 1. 454;
immixti (nom.), A. 2. 396†.
immitis (*inmitis*): immitis
(masc.), G. 4. 492, A. 1. 30, 3.
87;
inmiti (masc. dat.), Ci. 420;
inmitibus (masc. dat.), G. 4.
17.
immitto (*inmitto*). 31.
immittit, A. 6. 1, 312, 10. 406,
11. 562, 12. 333;
immittet, A. 10. 13;
inmisi, E. 2. 59;
immisit, A. 6. 262, 9. 719;
immitte, A. 10. 229;
immittite, A. 10. 678;
immittere, A. 4. 488, 8. 708, 9.
421, 758, Ca. 9 (11). 49;
immittitur, G. 2. 164;
immittuntur, G. 2. 80;
immissa (est), A. 10. 40;
immissae (sunt), G. 2. 342;
inmitti, Ca. 9 (11). 34†;
immissus, G. 2. 364;
inmissa (nom.), A. 3. 593;
immisso (neut. abl.), A. 8. 246;
immissi, A. 2. 495, 12. 521;
immissis (abl.), G. 3. 371, A. 4.
669†;
immissis, A. 5. 662†;
immissis, A. 5. 146, 11. 889.
IMMO. 7.
immo, E. 5. 13, 7. 41, 9. 26, A.
1. 753, 9. 98, 257, 11. 459.
IMMOBILIS, A. 7. 250, 12. 400;
immobilis (nom.), A. 7. 623;
immobile (acc.), A. 9 448.
immoderatus: immoderata (acc.),
Ca. 9 (11). 45.
immolo: immolat, A. 10. 541, 12.
949; immolet, A. 10. 519.

immorior: immoritur, Cu. 354†.
immortalis: immortalis, A. 12.
882;
immortale, G. 4. 208;
immortale, A. 6. 598, 8. 715, 9.
95.
IMMOTUS. 14.
immotus, A. 3. 570, 5. 437;
immota, G. 2. 294, A. 4. 449,
7. 314, 586, 10. 696;
immotum (nom.), A. 4. 15;
immotam, A. 3. 77;
immota, A. 5. 127;
immota, A. 1. 257, 3. 447;
immota, A. 4. 331;
immotis (neut.), G. 3. 416†.
immugio (*inmugio*): inmugit, A.
11. 38†; immugiit, A. 3. 674†.
immulgeo (*inmulgeo*): inmulgens
(masc.), A. 11. 572.
IMMUNDUS. 6.
immundus, G. 3. 564;
immundum (masc.), G. 1. 81;
immundo (masc.), A. 3. 228,
5. 333, 12. 611;
immundi, G. 1. 400.
IMMUNIS, G. 4. 244; immunem
(fem.), A. 12. 559.
IMPAR. 8.
impar, A. 1. 475;
inpar, A. 12. 216;
impare (masc.), E. 8. 75, Ci.
373;
inparibus (masc.), G. 3. 533;
inparibus (neut.), G. 4. 245, A.
12. 149;
imparibus (fem.), A. 10. 459.
IMPASTUS, A. 9. 339, 10. 723; in-
pasti (nom.), A. 10. 560.
impedio. 8.
impedit, A. 10. 553;
impediunt, A. 5. 585, 593, 8.
449, 9. 385, 10. 307, 12. 747;
impediat, A. 11. 21.
impello. 25.

136, 355, 10. 894, 11. 555, 12. 743;
implicuit, A. 2. 552, 724, 11. 109, 752, Cu. 200 (edd. *implevit* Ellis);
implicuere, A. 11. 632;
implicet, A. 1. 660.
imploro. 6.
implorant, A. 7. 576;
imploret, A. 4. 617;
implorare, A. 10. 19, 7. 311;
implorans (masc.), A. 12. 652;
masc. subst. imploranti (dat.), A. 7. 502.
impono. 35.
imponit, A. 6. 233, 246, 253, 7. 573, 12. 726;
imponet, A. 1. 49;
imponent, A. 6. 774;
imposuit, G. 1. 61†, A. 1. 62, 5. 463, 6. 622, 8. 188;
imposuere, G. 1. 304, A. 4. 418;
imponas, A. 4. 497 (Rb. *superimponas* M² Pγ Ld. Th. Ben. *super imponant* Con. *superimponant* Gos.);
imponeret, A. 4. 453;
impone, A. 2. 619;
imponere, G. 1. 281, 2. 73, A. 2. 707, 4. 639, 6. 852, M. 37;
impositum (est), A. 8. 410;
imposta, A. 9. 716;
impositum (masc.), A. 10. 506;
impositam, A. 3. 580;
impositi, G. 3. 116, 4. 477, A. 6. 308;
impositos, G. 2. 540†;
impositis (fem.), G. 3. 490, 4. 173, A. 3. 355, 8. 451.
importunus: importuna, A. 12. 864; inportunum (neut. acc.), A. 11. 305; importunae, G. 1. 470.
IMPRECOR, A. 4. 629.

imprimo. 7.
impressit, G. 1. 263†;
impressa, A. 4. 659;
impressum (masc.), A. 5. 536;
inpressum, A. 10. 497;
inpresso, A. 12. 357†;
inpresso, A. 12. 303†;
impressis (fem. abl.), M. 49.
improbo: inprobande, Ca. 13 (5). 9.
IMPROBUS. 18.
improbus, E. 8. 49†, 50†, G. 1. 119, 146, 3. 431, A. 9. 62, 11. 512, 767, 12. 250, 261, 687;
improba, G. 1. 388, A. 2. 80, 356;
improbe, A. 4. 412;
improba (acc.), A. 10. 727†;
subst. improbus, A. 5. 397;
improbe, A. 4. 386.
improperatus: inproperata (acc.), A. 9. 798.
improvidus: inprovida (acc.), A. 2. 200.
IMPROVISO, A. 8. 524, 12. 576.
IMPROVISUS, A. 1. 595, 9. 49;
improvisum (masc.), A. 2. 379;
inprovisi, A. 2. 182, 7. 506.
IMPRUDENTIA, Ci. 190†.
IMPRUDENS (INPRUDENS), A. 9. 386; inprudens (fem.), G. 2. 372; *masc. subst.* inprudentibus (dat.), G. 1. 373†.
impubes (inpubes): inpubes, A. 7. 382; inpubis (masc. gen.), A. 5. 546; inpubes (fem. acc.), A. 9. 751.
impudicus (inpudicus): inpudice, Ca. 13 (5). 9.
impulsus: impulsu, A. 8. 239.
impunis. 9.
impune (acc.), A. 12. 728;
adv. impune, G. 2. 32, A. 3. 628, 6. 239, 879, 9. 653, 784, 11. 134, 12. 559.

528, 585, 623, 633, 656, 657, 687, 714, 716, 729, 735†, 780, 784, 812, 854, 862, 865, 891, 901, 917, Cu. 29, 42, 57 (edd. *inrigui* Th.), 92 (Ellis *om.* edd.), 103, 108, 205, 226, 233, 242, 253, 256, 259, 288 (edd. *invictae* Th. Ben.), 302 (edd. *inexcussos* Th.Ben.), 309, 313†, 342, 352, 391†, 392, 396, 409, Ci. 164, 175 (Rb. Ben. *amorem* Th. Ellis), 203, 279 (Rb. Th. *hunc* Ben. Ellis), 327 (edd. *om.* Rb.), 372, 497, 516, M. 18†, 20, 40, 48, 77†, 78, 81, 97, 103, 112, 117, 121, 124†, Ca. 2*. 11, 3 (12). 8, 9 (11). 13, 49, 13 (5). 27, 14 (6). 10, D. 50, 87, 100, L. 7, 40; vid. *incassum*;

  2. c. abl.:

E. 1. 4, 15, 37, 59, 60, 75, 2. 21, 24†, 25, 31, 70, 3. 5, 26, 40, 46, 52†, 55, 93, 97, 100, 104, 106, 5. 8, 13, 4. 43, 5. 43, 46, 69, 70, 6. 13, 51, 52, 55, 76, 7. 20, 48, 65 *bis*, 66 *bis*, 68 *bis*, 8. 15, 37, 43, 56, 71, 83, 87, 92, 107, 9. 39, 49, 10. 44, 52, 67, G. 1. 112, 146, 151, 159, 169, 315, 328, 338, 339, 342, 363, 369, 378, 384, 389, 398, 404, 413, 422, 436†, 449, 452, 2. 45, 75, 171, 231, 269, 272, 275, 283, 291, 379, 384, 396, 440, 485, 522, 525, 528†, 530, 538, 3. 13, 16, 17, 26, 75, 86, 99†, 143, 181, 219, 242, 249, 258, 295, 326, 346, 348 (vid. c. acc.), 360, 376, 397, 425, 446, 475, 486, 494, 504, 519†, 542, 557, 4. 6, 38, 78, 83, 90, 130, 142, 203, 238, 247, 258, 271, 274†, 277 *bis*, 280, 294, 303, 308, 387, 423, 432, 433, 459, 465, 473, 533, A. 1. 106, 109, 118, 140, 148,

159, 173, 176, 183, 184, 303, 310, 331, 353, 441, 450†, 460, 491, 495, 498, 584, 588, 640, 646, 2. 21, 24, 67, 92, 135, 242, 270, 314, 317, 327, 328, 356, 390, 401, 427, 432, 439, 447, 460, 469, 485, 500, 508†, 512, 525, 533, 541, 551, 568, 584, 590, 626, 654, 665, 667, 673, 676, 703, 746, 3. 21, 117, 151, 200, 202, 211†, 229, 245, 302, 308, 353, 384, 404, 406, 409, 445, 510, 527, 531, 537, 587, 595, 617, 624, 641, 646, 4. 76, 156, 209, 211, 235, 353, 358, 374, 428, 457, 466, 473, 485, 504, 518, 554, 557, 563, 5. 37, 110, 124, 132, 160, 179, 180, 192, 204, 205†, 209, 214, 220†, 225, 236†, 262, 273, 288, 303, 332, 344, 363, 396, 411, 449, 470, 475, 488, 517, 525, 537, 550, 554, 578, 588, 613, 666, 759, 775, 789, 792, 803, 841, 868, 871, 6. 7, 20, 31, 32, 77, 91, 151, 162, 188, 212, 271, 273, 279, 282, 286, 309, 339, 340, 362, 371†, 416, 418, 427, 436, 444, 451, 505 (P² M γ² Th. Gos. Ben. *om.* P¹ γ¹ edd.), 547, 581, 636, 642, 703, 707, 826, 865, 876, 887, 7. 4, 17, 26, 28, 46†, 59, 86, 158, 163, 167, 183, 200, 227, 253, 275, 285, 379, 413, 434, 489, 564, 577, 598, 601, 627, 663, 776, 802, 8. 28, 53, 83, 104, 247 (M² R edd. *om.* M¹ P Rb. Con.), 259, 273, 323, 325, 401, 424, 437, 488, 528 (PRγ M² edd. *om.* M¹ Rb.), 588 *bis*, 592, 605, 609, 629, 630, 652, 656, 666, 675, 680, 696, 700, 718, 9. 80, 86, 92, 132, 152, 238, 261, 269, 343, 347, 373, 376, 395, 439,

cassum Con.), A. 3. 345, 7. 421,
8. 378.
incautus. 9.
  incauta, A. 11. 781;
  incautum (masc.), G. 4. 488,
  A. 1. 350, 3. 332, 10. 386, 812;
  incautam, A. 4. 70;
  incautum, G. 3. 469;
  incautis (masc. abl.), G. 2.
  303.
INCEDO. 11.
  incedo, A. 1. 46;
  incedit, A. 1. 690, 5. 68, 10.
  764;
  incedunt, A. 4. 141, 5. 553, 8.
  722†, 9. 308;
  incessit, G. 4. 68, A. 1. 497;
  incedens (masc.), A. 5. 188.
incendium. 10.
  incendia, A. 2. 569, 706, 5.
  680†;
  incendia, G. 2. 311, A. 1. 566,
  2. 329, 8. 259, 9. 71, 77, 10.
  406.
incendo. 37.
  incendit, A. 4. 197, 5. 455, Ci.
  370 (Rb. *contundit* edd.);
  incendimus, A. 3. 279;
  incendunt, A. 10. 895, 11. 147;
  incendebat, A. 5. 88;
  incendi, A. 8. 562;
  incendit, A. 6. 889;
  incendat, A. 1. 660;
  incende, E. 8. 82;
  incendere, G. 1. 84, 271, 4. 264,
  A. 4. 360;
  incendens (masc.), Ci. 436 (Ellis *incensam* edd.);
  incendentem (fem.), A. 9. 500;
  incensa est, A. 12. 238;
  inçensum (est), A. 3. 298;
  incensus, A. 2. 343, 5. 719†, 9.
  342;
  incensa, A. 4. 300, 376, 7.
  295;

incensae (dat.), A. 2. 353;
incensum, A. 4. 54 (F² P² MRγ
edd. *impenso* F¹ Rb.);
incensam, A. 2. 555, Ci. 436
(vid. *incendens*);
incensa, A. 2. 327, 3. 156, 325;
incensi, A. 1. 727;
incensos, G. 3. 459;
incensas, A. 5. 665;
incensa, A. 2. 374, 8. 285;
incensis (neut.), A. 2. 764.
inceptum; vid. *incipio.*
INCERTUS. 26.
  incertus, G. 3. 500, A. 5. 95;
  incerta, A. 4. 110, 8. 580;
  incertum (nom.), G. 1. 25, A.
  2. 39, 740, 8. 352†, 12. 320;
  incertam, A. 2. 224†, 6. 270†,
  12. 160;
  incertum, A. 11. 341;
  incerto (masc.), Ci. 171, 457†;
  incerti, A. 3. 7;
  incerta, G. 4. 103;
  incertos, A. 3. 203, 12. 743, Cu.
  162†;
  incertas, E. 5. 5;
  incerta, A. 9. 96;
  incertis, G. 1. 115, Ci. 478;
  incertis (fem.), Ci. 494;
  subst. incerta (acc.), A. 8. 49.
incesso: incessi, A. 12. 596†.
incessus: incessu, A. 1. 405, 12.
  219.
incesto: incestat, A. 6. 150; in-
  cestare, A. 10. 389.
inchoo; vid. *incoho.*
incido. 7.
  incidit, G. 2. 107, A. 2. 305,
  467, 10. 477, 12. 926;
  incidit, A. 9. 721, 11. 699.
incido. 7.
  incide, E. 8. 29;
  incidere, E. 3. 11, 9. 14, 10. 53,
  A. 3. 667, 4. 575;
  est incisa, Ci. 276.

incingo: incinctam, Ci. 475†; in-
cinctae, G. 4. 342, A. 7. 396.
INCIPIO. 71.
  incipio, A. 2. 348;
  incipit, E. 6. 26, 9. 60†, G. 3.
  61, 139, 4. 386, A. 1. 721, 2.
  269, 4. 76, 161, 6. 103, 8. 373,
  10. 5, 11. 705, 12. 692, Ci. 345;
  incipiunt, E. 9. 8†, G. 1. 357;
  incipiam, G. 1. 5, A. 2. 13;
  incipient, E. 4. 12, G. 1. 454†;
  inceperat, A. 3. 8†;
  incipias, A. 10. 876;
  incipiat, G. 1. 45, 3. 191;
  incipiant, E. 6. 39, A. 6. 751;
  incipe, E. 3. 58, 4. 60, 62, 5. 10,
  12, 8. 21, 25, 29 a, 31, 36, 42,
  46, 51, 57, 9. 32, 10. 6, G. 1.
  230, A. 9. 741;
  incipiens (masc.), G. 3. 295, A.
  11. 13;
  inceptus, A. 6. 493;
  inceptum (masc.), G. 2. 39, A.
  12. 832, Cu. 394;
  inceptum, A. 6. 384, 8. 90;
  incepto (masc.), G. 4. 414, A.
  6. 470, Ci. 328;
  inceptos, A. 4. 316, 5. 94;
  incepta, A. 4. 638;
  neut. subst. incepti, A. 5. 678,
  714;
  inceptum, A. 4. 452, 9. 694, 12.
  566, Ci. 381;
  incepto, A. 1. 37, 2. 654;
  incepta (acc.), A. 7. 259, 11.
  469, Ci. 337†.
incito: incitas, Ca. 13 (5). 8.
incitus: incita (fem. nom.), A.
  12. 492, 534.
INCLEMENTIA, G. 3. 68, A. 2. 602.
inclino: inclinata (fem. nom.),
  A. 12. 59.
inclitus; vid. *inclutus.*
includo. 23.
  includit, A. 9. 727;

includunt, G. 2. 77, A. 2. 19;
inclusit, A. 7. 534, 8. 225, 12.
  211†;
inclusere, A. 8. 599, 12. 744;
incluserat, A. 11. 488, 12. 430;
incluserit (subi.), A. 9. 729;
inclusus, A. 11. 398†;
inclusum (masc.), A. 8. 248,
  12. 749, Ci. 463;
inclusum, A. 10. 136;
inclusi, A. 2. 45, 6. 614;
inclusa, A. 5. 149;
inclusos, A. 2. 258†;
inclusas, G. 2. 464 (M¹ PR
  Ld. *inlusas* M² edd.), A. 6. 680,
  12. 587.
INCLUTUS. 6.
  inclutus, A. 6. 479 (mss. edd.
  inclytus R Ben.);
  incluta, A. 2. 82†, 6. 781;
  inclute, A. 6. 562†, 12. 179;
  incluta (nom.), A. 2. 241†.
inclytus; vid. *inclutus.*
incognitus: incognita (nom.), A.
  1. 515, 12. 859;
  incognita (nom.), A. 12. 414;
  incognita, Ca. 9 (11). 1†;
  incognita, Cu. 60.
incoho: incohat, G. 3. 42†, A. 6.
  252†.
incolo: incolimus, A. 6. 675; in-
  colitis, Ci. 197; incolitur, A. 8.
  478.
INCOLUMIS. 12.
  incolumis, A. 2. 88;
  incolumis (nom.), A. 2. 577;
  incolumem, A. 6. 345, 8. 575,
  10. 47, 616, 11. 717;
  incolumem, Ci. 124;
  incolumi (masc.), G. 4. 212,
  A. 12. 39;
  incolumi (neut.), Ci. 330;
  incolumis (masc.), A. 6. 415.
incomitatus: incomitata (fem.
  nom.), A. 2. 456, 4. 467.

incommodus: subst. incommoda (acc.), A. 8. 74.

incompositus: incompositos, G. 1. 350.

incomptus: incomptis (masc. abl.), G. 2. 386†.

inconcessus: inconcessos, A. 1. 651.

*inconditus:subst.*incondita (acc.), E. 2. 4.

inconsultus: inconsulti (nom.), A. 3. 452.

incoquo: incoque, G. 4. 279; incocta (neut. nom.), G. 3. 307.

incorruptus: incorrupta (fem. nom.), Cu. 266 (Th. Ben. *concepta* Rb. Ellis *conspecta* Leo).

increbresco: increbescere, G. 1. 359, A. 8. 14.

incredibilis: incredibilis (nom.), A. 3. 294.

INCREMENTUM, Ci. 398; incrementum (voc.), E. 4. 49.

increpito: increpitas, A. 10. 900; increpitat, A. 10. 810; increpitent, A. 3. 454; increpitans, G. 4. 138; increpitans (fem.), A. 1. 738.

increpo. 12.
increpat, G. 4. 71, A. 6. 387, 8. 527, 9. 127, 560, 10. 278†, 830, 12. 332 (Pγ edd. *intonat* MR Ld.), 758;
increpuit, G. 1. 382, A. 9. 504, 12. 755.

incresco: increscunt, A. 9. 688; increvit, A. 3. 46.

incubo. 8.
incubat, G. 2. 507, A. 1. 89, 4. 83;
incubuit, G. 2. 311, 3. 197, A. 7. 88;
incubuere, A. 6. 610, 12. 367.

incudo; vid. *incusus.*

incultus. 6.

inculta, A. 6. 300;
inculti (neut.), G. 2. 415;
incultum (neut.), Ci. 518;
inculta, G. 2. 430;
inculta, A. 1. 308;
incultis (masc.), E. 4. 29.

incumbo. 23.
incumbit, A. 10. 894;
incumbunt, A. 2. 205, 4. 397, 9. 73;
incumbebat, A. 8. 236;
incumbent, G. 4. 249;
incubuit, A. 4. 650, 12. 774;
incubuere, A. 1. 84, 8. 444;
incumbite, A. 10. 294;
incumbere, G. 1. 213, A. 2. 653, 5. 15, 8. 108, 9. 791;
incumbens, E. 8. 16, A. 5. 325, 858 (Rb. Gos. Ben. *superincumbens* edd.), 10. 727 (M edd. *accumbens* PR Con.);
incumbens (fem.), G. 2. 377, A. 2. 514, 11. 674.

incurro. 6.
incurrimus, A. 2. 409;
incurrunt, A. 11. 613, 759, 834†, 12. 717;
incurrant, D. 69.

incursus: incursus (acc.), G. 3. 407.

incurvo: incurvant, A. 5. 500.

incurvus: incurvo (neut. abl.), G. 1. 494, 2. 513.

incus: incudibus (abl.), G. 2. 540, 4. 173, A. 7. 629, 8. 419, 451.

INCUSO. 7.
incuso, A. 11. 312†;
incusat, A. 1. 410, 11. 471, 12. 580, 612†;
incusavi, A. 2. 745;
incuses, A. 12. 146.

incusus: incusum (masc.), G. 1. 275†.

incutio: incutit, A. 11. 738

induco. 10.
  inducit, G. 1. 106, A. 11. 620;
  induxerat, G. 4. 552;
  induceret, E. 9. 20, G. 1. 316;
  inducite, E. 5. 40;
  inducere, E. 5. 30, A. 5. 379;
  inducitur, A. 8. 457;
  inductus, A. 5. 399.
INDULGENTIA, G. 2. 345.
indulgeo. 9.
  indulgent, G. 4. 198†, A. 8.
  512†, 9. 165;
  indulge, G. 2. 277, A. 4. 51;
  indulgere, A. 2. 776, 6. 135, 9.
  615;
  indulsisse, A. 10. 625.
induo. 23.
  induit, A. 7. 417, 9. 366, 11. 77;
  induet, G. 1. 188;
  induit, A. 3. 526, 9. 180, 11. 6;
  induerat, G. 4. 143, A. 7. 20;
  induat, A. 10. 682†, 11. 439†;
  indue, A. 1. 684;
  induitur, A. 2. 393, 7. 640;
  indutus, A. 2. 275, 5. 264†,
  674, 7. 668, 11. 487;
  indutum (masc.), A. 10. 775;
  indute, A. 12. 947;
  indutae, G. 3. 364;
  indutos, A. 11. 83.
induresco: induruit, G. 3. 366†.
Indus. 9.
  Indi (neut.), Cu. 67;
  Indum (neut.), A. 12. 67;
  masc. subst. Indum, G. 2. 172;
  Indi, G. 2. 138, A. 8. 705;
  Indos, G. 4. 425, A. 6. 794, 7.
  605;
  Indis, G. 4. 293.
INDUSTRIA, G. 3. 209.
inedia: inedia, Ca. 13 (5). 40†.
ineluctabilis: ineluctabile (nom.),
  A. 2. 324, 8. 334.
inemptus: inemptis (fem. abl.),
  G. 4. 133.

ineo. 10.
  init, A. 7. 647;
  ineunt, G. 2. 381, 4. 314, A. 5.
  114, 583;
  inibo, A. 5. 846;
  inibit, E. 4. 11;
  ineant, A. 11. 912†;
  inire, E. 1. 55, Ca. 9 (11). 8.
INERMIS, A. 2. 67;
  inermem (fem.), A. 11. 673
  (mss. edd. *inertem* Serv. Rb.),
  12. 311†, 734;
  inermis (fem.), A. 1. 487.
inermus: inermum (nom.), A.
  12. 131; inermum (neut.), A.
  10. 425.
ineptus: ineptae (gen.), Ci. 356
  (edd. *inepto* Ellis); inepto
  (neut. abl.), Ci. 356 (vid. *ineptae*).
INERS. 17.
  iners, G. 4. 25;
  inertem (fem.), A. 11. 672 (γ
  Serv. Rb. *inermem* MR edd.);
  inertia, A. 2. 364;
  inertis, E. 8. 24, G. 3. 136,
  523;
  inertis, G. 1. 94, A. 10. 322,
  595†, 11. 414, M. 6†;
  inertia, A. 4. 158, 9. 55, 150,
  730;
  inertes (masc.), A. 11. 732;
  masc. subst. inertem, E. 1. 27.
INERTIA, Cu. 385.
INEVECTUS, Cu. 101, 341†.
inexcitus: inexcita (fem. nom.),
  A. 7. 623.
INEXCUSSUS, Cu. 302 (Th. Ben.
  in excussum edd.).
inexhaustus: inexhaustis (neut.
  abl.), A. 10. 174.
inexorabilis: inexorabile (acc.),
  G. 2. 491.
inexpertus: inexpertum (neut.
  acc.), A. 4. 415.

impulerat MP edd.);

inferat, A. 9. 401, 11. 467;

inferret, G. 4. 360, A. 1. 6, 5. 652;

intulerint, A. 11. 250;

inferre, G. 4. 265, A. 3. 248, 7. 337, 604, 8. 12, 10. 66, 300, 364, Cu. 310;

inferar (indic.), A. 4. 545.

inferus. 70.

inferior (masc.), A. 12. 630;

subst. inferiora (acc.), A. 6. 170;

ima, G. 3. 240, A. 4. 24, 10. 675, 785†, 12. 883 (MRP² edd. *alta* Th.);

imo (masc.), A. 5. 92;

imam, A. 12. 381, Cu. 280;

imo, A. 2. 419, 3. 39, 421, 577, 5. 178†, 6. 581, 7. 530, 11. 23, 12. 208;

ima, G. 2. 313, 3. 59, A. 3. 443, 5. 498, 6. 459;

imo, A. 1. 371, 485, 2. 288, 6. 55, 10. 464, 11. 377, 840, 12. 422;

ima, G. 3. 522;

imis (masc.), E. 3. 54;

imis (neut.), A. 7. 91;

imos, G. 1. 174, A. 1. 404, 3. 565, 4. 387, 11. 181, 12. 706, 884†;

imas, A. 2. 449, 6. 404, 7. 801, 10. 588;

ima, G. 3. 457, 506†, A. 2. 120, 9. 120, 12. 447, Cu. 105;

imis, G. 2. 53, 209, A. 5. 84, 239;

imis, G. 1. 319, 374, 4. 471, A. 1. 84, 3. 110, 8. 237;

imis, E. 8. 98, A. 1. 125;

neut. subst. imo (abl.), A. 2. 625, 5. 810;

ima (acc.), G. 1. 401, 3. 460, 4. 322, A. 8. 67.

infesto: infestare, Ci. 57 (edd. *infestante* Ellis); infestante (neut.), Ci. 57 (vid. *infestare*).

infestus. 17.

infesta, A. 7. 299;

infesti (masc.), Ci. 532;

infestum, Cu. 389;

infestam, Ci. 111;

infestum, Ci. 466;

infesto, D. 58†;

infesta, A. 10. 206, 877;

infesto, A. 2. 529, 5. 691, 9. 512, Ci. 117†;

infestos, A. 2. 571;

infesta, A. 5. 582, Cu. 255†, D. 78;

infestis (neut.), Cu. 217 (Rb. Leo *infernis* edd.).

inficio. 8.

inficit, A. 12. 418†;

inficiunt, Ci. 95;

infecit, G. 3. 481;

infecere, G. 2. 128;

infecta, A. 7. 341;

infectum (neut. nom.), A. 6. 742;

infecta (acc.), A. 5. 413, Ci. 505.

infidus: infidum (neut. acc.), G. 1. 254; infidos, G. 2. 496, Ci. 485.

infigo. 9.

infigunt, A. 12. 721;

infixit, A. 1. 45;

infigitur, A. 5. 504, 9. 746;

infixa est, A. 9. 579 (MR edd. *adfixa* P Rb. Con.);

infixa, A. 9. 699, 12. 375;

infixum (nom.), A. 4. 689;

infixi (nom.), A. 4. 4.

infindo: infindunt, A. 5. 142†;

infindere, E. 4. 33.

INFIT. 6.

infit, A. 5. 708, 10. 101, 860†, 11. 242, 301, 12. 10.

inflammo: inflammavit, A. 4. 54
(P² Mγ edd. *flammavit* FRP¹
Con. Rb.); inflammatus, A. 3.
330 (Mγ² edd. *flammatus* FPγ¹
Rb. Con.).

inflecto. 6.
inflexit, A. 4. 22;
inflectere, A. 12. 800;
inflexi (neut.), G. 1. 162;
inflexam, A. 3. 631;
inflexa (abl.), Ci. 449;
inflexis (fem. abl.), Cu. 346
(edd. *flexis* Ellis).

infletus: infleta (fem. nom.), A.
11. 372†.

infligo: inflicta (fem. nom.), A.
10. 303.

inflo. 7.
inflavit, G. 2. 193;
inflare, E. 5. 2;
inflantibus (fem. abl.), D. 29;
inflatur, A. 3. 357;
inflari, G. 2. 539;
inflatum (masc.), E. 6. 15;
inflata (neut. voc.),Ca. 5(7).2.

infodio: infodiunt, G. 3. 535, A.
11. 205†;
infodias, G. 2. 262;
infode, G. 2. 348.

INFORMIS. 8.
informis, E. 2. 25;
informis, G. 3. 354;
informe, A. 3. 658, 8. 264;
informis (neut.), A. 12. 603;
informem (fem.), A. 3. 431;
informi (masc.), A. 6. 416;
informes (masc. nom.), G. 3.
247.

informo: informant, A. 8. 447;
informatum (nom.), A. 8.
426†.

INFRA, G. 2. 158, A. 8. 149.

infremo: infremuit, A. 10. 711.

infrendeo: infrendens (masc.), A.
3. 664†, 8. 230†, 10. 718.

infrenis: infrenis (masc. gen.),
A. 10. 750.

infreno: infrenant, A. 12. 287.

infrenus: infreni (nom.), A. 4. 41.

infringo. 7.
infringere, Cu. 177†;
infracta, A. 5. 784, 7. 332.
infracta, A. 12. 387;
infractae, A. 9. 499;
infractos, A. 12. 1;
infracta, A. 10. 731.

INFULA, G. 3. 487, A. 2. 430, 10.
538.

infundo. 14.
infundit, M. 114;
infundimus, D. 63;
infundam (indic.), A. 4. 122;
infundere, G. 1. 385, 3. 509;
infundens (masc.), A. 6. 254
(M Th. Gos. Ben. *fundens* mss.
Rb. Con. *superinfundens* Ld.);
infusus, A. 8. 406†;
infusa, A. 4. 250, 6. 726†;
infusum (masc.), A. 5. 552,
Cu. 387;
infuso, A. 9. 461;
infuso, L. 23;
infusa (nom.), A. 5. 684.

infusco: infuscet, G. 3. 389; in-
fuscatur, G. 3. 493.

ingemino. 12.
ingeminat, A. 5. 227, 7. 578;
ingeminant, G. 1. 333, 411, A.
1. 747, 3. 199, 4. 531, 5. 434†,
9. 811;
ingeminans (masc.), A. 2. 770,
5. 457;
ingeminata (fem. nom.), G. 3.
45.

ingemo. 9.
ingemit, A. 1. 93;
ingemuit, A. 4. 369, 692, 6.
483, 10. 789, 823, 11. 840;
ingemere, G. 1. 46;
ingemuisse, E. 5. 27†.

iniungo: iniunxit, Cu. 299†.

INIURIA. 7.

iniuria, A. 1. 27, 341, 3. 256, 604, 4. 354, 9. 108, Ci. 159.

INIUSSUS, A. 6. 375; iniussa (nom.), G. 1. 55; *subst.* iniussa (acc.), E. 6. 9.

iniustus: iniusta, E. 3. 33; iniusto (masc. abl.), G. 3. 347†.

inlabor: inlabitur, A. 2. 240; inlabere, A. 3. 89.

inlacrimo: inlacrimat, G. 1. 480; inlacrimans (masc.), A. 9. 303, 11. 29.

inlaetabilis: inlaetabilis, A. 3. 707; inlaetabile (nom.), A. 12. 619.

inlaudatus: inlaudati (masc. gen.), G. 3. 5†.

INLAUTUS, G. 3. 443†.

inlecebrae: inlecebris (abl.), G. 3. 217.

inlido. 7.

inlidit, A. 1. 112; inlisit, A. 5. 480; inliserit (indic.), L. 14; inlisa (nom.), A. 5. 206, 7. 590, 9. 713; inlisa (nom.), G. 3. 261.

inligo: inligatus (tmesis), A. 10. 794.

inlotus; vid. *inlautus.*

inlucesco: inluxisse, G. 2. 337.

inludo. 6.

inludunt, G. 2. 375; inluserit, A. 4. 591; inludant, G. 1. 181†; inlude, A. 9. 634; inludere, A. 2. 64; inlusas, G. 2. 464 (M² edd. *inclusas* M¹ PR Ld.).

inlustris: inlustrem (fem.), A. 7. 79; inlustris (fem.), A. 6. 758.

inlutus; vid. *inlautus.*

INLUVIES, A. 3. 593; inluvie, G. 3. 561.

inmedicabilis: i n m e d i c a b i l e (acc.), A. 12. 858.

inmurmuro: inmurmurat, G. 4. 261.

innato: innatat, G. 2. 451.

innascor: innatus, G. 4. 177.

innecto. 10.

innectit, A. 7. 353, 418; innexuit, A. 5. 425†; innecte, A. 4. 51; innectuntur, A. 8. 661; innexa (est), A. 6. 609; innexus, A. 7. 669†; innexa (fem. nom.), A. 5. 511, 6. 281†, 8. 277.

inno. 8.

innabant, A. 10. 222; innaret, A. 8. 651; innare, G. 3. 142, A. 6. 134, 369, 8. 93, 691, 11. 549.

innocuus: innocuum (neut. acc.), A. 7. 230; innocuae, A. 10. 302 †.

INNOXIUS, A. 5. 92; innoxia (fem. nom.), A. 2. 683; innoxia (acc.), G. 2. 129†, 3. 283.

innumerus: innumerae (nom.), A. 6. 706; innumeras, A. 11. 204.

innuptus: innuptae (gen.), A. 2. 31; innuptae (nom.), G. 4. 476, A. 2. 238, 6. 307; *subst.* innuptae (nom.), A. 12. 24.

inoffensus: inoffensum (nom.), A. 10. 292.

inolesco: inolescere, G. 2. 77, A. 6. 738.

inopinus: inopina (fem. nom.), A. 5. 857, 6. 104, 8. 476.

inops. 6.

inops (fem.), A. 4. 300, 6. 325;
inopi (fem. dat.), G. 1. 186†;
inopes (fem. acc.), A. 8. 100†;
subst. inopem, G. 2. 499;
inopem, A. 9. 290.

INOUS, A. 5. 823†; Inoo (dat.),
G. 1. 437.

inpacatus: inpacatos, G. 3. 408†.

INPATIENS, A. 11. 639.

INPAVIDUS, A. 10. 717, 12. 8;
impavidos, A. 8. 633.

inpendeo: inpendente, G. 1. 365;
inpendente (fem.), G. 4. 191.

inperditus: i n p e r d i t a (n e u t.
voc.), A. 10. 430.

inperfectus: inperfecta (nom.),
A. 8. 428; inperfecta (nom.),
Ci. 492.

INPERTERRITUS, A. 10. 770.

inpexus: inpexum (neut. acc.),
A. 7. 667†; inpexis (fem. abl.),
G. 3. 366†.

INPLACABILIS, A. 12. 3; implaca-
bilis (nom.), Cu. 238; implaca-
bile (acc.), A. 12. 816.

inplacatus: i n p l a c a t a (f e m.
nom.), A. 3. 420.

inplumis: inplumis (masc. acc.),
G. 4. 513.

INQUAM. 43.
inquam, Ca. 9 (11). 55;
inquis, Ca. 2*. 19;
inquit, E. 3. 79, 6. 23, 7. 8, 10.
22, 28, 31, G. 4. 446, 494, A. 1.
321, 459, 754, 2. 69, 78, 387,
520, 5. 348, 353, 474, 623, 638,
670,741,7.68,116,594†,8.113,
351, 362, 439, 9. 423, 781, 10.
491, 11. 42, 855, 12. 259, 777,
931, Cu. 210 (edd. *en quid ait*
Th. Ben.), Ci. 224, 257, 372.

INREMEABILIS, A. 5. 591; inremeabilis (fem. gen.), A. 6. 425.

inreparabilis: i n r e p a r a b i l e
(nom.), G. 3. 284, A. 10. 467.

inrideo: inridens (masc.), A. 7.
435;
inrisa, A. 4. 534;
inrisam, A. 5. 272;
subst. inrise, A. 7. 425.

inrigo: inrigat, A. 1. 692, 3. 511,
10. 142;
inriget, G. 4. 115†.

inriguus: inrigui (masc.), Cu. 57
(Th. *in rivi* edd.); inriguum
(masc.), G. 4. 32.

inrito: inritat, A. 10. 644; in-
ritata (fem. nom.), A. 4. 178†.

INRITUS. 10.
inritus, A. 5. 442;
inrita (neut.), E. 4. 14, A. 10.
331;
inrita, G. 4. 519, A. 2. 459†, 9.
313, 10. 95, 244, 11. 735, Ci. 2.

inroro: inrorat, G. 1. 288, 3.
304.

inrumpo: inrumpit, A. 4. 645;
inrumpunt, A. 6. 528, 9. 683;
inrupere, A. 11. 879;
inrumpentem (masc.), A. 9.
729.

inruo. 6.
inruit, A. 9. 555;
inruimus, A. 2. 383, 3. 222;
inruit, A. 10. 579;
inruerant, A. 2. 757;
inruat, A. 6. 294.

insalutatus: insalutatam (tmesis), A. 9. 288.

INSANIA. 6.
insania, A. 2. 42, 4. 595, 7. 461,
10. 871, 12. 37, 667.

insanio: insanis, E. 10. 22†; in-
sanire, E. 3. 26.

INSANUS. 12.
insanus, E. 10. 44;
insana, A. 9. 760;
insani, A. 7. 550;
insanae, Ci. 289;
insani, Ci. 345;

insano (masc.), A. 2. 776, 6. 135;

insanam, A. 3. 443;

insanum, G. 2. 502;

insano (masc.), G. 1. 481, A. 2. 343;

insani, E. 9. 43.

inscendo: inscendere, Cu. 236 (Rb. Leo *rescindere* edd.).

INSCIUS. 13.

inscius, G. 3. 189, A. 2. 307, 372, 6. 711, 8. 627, 10. 249, 907;

inscia (fem. nom.), A. 1. 718, 7. 381, 12. 648 (mss. edd. *nescia* Rb. Ld.), Ci. 141, 323;

masc. subst. inscio (dat.), Ca. 13 (5). 15.

inscribo: inscribitur, A. 1. 478; inscripti (nom.), E. 3. 106.

insector: insectabere, G. 1. 155.

INSEQUOR. 17.

insequor, A. 3. 32;

insequitur, G. 1. 105, 408, A. 1. 87, 105, 241, 616, 2. 530, 4. 161, 5. 321, 788, 7. 793, 8. 147, 9. 276, 12. 466, 748, Ci. 540.

insero. 8.

inserat, G. 2. 50;

insere, E. 1. 73, 9. 50, G. 2. 302;

inserere, G. 2. 73;

inseritur, G. 2. 69, Cu. 411†;

insita (acc.), G. 2. 33.

insero: inserto (neut. abl.), G. 3. 509 †; insertas, A. 3. 152.

inserto: insertabam, A. 2. 672†.

insideo: insedit, A. 2. 616, 8. 480.

INSIDIAE. 21.

insidiae, A. 2. 310, 6. 399, 7. 326; Insidiae, A. 12. 336;

insidiis, A. 9. 237;

insidias, E. 5. 60, G. 1. 271, 3. 537†, A. 1. 754, 2. 36, 65;

insidiis, E. 3. 18, G. 1. 426, A.

2. 195, 421, 7. 478, 10. 754 (PRVM² edd. *insignis* M¹ Con. Gos.), 11. 783, 12. 494, 752, Cu. 159.

insidior: insidiatus, A. 9. 59.

insido: insidunt, A. 6. 708;

insedit, A. 11. 531;

insederat, Cu. 279 (edd. *insiderat* Ellis);

insidat, A. 1. 719†;

insedisse, A. 10. 59.

insignio: insignis, A. 11. 386; insignibat, A. 7. 790†.

INSIGNIS. 47.

insignis, G. 3. 7, 266, 4. 92†, A. 4. 134, 5. 295†, 6. 167†, 403, 808, 837, 855, 7. 613, 9. 336, 583, 10. 21, 354, 754 (M¹ Con. Gos. *insidiis* PRVM² edd.), 11. 769;

insignis (nom.), G. 3. 56;

insignis (fem.), A. 3. 468;

insignis, A. 12. 322;

insignem, A. 1. 10, 5. 310, 705, 7. 655, 745, 762;

insignem, A. 5. 367, 7. 76, 8. 166;

insigni, Cu. 127†;

insigni, A. 1. 625†;

insigni, A. 10. 450;

insignes (masc. nom.), A. 11. 291;

insignibus (fem. abl.), G. 4. 82;

insignibus, A. 10. 170, 589 (vid. subst.);

neut. subst. insigne, A. 8. 683, 10. 188;

insigne, A. 2. 392, 7. 657, 12. 289, 944;

insignia (acc.), A. 2. 389, 8. 506, 11. 334, Ca. 9 (11). 5;

insignibus, A. 10. 539 (vid. adi.), 11. 89.

INSINCERUS, G. 4. 285.

insinuo: insinuat, A. 2. 229.

244

insisto. 7.
  insistit, A. 4. 533;
  institit, A. 12. 47†;
  institerat, A. 11. 574;
  insiste, G. 3. 164;
  insistere, G. 3. 114, A. 6. 563,
  Cu. 239.
insolitus: insolitae (gen.), Ci.
  357 (Ellis *insolito* edd.); insolito (neut. abl.), Ci. 357
  (vid. *insolitae*); insolitae, G. 3.
  543; insolitis (masc. abl.), G.
  1. 475.
insomnis: insomnem (fem.), A.
  9. 167.
insomnium: insomnia, A. 4. 9;
  insomnia, A. 6. 896.
insono. 6.
  insonat, A. 12. 366;
  insonuit, A. 5. 579, 7. 451†, 11.
  596;
  insonuere, A. 2. 53, 7. 515.
insons. 7.
  insontis (masc.), A. 2. 93, 5.
  350;
  insonti (masc.), A. 5. 841;
  insontem (masc.), A. 2. 84,
  10. 630;
  insontes (masc. nom.), A. 6.
  435;
  insontis (fem.), A. 3. 249†.
inspargo; vid. *inspergo.*
insperatus: insperata (abl.), A.
  3. 278, 8. 247.
inspergo: inspergit, M. 98†; in-
  sparsa (acc.), L. 46.
inspicio: inspectura (fem. nom.),
  A. 2. 47.
inspico: inspicat, G. 1. 292.
inspiro: inspirat, A. 6. 12;
  inspirant, G. 4. 237;
  inspires, A. 1. 688;
  inspirans (masc.), A. 7. 351
  (R edd. *spirans* MV Rb. in
  ed. min. Gos.).

inspoliatus: inspoliata (acc.), A.
  11. 594.
instabilis: instabiles (fem.), G.
  4. 195†; instabilis (masc.), G.
  4. 105†.
INSTAR, A. 6. 865;
  adi. instar, A. 7. 707;
  instar (fem. nom.), A. 12. 923;
  instar (masc. acc.), A. 2. 15†;
  instar (neut. acc. sing.), A. 3.
  637.
instauro. 10.
  instaurat, A. 4. 63, 145, 5. 94;
  instauramus, A. 3. 62;
  instaurant, A. 7. 146, 8. 283,
  10. 543†;
  instaurate, A. 6. 530;
  instaurati (sunt), A. 2. 451;
  instaurata (acc.), A. 2. 669.
insterno: instraverat, A. 12. 675;
  insternor, A. 2. 722;
  instrato (neut. abl.), G. 3.
  230†;
  instratos, A. 7. 277.
instigo: instigat, A. 11. 730; in-
  stigant, A. 5. 228.
instillo: instillat, M. 113†.
instimulo: instimulat, A. 4. 576
  (P γ F? Con. *stimulat* M edd.).
instituo. 7.
  instituunt, A. 7. 109;
  instituam, A. 6. 70†;
  instituit, E. 2. 33, 5. 30, G. 1.
  148, A. 6. 143;
  instituere, A. 7. 690.
insto. 44.
  instat, E. 9. 66, G. 3. 154, A. 2.
  491, 4. 115, 8. 49, 250, 9. 171
  (P Rb. *instant* MR edd.), 350,
  441, 10. 196, 433, 645, 657,
  788, 12. 751, 762, 783, 887,
  Cu. 175, 321;
  instamus, A. 2. 244;
  instant, G. 3. 106, 123, A. 1.
  423, 2. 627, 8. 537, 693, 9. 171

(vid. *instat*), 10. 118, 692, 713;

instabant, A. 8. 434;

instabis, G. 1. 220;

instaret, A. 1. 468;

instare, G. 1. 464, A. 11. 529, 12. 916;

instans (fem.), A. 1. 504†;

instantis (neut.), Ci. 358;

instantem, A. 5. 168, 12. 371,

instantem, A. 11. 703;

instantis (masc.), A. 11. 872;

instantia, Cu. 227;

instantibus (neut.), A. 10. 624.

instratus; vid. *insterno.*

instrepo: instrepat, G. 3. 173.

instruo. 12.

instruit, A. 3. 471†, 8. 80;

instruimus, A. 3. 231;

instruxit, A. 5. 549;

instruitur, A. 1. 638;

instructus, A. 2. 152, 6. 831;

instructa, A. 9. 368;

instructo (masc. abl.), A. 8. 676;

instructi, A. 12. 124;

instructos, A. 11. 449;

instructis (fem.), A. 2. 254.

insuetus. 7.

insuetum (nom.), A. 8. 92;

insuetum (neut.), E. 5. 56, A. 6. 16;

insueta (nom.), E. 1. 49;

insuetos, A. 10. 364;

insuetis (fem.), Ca. 9 (11). 9;

adv. insueta, A. 8. 248.

INSULA. 9.

insula, A. 1. 159, 2. 22, 3. 104, 386†, 692, 8. 416, 10. 174;

insulam, Ca. 10 (8). 7;

insulae, A. 3. 211.

insulto. 9.

insultant, A. 7. 581;

insultent, G. 4. 11, A. 10. 20;

insultare, G. 3. 117;

insultans, A. 2. 330, 8. 570, 11. 600, 12. 339;

insultans (fem.), A. 6. 571.

insum: inest, A. 6. 26.

insuo: insuto (neut. abl.), A. 5. 405.

INSUPER. 8.

insuper, A. 1. 61, 2. 593, 3. 579, 9. 274 (mss. edd. *quin super* Ld.), 11. 107, 12. 358, Ca. 13 (5). 15, L. 67.

insuperabilis: insuperabile (nom.), A. 4. 40†.

insurgo. 8.

insurgimus, A. 3. 207;

insurgite, A. 3. 560, 5. 189;

insurgere, A. 9. 34;

insurgens, A. 5. 443, 11. 755, 12. 902;

insurgens (fem.), A. 8. 234.

intactus. 8.

intacta, A. 11. 419;

intactae (gen.), A. 7. 808;

intactum, A. 10. 504;

intactam, A. 1. 345;

intacto, A. 6. 38†;

intacta (fem.), G. 4. 540†, 551†;

intactos, G. 3. 41.

INTEGER, A. 2. 638, 9. 255;

integra, Ci. 311;

integram, G. 4. 302;

integro (neut.), E. 4. 5.

integro: integrat, G. 4. 515.

intemeratus: intemerata (fem. nom.), A. 2. 143, 11. 584; intemerata (acc.), A. 3. 178.

intempestus: intempesta (nom.), G. 1. 247, A. 3. 587, 12. 846; intempestae (nom.), A. 10. 184.

intemptatus: intemptata (fem. nom.), A. 10. 39.

intendo. 20.

intendit, A. 4. 506, 7. 514†;

intendunt, A. 2. 237, 5. 33, 9. 665;

intendebat, A. 8. 704†;

intendit, A. 9. 623 (P Rb. *contendit* MR edd.);

intendere, A. 3. 683, 5. 403, A. 9. 776, Cu. 176 (edd. *intentu* Ben.);

intendisse, A. 9. 590; est intenta, M. 25;

intenta (sunt), A. 5. 136;

intendi, A. 5. 829;

intenti (nom.), A. 2. 1, 5. 137, 7. 380;

intentos, A. 7. 251;

intentis (masc.), A. 3. 716.

intento: intentant, A. 1. 91; intentans (fem.), A. 6. 572†.

intentus: intentu, Cu. 176 (Ben. *intendere et* edd.).

intepesco: intepuit, A. 10. 570.

INTER. 167.

inter, E. 1. 14, 24, 25, 51, 2. 3, 3. 28, 108, 5. 3, 84, 8. 13, 56, 9. 12, 24, 36, 10. 40, 45, 52, G. 1. 33, 153, 237, 301, 413, 445, 489, 510, 2. 299, 345, 357, 383, 526, 3. 218, 229, 459, 488, 540, 4. 73, 174, 345, 521, A. 1. 107, 191, 218, 348, 455 (mss. Gos. *intrans* Rb. *intra se* edd.), 686, 2. 206, 454, 479, 632, 681, 782, 3. 228, 348, 406, 566, 646, 656, 685, 4. 61, 70, 158, 177, 193, 204, 256, 443, 663, 5. 91, 152, 169, 433, 479, 618, 655, 766, 6. 160, 174, 183, 245, 450, 513, 592, 658, 828, 7. 30, 349, 397, 404 *bis*, 442, 453, 673, 679, 699, 783, 8. 32, 107, 359, 452, 492, 528, 586, 608, 619, 639, 671, 709, 9. 202, 318, 329, 457, 502, 549, 556, 557, 730, 750, 10. 132, 146, 190, 237, 358, 437, 710, 761, 767, 778, 890,

11. 121, 225, 267 (Pγ Rb. *intra* MR edd.), 311, 445, 541, 570, 632, 648, 692, 729, 816, 861, 882 (Pγ Con. Gos. Ben. *intra* MR edd.), 907, 12. 212, 318 *bis*, 337, 381, 437, 469, 579, 583, 672, 709, 720, Cu. 23, 124, 232, Ci. 37, 102, 308, 443, 444, 485, 536, L. 7 (Rb. *interea* Ellis), 13.

intercipio: intercipit, A. 10. 402.

intercludo: interclusit, A. 2. 111.

INTERDUM. 12.

interdum, G. 2. 258, 3. 57, 506, A. 1. 718, 3. 572, 575, 12. 747, Ci. 19, M. 28, 31†, 47, 65.

INTEREA. 73.

interea, E. 1. 57, 10. 55, G. 1. 83, 293, 2. 429, 523, 3. 40, 63, 174, 284, 311, 367, 4. 308, A. 1. 124, 180, 418, 479, 633, 2. 57, 250, 298, 468, 3. 284, 472, 508, 568, 4. 67, 129, 160, 291, 5. 1, 755, 779, 6. 212, 523, 703, 7. 572, 8. 172, 213, 280, 9. 41, 159, 367, 422, 473, 10. 1, 118, 164, 256, 287, 439, 575, 606, 665, 689, 833, 11. 1, 22, 182, 532, 597, 896, 12. 107, 161, 384, 614, 791, 842, Ci. 44, 459, M. 53, 119, L. 7 (Ellis *inter vos* Rb.).

intereo: interit, G. 3. 544, M. 99 (Ellis *ingerit* edd.);

intereunt, G. 1. 152, 3. 368.

interficio: interfice, G. 4. 330.

interfor: interfata est, A. 1. 386.

interfundo: interfusa (fem. nom.), G. 4. 480, A. 4. 644, 6. 439.

interimo: interimit, A. 10. 428.

INTERIOR. 13.

interior, A. 5. 170, 203, 11. 695;

interior, A. 1. 637, 2. 486;

interiore (neut. abl.), A. 4.
494;
interiora (acc.), A. 4. 645;
adv. interius, G. 3. 137, Cu.
386;
intima (neut.), G. 4. 481;
intuma, G. 4. 66, A. 1. 243, 7.
347†.
interitus: interitum, E. 5. 28.
interlabor: interlabentur, G. 2.
349 (tmesis).
interlego: interlegendae (sunt),
G. 2. 366 (tmesis).
interluceo: interlucet, A. 9. 508.
interluo: interluit, A. 7. 717;
interluit, A. 3. 419.
intermisceo: intermisceat, E. 10.
5.
internecto: internectat, A. 7. 816.
internodium: internodia (nom.),
Ci. 491.
interpello: interpellatos, L. 36.
INTERPRES. 6.
interpres, A. 3. 474, 4. 356,
378, 10. 175;
interpres, A. 3. 359, 4. 608.
INTERRITUS, A. 5. 427;
interrita (fem. nom.), A. 5.
863, 11. 711, 837.
interrumpo: interrupti (sunt), A.
9. 239; interrupta (neut.
nom.), A. 4. 88.
intersum: intersint, A. 11. 62.
intertexo: intertextam, A. 8. 167
(MP² edd. *intertexto* P¹ R
Con.); intertexto (neut. abl.),
A. 8. 167 (vid. *intertextam*).
intervallum: intervallo (abl.), A.
5. 320.
interverto: intervertere, Ci. 84
(Ellis *avertere* edd.).
intexo. 12.
intexunt, A. 2. 16, 6. 216;
intexet, G. 2. 221†;
intexere, E. 5. 31, Ci. 39;

intexens, Ci. 21;
intexens (fem.), E. 2. 49, A. 7.
488, Ci. 502;
intextus, A. 5. 252;
intextum (neut. acc.), A. 10.
785;
intexti, G. 3. 25.
intibum (intibus): intiba (nom.),
G. 1. 120, 4. 120, M. 86.
intono. 10.
intonat, A. 6. 607†, 8. 239†, 9.
709, 12. 332 (MR Ld. *increpat*
Pγ edd.), 700, Cu. 179†;
intonuit, A. 2. 693, 7. 142, 9.
631;
intonuere, A. 1. 90.
intonsus: intonsam, A. 12. 170;
intonsi, E. 5. 63;
intonsos, Ci. 284 (edd. *incanos*
Th.);
intonsa, A. 9. 181, 681.
intorqueo. 9.
intorquet, A. 9. 744, 12. 921;
intorsit, G. 4. 451, A. 10. 882,
11. 637;
intorserit (subi.), A. 2. 231;
intorquere, A. 9. 534;
intorquens (masc.), A. 10. 323;
intorto (neut. abl.), A. 10. 382.
INTRA (*praepos.*). 11.
intra, G. 4. 159, A. 1. 455 (edd.
inter se mss. Gos. *intrans* Rb.),
2. 33, 6. 525, 7. 168, 500, 10.
23, 11. 235, 267 (MR edd. *inter*
Pγ¹ Rb.), 608, 882 (MR Rb.
Ld. Th. *inter* Pγ edd.).
INTRA (*adv.*), Ci. 256 (mss. edd.
intro Rb.).
intractabilis: intractabilis (fem.
gen.), G. 1. 211; intractabile
(acc.), A. 1. 339.
intractatus: intractatum (nom.),
A. 8. 206†.
intremesco: intremuit, A. 5. 505.
intremo: intremere, A. 3. 581.

INTRO (*adv.*), Ci. 256 (Rb. *intra* mss. edd.).

intro. II.

intramus, A. 5. 57;

intravi, A. 6. 59;

intravit, A. 8. 390, Cu. 206;

intravimus, A. 3. 219;

intrastis, A. 7. 201;

intraverat, M. 87;

intraro, A. 3. 501;

intrare, A. 3. 254;

intrans (masc.), A. 1. 455 (Rb. *inter se* mss. Gos. *intra se* edd.);

intrantem (masc.), A. 4. 359.

introgredior: introgressi (sumus), A. 11. 248†; introgressi (sunt), A. 1. 520.

INTUEOR, D. 94.

INTUS. 20.

intus, G. 3. 214, 4. 258, 422, A. 1. 167, 294, 703, 2. 483, 3. 619, 6. 577, 726, 7. 192, 464, 9. 538, 579, 677, 12. 527, 589, 592, Cu. 77†, 290.

inula: inulae (nom.), M. 73†.

INULTUS. 6.

inultus, G. 3. 227;

inulto (masc. abl.), A. 10. 739;

inulti, A. 2. 670;

inultæ, A. 4. 659;

inultis (fem. abl.), Cu. 132 (Rb. *Phyllis* Th. Ben. *multis* Leo Ellis);

subst. inultae (gen.), A. 11. 847†.

inumbro: inumbrant, A. 11. 66; inumbret, G. 4. 20.

inundo: inundant, A. 10. 24, 11. 382, 12. 280.

inuro: inurunt, G. 3. 158.

INUTILIS, G. 1. 88, A. 2. 647, 10. 794;

inutile (acc.), A. 2. 510.

Inuus: Inui, A. 6. 775.

invado. 18.

invadit, A. 4. 265, 9. 71, 147, 10. 690, 12. 497;

invadunt, A. 2. 265, 414, 3. 240, 9. 567, 12. 712;

invasit, A. 6. 623, 10. 310;

invaserat, A. 9. 799;

invaserit (subi.), Ci. 237;

invasisset, A. 6. 361;

invade, A. 6. 260;

invadere, A. 3. 382, 9. 186.

INVALIDUS. 7.

invalidus, G. 3. 189, A. 6. 114;

invalidum (nom.), A. 5. 716;

invalidi (nom.), G. 3. 128, A. 12. 132;

invalidas, G. 4. 498, A. 12. 262.

inveho. 10.

invehitur, A. 5. 122, 6. 785;

est invectus, A. 5. 571†;

invectus, G. 3. 358, A. 1. 155, 6. 587, 8. 714;

invecta (fem. nom.), A. 7. 287, 12. 77;

invectas, A. 7. 436.

INVENIO. 21.

invenio, A. 2. 797;

invenit, Ci. 363;

inveniam, A. 2. 645;

invenies, E. 2. 73;

inveniet, G. 1. 495;

invenient, A. 3. 395, 10. 113;

inveni, A. 4. 478;

invenere, A. 7. 297;

inventus (est), G. 1. 184;

inventum (est), G. 1. 140;

inventum (masc. esse), A. 9. 742;

inventa, A. 3. 390, 8. 43, Ci. 131;

inventum (masc.), A. 7. 680;

inventam, A. 7. 61;

inventis (fem.), G. 1. 9;

inventas, A. 6. 663;

inventa, A. 6. 8;

subst. inventa (acc.), G. 4.
283.
INVENTOR, A. 2. 164.
INVENTRIX, G. 1. 19.
invergo: invergit, A. 6. 244.
inverto. 6.
 invertit, A. 11. 202;
 invortant, G. 1. 65†;
 invertere, G. 2. 141, 3. 161;
 invertisse, G. 3. 526;
 inverso (neut. abl.), Ci. 344.
invictus. 8.
 invicta, A. 6. 878;
 invictae (gen.), Cu. 288 (Th.
 Ben. *in vitam* edd.);
 invictum (masc.), A. 10. 243;
 invicti, A. 6. 394;
 invictae, A. 12. 191;
 invictis (masc. abl.), A. 11.
 306;
 subst. invicte, A. 6. 365; Invicte, A. 8. 293.
INVIDEO. 36.
 invideo, E. 1. 11, L. 1, 8, 20;
 invidet, G. 1. 504, A. 4. 234†,
 8. 509, 9. 655;
 invidit, E. 2. 39, 7. 58, G. 2.
 499, A. 5. 541, 11. 43;
 invideas, Ci. 277†;
 invidisse, A. 11. 269;
 invisi (sunt), A. 6. 608;
 invisus, A. 1. 387, 2. 647;
 invisa, G. 2. 320, 4. 246, A. 2.
 574 (vid. *invisus* [*in-visus*]),
 601;
 invisum, A. 1. 28, 7. 571;
 invisum, G. 4. 324, A. 11. 364;
 invisam, G. 2. 189, A. 4. 541†,
 631, 7. 293, 9. 734, 11. 177;
 invisum, A. 9. 496;
 invisos, G. 3. 563;
 invisa, A. 8. 245, 12. 62.
INVIDIA. 10.
 invidia, A. 2. 90, 4. 350, Ca.
 11 (14). 8; Invidia, G. 3. 37;

invidiae (gen.), Cu. 73 (Ellis
 invidia edd.), 342;
 invidiam, A. 10. 852, 11. 539;
 invidia, E. 7. 26, A. 11. 337,
 Cu. 73 (vid. *invidiae*).
INVIDUS, Cu. 5; invida (neut.
 nom.), L. 61 (Rb. *impia* Ellis).
invigilo: invigilant, G. 4. 158, A.
 9. 605.
inviolabilis: inviolabile (acc.), A.
 11. 363.
inviolatus: inviolata (fem. nom.),
 Cu. 263.
inviso: invisit, A. 4. 144;
 invise, A. 11. 588;
 invisere, G. 1. 25†, A. 8. 159.
invisus; vid. *invideo.*
invisus (*in-visus*): invisa (fem.
 nom.), A. 2. 574 (vid. *invideo*).
invito. 7.
 invitat, G. 1. 302, A. 5. 292,
 486, 8. 178;
 invitant, A. 9. 676;
 invitet, G. 4. 23;
 invitent, G. 4. 109.
INVITUS. 8.
 invitus, A. 6. 460;
 invita, A. 12. 809;
 invitae (dat.), G. 1. 224;
 invitam, A. 4. 493;
 invito, E. 6. 86;
 invito, A. 10. 31;
 invitae, A. 10. 233;
 invitis (masc. dat.), A. 2. 402.
invius: invia (nom.), A. 3. 383;
 invia (nom.), A. 9. 130;
 invia, A. 1. 537, 4. 151, 6.
 154.
invoco: invocat, A. 7. 140.
involvo. 10.
 involvit (praes.), G. 2. 308, A.
 8. 253;
 involvere, A. 3. 198;
 involvere, G. 1. 282†;
 involvens, A. 6. 336, 12. 869;

242†, 249, 280, 443, 11. 231,
266, 469, 486, 558, 712, 12. 90,
285, 343, 393, 460, 579, 657,
701, 707, 725, 843, 906, Ci. 72,
116, 202, 269, Ca. 4 (13). 7, D.
35;
ipsa, E. 2. 62, 5. 35, 9. 54, 10.
2, G. 1. 127, 276†, 2. 131, 423,
459, 3. 267, 4. 401, 525, A. 1.
353, 589, 4. 60, 637, 5. 218,
650, 7. 428, 560, 621, 8. 707, 9.
82, 320, 10. 296, 11. 74, 657,
12. 83, Cu. 121, 211, 311†, Ca.
3*. 21;
ipsius, A. 5. 55, 410, 535, 6.
396;
ipsius (fem.), A. 2. 772;
ipsi, A. 9. 332;
ipsi (fem.), A. 4. 456;
ipsum, G. 1. 67, 4. 326, A. 2.
518, 3. 222, 656, 4. 601, 6. 839,
8. 161, 352, 9. 270, 10. 775, 12.
585;
ipsam, A. 5. 223, 327†, 509, 8.
437;
ipsum, A. 1. 486, 2. 469, 6.
273;
ipso, G. 2. 75, 3. 239, A. 4. 356,
377, 5. 210, 225, 323;
ipsa, G. 3. 122, 4. 490, A. 3. 5,
6. 444, 8. 561, 12. 811†;
ipso, E. 8. 92, 10. 43, G. 2. 254,
A. 2. 242, 5. 411, 9. 687†, 10.
355, 11. 881, 12. 254, Cu. 224;
ipsi, E. 1. 39, 5. 62, 7. 11, A. 2.
71, 491†, 5. 132, 6. 553, 12.
125, 240 *bis*;
ipsae, E. 1. 38, 4. 21, 5. 63†, G.
2. 440, 4. 481, A. 5. 767, 11.
891, Ci. 140 (Th. *di* Ben. *se*
Rb. *sed* Ellis), D. 13;
ipsa, E. 1. 39, 4. 23, 5. 64, 10.
63, G. 1. 103, 2. 500, 4. 33, A.
2. 755, 5. 843†, Ca. 9 (11.) 57
bis, 58;

ipsis, A. 5. 249;
ipsis (fem.), G. 3. 546;
ipsos, G. 4. 295†, A. 1. 189, 2.
442, 5. 188, 11. 84;
ipsa, G. 2. 356, 3. 129, 4. 40,
75, 543, A. 2. 550, 5. 407, 6.
191, 9. 454, 465†, 12. 567;
ipsae, E. 10. 63;
ipsis, G. 3. 168†, A. 9. 330, 10.
23, 515;
ipsis, G. 3. 534†, A. 11. 499;
ipsis, E. 6. 19, G. 3. 556, Ca.
9 (11). 63.
IRA. 78.
ira, G. 4. 236, A. 2. 316, 413,
575, 3. 215, 5. 706, 781, 7. 462,
508, 9. 44, 795, 11. 233, 443,
12. 527, Cu. 238, 308, Ca. 13
(5). 5†;
irae, Cu. 168 (Leo *aurae* Rb. in
ed. min. Ellis Ben. *acres* Th.
herbae Rb. in ed. mai.), 237
(edd. *iras* Rb.);
irae, A. 2. 534, 10. 714;
iram, A. 1. 4, 251, 8. 60, 10.
758;
ira, A. 4. 178, 5. 454, 6. 407, 8.
230, 501, 9. 62, 694, 736†, 798,
10. 742, 12. 108, 946;
irae, E. 3. 81, G. 4. 453, A. 1.
11, 130, 7. 15, 326, 345, 8. 40,
9. 66, 688, 10. 813†, 11. 452,
12. 494; Irae, A. 12. 336;
irarum, A. 1. 25, 4. 532, 564,
12. 499†, 831;
iras, E. 2. 14, G. 3. 152, 4. 536,
A. 1. 57, 2. 381, 572, 594, 3.
366, 4. 197, 5. 461, 7. 305, 445,
755†, 8. 432, 9. 464, 10. 263,
11. 342, 728, 12. 314, 590, Cu.
237 (vid. *irae*), Ci. 138, 536†.
irascor. 6.
irasci, G. 3. 232, A. 10. 712, 12.
104;
iratus, G. 2. 207;

iratum (masc.), Ci. 134, Ca. 13
(5). 38.

IRIS. 8.

Iris, A. 4. 700, 10. 73;
Irim, A. 4. 694, 5. 606, 9. 2,
803, 10. 38;
Iri (voc.), A. 9. 18.

IS. 100.

1. pronom.:
is, G. 1. 432, A. 2. 115, 3. 393,
596, 4. 203, 5. 708, 6. 684, 7.
48, 8. 321, 9. 549, 595, 696,
748†, 11. 702;
ea, G. 2. 239, 3. 510, A. 3. 393,
660, 8. 46†, Ci. 5 (Ellis *mea*
Rb. Ben. *mens* Th.), 149 (Th.
relapsa edd.);
id, A. 2. 49, 5. 418, 7. 78, 368,
11. 435, 12. 643, 738;
eum, G. 4. 89, 430, A. 4. 479,
5. 239, 7. 757, 8. 33, 576, 11.
12, Cu. 208;
eam, G. 4. 334;
id, E. 3. 35, 9. 37, G. 2. 263, A.
1. 23, 676, 2. 103, 4. 34, 6. 526,
9. 104, 214, 12. 28;
eo, A. 4. 479, 10. 101, 11. 743
(Gos. *equo* mss. edd.);
ea, A. 2. 465 (P² M edd. *elapsa*
P¹ Rb. *ea labsa* F), 7. 63;
eo, Ci. 5 (Th. Ellis *ratio* Rb.
Ben.);
ea, A. 6. 153, 7. 540, 8. 337,
9. 1;
eos, G. 3. 252, A. 1. 413;
ea, G. 3. 289, A. 1. 586, 2. 323,
692, 3. 90, 655, 6. 190, 8. 520,
10. 267†, 11. 256, 296, 12. 154,
650, Ca. 9 (11). 59;

2. adi.:
is, A. 3. 376, 4. 379;
ea, A. 1. 529, 2. 17, 3. 505,
4. 379, 7. 4, 117, 9. 757, 10.
828, 12. 216, 505;
eo, A. 8. 705;

ea, A. 8. 86, 12. 420;
ea, A. 2. 123, 3. 100, 6. 711;
ea, A. 2. 171, 194, 5. 798, 6.
100, 822, 8. 404, 12. 383.

Ismarus: Ismare, A. 10. 139.

ISMARUS (ISMARA), E. 6. 30;
Ismara (nom.), A. 10. 351†;
Ismara (acc.), G. 2. 37.

ISTE. 55.

1. pronom.:
iste, A. 5. 670, 9. 428;
ista (fem. nom.), E. 2. 38, A.
9. 297;
istorum (neut.), Ci. 63;
istis (fem.), A. 9. 94 (vid. abl.);
ista, E. 3. 7, 9. 55, A. 10. 42,
Ci. 421 (istaec), Co. 36 (edd.
ossa Th. Ben.);
istis (neut.), A. 9. 94 (vid.
dat.);

2. adi.:
iste, E. 1. 18, 10. 21, A. 2. 708,
4. 115, 676, 5. 397, 9. 139, 11.
510, 537, Ca. 1. 5, 2. 1, 2† *bis*,
7 (9). 2, 4, 10 (8). 8;
ista, A. 11. 165, 12. 808, 313,
Ci. 312, Ca. 2*. 21;
istius (fem.), A. 12. 648;
istius, L. 56;
isti (neut.), A. 2. 661;
istum, A. 9. 205;
istam, A. 4. 318;
isto (neut.), A. 4. 703, 11. 409,
12. 61, Ci. 431;
istis (neut.), A. 11. 352;
ista, E. 5. 54, A. 6. 37, 10.
504†, 533†, Ci. 335†, Ca. 2. 5
(Ellis *ita* edd.), 5, 9 (11). 41†;
istis, A. 2. 521, 11. 390;
istis (fem.), A. 9. 252, 10. 625,
825, Ci. 248.

Ister; vid. *Hister.*

Isthmos: Isthmon, Ci. 463†.

ISTI, A. 10. 557 (Rb. *istic* MPRV
γ edd.). Vid. *isti*, A. 2. 661.

ISTINC, A. 6. 389†.

ITA. 29.

ita, G. 1. 320, 4. 95, 394, 409, A. 2. 147, 182, 583, 4. 533, 557†, 5. 382, 6. 672, 675, 7. 206, 8. 87, 9. 40, 201, 208, 10. 459, 480, 594, 623, 11. 41, 242, 396, 556, 822, 12. 10, 295, Ca. 2. 5 (edd. *ista* Ellis).

ITALIA. 45.

Italia, A. 12. 41;

Italiae (gen.), G. 2. 138, A. 3. 458, 674†, 4. 106, 275, 6. 61, 7. 563, 11. 219, 508;

Italiam, A. 1. 2, 13, 68, 233, 380, 533, 553, 554, 3. 166, 253, 254, 364, 381, 507, 523 *bis*, 524, 4. 230, 345, 346, 361, 381, 5. 18, 629, 730, 6. 357, 7. 469, 9. 267, 601, 10. 8, 32, 67;

Italia, A. 1. 38†, 263, 6. 718†.

Italis: Italides (nom.), A. 11. 657.

ITALUS, A. 7. 178.

ITALUS. 43.

Italus, A. 5. 117;

Itala, A. 7. 643, 9. 698;

Itali (neut.), A. 3. 396;

Italo (abl.), A. 6. 762;

Itala, A. 6. 757, 10. 780, 12. 827;

Italo, A. 11. 326;

Italae, A. 7. 85, 9. 133, 11. 420;

Italis (masc.), A. 8. 715;

Italos, A. 3. 440, 5. 82, 7. 334;

Italas, A. 5. 703, 8. 626, 12. 35, 246;

Itala, A. 3. 185;

Italis (fem.), A. 1. 252, 7. 776;

masc. subst. Italus, A. 11. 592;

Italo (dat.), A. 8. 502;

Itali, A. 1. 109, 8. 331, 9. 532, 12. 251, 297, 705;

Italum, A. 6. 92, 8. 513, 10. 41, 109, 12. 655;

Italis, A. 12. 202, 628;

Italos, A. 5. 565, 8. 678, 10. 74, 12. 189, 582.

ITAQUE, Ca. 9 (11). 9.

ITEM, G. 1. 187, 2. 248, Cu. 402.

ITER. 39.

iter, A. 3. 507, 6. 271, 477, 542, 9. 321, 11. 17;

iter, G. 1. 380, 4. 108, A. 1. 370, 656, 2. 360, 388, 5. 2, 23, 170, 217, 589, 862, 6. 16, 109, 112, 240, 384, 688, 7. 7, 35, 160, 467, 534, 802, 811, 8. 90, 9. 377, 391, 10. 162†, 11. 244, 12. 525, Cu. 290, D. 41 (Rb. *non iterum* Ellis).

ITERUM. 39.

iterum, E. 4. 36, G. 1. 490, 4. 349, 495, A. 3. 297, 4. 78, 79, 413 *bis*, 576, 577, 5. 80, 166, 6. 93, 94, 720, 7. 322, 9. 598, 10. 26, 28, 61, 671, 684, 12. 581, Ci. 286, 287 (edd. *nimium* Rb.), 386 (edd. *metu* mss. Ellis), M. 115, D. 2, 14, 41 (Ellis *noscet iter* Rb.), 92, 95;

iterumque iterumque, A. 2. 770, 3. 436;

iterum atque iterum, A. 8. 527.

Ithaca: Ithacae (gen.), A. 3. 272; Ithaca, A. 3. 613.

ITHACUS. 7.

Ithacus, A. 2. 104, 122, 3. 629; Ithaci, A. 2. 128, Cu. 125, 265, 326.

Ituraeus: Ituraeos, G. 2. 448†.

Itys: Ityn, A. 9. 574†.

Itys: Ityn, Cu. 252† *bis.*

IUBA. 9.

iuba, G. 3. 86, Ca. 10 (8). 11;

iubam, G. 3. 92;

iuba, A. 7. 785;

iubae, A. 2. 206, 9. 810, 11. 497;

iubarum, A. 2. 412;

iugo, E. 2. 66, A. 3. 542, 8. 236,
10. 78, 11. 514, Ca. 10 (8). 10;
iuga, E. 10. 11, A. 6. 256;
iugis, A. 3. 336, 11. 529;
iuga, E. 4. 41, 5. 76, G. 3. 57,
140, A. 1. 498, 6. 411, 804, 7.
639, 8. 148, 10. 594, 11. 544,
12. 532, Cu. 46;
iugis, G. 3. 292, A. 2. 631, 801,
3. 125, 4. 147, 153, 5. 147, 8.
480, 11. 135, 12. 374, Cu. 113,
311 (edd. *vagis* Leo *sudis* Ellis).
Iulius: Iulia (fem. nom.), G. 2.
163; *subst.* Iulius, A. 1. 288.
IULUS. 35.
Iulus, A. 2. 677, 710, 723, 4.
140, 5. 570, 7. 107, 116, 478, 9.
232, 293, 310, 10. 534, 12. 185;
Iuli, A. 1. 556, 690, 2. 563, 682,
4. 274, 616, 5. 546, 6. 364, 789,
7. 493, 9. 501†, 10. 524, 12.
110, 399;
Iulo, A. 1. 267, 5. 569;
Iulum, A. 1. 709, 2. 674, 9. 640,
652;
Iule, A. 11. 58†;
Iulo, A. 1. 288.
iunceus: iuncea (nom.), Co. 17
(edd. *sirpea* Th. Ben.); iunceo
(neut. abl.), Ca. 3*. 2†.
iunctura: iuncturas, A. 2. 464,
12. 274.
iuncus: iunco (abl.), E. 1. 48, 2.
72, Co. 22;
iuncos, D. 73†.
iungo. 50.
iungit, E. 2. 48, A. 1. 568, 4.
142†, 5. 817, 7. 724, 10. 154,
11. 145 (PR edd. *iungunt* M
Gos.), Ci. 381†;
iungimus, A. 3. 83;
iungunt, A. 2. 267, 8. 467, 9.
170, 11. 145 (vid. *iungit*);
iungebat, A. 8. 485;

iungebant, A. 8. 641;
iungam, A. 1. 73, 4. 126;
iungemus, A. 11. 129;
iungent, A. 12. 822;
iunxit, A. 4. 28;
iunximus, A. 11. 165;
iungas, A. 11. 356 (M¹ P Rb.
Con. Ben. *firmes* M² R edd.);
iungat, E. 3. 91, M. 55;
iungant, A. 7. 546, 10. 240;
iungeret, A. 9. 361;
iunge, G. 3. 169, A. 8. 56;
iungere, G. 3. 114, A. 1. 408, 3.
451, 4. 192, 6. 697, 7. 268, 8.
316, 476, Ci. 368;
iungentur, E. 8. 27;
iuncta est, A. 8. 169;
erat iunctus, M. 61;
iungi, A. 4. 112, 7. 264;
iuncta, E. 3. 26†, L. 35;
iuncto (masc. abl.), G. 4. 389;
iuncti, A. 3. 113;
iunctos, G. 3. 173, A. 12. 735;
iunctis, Ci. 394;
iunctis (fem.), A. 5. 157†.
iuniperus: iuniperi, E. 10. 76;
iuniperi, E. 7. 53†.
IUNO. 61.
Iuno, G. 3. 153, A. 1. 15, 36,
64, 279, 443, 662, 734, 2. 612,
3. 380, 4. 114, 166, 371, 608,
693, 5. 606, 679, 6. 90, 7. 330,
438, 552, 8. 84, 9. 2, 745, 764,
802, 10. 62, 73, 96†, 611, 628,
685, 760, 12. 134, 156, 841, Ci.
157;
Iunonis, G. 3. 532, A. 1. 4, 48,
130, 668, 2. 761, 3. 437, 5. 781,
7. 419, 592, 683, 8. 292, Ci.
139;
Iunoni, A. 1. 446, 3. 438, 547,
4. 59, 6. 138, 8. 60;
Iunonem, A. 7. 544, 10. 606,
12. 791;
Iunone, A. 4. 45, L. 64.

Iunonius: Iunonia (neut. nom.),
A. 1. 671.

IUPPITER. 113.

Iuppiter, E. 7. 60†, G. 1. 418,
2. 419, 4. 149, A. 1. 223, 522, 2.
326, 3. 116, 171, 4. 110, 590,
5. 17, 6. 130, 272, 7. 110, 799,
8. 560, 9. 128, 209, 670, 803,
10. 16, 112, 116, 606, 12. 141,
565, 725, 806, 854, 895, Ci. 135,
D. 35, 36, L. 63;

Iovis, E. 3. 60, 4. 49, G. 3. 181,
332, A. 1. 42, 46, 394, 3. 104,
681, 4. 91, 331, 614, 5. 255,
726, 747, 784, 6. 586, 7. 220,
287, 308, 8. 301, 320, 381, 640,
9. 564, 673, 716, 10. 567, 689,
758, 11. 901, 12. 144, 247†,
830, 849, 878, Cu. 11, 27, Ci.
374 (Th. *Iovi* edd.), 398 *bis*,
D. 52;

Iovi, G. 2. 15, A. 3. 279, 4.
199, 638, 7. 133, Ci. 374 (vid.
Iovis);

Iovem, G. 1. 125, A. 1. 78, 3.
223, 4. 205, 6. 584, 7. 139, 8.
353, 9. 83, 624, 12. 496, Ca. 9
(11). 34, 13 (5). 38;

Iuppiter, A. 1. 731, 2. 689, 4.
206, 5. 687, 8. 573, 9. 625, 12.
504, 809, L. 27;

Iove, E. 3. 60, G. 3. 35, A. 1.
380, 4. 356, 377, 6. 123, 7. 219
bis, Ci. 361, L. 26.

iurgium: iurgia (acc.), E. 5. 11,
A. 10. 95, 11. 406, Ci. 139 (Th.
periuria edd.).

IURO. 10.

iuro, A. 6. 351†, 458, 7. 234, 9.
300, 12. 197, Ci. 245†;
iurabas, Ci. 235;
iuravi, A. 4. 426;
iurare, A. 6. 324;
iurando (abl.), Ci. 155 (edd.
urendo Ben.).

IUS. 22.

ius, A. 12. 315;
iuris, A. 7. 402;
ius, A. 11. 359;
iure, A. 9. 642, Cu. 369, Ci. 10,
155 (Th. Ellis *iura* Rb. *tura*
Ben.), 335†;
iura, G. 1. 269;
iura, G. 2. 501, 4. 562, A. 1.
293, 426, 507, 731, 2. 157, 541,
3. 137, 4. 27, 5. 758, 7. 246, 8.
670, Ci. 155 (vid. *iure*).

iussum; vid. *iubeo.*

iussus: iussu, A. 2. 247.

IUSTITIA. 6.

iustitia, A. 1. 604†; Iustitia,
G. 2. 474, Cu. 227 (edd. *iustitiae* Ellis);
iustitiae (gen.), A. 11. 126†,
Cu. 227 (vid. *Iustitia*);
iustitiam, A. 6. 620;
iustitia, A. 1. 523.

IUSTUS. 16.

iustus, A. 8. 500;
iustum, A. 4. 521, 10. 11;
iustae (dat.), A. 10. 714;
iustum (masc.), M. 39†;
iusta, G. 1. 35;
iusto, G. 2. 251;
iustos, G. 3. 60;
iustis (fem.), A. 1. 508, 8. 494,
10. 95;
iustior (masc.), A. 1. 544;
iustissimus, A. 2. 426, 7. 536;
iustissima (fem. nom.), G. 2.
460, A. 10. 132.

IUTURNA. 13.

Iuturna, A. 12. 154, 222, 244,
448, 468, 477, 485, 798, 870;
Iuturnae (dat.), A. 12. 854;
Iuturnam, A. 12. 813, 844;
Iuturna (voc.), A. 12. 146.

iuvenalis: iuvenali (masc. abl.),
A. 8. 163;

iuvenali (neut.), A. 5. 475, 12. 221;

iuvenalibus (neut. abl.), A. 2. 518.

IUVENCA. 8.

iuvenca, E. 8. 2, G. 3. 219;
iuvencae (dat.), G. 3. 153;
iuvencae, G. 2. 375, A. 12. 718;
iuvencas, G. 4. 540, 551, A. 8. 208.

iuvencus. 35.

iuvenci, E. 6. 46, A. 5. 477;
iuvencum, E. 8. 85, G. 3. 518, A. 5. 366, 9. 627;
iuvenco, A. 5. 399, 11. 679, 811;
iuvenci, E. 2. 66, 7. 11, G. 1. 15, A. 8. 719†;
iuvencum, A. 9. 609;
iuvencis, G. 4. 128 (vid. abl.);
iuvencos, G. 2. 357, 515, 3. 23, 50, 169†, A. 5. 97, 101, 247, 6. 38, 243, M. 123;
iuvenci, E. 7. 44;
iuvencis, G. 2. 206, 237, 537, 4. 128 (vid. dat.), 284, A. 3. 247, 369, 5. 329.

iuvenis. 100.

iuvenum (masc. gen.), Cu. 267;
iuvenes (masc.), Ci. 45 (edd. *primos* Ben.);
masc. subst. iuvenis, G. 3. 258, 4. 360, A. 2. 341, 5. 331, 6. 448, 760, 7. 435, 531, 9. 16, 554, 806, 10. 445, 796, 11. 530, 712, 765, Cu. 301, Ca. 9 (11). 20;
iuvenis, A. 5. 503, 11. 156;
iuveni, A. 3. 611, 5. 172, 7. 420, 446, 456, 9. 88, 10. 623, 11. 76†, 123, 897, Ca. 4 (13). 5†;
iuvenem, E. 1. 42, G. 1. 500, 3. 118†, 4. 423, 522, A. 2. 57, 3. 326, 5. 361, 6. 861, 7. 780, 9. 335, 399, 10. 464, 686, 816,

11. 51, 67, 12. 149, 275†, 517, 598;

iuvenis, A. 10. 793, 12. 19;
iuvenes, G. 4. 477, A. 5. 300, 6. 308, 771, 7. 161, 8. 179, 9. 28, 163, 674, 10. 837;
iuvenum, G. 3. 105, 165, 4. 445, A. 1. 497, 2. 355, 5. 499†, 563, 6. 5, 7. 468, 8. 105, 287, 9. 173, 249, 309, 785, 10. 167, 327, 498, 11. 838†, 12. 238, 399, 410, Ci. 36, 85;
iuvenes, A. 5. 729, 10. 173, 518;
iuvenes, A. 1. 321, 627, 2. 348, 8. 112, 273, 9. 51†, Ca. 3*. 1.

IUVENTA. 13.

iuventa, A. 8. 160 (Gos. *iuventas* mss. edd.);
iuventae (gen.), A. 1. 590†, 4. 559 (Pγ Rb. Th. Ben. *iuventa* F² M edd.), 7. 473;
iuventa, G. 3. 437, 4. 565, A. 2. 473, 4. 32†, 559 (vid. gen.), 5. 295, 430, 7. 51, 9. 181.

IUVENTAS, G. 3. 63†, A. 5. 398†, 8. 160 (vid. *iuventa*).

IUVENTUS. 28.

iuventus, G. 2. 472, 4. 22, A. 1. 467, 699, 2. 63, 394, 3. 136, 4. 86, 130, 162, 5. 134†, 555, 7. 162, 340, 672, 812, 8. 5, 151, 182, 545, 606, 9. 226, 607, 10. 605, 11. 419, 453;
iuventutis, Ca. 5 (7). 5†;
iuventus, A. 8. 499.

iuvo. 42.

iuvat, G. 1. 95, 413, 2. 37, 437, 438, 3. 23, 292†, A. 2. 27, 661, 776, 3. 282, 4. 498†, 538, 660†, 6. 135, 487, 7. 749, 628†, 9. 514†, 613, 615, 10. 284, 411, Co. 5;
iuvant, E. 4. 2, 5. 83, G. 3. 525, A. 4. 66;

iuvabo, A. 1. 571, 8. 171;
iuvabit, A. 1. 203, 2. 586, 3.
606, 11. 131, 168†;
iuvit, A. 10. 56†;
iuvere, A. 7. 757, 10. 320;
iuves, A. 4. 578†;
iuveris, A. 10. 33;
iuvare, A. 12. 872;
iuvisse, A. 10. 84.
IUXTA (*adv.*). 14.
iuxta, A. 2. 513, 666, 714, 3.
22, 571, 6. 452, 605, 7. 649†,
727, 8. 308, 9. 179, 329, 11.
479, 12. 168.
IUXTA (*praepos.*). 9.
iuxta, A. 3. 506, 4. 255, 480,
517, 6. 430, 815, 7. 72, 8. 416,
M. 56.
Ixion: Ixionis, G. 3. 38; Ixiona,
A. 6. 601.
Ixionius: Ixionii (masc. gen.),
G. 4. 484†.
KARTHAGO. 11.
Karthago, A. 1. 13, 4. 670, 10.
12, 54;
Karthaginis, A. 1. 298, 366, 4.
97, 265, 347, Cu. 371;
Karthagine, A. 4. 224.
KALYBAE (CALYBAE), Co. 7 (edd.
calices Th. *Kelebes* Ellis).
Kelebes; vid. *Kalybae.*
Labefacio: labefactus, A. 4. 395;
labefacta (acc.), G. 2. 264, A.
8. 390†.
labellum: labellum, E. 2. 34; la-
bella (nom.), Ci. 496.
LABES, A. 2. 97; labem, A. 6.
746†.
LABICI, A. 7. 796.
labo. 7.
labat, A. 2. 492;
labant, A. 5. 432, 10. 283, 12.
905;
labantem (masc.), A. 4. 22;
labantis (fem.), A. 2. 463†;

labantia, A. 12. 223†.
labor. 59.
labitur, G. 3. 498, A. 3. 309,
5. 329, 8. 91, 10. 687, 11. 818,
Cu. 17†, Ci. 459;
labuntur, A. 11. 724, 818;
labentur, G. 2. 349;
lapsa est, Ci. 149 (Th. *relapsa
est* Rb. Ellis *est om.* Ben.);
lapsum (est), A. 7. 374;
labatur, E. 1. 63†;
labere, A. 4. 223, 11. 588;
labi, G. 1. 366, Ci. 182;
labens (masc.), A. 6. 132;
labentis (fem.), A. 4. 318;
labentem, G. 1. 6, A. 2. 430,
5. 181;
labentem, A. 2. 695;
labente (masc.), A. 4. 77, 11.
914;
labente (neut.), A. 3. 281, 11.
628;
labentes (masc.), L. 18 (Rb.
lapsantes Ellis);
labentia, G. 2. 133;
labentis (masc.), Cu. 283;
labentia, G. 2. 157 (Rb. *subterlabentia* edd.), 4. 366, A. 3.
515;
labentibus (masc.), A. 2. 14;
labentibus (neut.), A. 1. 283;
masc. subst. labenti (dat.), A.
11. 672;
lapsura (fem. nom.), A. 6. 602;
lapsus, G. 3. 457, A. 5. 86, 7.
349, 12. 249;
lapsa, A. 1. 394, 2. 693, 5. 216,
Ci. 149†;
lapsi (neut.), G. 4. 249;
lapsum (masc.), A. 10. 540†,
12. 364, 470;
lapsa, A. 2. 465 (P² M edd.
elapsa P¹ Rb. *ea labsa* F);
lapsi, A. 2. 262;
lapsae, A. 3. 243, 6. 202;

lapsa, A. 6. 310;

lapsa, A. 8. 664;

lapsis (fem.), G. 4. 449 (R edd. *lassis* MPγ Rb. Con.);

masc. subst. lapso (dat.), A. 12. 356 (P² MRγ edd. *elapso* P¹ Rb.);

lapsorum, A. 5. 354.

LABOR. 125.

labor, G. 1. 79, 145, 150, 2. 61, 397, 401, 412, 514, 3. 68, 118, 182, 288, 525, 4. 6, 106, 184, 492, A. 1. 77, 431, 2. 708, 3. 714, 4. 115, 379, 6. 27, 129, 7. 248, 11. 425, 476, 684, 12. 727, Cu. 258, M. 68; Labos, A. 6. 277;

laboris, A. 1.460, Ca. 9 (11). 41;

labori, G. 3. 127, A. 2. 385, 619, 5. 845, 6. 135, 9. 404, Ci. 99, M. 25;

laborem, E. 10. 1 (MP² edd. *laborum* P¹ Rb.), G. 1. 293, 2. 39, 155, 343, 3. 74, 97, 4. 156, A. 1. 330, 455, 507, 2. 11, 3. 160, 459, 4. 233†, 273†, 5. 499†, 617, 769, 6. 892, 7. 331†, 8. 380, 444, 577, 10. 111, 11. 510, 12. 435, Cu. 394, M. 30;

labore, G. 1. 197, 4. 114, Ci. 46, 105;

labores, E. 10. 64, G. 1. 118;

laborum, E. 10. 1 (vid. *laborem*), G. 2. 372, 3. 452, 4. 116, A. 1. 241, 373†, 2. 143, 3. 145, 393, 4. 528†, 6. 103, 7. 117, 481†, 559, 8. 46†, 9. 225, 11. 73, 126†, 416, Ci. 247†;

labores, G. 1. 325, 2. 478, 4. 340, A. 1. 10, 597, 628, 742, 2. 284, 306, 362, 3. 368, 4. 78, 5. 688, 6. 56, 437, 7. 421, 8. 291, 378, 439, 9. 202, 10. 321, 759, 11. 183, 12. 33, 177, 635, Ci. 6, 291.

laboro: masc. subst. laboranti (dat.), G. 3. 193; laboratae (gen.), A. 8. 181; laboratae (nom.), A. 1. 639.

labrum: labro (abl.), M. 33; labris, A. 11. 572; labra (acc.), E. 3. 43, 47; labris, Ca. 13 (5). 29 (edd. *aquis* Ellis).

labrum: labris (abl.), G. 2. 6, A. 8. 22, 12. 417.

LABRUSCA, E. 5. 7†.

labruscum: labrusca (nom.), Cu. 53.

LABYRINTHUS, A. 5. 588.

LAC. 22.

lac, E. 2. 22†, 3. 6†; lactis, E. 1. 81, 2. 20, 7. 33, G. 3. 308, 394; lac, E. 3. 98, G. 3. 463; lacte, E. 4. 21, 5. 67, 7. 3, 15, G. 1. 344, 3. 397, A. 3. 66, 4. 514, 5. 78, 11. 571, Cu. 76, M. 106, Ca. 2*. 11.

Lacaenus: Lacaenis (fem. dat.), G. 2. 487; *subst.* Lacaenae (gen.), A. 2. 601, 6. 511.

Lacedaemon: Lacedaemona, A. 7. 363.

Lacedaemonius: Lacedaemonios, A. 3. 328.

lacer: lacerum (masc.), A. 5. 275, 6. 495; lacerum, A. 9. 491.

lacero: laceras, A. 3. 41; lacerant, Cu. 61; lacerare, A. 12. 98†; lacerasse, E. 6. 77, Ci. 61†.

LACERTA, Co. 28.

lacertus. 11.

lacerto (abl.), A. 9. 402, 10. 339†, 11. 561, 693; lacertos, G. 4. 74, A. 5. 422, 7. 503, M. 21; lacertis, A. 5. 141, 7. 164, 8. 387.

lacertus: lacerti (gen.), G. 4.
13;
lacertos, E. 2. 9†.
lacesso. 15.
lacessit, G. 3. 233, A. 10. 644,
12. 105;
lacessunt, A. 5. 429, 7. 165, 10.
716, 12. 85;
lacessent, A. 12. 186;
lacessas, E. 3. 51;
lacesse, Ca. 13 (5). 33;
lacessere, A. 10. 10, 11. 254,
585, 842;
lacessita (neut. nom.), A. 7.
527.
Lacinius: Lacinia (fem. nom.),
A. 3. 552.
lacrima (lacruma). 46.
lacrimam, G. 4. 160;
lacrimae, A. 1. 462, 4. 449, 5.
343, 6. 686, 10. 790;
lacrimis, A. 2. 145, 3. 305, 11.
62 (lacrumis), 12 156 (lacrumis);
lacrimas, A. 2. 784, 3. 312, 348
(M¹ edd. *lacrimans* PM² Rb.
in ed. min.), 4. 314, 370, 413,
6. 455†, 468, 9. 289† (lacru-
mas), 293, 10. 465, 11. 96, 12.
56, 154;
lacrimis, E. 10. 29, A. 1. 228,
2. 8, 196, 362, 651, 3. 492, 4.
30, 548, 649, 5. 173, 6. 476
(PRγ edd. *lacrimans* M² Th.
Gos.), 867, 8. 384, 9. 251, 10.
505, 11. 41, 191, 12. 30†, 64,
72, 400.
LACRIMABILIS, A. 3. 39; lacrima-
bile (acc.), A. 7. 604.
lacrimo (lacrumo). 18.
lacrimans, G. 4. 356, A. 1.
459†, 470, 3. 10†, 5. 771, 6. 1,
476 (M² Th. Gos. *lacrimis* PRγ
edd.), 8. 559†, 11. 90, 150;
lacrimans (fem.), A. 3. 344,

348 (PM² Rb. in ed. min.
lacrimas M¹ γ edd.), 7. 358;
lacrimantis (masc.), A. 9.
501†;
lacrimantem (masc.), A. 2.
790;
lacrimante (fem.), Cu. 314
(edd. *flagrante* Th. Ben.);
lacrumantum (masc.), A. 11.
887†;
lacrimantia, M. 109.
lacrimosus: lacrimoso (neut.
abl.), Ci. 434†; lacrimosis
(fem. abl.), A. 11. 274.
lacteo: lactentia (neut. nom.),
G. 1. 315†.
lacteus: lactea, A. 10. 137;
lacteum (nom.), Ca. 3*. 12;
lactea (nom.), A. 8. 660, M.
105†;
lactea, G. 2. 525.
LACTUCA, M. 76.
lacuar; vid. *laquear.*
lacuna (lucuna): lacunae (nom.),
G. 1. 117; lucunae, G. 3. 365
(M¹ Rb. Con. *lacunae* M²
PRV edd.).
LACUS. 23.
lacus, A. 7. 516, 8. 74†;
lacum, A. 7. 697;
lacu, G. 4. 173, A. 2. 135, 6.
238, 393, 8. 66, 451;
lacus, G. 2. 469, A. 3. 386, 7.
760, 8. 296, 12. 756†, Cu. 333;
lacus, G. 1. 377, 2. 159, 3. 481,
4. 364, A. 3. 442, 4. 526, 6.
134†, Cu. 373.
Lades: Laden, A. 12. 343.
Ladon: Ladona, A. 10. 413.
laedo. 18.
laedit, E. 9. 64, G. 2. 220;
laedent, E. 1. 50;
laedat, G. 3. 298;
laedant, E. 10. 48†;
laeserit, A. 2. 231;

laesisset, A. 7. 809;

laede, G. 2. 301†, Ca. 13 (5). 33;

laedere, Ci. 240, L. 51†, 66†;

laedi, Ci. 270;

laesus, M. 7†;

laesi (neut.), A. 12. 496;

laeso (neut. abl.), A. 1. 8, 2. 183;

laesae (nom.), G. 4. 236.

LAENA, A. 4. 262.

Laertius: Laertia (fem. nom.), Cu. 327; Laertia (acc.), A. 3. 272.

Laestrygon: Laestrygone, Cu. 330 (Ellis *Laestrygonas* edd.).

Laestrygones: Laestrygonas, Cu. 330 (edd. *Laestrygone* Ellis).

LAETITIA. 9.

laetitia, A. 3. 100;

laetitiae (gen.), A. 1. 734;

laetitiam, A. 1. 636;

laetitia, E. 5. 62, A. 1. 514, 8. 717 9. 637, 11. 807, 12. 700.

LAETOR. 15.

laetor, A. 11. 280;

laetatur, Cu. 329;

laetantur, E. 4. 52 (R Ben. Con. Th. *laetentur* P Rb. Ld.), Cu. 298;

laetabere, A. 10. 740;

sum laetatus, A. 6. 392†;

laetatus (es), A. 10. 827;

erat (edd. *sedet* Ben.) laetatus, Cu. 322 (vid. *laetatus*);

laetere, A. 6. 718†;

laetentur, E. 4. 52 (vid. *laetantur*);

laetans (fem.), Cu. 352 (Rb. Ellis *laeta* edd.);

laetantem (masc.), A. 11. 854 (M¹ Rb. Gos. Ben. *fulgentem armis* M² PRγ edd.);

laetantis (masc.), A. 1. 393;

laetatus, A. 6. 568, Cu. 322 (vid. *erat laetatus*);

laetata (fem. nom.), A. 12. 841.

LAETUS. 124.

laetus, G. 1. 102, 2. 363, 3. 320, A. 1. 275, 696, 2. 417, 687, 3. 169, 178, 347, 4. 140, 5. 40, 210, 236, 283, 667, 6. 193, 7. 36, 259, 430, 8. 311, 544, 617, 10. 787, 874, 12. 393, 616, Cu. 382, M. 120 (Th. *lautis* Rb. Ben. *tertis* Ellis);

laeta, G. 2. 184, 3. 63, 322, A. 1. 416, 503, 2. 395, 5. 183, 6. 786, 862, 8. 393, 9. 89, 10. 643, 11. 42, 73, Cu. 140 (edd. *fleta* Ellis *Lethaea* Ben.), 352 (edd. *laetans* Ellis Rb.), Ci. 349, D. 28, L. 34†;

laetae (gen.), G. 2. 326;

laetum, A. 1. 732, 5. 58, 531, 6. 657, 7. 288, 9. 818, 10. 738, M. 92;

laetam, A. 3. 133, 5. 515;

laetum, G. 1. 74, 2. 262;

laeto, E. 7. 48 (M¹ γ Ben. *lento* PM² edd.), 60, A. 3. 524, 5. 107;

laeta, A. 11. 238;

laeto, G. 2. 525, A. 3. 95;

laeti, G. 1. 301, 304, 412, 2. 383, 520, 3. 375, 379, A. 1. 35, 554, 2. 260, 3. 638, 4. 295, 418, 5. 34, 100, 577, 7. 130, 147, 8. 268, 279, 9. 157, 10. 15;

laetae, G. 1. 423, 4. 55, A. 2. 783†, Cu. 120†;

laeta, G. 2. 48, 144, 3. 310, A. 1. 605, 8. 681;

laetis (fem.), G. 1. 69†;

laetos, A. 1. 591, 6. 638, 8. 171†;

laetas, G. 1. 1, A. 5. 304;

laeta, G. 1. 325, 2. 388, 3. 385, A. 1. 707, 2. 306, 3. 220, 5. 816, 6. 744, Cu. 45 (edd. *nota* Rb. Th.);

iata, A. 12. 606; laniatum
(masc.), A. 6. 494.
LANITIUM, G. 3. 384.
lanugo: lanugine, E. 2. 51, A.
10. 324.
lanx: lancibus, G. 2. 194;
lances, G. 2. 394, A. 12. 725;
lancibus, A. 8. 284, 12. 215.
LAOCOON, A. 2. 41†, 201†;
Laocoonta, A. 2. 213†, 230.
LAODAMIA, A. 6. 447.
Laomedonteus: Laomedonteae
(gen.), G. 1. 502, A. 4. 542.
Laomedontiades: Laomedontia-
den, A. 8. 158, 162; Laome-
dontiadae (voc.), A. 3. 248.
LAOMEDONTIUS, A. 8. 18; Lao-
medontia (fem. nom.), A. 7.
105.
lapidosus: lapidosa (acc.), G. 2.
34, A. 3. 649.
lapillus: lapillos, G. 4. 194.
LAPIS. 13.
lapis, E. 1. 47, A. 1. 593, 12.
906, Ci. 108;
lapidis, M. 97;
lapidem, G. 1. 274, 2. 348, Cu.
397†;
lapide, Co. 36;
lapides, G. 3. 34;
lapidum, Cu. 65;
lapides, E. 6. 41, G. 1. 62†.
LAPITHAE. 6.
Lapithae, G. 3. 115;
Lapithum, A. 7. 305;
Lapithis, G. 2. 457;
Lapithas, A. 6. 601, 7. 307 (M²
edd. *Lapithis* mss. Rb. Ld.
Ben.), Cu. 29;
Lapithis, A. 7. 307 (vid. *Lapithas*).
lappa: lappae (nom.), G. 1. 153,
3. 385; lappis (abl.), Cu. 371
(Ellis *vae rapidis* Ben. *rapidis*
Leo *vepretis* Th. *rapinis* Rb.).

lapso: lapsantem (masc.), A. 2.
551; lapsantes (fem. nom.),
L. 18 (Ellis *labentes* Rb.).
lapsus: lapsu, A. 2. 225, 3. 225,
4. 524, 10. 750†;
lapsus (acc.), A. 2. 236.
laquear: laqueare, Cu. 64; la-
cuaria (acc.), A. 8. 25 (Rb.
laquearia P¹ R¹ γ¹ edd.);
laquearibus, A. 1. 726†.
laqueus: laqueis (abl.), G. 1. 139.
lar. 6.
laris, Ci. 197 (Ellis *laudate* Rb.
blandaeque Th. Ben.);
larem, G. 3. 344†, 4. 43, A. 5.
744, 8. 543, 9. 259.
LARGIOR, A. 10. 494.
LARGUS. 14.
largus, A. 11. 338;
larga, A. 11. 378;
largi (neut.), G. 3. 308;
largum (masc.), G. 1. 23;
largo, G. 2. 390, A. 6. 699, 12.
721;
larga, A. 10. 619, Ca. 3*. 9;
largo, A. 1. 465, Ci. 526†;
largos, G. 1. 385, A. 2. 271;
largior (masc.), A. 6. 640.
Larides: Laride (voc.), A. 10.
391, 395.
LARINA, A. 11. 655.
LARISAEUS (LARISSAEUS), A. 2.
197†, 11. 404†.
Larius: Lari (voc.), G. 2. 159.
lascivio: lascivit, Ci. 142.
lascivus: lasciva (fem. nom.), E.
2. 64, 3. 64, Co. 3.
LASSUS, Co. 25†;
lassa (nom.), A. 2. 739†;
lasso (neut. abl.), A. 9. 436;
lassis (fem. dat.), G. 4. 449
(MPγ Rb. Con. *lapsis* R edd.).
Latagus: Latagum, A. 10. 697,
698.
LATE. 57.

late, G. 1. 116, 319, 2. 11, 132, 281, 296, 3. 355, 4. 16, 30, 113, 359, 431, 515, A. 1. 21,163,181, 564, 2. 466, 495, 698, 3. 538, 4. 42, 409, 526, 5. 761, 6. 265, 7. 104, 486†, 525, 681, 737, 8. 14, 24, 598, 671, 9. 190, 381, 517, 10. 362, 583, 11. 144, 601, 12. 308, 454, 543, 607†, 929†, Cu. 167, 174 (Th. Ben. *sese* edd.), 355, Ci. 103, 516, M. 72, D. 77; longe . . lateque, G. 3. 477, A. 6. 378, Ci. 16.

latebra. 12.
latebram, A. 12. 389 (PR Rb. Con. Gos. *latebras* M edd.);
latebras, G. 2. 216, A. 2. 38, 55, 10. 601, 657, 663, 12. 389 (vid. *latebram*);
latebris, G. 3. 544, 4. 42, 423, A. 3. 232, 424.

latebrosus: latebroso (masc. abl.), A. 5. 214, 12. 587; latebrosa (acc.), A. 8. 713.

lateo. 24.
latet, E. 3. 93, A. 2. 48, 3. 535, 4. 582, 5. 5, 6. 136, 7. 505, 10. 626, 805, Co. 28;
latebas, E. 3. 20;
latebat, A. 3. 636, 6. 406, 9. 69, Ci. 280;
latuere, A. 1. 130;
lateat, Ci. 263;
lateret, Ci. 523;
latuisset, A. 8. 323;
latentem, Cu. 390;
latentem, A. 2. 568;
latentis (fem.), A. 3. 32;
latentia, A. 1. 108, 3. 237.

latex. 10.
laticis, G. 2. 192†, Cu. 18†;
laticem, A. 1. 686;
latices, A. 7. 464;
laticum, A. 1. 736;

latices, G. 3. 509, A. 4. 454†, 512, 6. 218, 715.

Latinus. 61.
Latinum (nom.), A. 1. 6;
Latina, A. 8. 55, 9. 367, 11. 100;
Latini, A. 5. 568;
Latinae, A. 10. 360, 11. 518;
Latinis (masc.), A. 9. 485, 12. 211;
Latinis (neut.), A. 7. 96, 8. 38, 10. 300;
Latinos, A. 6. 875, 8. 602, 10. 4, 11. 17, 331, 588;
Latinas, A. 9. 550;
Latinae, A. 7. 400;
Latinis (neut.), A. 7. 313;
subst. Latini (nom.), A. 7. 716, 10. 895, 11. 134, 203, 603, 618, 621, 745, 12. 15, 240, 548, 656, 730;
Latinae, A. 12. 143†, 604;
Latinorum, A. 7. 160†, 8. 448;
Latinis (masc.), A. 7. 367, 470, 8. 117, 9. 717, 10. 77, 11. 193, 229, 12. 593;
Latinos, A. 5. 598, 7. 151, 202, 426, 10. 237, 311, 12. 1, 448, 530, 556, 823, 837;
Latini, A. 11. 108, 302, 12. 693.

LATINUS. 44.
Latinus, A. 7. 45, 62, 92, 103, 192, 249, 432, 556, 616, 9. 274, 388, 11. 231, 238, 469, 12. 18†, 161, 192, 195, 285, 609, 657, 707;
Latini, A. 6. 891, 7. 160†, 284†, 407, 585, 11. 213, 402, 12. 58, 137, 567;
Latino, A. 8. 17, 10. 66, 11. 128, 440, 12. 23, 111;
Latinum, A. 7. 333, 373, 467, 576, 12. 580;
Latino, A. 7. 261.

LATIUM. 32.
  Latium, A. 8. 5, 12. 826;
  Latio, A. 1. 6, 7. 271, 10. 365,
  11. 361;
  Latium, A. 1. 205, 554, 7. 342,
  709, 8. 18, 322, 10. 58, 11. 168;
  Latio, A. 1. 31, 265, 4. 432, 5.
  731, 6. 67, 89, 793, 7. 38, 54,
  601, 8. 10, 14, 11. 141, 431,
  12. 24, 148, 820, Ca. 9 (11).
  44 (Ben. *gnato* edd.).
Latona: Latonae (gen.), A. 1.
  502, 12. 198, Cu. 11;
  Latona (voc.), Cu. 237.
Latonius: Latonia, G. 3. 6†;
  Latonia (voc.), A. 9. 405, 11.
  557;
  fem. subst. Latonia (nom.), A.
  11. 534.
LATRATOR, A. 8. 698.
LATRATUS. 6.
  latratus, A. 5. 257;
  latratu, G. 3. 412, A. 6. 417;
  latratus (acc.), Ci. 82;
  latratibus, A. 12. 751, Cu. 220
  (edd. *latrantia* Th. Ellis).
latro. 7.
  latrat, E. 8. 107;
  latrans (masc.), A. 6. 401;
  latrante (fem.), E. 3. 18;
  latrantia (nom.), Cu. 220 (Ellis Th. *latratibus* edd.);
  latrantibus (fem. abl.), A. 7.
  588;
  latrantibus, E. 6. 75, Ci. 59.
latro: latronis, A. 12. 7.
latus. 33.
  lata, A. 12. 374, M. 34;
  latum (masc.), G. 1. 141, M.
  78;
  latam, G. 4. 94;
  latum, A. 10. 513;
  lato, A. 9. 323, 12. 389;
  lato, A. 1. 313, 2. 482, 4. 131†,
  5. 312, 12. 165;

lati, A. 6. 43;
lata, A. 2. 312;
latos, G. 1. 492, 4. 522, A. 1.
  225, 2. 721, 5. 376, 8. 8, 10.
  408, 11. 644, 679;
lata, G. 3. 213†, A. 1. 427 (F
  Rb. Ben. *alta* MPRγ edd.), 6.
  549;
latis (masc.), G. 2. 468, A. 6.
  887, 9. 725, 11. 465†;
latis (neut.), A. 4. 199, 8. 605.
LATUS. 41.
  latus, A. 6. 42, 7. 566, 11. 524;
  lateri, G. 3. 54, A. 2. 19, 341,
  393, 553, 4. 73†, 5. 434†, 7. 590,
  8. 459, 9. 69, 536, 579, 10. 161,
  11. 489, 12. 432;
  latus, E. 6. 53†, A. 1. 82, 105,
  2. 51, 3. 418, 420, 581, 8. 416,
  10. 314, 778, 11. 649, 12. 304,
  507†, Co. 2;
  latere, G. 4. 419;
  latera, G. 3. 523;
  laterum, A. 1. 122, 160, 10.
  210, 12. 274†;
  latera, A. 3. 665, 4. 246, 6. 216.
laudo. 9.
  laudavit, E. 5. 55;
  laudarit, E. 7. 27†;
  laudes, E. 3. 48;
  laudate, A. 11. 460, Ci. 197
  (Rb. *blandaeque* Th. Ben. *laris
  ante* Ellis);
  laudato (sec. pers.), G. 2. 412;
  laudantur, Ci. 356†;
  laudabor, A. 2. 586, 10. 449.
Laurens. 27.
  Laurens (fem.), A. 10. 706;
  Laurentis, A. 7. 171, 342, 650,
  11. 851;
  Laurentis (fem.), A. 11. 78;
  Laurenti (masc.), A. 12. 769;
  Laurenti (neut.), A. 8. 38;
  Laurentem (masc.), A. 5. 797;
  Laurente (fem.), A. 7. 47;

laxo. 8.
laxat, A. 2. 259, 6. 412;
laxant, G. 2. 331;
laxabant, A. 5. 836, 9. 225;
laxaverat, A. 5. 857;
laxare, A. 3. 267;
laxata est, A. 11. 151†.
laxus. 7.
laxos, G. 3. 166, 4. 247, A. 8. 708, 11. 874;
laxas, A. 1. 63;
laxis (fem.), G. 2. 364, A. 1. 122.
LEAENA, E. 2. 63, G. 3. 245, 4. 408†.
lebes: lebetas, A. 3. 466, 5. 266.
lector: lectori, E. 3. 85.
LECTULUS, Ci. 440.
lectus; vid. *lego.*
lectus: lectum, A. 4. 496.
Leda: Ledae (gen.), A. 1. 652, Ci. 489.
Ledaeus: Ledaeam, A. 3. 328, 7. 364.
legatus: legati (nom.), A. 11. 227, 296;
legatos, A. 8. 143, 11. 239.
legifer: legiferae (dat.), A. 4. 58†.
LEGIO. 8.
legio, G. 2. 280†, A. 7. 681, 8. 605, 9. 174, 368, 10. 120, 12. 121, 563.
LEGITIME, Cu. 366 (Ben. Leo *limitibus timefacta* Th.).
LEGO. 64.
lego, A. 3. 706;
legis, E. 8. 7;
legit, G. 1. 373, A. 2. 208, 8. 79, 548, 9. 393, 11. 632, 12. 481;
legimus, A. 3. 127, 292;
legitis, E. 3. 92;
legunt, G. 4. 201, 278, A. 1. 426, 3. 532, 5. 132, 209, 10. 815;

legam, E. 2. 51, A. 4. 685;
leget, E. 6. 10†;
legimus, D. 73;
legere, G. 3. 125, 282;
legat, E. 10. 2, G. 3. 51;
legamus, Ci. 58;
legeret, E. 10. 41, G. 1. 199;
lege, G. 2. 44, 3. 386†;
legere, E. 4. 27, A. 6. 755, 10. 79;
legens (fem.), A. 12. 475;
legentem (fem.), E. 8. 38;
masc. subst. legentis (acc.), G. 2. 152;
leguntur, E. 2. 18;
lecta, A. 8. 606;
lecta (voc.), A. 10. 294;
lecti, A. 1. 518†, 2. 762, 8. 179, 10. 213, 837;
lectae, A. 11. 655;
lectos, A. 5. 729, 6. 73, 8. 119, 11. 60;
lectas, A. 4. 57, 6. 39, 8. 544;
lecta, E. 3. 70†, 8. 95†, G. 1. 197, A. 6. 228, 8. 519, 10. 542;
masc. subst. lecti (nom.), A. 12. 899;
lecti, A. 9. 146;
lectis, A. 9. 48;
lectissima (acc.), A. 9. 272.
legumen: legumen, G. 1. 74.
Leleges: Lelegas, A. 8. 725.
lembus: lembum, G. 1. 201.
LEMNIUS, A. 8. 454.
LENA, D. 21 (Ellis *verna* Rb.).
Lenaeus: Lenaeum (masc.), A. 4. 207;
Lenaeos, G. 3. 510;
subst. Lenaee, G. 2. 4, 7, 529.
lenio: lenibat, A. 6. 468;
lenibant, A. 4. 528†;
leniit, A. 1. 451†, 8. 87†;
lenire, A. 4. 393.
LENIS, A. 3. 70;
leni (masc. abl.), A. 6. 209;

leni (neut.), A. 2. 782;

lenibus (neut. abl.), G. 3. 199.

LENITER, Cu. 155†.

lens: lentis, G. 1. 228.

lentesco: lentescit, G. 2. 250.

lento: lentandus (est), A. 3. 384.

LENTUS. 40.

lentus, E. 1. 4, G. 1. 290, A. 5. 682, Cu. 159, 213;

lenta, E. 3. 38, 83, 5. 16;

lentum, G. 3. 281;

lentae, Cu. 55;

lentae, G. 1. 265;

lentum (neut.), G. 4. 160, A. 3. 31, Ci. 449;

lento, E. 7. 48 (PM² edd. *laeto* M¹ γ Ben.), A. 7. 28, 12. 781;

lenta, E. 10. 40, A. 12. 773;

lento, G. 4. 34†, A. 6. 137, 7. 634, 731;

lenti, A. 12. 237;

lentae, E. 9. 42†, G. 2. 12, Cu. 143†;

lentos, M. 112†;

lentas, E. 5. 31;

lenta, E. 1. 25, G. 3. 208, A. 7. 164, 11. 650, 829, 12. 489, Ci. 504;

lentis, G. 4. 558, Co. 21†;

lentis (fem.), G. 4. 170†;

lentius (acc.), G. 4. 41†.

LEO. 22.

leo, A. 9. 339, 10. 454, 723, 12. 6;

leonis, A. 2. 722, 5. 351, 7. 666, 8. 177, 552, 9. 306;

leonem, A. 4. 159, 8. 295, 9. 792;

leones, A. 3. 113, 10. 253;

leonum, G. 2. 151†, A. 7. 15;

leones, E. 4. 22, 5. 27, A. 10. 157, Ci. 135, D. 4.

lepus: leporem, G. 3. 410, A. 9. 563; lepores (acc.), G. 1. 308.

Lerna: Lernae (gen.), A. 6. 287,

12. 518; Lernam, A. 6. 803.

LERNAEUS, A. 8. 300.

LESBOS, G. 2. 90.

letalis: letalis (nom.), A. 4. 73;

letalem (masc.), A. 12. 877;

letale, A. 11. 749;

letali (neut.), A. 9. 580.

Lethaeus. 8.

Lethaea, Cu. 140 (Ben. *fleta* Ellis *laeta* edd.);

Lethaei (neut.), A. 6. 714;

Lethaeum (masc.), A. 6. 705, 749†;

Lethaeo (masc.), G. 1. 78, A. 5. 854;

Lethaeas, Cu. 215;

Lethaea, G. 4. 545.

LETIFER, A. 3. 139, 10. 169.

leto: letat, Cu. 325†.

LETUM. 40.

letum, A. 6. 20, 11. 846, 12. 727, L. 57; Letum, A. 6. 277;

leti, A. 3. 685†, 4. 169, 9. 143†, 10. 511, 622, 12. 603, Cu. 224†;

Leti, G. 4. 481, A. 6. 278;

leto, A. 2. 661, 5. 806; Leto, A. 10. 319, 11. 172, 830 (vid. abl.), 12. 328;

letum, A. 2. 538, 5. 624, 6. 434, 7. 455, 8. 346, 11. 872, 12. 49, 636, 851, 916 (P Rb. Ben. *telum* MRγ edd.), Ci. 282;

leto, G. 2. 456, A. 2. 134, 3. 654, 5. 690, 9. 433, 10. 418, 450, 11. 818, 830 (vid. dat.); Leto, A. 8. 566.

Leucaspis: Leucaspim, A. 6. 334.

Leucates: Leucatae (gen.), A. 3. 274; Leucaten, A. 8. 677.

LEUCOTHEA, Ci. 396†.

levamen: levamen, A. 3. 709.

lēvis. 19.

levem (masc.), A. 7. 789;

levi, G. 4. 45, A. 5. 328;

levi, E. 6. 51, M. 43;

levi, E. 7. 31, A. 11. 40, Cu. 397;

leves (fem.), G. 2. 449;

levis, G. 2. 358, A. 7. 626, 815;

levis, A. 5. 558, 7. 634, 8. 624;

levia, G. 1. 109, A. 5. 91†, 7. 349;

levibus (masc.), A. 5. 259.

LEVIS. 54.

  levis, A. 2. 682, 5. 819, 838, 6. 17, 9. 548, 12. 489, Ci. 25, 158, M. 82;

  levis, G. 1. 173, 2. 255, 451, A. 7. 232, 9. 576, 10. 663, 11. 868, Ci. 227;

  leve, A. 7. 581;

  levem, G. 1. 321, 406, 409, Ci. 538, 541;

  levem, G. 1. 85, 368;

  leve, A. 11. 688;

  levi, E. 1. 55, A. 6. 230, M. 62;

  levi, A. 12. 207;

  levi, A. 12. 354, Cu. 187;

  leves, E. 1. 59, G. 4. 314, A. 10. 169;

  leves, G. 1. 289, 4. 55;

  levia, A. 12. 764;

  levium (fem.), G. 4. 3;

  levibus (masc.), A. 2. 794, 6. 702†;

  levis, E. 5. 2;

  levis, G. 3. 274, A. 11. 595;

  levia, A. 10. 817†, 11. 512;

  levibus, Cu. 149;

  levibus (fem.), A. 1. 147, 5. 68, 9. 178;

  levior (masc.), Cu. 7, 206;

  leviore (fem.), G. 3. 305;

  levioribus (fem. dat.), G. 2. 92.

LEVITER, Ci. 11†, M. 88.

levo: levat, M. 48; levato (neut. abl.), A. 5. 306.

levo. 18.

levat, A. 1. 145, M. 5;

levabat, A. 7. 571†, 755, 8. 309, 10. 834†;

levabo, E. 9. 65†;

levavit, A. 4. 690;

leves, A. 1. 330;

levet, Cu. 93 (Rb. Th. *liget* edd.);.

levaret, A. 7. 495†;

levarent, A. 3. 36;

levare, A. 2. 452;

levans (fem.), Ci. 212;

levari, A. 2. 146, 10. 25;

levatos, A. 4. 538;

levandum (est), G. 2. 400.

lex. 22.

legem, G. 4. 487;

lege, A. 12. 819, Ci. 199, 319, 447;

leges, A. 12. 315;

leges, G. 1. 60, A. 1. 507, 4. 213, 231, 618, 6. 622, 8. 322, 11. 322, 12. 112, 822;

legibus, G. 1. 510, 4. 154, A. 2. 159, 6. 810, 7. 203, 12. 190.

libamen: libamina (acc.), A. 6. 246.

libellus: libellis, D. 34; libellis, D. 26.

LIBER. 8.

  liber, G. 3. 194, A. 11. 493;

  libera (fem. nom.), A. 7. 369, 10. 154, 12. 74, Cu. 90, D. 7;

  libera (acc.), G. 3. 167.

LIBER, E. 10. 67; libro, G. 2. 77; libro, A. 11. 554.

LIBER, E. 7. 58, A. 6. 805; Liber, G. 1. 7.

libere: liberius, G. 1. 128.

libero: liberat, M. 22.

LIBERTAS, E. 1. 27 (Libertas);

Libertatis, E. 1. 32;

libertatem, A. 11. 346;

libertate, A. 6. 821, 8. 648.

libeo. 9.

libet, E. 3. 36, 10. 59, L. 34†;
libeat, E. 2. 28, G. 3. 436, A.
12. 570;
libens (masc.), A. 3. 438, 8.
155; lubens, A. 12. 145 (Rb.
libens mss. edd.).
Libethris: Libethrides (voc.), E.
7. 21†.
LIBIDO, Ci. 13, 69, L. 78.
LIBO. 20.
  libo, A. 3. 177;
  libat, A. 4. 207;
  libamus, G. 2. 192;
  libant, G. 4. 54, A. 8. 279, 12.
  174;
  libabat, A. 3. 303, 7. 245;
  libabant, A. 3. 354;
  libavit, E. 5. 26, A. 1. 256, 736,
  5. 92, L. 65;
  libemus, G. 4. 381;
  libate, A. 7. 133;
  libans (masc.), G. 2. 529†, A.
  5. 77;
  libato (neut. abl.), A. 1. 737;
  libata (acc.), Co. 15.
LIBRA, G. 1. 208; libras, M. 18.
LIBRO. 7.
  libro, A. 10. 421, 773;
  librant, G. 4. 196;
  librabat, A. 9. 417;
  libravit, A. 5. 479;
  librans (masc.), A. 10. 480†,
  11. 556†.
libum: liba (acc.), E. 7. 33†, G.
2. 394, A. 7. 109.
Liburni: Liburnorum, A. 1. 244†.
Libya. 16.
  Libyae (gen.), G. 1. 241, 3.
  249, 339, A. 1. 22, 158, 226,
  301, 384, 556, 577, 4. 173, 257,
  6. 694, 843, Cu. 406;
  Libyae (loc.), A. 4. 36†.
Libycus. 17.
  Libycae, A. 4. 348, Cu. 371,
  D. 53;

Libyci, G. 2. 105;
Libyco (abl.), A. 6. 338, Ci.
179;
Libyco, A. 7. 718†, 11. 265;
Libyci, A. 1. 339;
Libycae, A. 4. 320;
Libycis (fem.), A. 1. 377;
Libycos, A. 1. 527;
Libycas, A. 4. 106;
Libycis (fem.), A. 1. 596, 4.
271, 5. 789;
neut. subst. Libycum (acc.), A.
5. 595.
LIBYS, Ci. 440.
Libystis: Libystidis (fem. gen.),
A. 5. 37, 8. 368.
licenter: licentius, A. 7. 557.
liceo. 47.
  licet, E. 9. 64, G. 1. 214, 4. 70,
  176, 531, A. 6. 400, 402, 802,
  7. 315, 316, 9. 139, 11. 348,
  387, 440, Cu. 5, Ca. 1. 2;
  licebat, E. 1. 40;
  licebit, A. 3. 254, 10. 14, Ci.
  335, D. 88†, 103†;
  licuit, A. 4. 550, 5. 82, 6. 502,
  10. 317, Ci. 446;
  liceat, E. 8. 8, 9, A. 1. 551, 3.
  461, 4. 103, 5. 350, 796, 797, 8.
  579, 10. 46, 47, Ci. 11, 20, 90,
  141 (Rb. *liceant* Ben. *licitam*
  Th. Ellis), 410†;
  liceant, Ci. 141 (vid. *liceat*);
  licere, A. 12. 786;
  est licitum, A. 10. 344; licitum
  (est), A. 10. 106;
  licitam, Ci. 141 (vid. *liceat*);
  licito (masc.), A. 8. 468.
Lichas: Lichan, A. 10. 315.
licium: licia (acc.), E. 8. 74, G.
1. 285†.
LICYMNIA, A. 9. 547.
LIGEA, G. 4. 336†.
LIGER, A. 9. 571, 10. 576, 580;
  Ligeri, A. 10. 584.

LIGNEUS, Ca. 1*. 3†.

LIGNUM. 10.

lignum, A. 12. 767;
lignum, G. 1. 144, 2. 442;
ligno, G. 2. 31, 118, A. 2. 45,
9. 413, 544;
ligna (acc.), M. 37;
ligna, D. 33†.

ligo: ligant, A. 2. 217;
liget, Cu. 93 (edd. *levet* Rb.
Th.);
ligans (fem.), Ci. 371†;
ligantes (fem. nom.), Cu. 141†.

Ligus: Ligurem, G. 2. 168;
Ligus, A. 11. 715;
Ligurum, A. 10. 185, 11. 701.

ligustrum: ligustra (nom.), E. 2.
18†.

lilium. 9.
lilia, A. 12. 68, Cu. 403†;
lilia, E. 2. 45, 10. 25, G. 4. 131,
A. 6. 709, 883, Ci. 97, Co. 16.

Lilybeius: Lilybeia (acc.), A. 3.
706.

limbus: limbo (abl.), A. 2. 616
(Serv. Th. Ld. Rb. *nimbo* mss.
edd.), 4. 137.

LIMEN. 85.
limen, A. 2. 453;
limen, E. 5. 56, G. 3. 317, A. 2.
441, 5. 316, 6. 45, 402, 563, 7.
343, Cu. 330 (Ellis *ipse* edd.),
Ci. 216;
limine, E. 8. 92, 107, A. 2. 242,
469, 485, 500, 620, 673, 4. 473,
6. 151, 279, 427, 636, 7. 579,
598, 610, 8. 461, 656, 720, 9.
687, 10. 355, 11. 423, 482, 881,
12. 849, Cu. 224†, Ci. 222, Ca.
1. 2;
limina, A. 1. 448, 2. 803, 3. 91,
626, 4. 202 (vid. acc.), 12. 520
(M Ld. Th. *munera* PR edd.),
Cu. 217†;
limina, G. 2. 504, 511, 4. 188,

257, 358, A. 1. 389, 707, 2. 321
366, 480, 508, 567, 634, 752
3. 155, 347, 351, 371, 616, 4.
133, 202 (vid. nom.), 645, 6.
115, 525, 575†, 696, 7. 221†,
491, 613, 8. 145, 232, 362, 555
(Pγ¹ Con. *litora* MRγ² edd.),
9. 648, 10. 117, 620, 11. 29,
235†, 267;
liminibus, Ci. 98.

LIMES. 9.
limes, A. 12. 898;
limitem, A. 10. 514;
limite, E. 1. 53, G. 1. 126, 2.
278, A. 2. 697, 9. 323, 372;
limitibus (abl.), Cu. 366 (Th.
legitime Ben. Leo *timefacta*
edd.).

limosus: limoso (masc. abl.), E.
1. 48, A. 2. 135.

LIMUS. 10.
limus, E. 8. 80, G. 4. 478†;
limum, G. 2. 188, 4. 428;
limo, G. 1. 116, 378, 4. 45†, A.
6. 416, Cu. 151, 165.

limus: limo (abl.), A. 12. 120†.

lineus: linea (acc.), A. 5. 510, 10.
784.

LINGUA. 23.
lingua, E. 7. 28, G. 3. 388, 508,
4. 525, A. 12. 911, Ca. 13 (5). 6;
linguae (gen.), A. 11. 338 (P¹
Rb. *lingua* P² MRγ edd.), Cu.
166 (Ellis *lingua* Rb. Leo *trilingui* Th. Ben.);
linguam, G. 2. 94;
lingua, A. 8. 634, 11. 338 (vid.
linguae), 390, Cu. 166 (vid.
linguae), 291†, Ca. 9 (11). 14;
linguae, G. 2. 43, A. 4. 183, 6.
625, 10. 177;
linguis, A. 11. 241;
linguas, A. 3. 361;
linguis, G. 3. 439, A. 2. 211,
475, 8. 723.

lino: linit, Ca. 3*. 16†; linunt, G. 4. 39; lita (neut. nom.), G. 4. 99.

LINQUO. 49.
linquo, A. 3. 705, 9. 288, 12. 875;
linquis, A. 10. 509;
linquit, A. 9. 726, 11. 902;
linquimus, E. 1. 3, A. 3. 124, 550;
lincunt, G. 4. 303†, A. 3. 616, 6. 320†, 678† (linquont), 7. 670†, 728†, 11. 866†;
linquebat, A. 11. 827;
linquebant, A. 3. 140;
linquam, A. 10. 856;
liquit, A. 4. 71, 5. 93†, 275;
liquere, A. 3. 213, 10. 168, Ca. 9 (11). 35; liquerunt, Ca. 13 (5). 35 (Rb. Th. *reliquerunt* Ben. *liquere* Ellis);
linquant, A. 1. 517†;
liqueris, A. 2. 597;
linque, A. 3. 160;
linquere, A. 3. 289, 5. 795, 7. 308, 9. 482, 10. 68;
linquens, G. 1. 16, A. 3. 300, 6. 157†, 10. 720;
linquens (fem.), G. 1. 447, 3. 19†, A. 4. 390, 585, 7. 562, 9. 460†;
linquentem (masc.), A. 10. 193;
linquentes (masc.), A. 7. 676†;
linquitur, Ci. 473;
linquere, A. 10. 559†;
linqui, A. 3. 61.

linter: lintres (acc.), G. 1. 262†.

linteum: lintea, Ci. 460†; lintea, A. 3. 686.

linum: lini, G. 1. 77, 212; lina (acc.), G. 1. 142.

LINUS, E. 4. 56, 6. 67; Lino (dat.), E. 4. 57†.

Lipare: Liparen, A. 8. 417.

liquefacio: liquefacto (neut. abl.), A. 9. 588;
liquefacta (acc.), G. 1. 473, 4. 36, 555, A. 3. 576.

liqueo. 6.
liquentem (masc.), G. 4. 442;
liquentis (masc.), A. 6. 724†;
liquentia, A. 1. 432, 5. 238, 776, 9. 679.

liquesco: liquescit, E. 8. 80, A. 8. 446.

liquidus. 27.
liquidi, E. 6. 33;
liquidi, G. 2. 466;
liquidum, G. 4. 415, A. 6. 202, 7. 65;
liquidam, G. 4. 59;
liquidum, A. 5. 217;
liquido, G. 1. 404, Cu. 17†;
liquida, A. 10. 272;
liquido, G. 4. 164, 384, A. 8. 402, Ci. 493;
liquidi, G. 2. 200, 3. 529, 4. 18, A. 7. 760;
liquidis (masc.), E. 2. 59;
liquidos, G. 4. 376†, A. 4. 526;
liquidas, G. 1. 410, A. 5. 859;
liquida, G. 4. 102, A. 7. 699;
liquidis (fem.), A. 5. 525;
neut. subst. liquido (abl.), M. 46.

liquo: liquatur, M. 42†.

LIQUOR. 6.
liquor, G. 3. 484, Cu. 307;
liquorem, Cu. 149 (Ellis *liquorum* edd.);
liquore, Cu. 14†;
liquorum, Cu. 149 (vid. *liquorem*);
liquore, M. 38.

liquor: liquitur, G. 1. 44, A. 9. 813;
liquuntur, G. 2. 187†; licuntur, A. 3. 28†.

Liris: Lirim, A. 11. 670.

longas, A. 4. 463;

longa, E. 4. 61, G. 2. 46, 3. 342, A. 6. 411†, 715, 7. 700, 11. 544;

longis, G. 2. 201, A. 7. 73, 9. 415, 11. 907;

longis, A. 2. 528, 3. 383;

longis, A. 8. 662;

neut. subst. longum (acc.), E. 9. 56;

adv. longum, E. 3. 79, A. 10. 740, D. 94;

longior (fem.), E. 7. 43;

longissima (fem. nom.), A. 1. 641.

loquax: loquacibus (masc.), A. 12. 475; loquacia, A. 11. 458; loquacibus (masc.), G. 3. 431.

loquella: loquellas, A. 5. 842.

LOQUOR. 40.

loquor, A. 2. 91, 4. 595;

loquitur, A. 10. 907, Ci. 250, Ca. 4 (13). 9, 10;

locuntur, E. 5. 28, A. 1. 731†;

loquar, A. 4. 337;

loquetur, Cu. 8;

locutus (est), A. 5. 303, 9. 319; est locutus, Ci. 89†;

locuta est, E. 3. 72, A. 1. 614, 3. 320, 6. 189, 7. 357†, 9. 5, L. 44;

locuti (sunt), A. 6. 662;

locutae (sunt), G. 1. 478;

loquar, E. 6. 74†;

loqueretur, Ci. 41†;

loqui, A. 6. 125, 266, 562;

locutam (esse), A. 4. 105;

loquentis (masc. acc.), E. 8. 22;

masc. subst. loquentis (gen.), A. 7. 118, 8. 152, 10. 347;

locutus, G. 4. 444, A. 4. 276, 5. 14, 400, 7. 599, 8. 404, 11. 461;

loquendi, A. 6. 76.

loratus: lorata (acc.), M. 123.

LORICA. 13.

lorica, A. 9. 707, 12. 432;

loricae (gen.), A. 10. 485, 12. 925;

loricam, A. 3. 467, 5. 260, 7. 640, 8. 621, 10. 553, 11. 692, 12. 88, 98, 376.

lorum. 10.

lora (acc.), G. 3. 107, A. 1. 156, 477, 2. 273, 5. 146, 9. 318, 12. 469, 532, 624, Ca. 10 (8). 22.

LOTOS, Cu. 124; loto (dat.), G. 2. 84; lotos, G. 3. 394.

LUBRICUS, A. 5. 84, 7. 353, 11. 716; lubrica (acc.), A. 2. 474; *subst.* lubrica (acc.), A. 5. 335.

LUCAGUS, A. 10. 575†, 577, 586; Lucage, A. 10. 592.

Lucaonius: Lucaonium (masc.), A. 10. 749 (P Rb. *Lycaonium* MR edd.).

Lucas: Lucam, A. 10. 561†.

luceo. 14.

lucet, A. 10. 137, 11. 143;

lucent, A. 5. 554, 6. 603, 8. 660, 11. 693, Cu. 217 (Ben. *conlucent* edd.);

lucebat, A. 9. 383 (MP V² edd. *lucebant* R *ducebat* P² γ Rb.);

lucens, Cu. 172;

lucens (fem.), Cu. 38, 41, 74 (edd. *ludens* Ben.);

lucentem (masc.), A. 6. 725†;

lucentia (acc.), Ci. 176.

lucerna: lucernam, M. 10.

lucesco: lucescere, E. 6. 37.

Lucetius: Lucetium, A. 9. 570.

LUCIDUS. 7.

lucidus, G. 1. 205, 459, A. 3. 585;

lucida (neut.), Cu. 47 (Rb. *rorida* Th. Ben. *lurida* Leo *florida* Ellis);

lucida, A. 5. 306, 7. 626, Cu. 102.

Lucienus: Luciene, Ca. 13 (5).
35 (Rb. Th. *luci an te* Ben.
Luci, iamne te Ellis).
LUCIFER, A. 2. 801, 8. 589;
luciferi, G. 3. 324†;
Lucifer, E. 8. 17.
lucifugus: lucifugis (fem. abl.),
G. 4. 243.
Lucina: Lucinae (gen.), G. 4.
340†; Lucinam, G. 3. 60†;
Lucina, E. 4. 10.
Lucius: Luci (voc.), Ca. 13 (5).
35 (Ben. Ellis *Luciene* Rb.
Th.).
Lucrinus: masc. subst. Lucrino
(dat.), G. 2. 161.
lucrum: lucro (abl.), Cu. 80 (Th.
procul edd.); lucrorum, Ci. 84
(Th. *votorum* Ben. Rb. *voto*
Ellis).
LUCTAMEN, A. 8. 89.
luctificus: luctificam, A. 7. 324.
luctor. 11.
luctatur, A. 12. 387;
luctantur, G. 2. 526, A. 6. 643,
7. 28†;
luctans (masc.), A. 12. 781;
luctantem, A. 5. 220, 11. 756;
luctantem, A. 4. 695;
luctantes (fem.), Ca. 13 (5).
26;
luctantis (masc.), G. 2. 357†,
A. 1. 53 (-es).
LUCTUS. 28.
luctus, G. 4. 350, A. 2. 369, 9.
452; Luctus, A. 6. 274;
luctus, A. 11. 62, 139, 214;
luctum, A. 6. 868, Ci. 289†;
luctu, A. 2. 12, 26, 92†, 298,
10. 189, 871, 11. 38, 231, 350,
12. 277, 594, 620, 667, 805,
Cu. 128, 357 (Leo *fluctu* edd.);
luctus (acc.), A. 3. 713, 9. 500,
10. 755.
lucuna; vid. *lacuna.*

LUCUS. 55.
lucus, E. 6. 73, G. 3. 146
(lucos), A. 1. 441, 3. 681, 5.
761, 6. 139, 8. 597, 9. 86;
luco, A. 8. 125;
lucum, G. 4. 468, 546, 553, A.
7. 29, 8. 342, 601;
luco, G. 3. 181, 4. 543, A. 1.
450, 3. 302, 6. 259, 7. 34, 95,
800, 8. 104, 271, 9. 3, 584, 673,
11. 456, Cu. 109†;
lucis, A. 6. 118, 564;
lucos, E. 8. 86, 10. 58, G. 1.
476, 2. 122, 438, 3. 19, 4. 364,
A. 1. 693, 6. 13, 154, 195, 7. 11,
82, 697, 9. 387 (Ld. *locos* mss.
edd.), 11. 740, Cu. 87, 232, Ci.
196†;
lucis, G. 4. 533, A. 6. 673, 7.
763, 778.
ludibrium: ludibria (nom.), A. 6.
75.
ludicer: ludicra (neut. nom.), A.
12. 764.
ludo. 31.
ludis, A. 1. 408;
ludit, A. 7. 442, 453, L. 4†;
ludunt, G. 1. 363, 2. 386, 4.
103, A. 1. 397, 5. 595 (RM²
edd. *om.* P Rb.), 11. 497;
ludet, G. 4. 22;
lusi, G. 4. 565;
lusit, A. 1. 352, 11. 427†;
lusimus, Cu. 1, 3;
luserat, E. 6. 19, A. 9. 336, Ci.
341 (edd. *vicerat* Th.);
luderet, A. 4. 329;
ludere, E. 1. 10, 6. 1, 28, A. 8.
632, Cu. 36, Ci. 19, 144;
ludens (fem.), Cu. 74 (Ben.
lucens edd.);
ludente (fem.), Cu. 19 (edd.
plaudente Ben. Ellis);
ludentes (masc. nom.), Cu.
115;

277

ludar (subi.), A. 10. 632.
LUDUS. 18.
  ludus, E. 9. 39, A. 9. 606;
  ludo, E. 7. 17, A. 7. 380;
  ludum, A. 9. 338, Cu. 4;
  ludo, G. 3. 379, 4. 105, A. 5.
  593, 674, 6. 643, 9. 167, Ci.
  150;
  ludi, G. 2. 381;
  ludos, A. 5. 113;
  ludis, A. 3. 280, 5. 605, 8. 717.
LUES, A. 3. 139†, 7. 354.
lugeo: lugent, A. 2. 85; lugeret,
  A. 11. 287; lugentes (masc.
  nom.), A. 6. 441.
lugubris: adv. lugubre, A. 10.
  273.
lumbulus: lumbulos, Ca. 13 (5).
  21 (Rb. Ellis *lumbos* Th. Ben.).
lumbus: lumbos, G. 3. 87, Ca.
  13 (5). 21 (Th. Ben. *lumbulos*
  Rb. Ellis).
LUMEN. 98.
  lumen, A. 3. 658, 8. 22, Cu.
  335;
  luminis, G. 1. 291, 2. 47, A. 3.
  663, 7. 660, Cu. 222;
  lumen, A. 1. 590†, 2. 683, 3.
  600 (M² Pγ² edd. *numen* M¹
  Rb.), 635, 4. 80, 6. 363, 680,
  9. 75, Ci. 344, M. 14;
  lumine, G. 4. 423, 451, A. 2.
  85, 754†, 3. 151, 645, 677, 4.
  358, 584, 6. 356, 640, 735, 7. 9,
  76, 130, 457, 8. 153, 246, 392, 9.
  459, 10. 275, 12. 113†, 220, 935,
  Cu. 173 (Leo *lumina* edd.),
  373, Ci. 533 (Th. *munere* edd.);
  lumina, A. 6. 300, 862†, 9. 189,
  10. 463, 746, 11. 819, 12. 310,
  Cu. 173 (vid. *lumine*), 185;
  lumina, G. 1. 251, 2. 432, 3.
  433, 4. 414, 496, A. 1. 226, 2.
  405, 406, 4. 185†, 244, 332,
  369, 5. 847, 856, 6. 156, 255†,

594, 828, 7. 13†, 449, 771, 8.
69, 411, 438, 10. 418, 447, 11.
349, 12. 63, 172, Cu. 43, 176,
190†, 255, 291, Ci. 206, 260,
326 (Scal. edd. *flumina* mss.
Ellis), 402, 403, M. 9†, 21, 109;
  lumina, G. 1. 6;
  luminibus, A. 2. 173, 4. 364.
LUNA. 28.
  luna, G. 1. 276, 353, 427, 3.
  337, A. 3. 152, 4. 81; Luna, G.
  1. 396, A. 7. 9, Cu. 283 (Ben.
  Ellis *Lunae* edd.);
  lunae (gen.), G. 2. 478, A. 2.
  255, 3. 645, 6. 725 (F² G¹ M¹ P¹
  R¹ edd. *lunam* Rb.), 8. 23, Ci.
  37; Lunae, Cu. 283 (vid. *Luna*);
  lunam, A. 1. 742, 2. 340, 3.
  587, 4. 513, 6. 270, 454, 725
  (vid. *lunae*), Ci. 305; Lunam,
  E. 8. 69†, A. 9. 403;
  Luna, G. 3. 392, L. 41, 42;
  lunas, G. 1. 424.
lunatus: lunatis (fem. abl.), A.
  1. 490, 11. 663.
lunter; vid. *linter.*
luo. 8.
  luis, G. 4. 454†;
  luimus, G. 1. 502;
  luet, A. 11. 849;
  luetis, A. 1. 136;
  luisti, A. 11. 841;
  luat, A. 11. 444;
  luant, A. 10. 32;
  luere, A. 12. 695.
lupa: lupae (gen.), A. 1. 275;
  lupam, A. 8. 631.
lupatus: neut. subst. lupatis
  (dat.), G. 3. 208.
Lupercal: Lupercal, A. 8. 343†.
luperci: lupercos, A. 8. 663.
lupinus: lupini (gen.), G. 1. 75†.
LUPUS. 23.
  lupus, E. 2. 63, 3. 80, 5. 60, 7.
  52, 8. 52, G. 3. 537, A. 9. 59,

566, 11. 811;

lupi, A. 7. 688, 11. 681;

lupum, E. 2. 63, 8. 97;

lupi, E. 9. 54, A. 2. 355;

luporum, G. 3. 264, 407, A. 3. 428, 7. 18;

lupos, G. 1. 130, 4. 435, D. 4; lupis, G. 1. 486.

lureo: lurent, Cu. 221 (Ellis *horrent* edd.).

luridus: lurida (neut. nom.), Cu. 47 (Leo *rorida* Th. Ben. *florida* Ellis *lucida* Rb.).

lustralis: lustralibus (neut. abl.), A. 8. 183.

LUSTRO. 34.

lustro, E. 3. 12, A. 2. 564, 754;

lustras, A. 4. 607;

lustrat, A. 1. 453, 2. 528, 5. 611, 8. 231, 9. 58, 11. 763, 12. 474;

lustrant, A. 6. 887, 10. 224;

lustrabat, G. 4. 519, A. 4. 6, 6. 681, 7. 148, 8. 153;

lustrabo, E. 10. 55;

lustrabimus, E. 5. 75;

lustrabunt, A. 1. 608;

lustravit, A. 6. 231, Cu. 324†;

lustravere, A. 5. 578, 11. 190;

lustres, A. 3. 377;

lustret, A. 9. 96;

lustrare, A. 1. 577, 3. 429, 7. 391;

lustrans (masc.), A. 8. 229, 12. 467;

lustramur, A. 3. 279;

lustrandum (est), A. 3. 385.

lustrum: lustra, G. 2. 471; lustra, A. 3. 647, 4. 151, 11. 570.

lustrum: lustro (abl.), Ci. 24; lustris (abl.), A. 1. 283.

lusus: lusibus (abl.), D. 26†.

luteolus: luteola (fem. abl.), E. 2. 50.

luteus: lutea (nom.), A. 7. 26; luteae (nom.), Ca. 3*. 12†; lutea (nom.), Co. 14.

lutosus: lutosa (fem. voc.), Ca. 10 (8). 12†.

lutum: luto (abl.), E. 4. 44, Ci. 317.

LUX. 64.

lux, E. 7. 43, A. 1. 306, 2. 668, 3. 117, 311, 8. 170, 455, 9. 110, 355, 731, 10. 244, 11. 210, 12. 669, Ci. 349, M. 13 (Th. Ben. *tenebrae* Rb. *sed vix* Ellis), 68†;

lucis, A. 5. 678, 6. 721, 761, 7. 142, 9. 205, M. 4;

luci, G. 1. 209;

lucem, G. 1. 445, 2. 340, 3. 402, 551, A. 2. 471, 569, 698, 4. 452, 586, 631, 692, 6. 435, 7. 527, 9. 338, 10. 704, 855, 11. 183, 12. 115, 660, 873;

lux, A. 2. 281;

luce, G. 4. 52, 255, 298, 472, 490, A. 1. 588, 2. 470, 590, 694, 4. 31, 186, 619, 5. 105, 6. 270, 8. 247, 9. 153, 461, 10. 257;

luces (acc.), Ci. 397†, 417.

luxuria (*luxuries*): luxuriae (gen.), Cu. 60; luxuriem, G. 1. 112; luxuria, G. 1. 191†.

luxurio: luxuriat, G. 3. 81; luxurians (masc.), A. 11. 497.

luxus: luxu, G. 3. 135, A. 1. 637, 4. 193, 6. 605.

Lyaeus: Lyaeo, G. 2. 229, A. 4. 58; Lyaeum, A. 1. 686.

Lycaeus. 6.

Lycaei (masc. gen.), A. 8. 344; *masc. subst.* Lycaei (gen.), E. 10. 15, G. 1.16, 3. 2, 314, 4. 539.

Lycaon: Lycaonis, G. 1. 138.

LYCAON, A. 9. 304.

Lycaonius; vid. *Lucaonius.*

lychinus: lychini (nom.), A. 1. 726†.

Lycia: Lyciae (gen.), A. 7. 721;
Lyciam, A. 4. 143;
Lycia, A. 10. 126, 12. 344, 516.
Lycidas: Lycida (voc.), E. 7. 67,
9. 2, 12, 37†.
Lycisca: Lycisca, E. 3. 18†.
Lycius. 8.
Lyciae (gen.), A. 6. 334;
Lyciam, A. 7. 816;
Lycio (neut.), A. 11. 773;
Lyciae, A. 4. 346, 377;
Lycias, A. 8. 166;
subst. Lycius, A. 10. 751;
Lycios, A. 1. 113.
LYCORIAS, G. 4. 339†.
LYCORIS, E. 10. 2, 22; Lycori
(voc.), E. 10. 42†.
LYCTIUS, E. 5. 72, A. 3. 401.
Lycurgus: Lycurgo (dat.), A.
3. 14; Lycurge, D. 8.
LYCUS, A. 9. 545†, 556; Lyci, A.
1. 222.
Lycus: Lycum, G. 4. 367.
Lydi: masc. subst. Lydorum, A.
9. 11†.
LYDIA, G. 4. 211†.
LYDIA, L. 4†;
Lydia (voc.), D. 41, 89, 95.
LYDIUS, A. 2. 781;
Lydia, A. 8. 479, 10. 155;
Lydi (masc. gen.), Cu. 266
(Rb. Ellis *om.* edd.).
LYMPHA. 12.
lympha, Cu. 152;
lymphæ (gen.), Cu. 105, L.
18;
lympha, A. 4. 635, 12. 420, Ci.
147;
lymphas, A. 1. 701, 9. 23, D. 67
(Rb. *nymphas* Ellis);
lymphis, A. 4. 683, 10. 834, D.
48.
lympho: lymphata (fem. nom.),
A. 7. 377.
Lynceus: Lyncea, A. 9. 768.

lynter; vid. *linter.*
lynx: lyncis, A. 1. 323; lynces
(nom.), E. 8. 3†, G. 3. 264.
lyra: lyram, Cu. 285; lyra, Cu.
13.
LYRNESIUS, A. 10. 128.
Lyrnesus: Lyrnesi, A. 12. 547†.

Macellum: macelli, M. 83†.
MACER, E. 3. 100; macra (abl.),
Ca. 13 (5). 26.
macero: macerat, Ci. 244.
MACHAON, A. 2. 263.
MACHINA, A. 2. 46, 154, 237†, 4.
89†.
MACIES, G. 4. 255, Ci. 506†;
macie, G. 3. 129, A. 3. 590.
macto. 15.
mactas, A. 8. 294;
mactat, A. 8. 85, 544 (PRγ
Con. *mactant* M edd.), 10. 413;
mactant, A. 4. 57, 5. 101, 8.
544 (vid. *mactat*);
mactabam, A. 3. 21;
mactabat, A. 2. 202, 7. 93;
mactabis, G. 4. 546;
mactavit, A. 3. 118†;
mactaverat, G. 3. 489;
mactare, A. 6. 38;
mactantur, A. 11. 197;
mactatos, A. 2. 667†.
mactus: adv. macte, A. 9. 641.
macula. 8.
maculæ (nom.), G. 1. 454;
maculis (abl.), G. 1. 441, 3.
56, 389, 4. 91, A. 4. 643, 5. 566,
9. 49.
maculo: maculant, A. 3. 29;
maculavi, A. 10. 851;
maculatur, Cu. 172†;
maculatus, Cu. 164.
MACULOSUS, G. 3. 427, A. 5. 87;
maculosæ (gen.), A. 1. 323.
madefacio: madefecerat, A. 5.
330.

magis atque magis, G. 3. 185,
A. 2. 299, 12. 239, 406, Cu.
169;

magis et magis, Ca. 3*. 4;

magis magis, G. 4. 311;

quam magis . . magis, G. 3.
309, 310;

tam magis . . quam magis, A.
7. 787, 788;

quanto magis . . tam magis,
G. 4. 411, 412;

quo magis . . hoc acrius, G.
4. 248.

MAGISTER. 21.

magister, A. 1. 115, 5. 176,
391;

magistri, G. 3. 185, 4. 283;

magistro, E. 3. 101;

magistrum, E. 5. 48;

magistro, A. 5. 224, 867, 6.
353, 8. 515, 9. 370;

magistri, G. 3. 118, 445, 549,
A. 5. 669, 12. 717;

magistris, G. 2. 529†;

magistros, E. 2. 33, A. 9. 173;

magistris, A. 5. 562.

magistra: magistra (abl.), A. 8.
442, 12. 427; *fem. subst.* magistra (nom.), L. 56.

magistratus: magistratus (acc.),
A. 1. 426.

MAGNANIMUS. 14.

magnanimus, A. 5. 407†;

magnanimi (masc.), A. 12.
144†, 878;

magnanimum (masc.), A. 1.
260, 9. 204, 10. 771;

magnanime, A. 5. 17;

magnanimo (masc.), A. 10.
563;

magnanimi, A. 6. 649†;

magnanimae, A. 10. 139†;

magnanimum (masc.), G. 4.
476, A. 3. 704, A. 6. 307†;

magnanimos, G. 4. 4.

MAGNUS. 400.

magnus, E. 3. 104, 4. 5, 36, G.
2. 327, 338, 3. 99†, 4. 106, 560,
A. 5. 533, 9. 208, 654, 10. 159,
763, 11. 455, Ca. 9 (11). 6;

magna, G. 1. 190, 3. 54, A. 1.
664, 2. 6, 788, 4. 654, 5. 707,
7. 308, 432, 8. 65†, 11. 55;

magnum, E. 7. 16, G. 3. 289,
A. 2. 190, 4. 94 (vid. acc.), 7.
412, 11. 223, Cu. 137, Ci. 137,
398, Ca. 9 (11). 3;

magni, E. 8. 6, G. 3. 91, A. 3.
104, 286, 4. 238, 5. 99, 6. 166,
541, 8. 9, 156, 9. 218, 787, 10.
344, 437, 830, Cu. 11, 360, Ci.
7, 54, 416, 464, Ca. 5 (7). 9, 9
(11). 3, L. 28;

magnae, A. 3. 437, 5. 751, 6.
250, 12. 116, 168, Ci. 139;

magni, A. 5. 714, 7. 707, 9.
101;

magno, A. 8. 103, Ci. 374 (Ellis
Ben. *mago* Rb. *magi* Th.);

magnae, G. 1. 338;

magno, Ci. 21;

magnum, G. 1. 158, 2. 38, 3.
28, 258, 4. 79†, A. 1. 300, 602,
716, 3. 284, 525, 5. 414, 6. 28,
78, 122, 790, 9. 82, 346, 10.
459, 464, 11. 438, 694, Ca. 3
(12). 3;

magnam, A. 1. 569, 4. 345, 6.
11, 30, 872, 9. 232, 10. 335, 12.
671;

magnum, E. 6. 31, G. 3. 205†,
4. 388, A. 4. 94 (vid. nom.), 5.
248, 628, 6. 526, 583, 812, 7.
80, 706, 10. 13, 11. 47, 234,
Ci. 394;

magne, A. 1. 241, 6. 841, 9.
495, 11. 7†, 12. 808;

magna, G. 2. 173, 174, 3. 1, A.
6. 544;

magnum, E. 4. 49, A. 10. 507;

(maxuma), 272 (maxuma), 9.
279, 10. 685, 11. 14, 214, Ca.
9 (11). 11, 12, 14 (6). 7†;
maxime, G. 2. 159, 170, A. 8.
470 (maxume), 572 (max-
ume), 11. 97†, Cu. 374†;
maxima (voc.), G. 2. 40, A. 8.
84 (maxuma);
maxima (acc.), E. 10. 72, G. 1.
199, 3. 202, A. 3. 546, 703, 7.
217, 8. 716 (maxuma), 10.
764, 11. 690, Ca. 9 (11). 40†;
fem. subst. maxima (nom.), A.
6. 605.
Magus: Mago (dat.), A. 10. 521.
magus: magi (masc.), Ci. 374
(Th. *mago* Rb. *magno* Ben.
Ellis); mago (masc.), Ci. 374
(vid. *magi*).
MAIA, A. 8. 138;
Maiae (gen.), G. 1. 225;
Maiam, A. 8. 140;
Maia, A. 1. 297†.
maiestas: maiestate, A. 12. 820.
mala. 9.
malam, L. 71 (Ellis *malas*
Rb.);
malae, A. 5. 436, 11. 681;
malas, A. 9. 751, 10. 324, L. 71
(vid. *malam*);
malis, G. 3. 268, A. 3. 257, 7.
114, 12. 755.
MALE. 11.
male, G. 1. 105, 360, 448, 3.
249, A. 2. 23, 735, 4. 8, Cu.
132 (Th. Ben. *mala* edd.), Ca.
2. 4†, D. 82, L. 22 (Ellis *mihi*
Rb.).
Malea: Maleae (gen.), A. 5. 193.
malesuadus: malesuada (fem.
nom.), A. 6. 276.
malifer: maliferae (gen.), A. 7.
740.
malignus: maligna (abl.), A. 6.
270;

maligni, G. 2. 179†, A. 11. 525;
malignis (masc. abl.), A. 5.
654†.
malo. 10.
mavis, A. 10. 43, 12. 935;
maluit, A. 8. 323, 12. 397;
malis, G. 3. 69†, Ci. 275;
malit, A. 4. 108†, Ci. 188;
malint, G. 3. 159;
malle, E. 10. 53.
malum; vid. *malus.*
malum. 11.
mali, G. 2. 127;
malo (abl.), E. 3. 64;
mala, Co. 19, Ca. 3*. 13, D. 17;
mala, E. 2. 51, 3. 71, 6. 61, 8.
37, 53, G. 2. 33.
MALUS. 62.
malus, E. 8. 41, 83, G. 2. 243,
3. 425, A. 1. 352, Ci. 63, 133,
278 *bis*, 430;
mala, E. 7. 28, G. 1. 150, 3.
416, Ci. 85;
malum (neut. acc.), G. 1. 129;
malo, A. 10. 110;
mala, E. 3. 11, Ca. 2*. 5†;
malae, G. 3. 282;
mala, E. 1. 50, A. 6. 278;
malis (masc.), A. 3. 398;
malas, Ca. 3*. 19†;
mala, A. 2. 471;
malis (masc.), Ci. 79 (edd.
rabidis Ben.);
neut. subst. malum, A. 4. 174,
6. 736, 7. 375, 12. 407;
mali, A. 1. 630, 2. 97, 3. 661, 6.
93, 10. 510, 843, 11. 480†, Cu.
378†;
malo, G. 2. 168;
malum, E. 1. 16, Ci. 265, 432;
malorum, A. 1. 198, 4. 169†, 6.
527, 542, 739, 9. 538, 11. 280,
361, 12. 600, Ci. 455;
malis, A. 4. 549, 611, 6. 95,
512, Ci. 181;

manu), Cu. 112, Ci. 213, M. 24;

manibus, G. 2. 45, 249, 366, 4. 15, 405, A. 1. 424, 2. 167, 192, 220, 296, 3. 606, 4. 205, 517, 680, 5. 811, 818, 6. 360, 583, 606, 883, 7. 237, 8. 426, 442, 9. 132, 476, 10. 81, 280, 11. 16, 74, 439, 861, 12. 85, 173, 278, 327, 348, 471, Cu. 319 (Ellis *ignibus hic* Th. Ben. *tegminibus* Rb. Leo), Ci. 149, M. 120, Ca. 14 (6). 6.

mapalia: mapalia, G. 3. 340. Vid. *magalia.*

MARCELLUS, A. 6. 855, 883.

MARE. 83.

mare, E. 2. 26, 8. 58, G. 4. 262†, A. 1. 246, 7. 25, 529, 10. 292, 358, D. 61;

maris, E. 4. 51, 6. 32, G. 1. 29, 3. 541, 4. 222, A. 1. 598, 2. 780, 3. 495, 528, 5. 616, 768, 799, 802, 7. 301, 8. 671, 10. 57, 221, 377, 695, Cu. 68, 349, D. 59;

mari, A. 1. 84;

mare, G. 2. 158, 4. 373, A. 1. 224, 236, 280, 3. 196, 290, 695, 4. 566, 5. 175, 628, 778, 808, 7. 32, 802, 810, 8. 149, 12. 197, 452, Ci. 196, 390, 521 (Ben. *terrarum* edd.), Ca. 9 (11). 48;

mari, E. 4. 38, A. 1. 110, 3. 73, 144, 5. 52, 193, 6. 23, 7. 200, 9. 492, 10. 162, D. 55;

maria, G. 2. 479, A. 5. 9, 9. 130, 714, Ca. 9 (11). 4;

maria, A. 1. 32, 58, 524, 3. 70, 5. 212, 594, 790, 6. 59, 112, 351, 9. 115, 10. 197.

Mareotis: Mareotides (nom.), G. 2. 91.

margo: marginis, Cu. 57 (Ben. *imaginis* edd.).

Marica: Marica, A. 7. 47.

marinus. 7.

marini (masc.), Cu. 403†;

marino (masc. abl.), G. 2. 160;

marinae, G. 1. 362;

marinos, G. 2. 68;

marinis (masc.), E. 6. 77, Ci. 61;

marinis (neut.), A. 7. 780.

marita: maritas, Ci. 443†.

maritus. 7.

mariti, Cu. 263;

marito, A. 3. 297, 4. 103;

maritum, G. 3. 125†;

marite, E. 8. 30;

mariti, A. 4. 35;

maritos, A. 4. 536.

Marius: Marios, G. 2. 169.

marmor. 10.

marmor, G. 1. 254;

marmore, E. 7. 31, G. 3. 13, A. 4. 457, 6. 69, 848, 7. 28, 718, 10. 208†, Cu. 397.

MARMOREUS. 10.

marmoreus, Ca. 14 (6). 9†;

marmoreo (masc.), A. 4. 392;

marmoreum, E. 7. 35, Ci. 256;

marmoream, Ci. 476;

marmoreum, Ci. 503†;

marmorea, G. 4. 523;

marmoreo, A. 6. 729, Ci. 222;

marmorea (nom.), Ci. 450.

Marpesius: Marpesia (fem. nom.), A. 6. 471.

Marruvius: Marruvia (abl.), A. 7. 750†.

MARS. 42.

Mars, G. 1. 511, 2. 283, A. 7. 304, 9. 717, 10. 280;

Martis, E. 10. 44, G. 3. 91, 4. 346, A. 1. 4*, 7. 550, 608, 8. 516, 557, 9. 584 (mss. Rb. *matris* γ edd.), 11. 110, 374†, 12. 73, 124, 790;

Marti, A. 8. 433, 11. 153;

Martem, A. 2. 440, 6. 165, 7.

582, 603, 9. 766, 12. 108, 187,
712, Ci. 118 (Rb. *mentes* edd.);
Marte, A. 1. 274, 2. 335, 7.
540, 8. 495, 676, 9. 518, 10. 22,
237, 11. 899, 12. 1, 410, 497.
Marsus: Marsis (masc. abl.), A.
7. 758; *masc. subst.* Marsorum,
A. 10. 544; Marsos, G. 2. 167.
MARTIUS, G. 4. 71, A. 9. 566;
Martia (fem. nom.), A. 11.
661;
Martia (acc.), E. 9. 12, A. 7.
182.
Marus; vid. *Tmarus.*
MAS, Ca. 13 (5). 6 (Ellis *adsultem*
Rb. *adsignem* Th. *dixim* Ben.),
L. 35; mares (acc.), G. 3. 64.
masculus: mascula (acc.), E. 8.
65.
massa: massam, G. 1. 275, A. 8.
453; massis (abl.), G. 4. 170.
MASSICUS, G. 2. 143; Massica
(neut. nom.), G. 3. 526; *subst.*
Massica (acc.), A. 7. 726.
MASSICUS, A. 10. 166.
Massylus: Massylae (gen.), A. 4.
483†; Massyli, A. 4. 132†;
masc. subst. Massylum, A. 6.
60.
MATER. 124.
mater, E. 4. 56, 5. 23, 8. 49, G.
1. 498, 4. 333, 357, 380, A. 1.
314, 3. 111, 5. 38, 6. 778, 784,
7. 762, 8. 370, 564, 9. 486, 10.
76, 172, 557, 818, 11. 71, 12.
52, Ci. 133;
matris, G. 1. 163, 2. 19, 55, 3.
187, 4. 548, A. 1. 585, 652, 720,
7. 361, 484, 8. 335, 9. 474,
10. 200, 11. 542, 12. 64, 515;
Matris, G. 4. 64, A. 9. 584
(γ edd. *Martis* mss. Rb.), 619;
matri, E. 4. 61†, A. 3. 19, 74,
4. 516, 6. 250, 9. 216, 302, 484,
565†, Ci. 474;

matrem, E. 4. 60†, 8. 47, G. 1.
39, 2. 268, A. 1. 405, 3. 96, 4.
472, 7. 139, 8. 632, Cu. 249, Ci.
√66†; Matrem, A. 9. 108;
mater, E. 8. 48, 50, G. 4. 321
bis, A. 7. 441, 12. 74;
matre, E. 8. 38, G. 4. 328, A. 1.
382, 7. 283, 8. 510, 9. 628, 697,
10. 315, 12. 209, Ci. 396, Ca.
2*. 14†;
matres, G. 4. 475, 520, A. 2.
489, 766, 5. 654, 767, 6. 306,
7. 518, 580, 8. 556, 592, 666,
11. 146, 215, 481, 581, 877,
891, 12. 131;
matrum, G. 2. 23, 3. 51, 138,
A. 7. 357, 813, 8. 718, 9. 272,
11. 478, Ci. 143;
matribus, E. 1. 22, A. 2. 786,
5. 622;
matres, A. 2. 797, 5. 715, 750,
7. 392, Ci. 443†;
matres, A. 5. 646, 7. 400;
matribus, G. 3. 398, A. 1. 635,
5. 793, 9. 61, 217.
MATERIES, A. 11. 328.
maternus. 9.
materna, A. 11. 340;
materni (neut.), A. 7. 402;
maternam, A. 4. 144;
materno, A. 4. 258;
materna (abl.), G. 1. 28, A. 5.
72;
maternas, G. 4. 349, A. 6. 193;
maternis (neut.), A. 12. 107.
matrona: matronae (nom.), A.
11. 476.
MATURE, Cu. 186 (Ben. Ellis
naturae edd.).
maturo: maturate, A. 1. 137;
maturare, G. 1. 261.
MATURUS. 12.
maturus, A. 5. 73, 9. 246;
matura, A. 7. 53, 12. 438;
maturae (gen.), E. 10. 36;

matura (abl.), A. 10. 257;
maturis (fem.), E. 3. 80, G. 1.
348, 2. 419†;
maturos, Cu. 9 (Th. Ben. *securos* mss. edd.);
matura, G. 4. 143†;
maturis (masc.), G. 1. 66.
MATUTINUS, A. 8. 465; matutini
(nom.), A. 8. 456.
Maurusius: Maurusia (fem.
nom.), A. 4. 206.
MAVORS. 8.
   Mavors, A. 8. 700, 10. 755, 11.
   389, 12. 332, L. 69;
   Mavortis, A. 6. 872, 8. 630;
   Mavors, A. 12. 179.
MAVORTIUS, A. 6. 777, 9. 685;
   Mavortia (fem. nom.), G. 4.
   462, A. 3. 13;
   Mavortia (acc.), A. 1. 276.
maxima; vid. *magnus.*
MAXIMUS, A. 6. 845.
meatus: meatus (acc.), A. 6. 849.
medeor: mederi, E. 8. 89; medendi, A. 12. 396; medendo (abl.),
A. 12. 46†.
Medi; vid. *Medus.*
MEDIA, G. 2. 126.
medica: medica (voc.), G. 1. 215.
medicina, E. 10. 60; medicinae
(gen.), A. 7. 772.
medico: medicare, G. 1. 193;
   medicatis (fem. abl.), G. 4.
   65†, A. 6. 420.
medicor: medicantur, G. 2. 135;
   medicari, A. 7. 756; medicans
   (fem.), A. 12. 418.
medicus: medica (abl.), A. 12.
   402; medicas, G. 3. 455.
MEDITOR. 13.
   meditor, A. 1. 674;
   meditaris, E. 1. 2;
   meditatur, A. 4. 171, L. 6;
   meditantur, E. 5. 61;
   meditabor, E. 6. 8;

meditans (masc.), M. 87;
meditanti (masc.), Ci. 92†;
meditantem, A. 10. 455;
meditantem, Cu. 250;
meditante (masc.), E. 6. 82;
meditata (fem. nom.), G. 3.
153;
meditando (abl.), G. 1. 133.
MEDIUS. 231.
   medius, G. 4. 436, A. 1. 348†,
   682, 5. 76, 7. 169†, 10. 379,
   402, 12. 564;
   media, E. 9. 59, G. 2. 297, A.
   6. 518, 9. 738;
   medium, E. 8. 58, Ci. 499;
   medii, A. 10. 764;
   mediae, A. 2. 359, 6. 588;
   medii, A. 9. 142;
   mediae, A. 2. 240, 11. 555;
   medium, G. 1. 209, 3. 303, 351,
   4. 426, A. 2. 218, 508†, 3. 512,
   4. 388, 5. 290, 6. 536, 667, 8.
   97, 10. 56, 117, 216, 484, 816,
   11. 787, M. 58;
   mediam, G. 1. 237, A. 1. 698,
   5. 622, 835, 7. 414†, 9. 750, 12.
   307;
   medium, A. 2. 408, 3. 665, 5.
   1, 6. 634, 7. 810, 9. 20, 10. 440,
   451, 12. 452, 926;
   medio, G. 1. 297, 298, 442, 2.
   74, 3. 237†, 466, 4. 524†, A. 1.
   386, 584, 2. 67, 3. 104, 270,
   308, 4. 277, 524, 5. 110, 113,
   160, 6. 111, 9. 657, 11. 225,
   838, 12. 213, 732, Ci. 122;
   media, G. 1. 328, A. 1. 314,
   441, 505†, 2. 533, 3. 202, 4. 76,
   620, 5. 188, 288, 423, 785, 9.
   61, 10. 147, Ci. 264;
   medio, G. 1. 361, 3. 519, A. 3.
   73, 624, 6. 342, 7. 577, 8. 407,
   588, 700, 9. 28, 728, 10. 219,
   665, 11. 762, Ca. 3 (12). 7;
   medii, G. 3. 423;

mediae, A. 7. 372;

mediis (masc.), A. 10. 683;

mediis (neut.), A. 11. 845, 12. 409;

medios, G. 4. 401, A. 2. 377, 3. 283, 5. 497, 738, 6. 753, 7. 296, 9. 400, 554, 799, 12. 201, 477, 650;

medias, G. 1. 230, 4. 82, A. 7. 296, 384, 10. 41, 239, 11. 648, 12. 224, 227, Cu. 107;

media, E. 10. 45, A. 2. 353, 4. 61, 74, 204, 663, 5. 479, 6. 245, 9. 549, 588, 10. 237, 721, 761, 11. 541, 12. 318, 337, 346, 469, 683;

mediis, G. 3. 154, 331, A. 1. 109, 242, 3. 149, 4. 310, 382, 5. 303, 12. 910, Ci. 264†, 401;

mediis, A. 2. 512, 4. 156, 6. 339, 8. 467, 10. 305, 407, 11. 683, 12. 92, Cu. 359, 363†;

mediis, E. 10. 65†, G. 2. 283, A. 1. 491, 638, 2. 328, 665, 12. 125;

subst. medium (masc.), A. 7. 536;

medium, G. 1. 127, 4. 25, 157, A. 5. 401, 10. 383, 11. 335, 12. 273†;

medio (neut.), E. 3. 40, 46, G. 2. 528†, 3. 16, 486, A. 3. 354, 417, 4. 184, 6. 282, 7. 59, 227, 563, 566, 8. 675, 9. 230, 343, 395, 11. 547, 12. 118;

medii, A. 12. 696;

medios, A. 1. 440, 504, 2. 122, 4. 674, 9. 438, 10. 21, 132, 576, 870, 11. 149, 741, 12. 497;

medias, A. 5. 618, 7. 397;

media, A. 6. 131;

mediis (masc.), A. 8. 696, 11. 237.

Medon: Medonta, A. 6. 483.

medulla: medullas, A. 4. 66, 8. 389;

medullis, G. 3. 271, D. 101.

MEDUS, G. 4. 211; *masc. subst.* Medi (nom.), G. 2. 134; Medorum, G. 2. 136.

Megaera: Megaeram, A. 12. 846.

MEGARA, Ci. 105, 388.

Megarus: Megaros, A. 3. 689.

mel. 19.

mellis, G. 4. 1, 4. 205;

melli, G. 2. 436†;

melle, A. 6. 420;

mella, E. 3. 89, G. 4. 169, A. 1. 436;

mella, E. 4. 30, G. 1. 131, 4. 35, 57, 101, 141, 163, 213, 228, 265, A. 1. 432, 4. 486.

MELAMPUS, G. 3. 550.

MELAMPUS, A. 10. 320.

Meliboeus: Meliboea, A. 5. 251; Meliboei (masc. gen.), A. 3. 401.

MELIBOEUS. 8.

Meliboeus, Ca. 9 (11). 18;

Meliboei, E. 3. 1, 5. 87;

Meliboee, E. 1. 6, 19, 42, 73, 7. 9.

Melicerta: Melicertae (dat.), G. 1. 437†.

melior; vid. *bonus.*

melisphyllum: melisphylla (acc.), G. 4. 63.

MELITE, A. 5. 825.

Mella: Mellae (gen.), G. 4. 278†.

membrum. 45.

membra, A. 1. 92, 6. 732, 9. 708, 12. 951, Cu. 207, L. 22;

membrorum, A. 5. 422;

membris, G. 4. 418, A. 3. 137, 4. 5, 10. 217, Ci. 491;

membra, G. 3. 268, 565, 4. 438†, A. 1. 691, 3. 30, 626, 4. 391, 559, 5. 279, 358, 836, 6. 220, 642, 7. 415, 8. 30, 406, 425, 9. 337, 490, 734, 10. 558, 868, 12. 297, 867, Cu. 158,

195 (edd. *terga* Ellis), 213, Ci. 56, M. 5, L. 14;

membris, G. 2. 130, A. 5. 431, 7. 353.

memet; vid. *ego.*

MEMINI. 36.

memini, E. 1. 17, 7. 69, 9. 45, 52, G. 4. 125, A. 1. 619, 7. 205, 8. 157, 11. 280, D. 54, 71;

meminit, E. 8. 88;

meministis, A. 7. 645, 9. 529†;

meminere, G. 1. 400, 3. 90, Ci. 140 (edd. *metuere* Th.);

memento (sec. pers.), E. 3. 7, G. 2. 259, A. 2. 549, 6. 851, 7. 126;

meminisse, E. 7. 19, 9. 38, G. 1. 451, 3. 216, A. 1. 203, 733, 2. 12, 3. 202, 4. 335, 6. 514, Cu. 295, Ci. 119, Ca. 9 (11). 50 (Rb. Ellis *timuisse* Th. Ben.), D. 103†.

Memmius: Memmi, A. 5. 117.

Memnon: Memnonis, A. 1. 489.

MEMOR. 30.

memor, G. 1. 167, 2. 347, A. 1. 719, 4. 336, 5. 25, 6. 377, 8. 464, 10. 281, 12. 439, Cu. 237, 398, 406;

memor, A. 1. 23, 9. 480, 11. 802, Cu. 394;

memor, A. 4. 521;

memori (fem.), Ci. 274†;

memorem (fem.), A. 1. 4;

memori (neut.), A. 9. 447, Ci. 537;

memores, A. 10. 491, 11. 176;

memores, G. 3. 316†, 4. 156, A. 4. 403;

memorum (masc.), A. 12. 534;

memores (masc.), A. 1. 543, 4. 539, 6. 664.

memorabilis: memorabilis, Cu. 37 (Rb. Leo *memoraberis* Th. Ben. *memorabimus* Ellis);

memorabile, A. 2. 583, 4. 94 (vid. acc.); memorabile, A. 4. 94 (vid. nom.).

memoro. 37.

memoras, A. 4. 109, 10. 531;

memorat, A. 1. 631, 3. 182, 6. 890, 8. 79, 532, 9. 324, 10. 149†;

memorant, A. 8. 339;

memorabimus, Cu. 37 (Ellis *memoraberis* Th. Ben. *memorabilis* Rb. Leo);

memorem, G. 2. 158, 161, A. 1. 327, 6. 123, 601, 8. 483, Ca. 9 (11). 41;

memores, A. 2. 75 (Rb. *memoret* mss. edd.);

memoret, A. 2. 75 (vid. *memores*);

memora, A. 1. 8;

memorare, A. 6. 716, 7. 645, 9. 529†;

memorans, A. 2. 650, 5. 743, 6. 699, 9. 250, 10. 680;

memorans (fem.), A. 5. 641;

memoraberis, Cu. 37 (vid. *memorabimus*);

memoretur, Cu. 40 (edd. *numeretur* Th. Ben.);

memoratus, A. 5. 392, 7. 564;

memorandum (neut. acc.), G. 2. 454;

memorande, G. 3. 1, A. 10. 793;

memoranda (acc.), G. 4. 148, 283.

MENALCAS. 11.

Menalcas, E. 9. 16†, 55, 10. 20;

Menalcan, E. 2. 15†, 9. 10†;

Menalca (voc.), A. 3. 13, 58, 5. 4, 64, 90, 9. 18.

mendacium: mendacia (acc.), Ci. 362.

mendax: mendacis (masc.), A. 8. 644; mendacem (masc.), A. 2. 80; mendacia (acc.), L. 63.

291

E.

MENELAUS, A. 2. 264, 11. 262;
Menelaum, A. 6. 525.
Menestheus: Menestheo (abl.),
A. 10. 129†.
MENOETES, A. 5. 164, 179†;
Menoeten, A. 5. 161, 173†;
Menoete, A. 5. 166†.
Menoetes: Menoeten, A. 12.
517†.
MENS. 85.
mens, E. 1. 16, G. 3. 42, 4. 212,
A. 1. 604, 2. 54, 170, 519, 4.
449, 5. 812, 6. 727, 7. 273, 8.
163, 205, 400, 9. 187, 798, 10.
182, 501, 843, 11. 3, Ci. 5 (Th.
mea Rb. Ben. *ea* Ellis);
mentis, G. 4. 220, A. 6. 278, 12.
160;
menti, A. 2. 35, 4. 55†, 6. 133†,
11. 314, 12. 669;
mentem, G. 3. 267, 4. 357, A.
1. 304, 462, 643, 676, 713, 2.
316, 736, 3. 47, 4. 39, 319, 595,
5. 828, 6. 11, 8. 440, 10. 824,
899, 12. 37, 468, 554, 599, 841,
Cu. 200;
mente, A. 1. 26, 2. 407, 588, 3.
388, 4. 100, 105, 501, 649, 5.
56, 9. 292, 10. 629, 640, 11.
795, Cu. 59, 80, 179, 191, 309,
Ci. 162, 327;
mentes, A. 4. 65†, 5. 643, 12.
609;
mentibus, A. 9. 184;
mentes, G. 3. 3, A. 4. 487†, 5.
304, 11. 357, 12. 246, Cu. 61,
Ci. 118 (edd. *Martem* Rb.);
mentibus, A. 9. 234.
mensa. 29.
mensae, A. 11. 738;
mensae, A. 7. 490, 8. 283;
mensam, A. 1. 736, 8. 279;
mensa, E. 4. 63;
mensae, A. 1. 216, 723, 2. 764,
10. 516;

mensarum, A. 3. 394;
mensis, A. 7. 134 (vid. abl.), 8.
174;
mensas, G. 4. 133, 378†, A. 1.
686, 706, 3. 213, 231, 257, 6.
606, 7. 116, 125, 10. 460;
mensis, G. 2. 101, A. 1. 640, 4.
602, 7. 134 (vid. dat.), 176, 8.
110.
mensis. 14.
mensem, G. 1. 435, 3. 341;
mense, A. 6. 453;
menses, E. 4. 12, 61;
mensibus, G. 1. 32;
menses, G. 1. 335, 4. 507;
mensibus, G. 1. 64, 115, 2. 149,
3. 139, A. 1. 269, 5. 46.
menstruus: menstrua (fem.
nom.), G. 1. 353; menstrua
(fem. voc.), Cu. 284.
MENSURA, M. 17.
mentior: mentiris, A. 2. 540;
mentiri, E. 4. 42; mentita
(acc.), A. 2. 422.
MENTULA, Ca. 2*. 18, 21.
MENTUM. 9.
mentum, Ci. 498;
mentum, A. 4. 216, 10. 347, 12.
307;
mento, G. 3. 53, A. 4. 250, 6.
299;
menta (acc.), G. 3. 311, A. 6.
809.
mephitis: mephitim, A. 7. 84†.
merces: mercedis, E. 6. 27;
mercede, G. 2. 62, 4. 150, A.
7. 317.
mercor: mercati (sunt), A. 1.
367; mercentur, A. 2. 104.
MERCURIUS, A. 8. 138; Mercur-
io, A. 4. 558; Mercurium, A.
4. 222.
mereo. 44.
meret, D. 66 (Ellis *merito*
Rb.);

merui, A. 4. 317, 5. 355, 801, 12. 931, Ci. 277;
meruit, A. 10. 492;
meruisset, E. 3. 22;
meruisse, A. 2. 434;
merenti (masc.), Cu. 413;
merentem, A. 2. 229;
merentem, A. 7. 307 (FM² γ¹ edd. *merente* Rγ²Rb.Ld.Ben.);
merente (fem.), A. 7. 307 (vid. *merentem*);
merentis (fem.), A. 2. 585;
masc. subst. merenti (dat.), Cu. 229;
merendo (abl.), A. 6. 664;
mereor, A. 5. 692;
meremur, A. 2. 690;
merita es, A. 4. 547;
meritus, Cu. 210 (Th. Ben. *meritis* edd.);
meritae (gen.), A. 5. 70;
meritum (neut.), A. 4. 611;
merito, A. 3. 667;
merita (abl.), A. 4. 696, 8. 501, 11. 849, Ci. 457;
meritos, G. 2. 515, A. 3. 118, 264, 5. 652, 8. 189;
meritas, A. 12. 852;
meritis (fem.), Cu. 24 (vid. subst.);
meritis, A. 11. 224;
neut. subst. meriti, A. 9. 256;
meritum, G. 4. 455;
meritis, A. 11. 179;
meritis, A. 1. 74, 151, Cu. 24 (vid. adi. fem. abl.), 210 (vid. *meritus*);
adv. merito, G. 2. 40, A. 11. 392, 502, Ci. 87†, D. 66 (vid. *meret*).
MERETRIX, Ci. 86.
merges: mergite, G. 2. 517.
mergo. 9.
mersit, A. 6. 342, 348, 429, 615, 11. 28;

mersere, A. 6. 512;
mersus, Cu. 165;
mersum (masc.), A. 10. 559;
mersas, A. 6. 267.
mergus: mergi (nom.), G. 1. 361;
mergis (dat.), A. 5. 128†.
merito, meritum; vid. *mereo.*
Merops: Meropem, A. 9. 702†.
merops: meropes (nom.), G. 4. 14.
merso: mersare, G. 1. 272; mersatur, G. 3. 447.
merus. 6.
mero (masc. abl.), A. 5. 77;
neut. subst. merum (acc.), Co. 37;
mero, A. 1. 729, 3. 526, 633, Ca. 11 (14). 2†.
merx: merce, M. 83†; merces (acc.), E. 4. 39.
Messalla: Messalla (voc.), Ci. 54; Messallis (dat.), Ca. 9 (11). 40.
MESSAPUS. 22.
 Messapus, A. 7. 691, 8. 6, 9. 27, 124, 523, 10. 354, 749†, 11. 429, 464, 518, 603, 12. 128, 289, 294, 488, 550, 661;
 Messapi, A. 9. 351, 365, 458;
 Messapo, A. 9. 160;
 Messapum, A. 11. 520.
MESSIS. 10.
 messis, E. 5. 70, G. 1. 314;
 messis, G. 1. 253, 4. 231;
 messem, G. 1. 219;
 messes, G. 1. 49, 161†;
 messis, E. 8. 99, G. 1. 103 (-es), 4. 330†.
MESSOR, E. 3. 42; messorem, G. 1. 316; messoribus (dat.), E. 2. 10.
met; vid. *ego.*
META. 11.
 meta, A. 3. 714, 8. 594;
 metam, A. 5. 129, 159, 835;

metae, A. 12. 546;

metas, G. 3. 202, A. 1. 278, 3. 429, 10. 472;

metis, A. 5. 171.

METABUS, A. 11. 540, 564.

METALLUM, A. 8. 445;

metallo (abl.), A. 6. 144;

metalla (acc.), G. 2. 165;

metallis, A. 10. 174.

Methymnaeus: Methymnaeo (masc. abl.), G. 2. 90.

metior: metire, A. 12. 360; metitur, G. 4. 389, Ci. 395.

Metiscus: Metisci, A. 12. 472†, 623, 737, 784;

Metiscum, A. 12. 469.

Metius; vid. *Mettus.*

meto: metit, A. 10. 513;

metunt, G. 4. 54;

metat, D. 73;

metito (sec. pers.), G. 2. 410;

messae (nom.), A. 4. 513.

metor (meto): metatur, Cu. 174 (Th. *metabat* edd.); metabat, Cu. 174 (vid. *metatur*); metabere, G. 2. 274; metata est, D. 45.

Mettus (Metius): Mettum, A. 8. 642 (PR edd. *Metium* M² Gos.).

METUO. 28.

metuo, Ci. 324, Ca. 1*. 3;

metuunt, A. 6. 733;

metuam, E. 2. 27;

metues, G. 4. 239†;

metuet, E. 3. 110 (mss. edd. *temnet* Rb.), G. 3. 38 (MR edd. Rb. in ed. mai. *metuens* P Rb. in ed. min.);

metuent, E. 4. 22;

metui, A. 4. 604, 6. 694, Ci. 427;

metuit, G. 2. 333;

metuere (indic.), Ci. 140 (Th. *meminere* edd.);

metuisse, A. 10. 94;

metuens, G. 1. 335, A. 1. 61, 9. 346, 11. 47, M. 4;

metuens, G. 1. 186, 3. 38 (vid. *metuet*), A. 1. 23;

metuens, A. 5. 716;

metuentem (masc.), A. 12. 21;

metuentes (fem. acc.), G. 1. 246;

metuere, Ci. 194 (edd. *moriere* Ellis);

metuendus (est), G. 2. 419;

metuenda (est), G. 4. 37;

subst. metuende, A. 10. 557.

METUS. 43.

metus, A. 1. 362, 548, 3. 682, 6. 807, 10. 9, 11. 732, Ci. 436;

Metus, A. 6. 276;

metu, A. 1. 257;

metum, A. 1. 218, 562, 8. 431, 11. 900, 12. 110, 850; Metum, G. 3. 552;

metu, A. 1. 280, 514, 2. 685, 3. 213, 4. 164, 176, 390, 5. 395, 676, 6. 491, 7. 60, 8. 556, 9. 341, 10. 573, 11. 21, 401, 807, 12. 468, 718, 916, Ci. 386 (Ellis *iterum* edd.);

metus (acc.), G. 2. 491, A. 1. 463, 5. 420, 7. 438, 9. 90, 12. 316†.

MEUS. 177.

meus, E. 3. 23, 66, 76, A. 1. 231, 2. 522, 6. 835, 8. 168, 10. 902;

mea, E. 2. 52, 3. 22, 8. 33, A. 1. 664, 678, 2. 599, 4. 434, 6. 691, 8. 131, 581, 9. 220†, 275, 428, 747, 10. 471, 11. 55, 12. 428†, 436, 694, Ci. 5 (Rb. Ben. *mens* Th. *ea* Ellis), D. 7, 75, L. 2, 4†, 19, 21, 24, 27, 41, 56, 58, 77;

mei, A. 3. 489†, 8. 612;

meae, G. 4. 332, A. 9. 482, Ci.

295 (Ellis *mei* edd.), L. 54, 79†;
mei, Ci. 295 (vid. *meae*);
meo, E. 7. 22, 10. 2;
meae, E. 3. 68, A. 3. 501, 6. 73,
Ci. 314;
meum, A. 2. 666;
meam, A. 10. 371;
meum, A. 6. 112, 8. 144, D. 30;
mea, E. 8. 21, 25, 29a†, 31, 36,
42, 46, 51, 57, A. 7. 97, Ci. 311,
324†, 338;
meo, A. 8. 76, Ci. 46;
mea, A. 4. 306, 341, 8. 401, L.
55†;
meo, A. 1. 133, 3. 18, 11. 792,
Cu. 32, Ci. 95, Ca. 3*. 8;
meae, E. 2. 21, A. 11. 158;
mea, E. 3. 61, 9. 4, A. 6. 511,
7. 297, 310, 9. 136, 446, 10. 29,
Cu. 383, D. 61;
mearum, A. 1. 321, 3. 486, 11.
586, Ca. 5 (7). 6;
meis (fem.), A. 9. 278;
meis, A. 5. 800 (vid. abl.), 12.
565, Cu. 25;
meos, E. 10. 34, 53†, A. 4. 28,
5. 733, 12. 96, 638, D. 79, L.
15;
meas, E. 1. 9, A. 7. 437, 9. 114,
Ci. 10, 312, Ca. 5 (7). 13†;
mea, E. 1. 69†, 2. 6, 7. 17, A.
2. 543, 548, 3. 250, 4. 226, 325,
428, 655, 7. 267, 10. 104, 244,
491, 672, 11. 160, 406, 12. 75,
Cu. 214, 228, Ci. 272, D. 84,
86, L. 6, 20;
meae, E. 1. 74, A. 1. 664;
mea, E. 8. 68, 72, 76, 79, 84,
90, 94, 100, 104;
meis, G. 2. 42, A. 9. 407;
meis, A. 4. 548, 5. 811, 11. 16;
meis, E. 1. 33, A. 4. 340, 5. 800
(vid. dat.), 6. 67, Ca. 2*. 10,
12;
subst. meorum, A. 2. 431, 587,

4. 342, 544, 6. 717, 8. 386, 10.
853, 904, 11. 273, 12. 947, Ci.
292;
meum, A. 4. 318; meorum, A.
12. 882;
meis (masc. dat.), A. 12. 936.
MEZENTIUS. 19.
Mezentius, A. 7. 648, 654†, 8.
7†, 482, 501, 569, 9. 522, 586,
10. 150, 204, 689, 714, 729,
742, 762, 768, 897, 11. 16†;
Mezenti, A. 11. 7†.
mica: micas, M. 98.
mico. 15.
micat, G. 3. 84, 439, A. 1. 90,
2. 475, 7. 743, 10. 134, 12. 102,
Cu. 173 (Leo *micant* edd.);
micant, A. 7. 743, 9. 189, 10.
396, Cu. 173 (vid. *micat*), 222;
micans (fem.), A. 8. 392†;
micantia (acc.), A. 2. 734, 9.
733.
MICON, E. 7. 30†; Miconis, E. 3.
10†.
migro: migrabunt, D. 100;
migret, D. 50†;
migrate, E. 9. 4;
migrantis (masc. acc.), A. 4,
401.
MILES. 10.
miles, E. 1. 70, A. 2. 7, D. 85;
militis, D. 31;
milite, A. 2. 20, 495, 3. 400, 9.
161, 11. 516, 546.
Milesius: Milesia (neut. nom.),
G. 3. 306; Milesia, G. 4. 334.
militia: militiae (gen.), Ca. 9
(11). 42;
militiam, A. 8. 516;
militia, A. 11. 261, 585.
milium: milio (dat.), G. 1. 216.
mille. 37.
mille (fem. nom.), E. 2. 21, A.
1. 499, 2. 198, 7. 338;
mille, A. 7. 337;

Minotaurus, A. 6. 26.
minus. 26.
  minus, E. 9. 64, A. 3. 499, Cu.
  59 (Rb. *prius* edd.), 200, D.
  63, L. 74;
  minus atque minus, A. 12. 616;
  haut minus, A. 11. 755, 12.
  481;
  haut minus ac, A. 3. 561;
  nec minus, G. 1. 393, A. 3. 482,
  6. 475, 8. 465, 10. 812, 12. 746;
  nec minus et, A. 11. 203;
  nec minus interea, G. 2. 429, 3.
  311, A. 1. 633, 6. 212, 7. 572,
  12. 107;
  nec minus idcirco, Ca. 9 (11).
  7;
  non minus, Ci. 384.
minutatim, G. 3. 485†.
mirabilis. 17.
  mirabile, G. 2. 30, 3. 275, A. 1.
  439, 2. 174, 680, 4. 182, 7. 64,
  78, 8. 81, 252, 9. 120, 10. 637,
  12. 252, Ci. 120;
  mirabile, G. 4. 554, A. 1. 652,
  3. 26.
miraculum: miracula (acc.), G.
  4. 441.
mirificus: mirificum (nom.), Ci.
  12†, 13.
miror. 45.
  miror, E. 1. 11;
  miratur, E. 5. 56, 6. 30†, G. 2.
  82†, A. 1. 421†, 422, 456, 6.
  651†, 7. 813, 8. 92†, 310, 619,
  730, Ci. 392;
  mirantur, G. 1. 103 (mss. edd.
  mirentur Rb.), A. 1. 709 *bis*, 2.
  32, 8. 91, 9. 55, Ci. 391, 399;
  mirabar, E. 1. 36, A. 8. 161
  bis;
  mirabor, E. 1. 69;
  mirabere, G. 4. 60, 197;
  mirabitur, G. 1. 497;
  mirabimur, Ca. 11 (14). 5;

miratus (est), A. 6. 317;
est mirata, E. 8. 2;
mirer, A. 11. 126;
miretur, G. 1. 38, A. 8. 517;
mirentur, G. 1. 103 (vid. *mir-antur*);
mirans (masc.), G. 4. 363;
masc. subst. mirantibus (dat.),
  A. 6. 854;
miratus, G. 3. 49, A. 5. 35, 10.
  446†;
mirata, A. 5. 555, 7. 382, Ci. 81;
miratam, E. 6. 61;
miranda (neut. nom.), A. 1.
  494.
mirus. 12.
  mirum (nom.), Ci. 429;
  miro (abl.), A. 3. 298, 4. 458†,
  7. 57;
  mira, A. 9. 304;
  mira (nom.), A. 10. 267;
  miris (masc. abl.), G. 1. 477,
  4. 309, A. 1. 354, 6. 738, 7. 89,
  10. 822.
misceo. 66.
  miscet, A. 1. 191, 440, 2. 329,
  6. 727, 12. 628;
  miscetis, E. 2. 55;
  miscent, G. 2. 282, 3. 220, 449,
  A. 4. 210, 9. 714, 10. 23, 12.
  720;
  miscebant, A. 8. 432;
  miscuit, G. 1. 9, A. 5. 791, Ca.
  2. 5;
  miscuerunt, G. 2. 129†, 3. 283;
  misceret, Ci. 76†;
  miscere, A. 1. 134, 12. 805;
  miscens (fem.), A. 12. 205;
  miscentem (masc.), A. 10. 721;
  miscetur, A. 2. 487, 12. 445;
  miscentur, G. 4. 76, 311, A. 2.
  298, 3. 557, 12. 714†;
  misceri, G. 1. 359, A. 1. 124, 4.
  112, 160, 411, 7. 704, 12. 217;
  mixtus, A. 8. 510, 10. 398;

miseresco: miserescimus, A. 2.
145; miserescite, A. 8. 573, 10.
676.
miseror. 31.
miseratur, A. 6. 476;
miserantur, A. 10. 758, 12.
243;
miserabere, G. 4. 240;
miseratus (est), G. 1. 466;
miseratus est, A. 4. 370†, 5.
727;
miserari, A. 5. 350 (MP² γ edd.
misereri RP¹ Rb.);
miserans (masc.), G. 2. 499, A.
5. 452, 10. 823;
miserantem (masc.), A. 8. 74;
miseratus, G. 1. 41, A. 6. 28,
332†;
miserata, A. 4. 693, 10. 234,
686;
miserate, A. 6. 56;
miserata (voc.), A. 1. 597;
miserandus, A. 5. 509;
miseranda, G. 3. 478, A. 3.
138, 591, 11. 259;
miserande, A. 6. 882, 10. 825,
11. 42;
miseranda (abl.), Cu. 251
(edd. *miserandas* Th. Leo);
miserandas, Cu. 251 (vid.
miseranda);
subst. miserandae (gen.), A.
11. 593;
miserande, A. 10. 327.
missilis. 6.
missile (acc.), A. 10. 421, 773,
12. 278;
neut. subst. missilibus (abl.),
A. 9. 520, 10. 716, 802.
missus: missu, A. 7. 752.
mitella: mitella, Co. 1†.
mitesco: mitescent, A. 1. 291;
mitescere, E. 10. 61.
mitigo: mitigat, A. 5. 783.
mitis. 7.

mitis (nom.), G. 2. 522;
mitis (neut.), A. 8. 88;
mitem (masc.), Cu. 158, 270†;
miti (masc.), G. 1. 344;
mitia (nom.), E. 1. 80;
mitis (fem.), G. 1. 448.
mitra: mitra, A. 4. 216†; mitrae,
A. 9. 616.
MITTO. 90.
mitto, A. 11. 256;
mittit, G. 1. 57†, 4. 553, A. 1.
633, 3. 155, 4. 243†, 6. 543, 9.
361, 645 (MRγ² edd. *misit* Pγ¹
Rb.), 733†, 10. 351, 11. 60, 12.
362, 514;
mittimus, E. 9. 6, A. 2. 115,
Ca. 5 (7). 8;
mittunt, A. 6. 896, 9. 663;
mittam, E. 3. 71, A. 9. 200, 12.
14;
mittes, G. 3. 323 (FM² PR Rb.
Ben. *mittet* M¹ edd.), 4. 545;
mittet, G. 1. 229†, 3. 323 (vid.
mittes);
mittent, A. 6. 380;
misi, E. 3. 71, A. 4. 426, 8. 563,
11. 397;
misit, G. 4. 362, A. 2. 87, 4.
254, 5. 606, 7. 221†, 715, 762,
8. 506, 9. 2, 645 (vid. *mittit),*
10. 634, 12. 554, Cu. 188;
misere, G. 4. 534, A. 2. 566, 7.
727, 744, 11. 430†;
miserat, A. 9. 177, 547, 583;
miserit, A. 9. 785;
mittamus, A. 12. 629;
mittant, A. 8. 148, 12. 191;
mitteret, A. 4. 231, 11. 47, 81,
Ci. 186;
mitte, E. 3. 76, G. 3. 64, A. 6.
85;
mittite, A. 1. 203, 4. 623, Ci.
92;
mittitur, A. 8. 9;
mittimur, A. 6. 744;

mittere, A. 3. 440†;
mittetur, E. 4. 36;
missus (erat), A. 3. 595;
mittatur, A. 11. 27;
mitti, A. 9. 193, 11. 352;
misuram (esse), A. 8. 534;
missus, G. 3. 447, A. 3. 688, 4.
356, 377, 574, 6. 812, 10. 779;
missa, G. 2. 385, 452, A. 10.
339, 11. 799;
missae (dat.), A. 10. 457;
missum (masc.), A. 9. 483;
misso (neut.), A. 5. 286, 545;
missi, A. 11. 511;
missos, A. 12. 516.
MNASYLLOS (MNASYLOS), E. 6.
13†.
Mnemosyne: Mnemosyne (voc.),
Co. 90 (Ben. *somnia sunt*
edd.).
MNESTHEUS. 23.
Mnestheus, A. 5. 116, 117, 189,
194, 210, 218, 493, 494, 507,
9. 171, 306, 779, 781, 812, 10.
143, 12. 127, 384, 443, 459,
549;
Mnesthi, A. 5. 184†;
Mnesthea, A. 4. 288, 12. 561.
MOBILIS, G. 1. 417; mobilis
(nom.), G. 3. 165.
mobilitas: mobilitate, A. 4. 175.
MODO. 27.
modo, E. 1. 14, G. 1. 419, 2.
285, 4. 323, A. 2. 160, 4. 109,
5. 25, 438, 493, 7. 263, 9. 43,
141, 11. 141, Cu. 230 (vid.
dum modo), 352, M. 29, Ca.
14 (6). 5;
modo=dum modo, E. 9. 27,
G. 3. 10, A. 3. 116, Ci. 13;
modo c. imperativ.: E. 4. 8, 8.
78, G. 3. 73, A. 1. 389, 401, 4.
50.
modulor: modulatur, Cu. 100;
modulabor, E. 10. 51;

modulans (masc.), E. 5. 14;
modulante (fem.), Cu. 1;
modulatus, A. 1. 1*.
MODUS. 32.
modus, E. 2. 68, 10. 28, G. 2.
73, 3. 54, 4. 537, A. 4. 98, 294,
12. 157;
modi, A. 10. 247;
modum, G. 4. 236, A. 4. 475,
7. 129, 10. 502, 11. 328;
modo, E. 5. 50, G. 2. 226, 270,
4. 120, 284, A. 3. 459, 5. 599,
6. 892, 9. 119, 706;
modos, G. 2. 20, A. 7. 701;
modis, G. 1. 477, 4. 309, A. 1.
354, 6. 738, 7. 89, 10. 822.
Vid. *modo, quomodo.*
moechus: moechum, L. 66 (Ellis
mecum Rb.).
MOENIA. 97.
moenia, A. 1. 7, 437, 2. 242,
298, 3. 100, 398, 5. 633, 737, 7.
131, 740, 8. 385, 9. 286, 10. 22,
12. 620, 745, Cu. 371;
moenibus, A. 9. 676 (vid. abl.),
Ci. 268;
moenia, A. 1. 259, 264, 277,
366, 410, 645†, 2. 187, 193,
234, 252, 294, 705, 3. 17, 85,
159, 399, 501, 704, 4. 74, 96,
220, 325, 655, 5. 3, 717, 798,
811, 6. 541, 549, 631, 7. 145,
153, 157, 670, 8. 165, 715, 9.
39, 144, 160, 196, 218, 241,
524, 782, 10. 119, 167, 11. 140,
288, 323, 506, 619, 629, 871,
900, 915, 12. 148, 193, 361,
579, 585, 670, 706, Ci. 384;
moenibus, G. 4. 193, A. 1. 95,
2. 328, 3. 255, 322, 345, 5. 624,
9. 676 (vid. dat.), 726, 805, 10.
469, 11. 567, 882, 884, 895, 12.
116, Ci. 423.
MOERIS. 8.
Moeris, E. 8. 96†, 9. 16, Ca.

9 (11). 18;

Moerim, E. 8. 98, 9. 53†, 54†;

Moeri (voc.), E. 9. 1, 61.

mola: molae (dat.), M. 19;

molam, E. 8. 83, A. 4. 517 (MP γ¹ Rb. *mola* F edd.);

mola, A. 4. 517 (vid. *molam*);

molarum, M. 23.

molaris: molaribus (abl.), A. 8. 250.

molis. 31.

molis, A. 1. 33;

molem, A. 1. 61, 421, 2. 32, 150, 185, 5. 790, 6. 727, 9. 516;

mole, G. 3. 370, A. 3. 579, 656, 5. 118, 223, 431, 6. 232, 7. 589, 8. 199, 693, 9. 35, 542, 10. 771, 12. 161, 575;

moles, A. 8. 191;

moles, A. 1. 134, 2. 497, 608, 11. 130;

molibus, A. 5. 439, 9. 711.

MOLIOR. 22.

molior, A. 3. 132;

moliris, A. 4. 273†, 309†;

molitur, G. 1. 329, A. 4. 233, 6. 477, 7. 158, 12. 327, 852, M. 60;

molimur, A. 3. 6;

molire, G. 4. 331;

moliri, G. 1. 271, A. 1. 109, 414, 424, 564, 7. 127, 290, 10. 131;

molitus, G. 1. 494;

molita (fem. nom.), A. 10. 477.

mollio: mollit, A. 1. 57, M. 101;

mollibant, Cu. 168 (Rb. Ben. *tendebant* Th. *tollebant* Leo Ellis);

mollite, G. 2. 36.

MOLLIS. 69.

mollis, A. 1. 693;

mollis, A. 4. 66 (vid. fem. acc.), Ci. 48 (Ellis *amoris* edd.), 502†, Ca. 3*. 11;

molle, G. 2. 12;

mollis, G. 4. 137;

mollis (fem.), A. 11. 69;

molli (fem.), G. 3. 464†;

molle, G. 3. 299, A. 9. 341, 11. 64;

molli, E. 2. 72, 3. 45, 6. 53, 9. 8, G. 3. 293, A. 8. 388, Ci. 20, 250;

molli, E. 3. 55, 4. 28, 5. 38, 8. 64, G. 2. 120, A. 4. 147†, 10. 192;

molli, G. 3. 204, A. 10. 138, 818, Cu. 35 (Ben. *mollia* edd.);

molles, G. 1. 57, 2. 470;

molles, E. 1. 81, Ci. 179;

mollia, E. 10. 42, G. 3. 520, L. 16;

mollibus (neut.), G. 3. 188;

mollis, G. 3. 435, A. 4. 423, 7. 390, D. 29;

mollis, A. 2. 683, 4. 66 (vid. fem. nom.);

mollia, E. 2. 50, G. 2. 389, 3. 41, 76, 4. 348, A. 9. 804, 11. 622, 12. 25, Cu. 35 (vid. *molli*), D. 92;

mollibus, G. 3. 386, A. 11. 452, 728;

mollibus, A. 9. 817;

mollibus, E. 5. 31, G. 2. 384, 3. 295, A. 7. 488, 8. 415, 666; *neut. subst.* mollia (nom.), D. 98;

mollior, A. 8. 726;

mollior, E. 7. 45, G. 1. 312;

mollissima (neut. nom.), G. 1. 341, A. 4. 293.

MOLLITER, E. 10. 33, Ca. 9 (11). 17;

mollius, A. 6. 847, 7. 357.

Molorchus: Molorchi, G. 3. 19.

Molossus: Molossis (masc. abl.), Cu. 331†; *masc. subst.* Molossum, G. 3. 405.

momentum: momento (abl.), Ca. 3 (12). 10.

moneo. 25.

  monet, G. 1. 465, A. 10. 439, Cu. 184;

  monent, A. 3. 684†, Cu. 141 (edd. *manent* Rb. Leo);

  monebat, A. 7. 110;

  monebo, A. 3. 436, Ci. 332;

  moneat, G. 1. 457 (M²Rγ Con. *moveat* M¹ edd.);

  moneret, G. 1. 353, A. 3. 712, 11. 47;

  monuisset, E. 9. 15;

  mone, A. 7. 41†;

  monere, A. 4. 557;

  monitura (fem. nom.), A. 12. 55 (Rb. *moritura* mss. edd.);

  moneri, A. 3. 461;

  moniti (nom.), A. 2. 183, 3. 188, 6. 620;

  neut. subst. monita (nom.), A. 8. 336; monitis (abl.), A. 4. 331, 8. 504, 10. 110, 689.

monile: monile, A. 1. 654; monilia, A. 7. 278; monilia, Ci. 170.

monitum; vid. *moneo.*

monitus. 6.

  monitu, A. 4. 282, 465, 6. 533, 9. 501†, 10. 397;

  monitus (acc.), A. 7. 102.

Monoecus: Monoeci, A. 6. 830†.

MONS. 112.

  mons, A. 1. 105, 3. 92, 105, 12. 687, 929;

  montis, E. 5. 76, 8. 59, G. 2. 186, 4. 361, 419, A. 1. 55, 245, 2. 15, 3. 274, 575, 5. 35, 6. 360, 7. 674, 8. 191, 221, 9. 569, 10. 128, 698, 11. 320, 513, 526, 12. 684, Cu. 46, Ci. 302†, 307†;

  monti, A. 12. 135;

  montem, G. 3. 213, 373, A. 1. 81, 7. 713†, 8. 231;

  monte, G. 3. 240, A. 3. 655, 4. 159, 436 (Rb. *morte* mss. edd.), 6. 234, 7. 697, 11. 849, Cu. 243, D. 91;

  montes, E. 5. 28, 63, A. 3. 508, D. 13, 88;

  montibus, E. 2. 5, 10. 32, A. 1. 607, 6. 774, 8. 692, 9. 674, D. 8, 76;

  montis, E. 6. 40, 65, G. 1. 283, 2. 260, 3. 254, 270, 412†, 535, 4. 461, A. 1. 61 (-es), 2. 636, 804 (-es)†, 3. 206†, 4. 151, 155 (-es), 8. 692, 11. 810, 12. 113, L. 32 (-es);

  montibus, E. 1. 83, 2. 21, 5. 8, 6. 52, 71, 7. 56, 66, G. 1. 43, 342, 358, 2. 111, 4. 112, 433, 474, A. 2. 626, 3. 6, 225, 644, 675, 4. 164, 491, 6. 182, 7. 387, 563, 758, 8. 53, 321, 9. 92, 10. 544, 707, 766, 11. 569, 836, 12. 523, Cu. 139 (mss. edd. *motibus* Rb. Leo).

MONSTRATOR, G. 1. 19†.

monstro. 20.

  monstrat, A. 1. 418, 2. 388, 4. 498, 6. 8, 8. 337, 343, 345†, 9. 44†, 11. 892;

  monstrabat, A. 3. 690;

  monstrarat, A. 1. 444;

  monstrent, G. 2. 477;

  monstrate, A. 1. 321;

  monstrantem (fem.), A. 6. 446;

  monstrante (fem.), A. 1. 382;

  monstrantur, A. 6. 440, 7. 569†;

  monstrata (est), A. 4. 483;

  monstratas, G. 4. 549;

  monstrata, A. 4. 636.

MONSTRUM. 39.

  monstrum, A. 2. 680, 3. 214, 5. 523, 8. 81†, 9. 120†, 10. 637;

  monstro, A. 5. 849, 8. 198, 12. 874;

morientis (fem.), A. 4. 610, Ci. 347;

morientia, A. 10. 463, L. 22;

morientia, A. 11. 665;

morientibus (fem.), G. 1. 107;

subst. morientis (masc.), E. 8. 60, A. 10. 821, Ci. 267;

morientem (fem.), A. 4. 674;

morientum (masc.), A. 11. 633;

morientibus (masc. dat.), G. 3. 510;

moriturus, A. 2. 511, 9. 400, 554, 10. 881, 11. 741;

moritura (fem. nom.), G. 3. 263, 4. 458, A. 4. 308, 415, 519, 604, 12. 55 (mss. edd. *monitura* Rb.), 602, Cu. 362†;

masc. subst. moriture, A. 10. 811;

morituris (dat.), G. 3. 501†;

mortua (acc.), A. 8. 485.

MOROR. 40.

moror, E. 8. 106, A. 2. 102, 4. 325, 5. 400, 6. 528, 11. 177, 365;

moratur, A. 1. 670, 2. 287, 373, 4. 235, 7. 253, 9. 368, 439;

morantur, A. 5. 207, 766, 6. 40, 11. 297, Cu. 119 (Ellis *remorantur* edd. *remorantem* Leo);

morata est, Cu. 264†;

morer, A. 12. 874;

moretur, A. 7. 388;

morari, A. 6. 487, 12. 676†, Ci. 152;

morantem, A. 4. 568, 5. 184, 12. 506†;

morantem, M. 86;

morantis, G. 4. 138†;

morantis, A. 7. 620;

subst. moranti (masc. dat.), G. 3. 565;

morantis (fem. acc.), G. 4. 28, 70;

moratus, A. 3. 610, 5. 381, 12. 781;

morata (fem. nom.), A. 4. 649;

morandi, A. 4. 51;

morando (abl.), A. 10. 798.

MORS. 91.

mors, A. 4. 385, 11. 167, Co. 38;

mortis, G. 3. 68, 482, A. 2. 369, 4. 662, 6. 333, 430, 9. 736†, 10. 791, 12. 74, 546, 879, Cu. 209, 247, 376, L. 23; Mortis, Cu. 288 (edd. *numen* Th. Ben.);

morti, G. 4. 226, A. 2. 62, 127, 6. 522, 9. 552†, 599†, 11. 115, 12. 157†; Morti, A. 5. 691, 10. 662, 11. 197, 12. 464, Cu. 188;

mortem, G. 4. 218, A. 1. 91, 2. 359, 645†, 655, 4. 451, 6. 569, 9. 363, 401, 10. 829, 880, 900, 11. 348, 647, 881, 12. 41, 760, Cu. 184†, 276, Ci. 182, 277;

morte, G. 3. 512, 518, A. 2. 140, 447, 533, 3. 333, 4. 17, 244, 375, 436 (mss. edd. *monte* Rb.), 502, 644, 696, 5. 476, 483, 6. 121, 163, 371, 444, 8. 488, 709, 9. 348, 445, 10. 386, 641, 673, 849, 11. 159, 444, 796, 839, 846, 849, 12. 679, Cu. 114, 387, Ci. 517;

mortis, A. 10. 854.

morsilis: morsilis (nom.), Ci. 128 (Ellis *Cecropiae* edd.).

morsus. 13.

morsum, G. 2. 379 (P Rb. *admorso* M¹ edd.);

morsu, A. 1. 169, 2. 215, 10. 707, 12. 755, Cu. 50, 54, M. 85;

morsibus, G. 4. 237;

morsus, A. 3. 394, 7. 112†, 755, 12. 782.

MORTALIS. 38.

mortalis, A. 1. 328, 12. 740;

movetur, A. 1. 714, 4. 170, 438, 6. 470;

motus (est), A. 6. 317;

moveri, G. 1. 130, 460, 2. 316 (vid. *movere*), A. 3. 91, 700, 6. 256, 399†, 7. 429, 10. 432, 626, 11. 408;

mota (fem. nom.), A. 8. 371;

motos, A. 1. 135;

movenda (acc.), A. 8. 565 (vid. *movenda* [*erant*]);

movendus (est), G. 2. 418;

movenda (erant), A. 8. 565 (vid. *movenda*).

MOX. 20.

mox, G. 1. 24, 150, 260 (mss. edd. *post* M Th.), 2. 267, 3. 46, 191, 296, 511, 4. 310, 393, A. 3. 274, 598, 4. 176, 5. 117, 216, 8. 613, 9. 242, 10. 438, 741, 12. 438.

MUCIUS, Cu. 365.

MUCRO. 16.

mucro, A. 10. 570, 817, 11. 817, 12. 740;

mucronem, A. 10. 652, 798, 12. 357;

mucrone, A. 2. 333, 7. 665, 10. 601, 681†, 12. 378, 511, 736;

mucronibus (abl.), A. 2. 449, 12. 663.

mugio. 9.

mugiit, A. 8. 218†;

mugire, A. 3. 92, 4. 490, 6. 256, 8. 215, 361, 526, L. 30;

mugiente (fem. abl.), Ca. 2*. 14†.

MUGITUS. 6.

mugitus, G. 2. 470;

mugitus (acc.), A. 2. 223;

mugitibus, E. 6. 48, G. 3. 150, 554, A. 12. 103.

MULA, Ca. 10 (8). 19†.

mulceo. 9.

mulcet, A. 1. 153, 197;

mulcebat, A. 7. 755;

mulcebant, A. 7. 34;

mulcere, A. 1. 66, 8. 634;

mulcens, A. 5. 464;

mulcens (fem.), Ci. 346;

mulcentem (masc.), G. 4. 510.

MULCIBER, A. 8. 724.

mulco: mulcatam, A. 11. 839 (mss. Rb. Con. Ben. *multatam* edd.).

mulcto; vid. *multo.*

MULCTRA, G. 3. 309; mulctram, E. 3. 30.

mulctrarium: mulctraria (acc.), G. 3. 177 (edd. *mulgaria* Con.).

mulgare; vid. *mulctrarium.*

mulgeo: mulget, E. 3. 5†; mulsere, G. 3. 400; mulgeat, E. 3. 91†.

muliebris: muliebribus (neut. abl.), A. 11. 687.

MULIER, A. 7. 661, Ci. 83.

MULIO, Ca. 10 (8). 2†.

multiplex: multiplicem (fem.), A. 5. 264; multiplici, A. 4. 189; multiplici (fem.), Ci. 85.

multo: multatam, A. 11. 839 (Ld. Th. Gos. *mulcatam* mss. edd.).

MULTUS. 266.

multus, A. 4. 3, Ci. 356†;

multa, E. 1. 33, G. 1. 449, A. 1. 334, 4. 3, 11. 222, 224;

multum (masc.), Ci. 516;

multam, A. 6. 414, 9. 343;

multo, E. 5. 69, G. 1. 197†, 2. 190†, 4. 268, A. 1. 412†, 2. 532, 551, 662, 3. 474, 5. 736, 6. 87, 7. 498, 746, 9. 336, 458, 466, 10. 505, 844†, 11. 421, Cu. 395, Ci. 76, 284, 467;

multa, G. 2. 62, 347, 3. 220, 297, 4. 180, 450, A. 1. 271, 471, 2. 694, 5. 270, 458, 705, 6. 340, 349, 7. 31, 8. 452, 9. 348, 589,

669, 724 (PRγ Con. Gos. *magna* M edd.), 11. 744, 760, 788, 12. 68, 720;

multo, G. 4. 139, A. 3. 151, 372†, 10. 499;

multi, A. 7. 236, 718;

multae, G. 1. 506, 2. 103, 106, 3. 471, A. 6. 311, 7. 236, 11. 581;

multa, G. 4. 473, A. 4. 464, 6. 285, 309, 7. 183, 535, 11. 197, 12. 23;

multos, G. 1. 193, 2. 208, 294, 4. 208, A. 1. 31, 628, 2. 363, 715, 7. 60, 8. 481, 9. 85, 10. 708, 709;

multas, A. 8. 13;

multa, G. 1. 176, 2. 295, 3. 247, A. 2. 283, 397, 3. 712, 5. 433, 434†, 806, 7. 89, 200, 8. 522, 538, 9. 210, 312, 357, 10. 531, 662, 11. 78, 205, 12. 328, Cu. 120, Ca. 9 (11). 39, D. 55;

multis, A. 3. 346, 8. 571, 9. 565;

multis, A. 7. 564, 588, 9. 217, Cu. 132 (Leo Ellis *Phyllis* Th. Ben. *inultis* Rb.), Ci. 91, 325;

multis, A. 5. 75, 289, 10. 620; *subst.* multum, G. 2. 272;

multum (masc.), A. 10. 839†;

multi, G. 1. 225, 3. 398, A. 2. 124, 5. 302, 7. 54, 10. 288;

multa, G. 1. 287, D. 7 (Rb. *muta* Ellis);

multorum (masc.), A. 5. 865;

multis (masc.), A. 9. 315, Ci. 496†;

multos, A. 2. 398, 9. 725, 11. 426, 12. 329;

multa, G. 1. 260, 4. 320, 501, A. 1. 5, 352, 465, 750 *bis*, 2. 790, 3. 34, 4. 205, 390, 395, 5. 608, 869, 6. 160, 332, 738, 7. 358, 10. 554, 839, 890, 11. 425,

697, 12. 294, 402, 601, 886;

multis, A. 5. 815;

multis, A. 5. 644;

multis, A. 3. 377;

adv. multum, E. 3. 18, G. 1. 94, A. 1. 3, 3. 348, 6. 481, 9. 501†, 10. 434, 11. 49, Ci. 46, 171†, Ca. 9 (11). 29 (Ellis *volucrum* edd.), 11 (14). 5, D. 26, L. 9;

multo, E. 3. 35, G. 1. 167, 2. 259, A. 2. 199;

multa, G. 3. 226, 4. 301, A. 3. 610, 4. 390, 7. 593, 9. 24, 11. 471, 12. 496, 506, 612†;

plura, G. 1. 487, A. 5. 325;

pluris, E. 2. 32;

pluris, G. 1. 89 (-es), A. 11. 327;

plura, G. 2. 206;

pluribus (masc. abl.), M. 104;

neut. subst. plura, A. 6. 408;

plura, E. 5. 19, 9. 66, A. 1. 385, 5. 381, 7. 117, 449, 599, 8. 443, 11. 98, 461, 12. 896, M. 65†;

pluribus, A. 10. 599;

adv. plus, E. 6. 73†, G. 1. 35, 4. 207, Ci. 428, Ca. 9 (11). 63;

plurimus, E. 7. 49, 60, G. 2. 183, 3. 147, A. 1. 419, 6. 659, 8. 257, 12. 65;

plurima (nom.), G. 1. 187, 2. 166, 3. 52, 4. 419, A. 2. 369, 429, 5. 250, 6. 299, 667, 9. 536, 11. 312, 12. 690, M. 77 (Ben. *om.* edd.);

pluruma (nom.), E. 8. 96; plurima, G. 4. 274, A. 2. 364, 7. 269;

plurima, G. 1. 184, A. 2. 278, 4. 333, 8. 427, 11. 352;

subst. plurima (acc.), A. 1. 305, 8. 379, 9. 335, 398.

mundo: mundaverat, M. 50.

MUNDUS. 14.

mundus, G. 1. 240;

mundi, E. 6. 34, G. 1. 5, 232, 2. 336, A. 9. 93, Ci. 7, 218†;

mundum, E. 4. 50, Cu. 236†, L. 39;

mundo, E. 4. 9, Cu. 102, L. 46.

mundus: munda (fem. nom.), Co. 20.

MUNIMEN, G. 2. 352.

munio: munibat, M. 62;

muniet, A. 1. 271;

munire, G. 4. 179;

munita (fem. nom.), Ci. 105†.

munus. 71.

muneris, A. 8. 464;

munus, E. 8. 60, A. 4. 429, 647, 5. 535, 6. 142, 526, 629, Ci. 9, 267, Ca. 14 (6). 1;

munere, E. 5. 53†, G. 1. 7†, 238, 3. 391, 4. 178, 520, A. 5. 282, 337, 361, 537, 652, 6. 637, 886, 8. 273, 519 (PRγ Rb. *nomine* M edd.), Cu. 340, 414, Ci. 18, 95, 444, 526, 533 (edd. *lumine* Th.), Ca. 9 (11). 22, 25;

munera, E. 2. 44, 3. 63, 68, G. 3. 527, A. 5. 109, 348, 8. 613, 12. 520 (PR edd. *limina* M Ld. Th.);

munera, E. 2. 56, G. 1. 12, 4. 40, 534, A. 1. 636, 647, 3. 177, 4. 217, 263, 624, 5. 247, 354†, 846, 7. 244, 261, 11. 195, 249, 281, 333, 12. 393, Ci. 108 (Rb. *murmura* edd.), 219, 291†, Ca. 3*. 9;

muneribus, E. 2. 57, G. 2. 5, A. 5. 532, 11. 26.

munusculum: munuscula (acc.), E. 4. 18.

muralis: murali (neut. abl.), A. 12. 921.

murex: murice, E. 4. 44, A. 4. 262, 5. 205, 9. 614.

MURMUR. 18.

murmur, G. 1. 359, A. 11. 298, 12. 239, 619;

murmuris, E. 9. 58;

murmur, G. 1. 109;

murmure, A. 1. 55, 124, 245†, 3. 582, 4. 160, 5. 369, 6. 709, 12. 591, Co. 12;

murmura (acc.), A. 4. 210, 10. 99, Ci. 108 (edd. *munera* Rb.).

murmuro: murmurat, A. 10. 212.

murra (myrrha): murra, A. 12. 100†; myrrha, Ci. 438.

Murranus: Murranum, A. 12. 529, 639.

murtum; vid. *myrtum.*

murteus: murtea (fem. nom.), A. 6. 443 (PM¹ Rb. Con. *myrtea* M² R edd.).

murus. 84.

muri, A. 9. 562;

muro, A. 7. 161†, 9. 371 (MR edd. *muros* Pγ Rb. Ben.);

murum, A. 8. 474;

muro, G. 2. 535, A. 3. 402, 535, 6. 549, 783, 10. 236;

murorum, A. 4. 89, 9. 468, 11. 130; moerorum, A. 10. 24, 144 (M edd. *murorum* Rγ¹ Th.), 11. 382†;

muris, A. 5. 805, 10. 26, 11. 597;

muros, G. 2. 157, A. 1. 423, 483†, 2. 33, 46, 234, 237, 278, 290, 610, 752, 3. 132, 4. 359, 5. 631, 7. 409, 8. 98, 9. 37, 43, 58, 65†, 153, 161, 174, 196, 371 (vid. *muro*), 478, 507, 511, 557, 599, 782, 800, 10. 70, 122, 200, 286, 671, 11. 17, 99, 304, 388, 468, 475, 506, 876, 906, 12. 555, 575, 586, 596, 690, 698, 706, Ci. 117, 172;

muris, E. 4. 32, A. 5. 597, 8. 355, 592, 9. 664, 738, 766, 10. 263, 11. 256, 398, 891.

MUS, G. 1. 181.

MUSA. 21.

musa, Cu. 8†;

musae (gen.), E. 3. 60 (vid. nom.);

musam, E. 1. 2, 3. 84, 6. 8†, 8. 1, 5, Cu. 6;

Musa, A. 1. 8;

musa, A. 10. 191;

musae, E. 3. 60 (vid. gen.);

Musae, E. 7. 19, G. 2. 475, Ca. 9 (11). 60;

Musarum, A. 9. 775;

Musis, A. 9. 774;

musas, Ci. 10; Musas, G. 3. 11;

Musae, E. 4. 1, 6. 69, G. 4. 315, A. 9. 77.

Musa: Musa (voc.), Ca. 4 (13). 6†, 8†.

Musaeus: Musaeum, A. 6. 667.

muscosus: muscosi (nom.), E. 7. 45.

MUSCUS, G. 3. 144;

muscum, Cu. 106;

musco, E. 6. 62, G. 4. 18.

musso: mussat, A. 12. 657;

mussant, G. 4. 188, A. 11. 345, 454, 12. 718.

mustum: musti, G. 1. 295; musto (abl.), G. 2. 7.

MUTABILIS, A. 11. 425; mutabilis (neut.), A. 11. 425 (vid. nom.); *neut. subst.* mutabile (nom.), A. 4. 569.

muto. 53.

mutat, A. 4. 595, 9. 611, 12. 37;

mutant, G. 2. 511;

mutabat, A. 5. 702†;

mutabant, Ci. 495;

mutabit, E. 4. 39, 44;

mutavit, E. 8. 70, G. 1. 8, Cu. 136, Ci. 482, Ca. 9 (11). 38;

mutavere, G. 1. 418;

mutaverat, Cu. 128†;

mutet, A. 1. 674, 3. 581†;

mutemus, A. 2. 389;

mutent, D. 23†;

mutare, E. 10. 64, A. 3. 415, 12. 823, 825;

mutatura (esse), Ci. 426;

mutatur, Cu. 348†;

mutabantur, Ci. 495†;

mutata (est), Ci. 70;

mutati (sunt), A. 12. 240;

mutentur, G. 3. 307;

mutari, G. 3. 69, 548, A. 10. 627;

mutatus, A. 1. 658, A. 2. 274;

mutata, G. 2. 50, A. 5. 604, 9. 220, 12. 784 (M¹ edd. *conversa* M² P Ld. Ben.);

mutatam, G. 2. 33, 268, Ci. 56†;

mutata, A. 11. 543;

mutato, G. 1. 73, 4. 413, Ci. 527;

mutati, A. 5. 19;

mutatae, A. 5. 679†, Ci. 198;

mutata, E. 8. 4;

mutatos, E. 6. 78;

mutatis (masc.), G. 1. 82;

mutandus (est), Cu. 258;

mutandae (sunt), A. 3. 161.

mutus: muta, D. 7 (Ellis *multa* Rb.);

mutum (nom.), A. 12. 718;

mutum (neut.), A. 9. 341†;

mutas, A. 12. 397†.

Mutusca: Mutuscae (gen.), A. 7. 711.

MUTUUS, Ca. 4 (13). 12†;

mutua (acc.), G. 1. 301, A. 10. 755;

subst. mutua (acc.), A. 7. 66.

Mycenaeus: subst. Mycenaeus, A. 11. 266.

Mycene. 12.

Mycenae (loc.), A. 5. 52†;

Narcissi, G. 4. 160;
narcissum, E. 2. 48, G. 4. 123,
Ci. 370;
narcisso, E. 5. 38, 8. 53.
NARES. 10.
nares, G. 4. 300;
naris, A. 6. 497†, 7. 480; nares,
M. 107;
naribus, G. 1. 276, 2. 140, 3.
85, 507, A. 7. 281, 12. 115.
narro. 6.
narrabat, G. 4. 345;
narrabis, A. 9. 742;
narrabit, L. 15†;
narraverit (subi.), E. 6. 78†;
narrare, A. 2. 549;
masc. subst. narrantis (gen.),
A. 4. 79.
Narycius: Naryciae (gen.), G. 2.
438; Narycii (nom.), A. 3. 399†.
nascor. 157.
nascitur, E. 4. 5, G. 2. 68, 3.
279, A. 7. 44, 10. 275, Cu. 55;
nascimur, Ci. 42;
nascuntur, E. 5. 37, 8. 96, G. 2.
65, 85, 111;
nascetur, E. 4. 25, A. 1. 286;
nascentur, G. 1. 434†, A. 3.
98†;
natus (est), L. 76;
nati (sunt), G. 1. 63;
nascantur, E. 3. 107;
nascere, E. 8. 17;
nasci, Ci. 432;
nascentis, A. 4. 515;
nascentis (fem.), A. 10. 27;
nascenti (masc.), E. 4. 8, A. 8.
564;
nascentem, E. 7. 25 (Th. Ben.
Con. *crescentem* PM² edd. *nascente* M¹), G. 1. 441, 4. 224;
nascentem, A. 10. 75;
nascentia (acc.), E. 3. 92;
masc. subst. nascentum, G. 3.
390†;

nascendi, L. 78†;
natus, A. 6. 90;
nata (nom.), A. 8. 315;
nati (nom.), A. 6. 649;
subst. nata, A. 7. 268;
nati, E. 5. 22, G. 4. 375, 416,
A. 2. 538, 551, 789, 3. 480, 6.
116 (gnati), 446, 8. 615, 10.
800, 906, 11. 53, 12. 411, Cu.
114†, Ci. 531 (Th. Ellis *patriae*
Rb. *patris* Ben.);
natae, A. 1. 256, 6. 623, 7. 253,
358 (M edd. *nata* Rγ² Con.),
360, 398;
nato, A. 1. 590, 8. 383; gnato,
A. 10. 525, 11. 178, 181;
natae, Ci. 288;
natum, A. 1. 407, 2. 663
(gnatum), 744, 4. 605, 6. 752,
888, 897, 8. 308, 510 (gnatum), 609, 10. 466, 11. 167
(gnatum);
natam, A. 7. 96, 387, 11. 355
(gnatam), 554, 570, 12. 27, 42;
nate, G. 4. 396, 412, 531, A. 1.
582, 615, 664†, 665, 2. 289,
594, 619, 704, 733 *bis*, 3. 182,
311, 374, 435, 4. 223, 560, 5.
383, 474, 709, 724, 725†, 733,
6. 689, 693, 722, 781, 868
(gnate), 7. 124, 8. 59, 569,
613, 9. 83 (gnate), 492, 10.
846, 851;
nata, Ci. 306;
nato, A. 3. 12 (gnato), 10.
878, 11. 57, Ca. 9 (11). 44
(gnato edd. *Latio* Ben.);
nata, A. 7. 358 (vid. *natae*);
nati, G. 2. 523, 3. 128, A. 3. 98,
392, 5. 285, 592, 621, 8. 45,
10. 470 (gnati);
natae, A. 2. 515;
natorum, E. 8. 47, A. 2. 214,
527, 3. 98, 5. 645, 6. 22, 7. 532;
natarum, A. 1. 654;

natis (masc.), A. 8. 379, 10.
532 (gnatis), Cu. 250;
natos, G. 3. 178, 4. 153†, 200,
A. 2. 138, 579, 4. 33, 6. 820, 7.
518, 8. 413, 9. 603.
nasturtium: nasturtia (nom.),
M. 85.
nata; vid. *nascor.*
natalis: masc. subst. natalis
(nom.), E. 3. 76.
NATIO, Ca. 5 (7). 4†.
natis: nates (nom.), Ca. 13 (5).
14†.
nato. 10.
natat, G. 3. 260, A. 4. 398;
natant, G. 1. 372;
natarent, A. 3. 625;
natare, D. 55;
natantem (masc.), A. 5. 181;
natantes (masc. nom.), G. 3.
198†;
natantia (acc.), G. 4. 496, A.
5. 856;
neut. subst. natantum, G. 3.
541†.
NATURA. 16.
natura, G. 1. 61, 2. 9, 20, 49,
178, A. 10. 366, Cu. 121, Ci.
123, 316, L. 77;
naturae (gen.), G. 2. 483, Cu.
178, 186 (edd. *mature* Ben. Ellis), Ci. 39;
natura (voc.), L. 37;
naturas, G. 4. 149.
natus; vid. *nascor.*
natus: natu, A. 5. 644.
naufragium: naufragia (nom.),
Cu. 357 (Leo *naufraga* edd.).
naufragus: naufraga (fem. nom.),
Cu. 357 (edd. *naufragia* Leo);
naufraga (acc.), G. 3. 542.
NAUTA. 19.
nauta, D. 61;
nautae (nom.), E. 6. 43, G. 1.
29, 304, 436, A. 3. 207†, 4. 418,

5. 207, 837, 7. 200;
nautis, G. 3. 313, 4. 421, A. 3.
275, 5. 130, 10. 99, 12. 767;
nautas, E. 6. 77, A. 4. 543, Ci.
61.
NAUTES, A. 5. 704, 728.
NAUTICUS, A. 3. 128, 5. 141;
nautica (fem. nom.), E. 4. 38;
masc. subst. nauticum (gen.),
Ca. 13 (5). 23.
navalis: navali (fem. abl.), A. 8.
684;
navali, G. 3. 29†, A. 5. 493;
neut. subst. navalia (acc.), A.
11. 329;
navalibus, A. 4. 593.
navifragus: navifragum (nom.),
A. 3. 553.
navigium: navigiis (dat.), G. 2.
107, 443, A. 5. 753.
navigo: navigat, A. 1. 67; navi-
get, A. 4. 237.
NAVIS. 49.
navis, A. 5. 280, 6. 354†;
navis, A. 5. 161;
navi, Cu. 137;
navem, A. 1. 120, 184, 5. 169,
283, 6. 336, 10. 660;
nave, A. 5. 188, 487;
naves, A. 2. 462;
navis, A. 1. 145, 168†, 362,
573, 644, 656, 2. 399, 3. 71,
425, 465, 4. 398, 5. 29, 62, 247,
471, 665, 6. 4, 899, 8. 546, 9.
114, 11. 326;
navibus, A. 1. 170, 193, 251,
381, 518, 525, 2. 254, 375, 613,
3. 385, 5. 713, 10. 213, 221, Cu.
302, 321, Ci. 389†.
NAVITA, G. 1. 137, 372, A. 6. 315,
385.
Naxos: Naxum, A. 3. 125†.
NE. 106.
1. c. subi.:
ne, E. 3. 4, 29, 51, 7. 28, 9. 63,

220, 253 (PRM¹ Rb. Con. *neu*
M² edd.), 287 (Rb. *neque* mss.
edd.), 315, 317, 333, 343, 376,
463, 501, 516, 3. 56, 79, 96,
175, 176†, 224, 246, 289, 306,
321, 352 (vid. *neque*), 393, 404,
435 (Mγ edd. *ne* PR Rb.
Con.), 471, 482, 530, 538, 562,
565, 4. 81, 101, 106, 122, 191,
211, 226, 282, A. 1. 38, 130,
192, 328, 385, 469†, 529, 548,
568, 601, 2. 79, 94, 100, 159,
171, 177, 287, 314, 366, 521,
534, 584 (edd. *habet haec* mss.
Th.), 704, 708, 778, 803, 3. 116,
173, 202, 214, 324, 394, 451,
484, 584, 628, 671, 712, 4.
5, 12, 39, 91, 96, 185, 233, 236,
273†, 335, 427, 432, 501, 529
(vid. *neque*), 551, 618, 624, 5.
23, 83, 146, 173, 186, 368,
378†, 381, 394, 400, 530, 541,
639, 652, 669, 684†, 749, 781
(vid. *neque*), 786, 803, 807, 6. 40,
50, 88†, 88, 90, 117, 148, 327,
400, 408, 431, 440, 463, 470,
487, 593, 600, 611, 613, 691,
722, 736, 7. 8, 115, 117, 203,
231, 233, 261, 319, 360, 361,
438, 498, 599, 610, 678, 686,
703, 733, 809, 811, 8. 298, 316,
377, 414, 443, 635, 9. 10, 131,
138, 152, 187, 203, 208, 218,
220, 243, 298, 342, 395, 425,
452, 483, 486, 518, 602, 610,
644, 738, 802, 810, 813, 10.
106, 111, 121, 291, 297, 308,
317, 320, 432, 434, 537, 581,
608, 652, 657, 712, 733, 740†,
793, 11. 56, 98, 181, 229, 307,
312, 343, 354, 382†, 387, 430,
443, 461, 643, 717, 843, 872, 881,
907, 12. 12, 25, 63, 185, 202,
203, 207 (mss. edd. *neque*
Gos.), 323, 352, 480, 519, 534,

538, 539, 541, 545, 563, 644,
801 (edd. *ni* P¹ Rb. *ne* MP²γ
Con. Ld.), 810, 840, 877, 896,
912, 922, 931, Cu. 29, 31 (Th.
non edd.), 31, 65†, 66, 67, 81,
82, 83 (edd. *non* Rb. Ellis), 84
(Ellis *vel* edd.), 140 (edd. *et*
mss. Ben. Ellis), 199 (Th. Leo
nescius edd.), 378†, 386, Ci.
5 (Ben. *ut* Th. *tum* Rb.), 227,
239 (edd. *ne* Th.), 255, 260,
261, 270†, 275 (Ellis *ne* edd.),
293, 299 (Th. Ben. *neu* Rb.
Ellis), 309, 364†, 429, 439,
440†, 520, M. 66†, Ca. 9
(11). 50 (edd. *non* Rb.), 13
(5). 3, 21 (edd. *om.* Rb.), D.
10, 19, 28, 30 (Ellis *hoc* Rb.),
41 (Ellis *Erebo* Rb.), 70;

nec dum, E. 3. 43, 47, 9. 26,
G. 2. 282†, 539 *bis*, A. 1. 25, 3.
512, 665†, 4. 541, 5. 415, 608,
7. 356, 8. 697, 11. 70, Ci. 146,
147;

nec iam, G. 3. 548, A. 1. 219,
556, 3. 192, 260, 5. 8, 7. 466,
9. 515, 10. 510;

nec minus, G. 1. 393, A. 3. 482,
6. 475, 8. 465, 10. 812, 12. 746,
Ca. 9 (11). 7;

nec minus et, A. 11. 203;

nec minus interea, G. 2. 429,
3. 311, A. 1. 633, 6. 212, 7. 572,
12. 107;

nec non, G. 2. 2, 385, 449, A. 6.
183, 645, 8. 646, 9. 169, 334,
10. 27, 702, 11. 477, 603, 12.
23, 125;

nec non et, G. 1. 212, 2. 53,
451, 452, 3. 72, A. 1. 707, 748,
3. 352, 4. 140, 5. 100, 6. 595,
7. 521, 8. 345, 461, 9. 310;

nec non etiam, G. 2. 413;

nec setius, G. 2. 277;

nec . . nec, E. 1. 32; 57, 58; 2.

nectitis, E. 6. 23;
nectebat, Ci. 128 (Th. Ben. *et
. . . nectebant* Rb. Ellis);
nectebant, Ci. 128 (vid. *nectebat*);
necte, E. 8. 77, 78, Co. 32;
nectentur, A. 5. 309†;
nexae (nom.), A. 1. 448;
nexos, A. 4. 695;
nexis (masc.), G. 4. 276, A. 7.
66.
nefandus. 10.
nefandum, A. 10. 84;
nefandi, A. 4. 497;
nefandae, A. 6. 26;
nefandi, A. 12. 572;
nefandam, A. 3. 653;
nefandum, Ci. 323;
nefando (masc.), G. 1. 278†;
nefandi (voc.), A. 2. 155;
nefandis (neut.), A. 5. 785;
neut. subst. nefandi, A. 1. 543.
NEFAS. 19.
nefas, G. 1. 505, A. 2. 658, 719,
6. 391, 7. 73, 8. 173, 688, 10.
673, 901;
nefas, A. 2. 184, 585, 4. 306,
563, 5. 197, 6. 624, 7. 386, 596,
10. 497;
neut. adi. nefas (acc.), A. 3.
365.
neglego: neglegens (masc.), Ca.
3*. 20.
nego. 20.
negat, A. 3. 171, 201, 4. 428
(M¹ P² edd. *neget* P¹ M² Rb.
Con.), 7. 9, 12. 914, Ca. 10 (8).
6†;
negant, G. 2. 215, 3. 131;
negabat, E. 3. 24, A. 3. 142†;
negabo, A. 2. 78, 4. 334;
negabunt, G. 2. 234, 3. 207;
negavi, Ci. 316;
negarat, A. 10. 435;
neget, E. 10. 3, A. 4. 428 (vid.

negat);
negares, A. 10. 614;
negaret, G. 1. 149†;
negare, Ca. 10 (8). 7.
Nemea: Nemeae (gen.), A. 8.
295 (P¹ edd. *Nemea* P² Rγ M
Con.).
Nemeus: Nemea (fem. abl.), A.
8. 295 (vid. *Nemea*).
NEMO, A. 5. 305, 349, 383, 9. 6.
nemorosus: nemorosa (fem.
nom.), A. 3. 270.
NEMPE, G. 3. 259.
NEMUS. 66.
nemus, E. 6. 11, 7. 59, 10. 43,
G. 2. 401, 429, 3. 334, A. 1.
165, 3. 112, 5. 149, 7. 515, 759,
8. 92, 216, 305, 12. 722, Cu.
77†;
nemoris, E. 6. 72, G. 3. 436, A.
7. 566;
nemori, A. 7. 775, 12. 719;
nemus, E. 8. 22†, G. 1. 16, 2.
308, A. 4. 118, 6. 386, 473, 658,
704†, 8. 108, 345†, 351, 599;
nemore, A. 6. 188;
nemora, E. 10. 9, G. 1. 334, A.
12. 929;
nemorum, E. 6. 56, G. 1. 14,
359, 2. 15, 21, 323, 3. 45, 216,
520, A. 1. 310, 6. 238, 639, 7.
83, 747, 9. 405, 11. 545, 557,
Cu. 22, 382;
nemora, E. 8. 86, G. 2. 120,
208, 3. 393, A. 1. 191, 4. 70, 6.
803, 7. 580, 8. 314, 11. 902.
neo: neverat, A. 10. 818.
NEOPTOLEMUS. 6.
Neoptolemus, A. 2. 263;
Neoptolemi, A. 3. 333, 469, 11.
264;
Neoptolemum, A. 2. 500, 549.
NEPOS. 23.
nepos, A. 4. 163;
nepotis, A. 6. 884;

neu . . neu, A. 9. 42; 91 (MR edd. *ne* P Rb. Ben.), 91;

ne . . neve (neu), G. 1. 80, 180, 2. 253 (M² edd. *nec* M¹ PR Rb. Con.), 3. 436, A. 2. 188, 7. 22, 333, 9. 91, 12. 824, Ci. 299 (Rb. Ellis *nec* Th. Ben.);

nequis . . neu, A. 1. 413†;
  2. c. imperativ.:
neu, A. 8. 40;

neu . . neve . . neu, G. 4. 47, 48;

ne . . neve (neu), A. 6. 833, 7. 97, 202, 9. 115, 12. 72;

nequa (fem. nom.) . . neu, A. 12. 566;

nequa (acc.) . . neu, A. 2. 607;
  3. c. subi. et imperativ.:
neve . . neve† . . neve . .
neu . . neve, G. 2. 298.

neuter: neutra (fem. nom.),Ci. 68.

nex. 9.
  neci, G. 3. 480, 4. 90, A. 2. 334;
  Neci, A. 2. 85, 12. 341, 513;
  nece, A. 8. 202, L. 55†;
  neces (acc.), Cu. 310†.

nexo: nexantem (masc.), A. 5. 279 (Rγ² Con. *nixantem* VM¹ P γ¹ edd.).

nexus: nexus (nom.), G. 3. 423.

NI. 28.
  1. c. indic.:
G. 1. 177, A. 1. 392, 7. 433, 12. 568, 801 (P¹ Rb. *ne* MP² γ Con. Ld. *nec* edd.);
  2. c. subi.:
G. 1. 198, 4. 116, 455†, A. 1. 58, 2. 178†, 599, 3. 686 (mss. edd. *ne* P²), 5. 230, 233, 356, 6. 34, 292, 353, 359, 8. 510, 523, 9. 805, 10. 328, 11. 913, 12. 733, Cu. 162†, Ci. 130†, Ca. 9 (11). 25.

nicto: nictantia (acc.), Ci. 218 (edd. *nutantia* Ellis).

nidor: nidorem, A. 12. 301; nidore, G. 3. 415.

nidus. 10.
  nidum, G. 4. 307;
  nido, G. 4. 513, Ci. 193;
  nidi, A. 5. 214;
  nidis, G. 4. 17, A. 8. 235, 12. 475;
  nidos, G. 1. 414, 4. 56;
  nidis, G. 2. 210.

NIGER. 45.
  niger, E. 2. 16, G. 4. 126, 478;
  nigra, G. 2. 203, 3. 388, A. 12. 473;
  nigrum, G. 3. 333, A. 4. 404;
  nigri, A. 1. 489;
  nigrae, G. 4. 275, Cu. 140;
  nigri, A. 4. 514;
  nigrum, G. 1. 428;
  nigram, G. 2. 255, 3. 241, 4. 546, A. 3. 120;
  nigrum, G. 2. 116, 3. 451;
  nigro, G. 1. 320, A. 6. 238, 9. 33†, 11. 596;
  nigra, E. 6. 54, G. 1. 194, 4. 291, 468, A. 5. 516†, 7. 414, 8. 599, 9. 381;
  nigro, D. 55;
  nigri, E. 7. 50;
  nigrae, E. 10. 39, G. 2. 258, A. 9. 714;
  nigra, E. 2. 18, 10. 39;
  nigrarum, A. 5. 736;
  nigras, A. 6. 153;
  nigra, A. 6. 134;
  nigris (masc.), G. 2. 214;
  subst. nigra (acc.), D. 99;
  nigerrimus, G. 3. 278, A. 5. 696.

nigresco: nigrescunt, A. 11. 824; nigrescere, A. 4. 454.

nigro: nigrantem, A. 4. 120; nigrantem, A. 8. 353;

nigranti (fem.), A. 9. 87;
nigrantis (masc.), A. 5. 97, 6. 243.

NIHIL (NIL). 42.
nihil, E. 3. 48, 8. 67, A. 6. 509, 9. 262, 10. 54†, 12. 11, Ci. 339, M. 64 (nil)†, Ca. 9 (11). 64 (nil), D. 66 (nil)†;
nihil, E. 8. 19 (nil)†, G. 3. 42 (nil), A. 2. 287, 659, 7. 308 (nil), 8. 147, 9. 377, 428, 11. 51 (nil), 227, 228 (nil), Ci. 235, 262 (nil), 263 (nil Rb. Ben. in Th. Ellis), 405 (nil), Ca. 13 (5). 37;
adi. nihil (neut. acc.), A. 4. 315, 9. 207 (nil);
adv. nihil, E. 2. 6, 7 (nil), 8. 103, 103 (nil)†, G. 1. 119, 2. 28, A. 2. 402, 5. 751 (nil), 9. 133 (nil), 10. 42 (nil), 319, 11. 365 (nil), 801, 12. 405.

NILUS, A. 9. 31;
Nili, A. 6. 800;
Nilum, G. 3. 29, 4. 288, A. 8. 711.

NIMBOSUS, A. 1. 535; nimbosa (neut. nom.), A. 3. 274.

NIMBUS. 29.
nimbus, G. 3. 110, A. 4. 161, 7. 793, 9. 111, 12. 451;
nimbo, A. 5. 317;
nimbum, A. 4. 120;
nimbo, A. 2. 616 (mss. Gos. Ben. Con. limbo Serv. edd.), 3. 587, 5. 666, 10. 634, 12. 416;
nimbi, A. 2. 113, 3. 198, 5. 13, 458, 821, 9. 669, 10. 803;
nimborum, G. 1. 328, A. 1. 51, 80;
nimbos, A. 6. 590, 8. 354, 392, 608;
nimbis, G. 1. 455, 459, D. 39.

NIMIRUM, A. 3. 558.
NIMIS, A. 9. 472, Cu. 238.

nimius. 25.
nimio (abl.), G. 3. 135;
nimia, A. 9. 354, Cu. 126;
nimio, Ca. 11 (14). 2†;
adv. nimium, E. 2. 17, 3. 94, 9. 28, G. 2. 252, 458, A. 4. 657, 5. 870, 6. 189, 514, 816, 870, 9. 430, 11. 841 bis, Cu. 289, Ci. 132†, 161 bis, 287 (Rb. iterum edd.), 486†, L. 9.

ningo: ninguit, G. 3. 367.
Niphaeus: Niphaei, A. 10. 570†.
Niphates: Niphaten, G. 3. 30†.
Nisa; vid. Nysa.
Niseius: Niseia (fem. nom.), Ci. 390.

NISI. 8.
  1. c. indic.:
  E. 8. 67, G. 1. 155, A. 5. 49, Ca. 7 (9). 2, L. 44 (Rb. non Ellis);
  2. c. subi.:
  E. 9. 14, A. 11. 112, Ci. 278†.

nisus: nisus, Cu. 168 (Rb. Ben. visus edd.);
nisu, A. 3. 37, 5. 437†, 11. 852, Ci. 161 (Rb. Ben. viro Th. visu Ellis).

NISUS. 12.
Nisus, G. 1. 404, 408 bis, Ci. 207, 540 bis;
Nisi, E. 6. 74, Ci. 112†, 124†, 411;
Nisum, Ci. 378;
Nise, Ci. 191.

NISUS. 21.
Nisus, A. 5. 294, 296, 318, 328, 353, 9. 176, 184, 207, 230, 353, 386, 425, 438;
Nisi, A. 9. 467;
Niso, A. 5. 354, 9. 223, 306;
Nisum, A. 9. 233;
Nise, A. 9. 200, 258, 271.

niteo. 9.
nitens, M. 106;

527, 529, 548, 567, 601, 630, 683, 2. 54, 144, 154, 198 *bis*, 345, 407, 496, 521, 522, 534, 540, 583, 589, 596, 601, 724, 745, 777, 785, 3. 42, 56, 161, 255, 713, 4. 15, 18, 36 *bis*, 53, 86 *bis*, 127, 225, 227, 292, 311, 330, 361, 412, 425, 456, 500, 520, 529, 550, 552, 565, 592, 600, 601 *bis*, 647, 5. 17, 39, 82, 144, 305, 334 *bis*, 394, 453, 466, 510, 623, 646 *bis*, 671, 680, 733, 768, 785, 6. 37, 47 *bis*, 48, 66, 86, 88, 92, 140, 143, 170, 206, 444, 553, 590, 593, 620, 625, 731, 736, 879, 7. 103, 231, 261, 269 *bis*, 310, 313, 363, 383, 437, 685, 736, 756, 805, 8. 129, 143, 185, 256, 298, 299, 365, 376, 568, 625, 9. 56 *bis*, 126, 129, 141 (mss. edd. *nunc* Ld. Th.), 144, 148 *bis*, 201, 208†, 248, 285, 286, 328, 479 *bis*, 509, 598, 602, 622, 655, 704, 728, 737, 747, 786, 10. 16, 59, 185, 201, 244, 291, 302, 343, 358 *ter*, 384, 426, 528, 557†, 581, 584, 609, 614, 739, 793, 11. 27, 32, 45, 55, 148, 152, 163, 180, 196, 303, 339, 380, 428, 436, 471, 567, 736, 790, 798, 828, 845, 12. 39, 78, 151, 151†, 156, 189, 204, 218, 229, 231, 371, 414, 427 *bis*, 525, 544, 612†, 776, 780, 815 *bis*, 890, 894, 911 *bis*, Cu. 26, 30, 31 (edd. *nec* Th.), 33, 58, 62, 64, 81, 83 (Rb. Ellis *nec* edd.), 86, 95, 99, 117, 133 (Th. Ben. *nunc* edd.), 145, 287, 288, 304†, 403†, 408, Ci. 9, 18, 19, 91, 168, 169, 170, 177†, 178, 179, 188†, 219, 242, 259, 266 (edd. *quid* Ellis), 267, 310 (Th. *nobis* edd.), 328 *bis*, 334†,

361 (Ellis *par sit* Th. *nolit* Rb. Ben.), 415, 418, 431, 433, 435, 436, 437, 446, 482, 486, 512, M. 53†, 55†, 56, 79, Co. 24†, Ca. 1. 2, 3, 4 (13). 10 (mss. edd. *nunc* Rb.), 12 (Rb. Ben. *nam* Ellis Th.), 5 (7). 2, 7 (9). 4, 9 (11). 1, 25, 27, 28, 29, 33† *bis*, 35, 50 (Rb. *nec* edd.), 55, 55†, 12 (4). 4†, 13 (5). 1, 19, D. 7, 11, 12 *bis*, 13 *bis*, 41 (Ellis *noscet iter* Rb.), 92†, 96, L. 24, 26, 37, 41, 44 (Ellis *nisi* Rb.), 61, 72, 76;

nec non, G. 2. 2, 385, 450, A. 6. 183, 645, 8. 646, 9. 169, 334, 10. 27, 702, 11. 477, 603, 12. 23, 125;

nec non et, G. 1. 212, 2. 53, 451, 452, 3. 72, A. 1. 707, 748, 3. 352, 4. 140, 5. 100, 6. 595, 7. 521, 8. 345, 461, 9. 310;

nec non etiam, G. 2. 413;

non alias, G. 1. 487;

non aliter, G. 1. 201, 2. 286, 4. 176, A. 4. 669, 6. 147†, 10. 410, 12. 723;

non dum, G. 2. 322, 365, A. 3. 109, 4. 698†, 5. 545, 687, 6. 77, Ci. 312, L. 12;

non iam, A. 4. 431, 5. 194, 7. 523, 10. 22, 11. 71, Ci. 438, M. 111†;

non minus, Ci. 384;

non modo, G. 2. 285, Ca. 14 (6). 5;

non nequiquam, Ci. 225;

non secus ac, G. 3. 346, A. 8. 243, 391†, 10. 272, 12 856;

non setius, G. 3. 367, A. 5. 862, 9. 441;

non tantum, G. 3. 174;

non umquam, E. 1. 35, A. 2. 247, 9. 256, Ci. 154, L. 29;

non alius (etc.), G. 2. 336, 380,

NOVERCA. 6.
noverca, E. 3. 33;
novercae (gen.), A. 7. 765, 8.
288, 10. 389;
novercae (nom.), G. 2. 128, 3.
282.
NOVIENS, G. 4. 480, A. 6. 439.
NOVITAS, A. 1. 563.
novo. 7.
novamus, A. 8. 189;
novant, A. 5. 752, 7. 630, Cu.
410;
novavit, A. 5. 604;
novantem (masc.), A. 4. 260;
novandis (fem. dat.), A. 4.
290.
NOVUS (NOVOS). 96.
novus, G. 3. 437, Ci. 204, 357;
novos, A. 2. 228, 473†, 4. 10,
5. 670†, 7. 554, 11. 537†, 12.
867†;
nova, E. 4. 7, G. 4. 316, A. 1.
450, 3. 591, 6. 104, 9. 110, 731,
11. 154, Cu. 55;
novom, E. 2. 22†, G. 3. 325;
novae, G. 4. 282, A. 1. 298,
366, Ci. 356 (Ellis *bonae* edd.);
novom, E. 6. 37;
novam, A. 1. 522, Ci. 506 (Ellis *nova* edd.);
novom, E. 5. 71, G. 1. 32, A.
3. 365†, 8. 637, Ci. 100 (-um);
novo, G. 1. 288, 4. 142, A. 3.
181, 7. 720, Ci. 130, 389, 492;
nova, G. 3. 370, 4. 357, A. 1.
430, 6. 206, 7. 477, 8. 695, 9.
641, 693, 10. 515, 12. 54, Ci.
506 (vid. *novam*);
novo, E. 5. 67, 10. 74, G. 1.
43, 2. 8, A. 4. 584, 5. 78, 9. 459,
596;
novi, G. 4. 21;
novae, A. 12. 424;
novorum (masc.), A. 2. 796;
novos, G. 2. 332, A. 1. 307, Ci.

49, 81, Co. 30, L. 72;
novas, E. 8. 29, 9. 14, G. 1. 22,
90, 345, 2. 82, A. 1. 657, D. 12;
nova, E. 3. 86, A. 1. 620, 657,
3. 240, 6. 820, 7. 393, 10. 35,
325, L. 33;
novis, G. 4. 306, Cu. 78;
novis, G. 2. 362;
novis, A. 2. 98, 3. 136, 4. 500;
novissimum (neut. acc.), Ca.
10 (8). 21;
novissima (nom.), D. 93;
novissima, A. 4. 650, 6. 231,
11. 825 (-uma), D. 86.
NOX. 136.
nox, E. 9. 63, G. 1. 247, A. 1.
89, 2. 8, 250, 360, 3. 147, 198,
587, 4. 352, 461, 522, 6. 272,
539, 866, 8. 26, 67, 369, 9. 288,
11. 201, M. 1; Nox, A. 3. 512,
5. 721, 738, 835, 12. 846, Cu.
202†;
noctis, E. 8. 14, G. 1. 366, 426,
478, A. 2. 361, 621, 6. 390, 8.
658, 9. 314, 373, 397, 411, 10.
162; Noctis, A. 7. 138†, 8. 407;
nocti, E. 8. 88, G. 3. 467, A. 4.
570, 9. 338, 378;
noctem, E. 1. 79†, G. 1. 468,
486, 3. 156, 341, 379, 4. 190,
514, A. 1. 305, 662, 683†, 727,
748, 2. 135, 397, 590, 754, 3.
195, 201, 583, 4. 26, 530, 5. 11,
766, 6. 462, 513, 7. 8, 8. 94,
255, 411, 9. 166, 10. 257, 746,
11. 914, 12. 310, Ci. 347; Noctem, A. 7. 138;
nocte, E. 9. 44, G. 1. 248, 287,
289 *bis*, 328, 456, 2. 202, 3.
260, 401, 4. 133, 180, 497, A. 2.
420, 795, 4. 123, 184, 527, 6.
265, 268, 503, 827, 7. 16, 87,
103, 414, 427, 492, 8. 86, 9. 61,
335, 10. 147, 272, 497, 703, 12.
864, 909, Cu. 274, Ci. 174, 523,

nullae, A. 6. 399, Ci. 513;
nulla, A. 5. 633, 8. 212, 10. 375,
11. 306;
nulla, E. 1. 77, A. 12. 597, Ci.
181;
nullis, A. 4. 438, 11. 725;
nullis (fem.), Cu. 159;
subst. nulla, A. 1. 326;
nulli (masc.), A. 4. 456, 5.
610, 6. 673, 11. 157, 343, 12.
27;
nullo (masc.), G. 1. 128, A. 12.
423;
nulli, A. 2. 439;
nullis (masc. abl.), G. 2. 10.
NUM. 11.
num, A. 4. 369†, 369, 370, 7.
294, 295†, 295, 9. 513 (Rb.
cum mss. edd.), 10. 68, 70†, 70,
481†.
Numa: Numam, A. 10. 562†;
Numa, A. 9. 454†.
numantina: numantina, Ci. 408
(Ellis *Pandionia* Rb. in ed.
min. Th. Ben. *Odomantina* Rb.
in. ed. mai.).
Numanus: Numanum, A. 9. 592,
653†.
NUMEN. 81.
numen, A. 2. 735, 4. 94 (mss.
Gos. *nomen* edd.), 521, 5. 768
(M² Pγ Gos. Ben. *nomen* M¹
edd.), 7. 571, Cu. 288 (Th.
Ben. *Mortis* edd.), Ca. 3 (12).
9;
numinis, G. 4. 453, A. 8. 186;
numen, A. 1. 48, 2. 155, 178, 3.
437, 600 (M¹ Rb. *lumen* M²
Pγ² edd.), 4. 611, 6. 324, 8. 382
(MRP² edd. *nomen* γ Rb.), 10.
221†, Cu. 193, 271, Ci. 83, 303
(edd. *numina* Ben.);
numine, E. 4. 47, A. 1. 8, 133,
447, 674, 2. 183, 336, 396, 703,
777, 3. 363, 372, 4. 269, 5. 56,

6. 50, 266, 368, 7. 119, 385†,
584†, 9. 247, 661, 10. 31, 11.
232, 12. 180, 188†, Ci. 125†;
numina, G. 4. 7, A. 1. 603, 2.
123, 623, 4. 382, 7. 297, 310,
8. 512, 574, 10. 375, 11. 901,
12. 182;
numina, G. 1. 30, 4. 505, A. 1.
666, 2. 141, 233, 3. 264, 359,
543, 634†, 697, 4. 204, 5. 466,
6. 68, 8. 78, 12. 201, Cu. 244†,
259 (Leo *nomina* edd. *flumina*
Th.), 298†, Ci. 245†, 303 (vid.
numen);
numina, G. 1. 10.
numero: numerant, E. 3. 34;
numerabat, G. 4. 347;
numerantur, G. 4. 209;
numeretur, Cu. 40 (Th. Ben.
memoretur edd.).
NUMERUS. 41.
numerus, G. 2. 104, A. 7. 574;
numerum, E. 6. 27, 85, 7. 52,
G. 4. 175, 227, 436, A. 1. 193,
2. 797, 3. 446, 6. 545, 682, 7.
211†, 8. 453†, 11. 328, Ci. 201;
numero, E. 8. 75, G. 2. 104, A.
1. 171, 2. 424, 3. 623, 5. 62,
305, 560, 754, 7. 274, 698, 8.
547, 10. 329, 11. 208, 599, 12.
230, 630, Ci. 373;
numeris, A. 6. 646;
numeros, E. 9. 45, G. 1. 137,
263, A. 9. 776;
numeris, G. 2. 284.
Numicus: Numici, A. 7. 150,
242, 797.
NUMIDAE, A. 4. 41.
NUMITOR, A. 6. 768.
NUMITOR, A. 10. 342.
NUMQUAM. 28.
numquam, E. 2. 27, 3. 49, 6.
45, 9. 3, G. 1. 373, 425, 2. 398,
3. 406, 4. 518, A. 2. 670, 3. 450,
700, 4. 334, 658, 8. 470, 10. 25,

11. 408, 732, 12. 95, 207, 921, Cu. 258†, 362, 381, Ci. 301, 307, 510, L. 36.

NUMQUID, L. 74.

NUNC. 299.

nunc, E. 1. 73, 2. 38, 3. 19, 56 *bis*, 57 *bis*, 5. 49, 6. 6, 52, 7. 35, 55, 8. 43†, 52, 92, 9. 5, 53, 57, 66†, 10. 44, G. 1. 334 *bis*, 421, 2. 2, 55, 177, 226†, 3. 294 *bis*, 3. 362, 476, 540, 4. 149, 390, 539, A. 1. 4*, 240, 249, 267, 280, 365, 395, 532, 582, 670 (F¹ edd. *hunc* F² MRγ Ld. Gos.), 676, 2. 23, 56, 65, 69, 85, 180, 375, 473, 522, 550, 604, 728, 3. 165, 184, 491, 695, 4. 98, 115, 193, 206, 215, 224, 265, 283, 345, 596†, 627, 654, 5. 55, 191, 192, 339, 363, 391, 398, 602, 670, 690, 728, 748, 812, 831, 6. 38, 187, 234, 261 *bis*, 362, 437, 448, 461†, 756, 776, 788, 827, 7. 3, 37, 123, 133, 208, 210, 267, 412, 425, 602, 641, 708, 8. 49, 99, 168, 348, 381, 400, 431, 441, 442 *bis*, 568, 579 *bis*, 9. 12 *bis*, 89, 141 (Ld. Th. *non* mss. edd.), 156, 191, 287, 320, 490, 10. 15, 34, 94, 163, 231, 254, 280, 281, 294, 371, 393, 421, 500, 557, 582, 617, 630, 674, 743, 774, 825†, 849, 850, 855, 897, 11. 17, 49, 119, 173, 314, 403, 404, 410, 509, 560, 586, 823, 12. 2, 44, 57, 95, 96, 97, 134, 149, 176, 210, 237, 242†, 436, 500†, 528, 634, 743, 810, 818, 872, 881, 900, Cu. 133 (edd. *non* Th. Ben.), 269, 353, Ci. 42, 43, 98, 99, 234, 257 (Rb. Ben. *om.* Th. *enim* Ellis), 286, 318, 358, 359, 364, M. 45 (Ellis *tum* Th. Ben. *nuce* Rb.), Co. 27, 28, 29

(edd. *te* Th. Ben.), Ca. 4 (13). 10 (Rb. *non* mss. edd.), 6 (3). 3†, 8 (10). 5†, 9 (11). 53, 10 (8). 23, 12 (4). 7, 13 (5). 33 *bis*, L. 4, 5† *bis*, 21, 61 (Rb. *nam* Ellis);

nunc deinde, A. 12. 889;

nunc etiam, E. 2. 8, 9, 41, 3. 95, A. 4. 356, 10. 39, 11. 271, Ci. 362, 494;

nunc iam, G. 1. 42, 2. 171, 3. 22, A. 6. 798, 816, 8. 174, 9. 271;

nunc nunc, A. 5. 189, 12. 526; nunc . . nunc, G. 1. 386; A. 1. 220, 221; 4. 74, 77; 285; 442; 5. 441, 441†; 457; 701; 6. 315; 8. 20; 10. 355; 368; 680; 11. 86; 625, 627; 650, 651; 12. 476; 502; Ca. 9 (11). 51, 52; nunc . . nunc . . nunc, G. 1. 266, 267; A. 1. 751, 752; 4. 376, 377; 5. 156, 157; 586, 587.

NUNTIA, A. 4. 188, 8. 550, 9. 474.

NUNTIO, A. 1. 391; nuntiet, A. 11. 740.

NUNTIUS. 14.

nuntius, A. 2. 547, 3. 310, 4. 237, 5. 664, 6. 456, 7. 167, 437, 8. 582, 9. 228, 692, 11. 447, 897, 12. 75, Ca. 1. 5.

NUPER. 9.

nuper, E. 2. 25, 3. 2, 99, 5. 13, 9. 21, A. 5. 789, 6. 338, 9. 594, Co. 11.

NURSIA, A. 7. 716†.

NURUS, A. 2. 787; nurum, A. 11. 582; nurus, A. 11. 215; nurus, A. 2. 501.

NUSQUAM. 7.

nusquam, G. 4. 185†, A. 2. 438, 620†, 4. 373, 5. 853, 633†, 12. 597.

nuto: nutat, A. 2. 629;
nutant, A. 9. 682;
nutantem (masc.), E. 4. 50;
nutantia (acc.), Ci. 218 (Ellis
nictantia edd.).
nutricula: nutricula (voc.), Ci.
257, 277.
nutrimentum: nutrimenta (acc.),
A. 1. 176.
nutrio (nutrior): nutribat, A. 11.
572;
nutribant, A. 7. 485;
nutrierat, A. 12. 344;
nutrior, Ca. 3*. 4 (Ellis *en
tuor* Rb.);
nutritor, G. 2. 425†.
NUTRIX. 9.
nutrix, A. 5. 645†, Ci. 369;
nutricis, A. 1. 275†, Ci. 353;
nutricem, A. 4. 632;
nutrix, A. 4. 634, 7. 1, Ci. 262,
266.
nutus: nutu, A. 7. 592, 9. 106,
10. 115, Ca. 3 (12). 9†.
NUX. 6.
nux, G. 1. 187†;
nucis, G. 2. 69;
nuce, M. 45 (Rb. *tum* Th. Ben.
nunc Ellis);
nuces, Co. 19;
nuces, E. 2. 52, 8. 30.
Nyctelius: masc. subst. Nyctel-
ium, Cu. 111.
NYMPHA. 42.
nympha, G. 4. 423, A. 10. 551;
nymphae, A. 8. 336, 339;
nymphae, A. 7. 775, 12. 786;
nympha, A. 11. 588, 12. 142;
nympha, A. 4. 198, 7. 47, 734;
nymphae, E. 2. 46, 3. 9, 5. 20,
G. 4. 334, 391, 532, A. 1. 71,
4. 168, 8. 314, 10. 220, Ci. 391,
435;
nympharum, A. 1. 168, 329;
nymphis, E. 5. 21, 75;

nymphas, E. 9. 19, G. 2. 494,
4. 382, A. 3. 34, 7. 137, 10. 83,
221, D. 67 (Ellis *lymphas* Rb.);
nymphae, E. 6. 55†, 56†, 7. 21,
A. 8. 71 *bis*, 10. 231;
nymphis, E. 10. 55.
Nysa: Nysae (gen.), A. 6. 805.
NYSA, E. 8. 26†; Nysae (gen.),
E. 8. 18†.

O. 175.
o, E. 1. 6, 2. 6, 17, 28, 45, 54,
65, 3. 3, 72, 93, 4. 48, 53, 5. 65,
7. 9, 8. 32, 9. 2, 39, 10. 33, G. 1.
5†, 12†, 18, 2. 4, 7, 35, 40 *bis*,
458, 486†, 488, 4. 353, A. 1.
76, 94, 96, 198, 199, 229, 327,
328, 372, 437, 522, 597, 627,
735, 2. 42, 241 *bis*, 281 *bis*, 387,
638, 644, 777, 3. 103, 321, 480,
489, 539, 560, 639, 4. 31, 578,
622, 5. 195, 495, 623, 624, 632,
870, 6. 65, 83, 104, 194, 196,
258, 318, 373, 509, 560, 719,
868, 7. 97, 121, 360, 441, 596,
8. 36, 72, 78, 122, 273, 499,
513, 560, 572, 579†, 9. 36, 77,
94, 146, 234, 428, 494, 525,
617, 783, 10. 18 *bis*, 294, 430,
507, 607, 611, 631, 676, 11.
124, 152, 158, 243, 252, 344,
361, 415, 459, 508, 536, 732
bis, 12. 19, 74, 95, 229, 261,
314, 572, 632, 646, 883, Cu.
58, 94 *ter*, 304, Ci. 132†, 153,
195, 199, 202, 224†, 228†, 278,
286, 287, 292 (Rb. Ellis *om.*
edd.), 295†, 314 (edd. *quae* Ellis), 404, 408 (Ellis *Pandionia*
Rb. in. ed. min. Th. Ben.
Odomantina Rb. in ed. mai.),
410, 424, Ca. 2*. 2†, 3*. 1†, 19,
4 (13). 8, 9, 5 (7). 6, 9 (11). 23
(edd. *tanto* Ben.), 12 (4). 4†,
13 (5). 8†, 14 (6). 2 *bis*, 11, D.

329

82, L. 9†, 77.
Oaxes: Oaxen, E. 1. 65.
OB. 19.
    ob, G. 2. 380, 4. 455 (RMγ
    edd. *ad* P Rb. Con.), A. 1. 4,
    41, 233, 251, 2. 139, 571, 5.
    283, 6. 612, 660, 7. 182, 10.
    681, 852, 11. 347, 539, 12. 566,
    865†, Ca. 9 (11). 35 (edd. *raptu*
    Ellis).
obambulo: obambulat, G. 3. 538.
obba: obbae (nom.), Co. 7 (Th.
    topia edd.).
obduco. 8.
    obducunt, G. 2. 411†;
    obduxit, Ci. 506;
    obducat, E. 1. 48;
    obducere, Ci. 342;
    obducta, A. 2. 604;
    obductae (gen.), M. 9;
    obductum (masc.), A. 10. 64†;
    obducto (masc.), G. 1. 116.
obeo. 9.
    obit, A. 8. 553†, 10. 447, 12.
    478;
    obibat, A. 6. 167;
    obivit, A. 6. 801†;
    obeat, A. 10. 483;
    obeuntia (acc.), A. 6. 58;
    obiturus, Cu. 338;
    obita (abl.), A. 10. 641.
obedo: obesam, Ca. 13 (5). 30;
    obesa (nom.), G. 3. 80 (MRγ
    edd. *obessa* P Rb. in ed. mai.);
    obesis (fem. abl.), G. 3. 497†.
obex: obice, G. 4. 422, A. 8. 227,
    10. 377, 11. 890
    obicibus (abl.), G. 2. 480.
obicio. 18.
    obicis, A. 4. 549;
    obicit, A. 6. 421, 7. 480;
    obiciunt, A. 2. 444, 9. 45, 379;
    obieci, A. 8. 145;
    obiecit, A. 10. 90, 12. 372;
    obicitur, A. 2. 200, 5. 522;

obiectam, G. 4. 503, A. 6.
    422†;
    obiecto (masc.), A. 12. 377,
    Cu. 316†;
    obiectae, A. 3. 534;
    obiecta (nom.), G. 3. 253;
    obiecienda (esse), E. 3. 7.
obiecto: obiectant, G. 4. 218;
    obiectare, G. 1. 386, A. 2. 751,
    12. 230.
obiectus: obiectu, A. 1. 160.
obiicio; vid. *obicio.*
obitus: obitum, A. 12. 501; obitus
    (acc.), G. 1. 257, A. 4. 694.
oblicus; vid. *obliquus.*
oblimo: oblimet, G. 3. 136†.
obliquo: obliquat, A. 5. 16.
OBLIQUUS (OBLICUS), G. 1. 239†;
    oblicum (masc.), A. 5. 274†;
    obliqua (abl.), G. 4. 298, A. 11.
    337;
    neut. subst. obliquom (acc.),
    G. 1. 98†.
obliviscor. 14.
    oblitus est, A. 3. 629†; oblitus
    (est), A. 5. 334;
    oblita (sunt), E. 9. 53, A. 4.
    528†, 9. 225;
    obliviscere, A. 2. 148;
    oblitus, A. 5. 174, 703;
    oblita, G. 3. 245;
    oblitum (masc), G. 3. 236†;
    oblite, A. 4. 367†;
    obliti, A. 11. 866;
    oblita, G. 2. 59;
    oblitos, A. 4. 221.
oblivium: oblivia (acc.), A. 6.
    715.
obloquor: obloquitur, A. 6. 646.
OBLUCTOR, A. 3. 38.
obmutesco: obmutuit, A. 4. 279†,
    6. 155†.
obnitor. 11.
    obniti, A. 5. 21;
    obnixus, G. 3. 233, A. 4. 332,

9. 725, 12. 105;
obnixi (nom.), G. 4. 84, A. 5. 206, 12. 721;
obnixae, A. 4. 406;
obnixa (nom.), A. 10. 359;
subst. obnixos, G. 3. 222.
OBNIXE, Ci. 301.
obnoxius: obnoxia (fem. nom.), G. 1. 396; obnoxia (acc.), G. 2. 439†.
obnubo: obnubit, A. 11. 77.
oborior: obortis (fem. abl.), A. 3. 492, 4. 30, 6. 867, 11. 41.
obruo. 9.
obruit, G. 2. 24;
obruit, A. 6. 336;
obruerent, A. 11. 162;
obrue, A. 1. 69, 5. 692;
obruitur, A. 9. 808;
obruimur, A. 2. 411, 424;
obrutus, A. 10. 808.
obscenus 7.
obscenum (masc.), A. 4. 455;
obscenam, A. 3. 367, 7. 417;
obscenae, G. 1. 470†, A. 3. 262;
obscenas, A. 3. 241;
obscenae, A. 12. 876.
obscuro: obscurant, A. 12. 253.
OBSCURUS. 24.
obscurus, A. 2. 135, 9. 87;
obscura, G. 4. 424, A. 4. 80, 461, 5. 302;
obscuram, G. 4. 60, A. 6. 453, 11. 343;
obscuro, A. 1. 411, 12. 416;
obscura, G. 1. 467, A. 2. 420;
obscuro, G. 1. 428†, A. 3. 586;
obscuri, A. 6. 268;
obscuros, A. 3. 522;
obscura, G. 1. 229, A. 2. 752;
obscuris (fem.), A. 6. 139, 9. 244;
neut. subst. obscurum (acc.), G. 1. 478;
obscuris (abl.), A. 6. 100;

obscurior (fem.), A. 7. 205.
obsero: obsitus, A. 8. 307; obsita (fem. nom.), A. 7. 790; obsita (acc.), Cu. 275.
observo. 6.
observant, G. 4. 212;
observans (masc.), G. 4. 513, A. 6. 198†, 11. 726;
observata (acc.), A. 2. 754, 9. 393.
obsideo. 14.
obsidet, A. 3. 421;
obsedit, A. 3. 400, 7. 343;
obsedere, A. 2. 332, 450†, 7. 66, 12. 133;
obsessa, A. 10. 120, 605;
obsessum (neut. acc.), A. 2. 441;
obsessos, A. 10. 286, 11. 902;
obsessas, G. 3. 508;
obsessa, A. 2. 802.
obsidio: obsidione, A. 3. 52, 8. 647, 9. 598, 10. 26, 109.
obsido: obsidam (subi.), A. 11. 516; obside e, A. 7. 334 9. 159.
obstrepo: obstrepit, Cu. 150.
obstipesco. 17.
obstipui, A. 2. 560, 774, 3. 48, 298 (mss. edd. *opstipui* M Con.);
obstipuit, A. 1. 513, 613, 2. 378, 5. 90, 8. 121, 9. 197 (edd. *opstipuit* Rb.), 12. 665 (edd. *opstipuit* PR Rb. Con.);
obstipuere, G. 4. 351, A. 2. 120, 5. 404, 8. 530, 9. 123†, 11. 120.
OBSTO. 13.
obsto, A. 11. 435;
obstat, A. 6. 438†, Ci. 180;
obstant, A. 4. 440, 7. 58;
obstabit, A. 10. 55;
obstabunt, D. 87, 88;
obstitit, A. 6. 64;

obstiterit, G. 2. 484;
obstet, G. 2. 482, A. 1. 746†;
obstare, A. 4. 91.

obstruo: obstruit, A. 4. 440; obstruitur, G. 4. 301†.

obstupesco; vid. *obstipesco.*

obsum: obfuit, G. 1. 374†; obsit,
G. 4. 89†.

obtego: obtecta (fem. nom.), A.
2. 300.

obtendo: obtendere, A. 10. 82;
obtenta (fem. abl.), G. 1. 248,
Cu. 273†.

obtentus: obtentu, A. 11. 66.

obtero: obtritum (masc.), Cu. 188.

OBTESTOR. 6.
obtestor, A. 9. 260, 10. 46, 12.
820, Ci. 273 (Rb. Ben. *testamur* Th. Ellis);
obtestantur, A. 7. 576;
obtestemur, A. 11. 358.

obtexo: obtexitur, A. 11. 611.

obtorqueo: obtorti (neut. gen.),
A. 5. 559.

obtrunco. 7.
obtruncat, A. 2. 663, 3. 55,
332, 10. 747, 12. 459;
obtruncant, G. 3. 374, A. 8.
491.

obtundo: obtunsa, G. 1. 395 (mss.
edd. *obtusa* Rγ Ben.);
obtunsi (masc. gen.), G. 1. 262
(mss. edd. *obtusi* Ben.);
obtusa (acc.), A. 1. 567 (P¹
Rb. Ben. *obtunsa* MR γ¹ P²
edd.);
obtunsis (neut.), G. 1. 433
(edd. *obtusis* Ben.);
obtunsior (masc.), G. 3. 135†.

obtutus: obtutu, A. 1. 495, 7.
250, 12. 666.

obumbro: obumbrat, A. 11. 223;
obumbrant, A. 12. 578.

obuncus: obunco (neut. abl.), A.
6. 597†, 11. 755†.

obustus: obusto (masc. abl.), A.
7. 506†; obustis (fem. abl.), A.
11. 894.

obverto: obvertimus, A. 3. 549;
obvertunt, A. 6. 3;
obverterit (subi.), G. 2. 271;
obversus, A. 9. 622, 11. 601
(R Con. Ben. *conversus* MP
edd.).

OBVIUS. 25.
obvius, A. 6. 880, 8. 111, 10.
380, 552, 734, 770, 877, 12.
298, 481;
obvia (nom.), G. 4. 24, A. 1.
314, 10. 328, 694, 11. 498, 504,
Cu. 217 (Leo *omnia* edd.), 218,
261;
obvia (nom.), E. 6. 57†, A. 3.
499;
obvia, A. 9. 56, 10. 662, 12.
540;
subst. obvia (acc.), Cu. 166,
176.

occaeco: occaecaverat, Cu. 199†.

occasus. 7.
occasum, G. 1. 225, 402, 3.
336, A. 1. 238, 11. 317;
occasu, A. 2. 432, 9. 668.

occido. 12.
occidis, A. 12. 544;
occidit, G. 1. 218;
occidimus, A. 11. 413;
occidet, E. 4. 24, 25;
occidit, A. 10. 470, 12. 641,
660, 828†;
occiderit, A. 2. 581;
occiderit, A. 7. 766, 12. 828.

occido: occiso (masc. abl.), A. 10.
312, 11. 811; occisis (masc.
abl.), A. 11. 193.

occubo: occubat, A. 1. 547, 5.
371, 10. 706†;
occubet, D. 74 (Rb. *cogulet*
Ellis).

occulo. 12.

occulit, A. 1. 312;
occulat, A. 12. 53;
occule, G. 2. 347;
occulitur, Ca. 1. 2, 4†;
occulti (masc.), L. 62;
occultae (dat.), M. 70;
occultum (masc.), G. 3. 397, A. 1. 688;
occultos, A. 9. 383;
occultas, G. 1. 86, A. 3. 695.
OCCULTE, A. 12. 418.
occulto: occultant, E. 2. 9: occultabat, A. 8. 211; occultantur, A. 2. 45.
occultus; vid. *occulo.*
occumbo: occumbes, A. 10. 865; occumbere, A. 1. 97, 2. 62†, 7. 294.
occupo. 13.
occupat, G. 4. 190, 440, A. 3. 294, 4. 499, 6. 424, 635, 7. 446, 9. 770, 10. 384†, 699, 11. 424, 12. 300;
occupet, A. 7. 258.
occurro. 17.
occurrit, A. 10. 220, 12. 536;
occurrit, A. 3. 82†, 5. 9, 36, 6. 479, 10. 734, 11. 499, 12. 625;
occurrat, A. 3. 407;
occurramus, A. 10. 282;
occurrere, A. 1. 682, 11. 503, 528, 808†, 12. 854;
occurrens (fem.), A. 6. 696.
occurso: occursare, E. 9. 25.
Oceanitis: Oceanitides (nom.), G. 4. 341.
OCEANUS. 19.
Oceanus, Ci. 392;
Oceani, G. 1. 246, 3. 359, 4. 233, A. 4. 480, 8. 589, Ca. 9 (11). 54;
Oceano, G. 2. 122, 4. 381;
Oceanum, G. 4. 382, A. 4. 139, 7. 101, 11. 1, Cu. 103†;
Oceano, G. 2. 481, A. 1. 287,

745, 2. 250; oceano, A. 7. 226.
ocellus: ocellos, Ci. 238, 348;
ocellis, Ci. 132, L. 5†.
OCIOR. 15.
ocior, A. 5. 319, 8. 223, 12. 733;
ocior, A. 10. 248;
adv. ocius, E. 7. 8, A. 4. 294, 5. 828, 8. 101, 278, 444, 555, 9. 402, 10. 786, 12. 556, 681.
OCNUS, A. 10. 198†.
ocrea: ocreas, A. 7. 634, 8. 624;
ocreis, M. 122†.
Octavius: Octavi (voc.), Cu. 1, 25, Ca. 11 (14). 1.
octo: octo (masc. acc.), G. 1. 171.
octoni: octonas, M. 18.
OCULUS. 103.
oculus, E. 3. 103;
oculi (nom.), G. 3. 505, A. 4. 182†, 6. 200, 7. 447, 8. 223 (edd. *oculis* mss. Rb. Con.), Ci. 510, D. 99;
oculorum, A. 12. 670;
oculis, E. 6. 57, A. 1. 591, 2. 740, 5. 522, 9. 110, D. 24;
oculos, G. 2. 73, 3. 523, 4. 451, A. 1. 114, 228, 482, 2. 210, 270, 531†, 570, 687, 773, 3. 150, 490, 4. 220, 363, 411, 688, 5. 109, 508, 577, 648, 845, 853, 6. 469, 7. 251, 420, 8. 152, 261, 266, 310, 618, 9. 487, 10. 473, 745, 11. 121, 311, 480, 507, 746, 800, 887, 12. 309, 483, 638, 657, 705, 908, 930, 939, L. 73;
oculis, G. 1. 183, 2. 230, 255, 4. 499, A. 1. 89, 717, 2. 68, 589†, 4. 278, 372, 389, 530, 661, 691, 5. 277, 438, 654, 6. 34, 145, 8. 81, 223 (vid. *oculi*), 254, 592, 9. 209, 658, 703, 731, 10. 516, 772, 11. 726, 814, 12. 3†, 102, 151, 154, 920, 945, L. 80.

odi. 10.

odit, E. 3. 90, A. 7. 327, 12. 431;

odimus, Ci. 261;

odere, A. 3. 452, 4. 321, 7. 327;

oderit (indic.), A. 10. 505;

odisse, A. 2. 158;

osus, Ca. 13 (5). 32 (Th. *os usque* Rb. Ben. *os crusque* Ellis).

ODIUM. 15.

odium, A. 1. 361;

odio, E. 8. 33;

odium, Ci. 532;

odiis, A. 10. 853;

odia, A. 2. 96, 10. 905;

odiis, A. 1. 668, 4. 623, 5. 786, 7. 298, 336, 10. 14, 692, 11. 122, 12. 938.

Odomantinus: Odomantina (abl.), Ci. 408 (Rb. in ed. mai. *Pandionia* Rb. in ed. min. Th. Ben. *O numantina* Ellis).

ODOR. 12.

odor, G. 3. 251, 4. 49, A. 12. 591;

odorem, G. 2. 132, 4. 415, A. 1. 403, 3. 228;

odore, A. 7. 480;

odores (acc.), E. 2. 55, G. 1. 56, 4. 264, Ci. 439 (Ben. *honores* edd.).

odoratus; vid. *odoro.*

odorifer: odoriferam, A. 12. 419.

odoro: odoratam, G. 3. 414, A. 7. 13;

odoratum, A. 6. 658;

odorato, G. 4. 279;

odorato, G. 2. 118.

odorus: odora (fem. nom.), A. 4. 132.

OEAGRIUS, G. 4. 524; *subst.* Oeagrius, Cu. 117 (Ellis *Orpheus* edd.).

Oebalia: Oebaliae (gen.), G. 4. 125.

Oebalus: Oebale, A. 7. 734.

Oechalia: Oechaliam, A. 8. 291.

OENIDES, Ca. 9 (11). 6†.

Oenotrius: Oenotria (fem. nom.), A. 7. 85.

Oenotrus: Oenotri (nom.), A. 1. 532†, 3. 165†.

oestrus: oestrum, G. 3. 148; oestro, Ci. 184.

Oeta: Oetam, E. 8. 30†; Oeta, Cu. 203†, Ci. 350†.

offa: offam, A. 6. 420.

offendo: offensa (fem. nom.), G. 4. 50.

offero. 17.

offert, E. 3. 66, A. 2. 371, 6. 291, 7. 420, 536, 11. 742 (Rγ Ld. *infert* M edd.), Cu. 85;

obtulit, A. 2. 590, 4. 557, 8. 611, 10. 552 (optulit);

obtulerat, A. 2. 61;

offer, A. 7. 425;

est oblata, G. 4. 437;

oblata (nom.), A. 1. 450;

oblato (neut. abl.), A. 12. 109;

oblati, A. 2. 340.

officio: officiunt, G. 1. 121; officiant, G. 1. 69.

OFFICIUM, Cu. 231;

officium, Cu. 414;

officio, A. 1. 548, Cu. 223.

offulgeo: offulsit, A. 9. 110.

Ogygius: Ogygii (masc. gen.), Ci. 220.

Oileus: Oili, A. 1. 41 (M Rb. *Oilei* Rγ edd.).

olea. 8.

oleae (gen.), G. 1. 18, 2. 302 (PRγ Con. Ben. *olea* edd.), A. 11. 101;

oleam, G. 1. 306;

olea, G. 2. 38, 302 (vid. *oleae*);

oleae, G. 2. 63, 144;

oleis (dat.), G. 2. 420†.

oleaginus: oleagina (fem. nom.),

G. 2. 31.

Olearos: Olearum, A. 3. 126†.

OLEASTER, G. 2. 182, 314, 4. 20, A. 12. 766.

oleo. 13.

  olentis (masc.), A. 6. 201 (edd. *graveolentis* Ben. Gos.);

  olentis (neut.), E. 2. 48;

  olentem (fem.), A. 11. 137;

  olentia, G. 4. 30, Ca. 3*. 13;

  olentis, G. 1. 188;

  olentis, E. 2. 11, Ci. 370 (-es);

  olentia, G. 2. 134, 3. 564, 4. 270, Co. 35;

  masc. subst. olentes (acc.), Ca. 13 (5). 23.

oleum. 6.

  oleo, G. 2. 222†;

  oleum, G. 1. 392, A. 6. 254;

  oleo, G. 1. 273, A. 3. 281, 5. 135.

OLIM. 35.

  olim, E. 2. 37, 8. 91, 10. 34, G. 2. 94, 190, 532, 4. 421, 433, A. 1. 20, 203, 234, 289, 653, 3. 502, 541, 4. 627, 5. 125, 264, 536, 7. 537, 8. 348, 391, 9. 99, 360, 10. 12, 11. 768, 12. 210, 767, Ci. 22, 140, 288, D. 46, 73;

  iam olim, G. 2. 403, 3. 303.

OLIVA. 17.

  oliva, Ca. 2*. 9†;

  olivae, G. 2. 3, 181, 3. 21, A. 5. 774, 6. 230, 808, 7. 418, 8. 116, Ci. 148;

  olivae, E. 5. 16, 8. 16;

  olivam, G. 2. 425;

  oliva, A. 5. 309, 494, 7. 751;

  olivae, G. 2. 85.

olivifer: oliviferae (gen.), A. 7. 711.

olivum: olivi, E. 5. 68†, G. 2. 466, M. 113;

  olivo (abl.), A. 6. 225, Ci. 344.

ollus; vid. *ille.*

olor: olorem, A. 11. 580; olores (acc.), E. 9. 36.

olorinus: olorinae (nom.), A. 10. 187.

olus; vid. *holus.*

Olympiacus: Olympiacae (gen.), G. 3. 49.

OLYMPUS. 34.

  Olympus, G. 3. 223;

  Olympi, E. 5. 56, A. 2. 779, 5. 533, 6. 586, 7. 558, 10. 1, 437, 621, 12. 791;

  Olympo, G. 4. 562, A. 8. 533† (vid. abl.);

  Olympum, G. 1. 282, A. 6. 579, 9. 106, 10. 115, 216, 11. 867, Ci. 34;

  Olympo, E. 6. 86, G. 1. 96, 450, A. 1. 374, 4. 268, 694, 6. 782, 834, 7. 218, 8. 280, 319, 533† (vid. dat.), 9. 84, 11. 726, 12. 634, Ca. 14 (6). 11.

OMEN. 23.

  omen, A. 7. 174;

  omen, A. 2. 190, 3. 36, 537, 5. 530, 10. 311, 12. 854;

  omine, G. 4. 386, A. 7. 146, 10. 250, 11. 589, 12. 72;

  omina (acc.), A. 2. 178†, 182, 691, 3. 361†, 407†, 4. 662, 5. 524, 7. 583†, 9. 21, Ci. 364†;

  ominibus, A. 1. 346.

omnigenus: omnigenum (masc. gen.), A. 8. 698†.

OMNINO, A. 4. 330, 9. 248.

omniparens: omniparentis (fem. gen.), A. 6. 595†.

OMNIPOTENS. 23.

  omnipotens, G. 2. 325, A. 1. 60, 3. 251, 4. 25, 6. 592, 7. 141, 770, 8. 398, 10. 100, 12. 178;

  omnipotens (fem.), A. 4. 693, 7. 428, 8. 334;

  omnipotentis (masc.), A. 10. 1, 12. 791;

omnipotens (masc.), A. 2. 689,
4. 206, 5. 687, 9. 625, 10. 668,
11. 790;
masc. subst. omnipotens, A. 4.
220;
omnipotens, A. 10. 615.
OMNIS. 487.
    omnis, E. 3. 56, 6. 66, G. 1.
    346, 372, 4. 491, A. 2. 73, 415,
    728, 4. 525, 704, 5. 239, 698,
    824, 6. 138, 709, 7. 27, 573,
    598, 635, 8. 40, 705, 706, 9.
    25†, 10. 804, 805, 11. 14, 94,
    171, 598, 12. 122, 421, 422, Cu.
    4, 188;
    omnis, E. 3. 56, 4. 39, G. 2.
    244, 277, 281, 390†, 3. 157, 4.
    281, 294†, 532, A. 1. 160, 646,
    2. 26, 162, 394, 461, 477†, 652,
    3. 3, 362 (Pγ¹ Rb. Ben. *omnem*
    M edd.), 4. 407, 669, 5. 710,
    762, 6. 305, 325, 789, 7. 85,
    680, 711, 812, 8. 494, 604, 9.
    74, 174, 308, 396, 428, 801, 10.
    410, 809, 11. 12, 34, 320, 327,
    834, 12. 59, 443†, Cu. 313†,
    357, Ci. 126;
    omne, E. 5. 34, 6. 11, 44, 7. 59,
    9. 57, G. 1. 87, 2. 20, 371, 398,
    400, 429, 3. 242, A. 2. 624, 5.
    149, 800, 6. 736, 7. 514, 8. 4,
    215, 305, 9. 541, 609, 666, 12.
    718, 722, 757, Cu. 341, 400,
    Ci. 12 (Ellis *omnes* edd.);
    omnis (fem.), A. 3. 709;
    omnem, A. 1. 180, 3. 312, 362
    (vid. *omnis*), 5. 441, 551, 577†,
    769, 6. 681, 7. 74, 8. 228, 9.
    380, 11. 766;
    omnem, G. 2. 231, 4. 285, 396,
    A. 1. 190, 2. 604†, 730, 750, 3.
    335, 581, 5. 392, 786†, 6. 297,
    440, 7. 348, 369, 407, 8. 148;
    omne, G. 3. 445, 480 *bis*, 541,
    4. 223, A. 1. 356, 2. 679, 757,

3. 55, 4. 122, 622, 5. 737, 6.
537, 7. 502, 8. 628, 9. 141, 391,
510, 12. 530;
omni, A. 1. 170, 7. 152, 274, Cu.
198 (Leo *somni* edd.);
omni, G. 3. 229, A. 1. 236†, 4.
544, 5. 115, 7. 487, 8. 442, Cu.
49, 262, Ca. 5 (7). 10;
omni, G. 3. 318, A. 5. 43, 11.
780, Ci. 159, 412;
omnes, E. 7. 23, 8. 63, A. 2.
351, 670, 5. 71, 7. 216, 8. 105,
444, 706, 9. 149, 531, 11. 93†,
362, 12. 231, 268, 548, 549,
696, 704, Ca. 9 (11). 21;
omnes, E. 9. 57, G. 2. 109, 3.
273, A. 2. 728, 3. 672, 5. 698,
6. 736†, 10. 302, 12. 314;
omnia, E. 6. 34† (vid. subst.),
G. 1. 371, 3. 4, A. 9. 642, 11.
311, Cu. 217 (edd. *obvia* Leo);
omnibus (masc.), A. 6. 665, 7.
276, 685;
omnis, G. 1. 482 (-es), 2. 326,
491, 4. 485, A. 1. 74, 194, 347,
2. 102, 266, 498, 598, 750, 3.
513, 4. 141, 5. 554, 828, 6. 482,
754, 787 *bis*, 856, 7. 55, 154,
9. 277, 292, 513, 10. 673, 11.
244, 12. 21, 448, 758, 837, Cu.
90, 360;
omnis, E. 3. 97, G. 2. 335, 3.
123, 4. 221 (mss. Con. *omnia*
edd.), 411†, A. 1. 501, 4. 496,
630, 5. 627, 720, 782, 818, 6.
113, 626, 748, 7. 393, 8. 26,
566, 9. 13, 38, 224, 10. 3, 717,
854, 11. 258 (-es), 12. 499†,
699, 891, Ci. 353;
omnia, E. 1. 47, G. 1. 167, 3.
484, 4. 366, 441, A. 1. 32, 524,
667, 3. 315†, 4. 607, 5. 318,
790, 6. 112, 131, 523, 627, 8.
24, 249, 447, 9. 283, 493, 12.
30, 699, Cu. 380 (Th. *somnia*

Rb.), Ci. 162 (edd. *acumina* Th.), 247, Ca. 2. 5; omnes (masc.), G. 1. 21, A. 6. 64; omnibus, A. 1. 599, 4. 386, 11. 198; omnibus, G. 1. 31, 2. 380, 3. 483, A. 1. 15, 756, 10. 118; omnibus, A. 6. 284, 8. 718 *bis*, 9. 815, 10. 691, 860, 11. 227; *subst.* omnes, E. 10. 21, A. 1. 729, 2. 1, 130, 235, 565, 4. 294†, 5. 139, 268†, 830†, 6. 175, 624†, 7. 625†, 8. 278, 699, 9. 192, 370, 11. 132, 12. 28, 574, Cu. 359, Ci. 12 (vid. *omne*); omnes, G. 2. 61, 4. 215, 248, 258, 350†, A. 1. 122; omnia, E. 3. 60, 4. 52†, 6. 33 (P Ld. Th. *exordia* R Rb. Ben. *ex ordia* Con.), 34 (vid. adi.), 7. 55, 8. 58, G. 1. 199, 2. 4, 284, 3. 54, A. 1. 91, 3. 90, 5. 506, 8. 525, 10. 359, 516, 11. 824, Cu. 348, 349, D. 46, 66, L. 45 (Ellis *somnia* Rb.); omnium (neut.), A. 1. 599; omnibus, G. 3. 244, A. 3. 60, 5. 308, 556, 616, 9. 273, 10. 112, 182, 201, 468, Ci. 442; omnibus, G. 2. 61, 286, 4. 184 *bis*, 212; omnibus, G. 2. 331; omnis, E. 4. 2, 8. 32, G. 3. 266, A. 2. 40, 66, 523, 4. 59, 581, 5. 406, 492†, 540, 570, 833, 6. 618, 667, 9. 293, 438, 498, 11. 422, 476, 806, 12. 282, Ci. 261† (-es); omnis, Ci. 77†; omnia, E. 2. 62, 4. 39, 6. 82, 8. 63, 9. 5, 10, 51, 10. 8, 69, G. 1. 116, 128, 145, 318, 455, 2. 109, 475, 3. 343, 456, 4. 16, 221 (vid. *omnis*), 226, 328, 392, A.

1. 583, 2. 158, 326, 675, 3. 227, 651, 4. 286†, 298, 558, 6. 33†, 105, 117, 188, 510, 565, 887, 7. 100, 309, 8. 21, 303, 310, 9. 296, 313, 650, 10. 447, 11. 400, 509, 550, 900, 12. 454, 478, Cu. 60 (Leo *somnia* edd.), 168 (edd. *flamina* Ben.), 233 (edd. *agmina* Th. *ostia* Ellis), 242 (edd. *inania* Rb.), 380 (edd. *somnia* Rb.), Ci. 152, 188, 271, 427, 437, 458, 478†, 521, M. 102, Ca. 3*. 17†, 6 (3). 6; omnibus (masc.), A. 2. 743, 3. 716; omnibus (neut.), A. 3. 435.
onager: onagros, G. 3. 409.
onero. 19.
oneras, A. 4. 549; onerat, G. 1. 274, A. 3. 485, 11. 342; onerant, G. 4. 378, A. 1. 363, 5. 101, 8. 180; onerabat, G. 4. 133; onerabant, A. 11. 212; onerabit, A. 10. 558; oneravit, A. 9. 24, 10. 620, 868; onerarat, A. 1. 195; oneret, G. 2. 518; onerent, A. 1. 706†; oneratis (fem. abl.), A. 8. 284, 12. 215.
onerosus: onerosa, A. 9. 384; onerosum (neut. acc.), A. 5. 352.
Onites: Oniten, A. 12. 514.
onus. 6.
oneri, A. 2. 723, 729, 11. 550; onus, A. 10. 553; onera (acc.), G. 4. 167, A. 1. 434.
onustus: onustum (masc.), A. 1. 289.
opaco: opacat, A. 6. 195; opacant, G. 2. 55.

opacus. 21.
  opaca, A. 3. 619, 6. 283, 7. 84;
  opacae, A. 8. 658, 10. 161;
  opaci, G. 1. 156;
  opaco (neut.), A. 7. 36;
  opacum (neut.), E. 1. 52, A. 8. 107;
  opaca, A. 4. 123, 6. 136, 208, 11. 851, 905;
  opaco, A. 8. 211;
  opaci, A. 3. 508;
  opaca, Cu. 78;
  opacos, Cu. 372†;
  opacis (masc.), A. 6. 673;
  subst. opaca (acc.), A. 2. 725, 6. 633.
opera: operam, A. 7. 332.
operio: operit, A. 4. 352, 11. 680;
  operta (acc.), G. 1. 465;
  subst. operta (acc.), A. 6. 140.
operor: operata (est), A. 3. 136;
  operatus, G. 1. 339; operata (fem. nom.), Ci. 142.
OPHELTES, A. 9. 201.
opilio; vid. *upilio.*
opimus: opimam, A. 1. 621;
  opima (acc.), A. 2. 782;
  opimis (fem.), A. 3. 224;
  opimis, A. 6. 855, 10. 449.
OPIS, G. 4. 343, A. 11. 836, 867;
  Opim, A. 11. 532.
OPORTET, E. 6. 5, Ci. 262, D. 36.
opperior: opperiens (masc.), A. 1. 454, 10. 771.
oppeto: oppetiit, A. 11. 268;
  oppetere, A. 1. 96, 12. 543, 640;
  oppetisse, A. 9. 654†.
oppidum. 10.
  oppida, G. 4. 178, A. 12. 22;
  oppida, E. 4. 33, G. 2. 156, 176, 3. 402, A. 8. 355, 9. 608, 11. 581, Ca. 14 (6). 3.
oppono. 16.
  opposuit, A. 5. 335;

opposuere, A. 9. 469;
opponere, G. 3. 302, A. 2. 127, 7. 300, 10. 239, 11. 115, 12. 874;
erat oppositus, Cu. 315†;
oppositum (masc.), G. 3. 213, 373, A. 10. 428;
opposita, M. 14;
oppositi, A. 2. 333 (edd. *oppositis* Mγ Rb. Ld.);
oppositas, A. 2. 497;
oppositis (fem.), A. 12. 292;
oppositis, A. 2. 333 (vid. *oppositi*).
opportunus: opportuna (fem. nom.), G. 4. 129, A. 8. 235, 9. 531.
opprimo: oppressum (masc.), A. 9. 398; oppressos, A. 1. 129.
oppugno: oppugnat, A. 5. 439, Ci. 272.
ops. 37.
  opis, G. 2. 428†, A. 1. 601, 2. 803, 8. 377;
  opem, A. 12. 780, Cu. 193, M. 54, 60;
  ope, A. 8. 685;
  opes, A. 1. 364, 3. 53, 11. 419, Ca. 13 (5). 35;
  opum, G. 2. 468, A. 1. 14, 2. 22, 9. 532, 11. 338, 12. 552;
  opes, G. 2. 507, 4. 132, A. 2. 4, 603, 4. 75, 8. 317, 364, 10. 154, 609, Cu. 81, 404;
  opibus, A. 1. 571, 2. 799, 5. 41, 268, 8. 171, 12. 427, Cu. 63.
OPTATO, A. 10. 405 (vid. *opto* subst.).
optatus; vid. *opto.*
optimus; vid. *bonus.*
OPTO. 43.
  opto, G. 2. 42, A. 2. 655, 3. 498, 7. 273;
  optas, A. 5. 813, 7. 260;
  optat, A. 4. 159;

optatis, A. 1. 570;
optant, Ci. 351†, 352;
optabam, A. 2. 636;
optabant, Ca. 9 (11). 30;
optabis, A. 11. 57†;
optavit, A. 3. 109, 6. 501†;
optastis, A. 10. 279†;
optavere, A. 11. 582;
optaverit, A. 10. 503;
optem, A. 4. 24, 5. 29;
optes, A. 1. 76;
opta, A. 12. 892;
optate, A. 8. 503;
optare, A. 1. 425†, 5. 247;
optantibus (masc. dat.), A. 8. 200;
masc. subst. optanti (dat.), A. 9. 6;
optatae (gen.), A. 3. 132, 509, Ci. 276;
optatum, A. 5. 201;
optatam, Ci. 527;
optatum, A. 11. 270;
optato, A. 7. 303;
optata, A. 1. 172, 4. 619;
optato, Cu. 79;
optatae, A. 3. 530;
optata, Ci. 496;
optatos, A. 8. 405;
optatis (fem.), A. 6. 203;
neut. subst. optato (abl.), A. 10. 405 (vid. *optato* adv.);
optatis (abl.), Ca. 9 (11). 63.
optumus; vid. *bonus.*
OPULENTIA, A. 7. 262.
opulentus: opulentum (neut. acc.), A. 1. 447; opulenta (acc.), A. 8. 475.
OPUS. 46.
opus, G. 4. 169, A. 1. 4*, 436, 6. 129, 10. 469, M. 39†, 66†, 69, 111;
operi, A. 1. 504, 2. 235, 8. 411, 432, 10. 792, M. 24;
opus, E. 3. 37, A. 5. 119, 7. 45,

8. 516, 10. 785, Cu. 395, M. 48, 115, L. 70;
opere, G. 3. 519, A. 4. 407†, 6. 31;
opera, A. 4. 88;
operum, G. 1. 277, 2. 155, 472, 4. 184, 215, A. 1. 455, 507, 3. 20, 5. 284, 9. 607, 11. 228, Cu. 107;
opera, A. 4. 607, 6. 183, 8. 415, 11. 183, 12. 429, 699.
OPUS, A. 6. 261, 9. 149, Ca. 10 (8). 5.
ORA. 62.
ora, G. 2. 225, A. 3. 707, 10. 706, Cu. 313†, Ca. 14 (6). 12 (Ben. *ara* edd.);
orae (dat.), A. 3. 410;
oram, E. 8. 7, G. 2. 44, A. 3. 396;
oris, A. 1. 377, 538, 616, 3. 131, 338, 569, 715†, 6. 2, 7. 39;
oras, G. 2. 47 (M¹ edd. *auras* M² Con.), 4. 39†, 188, A. 1. 158, 307, 512, 2. 117, 3. 75, 108, 4. 106, 5. 703, 6. 61, 7. 660, 9. 528, 10. 243, 477, 588, 12. 381†, 924;
oris, G. 2. 171, 3. 196, 225, A. 1. 1, 252, 301, 331, 369, 2. 91, 282, 788, 3. 97, 117, 7. 270, 564, 647, 8. 51, 323, 381, 454, 10. 164, 198, 655, 11. 281, Ci. 165†.
oraculum (oraclum). 7.
oraclum, A. 3. 143;
oracula, G. 2. 16, A. 8. 131;
oracula, G. 4. 449, A. 2. 114, 3. 456, 7. 81.
orator: oratores, A. 11. 100;
oratores, A. 7. 153, 8. 505, 11. 331.
ORBIS. 77.
orbis, E. 6. 34†, G. 1. 26, 459, 2. 339, A. 1. 233, 5. 46, 7. 224, L. 40;

339

orbis, G. 2. 123†, 4. 484, A. 1.
331, 12. 708, Cu. 360;
orbem, E. 3. 41, 4. 17, 8. 9, G.
1. 62, 209†, 231, 505, 2. 114,
401, 4. 79, 426, A. 1. 457, 602,
3. 512, 4. 119, 231, 5. 65, 7.
114, 258, 8. 97, 673, 10. 546,
783, 11. 257, 694, Cu. 391, 396,
399 (Ellis *ruborem* Rb. *rubore*
Th. *colore* Ben. *terrorem* Leo),
Ci. 16, 38†, 175 (Rb. Ben.
amorem Th. Ellis), M. 26, 48,
58, 97, Ca. 3 (12). 3, 9 (11). 57;
orbe, E. 1. 66, G. 1. 442, 511,
A. 2. 227, 6. 745;
orbes, Cu. 222†;
orbis, G. 1. 337, 2. 153, 3. 173
(-es), 361, 424, A. 1. 269, 5.
584 (-es), 8. 137 (-es), 448
(-es), 10. 885 (-es), 12. 481
(-es), 670 (-es), 743 (-es), 763,
925 (-es), Cu. 167 (-es), 180,
M. 112† (-es);
orbibus, A. 2. 204, 5. 584, 8.
448.
ORBITA, G. 3. 293.
orbitosus: orbitosa (acc.), Ca. 10
(8). 17.
ORBUS, Cu. 253; orbum (masc.),
Ci. 360†; orbi (nom.), A. 11.
216.
orchas: orchades (nom.), G. 2.
86.
ORCUS (HORCUS). 9.
Horcus, G. 1. 277†;
Orci, G. 4. 502, A. 6. 273, 8.
296;
Orco, A. 2. 398, 4. 699, 9. 527,
785;
Orco, A. 4. 242.
ordior. 10.
orsus (est), A. 1. 325, 2. 2, 12.
806;
orsa (est), A. 6. 125, 562;
orsus, A. 9. 656;

orsa (fem. nom.), A. 7. 386†;
subst. orsa (acc.), A. 7. 435, 10.
632, 11. 124.
ordius: neut. subst. ordia (nom.),
E. 6. 33 (Con. *exordia* R Rb.
Ben. *ex omnia* P Ld. Th.).
ORDO. 47.
ordo, E. 4. 5, G. 1. 239, A. 3.
376, 5. 707, 7. 44, 11. 94, Cu.
4;
ordine, E. 1. 73, 7. 20, G. 1.
276, 425, 3. 341, 4. 4, 376, 507,
537, A. 1. 395, 456, 703, 2. 102,
766, 3. 179, 447, 548, 5. 53,
102, 120, 271, 349, 773, 6. 482,
723, 754, 7. 139, 152, 177, 276,
8. 629, 722, 11. 79, 144, 241,
Ci. 29, 339†, 417, D. 42;
ordinibus (dat.), G. 2. 277.
oreas: oreades (nom.), A. 1. 500.
ORESTES, A. 3. 331, 4. 471.
ORGIA, A. 4. 303;
orgia, G. 4. 521, A. 6. 517, 7.
403.
orichalcum: orichalco (abl.), A.
12. 87.
Oricius: Oricia (abl.), A. 10.
136†.
ORIENS. 6.
Oriens, G. 1. 250, A. 5. 739,
Cu. 30;
Orientis, A. 1. 289, 8. 687;
Oriente, A. 5. 42.
ORIGO. 17.
origo, E. 6. 72, A. 6. 730, 7.
731, 12. 166;
origine, G. 2. 336, 3. 48, 122,
473, 4. 286, A. 1. 286, 372, 642,
753, 7. 181, 10. 179, 618, Ca.
10 (8). 14.
ORION. 6.
Orion, A. 1. 535, 4. 52, 7. 719,
10. 763†;
Oriona, A. 3. 517, Ci. 535†.
orior. 17.

oritur, A. 2. 411, 680, 11. 885, Cu. 24;

ortus (est), A. 3. 167, 7. 240; foret orta, L. 60;

ortum (masc. esse), A. 1. 626;

ortas (esse), A. 9. 92;

oriens (fem.), A. 7. 51, Cu. 202;

orientia (acc.), A. 7. 138, 8. 68;

ortus, A. 7. 206;

orta, A. 7. 149, 12. 114;

orto (masc. abl.), G. 3. 156.

ORITHYIA, G. 4. 463, A. 12. 83.

ornatus: ornatum, A. 7. 74; ornatus (acc.), A. 1. 650.

Ornitus; vid. *Ornytus.*

orno. 12.

ornat, A. 10. 638;

ornabat, A. 7. 488;

ornabant, Ca. 9 (11). 21;

ornabo, Ca. 14 (6). 6;

ornaverat, A. 12. 344;

ornet, Cu. 83†;

ornaret, G. 4. 119†;

ornate, E. 7. 25;

ornantur, Ci. 30;

ornatae (sunt), G. 4. 276;

ornatus, E. 6. 68, G. 3. 21.

ORNUS. 9.

ornus, G. 2. 71;

ornum, A. 2. 626, 10. 766;

orno, Cu. 192 (edd. *arbore* Rb. Ellis);

orni, G. 2. 111;

ornos, E. 6. 71†, A. 4. 491, 6. 182, 11. 138.

ORNYTUS, A. 11. 677 (mss. edd. *Ornitus* M² Con.).

ORO. 51.

oro, A. 2. 143, 4. 319, 431, 435, 5. 796, 6. 76, 106, 364, 8. 577, 9. 284, 290, 10. 61, 903, 905, 11. 442, 12. 60, 680, 933;

orat, E. 2. 43, A. 4. 451;

oramus, A. 1. 525;

oratis, A. 11. 111;

orant, A. 5. 617, 9. 231;

orabat, A. 4. 437, 6. 124, 10. 96;

orabunt, A. 6. 849;

oraveris, A. 6. 92;

oremus, A. 11. 358, 414;

orate, G. 1. 100;

orare, A. 10. 80;

orasse, A. 4. 205;

orans (masc.), A. 6. 116, 9. 24;

oranti (masc.), A. 7. 446;

orantem (masc.), A. 4. 219, 12. 294;

orantes (masc. nom.), A. 1. 519, 6. 313;

masc. subst. orantis, A. 10. 536 (MP²R edd. *oranti* P¹ Rb.), 554;

oranti, A. 10. 536 (vid. *orantis*), 599, 11. 697, 797;

orantis (acc.), A. 11. 885;

orandi, G. 4. 537;

orando (abl.), G. 4. 399;

oratur, A. 10. 623;

oranda (esse), A. 2. 232.

ORODES, A. 10. 737†; Oroden, A. 10. 732†.

Orontes: Oronti, A. 1. 220†; Oronten, A. 1. 113†, 6. 334†.

ORPHEUS. 16.

Orpheus, E. 4. 55, 8. 55, 56, G. 4. 454, A. 6. 119, Cu. 117 (edd. *Oeagrius* Ellis);

Orpheos, Cu. 269; Orphei, Cu. 279;

Orphei, E. 4. 57†, G. 4. 545†, 553†;

Orphea, E. 3. 46, 6. 30, Cu. 277 (Ben. *ante* edd.);

Orpheu, G. 4. 494†, Cu. 292†.

orsa; vid. *ordior.*

Orses: Orsen, A. 10. 748.

ORSILOCHUS, A. 11. 636; Orsilochum, A. 11. 690, 694.

orsus: orsum, Cu. 2.

Ortinus: Ortinae (nom.), A. 7. 716†.

ortus. 10.
ortum, G. 1. 441;
ortu, G. 1. 432, Cu. 347;
ortus (acc.), E. 9. 46, G. 1. 251, 3. 277, 4. 544, 552, A. 4. 118, 6. 255.

Ortygia: Ortygiae (gen.), A. 3. 124, 143;
Ortygiam, A. 3. 154, 694.

Ortygius: Ortygium, A. 9. 573.

os. 183.
oris, G. 4. 300, A. 9. 646, 11. 680, Ci. 453, 496;
os, G. 3. 454, 4. 232, A. 1. 315, 589, 4. 659, 6. 80, 7. 667 (Rb. *om.* mss. edd.), 8. 152, 591, 10. 699, 12. 300, Ca. 13 (5). 32 (edd. *osus* Th.);
ore, G. 1. 399, 430, 3. 203, 273, 294, 439, 516, 4. 17, 92†, 97, 201, 230 (PRM¹ edd. *ora* M² Th. Con.), 277, 444, A. 1. 296, 559, 614, 737, 2. 475, 482, 524, 593, 658, 3. 234, 373, 463†, 696, 4. 11, 79, 150, 276, 329, 510, 685, 5. 71, 385, 470, 842, 6. 76, 155, 530, 607, 686, 7. 103, 118, 194, 436, 451, 8. 199, 9. 5, 319, 341, 442, 10. 323, 349, 489, 11. 123, 132, 190, 251, 418, 535, 754, 12. 8, 47, 69, 101, 692, 802, 837, Cu. 166 (Th. Ben. *aere* edd.), 179, Ci. 180, 265, 357, Ca. 14*. 2;
ora, G. 2. 43, 4. 406, A. 3. 218, 4. 183, 6. 53, 102, 625, 8. 197, 9. 471, 11. 300, 12. 335, Cu. 220;
oribus, A. 8. 486;
ora, G. 2. 135, 246, 387, 3. 9, 188, 399, 4. 230 (vid. *ore*), 292†, 452, 477, 483, A. 1. 95, 245, 354, 658, 2. 1, 211, 247, 423, 531, 663, 681, 3. 174, 425, 457, 490, 4. 62, 195, 499, 511, 673, 5. 200, 340, 369, 477, 553, 576, 6. 108, 191, 308, 495, 496, 604, 688, 699, 7. 250, 328, 575, 8. 229, 486, 520, 669, 9. 181, 251, 10. 415, 728, 790, 821, 822, 11. 39, 86, 90, 121, 233, 296, 698†, 819, 887, 12. 66, 82, 235, 373, 652, 656, 865, 871, Co. 33;
oribus, A. 10. 566.

os. 43.
ossa, E. 10. 33, A. 6. 328;
ossibus, E. 3. 102, G. 3. 272, A. 1. 660, 7. 355, 10. 384 (vid. abl.);
ossa, G. 1. 497, 3. 457, 485, A. 2. 121, 3. 57, 308, 4. 101, 5. 31, 47, 55†, 422, 480, 787, 6. 55, 228, 379, 7. 3, 458, 8. 297, 390, 9. 475, 10. 416, 11. 212, 696, 816, 12. 448, Cu. 197, Ci. 164, Co. 36 (Th. Ben. *ista* edd.);
ossibus, G. 3. 258, 4. 308, A. 4. 625, 5. 172, 865, 9. 66, 10. 384 (vid. dat.), 12. 36.

Osci: Oscorum, A. 7. 730†.

oscillum: oscilla (acc.), G. 2. 389.

osculum. 7.
oscula (acc.), G. 2. 523, A. 1. 256, 687, 2. 490, 12. 434, Cu. 293, Ci. 253.

Osinis; vid. *Osiris.*

OSINIUS, A. 10. 655†.

Osiris: Osirim, A. 12. 458 (mss. edd. *Osinim* Th.).

Ossa: Ossae (dat.), G. 1. 282;
Ossam, G. 1. 281.

Ossaeus: Ossaeis (neut. abl.), Ci. 33.

ostendo. 18.
ostendit, A. 2. 388, 5. 376, 6. 368;

subst. pacto (neut. abl.), G. 2. 248, Ci. 508;

pactas, A. 10. 79.

paco: pacarit (subi.), A. 6. 803†; pacatum (masc.), E. 4. 17.

pacta, pactum; vid. *pacisco.*

PACTOLUS, A. 10. 142 (mss. edd. *Pactolos* R Gos.).

Padus: Padi, A. 9. 680; Pado (dat.), G. 2. 452.

Padusa: Padusae (gen.), A. 11. 457.

paean: paeana, A. 6. 657, 10. 738.

PAENE, E. 9. 18.

PAENITET, E. 10. 16†; paeniteat, E. 2. 34, 10. 17, A. 1. 549.

Paeonum; vid. *Paeonius.*

Paeonius: Paeonium (masc.), A. 12. 401 (edd. *Paeonum* P Ld.); Paeoniis (fem. abl.), A. 7. 769†.

Paestum: Paesti, G. 4. 119†.

Pagasus: Pagasum, A. 11. 670.

PAGINA, E. 6. 12, Cu. 26, Ci. 41.

pagus: pagos, G. 2. 382.

PALAEMON, A. 5. 823, Ci. 396.

PALAEMON, E. 3. 50†; Palaemon, E. 3. 53.

Palaepaphia: Palaepaphiae (gen.), Ci. 88 (Rb. Ellis *Palaephatia* Th. Ben.).

Palaephatius: Palaephatia (abl.), Ci. 88 (Th. Ben. *Palaepaphiae* Rb. Ellis).

palaestra: palaestrae (dat.), G. 2. 531†; palaestras, A. 3. 281; palaestris, A. 6. 642.

PALAM, A. 7. 428, 9. 153.

Palamedes: Palamedis, A. 2. 82.

palans; vid. *palor.*

Palatinus: Palatini (masc. gen.), A. 9. 9.

Palatium: Palatia (acc.), G. 1. 499.

palatum: palato, M. 54; palato, G. 3. 388.

palea: paleam, G. 1. 368; palea, G. 1. 192; paleae, G. 3. 134.

palear: palearia (nom.), G. 3. 53.

PALES, E. 5. 35, Cu. 77; Pales, G. 3. 1, 294, Cu. 20†.

Palicus: Palici, A. 9. 585†.

PALINURUS. 13.
Palinurus, A. 3. 202, 513, 562, 5. 12, 833, 847, 6. 337; Palinuri, A. 6. 381; Palinure, A. 5. 840, 843, 871, 6. 341, 373.

PALIURUS, E. 5. 39†.

palla. 6.
pallae (gen.), A. 11. 576; pallam, A. 1. 648, 711, Ci. 151; palla, A. 6. 555, 8. 702.

Palladium: Palladii, A. 9. 151†; Palladium, A. 2. 166; Palladio, A. 2. 183, Cu. 329 (Ellis *Pallade iam* edd.).

Palladius: Palladii (neut.), M. 113; Palladia (abl.), G. 2. 181; Palladiae, Ci. 29.

Pallanteus: Pallantea (acc.), A. 9. 196, 241;
neut. subst. Pallanteum (acc.), A. 8. 54, 341.

PALLAS. 12.
Pallas, E. 2. 61, A. 1. 39, 2. 615, 5. 704; Palladis, A. 1. 479, 2. 15, 163, 3. 544, 7. 154, 8. 435, 11. 477; Pallade, Cu. 329 (edd. *Palladio* Ellis).

Pallas: Pallantis, A. 8. 54; Pallante, A. 8. 51.

PALLAS. 41.
Pallas, A. 8. 104†, 110, 121, 168, 466, 519, 587, 10. 160, 365, 385, 393, 399, 420, 433, 442, 458, 474, 515, 11. 27, 12. 948 *bis;*

pampineis (fem.), A. 6. 804.

PAMPINUS, G. 1. 448, 2. 333, D. 12;

pampino (abl.), Ca. 2*. 8.

PAN. 14.

Pan, E. 2. 32, 33, 4. 58, 59, 10. 26, G. 1. 17, 3. 392;

Panos, A. 8. 344;

Pana, E. 2. 31, 5. 59, 8. 24, G. 2. 494;

panes (nom.), Cu. 94, 115.

panacea: panaceam, A. 12. 419.

Panchaeus: Panchaeis (masc. abl.), G. 4. 379.

PANCHAIA, G. 2. 139.

Panchaius: Panchaia (neut. nom.), Cu. 87.

Pandarus: Pandare, A. 5. 496.

PANDARUS, A. 9. 672, 722, 735, 11. 396.

Pandionius: Pandionia (abl.), Ci. 408 (Rb. in ed. min. Th. Ben. *Odomantina* Rb. in ed. mai. *O numantina* Ellis); Pandioniis (fem.), Ci. 101; Pandionias, Cu. 251.

PANDO. 34.

pando, A. 3. 179, 252†;

pandit, A. 3. 479, 6. 282, 525, 723, 12. 626;

pandimus, A. 2. 234, 3. 520;

pandunt, G. 1. 398, 2. 258;

pandebant, Cu. 185†;

pandas, A. 6. 109;

pandite, A. 7. 641, 10. 163;

pandere, G. 4. 28, 284, A. 6. 267, 12. 584;

pandens, A. 6. 421;

pandens (fem.), G. 2. 296 (γ Rb. *tendens* MPRV² edd.);

pandentem (masc.), A. 8. 712;

panditur, G. 1. 34, A. 8. 262, 10. 1;

panduntur, A. 2. 27, 6. 574, 740;

pandetur, A. 6. 97;

passos, G. 4. 269;

passis, A. 1. 480, 2. 403;

passis (fem.), A. 3. 263;

neut. subst. passo (dat.), G. 2. 93.

pandus: pandis (fem.), G. 2. 194†; pandas, G. 2. 445.

PANGAEA, G. 4. 462†.

pango: pepigi, A. 8. 144;

pepigit, A. 10. 902;

pepigere, A. 11. 133, 12. 12;

pangeret, Ci. 14.

panis: panem, M. 119.

PANOPEA, A. 5. 240, 825; Panopeae (dat.), G. 1. 437†.

PANOPES, A. 5. 300.

Pantagias: Pantagiae (gen.), A. 3. 689†.

pantex: pantices (acc.), Ca. 13 (5). 31.

panthera: pantherae (gen.), A. 8. 460†.

PANTHUS, A. 2. 318, 319;

Panthu, A. 2. 322, 429.

PAPAVER. 9.

papaver, M. 75†, Ca. 3*. 12;

papaver, G. 1. 212, 4. 131, A. 4. 486;

papavera, G. 1. 78, A. 9. 436;

papavera, E. 2. 47†, G. 4. 545.

Paphius: Paphiae (nom.), G. 2. 64.

PAPHUS, A. 10. 51, 86†;

Paphum, A. 1. 415; Paphon, Ca. 14 (6). 2.

papilla: papillam, A. 11. 803, 862.

papula: papulae (nom.), G. 3. 564.

PAPYRUS, Ci. 88 (Th. Ben. *Pachynus* Rb. Ellis).

par. 37.

par, A. 2. 794†, 6. 702†, 11. 174, 422;

par, Cu. 231, Ci. 361 (Th. *qui nolit* Rb. Ben. *non dat* Ellis);
parem (masc.), G. 1. 258;
pares, E. 7. 5, A. 1. 705, 5. 580;
pares, A. 5. 114;
paria, A. 10. 741†;
paribus (neut.), A. 9. 655;
pares, G. 3. 169;
pares, G. 1. 208;
paria, A. 11. 439;
paribus, E. 5. 90, G. 2. 284, A. 5. 562, 10. 568;
paribus, G. 4. 99, A. 4. 252, 5. 657, 6. 159, 9. 14, 12. 190, 847, M. 122;
paribus, G. 1. 489, A. 4. 102, 5. 425, 6. 184, 826, 7. 256, 11. 520, 710, 12. 344.
PARCAE. 11.
  Parcae, E. 4. 47, A. 9. 107, 10. 419, 815, 12. 147, Ci. 125, 270;
  parcae, A. 3. 379, 5. 798;
  Parcarum, A. 12. 150;
  parcas, A. 1. 22.
parce: parcius, E. 3. 7.
parco. 22.
  parcimus, A. 10. 880;
  parcebant, G. 2. 339;
  parces, G. 4. 239;
  pepercit, A. 2. 534;
  parceret, A. 11. 105;
  parce, A. 1. 257, 526, 3. 41, 42, 6. 834, 9. 656, 10. 532, Co. 26;
  parcite, E. 3. 94, 8. 109 *bis*, A. 12. 693;
  parcere, A. 6. 63, 853, 7. 115, 8. 317;
  parcendum (est), G. 2. 363.
parcus: parco (masc. abl.), G. 3. 403; parcis (fem. dat.), G. 1. 4.
PARENS. 82.
  parens, G. 3. 36, A. 6. 609, 10. 443;
  parens (fem.), A. 4. 178, 365,

9. 84, Cu. 311 (Ellis *potens* Rb. *patens* edd.), Ci. 68;
parentis, E. 4. 26†, A. 1. 646, 2. 299, 5. 47, 55, 95, 722, 747, 7. 368, 8. 155, 9. 3, 10. 840, 12. 43, 395, 932, Ci. 235, 532;
parentis (fem.), A. 2. 606, 3. 341, 8. 531, 729, 9. 289;
parenti (masc.), A. 3. 169, 469†, 6. 687†, 10. 507†, 616, 11. 45, 152, 12. 90;
parentem, A. 1. 75, 2. 138, 596, 3. 58, 4. 599, 6. 765, 7. 48, 8. 122, 9. 261, 12. 348, Ci. 240, 333, 360†;
parentem, G. 4. 320, A. 9. 90†;
parens, A. 5. 80;
parens (fem.), G. 2. 173, A. 2. 591, 664, 6. 197, 10. 252;
parentes, E. 4. 62, G. 3. 262, A. 1. 392, 606, 10. 597;
parentum, G. 3. 101, 4. 477, A. 2. 448, 531, 681, 3. 94, 5. 39, 553, 576, 6. 223, 308, 7. 172, 10. 827, 11. 887;
parentibus, A. 10. 392;
parentes, A. 3. 180†, 7. 140;
parentibus, A. 11. 216.
pareo. 21.
  paret, A. 1. 689, Ci. 353;
  paremus, A. 3. 189, 4. 577;
  parent, A. 4. 295, 7. 485, 10. 176;
  parerent, A. 1. 3*;
  pare, A. 5. 728;
  parere, E. 5. 4, G. 3. 208, A. 2. 607, 4. 238, 7. 433, 10. 179, 12. 189, 236, 568;
  parens (masc.), A. 1. 695, 11. 242;
  parentes (acc.), M. 123.
PARIES, M. 20;
  parietibus, A. 2. 442;
  parietibus, G. 4. 297, A. 5. 589.
parilis: pariles (masc.), Cu.

358†; pariles (masc.), Cu. 229.
pario. 13.
 parient, Ca. 9 (11). 58;
 peperere, A. 6. 435, 11. 25;
 peperissem, Ci. 282;
 partus (est), A. 6. 89;
 parta (est), A. 2. 784, 3. 495, 7. 598;
 parta sunt, E. 3. 68;
 partum (masc.), A. 5. 229;
 parto (masc.), A. 2. 578;
 neut. subst. parto, A. 8. 317†;
 parto, G. 1. 300.
Paris. 11.
 Paris, E. 2. 61, A. 2. 602, 4. 215, 7. 321, 10. 705 (edd. *creat* mss. Con.), Cu. 325;
 Paridis, A. 1. 27, 6. 57, 10. 702;
 Paridem, A. 5. 370; Parin, A. 10. 705†.
pariter. 35.
 pariter, G. 1. 189, 455, 4. 37, A. 1. 572, 714, 2. 205, 729, 3. 560, 4. 190, 241, 5. 142, 508, 553, 587, 830, 6. 633, 769, 7. 729, 8. 444, 545 *bis*, 9. 182, 505, 559, 628, 10. 222, 347, 756 *bis*, 865, 11. 592, 673, 12. 574, Cu. 3 (Rb. *propter* mss. edd.), M. 102.
Parius, A. 1. 593; Parii (nom.), G. 3. 34.
parma. 8.
 parma, A. 11. 693;
 parmam, A. 2. 175, 10. 817;
 parma, A. 9. 548, 765, 10. 800, 11. 711;
 parmas, A. 11. 619.
Parnasius: Parnasia (fem. nom.), E. 6. 29†, G. 2. 18, Cu. 15.
Parnasus: Parnasi, E. 10. 11, G. 3. 291†.
paro. 69.
 paro, A. 8. 476, 11. 515;

paras, E. 2. 72, A. 3. 382, 5. 14, 6. 369, 8. 400;
parat, A. 1. 678, 4. 503, 7. 624, 10. 585, 770, 12. 844, Ci. 382;
paratis, A. 3. 248, 9. 248;
parant, G. 1. 265, A. 1. 179, 638, 2. 181†, 447, 4. 88, 118, 7. 605, 9. 506;
parabat, A. 1. 360, 4. 238, 9. 81;
parabant, A. 4. 676, 12. 117;
paravi, A. 4. 638;
parem, A. 11. 509;
paret, A. 2. 121 (Th. *parent* mss. edd.);
parent, A. 2. 121 (vid. *paret*), 4. 290†, 10. 259;
pararet, A. 8. 214†;
pararit, E. 6. 79†;
para, A. 3. 160, 7. 430 (FRγ Con. Gos. *iube* M edd.);
parate, A. 11. 18;
parans (masc.), A. 11. 549;
paranti (masc.), Cu. 182 (edd. *parante* Th. Ben.);
parantem (masc.), A. 4. 390 (P edd. *volentem* M Ld.);
parante (masc.), Cu. 182 (vid. *paranti*);
masc. subst. parantis (gen.), A. 10. 554;
parabitur, G. 1. 429;
sum paratus, A. 12. 38;
paratae (sunt), A. 1. 362, 6. 604 (FMP edd. *paternae* R Con.);
erit paratus, Cu. 6†;
paretur, G. 2. 266;
parari, A. 2. 132, 4. 299, 7. 468, 9. 158;
paratus, A. 2. 61;
parata, A. 2. 334, Ca. 2*. 18;
paratam, A. 4. 75;
paratum, A. 5. 548†;
parato (masc.), A. 5. 513, 10. 654;

402, 4. 176, 9. 299, 11. 430;
parvi, A. 2. 563;
parvae, A. 12. 862;
parvae, A. 3. 276;
parvom, A. 2. 320, 674;
parvam, E. 8. 37, G. 1. 414, A.
3. 349, 8. 554;
parve, E. 4. 60, 62, Cu. 413;
parvo, Ci. 380;
parva, A. 7. 187, M. 19;
parvo, A. 3. 685;
parva, A. 9. 143†;
parvos, G. 2. 514, 4. 201†, A.
8. 413, 543;
parva, A. 2. 213, 7. 243, 12.
475, Ca. 3*. 9;
parvis (masc.), A. 6. 811;
subst. parvae, A. 11. 575;
parvo, A. 10. 317;
parvo (neut.), A. 9. 607;
parvo (neut.), A. 6. 843, 10.
494;
parvis (neut. dat.), E. 1. 23;
parva, G. 4. 176;
minor, G. 2. 99, 3. 240, 306,
A. 9. 452, 10. 129, Ca. 14*. 2;
minor, G. 3. 319, A. 5. 803, 9.
342, L. 75;
minorem (fem.), A. 9. 593;
subst. minores, A. 6. 822, 8.
268†;
minores, G. 4. 180;
minores (masc.), A. 1. 532,
733, 3. 165.
pasco. 54.
pascis, A. 10. 627;
pascit, G. 2. 189, 3. 50 (MRγ
edd. *pascet* P Rb.), 4. 395, A. 1.
464, 7. 684;
pascunt, G. 3. 143†, A. 3. 650,
11. 319;
pasces, G. 3. 155†;
pascet, G. 3. 50 (vid. *pascit*),
A. 1. 608†;
pavit, E. 10. 18;

pavere, G. 4. 152;
pascat, G. 2. 285;
pasce, E. 9. 23, G. 3. 406;
pascite, E. 1. 45, 3. 85, 86;
pascere, E. 6. 5, G. 3. 335, A.
6. 655, 7. 391;
pascentem, G. 2. 199;
pascentem, G. 3. 467;
pascente (masc.), E. 1. 77;
pascentes (fem.), A. 6. 199;
pascentis, E. 4. 45, 5. 12;
pascentes, E. 3. 96;
pascitur, G. 3. 219, 342, A. 1.
186, 11. 787;
pascuntur, G. 2. 375, 432, 3.
162, 314, 528, 4. 181, A. 6. 653;
pascentur, E. 1. 59†, 5. 77;
pascantur, D. 43;
pasci, A. 2. 684;
pastus, G. 3. 231, A. 2. 471, 10.
710, D. 52†;
pasti (nom.), E. 7. 39, 44;
pastae, E. 9. 31;
pastos, E. 5. 24;
pastas, E. 9. 24†.
pascum. 7.
pascua (acc.), E. 1. 48, G. 3.
213, 323, 339, Cu. 382, D. 11;
pascuis, Ca. 2*. 10.
PASIPHAE, A. 6. 25; Pasiphaen,
E. 6. 46†, A. 6. 447†.
PASSIM. 22.
passim, E. 4. 19, 7. 54, G. 1.
132, 4. 181, A. 2. 364, 384, 570,
3. 220, 510, 4. 162, 195, 5. 676,
6. 652, 886, 8. 360, 9. 316, 11.
385, Cu. 154†, 356, Ci. 78, M.
95, D. 69.
passum; vid. *pando* subst.
passus: passibus (abl.), A. 2.
724, 6. 263, 7. 157, 11. 907.
PASTOR. 44.
pastor, E. 2. 1, 6. 67, G. 3. 2,
402, 455, 4. 317, A. 2. 308, 4.
71, 7. 363, 10. 406, 12. 587, Cu.

46, 96 (edd. *pastori* Ellis), 99†,
108, 157, 204;
pastoris, E. 10. 51, Cu. 58, Co.
10;
pastori, Cu. 96 (vid. *pastor*);
pastorem, E. 6. 4, A. 3. 657,
12. 305;
pastor, G. 3. 420;
pastore, A. 11. 811, Cu. 104;
pastores, E. 1. 21, 9. 34, G. 3.
281, 4. 278, A. 2. 58, Ca. 9 (11).
18;
pastorum, E. 8. 1, 23, G. 3.
477, 4. 565, A. 7. 574, 11. 569;
pastoribus, G. 2. 435;
pastores, E. 5. 59, G. 3. 339;
pastores, E. 5. 41, 7. 25;
pastoribus, G. 2. 303.
pastoralis: pastoralem (fem.), A.
7. 817; pastorale, A. 7. 513.
pastus: pastu, G. 1. 381, 4. 186,
434, A. 7. 700;
pastus (acc.), A. 11. 494.
Patavium: Patavi, A. 1. 247.
patefacio:. patefactus, A. 2. 259.
pateo. 26.
patet, A. 2. 661, 6. 127, 578, 9.
238, 11. 644, Ci. 472†;
patent, Ca. 9 (11). 4;
patebat, M. 17†;
patuit, A. 1. 405;
patuerunt, A. 12. 710; patu-
ere, A. 6. 81, 8. 242;
pateat, E. 3. 105;
pateant, A. 1. 298;
patens (fem.), Cu. 311 (edd.
potens Rb. *parens* Ellis);
patentem (fem.), A. 7. 230;
patens, A. 11. 40;
patenti (neut.), G. 2. 41;
patentes (fem.), Cu. 123;
patentis, G. 4. 77, A. 4. 153,
5. 552, 9. 683†;
patentis, A. 9. 693, 11. 879;
patentibus (fem.), A. 2. 266.

PATER. 213.
pater, E. 3. 33, 4. 56, G. 1. 121,
283, 328, 353, 2. 325, 4. 323,
369, A. 1. 60, 65, 345, 580, 699,
2. 2, 87, 617, 648, 653, 678,
687, 3. 9, 107, 144, 168, 251,
263, 343, 525, 539, 558, 610,
716, 4. 25, 234, 372, 5. 130,
241, 348, 358, 424, 461, 521,
545, 700, 867, 6. 592, 679, 713,
780, 820, 854, 867, 7. 48, 61,
92, 119, 141, 178, 245, 274,
327, 485, 558, 593, 618, 654,
770, 792, 8. 28, 115, 134, 138,
198, 357, 394, 398, 454, 558,
606, 9. 172, 300, 406, 449, 649,
10. 2, 100, 351, 450, 619, 743,
875, 11. 57, 184, 469, 558, 904,
12. 166, 178, 440, 520, 697,
703, Ci. 72, 134, 202, 269, 392,
523, Ca. 3*. 6, 9 (11). 31, 36;
patris, G. 2. 67, A. 1. 665†, 2.
663†, 4. 238, 351, 427, 5. 31,
827, 863, 6. 116, 7. 102, 8. 550,
10. 460, 534, 688, 11. 62, 12.
22, Cu. 298, Ci. 53 (Ellis *patria*
Th. Ben. *patrio* Rb.), 131, 185,
281, 319, 330, 531 (Ben. *patriae* Rb. *nati* Th. Ellis);
patri, A. 2. 674, 4. 58, 5. 603,
6. 859, 7. 282, 9. 312, 10. 525,
11. 63†, 178, Ca. 11 (14). 8;
patrem, G. 4. 382, A. 2. 663,
666, 724, 747, 3. 35, 4. 605, Ca.
8 (10). 5;
pater, G. 2. 4, 7, A. 1. 555, 2.
691, 707, 3. 89, 710, 5. 14, 533,
690, 6. 719, 863, 7. 685, 8. 540,
9. 495, 10. 18, 62, 421, 11. 356,
410, 789, 12. 13, 50, 180, Ci.
191, D. 93†, L. 28, 31;
patre, A. 10. 205, 11. 341, 666;
patres, G. 2. 473, A. 1. 7, 7.
176†, 372, 727†, 8. 132†, 9. 192,
11. 454;

351

patrum, G. 2. 509, 3. 128, 138,
177, A. 1. 95, 641†, 2. 715, 5.
341, 8. 598, 10. 282, 11. 186,
688;
patribus, A. 7. 611, 12. 211;
patres, A. 2. 579, 4. 682;
patribus, A. 5. 758, 8. 679, 11.
379.
patera. 13.
   pateram, A. 1. 729, 739, 4. 60†,
   5. 775;
   pateras, A. 3. 67, 355, 5. 91,
   7. 133, 8. 640†;
   pateris, G. 2. 192, A. 5. 98, 6.
   249, 12. 174.
paternus. 12.
   paternae (gen.), A. 10. 188, 12.
   225;
   paterno (neut.), Ci. 386†;
   paternum (neut.), A. 7. 657;
   paterna, A. 8. 226, 10. 705;
   paternae, A. 6. 604 (R Con.
   paratae FMP edd.);
   paternas, A. 11. 44;
   paterna, Ca. 10 (8). 22;
   paternae, A. 5. 81;
   paternis (neut.), A. 3. 121, 10.
   852.
patesco: patescit, A. 3. 530; pa-
tescunt, A. 2. 309, 483.
PATIOR. 63.
   patior, A. 8. 577†, Ci. 249 (Ellis *patiar* edd.), L. 38;
   patitur, G. 2. 318, 3. 216, A. 9.
   795, 12. 480, Ci. 255, L. 30;
   patimur, A. 6. 743;
   patiuntur, A. 7. 200, Ci. 62;
   patiere, G. 1. 72, A. 7. 421;
   patieris, A. 11. 847;
   patietur, E. 4. 40;
   passus (est), E. 8. 24, G. 1.
   124, 4. 503, A. 1. 644, 3. 628,
   5. 462, 10. 162, 436, Cu. 365;
   patiar, Ci. 249 (vid. *patior*);
   patiare, A. 10. 904, 12. 33†;

paterer, A. 10. 847;
patereris, E. 1. 37;
paterentur, A. 4. 340, 7. 21;
sit passus, G. 3. 141;
pati, E. 2. 15, 10. 53, G. 3. 60,
183, 208, A. 1. 219, 2. 638, 7.
807, 10. 866, 12. 147, 571, 679,
811, Cu. 374, Ca. 9 (11). 45†,
13 (5). 3;
patiens, A. 5. 390†, 7. 490, 10.
610;
patiens (fem.), G. 2. 472, A. 6.
77, 9. 607;
patientem (fem.), G. 2. 223;
passus, G. 4. 438†, A. 1. 5;
passa (nom.), A. 1. 386, Ci.
291;
passi (nom.), A. 6. 660, 7. 182;
passis (masc.), A. 1. 232;
passi, A. 1. 199.
patria; vid. *patrius.*
PATRIUS. 134.
   patrius, A. 1. 643;
   patria, A. 10. 351, 12. 44;
   patrium, A. 8. 681;
   patrii, A. 11. 374†;
   patriae, A. 2. 634, 9. 294, 10.
   824, 11. 246;
   patrio, A. 3. 297, Ci. 321†;
   patriae, A. 10. 371;
   patrium, A. 5. 601, 12. 834;
   patriam, A. 11. 127;
   patrium, G. 1. 16, Ci. 216, 231;
   patrio, A. 12. 736, Ci. 53 (Rb.
   patria Th. Ben. *patris* Ellis);
   patria, A. 2. 491, 3. 613, 6. 508,
   7. 192, 10. 75;
   patrio, A. 2. 620, 658, 3. 249,
   7. 269, 8. 696, 10. 558, Ci. 428,
   Ca. 9 (11). 62;
   patriae, A. 6. 33, Ci. 355†;
   patriis, A. 7. 229;
   patriis (fem.), A. 9. 674, 11.
   269;
   patrios, E. 1. 67, G. 1. 52, A. 2.

95, 279, 539, 717, 4. 598, 680,
5. 63, 7. 636, 10. 524, Ci. 172,
500†, Ca. 9 (11). 36;

patrias, A. 2. 180, 577, 3. 281,
332, 7. 766, 8. 574, 11. 716,
793;

patrii, G. 1. 498†, A. 2. 702, 9.
247;

patriis, A. 9. 738†;

patriis, E. 4. 17†, A. 1. 620†,
4. 602, 10. 198, 11. 281†;

patriis, G. 2. 394, 3. 346, A. 3.
595†, 7. 653, 736, 11. 882;

fem. subst. patria, A. 1. 540, 2.
241, 4. 347, 5. 632, 7. 122, 10.
374, 11. 797, Ci. 385†;

patriae, E. 1. 3, A. 2. 159, 573,
3. 10, 5. 624, 6. 813, 823, 833,
8. 511, 9. 786, 10. 59†, 11. 892,
Ci. 131, 531 (Rb. *patris* Ben.
nati Th. Ellis);

patriae, A. 2. 291, 10. 853, 11.
359, 594;

patriam, E. 1. 4, G. 1. 206, 2.
512, 514, 3. 10, 121, 4. 155,
390, A. 1. 51, 380†, 2. 137, 576,
6. 621, 660, 7. 182, 10. 436, 11.
25, 249, Cu. 343, Ci. 124, 419,
M. 32†;

patria, E. 10. 46, A. 1. 357†, 3.
325, 4. 633, 7. 299, 8. 333, 12.
236, Ci. 53 (vid. *patrio*), Ca. 3
(12). 8, 8 (10). 4, 9 (11). 44;

patriae, G. 2. 116.

patrimonium: patrimonio (abl.),
Ca. 13 (5). 11.

PATRON, A. 5. 298.

patruus: patrui (gen.), A. 6. 402,
Ca. 13 (5). 39.

patulus. 12.

patulae (gen.), E. 1. 1, G. 4.
566†, Ci. 497, Ca. 9 (11). 17;

patula (abl.), Cu. 16, Ci. 369;

patulis (fem.), A. 7. 115;

patulis, G. 3. 362;

patulos, Cu. 47;

patulis, Cu. 146;

patulis (fem.), G. 1. 376;

subst. patula (acc.), Cu. 45
(Leo *pabula* edd.).

paucus. 26.

pauci (nom.), A. 1. 538, 6.
744;

pauca, E. 4. 31, 10. 2, G. 4.
127, M. 61, Ca. 9 (11). 13;

paucos, A. 12. 615;

subst. pauci (nom.), A. 6. 129;

paucis (masc.), Ci. 8†;

pauca, A. 3. 313, 377, 4. 333,
337, 8. 154, 10. 17, Ca. 9 (11).
1, 2;

paucis (masc.), A. 3. 190, 10.
186;

paucis (neut.), A. 4. 116, 6.
672, 8. 50, 10. 16, 11. 315, 12.
71.

PAULATIM. 13.

paulatim, E. 4. 28, 6. 36, G. 1.
134, 3. 215, A. 1. 720, 2. 630,
6. 358, 7. 529, 8. 326, 9. 789,
11. 829, Ci. 342, M. 103.

PAULISPER, A. 5. 846.

PAULO, E. 4. 1.

PAULUM, A. 3. 597, 4. 649, Ci.
217, 404.

PAUPER. 15.

pauper, A. 2. 87, 8. 105, M.
16†;

pauper (fem.), A. 12. 519;

pauperis (masc.), E. 7. 34, A.
8. 360, Ca. 2*. 4;

pauperis (neut.), E. 1. 68, Ca.
3*. 6;

pauper (masc. voc.), Ca. 8
(10). 1;

paupere, A. 3. 615;

paupere (fem.), A. 6. 811;

masc. subst. pauperis, Cu. 58,
M. 64;

paupere, M. 65.

pauperies: pauperiem, A. 6. 437.

PAUSIA, G. 2. 86.

pavidus. 12.

pavidum (masc.), A. 11. 406;

pavidam, A. 9. 473;

pavidi, A. 2. 685, 7. 780, 12. 717;

pavidae, A. 2. 489, 766, 8. 592, Ci. 351;

pavidos, G. 3. 372, A. 8. 349;

subst. pavidos, A. 5. 575.

pavito: pavitans (masc.), A. 2. 107; pavitantem, A. 6. 498; pavitantem, A. 11. 813.

PAVOR. 7.

pavor, G. 1. 331, 3. 106, A. 2. 229, 369, 3. 57, 5. 138, 7. 458.

pax. 40.

pacis, A. 3. 543, 4. 618, 6. 852 (Serv. edd. *paci* mss. Rb. Ben.), 7. 266, 11. 332, 363, 658, 12. 112, Ci. 356;

paci, A. 6. 852 (vid. *pacis*), 7. 536; Paci, G. 2. 425;

pacem, G. 4. 535, A. 3. 261, 370, 4. 56, 99, 7. 155, 285, 339, 444, 8. 114, 9. 279, 10. 80, 11. 110, 230, 356, 362, 414, 460, 12. 202, 821;

pace, A. 1. 249, 5. 587†, 7. 46, 426, 467, 8. 325, 10. 31, 11. 133, 12. 504.

peccatum: peccatum, Cu. 295; peccata (acc.), A. 10. 32.

pecco: peccare, A. 9. 140.

pecten: pectinem, Ca. 10 (8). 22; pectine, G. 1. 294, A. 6. 647, 7. 14, Ci. 179.

pecto: pectunt, A. 12. 86; pectebat, A. 7. 489.

PECTUS. 136.

pectus, G. 3. 81, A. 3. 298, 5. 781, 6. 48;

pectoris, A. 12. 508, Ci. 345;

pectus, G. 4. 15, A. 1. 502, 4.

589, 7. 338, 9. 700, 10. 422, 425, 485, 601, 11. 370, 667, 12. 5, 155, Cu. 170†, Ci. 274, 341;

pectore, E. 1. 63, G. 3. 373, 426†, 4. 83, A. 1. 36, 44, 227, 371, 485, 521, 657, 717, 2. 107, 288, 474, 3. 246, 426, 4. 4, 11, 67, 448, 530, 553, 563, 689, 5. 182, 363, 409, 434 (mss. edd. *pectora* Ld. Th.), 482, 558, 679, 701, 780, 6. 55, 78, 85, 101, 261, 600, 7. 254, 292, 356, 392, 457, 8. 437, 9. 103, 276, 326, 347, 414, 718, 740, 10. 212, 337, 556, 838†, 11. 40, 368, 377, 409, 639, 685, 840, 12. 831, 888, 914, 950†, Cu. 61, 68, 97, M. 34 (edd. *pectora* Rb.);

pectora, G. 1. 420, A. 2. 206, 5. 434 (vid. *pectore*), 8. 151, 11. 216, 452, 12. 217, 528, Ci. 232;

pectoribus, A. 4. 64, 11. 615;

pectora, A. 1. 153, 197, 355, 481, 567, 2. 200, 228, 3. 56, 4. 412, 673, 5. 7, 816, 7. 349†, 518, 8. 29†, 267, 9. 250, 432, 543, 10. 151, 571, 11. 86, 357, 615, 877†, 12. 86, 541, 871, M. 34 (vid. *pectore*);

pectora, A. 2. 349;

pectoribus, A. 7. 278, 10. 567, 11. 38.

pecuarius: subst. pecuaria (acc.), G. 3. 64.

peculium: peculi, E. 1. 32.

PECUS. 51.

pecus, E. 3. 1, 5. 87, G. 2. 371, 3. 342, A. 12. 718, Ci. 486;

pecoris, E. 1. 50, 2. 20, 3. 101, 5. 44†, 10. 17, G. 2. 529, 3. 75, A. 8. 601;

pecori, E. 3. 6, 83, 101, 5. 60, 7. 47, 8. 15, G. 1. 4, 263, 444, 2. 223, 233, 435, 3. 72, 125†, 155†, 159, 326, 419, 4. 129

(mss. edd. *Cereri* Rb.), 402;

pecus, E. 3. 3, 20, 34, G. 3. 299, 445, 4. 168, A. 1. 435, 3. 221, 9. 341, 12. 171;

pecus, E. 1. 74;

pecorum, G. 2. 517, 3. 554, 4. 559;

pecora, A. 4. 158, 7. 679, 9. 730.

pecus. 32.

pecudem, A. 3. 120;

pecudes, E. 2. 8, G. 1. 423, 478, 2. 150, 340, 3. 243, 368, A. 1. 743, 4. 525, Cu. 94;

pecudum, E. 6. 49, G. 3. 383, 471, 480, 4. 327†, A. 4. 63, 201, 5. 736, 6. 728, 8. 27, 10. 176, 12. 174, Cu. 108, 413;

pecudes, G. 4. 223, A. 3. 642, 656, 4. 636, 6. 153, 11. 199, 12. 214†.

PEDES. 12.

pedes, A. 6. 880, 7. 624, 666, 10. 453, 751, 764, 11. 506, 711, 12. 510;

masc. subst. peditem, A. 6. 516, 10. 751;

peditum, A. 7. 793.

pedestris: pedestri (fem. dat.), A. 11. 707; pedestris (fem.), A. 10. 364.

pedica: pedicas, G. 1. 307.

pedum: pedum, E. 5. 88.

peior; vid. *malus.*

Pegasides: Pegasides (voc.), Ca. 9 (11). 2.

pelagus. 49.

pelagi, G. 1. 383, A. 1. 138, 154, 3. 241, 555, 708, 5. 165, 235, 617, 6. 83, 113, 532, 7. 304, 586, 587, 8. 333, 9. 81, 117, 10. 231, 289;

pelago, G. 1. 429, A. 2. 36, 205, 3. 69, 5. 870 (vid. abl.), 6. 3;

pelagus, A. 5. 8, 10. 378, Cu. 345;

pelago, G. 1. 142, 2. 41, A. 1. 181, 246, 364, 667, 679, 2. 179, 181, 800, 3. 124, 204, 3. 478, 506, 4. 52, 546, 5. 124, 212, 870 (vid. dat.), 8. 691, 10. 165.

Pelasgus. 8.

Pelasgae (gen.), A. 2. 106;

Pelasga, A. 2. 152, 9. 154;

Pelasgi, A. 1. 624;

Pelasgas, Cu. 309;

masc. subst. Pelasgi (nom.), A. 2. 83;

Pelasgum, A. 6. 503;

Pelasgos, A. 8. 600.

Pelethronius: Pelethronii (nom.), G. 3. 115.

PELEUS, Cu. 297.

PELIAS, A. 2. 435, 436.

Pelides: Pelidae (gen.), A. 12. 350; Pelidae, A. 2. 548, 5. 808.

PELIDES, A. 2. 263.

Pelion: Pelio, G. 1. 281; Pelion, G. 3. 94.

PELLACIA, G. 4. 443 (Con. *fallacia* M² edd.).

Pellaeus: Pellaei (masc. gen.), G. 4. 287.

pellax: pellacis (masc. gen.), A. 2. 90†.

PELLIS. 18.

pellis, G. 3. 502, A. 8. 553, 10. 483, 11. 679, 770;

pellem, G. 4. 302, A. 9. 306, Ci. 506 (Ellis *pelle* edd.);

pelle, A. 2. 722, 5. 37, 7. 688, 8. 177, 368, Ci. 506 (vid. *pellem*);

pellibus, A. 7. 88;

pellibus, E. 2. 41†, G. 4. 342, A. 7. 396, 8. 282.

pello. 38.

pellunt, A. 11. 901 (R Rb. *poscunt* MPγ edd.);

pellant, A. 8. 147;

pelle, A. 2. 784, 5. 812;

pellere, A. 3. 249, 9. 519, 10. 277, 11. 116;

pulsus (sum), A. 11. 392;

pulsus (est), G. 4. 325, A. 6. 382;

pelli, A. 7. 579;

pulsus, A. 1. 385, 10. 852, 11. 366, 539, Ci. 108, Ca. 3 (12). 8;

pulsa, A. 5. 395, 7. 702, 11. 653, 793, 12. 320;

pulsi, A. 10. 143;

pulsae (gen.), A. 11. 790;

pulsum, G. 3. 30, A. 3. 121, 8. 333, 11. 392;

pulsam, G. 4. 51;

pulso (masc.), M. 120;

pulsi, A. 7. 217, Ca. 9 (11). 35;

pulsae, E. 6. 84;

pulsos, G. 3. 411;

pulsa, A. 8. 529;

masc. subst. pulsum, A. 11. 56;

pulsos, A. 11. 731.

Pelopeus (Pelopeius): Pelopea (acc.), A. 2. 193.

PELOPS, G. 3. 7.

Pelorus (Pelorum): Pelori, A. 3. 411, 687.

pelta: peltae (nom.), A. 7. 743; peltis (abl.), A. 1. 490, 11. 663.

Pelusiacus: Pelusiacae (gen.), G. 1. 228.

PENATES. 30.

penates, A. 3. 15, 148, 5. 632, 8. 39;

penatibus, A. 8. 123;

penatis, G. 2. 505, 514 (penates M edd. *nepotes* PRγ Con), 4. 155, A. 1. 68 (-es), 378 (-es), 527, 704 (-es), 2. 293, 514 (-es), 717, 747†, 3. 603 (-es), 4. 21 (-es), 598 (-es), 5. 62 (-es), 8. 11, 543, 9. 258, 11. 264 (-es), Ci. 331 (-es), 419 (-es), Ca. 9 (11). 35 (-es);

penates, A. 7. 121;

penatibus, A. 3. 12, 8. 679.

pendeo. 44.

pendes, A. 6. 151†;

pendet, G. 2. 89†, A. 4. 79, 10. 303, 12. 374, Co. 22 (edd. *pendens* Th. Ben.);

pendent, G. 1. 214, 2. 523, 3. 53, 4. 257, A. 1. 106, 4. 88, 5. 147, 6. 617, 7. 184, 278, 11. 577;

pendebat, E. 6. 17, A. 5. 511, 8. 227, M. 59†;

pendebant, A. 8. 197;

pendebo, Ci. 417;

pendebit, E. 4. 29, 7. 24;

pependit, A. 1. 715†, 2. 546, 5. 206, 7. 67, 8. 277, 9. 755, 10. 341, Ci. 348;

pendere, E. 1. 37, 76;

pendens (masc.), A. 10. 586, Co. 22 (vid. *pendet*);

pendentem (masc.), A. 8. 669, 9. 562;

pendentia, A. 5. 393, D. 17;

pendentis (masc.), A. 8. 632;

pendentia, G. 4. 374, A. 9. 331;

pendentibus (masc.), A. 1. 166.

pendo: pendetis, A. 7. 595; pendere, A. 6. 20.

pendulus: pendula (neut. nom.), Cu. 52.

Peneius: Peneia (acc.), G. 4. 317.

Peneleus: Penelei, A. 2. 425.

PENES, A. 12. 59.

penetrabilis: penetrabile (nom.), G. 1. 93, A. 10. 481.

penetralis. 11.

penetrali (fem. abl.), A. 4. 504;

penetralibus (masc. abl.), A. 5. 660;

penetralibus (neut.), G. 1. 379, A. 2. 297;

neut. subst. penetralia, A. 2. 484, 6. 71;

penetralia, A. 5. 744, 9. 259;
penetralibus, A. 2. 508, 665, 7. 59.
penetro. 6.
penetrat, A. 7. 363;
penetrant, G. 2. 504;
penetrabat, Cu. 42 (Rb. Leo *penetrarat* edd.);
penetravit, A. 7. 207 (FMP Rb. Th. Ben. *penetrarit* R edd.), 9. 10;
penetrarat, Cu. 42 (vid. *penetrabat*);
penetrarit (subi.), A. 7. 207 (vid. *penetravit*);
penetrare, A. 1. 243.
Peneus: Penei, G. 4. 355.
PENITUS. 26.
penitus, E. 1. 66, G. 2. 290, 4. 43, A. 1. 200, 512, 536, 2. 19, 487, 3. 32, 673, 6. 59, 679, 737, 7. 374, 8. 148, 242, 243, 9. 1, 141, 713, 10. 526, 11. 623, 12. 256, 263, 390, Ci. 164.
penna; vid, *pinna.*
pennatus; vid. *pinnatus.*
pensum: penso (abl.), A. 8. 412, Ci. 446;
pensa, A. 9. 476;
pensa, G. 1. 390, 4. 348.
PENTHESILEA, A. 1. 491†, 11. 662.
PENTHEUS, A. 4. 469.
PENURIA, A. 7. 113.
penus: penum, A. 1. 704.
peplum: peplo, Ci. 21; peplum, A. 1. 480; pepla (nom.), Ci. 30.
PER. 464.
per, E. 5. 46, 6. 31, 40, 7. 11, 8. 9, 86, 10. 23 *bis*, 58, G. 1. 81, 87, 109, 122†, 206, 232, 238, 245, 331, 366, 397, 407, 433, 456, 476, 482, 486, 505, 2. 46, 54, 100, 153, 176, 208, 245, 307

bis, 346, 361, 364, 384, 388, 402, 414, 473, 509, 527, 3. 9, 47, 87, 109, 162, 171, 194, 239, 248, 276, 291, 412, 436, 469, 521, 535, 4. 19, 59, 82, 121, 196, 208, 218, 221, 302, 337, 372,457,522, 555,562, A. 1. 31, 59, 119, 186, 204 *bis*, 214, 245, 300, 305, 375, 376, 430, 440, 445, 457, 478, 498, 504, 537 *bis*, 576, 602, 615, 628, 642, 691, 707, 725, 2. 120, 135, 141, 142, 173, 203, 228, 249, 252, 255, 262, 273, 340, 358 *bis*, 363, 364, 365, 397, 420, 498, 501, 527 *bis*, 570, 590, 664 *bis*, 693, 705, 715, 725, 732, 751, 754, 768, 3. 126, 152, 221, 236, 238, 283, 295, 315, 325, 374, 599, 600, 631, 633, 664, 4. 56, 74, 101, 163, 173, 184, 226, 270, 286†, 300, 310, 313, 314, 316 *bis*, 357, 378, 381, 404, 523, 609, 666, 671 *bis*, 674, 700, 5. 7, 86, 102, 188, 335, 392, 502, 559, 594, 595 (RM² edd. *om.* P Rb.), 609, 628, 636, 657, 663, 676, 732, 765, 786, 793, 796, 819, 837, 6. 16, 54, 82, 110, 194, 202, 204, 235, 257†, 268, 269, 270, 335, 355, 363, 364 *bis*, 370, 378, 386, 411, 452, 454, 458, 459, 461, 462, 490, 537, 565, 588, 588†, 596, 619, 633, 653, 656, 659, 663, 684, 692, 726, 743, 748, 785, 793, 888, 7. 60, 66, 104, 109, 144, 198, 222, 228, 234, 296, 299, 377, 384, 499 *bis*, 540, 543, 551, 655, 701, 709, 801, 808, 810, 8. 18, 21, 26, 30, 82, 143, 256, 390, 399, 406, 526, 529, 535, 554, 594, 618, 645, 657, 665, 716, 729, 9. 31, 38, 58, 85, 104, 105, 112, 164, 174, 224, 258,

300 *bis*, 314, 316, 339, 356, 383,
401, 409, 418, 433, 438, 473,
498, 534, 617, 624, 633, 664,
699, 784, 796, 800, 10. 21, 41,
45, 56, 113, 114, 135, 233, 247,
290, 313, 314, 352, 369, 370,
372, 383, 408, 422, 446, 460,
477, 513, 524, 588, 597 *bis*, 602,
634, 650, 660, 682, 764, 783,
784†, 790, 816, 819, 848, 854,
903, 11. 102, 134, 257, 296,
422, 447, 458, 497 *bis*, 514, 558,
577, 581, 595, 644, 647, 694,
696 *bis*, 781, 787, 799, 847, 12.
56 *bis*, 66, 235, 239, 253, 305,
354, 434, 447, 452, 463, 477,
482, 526, 530, 537, 557, 589,
601, 608, 632, 650, 682 *bis*, 689,
826, 856, 864, 881, 906, 926,
Cu. 4, 38, 40, 70, 138, 147, 181,
184, 206, 212, 215, 283, 298,
345, 355, 383, 399 (Ellis *ter-*
rorem Leo *ruborem* Rb. *rubore*
Th. *colore* Ben.), Ci. 16, 182,
225, 245, 273, 274, 324†, 326
(Th. *perdere* Rb. Ellis *perdita*
Ben.), 326, 390, 400, 539, Ca. 9
(11). 57, 10 (8). 17, 13 (5). 7
(Rb. Ben. *et* Th. Ellis), 14, 19,
14 (6). 3, L. 39.
perago. 11.
  peragit, M. 52;
  peragunt, A. 6. 384;
  peregi, A. 4. 653, 6. 105;
  peregit, A. 5. 362;
  peregerat, M. 1;
  peragat, A. 4. 452;
  peragens (masc.), Cu. 394;
  est peracta, A. 3. 493;
  peracta (abl.), A. 9. 242;
  peragenda (sunt), A. 6. 136.
PERAGRO, A. 1. 384;
  peragrat, A. 4. 72;
  peragrant, G. 4. 53;
  peragrans (masc.), A. 10. 723.

percello: perculit, A. 5. 374†;
  perculsus, A. 1. 513 (MP² γ²
  Con. *percussis* FRP¹ γ¹ edd.),
  8. 121 (R Con. *percussus* MP
  edd.);
  perculsa (neut. nom.), A. 11.
  310.
percipio: percepit, A. 7. 356†;
  percipe, A. 9. 190.
percurro: percurrit, G. 1. 294;
  percurrit, A. 8. 392;
  percurrere, A. 6. 627;
  percurrens (fem.), A. 7. 14.
percutio. 13.
  percussit, A. 12. 155;
  percussus, G. 2. 476†, A. 1. 513
  (FRP¹ γ¹ edd. *perculsus* MP²
  γ² Con.), 8. 121 (MP edd. *per-*
  culsus R Con.), 9. 197;
  percussa, G. 1. 13, 4. 357, A. 4.
  589, 7. 503;
  percussum (masc.), A. 7. 190;
  percussa, A. 9. 292;
  percussae, A. 11. 877;
  percussa (nom.), E. 5. 83.
perdo. 15.
  perdis, A. 11. 58;
  perdidit, G. 4. 494†, Ca. 7 (9).
  2, 4;
  perdidistis, Ca. 6 (3). 6;
  perdam, D. 66;
  perdere, A. 7. 304, 10. 879, Ci.
  275, 326 (Rb. Ellis *perdita*
  Ben. *per te* Th.);
  perditus, E. 2. 59†;
  perdita (fem. nom.), E. 8. 88,
  Ci. 172†, 326(vid. *perdere*), 428;
  fem. subst. perdita (voc.), A. 4.
  541.
perduco: perduxit, G. 4. 416†;
  perducant, E. 6. 60.
peredo: peredit, A. 6. 442†; per-
  esa (acc.), G. 3. 561†.
peregrinus: peregrina (abl.), A.
  11. 772.

perfusa, G. 1. 78;
perfusos, A. 11. 88.
perfuro: perfurit, A. 9. 343.
PERGAMA. 18.
 Pergama, A. 2. 291;
 Pergama, A. 1. 466, 651, 2.
 177, 375, 556, 571, 3. 87, 336†,
 350, 4. 344, 426, 6. 516, 7. 322,
 8. 37, 374, 10. 58, 11. 280.
Pergameus: Pergameae (dat.),
 A. 6. 63;
 Pergameum (masc.), A. 5. 744;
 Pergameae, A. 3. 110;
 Pergameis (fem. abl.), A. 3. 476;
 subst. Pergameam, A. 3. 133†.
pergo. 10.
 pergit, A. 11. 521, Ci. 376†;
 pergunt, A. 12. 586;
 pergam (subi.), A. 1. 372;
 pergant, A. 6. 198;
 perge, A. 1. 389, 401, 4. 114,
 12. 153;
 pergite, E. 6. 13.
perhibeo. 9.
 perhibes, G. 4. 323;
 perhibent, G. 1. 247, 4. 507†,
 A. 4. 179, 8. 135, 324, Ci. 56†,
 77†;
 perhibetur, G. 2. 238.
PERIBOEA, Cu. 300 (Th. Ben.
 ferit ast Rb. Leo *Hesiona ast*
 Ellis).
PERICULUM (PERICLUM). 25.
 periclum, A. 2. 709;
 pericli, A. 5. 716, 8. 251, 9.
 287, 479, 10. 610;
 periclo, A. 8. 556;
 periclum, A. 9. 174;
 pericula, A. 4. 561;
 periclis, A. 2. 751, 7. 425;
 pericula, A. 1. 615, 3. 367, 9.
 96, 200, 483, 663, 10. 57, 11.
 360, 505;
 periclis, A. 3. 711, 6. 83, 693, 8.
 73, 188.

Peridia: Peridiae (gen.), A. 12.
 515†.
perimo. 9.
 perempta, Cu. 356 (Ellis *peremptae* edd.);
 peremptae (gen.), A. 5. 787,
 Cu. 356 (vid. *perempta*);
 perempto (masc.), G. 4. 301;
 peremptum (masc.), A. 6. 163;
 perempto, A. 10. 533, 11. 177;
 perempta (abl.), A. 10. 315;
 peremptis (masc. abl.), A. 9.
 453;
 masc. subst. peremptis (dat.),
 A. 11. 110.
PERIPHAS, A. 2. 476.
peritus: periti (voc.), E. 10. 32.
periurium: periuria (acc.), G. 1.
 502, A. 4. 542, Ci. 139 (edd.
 fera iurgia Th.), 156.
periurus: periura, Ci. 140 (edd.
 peritura Th.);
 periuri, A. 2. 195†;
 periurae (gen.), A. 5. 811†, Ca.
 9 (11). 51 (edd. *perituraque*
 Ben.).
perlabor: perlabitur, A. 1. 147,
 7. 646; perlabi, Ca. 9 (11).
 47†.
perlego: perlegerent, A. 6. 34.
Permessus: Permessi, E. 6. 64.
permetior: permensi (nom.), A.
 3. 157†.
permisceo. 6.
 permisceat, A. 7. 348;
 permixtus, A. 10. 238†;
 permixtum (masc.), A. 1. 488†;
 permixti, A. 11. 634;
 permixtos, E. 4. 16;
 permixta, A. 10. 416.
permitto. 8.
 permittis, Ca. 4 (13). 11;
 permittit, A. 1. 540;
 permittitis, A. 9. 240;
 permisit, E. 1. 10;

permittere, A. 4. 104, 640;
permissa (est), A. 9. 97;
permisso (neut. abl.), A. 5.
718.
permulceo: permulsit, A. 5. 816.
permuto: permutat, A. 9. 307.
PERNIX, G. 3. 93, 230;
pernix (fem. voc.), Cu. 119
(edd. *pernice* Ellis);
pernice (fem.), Cu. 119 (vid.
pernix);
pernicibus (fem. abl.), A. 4.
180, 11. 718.
PERO, A. 7. 690†.
perodi: perosi (nom.), A. 6. 435;
perosos, A. 9. 141†.
perpetior: perpetiar (indic.), A.
12. 644; perpessus, A. 9. 60.
perpetuus. 6.
perpetui (masc.), A. 8. 183;
perpetua (abl.), E. 4. 14, A. 4.
32;
perpetuas, Ci. 504;
perpetuis (fem.), A. 7. 176†;
adv. perpetuum, Cu. 38.
perplexus: perplexum (neut.
acc.), A. 9. 391.
perrepo: perrepunt, Cu. 51 (Th.
Ben. *haerebant* edd.).
perrumpo: perrumpit, G. 1. 98,
A. 2. 480; perrumpere, A. 9.
513.
Persae: Persas, Cu. 34.
persentio: persentit, A. 4. 448;
persensit, A. 4. 90.
PERSEPHONE, Cu. 261†.
persequor: persequitur, G. 2.
407, A. 9. 218, 10. 562, Ci.
254†.
persido: persedit, G. 3. 442.
Persis: Persidis, G. 4. 290.
PERSOLVO, A. 5. 484;
persolves, A. 8. 62, 9. 423;
persolvant, A. 2. 537;
persolvere, A. 1. 600.

persono: personat, A. 1. 741, 6.
171, 418.
persto: perstat, A. 5. 812; per-
stabat, A. 2. 650.
perstringo: perstrinxit, A. 10.
344.
persuadeo: persuadeat, G. 2.
315†.
pertaedet: pertaesum est, A. 5.
714; pertaesum fuisset, A. 4.
18†.
pertempto: pertemptat, A. 7.
355;
pertemptant, A. 1. 502, 5. 828;
pertemptet, G. 3. 250.
perterreo: perterrita (esse), A.
10. 426.
PERTICA, D. 45.
pertimesco: pertimuit, Ci. 82†.
pertineo: pertinet, Ca. 6 (3). 5†.
pervenio. 7.
pervenit, A. 9. 396;
pervenit, A. 2. 81, 10. 472;
pervenimus, E. 9. 2;
pervenerit (indic.), D. 79;
est perventum, G. 4. 375; perventum (est), A. 2. 634.
perverro: perverrit, M. 23 (Ellis
praeverrit edd.).
perverto: perverse, E. 3. 13; per-
verso (neut.), A. 7. 584; per-
versi (voc.), Ca. 11 (14). 7.
pervideo: pervidet, M. 15†.
pervigilo: pervigilat, G. 1. 292†.
PERVIUS, A. 2. 453†.
pervolito: pervolitat, A. 8. 24.
pervolo: pervolat, A. 12. 474.
PES. 89.
pes, G. 3. 55, A. 10. 361;
pedis, G. 3. 460, A. 5. 567†, 7.
690†, L. 10;
pedem, G. 1. 11, 4. 485, A. 2.
378, 657, 756, 4. 518, 5. 511,
830, 6. 386, 9. 125, 10. 307 (M²
edd. *pedes* M¹ PRγ Con.), 794,

11. 764, 12. 748, Ci. 256;
pede, G. 3. 256, 499, 4. 233, A.
8. 302, 10. 255, 361, 495, 587,
736, 12. 356, 465, 748, Cu. 17,
35 (edd. *om.* Ellis Ben.), Ci.
20;
pedes, E. 9. 1;
pedum, G. 4. 310, A. 2. 732, 3.
648, 5. 67, 430, 7. 722, 807, 8.
458, 11. 573, 911, 12. 335, 445;
pedibus, G. 2. 492, A. 2. 235,
4. 239, 8. 224, 10. 372, Ci.
507†;
pedes, G. 1. 171, 2. 94, 4. 458,
A. 1. 404, 2. 273, 673, 5. 381,
673, 10. 307 (vid. *pedem*), 11.
752, Ca. 13 (5). 40;
pedibus, E. 3. 87, 5. 57, G. 1.
243, 2. 232, 4. 257, A. 2. 227,
3. 233, 4. 180, 491, 5. 255, 6.
256, 644, 7. 66, 100, 8. 209,
264, 9. 556, 564, 629, 11. 390,
723, 12. 250, Cu. 33, Ci. 169.
pessimus; vid. *malus.*
pestifer: pestiferos, D. 23; pesti-
feras, A. 7. 570.
PESTIS. 20.
pestis, G. 3. 419, A. 3. 215, 5.
683, 7. 505, 11. 792, 12. 865,
Ci. 456, Ca. 1*. 2;
pesti, A. 1. 712;
pestem, G. 3. 153, A. 3. 620†,
9. 328, 10. 55;
peste, A. 4. 90, 5. 699, 9. 540;
pestes (nom.), G. 1. 181, 3.
471, A. 6. 737, 12. 845.
PETELIA, A. 3. 402†.
PETO. 162.
peto, A. 4. 433, 5. 194, 798, 11.
791, 12. 190;
petis, G. 4. 446, A. 6. 151, 8.
395, 9. 94, Ca. 12 (4). 2†, 3, L.
32;
petit, E. 3. 64, G. 2. 505, 3.
358, 522, A. 1. 181, 194, 611,

717, 5. 180, 212, 226, 6. 11, 7.
55, 343, 512, 562, 8. 221, 224,
9. 9† (vid. perf.), 439, 479, 646,
10. 313, 388, 420, 489, 12. 742,
Cu. 139 (edd. *appetit* Rb.
Leo);
petimus, A. 3. 93, 276, 8. 119;
petitis, A. 3. 253, 7. 197, 8.
169;
petunt, G. 1. 401, 4. 62, 187,
218, A. 1. 428 (F¹ Rb. *locant*
F² MRP edd.), 2. 152, 213,
226, 400, 5. 32, 678, 6. 319, 7.
86, 8. 691, 9. 120, 128, 315,
11. 647, 871;
petebam, A. 2. 636;
petebas, A. 4. 675;
petebat, A. 8. 463, 11. 544, 12.
378, M. 65†;
petebant, A. 1. 519, 7. 54;
petam, A. 4. 535;
petet, A. 2. 646, 12. 263;
petemus, A. 10. 378†;
petivi, A. 2. 804, 12. 259, Ci.
424;
petisti, A. 4. 100, 12. 359;
petivit, A. 3. 563, 5. 668, 6.
395, 7. 88, 323, 8. 405, 615,
10. 635, 11. 813, 12. 860, 913,
Cu. 46; petiit, A. 10. 67†,
343†, Ci. 412; petit, A. 9. 9
(vid. praes.);
petierunt, A. 11. 272; petiere,
G. 2. 210, A. 2. 180, 4. 164, 6.
492, 7. 238, 10. 32;
petat, E. 3. 87, A. 8. 10, 9. 629,
10. 150, 684;
petamus, A. 1. 554, 558, 3. 115,
129, 7. 132;
peterem, A. 6. 115;
peteres, A. 4. 312;
peteret, A. 1. 651;
petiverit, E. 6. 80;
pete, G. 2. 300, A. 4. 381, 5.
166, 733, 7. 96;

petito (sec. pers.), G. 2. 197;
petere, A. 1. 158, 3. 364, 7. 69,
9. 81, 790;
petiisse, A. 2. 25†, 3. 603†;
petens, G. 1. 142, 4. 429, 535,
A. 5. 508, 840, 7. 92, 362, 8. 67,
9. 564, Cu. 293;
petens (fem.), A. 2. 256, Cu.
343†;
petentis (masc.), Cu. 196;
petenti, E. 1. 44;
petenti (fem.), A. 4. 127, 9. 83,
Ci. 234;
petentem (masc.), A. 1. 620, 3.
657, 8. 158, 12. 42;
petentes (masc.), Ca. 5 (7). 9;
petentibus (masc. dat.), A. 8.
551;
petitur, A. 7. 367;
petuntur, A. 12. 764, Cu. 53†;
petantur, A. 3. 412;
peteretur, A. 4. 313;
petenda (est), G. 4. 8;
petendum (est), A. 11. 230†;
petitum (masc.), A. 11. 9.
petulcus: petulci (nom.), G. 4.
10.
Phaeaces: Phaeacum, A. 3. 291.
Phaedra: Phaedram, A. 6. 445.
Phaethon: Phaethontis, A. 5.
105.
PHAETHON, Cu. 128; Phaethontis, A. 10. 189.
Phaethontiades: Phaethontiadas,
E. 6. 62.
PHALANX. 7.
phalanx, A. 2. 254, 11. 92, 12.
277, 551;
phalanges (nom.), A. 6. 489,
12. 544, 662.
phalarica; vid. *falarica.*
phalerae: phaleras, A. 9. 359,
458; phaleris, A. 5. 310†.
Phaleris: Phalerim, A. 9. 762†.
PHANAEUS, G. 2. 98†.

PHARETRA. 17.
pharetra, A. 4. 138;
pharetram, G. 3. 345, A. 1.
336, 500, 5. 311, 7. 816, 8. 166,
9. 660;
pharetra, A. 1. 323†, 11. 590,
859, Ci. 160, Ca. 14 (6). 10;
pharetras, A. 5. 558, 11. 844
(PRγ Con. *sagittas* M edd.);
pharetris, G. 2. 125, A. 5. 501.
pharetratus: pharetrata, A. 11.
649; pharetratae (gen.), G. 4.
290.
Pharus: Pharo (dat.), A. 10.
322†.
phaselus: phaselum, G. 1. 227;
phaselis (abl.), G. 4. 289.
Phasis: Phasim, G. 4. 367.
PHEGEUS, A. 5. 263†.
Phegeus: Phegea, A. 9. 765.
PHEGEUS, A. 12. 371.
Pheneus: Phenei, A. 8. 165†.
Pheres: Phereta, A. 10. 413†.
PHILIPPI, G. 1. 490.
PHILLYRIDES, G. 3. 550.
Philoctetes: Philoctetae (gen.),
A. 3. 402.
PHILOMELA, G. 4. 511.
PHILOMELA, E. 6. 79.
Phineius: Phineia (fem. nom.),
A. 3. 212.
PHLEGETHON, A. 6. 265, 551;
Phlegethonta, Cu. 272, 374†.
Phlegra: fem. adi. Phlegra (nom.),
Cu. 28.
PHLEGYAS, A. 6. 618.
phoca: phocae (nom.), G. 3. 543,
4. 432; phocas, G. 4. 395.
PHOEBE, G. 1. 431, A. 10. 216;
Phoebae (gen.), L. 40 (Ellis
Phoebi Rb.).
Phoebeus: Phoebeae (gen.), A. 3.
637; Phoebea (abl.), A. 4. 6.
Phoebigena: Phoebigenam, A. 7.
773†.

pictura, A. 1. 464.

picturatus: picturatas, A. 3. 483.

PICUS, A. 7. 48, 189; Pici, A. 7. 171.

PIERIDES. 6.

Pierides, E. 9. 33;

Pierides (voc.), E. 3. 85, 6. 13, 8. 63, 10. 72, Ci. 94.

Pierus: Pierii (masc. gen.), Cu. 18.

PIETAS. 27.

pietas, A. 2. 430, 536, 5. 688, 783, 6. 688, 878, 9. 493, 10. 812;

pietatis, A. 1. 253, 6. 405, 9. 294, 10. 824, Cu. 225 *bis*, 369, Ci. 263;

pietate, A. 1. 10, 151, 545, 2. 690, 3. 480, 6. 403, 769, 11. 292, 787, 12. 839, Ci. 524.

PIGER, Cu. 203; pigrae (nom.), G. 4. 259.

PIGET, G. 1. 177, A. 5. 678;

pigebit, A. 4. 335, 7. 233†.

pignus. 7.

pignus, A. 5. 538, 572, 11. 363;

pignore, E. 3. 31, A. 3. 611;

pignora, E. 8. 93;

pignora, E. 8. 92.

PILA, A. 9. 711, Ci. 149.

pilatus: pilata (neut. nom.), A. 12. 121†.

pilentum: pilentis (abl.), A. 8. 666.

pilum: pila (acc.), G. 1. 495, A. 7. 664.

PILUMNUS, A. 10. 76, 619;

Pilumni, A. 9. 4;

Pilumno (dat.), A. 12. 83.

Pinarius: Pinaria (fem. nom.), A. 8. 270.

Pindus: Pindi, E. 10. 11.

PINEUS, A. 11. 786;

pinea (fem. nom.), A. 9. 85, 11. 320;

pinea (acc.), A. 2. 258.

pingo. 35.

pingit, E. 2. 50†, 6. 22, D. 21;

pingunt, Cu. 144;

pinguntur, Ci. 31;

pictus, A. 9. 582, 11. 777;

picta, A. 7. 252, 9. 614, Cu. 70, Ci. 168 (Ben. Ellis *tincta* Rb. Th.), Ca. 2*. 6, 3*. 10;

picti, G. 4. 13;

pictai (gen.), A. 9. 26†;

pictum (neut.), A. 1. 711;

picto, A. 4. 137;

picta, Ca. 14 (6). 5, 10;

picti, A. 4. 146, 7. 796;

pictae, G. 3. 243, A. 4. 525;

pictos, G. 2. 115;

pictas, A. 5. 663, 7. 431, 8. 93;

pictis, G. 4. 289, A. 1. 708, 4. 206;

pictis, G. 4. 342;

pictis, A. 7. 277, 8. 588, 11. 660, 12. 281.

pinguesco: pinguescere, G. 1. 492.

PINGUIS. 55.

pinguis, E. 1. 34, G. 2. 193, Ca. 2*. 12;

pinguis, G. 2. 139, 184, 203†, 248, A. 7. 764, 9. 585, 11. 740;

pinguis, G. 2. 274;

pinguis, G. 1. 105, A. 1. 215;

pinguis, E. 5. 68;

pinguem (fem.), G. 2. 425, 4. 183, A. 6. 195, 214;

pingue, G. 1. 64, A. 4. 202, 6. 254;

pingui, G. 1. 80, 2. 347, Ca. 9 (11). 64;

pingui, G. 1. 8, 2. 304, A. 7. 627, Ci. 438;

pingui, E. 3. 100, G. 3. 406, A. 9. 31;

pingues, G. 1. 341, 2. 525;

pingues, E. 7. 49, G. 2. 85;

pinguibus (fem.), G. 2. 92;

pinguibus, E. 5. 33;

pinguis, G. 1. 192, 4. 118, A. 1. 635;

pinguis, E. 6. 4, 8. 65, G. 3. 450, A. 4. 62†;

pinguia, E. 8. 54, G. 1. 14, 87, 2. 396, 4. 268, 372, A. 8. 63†, 10. 141;

pinguibus (neut.), G. 4. 14;

neut. subst. pingui (abl.), G. 3. 124, Ca. 5 (7). 4.

PINIFER, E. 10. 14†, A. 10. 708; piniferum (neut. acc.), A. 4. 249.

pinna. 28.

pinnæ (gen.), G. 3. 372, A. 3. 361, 12. 750;

pinna, Ci. 50†;

pinnæ, A. 10. 187;

pinnas, G. 1. 398†, Ci. 504†;

pinnis, G. 1. 406, 409, 4. 73, 310, A. 3. 258, 4. 223, 700, 5. 215, 505, 6. 15, 240, 7. 159, 10. 722, 11. 272, 722, 867, 12. 253, 474†, 892, Ci. 538†, 541†.

pinnatus: pinnata (fem. nom.), A. 9. 473.

PINUS. 24.

pinus, E. 4. 38, 7. 65, 68, G. 4. 141 (M² mss. edd. *tinus* M¹ Rb.), A. 3. 659, 5. 153, 449, Cu. 137, 407 (Leo *tinus* edd.), Ci. 439;

pinum, G. 1. 256, A. 7. 397, 9. 522;

pinu, E. 7. 24, G. 2. 389, A. 9. 72†, 10. 206†;

pinus, E. 1. 38†, A. 10. 230;

pinos, E. 8. 22†, G. 2. 443 (MRγ edd. *pinus* P Rb.), 4. 112†;

pinus, A. 9. 116, 11. 136 (PRγ edd. *pinos* M Ld. Th.).

pio: piabunt, A. 2. 140, 6. 379;

piaret, A. 2. 184;

piasses, Ci. 155.

Piraeea: Piraeea, Ci. 468†.

Pirithous: Pirithoum, A. 6. 393, 601†.

pirum: piris (abl.), G. 2. 88.

pirus: piri, G. 2. 72;

pirum, G. 2. 34, 4. 145†;

piros, E. 1. 73, 9. 50.

Pisa: Pisæ (gen.), G. 3. 180.

PISÆ, A. 10. 179.

PISCIS. 10.

piscis, E. 5. 76;

piscis, G. 4. 234;

pisces, A. 10. 560;

pisces, E. 1. 60, Ci. 485, D. 5;

piscibus, G. 3. 430, 4. 388, Ci. 79, 394.

piscor: piscetur, D. 80.

piscosus: piscosæ (gen.), A. 12. 518; piscoso (masc.), A. 11. 457;

piscosos, A. 4. 255.

PISTILLUS (PISTILLUM), M. 112; pistillo (abl.), M. 101.

PISTRIX, A. 3. 427.

PIUS. 47.

pius, A. 1. 220, 305, 378, 3. 75, 4. 393, 5. 26, 286, 685, 6. 9, 176, 232, 7. 5, 8. 84, 9. 255, 10. 591, 783, 826, 11. 170, 12. 175, 311;

pia, Ci. 157;

pii (masc.), D. 83 (Ellis *tui* Rb.);

pio, A. 5. 418;

pio, A. 1. 526;

pio, A. 5. 296;

pia, A. 4. 637, Cu. 39, 375;

pio, A. 5. 745, 6. 530, 10. 617, Ci. 335, 366;

pii, A. 6. 662, 7. 21;

pia, A. 4. 382;

piorum (masc.), A. 4. 464 (M edd. *priorum* FPγ Con. Ben.);

piis (masc.), Ci. 219;

pias, A. 3. 42;

piis, A. 7. 401;

piis (fem.), A. 4. 517;

masc. subst. piorum, A. 5. 734, Cu. 295;

piis, G. 3. 513;

pios, A. 1. 603, 3. 266, 8. 670.

pix. 7.

  picis, G. 1. 275, 2. 250, 438;

  pice, G. 4. 41, A. 9. 105, 10. 114;

  pices (acc.), G. 3. 450.

placabilis: placabilis (nom.), A. 7. 764, 9. 585; placabile (acc.), Cu. 271.

placeo. 16.

  placet, A. 2. 659, 11. 332, 435;

  placemus, A. 3. 115;

  placent, E. 10. 63;

  placuit, A. 12. 503†;

  placeant, E. 2. 62, G. 2. 485;

  placuisse, G. 4. 197;

  placitura (acc.), A. 12. 76;

  placitum (est), A. 1. 283;

  placito (masc.), A. 4. 38;

  placitum, Ci. 8†;

  placitam, G. 2. 425;

  placitum, A. 10. 15;

  neut. subst. placitum (acc.), E. 7. 27.

PLACIDE, A. 5. 86.

PLACIDUS. 34.

  placidus, A. 4. 578;

  placidum, E. 2. 26;

  placidæ, A. 8. 88;

  placidi, A. 5. 848;

  placidae, A. 6. 522;

  placidum, A. 4. 522, 8. 405;

  placidam, A. 1. 691, 4. 5, Ci. 343;

  placidum, A. 1. 127, Cu. 345;

  placida, A. 1. 249, 7. 427, 8. 325, 9. 187, 445, Ci. 509†;

  placido, A. 1. 521, 7. 194, 8. 96,

11. 251, Cu. 97;

  placidi, A. 3. 266†, 5. 763;

  placidas, A. 4. 440, 6. 705, 7. 46;

  placida, A. 5. 836, 10. 103;

  placidis, Ca. 9 (11). 38;

  placidis (fem.), A. 6. 371;

  adv. placidum, Cu. 149;

  placidissima (fem. nom.), A. 3. 78.

placitus; vid. *placeo.*

placo: placat, A. 1. 142;

  placastis, A. 2. 116;

  placati (sunt), A. 11. 300;

  placatam, G. 4. 547;

  placata (acc.), A. 3. 69.

plaga: plagam, A. 10. 797, 12. 299;

  plagae, A. 7. 383;

  plagas, G. 3. 226;

  plagis, G. 4. 301.

PLAGA, A. 7. 227, 11. 320;

  plaga, A. 1. 394, 9. 638;

  plagarum, A. 7. 226.

plaga: plagae (nom.), A. 4. 131.

plango: plangunt, G. 1. 334†;

  plangat, Cu. 142†; plangentia (acc.), A. 11. 145.

PLANGOR, A. 6. 561 (MR edd. *clangor* Pγ Rb. Ld.);

  plangoribus (abl.), A 2. 487, 4. 668†, 12. 607.

PLANITIES, A. 11. 527.

planta. 14.

  planta, M. 35†;

  plantae, G. 2. 80;

  plantis, A. 8. 458;

  plantas, E. 10. 49, G. 2. 23, 300, 4. 115, A. 7. 811, Ci. 403 (Ellis *palmas* edd.), M. 69;

  plantis, G. 2. 65, A. 4. 259, 11. 573†, 718.

plantarius: subst. plantaria (acc.), G. 2. 27.

planus: neut. subst. plano (abl.), G. 2. 273.

platanus: platanum, G. 4. 146;
platani, G. 2. 70, Cu. 124
(edd. *platanus* Rb. Ellis).
plaudo. 7.
plaudunt, A. 6. 644†;
plaudentem (fem.), A. 5. 516;
plaudente (fem.), Cu. 19 (Ben.
Ellis *ludente* edd.);
plauduntur, Ci. 179;
plausae (gen.), G. 3. 186;
plausa (acc.), A. 12. 86, M. 15
(Ellis *clausam* Rb. *clausae* Th.
casulae Ben.).
plaustrum. 7.
plaustra, G. 1. 163;
plaustris, G. 2. 444†, 3. 362;
plaustra, G. 2. 206, 3. 536;
plaustris, G. 3. 140, A. 11. 138.
PLAUSUS. 8.
plausus, G. 2. 508†;
plausum, A. 5. 215;
plausu, A. 1. 747, 5. 148, 338,
506, 575, 8. 717.
PLEAS (PLEIAS PLIAS), G. 4.
233†; pleiadas, G. 1. 138†.
plebs: plebis, G. 2. 509, 4. 95;
plebem, A. 9. 343.
Plemurium: Plemurium, A. 3.
693.
Plemyrium; vid. *Plemurium.*
plenus. 29.
plena, A. 1. 460, 3. 152;
plenae (gen.), A. 11. 738†;
pleno (neut.), A. 9. 59;
plenam, A. 5. 311;
pleno, G. 3. 390;
plena, G. 1. 388, A. 5. 745;
pleno, A. 1. 400, 739, 8. 62, 9.
456 (MP² Ben. *plenos* RP¹γ
edd.);
plenae, G. 4. 181;
plena, E. 3. 60, G. 2. 4;
plenos, A. 9. 456 (vid. *pleno*);
plena, G. 3. 143, 495, 4. 378, A.
9. 339;

plenis, E. 2. 45, A. 7. 53;
plenis, G. 1. 371, A. 6. 883, 11.
236, 12. 121;
plenis, G. 2. 6, 4. 280, A. 5.
281;
neut. subst. plenum (acc.), G.
2. 244.
PLERUMQUE, G. 1. 300.
Plias; vid. *Pleas.*
plico: plicantem (masc.), A. 5.
279.
ploro: ploravit, L. 36†, 72.
PLUMA. 7.
pluma, Ci. 502;
plumam, A. 11. 771;
pluma, A. 10. 192;
plumae, A. 4. 181, 11. 724;
plumas, G. 1. 369;
plumis, A. 3. 242.
plumbum: plumbi, A. 7. 687;
plumbo (abl.), A. 5. 405, 9.
588.
pluo: pluit, G. 4. 81; pluvit, A.
10. 807 (PRM¹ Rb. *pluit* M² γ
edd.).
plurimus, plus; vid. *multus.*
PLUTON, A. 7. 327.
pluvia; vid. *pluvius.*
pluvialis: pluvialibus (masc.
abl.), G. 3. 429, A. 9. 668.
pluvius. 13.
pluvio (neut. abl.), G. 3. 279;
pluvias, A. 1. 744, 3. 516;
subst. pluvia, G. 1. 325;
pluviam, E. 9. 63, G. 1. 388,
453;
pluvia, G. 1. 435, 4. 191, A. 9.
437;
pluviae, G. 1. 92, M. 67;
pluvias, G. 1. 352.
poculum. 21.
pocula, G. 3. 529, Cu. 66, Ca.
11 (14). 2;
pocula, E. 3. 36, 44, 48, 5. 67, 8.
28, G. 1. 9†, 2. 128, 383, 3. 379,

4. 379, A. 1. 706, 3. 354, 5. 91,
8. 176, 274†, 9. 264, 11. 738,
Ci. 229.
podagra: podagras, G. 3. 299.
PODALIRIUS, A. 12. 304.
POENA. 53.
  poena, Cu. 229, 230, 269†;
  poenae (gen.), Cu. 219 (Leo
  pone edd.);
  poenam, A. 5. 786, 6. 614, 615,
  821, 12. 949, Cu. 114, Ci. 52,
  84 (edd. *partem* Th.);
  poena, A. 1. 136, 2. 584, Ci.
  520†;
  poenae, Cu. 233†; Poenae, Cu.
  377†;
  poenarum, A. 6. 627, 9. 356;
  poenis, A. 6. 598;
  poenas, G. 1. 405, 4. 455, A. 2.
  72, 103, 139, 366, 572, 576,
  586, 4. 386, 656, 6. 20, 501,
  530, 543, 565, 585, 7. 595, 766,
  8. 538, 668, 9. 422, 10. 617,
  669, 853, 11. 258, 592, 720, Cu.
  337†, Ci. 74, 194;
  poenis, A. 6. 561, 739.
Poeni; vid. *Poenus.*
Poenus. 8.
  Poenos, E. 5. 27, Ci. 135;
  masc. subst. Poeni (nom.), A.
  1. 302, 442, 567;
  Poenorum, A. 4. 134, 12. 4;
  Poenos, A. 6. 858.
poenitet; vid. *paenitet.*
POETA. 9.
  poeta, Cu. 96 (Ellis *poetae*
  edd.);
  poetae, Ca. 14*. 3†;
  poetae, Cu. 96 (vid. *poeta*);
  poetam, E. 7. 25, 9. 32, 10. 70;
  poeta (voc.), E. 5. 45, 10. 17;
  poetae, G. 3. 90, Ci. 54.
POL, Ca. 2*. 19 *bis.*
polio: polibant, A. 8. 436;
  poliantur, Cu. 10†;

politus, Cu. 86;
  polita (abl.), A. 8. 426.
POLIO (POLLIO), E. 3. 84†, 86†;
  Polio, E. 3. 88†, 4. 12†.
POLITES, A. 2. 526; Polite, A. 5.
  564†.
polleo: pollens (fem.), Ci. 483;
  pollentis (masc.), Ci. 411; pol-
  lentem (masc.), Cu. 74.
pollex: pollice, A. 11. 68.
POLLICEOR, A. 9. 301, Ci. 339;
  pollicitu's, A. 1. 237 (Rb. *pollicitus* mss. edd.); pollicitus
  (es), A. 1. 237 (vid. *pollicitu's*).
Pollio; vid. *Polio.*
polluo: polluit (praes.), A. 3. 234;
  pollutum (neut. acc.), A. 3.
  61;
  polluto, A. 5. 6;
  polluta (abl.), A. 7. 467.
POLLUX, A. 6. 121; Pollucis, G.
  3. 89.
POLUS. 11.
  polus, A. 1. 608, 3. 586;
  polum, A. 1. 398, 2. 251, 5.
  721;
  polo, A. 3. 589, 4. 7, 9. 21†, 11.
  588, Ca. 9 (11). 28†;
  poli, A. 1. 90.
Polyboetes; vid. *Polybotes.*
Polybotes: Polyboten, A. 6. 484
  (P¹ Rb. *Polyboeten* P² MR γ
  Con. Ben. *Polyphoeten* edd.).
POLYDORUS, A. 3. 45;
  Polydoro, A. 3. 62;
  Polydorum, A. 3. 49, 55.
POLYHYMNIA, Ci. 55.
POLYIDOS, Ci. 112†.
POLYPHEMUS, A. 3. 641; Poly-
  phemum, A. 3. 657.
Polyphoetes; vid. *Polybotes.*
Pometii: Pometios, A. 6. 775.
POMPA, A. 11. 163, L. 44;
  pompas, G. 3. 22, A. 5. 53.
pomum. 17.

pomo (dat.), E. 2. 53;

poma, E. 1. 80, 7. 54, G. 2. 59, 87, 426;

pomis, G. 2. 150 (vid. abl.), 240;

poma, E. 1. 37†, 9. 50, G. 2. 82, 4. 134;

pomis, G. 1. 274, 2. 150 (vid. dat.), 516, 4. 142, A. 7. 111, Ca. 1*. 1.

pondus. 25.

ponderis, A. 11. 616;

pondus, A. 1. 359, 5. 407;

pondere, E. 4. 50, G. 1. 164, 2. 254, 351, 3. 172, 524, A. 3. 49, 5. 153, 401, 447, 6. 413, 9. 512, 540, 752, 10. 381, 12. 255, 727, Cu. 7, Ci. 26, M. 18;

pondera, A. 10. 527;

pondera, A. 10. 496.

PONE, G. 4. 487, A. 2. 208, 725, 10. 226, Cu. 219 (edd. *poenae* Leo).

PONO. 87.

pono, A. 1. 278, 9. 261;

ponis, A. 2. 676, 11. 411;

ponit, G. 2. 521, 530, A. 5. 292, 486 (VMR edd. *dicit* Pγ Rb. Con.), Cu. 27 (edd. *Rhoeti* Th. Ben.), 102;

ponunt, G. 4. 161, 238, A. 1. 173, 302, 11. 67;

ponam, E. 3. 36, G. 3. 13, A. 5. 66, 6. 73, 12. 569;

ponet, A. 1. 264, L. 10;

posuit, E. 3. 46, G. 1. 182, 2. 403†, A. 3. 631, 4. 200, 212, 6. 19, 8. 329, 616, 11. 830, 12. 209;

posuerunt, A. 3. 399; posuere, G. 2. 383, 445, A. 5. 681, 6. 274, 611, 7. 27, 8. 53, 335, 9. 687, 10. 103;

ponat, G. 3. 195†;

ponant, A. 1. 706†;

posuissem, A. 4. 344;

pone, E. 1. 73, A. 5. 845, 11. 366, Co. 37;

ponite, A. 11. 309;

ponere, G. 1. 284, 307, 2. 273, A. 3. 88, 4. 602, 6. 508, 10. 623;

posuisse, A. 7. 63;

positura (fem. nom.), A. 7. 129;

ponitur, Ca. 2*. 6, 3*. 10†;

positum (erat), A. 2. 172;

positus, A. 12. 898;

positum (neut. acc.), G. 4. 303, A. 2. 644, 11. 30;

posito, A. 10. 736;

posita, A. 4. 681†, 5. 60;

posito, G. 2. 14, A. 8. 639;

positae, E. 2. 55, A. 4. 527;

positis (fem. abl.), G. 2. 278, 3. 437, 4. 344, A. 2. 473†, 3. 404, 7. 629, 9. 586;

positis, G. 2. 354, 3. 348, A. 1. 291, 10. 52, 11. 89.

pons. 10.

ponti, G. 3. 78†;

pontem, A. 8. 650, 728;

ponte, A. 10. 654;

pontis, A. 9. 170, 10. 658, 12. 675;

pontibus, G. 4. 27, A. 9. 530, 10. 288.

PONTUS. 44.

pontus, G. 1. 207, A. 1. 114, 556, 3. 193, 417, 672, 6. 729, 7. 9, 10. 103, 377, 11. 624;

ponti, G. 1. 356, 469†, 4. 430, A. 2. 110, Ci. 451;

ponto, A. 1. 89, 9. 238, 712, 10. 694, 12. 182;

pontum, G. 1. 130, A. 1. 124, 2. 207, 5. 615, 6. 312, 9. 103, Ci. 76, Ca. 9 (11). 47;

ponto, E. 6. 35, G. 1. 372, 2. 163, 3. 237, A. 1. 40, 70, 2. 295, 3. 104, 605, 5. 233, 6. 345, 7. 300, 9. 122†, Cu. 31, D. 57.

PONTUS, G. 1. 58†; Ponto (abl.),
E. 8. 95, 96.
poples: poplite, A. 9. 762, 10.
699, 12. 492, 927.
Poplicola: Poplicolis (dat.), Ca.
9 (11). 40 (Rb. *Publicolis* edd.).
popularis: popularibus (fem.
abl.), A. 6. 816.
POPULATOR, Ci. 111†.
populeus: populea (abl.), G. 4.
511, A. 5. 134;
populeas, A. 8. 32, 10. 190;
populeis (masc.), A. 8. 286.
populo. 6.
populat, G. 1. 185, A. 12. 263;
populant, A. 4. 403;
popularet, Ci. 78†;
populare, A. 1. 527;
populata (acc.), A. 6. 496.
POPULONIA, A. 10. 172.
populor: populatus (est), A. 12.
525.
POPULUS. 52.
populus, A. 9. 192†;
populi, G. 2. 495, 502, A. 3. 58,
4. 615, 11. 345, M. 80;
populo, A. 7. 80;
populum, A. 1. 21, 2. 188, 4.
102, 682, 5. 552, 750;
populo, A. 1. 148, 8. 679, Ca.
9 (11). 64;
populi, G. 4. 211, A. 6. 706,
7. 236, 716, 8. 385, 10. 202, 11.
420, 430;
populorum, A. 8. 721;
populis, A. 2. 556, 4. 624, 7.
247 (vid. abl.), 10. 203†;
populos, G. 4. 5, 562, A. 1. 225,
263, 3. 458, 502, 4. 112, 189,
6. 588, 851, 891, 7. 316, 384,
693, 725, 738, 8. 325, 475, 10.
4, 111 (Rb. *Rutulos* mss. edd.),
Ca. 3 (12). 4†;
populis, A. 7. 247 (vid. dat.),
8. 686.

POPULUS. 7.
populus, E. 7. 61, 66, 9. 41, G.
2. 13, A. 8. 276, Cu. 142, Ca.
2*. 2.
porca: porca, A. 8. 641.
porricio: porricit, A. 5. 776 (edd.
proicit mss. Rb. Con.);
porriciam (indic.), A. 5. 238
(M² edd. *proiciam* M¹ PRγ
Rb.).
porrigo: porgite, A. 8. 274†;
porrigitur, A. 6. 597;
porrecta, G. 3. 351;
porrectum (masc.), A. 9. 589.
PORRO, A. 5. 600, 6. 711, 9. 190.
porrum: porri, M. 84; porra
(nom.), M. 74†.
PORSENNA, A. 8. 646†.
PORTA. 64.
porta, G. 3. 261, A. 1. 83, 6.
552;
portae, A. 2. 242, 752, 3. 351,
9. 176, 238, 687;
portae, A. 9. 570, 746;
portam, A. 8. 338, 9. 183, 675,
695, 724;
porta, A. 6. 898;
portae, A. 1. 294, 2. 27, 6. 574,
893, 7. 607;
portarum, A. 2. 335, 803, 7.
185;
portis, A. 2. 730, 9. 758, 11.
621, 12. 133;
portas, G. 4. 165, A. 1. 422, 2.
612, 6. 631, 7. 617, 621, 9. 39,
45, 159, 169, 309, 693, 10. 23,
11. 142, 473, 879, 883, 890, 12.
577, 584;
portis, G. 4. 78, 185, A. 2. 187,
266, 330, 4. 130, 7. 429, 8. 386,
585, 10. 118, 11. 485, 499, 12.
122, 441, 661.
portendo: portenderet, A. 5. 706;
portendere, A. 3. 184, 7. 80;
portendi, A. 7. 256.

portentum: portenta, A. 7. 58, 8.
533, 11. 271;
portenta, D. 55.
porticus: porticibus (abl.), A. 2.
528, 761, 3. 353, 8. 656, 12.
476.
PORTITOR, G. 4. 502, A. 6. 298,
326.
PORTO. 26.
porto, A. 10. 881;
portas, A. 3. 539;
portat, A. 1. 755, 5. 566, 6.
211, 9. 50, 11. 758, 12. 512, Ca.
2*. 11†;
portatis, A. 11. 281;
portant, A. 4. 241†, Ci. 35;
portabat, A. 1. 696, M. 81;
portavit, Ci. 289 (Rb. Ellis
portaret Th. Ben.);
portaret, Ci. 289 (vid. *portavit*);
portare, A. 2. 778 (M? Ld. Th.
Gos. *asportare* Pγ edd.), 4.
598†;
portans, G. 4. 524, A. 5. 840,
11. 544, Ca. 9 (11). 5;
portans (fem.), A. 1. 68;
portantis (masc. acc.), A. 11.
333;
portatur, Ci. 22;
portantur, A. 1. 363;
portanda (acc.), A. 9. 312.
PORTUNUS, A. 5. 241.
PORTUS. 41.
portus, A. 3. 530, 533, 570,
707, 7. 598 (vid. gen.);
portus, A. 7. 598 (vid. nom.);
portu, A. 3. 292†;
portum, G. 1. 303, A. 1. 159,
194, 400, 6. 900, 7. 7†;
portu, A. 3. 72, 78, 300, 378,
5. 243†, 7. 132, 201;
portus (acc.), G. 2. 161, 4. 390,
A. 1. 427, 3. 10, 124, 219, 254,
289, 382, 676, 4. 87†, 588, 612,

5. 24, 32, 57, 612, 813, 6. 366,
7. 22, 9. 98, Ca. 5 (7). 8.
POSCO. 50.
posco, A. 1. 666, 3. 59, 6. 66,
9. 194;
poscit, A. 5. 342, 6. 37†, 9. 71,
84, 524, 10. 661, 12. 82, 326,
388, 467, Cu. 156†, M. 93;
poscimus, A. 11. 362;
poscunt, G. 2. 324†, A. 2. 72,
4. 614, 7. 584, 8. 512, 9. 600,
11. 379, 434, 453, 901 (MPγ
edd. *pellunt* R Rb.);
poscebat, A. 6. 589;
poposcit, A. 1. 728;
poscas, A. 3. 456;
poscat, A. 2. 121, 7. 340, 11.
219;
poscamus, A. 5. 59;
poscant, A. 8. 540;
posceret, A. 5. 707;
posce, A. 4. 50;
poscere, A. 1. 414, 5. 26, 6. 45,
7. 272, 8. 614, 9. 12, 12. 350;
poscens (masc.), G. 3. 456;
poscente (neut.), G. 1. 128;
poscentibus (neut. abl.), A. 8.
477;
poscor, A. 8. 533;
posci, A. 8. 12, 11. 221.
POSSESSOR, E. 9. 3.
POSSUM. 179.
possum, G. 1. 176, A. 8. 401,
12. 151, 874†, Ci. 322, 418;
potes, E. 7. 10, A. 4. 560, 6.
117, 366, 7. 335, 10. 81, 83,
632, Ci. 275†;
potest, G. 3. 491, 560, A. 8.
402, 10. 35†, 12. 872, 933, Ca.
4 (13). 4, 8;
possumus, E. 7. 23†, 8. 63, G.
1. 253, Ci. 44, Ca. 9 (11). 63;
potestis, A. 7. 645, 9. 529†;
possunt, E. 8. 69†, 10. 64, G.
2. 109, 313, 3. 262, 520, 562,

A. 2. 69, 4. 382†, 5. 231, 669, 9. 446, 11. 201, 307†, 325, Ci. 379 *bis*;

poteram, E. 8. 40;

poteras, E. 1. 79;

poterat, A. 8. 605, 12. 776;

poterant, A. 6. 239;

potero, A. 4. 420;

poteris, E. 4. 27, G. 1. 394, 4. 253, A. 6. 148, Ci. 333, 334;

poterunt, G. 2. 287†;

potui, E. 3. 70, A. 4. 19†, 419, 600, 7. 309, 11. 823, 12. 177, Ci. 296†;

potuisti, A. 9. 482, 12. 804;

potuit, G. 2. 490, 3. 453, A. 1. 40, 242, 6. 119, 8. 384, 9. 328, 426, 429, 11. 312, 12. 47, Cu. 286, Ci. 134, 436, L. 51;

potuere, G. 1. 161, 2. 124, A. 1. 232, 6. 131, 7. 295, 12. 544;

possim, G. 2. 483, 3. 8†, A. 3. 368, 6. 627, Ci. 243, Ca. 9 (11). 10, 13 (5). 1†;

possis, G. 2. 226†, A. 1. 676†, 3. 378, 387, 455, Ci. 193, 334, L. 80†;

possit, E. 3. 28, A. 1. 682, 2. 362, 4. 85, 116, 296, 5. 6†, 6. 78†, 8. 413, 9. 322, 421, 10. 286, 11. 386;

possint, G. 4. 27, A. 7. 334†, 10. 807†, 12. 627†;

possem, A. 10. 616, 12. 880†, Ci. 17†;

posses, A. 10. 879;

posset, A. 1. 413†, 2. 187†, 5. 807, 6. 754†, 11. 155;

possemus, G. 1. 351†;

possent, G. 2. 393†, A. 1. 368, 2. 292, 6. 200, 9. 513, 12. 771, Ci. 153;

posse, E. 3. 24, G. 2. 234, A. 1. 38, 2. 177, 657, 4. 306, 5. 231, 6. 527, 9. 90, 196, 253, 561, 11.

703, Ci. 431, Ca. 9 (11). 46;

potuisse, E. 6. 24, A. 1. 98;

potens, A. 7. 56, 11. 340;

potens (fem.), A. 1. 531, 3. 164, 6. 871, 7. 541, 630, 12. 827, Cu. 311 (Rb. *parens* Ellis *patens* edd.);

potentem, G. 1. 27, 2. 373, A. 1. 80, 6. 621, 843;

potentem, A. 2. 296, 3. 438, 6. 247, 7. 234;

potentes (masc. voc.), A. 3. 528;

potentibus (fem.), A. 7. 19, 12. 402;

masc. subst. potentum, A. 12. 519.

POST (*adv.*). 33.

post, E. 1. 29†, 67, 69, G. 1. 260 (M Th. *mox* mss. edd.), 3. 70, 172, 235†, 300, 476, 4. 189, 544, 552, A. 1. 136, 612, 740, 2. 216, 740, 4. 80, 5. 321, 339, 362, 507, 523, 6. 409†, 8. 331, 546, 639, 9. 387, 11. 89, 593, 12. 185, Ci. 74, Ca. 10 (8). 8.

POST (*praepos.*). 20.

post, E. 3. 20, G. 1. 284, 3. 61, 157, 213, 4. 148, A. 1. 296 (mss. edd. *pos* Rb.), 2. 57 (mss. edd. *pos* Rb. in ed. mai.), 283, 284, 4. 20, 5. 154, 626, 7. 655, 9. 346, 363, 11. 81 (mss. edd. *pos* Rb. in ed. mai.), 279, Cu. 276, Ci. 510 (edd. *posthac* Ben.).

posterus. 15.

postera (fem. nom.), A. 3. 588, 4. 6†, 5. 42, 7. 148, 12. 113, Ci. 349;

adv. posterius, Cu. 8, 114, 131;

postremus, G. 2. 410;

postrema, G. 3. 404, A. 3. 427;

postremum (masc.), A. 11. 664;

subst. postrema (acc.), A. 9. 27;

postuma (fem. nom.), A. 6. 763.

posthabeo: posthabui, E. 7. 17; posthabita (abl.), A. 1. 16.

POSTHAC, E. 1. 75, 3. 51, Ci. 510 (Ben. *post haec* edd.).

postis. 17.

poste, A. 5. 360;

postes, E. 7. 50, A. 2. 454, 493, 504;

postibus, A. 8. 722, 9. 537;

postes, G. 2. 463, A. 2. 442 (-is), 480 (-is), 490†, 7. 622, 8. 227 (-is), 11. 890† (-is), Ci. 94;

postibus, A. 3. 287, 7. 183.

POSTQUAM. 44.

    1. c. indic.: a) praes.: E. 1. 30, A. 1. 154, 3. 37, 518, 12. 432, 861;

      b) praes. et perf.: G. 3. 432;

      c) imperf.: E. 1. 28;

      d) perf.: E. 5. 34, G. 4. 374, A. 1. 216, 520, 723†, 2. 90, 3. 1†, 57, 192, 212, 463†, 662, 4. 17, 151, 648, 5. 577, 6. 168†, 226, 888, 7. 6†, 406†, 661, 709, 8. 184, 10. 298, 710, 11. 146, 248, 631, 12. 604, 739, 945, Cu. 210, M. 39†;

      e) pluperf.: A. 11. 94;

    2. c. subi.: perf.: A. 7. 765.

postremus, postumus; vid. *posterus.*

potens; vid. *possum.*

POTENTIA, G. 1. 92, A. 1. 664, 8. 99, 10. 72, Cu. 366.

POTESTAS. 9.

potestas, A. 3. 670, 4. 565, 7. 591, 9. 97, 739, 813, 10. 100;

potestas, A. 10. 18;

potestates (acc.), A. 12. 396.

potior. 12.

    potitur, A. 3. 56, 4. 217;

potiuntur, A. 1. 172, 12. 642;

potitus (est), A. 11. 493;

potiti (sunt), A. 6. 624, 9. 363;

potiri, A. 9. 267;

potitus, A. 10. 500;

potitum (masc.), A. 3. 296;

potiti, A. 3. 278, 9. 450.

potior. 23.

potior, G. 4. 100, A. 4. 287;

adv. potius, E. 2. 71, 5. 6, A. 3. 654, 4. 99, 10. 631, 676, 11. 114, 443, 12. 39, 188, 188†, Ci. 90, 228, 247, 330, 335, 337, 458, 487, Co. 6†, D. 34.

POTIS, A. 3. 671, 9. 796;

potis, A. 11. 148;

pote (nom.), Ci. 227†, 328.

POTITIUS, A. 8. 269, 281.

√*potius;* vid. *potior.*

Potnias: Potniades (nom.), G. 3. 268.

poto. 7.

potat, G. 3. 463;

potant, A. 6. 715;

potare, G. 3. 330†;

masc. subst. potantibus (dat.), G. 4. 146†;

potis (masc. abl.), G. 4. 120;

potum, E. 7. 11, 9. 24†.

potus; vid. *poto.*

PRAE, A. 9. 134, 11. 544.

praebeo. 6.

praebebat, Cu. 312;

praebuit, A. 10. 322;

praebeat, Ca. 1*. 4†;

praebere, G. 2. 216, 3. 301, A. 9. 693.

praecedo: praecedunt, A. 8. 462 (MRP² edd. *procedunt* P¹ Ben.); praecesserat, A. 9. 47, 11. 94 (mss. Rb. Ben. *processerat* γ² edd.):

praecelsus: praecelsa (abl.), A. 3. 245.

PRAECEPS. 39.

praedisco: praediscere, G. 1. 51, 252†, 2. 255†.
praedives: praedivitis (masc. gen.), A. 11. 213.
PRAEDO, A. 7. 362; praedonis, A. 10. 774, 11. 484.
praedor: praedari, G. 1. 130.
praedulcis: praedulce (nom.), A. 11. 155.
praedurus: praedurum (masc.), A. 10. 748; praedura (acc.), G. 2. 531†.
praeeo: praeeunte (fem.), A. 5. 186†.
praefero. 7.
praefert, A. 10. 211;
praeferimus, A. 7. 237, 11. 249;
praeferat, E. 3. 4;
praetulerim, A. 12. 145;
praeferre, Cu. 262 (edd. *per-ferre* Th. Ben.);
praelato (masc. dat.), A. 5. 541 (vid. abl.);
praelato (masc. abl.), A. 5. 541 (vid. dat.).
praeficio: praefecit, A. 6. 118, 564.
praefigo. 9.
praefigunt, G. 3. 399, A. 9. 466;
praefigeret, A. 11. 778;
praefigere, A. 10. 80;
praefixum (neut. acc.), A. 10. 479;
praefixa, A. 7. 817;
praefixa, A. 9. 471;
praefixa, A. 5. 557, 12. 489.
praefodio: praefodiunt, A. 11. 473.
praefor: praefatus, A. 11. 301; praefata (fem. nom.), Cu. 247 (edd. *pro fata* Th. Ben.).
praefulgeo: praefulgens (fem.), A. 8. 553.
PRAEGNANS (PRAEGNAS), A. 7.

320 (*praegnas* MR Rb. Th. *praegnans* edd.), 10. 704 (*praegnas* P Rb. Th. *praegnans* R edd.).
praelabor: praelabi, G. 3. 180.
praemetuo: praemetuens (fem.), A. 2. 573.
praemitto: praemittit, A. 1. 644; praemisit, A. 11. 513; praemissus, A. 6. 34; praemissi (nom.), A. 9. 367.
praemium. 26.
praemia, A. 1. 461, 5. 353, 9. 271, 12. 360, 765, Cu. 225;
praemia, G. 2. 382, 3. 49, A. 1. 605, 2. 537, 4. 33, 5. 70, 232, 292, 308, 346, 486, 9. 253, 11. 78, 857, 12. 437, Ci. 2, 93, Ca. 9 (11). 39†, 40, D. 85.
praenato: praenatat, A. 6. 705.
Praeneste: Praeneste, A. 7. 682; Praeneste, A. 8. 561.
Praenestinus: Praenestinae (gen.), A. 7. 678.
praenuntius: fem. subst. praenuntia (nom.), A. 11. 139.
praepando: praepandit, Cu. 16.
PRAEPES, A. 5. 254; praepetis (fem. gen.), A. 3. 361†; praepetibus (fem. abl.), A. 6. 15.
praepinguis: praepingue (acc.), A. 3. 698.
praepono: praeponere, Ca. 9 (11). 43.
praeripio: praereptus, A. 4. 516; praerepta (abl.), A. 9. 138.
PRAERUPTUS, A. 1. 105; praeruptos, L. 32†; praeruptis (neut.), G. 2. 156;
PRAES, Ci. 321 (Ellis Rb. *spes* Th. Ben.).
praesaepe; vid. *praesepe.*
praesagus: praesaga (nom.), A. 10. 843; praesagi (nom.) A. 10. 177.

praescisco: praesciscere, G. 4. 70.
praescius: praescia (nom.), A. 6.
66; praescia (nom.), A. 12. 452.
praescribo: praescripsit, E. 6. 12.
PRAESENS. 17.
praesens, A. 5. 363;
praesens, G. 3. 452, A. 9. 404;
praesentis (fem.), A. 5. 656;
praesentis (neut.), A. 10. 622;
praesentem (fem.), A. 1. 91;
praesens, A. 12. 760;
praesenti (masc.), A. 8. 495†;
praesenti (neut.), A. 3. 611,
Ci. 282†;
praesentis (masc.), E. 1. 41;
praesentia, A. 3. 174, Ci. 245;
praesentia, G. 1. 10;
praesentius, G. 2. 127, A. 12.
245†;
praesentius, A. 12. 152.
PRAESENTIA, A. 9. 73.
praesentio: praesensit, A. 4. 297.
praesepe (praesaepe). 10.
praesepibus, G. 3. 395;
praesaepia, E. 7. 39, G. 3. 214;
praesepia, G. 3. 495, A. 11.
492;
praesepibus, G. 3. 416, 4. 168,
A. 1. 435, 7. 17, 275.
PRAESERTIM, G. 1. 115, 2. 310.
praeses: praeses, A. 11. 483†.
praesideo: praesidet, A. 3. 35,
6. 10, 7. 800, 12. 140.
praesidium: praesidium, A. 11.
58.
praestans; vid. *praesto.*
praesto. 18.
praestat, A. 1. 135, 3. 429;
praestet, A. 11. 438;
praestiterit, A. 6. 39;
praestare, Ca. 3*. 18;
praestans (masc.), Ci. 533;
praestantis (fem.), Cu. 57
(edd. *praestanti* Th. *prostantis*
Ellis);

praestanti (fem.), Cu. 57 (vid.
praestantis);
praestans (masc. voc.), A. 12.
19;
praestanti (fem.), A. 7. 483;
praestanti, G. 4. 538†, 550†, A.
1. 71, 5. 361, 7. 783, 8. 207;
praestantibus (neut. abl.), A.
11. 291;
masc. subst. praestantis (acc.),
A. 8. 548†;
praestantior (masc.), A. 6.
164.
praesumo: praesumite, A. 11. 18.
praetendo. 9.
praetendit, A. 8. 116;
praetende, G. 4. 230;
praetendere, G. 1. 270, A. 8.
128, 9. 599†, 11. 332;
praetendi, A. 4. 339;
praetenta (fem. nom.), A. 3.
692;
praetenta (acc.), A. 6. 60.
PRAETER (*adv.*), A. 10. 399.
PRAETER (*praepos.*), G. 1. 412, A.
7. 24, Cu. 307 (Rb. Leo *propter*
edd.), Ca. 10 (8). 21†, 13 (5).
37†.
PRAETEREA. 27.
praeterea, E. 2. 40, G. 1. 165,
204, 2. 83, 3. 548, 4. 210, 502,
A. 1. 49, 647, 653, 3. 433, 4.
457, 464, 5. 64, 302, 6. 149,
285, 7. 71, 183, 243, 8. 355,
514, 9. 272, 11. 78, 285, 330,
12. 659.
PRAETEREO. 9.
praetereo, G. 4. 148, L. 49†;
praeterit, G. 2. 322, A. 4. 157,
5. 156†, 171, Ci. 465;
praeterire, Ca. 10 (8). 4;
praeteritos, A. 8. 560.
praeterfugio: fugientem . . praeter, A. 10. 399 (vid. *praeter* et
fugio).

praeterlabor: praeterlabere (fut.),
A. 6. 874†; praeterlabare, A.
3. 478†.
PRAETERVEHOR, A. 3. 688†.
praetexo. 7.
praetexit, E. 7. 12, G. 3. 15, A.
4. 172;
praetexunt, A. 6. 5;
praetexat, Ci. 320†;
praetexite, Ci. 100;
praetexere, A. 4. 500†.
praetor: praetorum, D. 82†.
praetorium: praetoria (acc.), G.
4. 75.
praeuro: praeustis (fem. abl.), A.
7. 524.
praevalidus: praevalidam, G. 2.
253; praevalidas, G. 2. 190.
praevehor: praevectus, A. 7. 166.
praevenio: praeveniens (masc.),
E. 8. 17† (tmesis).
praeverro: praeverrit, M. 23
(edd. *perverrit* Ellis).
praeverto: praevertite, Ci. 203†;
praevertere, A. 1. 721†, 7. 807,
12. 345;
praevertitur, A. 1. 317.
praevideo: praevidit, A. 5. 445.
prandium: prandia (acc.), M.
108.
pratum. 18.
prato (abl.), A. 10. 836;
prata, E. 3. 111, 10. 42, G. 1.
289, 3. 521, 4. 306, D. 16, L.
16;
prata, E. 7. 11, G. 1. 384, 3.
142, A. 6. 674;
prata, L. 1;
pratis, E. 4. 43, 8. 71, G. 2.
384, 4. 271, A. 6. 707.
pravus: neut. subst. pravi, A. 4.
188.
preces; vid. *prex.*
PRECIAE, G. 2. 95†.
PRECOR. 41.

precor, A. 4. 621, 6. 117, 9.
525, 10. 461, 525, 12. 48, 179,
777, Ci. 326, D. 25, 47;
precatur, G. 4. 381, A. 4. 521,
6. 186, 193, 7. 137, 9. 403, 10.
251, 293, 874, 11. 784, 12. 175;
precamur, A. 3. 543;
precantur, A. 8. 279, 12. 242;
precati (sunt), A. 5. 529;
precari, A. 3. 144, 8. 127;
precanti (masc.), A. 12. 176
(M² Ld. Gos. *vocanti* RP edd.);
precantem (fem.), A. 12. 930;
precantis (masc.), A. 11. 106†;
precantia, A. 7. 237†;
masc. subst. precantis, A. 10.
598;
precanti, A. 11. 697;
precando (abl.), A. 4. 113, 413,
6. 376, 8. 403;
precatus, A. 9. 624, 10. 420;
precati (nom.), A. 3. 633.
prehendo (prendo). 11.
prendimus, A. 2. 322, 6. 61;
prendere, A. 3. 450†, 9. 558,
12. 775;
prehensum (masc.), A. 2. 592;
prensi, G. 3. 207;
prensos, G. 1. 285;
prensa, A. 3. 624;
prehensis (neut.), A. 11. 719,
Ca. 13 (5). 22.
prelum: prelorum, G. 2. 242†.
premo. 81.
premit, G. 3. 508, A. 1. 54, 209,
246, 2. 530, 4. 81, 148, 5. 187,
7. 103, 8. 249, 474, 9. 324, 330,
793, 10. 103, 465, 11. 880, Ca.
3 (12). 10 (Ben. *dedit* Rb. Th.
terit Ellis);
premimus, A. 9. 612, 11. 788;
premunt, G. 3. 401, 4. 297, A.
7. 368, 10. 375, 12. 254;
premebat, A. 4. 332, 7. 737 (R
edd. *tenebat* MP Ld. Th.), 8.

378

prius . . ante . . quam, A. 4. 24, 27; L. 64;
ante . . ante . . ante . . prius . . quam, D. 7;
  2. c. subi.:
prius . . quam, G. 3. 468; A. 1. 192; 472; 11. 809; D. 98, 101.

Privernum: Priverno (abl.), A. 11. 540.

Privernus: Privernum, A. 9. 576.

PRO. 62.
  pro, E. 3. 77, 5. 38 *bis*, 81, 7. 35, G. 1. 405, 4. 150, 456, A. 1. 24, 74, 659, 2. 17, 183 *bis*, 535 *bis*, 3. 247, 435, 604, 4. 337, 5. 230, 483, 501, 815, 846, 6. 352, 821, 8. 472, 648, 653, 9. 252, 406, 575, 677, 10. 82, 825, 847, 11. 223, 437, 576 *bis*, 895, 12. 48 *bis*, 49, 141, 152, 229, 351, 552, 661, 695, 814, 820 *bis*, 878, Cu. 414, Ci. 52, 53†, 524, Ca. 3*. 17, 9 (11). 31.

PRO (PROH), A. 4. 590, Cu. 247 (Th. Ben. *praefata* edd.).

proavus: proavi (gen.), A. 8. 54; proavos, A. 3. 129; proavis, A. 12. 225.

probo. 6.
  probat, A. 5. 418;
  probavi, A. 12. 814;
  probet, A. 4. 112, Cu. 59;
  probantur, Ci. 388†;
  probato (masc. abl.), Cu. 80 (Th. *probando* edd.);
  probando (masc. abl.), Cu. 80 (vid. *probato*).

PROCAS, A. 6. 767†.

procax: procacibus (masc. abl.), A. 1. 536.

PROCEDO. 21.
  procedo, A. 2. 760, 3. 349;
  procedit, A. 3. 592, 10. 451, 12. 121, Cu. 203, Ci. 143;

procedimus, Ca. 9 (11). 63;
procedunt, A. 8. 462 (P¹ Ben. *praecedunt* MRP² edd.), 12. 169;
procedebat, M. 111;
processit, E. 6. 86, 9. 47, A. 3. 356, 9. 23;
processerat, A. 10. 751, 11. 94 (γ² edd. *praecesserat* mss. Rb. Ben.);
procedere, E. 3. 94, 4. 12, A. 4. 587, 5. 461.

PROCELLA. 6.
  procella, A. 1. 102;
  procella, A. 7. 594;
  procellae, A. 11. 798;
  procellis (abl.), G. 3. 259, A. 1. 85, 5. 791.

PROCERES. 9.
  proceres, A. 1. 740, 6. 489, 8. 587, 9. 659, 10. 213, 11. 403;
  procerum, A. 12. 213;
  proceres, A. 3. 58;
  proceres, A. 3. 103.

procerus: proceros, Cu. 138 (edd. *proceras* Ben. Leo); proceras, E. 6. 63, Cu. 138 (vid. *proceros*).

processus: processu, G. 3. 504.

PROCHYTA, A. 9. 715†.

proclamo: proclamat, A. 5. 345.

PROCNE, G. 4. 15; Procne (voc.), Ci. 410.

Procris: Procrim, A. 6. 445†.

procubo: procubet, G. 3. 145†.

procudo: procudit (praes.), G. 1. 261.

PROCUL. 69.
  procul, E. 1. 76, 82, 6. 16, 10. 46, G. 2. 459, 3. 83, 212, 464, 4. 353, 424, A. 1. 469, 2. 42, 3. 13, 206, 383, 479, 522, 554, 597, 666, 701, 4. 70, 278, 5. 35, 124, 613, 642, 775, 6. 10, 258 *bis*, 440, 651, 808, 824, 7. 493, 8.

98, 112, 191, 478, 603, 610, 635, 642, 666, 9. 372, 503, 658, 10. 401, 447, 455, 521, 537, 713, 777, 835, 11. 677, 838, 12. 353, 869, Cu. 80 (edd. *lucro* Th.), 109, 235, 243, 266, Ci. 207, 470, Ca. 9 (11). 44 *bis.*

proculco: proculcat, A. 12. 534.

procumbo. 19.
    procumbit, E. 8. 87†, G. 3. 240, A. 2. 426, 5. 481;
    procumbunt, A. 2. 493, 5. 198, 6. 180;
    procubuit, A. 8. 30, 83, 9. 541, 11. 150†, 418;
    procubuere, A. 2. 505, 9. 190;
    procumbat, G. 1. 111;
    procumbere, G. 3. 466†;
    procubuisse, A. 6. 504, 8. 631, 11. 395.

procuro: procurate (imperativ), A. 9. 158.

procurro. 7.
    procurrit, A, 12. 785, Ci. 150;
    procurrunt, A. 12. 280;
    procurrens (masc.), A. 11. 624†, 12. 267;
    procurrere, A. 9. 690;
    procurrentibus (neut. abl.), A. 5. 204.

procursus: procursu, A. 12. 379, 711.

procurvus: procurvam, G. 2. 421; procurva (acc.), A. 5. 765.

procus: procorum, A. 12. 27, Cu. 267; procos, A. 4. 534.

prodeo: prodit, A. 10. 693; prodire, A. 6. 199.

prodigium: prodigium, A. 3. 366; prodigiis, A. 5. 639; prodigia, A. 8. 295; prodigiis, A. 6. 379, Ci. 48.

PRODIGUS, G. 4. 89; prodiga (fem. nom.), M. 35†.

proditio: proditione, A. 2. 83.

prodo. 13.
    prodit, G. 2. 254†;
    prodidit, A. 4. 431, 9. 374, 10. 593, Cu. 241;
    prodiderim, A. 12. 42;
    proderet, A. 4. 231;
    prodere, A. 2. 127, Cu. 194;
    prodentia (nom.), A. 10. 99;
    prodimur, A. 1. 252;
    prodita (fem. nom.), Ci. 150;
    prodita (acc.), A. 1. 470.

produco. 7.
    producit, A. 12. 900, M. 11;
    produxi, A. 9. 487;
    produxit, E. 1. 72;
    producere, A. 2. 637, Ci. 296†, 498.

proelium. 50.
    proelia, A. 11. 307, Ci. 31:
    proelia, E. 6. 3, G. 1. 318, 2. 283, 3. 98, 220, 265, 4. 5, 314, A. 2. 334, 347, 397, 670, 3. 240, 5. 375, 402, 467, 593, 7. 335, 603, 744, 806, 8. 614, 678, 9. 463, 499, 10. 23, 357, 455, 661, 901, 11. 48, 486, 520, 541, 631, 727, 731, 912, 12. 103, 337, 346, 526, 570, 581, 628, 716, 735, 812.

PROETIDES, E. 6. 48.

profanus: profanos, A. 12. 779; *subst.* profani (voc.), A. 6. 258.

PROFECTO, A. 8. 532.

profero: proferet, A. 6. 795; proferret, A. 12. 395; proferre, Ci. 12 (Ben. *om.* edd.).

proficio: profeci, E. 8. 20, Ci. 406.

proficiscor. 7.
    sum profectus, A. 3. 615;
    profecta, A. 1. 340;
    profectum, A. 8. 51;
    profectum (masc.), A. 7. 209, 255;
    masc. subst. profectis (dat.), A. 1. 732, 4. 111.

proflo: proflabat, A. 9. 326.
profluo: profluet, G. 4. 25†.
profor: profatur, A. 1. 561†, 4. 364.
PROFUGUS, A. 1. 2;
　profugis (masc. dat.), A. 10. 158;
　profugos, A. 8. 118;
　masc. subst. profugus, A. 10. 720†;
　profugis (dat.), A. 7. 300.
profundo: profundit, Ca. 2*. 15†;
　profudit, A. 12. 154†.
profundus. 10.
　profundum (masc.), A. 5. 614;
　profundam, A. 4. 26, 6. 462;
　profundum, E. 4. 51, G. 4. 222, A. 1. 58;
　profundi, G. 1. 243, 2. 391;
　profundae, A. 7. 515;
　neut. subst. profundo (abl.), A. 12. 263.
PROGENIES. 13.
　progenies, E. 4. 7, G. 2. 341, A. 1. 250, 5. 565, 6. 790, 10. 30, 329, 471;
　progeniem, G. 1. 414, 4. 56, A. 1. 19, 7. 257;
　progenies (voc.), A. 7. 97.
progigno: progenuit, A. 4. 180.
PROGREDIOR. 7.
　progredior, A. 3. 300;
　progreditur, A. 4. 136, Ci. 213 (Ellis *egreditur* edd.);
　progressus, A. 8. 337, 11. 608, 12. 219;
　progressi (nom.), A. 8. 125.
prohibeo. 15.
　prohibet, A. 5. 631, 6. 606, 807;
　prohibent, G. 3. 398, 4. 10†, A. 3. 379, 9. 662;
　prohibebis, G. 4. 105;
　prohibe, A. 1. 525;
　prohibete, G. 1. 501, A. 3. 265, 5. 197;

　prohibere, G. 4. 106, A. 7. 313;
　prohibemur, A. 1. 540.
proicio. 19.
　proicis, A. 11. 361†;
　proicit, A. 5. 776 (mss. Rb. Con. *porricit* edd.);
　proiciam, A. 5. 238 (M¹ PRγ Rb. *porriciam* M² edd.);
　proiecit, A. 5. 402, 673, 859, 9. 444, 12. 256;
　proiecere, A. 6. 436;
　proice, A. 6. 835†;
　proiectus, E. 1. 75, A. 11. 87, Cu. 127†, 158;
　proiecto (abl.), A. 10. 587†;
　proiecta, E. 7. 42;
　proiecto, A. 9. 577;
　proiecta (acc.), A. 3. 699;
　proiectis (masc.), Cu. 52.
PROINDE (PROIN), A. 11. 383, 400, Ca. 2*. 16 (proin).
prolabor: prolapsa (acc.), A. 2. 555.
PROLES. 34.
　proles, G. 3. 35, 4. 281, A. 4. 258, 6. 25, 648, 763, 7. 50, 691, 761, 9. 523, 10. 353, 391, 429, 12. 128†, 347, 830, Cu. 11, 327;
　prolis, Cu. 334†;
　prolem, G. 2. 3, 3. 65, 101, 541, A. 1. 274, 3. 180, 4. 236, 6. 717, 756, 10. 696;
　proles, A. 6. 322, 8. 301;
　prole, A. 1. 75, 6. 784, Cu. 251.
proludo: proludit, G. 3. 234, A. 12. 106.
proluo: proluit, G. 3. 543, A. 12. 686;
　proluit, G. 1. 481, A. 1. 739;
　prolue, Co. 29.
PROLUVIES, A. 3. 217.
promereor: promeritam, A. 4. 335.
Prometheus: Promethei, E. 6. 42.
promissum; vid. *promitto.*

PROMITTO. 28.
  promitto, A. 11. 503;
  promittit, A. 4. 487†;
  promittunt, A. 9. 194;
  promisi, A. 2. 96;
  promisit, A. 4. 228;
  promiserat, A. 10. 549;
  promittere, A. 8. 401, 9. 6;
  promittens (fem.), Ci. 219;
  promitti, A. 6. 791;
  promissa, E. 8. 34†, A. 4. 552, 6. 346, 9. 107;
  promissae, Ci. 47 (Rb. *promissa* edd.);
  promissi, A. 8. 464;
  promissa, A. 8. 612;
  promisso, A. 5. 282;
  promissa (acc.), A. 1. 258, Ci. 47 (vid. *promissae*);
  subst. promissi (neut.), A. 7. 541;
  promissam, A. 12. 31;
  promissa (acc.), A. 5. 386, 8. 531, 11. 45, 152, 12. 2;
  promissis (neut.), A. 2. 160, 5. 863.
Promolus: Promolum, A. 9. 574.
PROMO, L. 74†;
  promunt, A. 2. 260;
  promite, A. 5. 191;
  promptum (nom.), G. 2. 255.
promoveo: promovet, A. 10. 195.
promptus; vid. *promo.*
pronubus: pronuba (fem. nom.), Ci. 439; *fem. subst.* pronuba (nom.), A. 4. 166, 7. 319.
PRONUS. 15.
  pronus, A. 1. 115, 5. 332, 10. 586;
  prona, A. 8. 236, 9. 713;
  pronum (masc.), A. 11. 485;
  pronam, M. 10;
  prono, G. 1. 203;
  prona, A. 8. 548, Cu. 123;

prono, Ci. 26;
proni, G. 3. 107, A. 3. 668, 5. 147;
prona (acc.), A. 5. 212.
PROPAGO, A. 6. 870, 12. 827;
  propaginis, G. 2. 26;
  propagine, G. 2. 63.
PROPE (*adv.*), Ca. 3*. 20.
PROPE (*praepos.*), G. 4. 278†, A. 8. 597.
propello: propulit, Cu. 45.
PROPERE, A. 6. 236, 9. 801, 12. 573.
propero. 15.
  properas, A. 4. 310, Ci. 258;
  properat, A. 7. 264, 8. 454;
  properant, G. 4. 171;
  properabat, A. 7. 57;
  properes, G. 1. 224;
  properet, A. 4. 635, 9. 401;
  properent, G. 2. 481, A. 1. 745;
  properate, A. 12. 425;
  properari, A. 4. 416;
  properata (neut. nom.), G. 1. 196;
  forent properanda, G. 1. 260.
properus: properi (nom.), A. 12. 85†.
propexus: propexam, A. 10. 838†.
propinquo. 14.
  propinquat, A. 5. 185, 6. 410, 9. 355, 11. 597, 12. 150;
  propinquant, A. 2. 733, 6. 384, 634, 8. 101;
  propinquabam, A. 2. 730;
  propinquabant, A. 5. 159†, 9. 371, 11. 621;
  propinques, A. 10. 254.
propinquus: propinqui (neut.), A. 11. 156;
  propincum, A. 2. 86†;
  propinquam, A. 3. 381;
  propinquo (neut.), Cu. 341;
  propinquos, A. 3. 502.

385

PROPIOR. 36.

propior, A. 3. 531†, 8. 280†;
propior, G. 2. 122†, 3. 58;
propius (nom.), A. 12. 407;
propiore (neut.), A. 6. 51;
propioribus (neut. abl.), A. 9. 275†;
subst. propiora (acc.), A. 5. 168;
adv. propius, G. 1. 355, 4. 47, A. 1. 526†, 2. 706†, 8. 78†, 556†, 10. 712, 11. 564, 12. 218;
proximus, A. 2. 311, 5. 320 *bis*, 388, 543, 6. 767, 11. 316, Ca. 10 (8). 22†;
proxima, A. 3. 397, 8. 594 (-uma), 9. 238 (-uma), 12. 388;
proxuma (voc.), E. 2. 54;
proxima (nom.), A. 7. 10;
proxima, A. 1. 157, 6. 434, 761;
subst. proxima (acc.), E. 7. 22, A. 10. 513.
propono: proponit, A. 5. 365; proponitur, Ci. 187†.
proprius. 14.
proprium, E. 7. 31;
propriae (gen.), Cu. 340;
proprium, A. 7. 331;
propriam, A. 1. 73, 3. 85, 4. 126;
proprium, A. 5. 229, 11. 359;
propria, G. 2. 428;
propriae, A. 3. 167;
propria, A. 6. 871;
proprios, G. 2. 35, Cu. 409;
proprias, M. 104.
PROPTER. 11.
propter, E. 8. 87, G. 3. 14, A. 4. 320, 321, 9. 680, 12. 177, Cu. 3 (mss. edd. *pariter* Rb.), 307 (edd. *praeter* Rb. Leo), 390†, Ci. 288, Ca. 13 (5). 23.
propugnaculum: propugnacula (acc.), A. 4. 87, 9. 170, 664.

PRORA. 17.

prora, A. 1. 104†, 5. 206;
proram, G. 4. 117†, A. 3. 562, 5. 165, 202†, 10. 293 (M² edd. *proras* M¹ Pγ Con.), 659;
prora, A. 3. 277, 5. 775, 6. 901;
prorae, A. 9. 121†, 10. 223†;
proras, A. 3. 532, 6. 3, 7. 35, 8. 101, 10. 293 (vid. *proram*).
proripio: proripis, A. 5. 741;
proripit, E. 3. 19; proripuit, A. 10. 796 (Mγ edd. *prorupit* PR Rb. Con.).
prorumpo. 6.
prorumpit, A. 3. 572, 7. 32, 10. 379;
prorupit, A. 10. 796 (PR Rb. Con. *proripuit* Mγ edd.);
proruptus, A. 7. 459†;
proruptum (nom.), A. 1. 246†.
proscaenium: proscaenia (acc.), G. 2. 381.
proscindo: proscinde, G. 2. 237; proscisso (neut. abl.), G. 1. 97.
prosequor. 9.
prosequitur, A. 2. 107, 3. 130, 5. 777, 6. 476, 898, 9. 310, 11. 107;
prosequar (subi.), G. 3. 340;
prosequere, A. 12. 73.
PROSERPINA. 6.
Proserpina, G. 1. 39, 4. 487, A. 4. 698, 6. 142, 402;
Proserpina (voc.), A. 6. 251.
prosilio: prosiluit, Cu. 187; prosiluere, A. 5. 140.
prospecto: prospectat, A. 7. 813, Ci. 176;
prospectant, A. 9. 168, 10. 741.
PROSPECTUS, G. 2. 285; prospectum, A. 1. 181, 8. 254.
prosper: prospera (fem. nom.), A. 3. 362.
PROSPICIO. 20.
prospicio, A. 3. 648;

prospicit, A. 1. 185, 7. 30, 12. 595, Ci. 475†;

prospiciunt, A. 9. 34;

prospexi, A. 3. 652 (M Ld. Gos. *conspexi* P edd.), 6. 357;

prospexit, A. 6. 385†, 7. 289, 11. 839, 909, 12. 353;

prospiceres, A. 4. 410;

prospicere, G. 1. 394;

prospiciens, A. 1. 127, 155, 2. 733;

prospiciens (fem.), G. 4. 352, A. 12. 136.

prosto: prostantis (fem. gen.), Cu. 57 (Ellis *praestantis* edd. *praestanti* Th.).

prosterno: prosternit, Cu. 69; prostravit, Cu. 336†.

prostituo: prostitutae (gen.), Ca. 13 (5). 7†.

prosubigo: prosubigit, G. 3. 256.

prosum. 13.
  prodest, E. 3. 74, Ci. 190, Ca. 1. 6;
  prosunt, A. 5. 684;
  proderit, G. 4. 267;
  profuit, G. 1. 84, 3. 459, 509, A. 7. 303, 11. 844, 12. 541;
  profuerit, G. 1. 451;
  prosit, A. 9. 92.

protego: protegat, G. 2. 489;
  protectus, A. 10. 800, Cu. 321;
  protecti (nom.), A. 2. 444, 8. 662.

protendo: protendunt, A. 11. 606†;
  protendens (masc.), A. 5. 377, 12. 931;
  protentus, G. 1. 171.

protenus; vid. *protinus.*

protero: proterit, A. 12. 330†.

proterreo: proterret, A. 12. 291.

PROTEUS. 6.
  Proteus, G. 4. 388, 422, 429, 528†;

Protei, A. 11. 262;
Proteu, G. 4. 447†.

PROTINUS (PROTENUS). 22.
  protenus, E. 1. 13†, G. 4. 1†;
  protinus, A. 2. 437, 545, 3. 291, 416, 4. 196, 5. 485, 6. 33, 7. 408, 514, 601, 8. 159, 9. 149, 308, 337, 10. 340, 561, 633, 11. 690, Ci. 465, M. 43.

protraho: protrahit, A. 2. 123; protrahitur, A. 8. 265.

proturbo: proturbant, A. 9. 441, 10. 801†.

proveho: provexit, Ci. 26;
  provehor, A. 3. 481;
  provehimur, A. 3. 72, 506;
  provecti (nom.), A. 2. 24.

provenio: proveniunt, A. 12. 428.

PROVENTUS, M. 80†; proventu, G. 2. 518.

provideo: provisa (acc.), G. 1. 167†.

PROVIDUS, M. 60; provida (fem. nom.), Cu. 132 (Th. Ben. *perfide* edd.).

provoco: provocet, G. 3. 194 (P Rb. *tum vocet* MRAFγ edd.).

provolvo: provolvere (indic.), A. 12. 533†; provolvens (masc.), A. 10. 556.

proximus, proxumus; vid. *propior.*

PRUDENS, G. 2. 315†, Cu. 365.

PRUDENTIA, G. 1. 416, A. 3. 433.

pruina: pruina, G. 2. 376;
  pruinae, G. 2. 263;
  pruinas, G. 1. 230;
  pruinis, G. 3. 368, 4. 518.

pruna: prunae (gen.), M. 9; pruna, A. 11. 788; prunas, A. 5. 103.

prunum: pruna, Co. 18; pruna, E. 2. 53, G. 4. 145.

prunus: prunis (abl.), G. 2. 34.

Prytanis: Prytanim, A. 9. 767†.

psalterium: psalteria (nom.), Ci. 178.

PSIN, Ca. 2. 4 (Ellis *sphin* Rb. Th. *sil* Ben.).

psithius: psithia (abl.), G. 4. 269†; *fem. subst.* psithia (nom.), G. 2. 93.

pubens: pubentes (fem. nom.), A. 4. 514.

pubes: puberibus (neut. abl.), A. 12. 413.

PUBES. 23.

pubes, G. 1. 343, A. 1. 399, 2. 477, 5. 74, 119, 450, 573, 599, 6. 580†, 7. 105, 219, 521, 614, 794, 9. 74;

pubis, A. 8. 518†;

pubi, G. 3. 174;

pubem, G. 2. 167, A. 2. 798, 7. 429, 11. 20;

pube, A. 3. 427, 9. 154.

pubesco: pubescit, G. 2. 390; pubesceret, A. 3. 491.

Publicola; vid. *Poplicola.*

PUDENTER, Ca. 5 (7). 14†.

pudeo. 6.

pudet, A. 9. 598, 787, 12. 229;

pudeat, G. 1. 80, A. 5. 196;

pudendis (neut. abl.), A. 11. 55.

pudibundus: pudibunda (fem. nom.), Cu. 399 (edd. *rubicunda* Leo).

pudicitia: pudicitiam, G. 2. 524.

PUDOR. 10.

pudor, E. 7. 44, A. 4. 322, 5. 455, 9. 44, 10. 398†, 871, 12. 667;

pudorem, A. 4. 55;

pudor, A. 4. 27;

pudores (acc.), L. 53.

PUELLA. 33.

puella, E. 3. 64, G. 4. 458, Ci. 140 (Th. Ellis *puellae* Rb. Ben.), 429, Ca. 6 (3). 3, 12 (4). 2, L. 2, 24, 27;

puellae, Co. 33, L. 54†;

puellae, Ci. 140 (vid. *puella*);

puellam, E. 6. 61, Ci. 189, 223, 251, 484, 522, Ca. 9 (11). 23;

puellae, G. 1. 390, 4. 476, A. 2. 238, 6. 307, Cu. 116†, Ci. 351;

puellis, Cu. 133†;

puellas, E. 5. 59, Cu. 251, Ci. 64;

puellae, E. 10. 9, G. 1. 11, Cu. 245, Ci. 199;

puellis, Ci. 91.

PUER. 83.

puer, E. 5. 54, 8. 49, 50, G. 3. 6, A. 1. 267, 475, 678, 684, 2. 598, 3. 339, 4. 94, 156, 354, 5. 74, 252, 569, 599, 6. 875, 9. 181, 10. 133, 236, 605, Ci. 133, Ca. 7 (9). 4;

pueri, A. 1. 684, 5. 296, 12. 943;

puero, E. 3. 14, 70, 4. 8, A. 3. 341, 5. 569, 10. 70, Ca. 13 (5). 13;

puerum, E. 8. 45, 9. 52, A. 2. 457, 7. 575;

puer, E. 2. 17, 45, 4. 18†, 60, 62, 5. 19, 49, 9. 66, G. 1. 19, A. 3. 487, 6. 882, 8. 581, 9. 217, 276, 641, 656, 10. 825, 11. 42, 12. 435, Cu. 26, 37†;

puero, A. 1. 714;

pueri, E. 6. 14, G. 4. 476, A. 2. 238, 766, 5. 553, 561, 602, 6. 307, 7. 162, 379, 484, 9. 605, 11. 216, 476;

pueros, A. 8. 632;

pueri, E. 1. 45, 3. 93, 98, 111, 6. 24, A. 5. 349, 6. 832, Ca. 3*. 19.

puerilis: puerile (acc.), A. 5. 548†; puerilia (acc.), A. 11. 578.

PUGNA. 77.

pugna, A. 9. 667, 10. 359, 11.

589, 635, 833, 12. 125, 216, 506;

pugnae, A. 4. 603, 5. 365, 478, 585, 7. 40†, 542, 611, 8. 16, 9. 53, 661, 720, 10. 11, 254, 428, 11. 78. 780, 12. 54, 241, 430, 560, 598, 630, Ca. 9 (11). 5;

pugnae, A. 5. 383, 463, 10. 50, 259, 311†, 441†, 588, 615, 690, 11. 528, 649, 702, 707, 826;

pugnam, G. 3. 26, 234, 4. 67, A. 2. 438, 5. 69, 411, 429, 454, 9. 158, 186, 12. 106, 151;

pugna, A. 9. 213, 363†, 789†, 10. 889, 12. 34†, 265:

pugnae, A. 7. 788, Ci. 29;

pugnas, G. 3. 46, A. 1. 456, 5. 419, 6. 167, 7. 614, 9. 777, 11. 278, 837, 912, 12. 792, 818, Ci. 368.

pugnator: pugnatori, A. 11. 680.
pugno. 9.

  pugnat, A. 11. 600;
  pugnant, A. 7. 665;
  pugnabis, A. 4. 38;
  pugnent, A. 4. 629;
  pugnans (masc.), Cu. 389;
  pugnando (abl.), A. 6. 660, 7. 182;
  pugnatur, A. 7. 553;
  pugnata (acc.), A. 8. 629.
pugnus: pugnis (abl.), A. 4. 673, 11. 86, 12. 871.
PULCHER. 52.
  pulcher, G. 2. 137, A. 5. 570, 7. 107, 477, 657, 9. 293, 310, 684;
  pulchra, A. 4. 192, 6. 142;
  pulchrum (nom.), A. 2. 317;
  pulchram, G. 4. 218, A. 4. 266, 9. 401, 11. 270, 647;
  pulcher, A. 3. 119;
  pulchro, A. 5. 399, 7. 656;
  pulchra, G. 2. 463, A. 1. 75, 286, 6. 821;

pulchro, A. 3. 426, 4. 432, 5. 344, 7. 430;

pulchros, A. 9. 358, 433;

pulchra, Ca. 13 (5). 19 (edd. *spurca* Ben.);

pulchrior (masc.), A. 7. 649, 9. 179;

pulcherrimus, A. 4. 141, 7. 55, 8. 75, 10. 180;

pulcherrima, E. 6. 21, 7. 65†, G. 2. 534, A. 1. 72, 496, 4. 60, 227, 6. 648, 7. 761, 11. 852 (-uma), 12. 554;

pulcherrime, A. 10. 611;

pulcherrima (nom.), A. 12. 270;

pulcherrima, A. 5. 728, 9. 253;

pulcherrima, Ci. 202.
pullulo: pullulat, G. 2. 17, A. 7. 329†.
PULLUS, G. 3. 75.
pullus: pullis (fem. abl.), G. 3. 389.
pulmo: pulmone, A. 9. 701, 10. 387.
pulso. 19.

  pulsat, A. 3. 619, 5. 460, 6. 647, 9. 415†;
  pulsatis, D. 48;
  pulsant, A. 11. 660;
  pulsabat, A. 10. 216;
  pulsabant, A. 12. 706;
  pulsabit, G. 1. 496;
  pulsans (masc.), G. 3. 106, A. 5. 138;
  pulsante (masc.), G. 4. 313;
  pulsantia (acc.), Ci. 38;
  pulsatur, A. 4. 249;
  pulsatus (est), A. 6. 609, Cu. 33;
  pulsati (nom.), A. 5. 150;
  pulsatos, A. 12. 286;
  pulsata, A. 3. 555.
pulsus. 6.
  pulsu, G. 4. 49, A. 6. 591†, 7. 722†, 12. 334, 445, 533.

pulvereus: pulveream, A. 8. 593.

PULVERULENTUS, A. 7. 625;
pulverulenta (fem. nom.), G.
1. 66;
pulverulenta (acc.), A. 4. 155,
12. 463.

PULVIS. 21.
pulvis, G. 2. 418, A. 1. 478†,
11. 877;
pulveris, G. 4. 87;
pulvere, G. 1. 101, 180, 3. 171,
4. 96, A. 2. 273, 609, 7. 163, 9.
33, 10. 844, 11. 866, 908, 12.
99, 407, 444, 611, Ci. 284, Co.
5.

pumex: pumice, G. 4. 374, A. 5.
214, 12. 587;
pumicibus (abl.), G. 4. 44.

puniceus. 7.
puniceae (gen.), G. 3. 372, A.
12. 750†;
puniceam, Ci. 501†;
puniceo (masc.), E. 7. 32;
puniceis (neut.), E. 5. 17;
puniceis (fem.), A. 5. 269, 12.
77.

Punicus: Punica (fem. nom.), A.
4. 49; Punica (acc.), A. 1. 338.

PUPPIS. 45.
puppis, A. 2. 256, 5. 198†, 10.
156†, 171, 302;
puppis, A. 5. 858;
puppim, A. 1. 115, 6. 410†, 10.
226, 247, 297†;
puppi, A. 3. 130, 519, 527, 4.
554, 5. 12, 175, 841, 777, 6.
339, 8. 115, 680, 10. 261;
puppibus, G. 1. 304, 3. 362, A.
2. 276, 4. 418;
puppes, A. 1. 399, 3. 135, 277,
5. 697, 6. 5, 901, 8. 497, 9. 118;
puppis, A. 1. 69 (-es), 5. 635,
663, 794, 10. 268 (-es);
puppibus, A. 1. 183, 5. 132, 8.
693, 10. 80, 287.

PUPULA, Cu. 186†.

purgamen: purgamina (nom.),
M. 41.

purgo: purgat, A. 1. 587.

PURPURA, G. 2. 495, 4. 275, A. 5.
251, 7. 251, Ci. 320.

PURPUREUS. 33.
purpureus, A. 9. 435, 11. 819;
purpureum, E. 9. 40;
purpureum, A. 10. 722, Cu.
399 (edd. *purpureo* Th. Ben.),
Ci. 281, 382;
purpuream, A. 4. 139, 9. 349†;
purpureum, G. 4. 373, A. 1.
591;
purpureo, E. 5. 38 (mss. edd.
purpurea Rb. Con.), G. 1. 405,
A. 1. 337, 3. 405, 12. 414, Cu.
172, 399 (vid. *purpureum*), Ci.
52, D. 21;
purpurea, E. 5. 38 (vid. *purpureo*), Co. 14;
purpureo, A. 6. 641;
purpurei, A. 9. 163;
purpureae, G. 2. 95;
purpureos, G. 4. 54, A. 5. 79,
6. 884, 12. 602, Ci. 37, L. 67;
purpureas, A. 6. 221, Ci. 511;
purpurea, G. 3. 25;
purpureis (fem.), Ci. 103.

purus. 17.
pura, G. 1. 433, Cu. 89;
purum (masc.), A. 6. 746;
puro, A. 7. 489, 12. 771;
pura, E. 9. 44, A. 2. 590, 6.
229, 760, 11. 711, 12. 169, Cu.
80†;
puro, Cu. 68;
puris (fem. abl.), Ca. 14 (6). 6;
neut. subst. purum (acc.), G. 2.
364;
purior (masc.), G. 3. 522;
purissima (acc.), G. 4. 163†.

PUTATOR, G. 2. 28.

puteus: puteum, G. 2. 231; puteos, G. 3. 329; puteis, G. 1. 485.

putidus: putidum (voc.), Ca. 6 (3). 2†, 12 (4). 1†.

puto. 20.

  putas, A. 10. 627, Ca. 13 (5). 1;

  putat, A. 6. 454;

  putatis, A. 2. 43;

  putabant, A. 8. 522;

  putabo, Ci. 458;

  putavi, E. 1. 19, Ci. 421;

  putasti, A. 11. 686;

  putaris, A. 10. 244;

  putes, A. 8. 42;

  putet, A. 5. 96, 7. 704†;

  putent, A. 9. 155 (MR edd. *ferant* FPγ¹ Rb.);

  putasset, A. 6. 361;

  putans (masc.), A. 5. 380, 6. 332, 12. 728;

  putando (abl.), G. 2. 407;

  putandumst, A. 6. 719†.

putris. 8.

  putris, G. 1. 44;

  putre, G. 2. 204;

  putrem (masc.), A. 8. 596, 11. 875;

  putri (neut.), G. 2. 262;

  putres (masc.), G. 1. 215†;

  putris, G. 1. 392;

  putris, G. 3. 562.

PUTUS, Ca. 7 (9). 2†.

PYGMALION, A. 1. 347, 4. 325; Pygmalionis, A. 1. 364.

Pylius: masc. subst. Pylium, Ca. 9 (11). 15 (Rb. Ben. *Phrygium* Th. Ellis), 16.

pyra: pyram, A. 4. 494, 6. 215; pyra, A. 4. 504†; pyras, A. 11. 185, 204.

PYRACMON, A. 8. 425†.

PYRGI, A. 10. 184.

PYRGO, A. 5. 645.

Pyrrha: Pyrrhae (dat.), E. 6. 41.

PYRRHUS. 8.

Pyrrhus, A. 2. 469, 491, 529, 547, 662;

Pyrrhi, A. 2. 526, 3. 296;

Pyrrhin, A. 3. 319†.

QUA. 78.

  1. interrog.: qua, A. 9. 391;

  2. rel.: qua, E. 9. 7†, G. 1. 33, 90, 239, 408, 2. 74, 163, 271 (Ld. *quae* MR edd.), 3. 292, 349†, 351, 4. 126, 287, 290, 360, 529, A. 1. 83, 401, 418, 676, 2. 387†, 388, 455, 463 (mss. edd. *quo* Gos.), 505, 701, 753, 3. 114, 151, 269, 5. 590†, 6. 96 (Rb. *quam* mss. edd.), 7. 100, 519, 801, 8. 257, 594, 9. 508, 515, 555†, 10. 291, 362, 373†, 383, 476, 11. 293, 467, 692, 749, 764, 12. 147†, 273, 367, 507, 626, Cu. 15, 47, 103 (edd. *dum* Th. *qui* Ben.), 185, 197, Ci. 204, 204†, 216, 413†, 499†, 540, M. 15 (Rb. *quae* edd.), Ca. 9 (11). 4†, 4, D. 45†, 46, 52;

  3. indef.: nequa, A. 1. 682; siqua, A. 1. 18, 6. 882, 9. 512, 10. 458.

QUACUMQUE. 6.

  quacumque, E. 9. 14†, G. 1. 406, A. 10. 49 (P Rb. *quamcunque* MR edd. *quaecumque* Con.), 11. 762 (tmesis), 12. 368†, Ci. 538.

quadra: quadris, A. 7. 115; quadris, M. 49†.

quadrifidus: quadrifidam, A. 7. 509†; quadrifidas, G. 2. 25.

QUADRIGAE, G. 1. 512, 3. 268, A. 8. 642;

  quadrigis (abl.), A. 6. 535.

quadriiugis: quadriiugis (masc. acc.), A. 10. 571.

quadriiugus: quadriiugo (masc.

69, 301, 5. 213, 6. 784, 8. 622, 9. 102, 10. 134, 641†;

quale, A. 6. 205, 270, 10. 135; qualem, G. 2. 186, 192, 198, A. 10. 492, 11. 68;

qualem, A. 6. 453;

quale, E. 7. 22, A. 1. 592;

quales (fem.), A. 3. 679, 9. 679†, 10. 264, 11. 659;

qualis (masc.), A. 2. 223;

qualia, A. 12. 900, Ca. 9 (11). 20;

talis . . qualis (fem. nom.), E. 8. 85;

tale . . quale, E. 5. 46 *bis;*

talis . . qualem (masc.), G. 4. 413;

subst. qualia (acc.), A. 7. 200.

quallus (qualus): quallos, G. 2. 241†.

QUAM. 54.

    1. exclam.: quam, E. 3. 100, 10. 33, A. 4. 11†, 6. 436†, 694, 8. 538, Cu. 233 (Th. *quem* edd.), Co. 6 (Th. Ben. interrog. edd.);

    2. interrog.: quam, E. 2. 20 *bis,* G. 2. 103, 106, 3. 290, A. 11. 309, Cu. 217 (Ben. *conlucent* edd.);

    3. rel.: a) c. posit.: quam, G. 4. 473, A. 4. 193, 6. 309, 311, 7. 718, 8. 86, 9. 669, 10. 763, 11. 721;

    b) c. comp.: quam, E. 6. 12, G. 2. 90, A. 3. 431, 4. 502, 5. 30, 6. 96 (mss. edd. *qua* Rb.), 8. 17, Cu. 80, Ci. 189;

haut secus . . quam, A. 12. 124;

magis . . quam, G. 3. 210, 453, A. 6. 471;

quam magis . . magis, G. 3. 309†;

non alio . . quam, A. 11. 170 *ter;*

non aliter quam, G. 1. 201, A. 4. 669;

non ullum . . quam, A. 6. 353;

potius . . quam, Ci. 248, 458, Co. 6 (edd. exclam. Th. Ben.);

tam quam, G. 1. 206, 3. 471, A. 4. 188, 8. 723, Ci. 123;

tam magis . . quam magis, A. 7. 788;

quam . . sic, A. 5. 458;

    c) c. superl: quam primum, A. 4. 631.

QUAMQUAM. 13.

    1. c. indic.: a) praes.: A. 2. 533, 4. 393, 10. 857 (MRγP[1] edd. *quamvis dolor* P[2] Rb.), 11. 2, 12. 746;

    b) praes. et imperf.: A. 2. 12;

    c) imperf.: G. 1. 469;

    d) perf.: E. 8. 19, A. 2. 299†, Ci. 405;

    2. c. subi. (orat. obliq.): A. 6. 394;

    3. sine verb.: A. 5. 195, 11. 415.

QUAMVIS. 22.

    1. c. indic.: a) praes.: E. 3. 84;

    b) fut.: D. 102 *bis;*

    c) perf.: A. 5. 542;

    2. c. subi.: a) praes.: E. 1. 47, 4. 56, G. 1. 38, 3. 306, 387, 4. 206, A. 3. 454, 10. 857 (P[2] Rb. *quamquam vis* P[1] MRγ edd.), Ci. 19;

    b) praes. et perf.: G. 3. 120;

    c) imperf.: E. 1. 33, 2. 16 *bis;*

    d) imperf. et pluperf.: A. 8. 379;

    e) pluperf.: E. 6. 50;

    3. c. adi.: G. 1. 196, A. 1. 3*, 7. 492.

QUANDO. 29.

1. adv.: quando, A. 10. 366; siquando, E. 2. 23, G. 1. 259, 2. 128, 3. 98, 4. 228, 314, A. 3. 500, 9. 172, 11. 653†, 12. 851, M. 67;

non secus ac . . siquando, A. 10. 272;

velut (veluti) . . siquando, A. 10. 803, 12. 749;

2. coni.: a) interrog.: G. 1. 254, 255;

b) rel.: 1) c. indic.: A. 1. 261, 2. 446, 4. 315, 6. 50, 106, 188, 8. 172, 9. 497, 11. 384, 509, 636;

2) c. subi. (orat. obliq.): A. 4. 291.

QUANDOQUIDEM, E. 3. 55, A. 7. 547†, 10. 105, 11. 587†, Ci. 323.

QUANTUMCUMQUE, Cu. 388.

QUANTUS. 48.

1. exclam.: quantum (neut.), A. 6. 865;

quantum (neut.), A. 6. 828, 11. 57, 58;

quantae, A. 8. 537;

quantis (fem.), A. 4. 49;

quantos, A. 6. 872;

quantas, A. 6. 771, 829;

quanta, A. 6. 692;

quantis (neut.), A. 6. 693;

2. interrog.: quantus, A. 1. 719, 752, 11. 283;

quanta, G. 1. 4, A. 7. 222;

quantum (neut. acc.), A. 1. 368;

3. rel.: quantus, A. 3. 641, 9. 668, 12. 701 *bis*, 702;

quanta, A. 2. 592;

quantum (neut. acc.), A. 10. 772;

quantos, A. 12. 33;

tantum . . quantus, A. 6. 579;

adv. quantum, E. 4. 54, A. 2.

274, 6. 731, 8. 403, 11. 154, M. 17;

quantum . . tantum, E. 1. 25, 5. 16, 17, 7. 51, 9. 12, 10. 74, G. 2. 201, 291, 378, 4. 101, A. 4. 445, 6. 200, 7. 253, Cu. 119†;

quantum . . tanto, A. 12. 19; quanto, G. 4. 411.

QUAQUA, Cu. 150†.

QUARE. 9.

1. c. indic.: Ci. 92, Ca. 4 (13). 11;

2. c. imperativ.: G. 2. 35, A. 1. 627, 7. 130, 429, 8. 273, Cu. 18, Ca. 3*. 19.

QUARTUS. 6.

quartus, A. 10. 619;

quarta, G. 3. 190, 327;

quarto (masc. abl.), G. 1. 432, A. 3. 205†;

quarto, A. 6. 356.

quasso. 11.

quassat, A. 5. 855†, 12. 94;

quassabat, A. 9. 521;

quassans, E. 10. 25, A. 6. 587, 12. 894;

quassans (fem.), A. 7. 292;

quassante (fem.), G. 1. 74;

quassatae (sunt), A. 4. 53;

quassatam, A. 1. 551;

quassatae, A. 9. 91.

QUATENUS, Ca. 2. 2†.

QUATER. 7.

quater, G. 1. 411, A. 2. 242, 243;

terque quaterque, G. 2. 399, A. 1. 94, 4. 589, 12. 155.

QUATERNI, A. 10. 202.

quatio. 26.

quatit, G. 3. 496, A. 2. 611, 3. 30, 5. 200, 432, 6. 571, 8. 596, 9. 608, 814, 11. 767, 875, 12. 338, 370, Cu. 202†, 219, M. 41:

quatiunt, G. 3. 132, A. 3. 226;

quatiebat, Cu. 43, Ci. 350;
quaterent, A. 11. 513;
quate, G. 4. 64;
quatiens, A. 7. 143, 10. 762, 12. 442;
quatiens (fem.), A. 11. 656.
quattuor. 20.
  quattuor (fem.), A. 5. 115, 639;
  quattuor (fem. gen.), A. 7. 227;
  quattuor (masc. acc.), G. 3. 61, 113, 4. 538, 550, A. 3. 537, 6. 243, 8. 207, 10. 518;
  quattuor, E. 5. 65, G. 4. 297, 298, 541;
  quattuor (neut. acc.), M. 89;
  quattuor, A. 6. 587, Ci. 15;
  quattuor, A. 5. 699;
  quattuor, G. 1. 258.
-QUE. 4168.
  -que, E. 1. 48, 83, 2. 11, 30, 33, 52, 61, 72, 3. 34, 46 *bis*, 101, 4. 2, 11, 15, 17, 20, 29, 5. 51, 57, 59 *ter*, 65, 68, 77, 78 *bis*, 79, 6. 20, 21, 37, 38 (R Rb. *atque* P edd.), 39, 42 *bis*, 66, 83, 85, 7. 2, 13†, 8. 17, 24, 27, 33 *bis*, 34 *bis*, 65, 74, 81, 101, 102, 9. 8, 10. 27, 35, 53, 58, G. 1. 2, 9, 12, 16, 18, 19, 21 *bis*, 24, 26, 27, 31, 33, 41, 58†, 60†, 65, 75, 76, 95, 99, 105, 106, 110†, 113, 120, 122, 127, 130 *bis*, 131 *bis*, 138, 142, 151; 153†, 157, 159, 163, 164 *bis*, 165, 173, 174 (mss. edd. *om.* Ld.), 177, 182, 184, 185, 190, 205, 208, 219, 220, 222, 223, 235, 237†, 240, 243, 245, 249, 250, 258, 264, 272, 274, 278, 292, 301, 302, 306 *bis*, 308, 312, 325, 327, 342, 345, 362 *bis*, 363, 366, 401, 414, 424, 429, 435, 436, 442, 455, 465, 468, 470

bis, 473 *bis*, 478, 479, 480, 482, 497, 498, 2. 7, 11, 12, 15, 18, 21 *bis*, 25, 26, 28, 33, 36, 39 *bis*, 41, 43, 51, 56 *bis*, 59, 66, 67, 71, 72, 77, 82, 84, 87, 88 *bis*, 93, 94, 95, 99, 110, 119, 121, 126, 129†, 131, 139, 142, 144, 155, 157, 158, 159, 161, 164, 165, 167, 168 *bis*, 169, 176, 179, 184, 185, 188 *bis*, 190, 195, 209, 213, 217, 219, 230, 231, 233, 236, 242, 243, 251, 255, 257, 263, 276, 281, 294, 305, 307, 311, 312, 330, 332, 340†, 342, 349, 350, 359 *bis*, 361, 366, 372, 373, 374, 375, 378, 382†, 386, 387, 388, 394, 396, 399, 407, 415, 418, 421, 422, 428†, 430, 432, 434, 436, 438, 450, 464 *bis*, 469, 470 *bis*, 472, 473, 477, 478, 480†, 486, 487, 492, 498, 502†, 503, 505, 507, 511, 514, 515, 518, 525, 527, 529, 531, 535, 3. 2, 7 *bis*, 9, 16, 19, 23, 24, 26†, 27, 28, 30, 31 *bis*, 33, 35, 36, 37, 38, 39, 40, 44 *bis*, 57, 58, 60, 67, 80 *bis*, 81, 82, 85, 87, 97, 100, 101, 104, 105, 108 *bis*, 111, 114, 115, 118, 119, 121, 122, 126 *bis*, 127, 128, 131, 137, 142, 145, 146, 151, 155, 158, 164, 175, 179, 183 *bis*, 188, 189, 191, 192, 193, 197, 198, 199, 200, 207, 215, 222, 223, 225, 226, 233, 235, 236, 238 *bis*, 241, 243, 244, 247, 253, 254, 255, 269, 271, 274, 278, 283, 287, 297, 299 *bis*, 304, 311, 312, 315, 316, 318, 320, 338, 341, 342, 349, 351, 355, 361, 363 *bis*, 364, 366†, 369, 374, 377, 377†, 378, 386, 390, 394, 395, 399, 400, 403, 405, 407, 412, 415, 417, 419,

421, 422, 423, 424, 430, 431,
432, 434, 437, 446, 447, 449
(Con. *et* mss. edd.), 450, 451
ter, 454, 461, 466, 476, 477, 479,
481, 484, 493, 499, 506, 511,
512, 513, 517, 524, 535, 539,
540, 549, 550, 552, 553, 555
bis, 556, 561, 4. 4 *bis*, 7, 8,
10, 14 *bis*, 16, 20, 22, 24, 32,
36, 39, 40, 43, 50, 52, 53, 54,
56, 60, 64, 69, 73, 74 *bis*, 76,
77, 80, 94, 103, 104, 112, 119,
120, 121, 124†, 130, 131 *bis*,
132, 138, 142, 145, 146, 151,
154†, 156, 166, 169, 172, 175,
182 *bis*, 188, 190, 194, 201,
202, 204, 208, 213, 216, 218,
228, 230, 236, 238, 239, 240,
241, 244, 250, 259, 260, 265,
268, 270, 280, 284, 290, 301,
304, 311, 338† *ter*, 339†, 341,
346, 347†, 350, 362 *bis*, 363,
364 *bis*, 370 *bis*, 377, 390, 397,
405, 407, 408, 420, 435, 436,
439, 462, 472, 475, 476, 477,
479, 482, 483, 485, 486, 490,
491, 493, 496, 497, 498, 514,
517, 518, 521, 529, 536, 543,
546, 553, 557 *bis*, 559, 561,
562, 565, A. 1. 1, 2, 6, 7, 13,
14, 21, 23, 25, 27, 31, 45, 46,
53, 57, 58, 59, 61, 62, 68, 69,
73, 78, 80 *bis*, 84, 91, 98, 101,
103, 112, 113, 115, 119, 123,
125, 129, 131, 133, 137, 138,
143 *bis*, 149, 150, 152, 155,
156, 161, 162, 165, 167, 175,
176, 177, 178, 182, 187 *bis*, 189,
196, 200, 202, 208, 210, 212,
213, 214, 215, 216, 222 *bis*,
224, 225, 238, 247, 248, 255,
259, 263, 264, 266, 270, 277,
280 *bis*, 281, 282, 284, 298,
302, 304, 306, 309, 315, 317,
319, 320, 330, 337, 345, 351,

355, 356, 357, 358, 360, 363,
366, 367, 371, 383, 390, 398,
403, 410, 415, 416, 417, 419,
420, 422, 424, 426 *bis*, 428,
436, 440, 448, 455 *bis*, 457,
458, 465, 472, 473, 476, 480,
484, 486, 487, 489, 491, 493,
495, 501, 504, 506, 507 *bis*,
510 *bis*, 511, 512, 523, 536,
541, 550 *bis*, 554, 557, 558,
566 *bis*, 569, 570, 571, 574,
583, 588, 589, 590, 594, 609
bis, 611, 624 *bis*, 626, 636, 638,
639, 640, 645, 648, 651, 654,
655, 659, 661, 670, 686, 688,
695, 698, 700, 701, 702, 705,
710 *bis*, 711, 713, 714, 715,
722, 723, 725, 728, 729, 733,
737, 742, 744 *bis*, 747, 749,
754, 755, 2. 1, 5, 9, 12, 13, 16,
19, 20, 28 *bis*, 32, 36, 37, 47,
51, 52, 53, 56 *bis*, 60, 64, 80,
88, 92†, 103, 106, 110, 115,
118, 120, 126, 132, 135, 138,
147, 149, 155, 156, 160, 164†,
167, 173, 174, 178, 181 *bis*,
186, 191, 195, 196 *bis*, 199,
205, 206, 208, 209, 210, 217,
221, 226, 227 *bis*, 232, 235,
238, 239, 240, 244, 257, 260,
261, 262 *bis*, 263 *bis*, 265, 266,
271, 272, 273, 278, 289, 291,
293, 296, 297, 300, 301, 306,
307, 309, 316, 317, 319, 320
bis, 321, 329, 340 *bis*, 341, 344,
351, 357, 359, 368, 374, 378,
380, 384, 386, 388, 389, 392,
393, 394, 397, 404, 411, 415,
418, 421, 422, 424, 440, 441,
442, 443, 448, 452 *bis*, 453,
454, 460, 465, 469, 473, 480,
481, 485, 486, 487, 490, 494,
497, 498, 500, 501 *bis*, 504,
507, 512, 513, 530, 534, 541,
542, 543, 544, 549, 552 *bis*,

556, 558, 567, 570, 577, 578, 579 *ter*, 586, 591, 592, 593, 598, 603, 608, 609, 610, 611, 613, 617, 619, 622, 627, 631, 633, 635, 636, 638, 639, 642, 646, 650, 653, 654, 655, 658†, 660, 662, 665, 666 *bis*, 671, 672, 674, 680, 681, 683, 685, 692, 697, 700, 703, 706, 713, 714, 717, 721, 722, 723, 724, 730 *bis*, 732, 742, 747 *bis*, 750, 752, 760, 764, 765 *bis*, 769, 774, 783, 789, 791, 794, 799, 801, 802 *bis*, 3. 1, 2, 5, 8, 10, 12, 15†, 18, 19, 20, 24, 30, 35, 36, 38, 48, 52, 54, 58, 64, 67, 69, 72 *bis*, 76, 77, 80, 91, 99, 101, 109, 111, 112, 122, 123, 124, 125 *bis*, 126 *bis*, 129, 133, 134, 135, 136, 137, 138, 143, 144, 148, 149, 156, 159, 160, 168, 170, 174 *bis*, 176, 179, 180, 181, 190, 191, 195, 196, 201, 212, 213, 217, 221, 222, 223, 227 *bis*, 231, 232, 236, 243, 246, 247, 253, 254, 256, 261, 262, 264, 267, 271 *bis*, 283, 292 *bis*, 296, 298, 303, 312, 315, 326, 328, 329, 332, 335, 336 *bis*, 342, 344, 347 *bis*, 349, 351, 355, 356 *bis*, 357, 365, 367, 370, 371, 376, 380, 382, 386 *bis*, 395, 396, 418, 422, 435, 438, 442, 444, 452, 455, 456, 457, 458, 460, 464, 465, 466, 467, 468, 470, 485†, 497, 500, 501, 502, 507, 510, 516 *bis*, 517, 520, 521, 522, 526 *bis*, 528, 530, 531, 536, 546, 550 *bis*, 553, 555, 556, 557, 560, 561, 563, 569, 572, 574, 575, 576, 577, 579, 588, 589, 591, 592, 593, 596, 598, 599, 605, 607, 615, 618, 619, 625, 630, 631, 634, 641, 647 *bis*, 648

bis, 649, 661, 664, 667, 673, 674, 689 *bis*, 699, 701, 702, 705, 709, 717, 718, 4. 3, 5, 7, 15, 18, 22, 26, 29, 37, 42, 44, 50, 51†, 53, 55 *bis*, 56, 58 *bis*, 63 *bis*, 68, 71, 72, 75 *bis*, 76, 78, 79, 80, 81, 82, 88, 89, 99, 101, 102, 104, 111, 117, 119, 121, 126, 132, 134, 143, 145 *bis*, 147, 155, 157, 158, 163, 168, 169, 175, 177, 179, 184, 188, 194, 197, 200, 201, 203, 209, 213, 216, 218, 219, 220, 224, 225, 228, 229, 244, 246, 256, 257, 262, 266, 267, 275, 280, 281, 282, 286† *bis*, 288 *bis*, 289†, 297, 299, 300, 303, 306, 311, 314, 320, 342, 348, 354, 359, 363, 367, 389, 391, 392, 395, 396, 399, 401, 403, 404, 407, 410, 432, 433, 437, 440, 452, 455, 462, 464, 466, 473, 475 *bis*, 480, 484, 486, 490, 492, 496 *bis*, 498, 506, 507, 508, 517, 523, 525, 531, 532, 533, 535, 544, 547, 557, 563, 564, 566, 572, 575, 577, 578, 579, 580, 588, 590, 592, 593, 597, 602, 605, 608, 609, 611, 617, 620, 623, 626, 637, 639, 640, 643, 646, 648, 651, 652, 664, 665, 667†, 670, 672, 676, 680, 682 *ter*, 683, 686, 690, 691, 692, 694, 695, 697, 699, 703, 5. 2, 6, 11, 15, 16, 23, 24, 36, 44, 47, 48, 49, 53, 54, 65, 67, 68†, 70, 79, 81 *bis*, 82, 86, 97, 98 *bis*, 99, 101, 102, 104, 106, 109, 110, 111, 112, 118, 121, 122, 127, 132, 133, 135, 136, 137, 138, 142, 143, 145, 147, 148 *bis*, 149, 151, 152, 155, 157, 159 *bis*, 160, 170, 173, 179, 180, 184, 185, 199, 200, 203, 206, 208, 209, 210, 211, 215, 221

I, 2, 5, 6, 12†, 13, 16, 18†, 20,
4 (13). 2†, 5, 7, 5 (7). 6, 10, 6
(3). 2, 6, 8 (10). 5, 6†, 9 (11).
4, 6, 45, 51 (Ben. *om.* edd.),
10 (8). 22, 13 (5). 14†, 23†,
26, 28, 32 (Th: Ellis *os usque*
Rb. Ben.), 36, 39†, 14 (6). 9,
14*. 1, D. 32, 83, 93†, 95, L. 1,
9, 14 (Rb. *atque* Ellis), 17, 31,
40, 48, 50, 54, 78;

que . . . que, E. 5. 28; 6. 27;
8. 22; 10. 23; 65, 66; G. 1. 11;
22, 23; 52; 118; 153; 227; 253;
321; 352, 352†; 371; 458; 2.
115; 344; 391; 399; 441; 443;
453; 456; 509; 3. 242; 385;
4. 44; 296, 297; 318; 367; 382;
A. 1. 18; 43; 87; 88; 94; 218;
229; 332; 399; 477; 514; 537;
598; 612; 732; 2. 39; 175; 284;
313; 364, 365; 417; 428; 661;
729; 744; 745, 745†; 770†, 770;
797, 797†; 3. 91 139; 224†, 224;
269; 436; 459; 4. 83; 94; 360;
430; 438; 521; 526; 558; 581;
589; 605; 629, 629†; 650; 671; 5.
92; 169; 174; 177; 193; 234; 333;
521; 619; 753; 766; 802; 6. 64;
113; 116; 233; 247; 336; 415;
433; 556; 599; 650; 892; 7. 32;
101; 136; 140, 140†; 178; 230;
301; 345; 360; 470; 499; 672†,
672; 682; 754; 8. 94; 277; 291,
291†; 294; 312; 425; 433†, 433;
490; 550; 601; 9. 192; 302;
309; 311; 334; 340; 492; 516;
650; 787; 10. 91; 142; 149;
162; 218; 376; 428; 525; 574;
687; 692; 695; 749†; 883; 895;
11. 34; 72; 150; 178; 192; 328;
333; 416, 417; 634; 655, 656;
658; 696; 775; 840; 905; 12.
23; 28; 89; 117; 119; 443; 705,
706; 833; 866; Ci. 338; Ca.
10 (8). 24;

que . . . que . . . que, E. 4.
51; 6. 32; G. 1. 279; 444; 2.
494; 3. 473; 4. 222†, 222, 222;
442; 469, 470; A. 1. 85; 2. 251,
252; 651, 652; 3. 279, 280; 4.
146; 510, 511; 7. 247, 248;
794, 795; 9. 358; 11. 675; 12.
341; Ca. 5 (7). 3† *bis*, 3;

que . . . que . . . que . . . que,
G. 4. 336, 336, 336†, 336; A.
9. 767;

que . . . que . . . que . . . que
. . . que, G. 3. 344, 345; A.
6. 483, 484, 485.

queo: quit, Ci. 5 (Ben. *quae* Rb.
curet Th. *quaeret* Ellis);
quivi, A. 6. 463;
queat, Cu. 79;
queamus, A. 10. 19.

QUERCENS, A. 9. 684†.

QUERCUS. 23.
quercus, G. 3. 332, A. 10. 423,
Cu. 281, Ca. 3*. 3;
quercus, Cu. 134, Ca. 9 (11). 17;
quercum, A. 4. 441, 7. 509, 11.
5;
quercu, E. 7. 13, G. 1. 159,
349, A. 6. 772, 8. 616;
quercus, E. 4. 30, 8. 53, G. 2.
16, A. 3. 680, 9. 681, Cu. 135;
quercus, E. 1. 17, 6. 28, G. 4.
510.

querella (*querela*). 6.
querellam, G. 1. 378;
querellas, Ci. 174, L. 19;
querellis, A. 4. 360, 8. 215, 10.
94.

QUERIMONIA, Ci. 462.

quernus: querno (neut. abl.), A.
11. 65; quernas, G. 1. 305†.

QUEROR. 10.
queror, E. 8. 19, Ci. 405, 441;
querar (indic.), A. 4. 677;
querens (masc.), G. 4. 320,
520;

402

querentem (masc.), A. 1. 385;
queritur, G. 1. 504, 4. 512;
queri, A. 4. 463.
querulus: querulae (nom.), G. 3.
328†, Cu. 151 (edd. *querulas*
Th. Ben.); querulas, Cu. 151
(vid. *querulae*).
questus. 7.
    questu, A. 7. 501, Ci. 285, 401;
    questus (acc.), A. 4. 553, 5.
    780;
    questibus, G. 4. 515, A. 9. 480.
QUI. IIII.
    1. pronom.:
qui, E. 3. 41, 50, 87, 88, 90,
8. 24, G. 1. 94, 97, 104, 111,
113, 201, 2. 105, 171, 188, 304,
490, 493, 3. 428, 521, 4. 89,
388, 565, A. 1. 1*, 1, 62, 229,
287, 378, 388, 419, 665, 2. 59,
230, 275, 345, 379, 427, 538,
663†, 3. 35, 327, 334, 359, 360,
695, 4. 28, 224, 229, 247, 269,
329, 607, 626, 5. 67 *bis*, 258,
346, 355, 370, 372, 439, 478,
496, 520, 543, 544, 726, 6. 57,
141†, 234, 338, 345, 388, 406,
453, 590, 705, 760, 768, 793,
804, 810, 813, 834, 846, 863,
7. 532, 537, 653, 754, 8. 10,
37, 137, 141, 9. 51, 93, 146
(mss. Rb. *qui* interrog. Ben.
quis edd.), 206, 213, 238, 325,
335, 427, 629, 728, 10. 89, 200,
312, 440, 564, 632, 779, 11. 23,
31, 219, 375, 393, 417, 471†,
12. 134, 180, 200, 349, 461,
612†, 897 (Rb. *quod* mss. edd.),
Cu. 80, 103 (Ben. *qua* edd.
dum Th.), 241, 243†, 270, 276,
368, 408 (Leo *cui* edd.), Ci.
33, 110. 238, 268†, 361 (edd.
quem Th.), 521, Co. 37, Ca.
14*. 1, D. 81, L. 76;
    quae, E. 1. 27, 53, 4. 34, 7. 15,

G. 1. 48, 174†, 499, 2. 15, 53,
217, 219, 238, 254, 255, 291,
3. 58, 4. 321, A. 1. 20, 46, 72,
113, 280, 598, 602, 2. 142, 184,
536, 604, 3. 323, 340 (Th.
quem mss. edd.), 397, 443, 544,
4. 211, 254, 479, 485, 695, 5.
356†, 397, 644, 6. 36, 295, 541,
611, 7. 83, 208, 258†, 309 *bis*,
369, 481, 588, 8. 146, 271,
272†, 340, 9. 69, 217, 238, 517,
536, 540, 551, 675, 790, 10. 134,
225, 371, 613, 693, 11. 141,
560, 821, 12. 52, 92, 139, 388,
594, 817, 863, Cu. 113, 125,
149, Ci. 6 (Ben. *om.* edd.), 15
(Th. Ben. *om.* Rb. Ellis), 163,
246, 252, 314 (Ellis *o* edd.),
321, 394†, 432 (Ellis *vel* edd.),
514, M. 18, Co. 9, Ca. 8 (10).
1, 9 (11). 11, 26, 14 (6). 2†, D.
21, L. 21;
    quod, E. 9. 6†, 66†, G. 2. 158
bis, 346, 4. 51, A. 2. 545, 3.
636, 4. 115, 5. 125, 691, 796,
7. 311, 507, 8. 49, 149, 226,
402, 9. 157, 175, 10. 367, 11.
15, 12. 819, 838, 897 (vid.
qui), Ci. 328, 339, Ca. 8 (10).
6 *bis*;
    cuius, E. 10. 73, G. 4. 394, 437,
A. 8. 511, 10. 187, 11. 347, 666,
Cu. 206, Ci. 123;
    cuius (fem.), A. 6. 324, Ca. 9
(11). 35†;
    cui, E. 1. 43, 4. 62, G. 1. 12, 14,
2. 99, 398, 3. 147 (quoi), 258,
388, 394, 4. 113 (quoi), 127,
271, A. 1. 267 (quoi), 314, 345,
2. 71, 547, 3. 658, 4. 192, 206,
248, 275, 5. 87, 847, 6. 158,
299, 419, 596, 812 (quoi), 7.
485, 654, 746, 785, 8. 127, 564,
566, 680†, 683, 9. 257, 347,
593, 775, 10. 76 *bis*, 100, 137,

176 *bis*, 210, 530, 538, 565
(quoi), 580, 611, 11. 70, 118,
498, 642, 679, 708, 786 (quoi),
12. 162, 225 (quoi), 392 (quoi),
518, Cu. 24, 171†, 182 (edd.
quo Th. Ben.), 188†, 221, 366,
408 (vid. *qui*), Ci. 158, 191†,
270†, Co. 34†, Ca. 1. 6 (quoi),
2*. 20†, L. 78 (quoi);
cui, G. 1. 344 (quoi), 2. 204
(quoi), 373, 3. 52 *bis*, A. 1. 522,
4. 59, 138, 181, 212, 213, 5.
214, 621, 6. 11, 46, 215, 7. 325,
8. 409, 10. 252, 621, 645, 12. 65
(quoi), Cu. 131†;
cui, A. 1. 448, 6. 350;
quem, E. 10. 26, G. 1. 24†, 2.
105, 3. 125, 260, 4. 323, 327,
A. 1. 64, 584, 595, 617, 741,
2. 83, 472, 635, 726, 3. 304, 340
(vid. *quae*), 474, 4. 355, 598,
599, 5. 39, 49, 152, 226, 254,
274, 287, 493, 536, 565, 571,
705, 814, 6. 764, 778, 791, 815,
7. 56, 189, 379, 484, 601, 659,
680, 692, 734, 762, 8. 62, 138,
342, 512, 552, 590, 9. 5, 49, 177,
266, 275, 280, 304, 396, 440,
546, 559, 583, 10. 117, 143,
242, 384, 420, 483 (M¹ edd.
cum RM² *quom* Rb.), 490, 540,
551, 591, 703, 708, 742 (R Th.
Con. Gos. *quae* VP¹ γ edd.),
752, 848, 11. 27, 336, 364, 770,
786, 12. 44, 90, 222, 544, 775,
943, Cu. 201, 233 (edd. *quam*
Th.), 244, 363, 397, Ci. 127†,
133, 134, 269, 351†, 361 (vid.
qui), 534, M. 7†, 61, 120, Ca.
2*. 3, 3 (12). 1, 10 (8). 1†;
quam, E. 1. 19, 2. 37, 6. 74, G.
1. 235, 346, A. 1. 15, 499, 573,
729, 3. 75†, 381, 479, 498, 4.
70, 90, 436, 5. 119, 250†, 260,
312, 563, 783, 6. 239, 325, 451,

7. 61, 268, 330, 344, 361, 452,
8. 84, 169, 194, 339, 418, 703,
9. 285, 382, 488†, 531, 706,
711, 10. 44†, 402, 613, 818,
11. 179†, 500, 523, 556, 12.
177, 359, 674, 857, Cu. 20†,
134, Ci. 58, 85, 220, 412, M.
20, Ca. 9 (11). 30 (Th. Ben.
quom Rb. *quod* Ellis), 12 (4).
2, 3†;
quod, E. 3. 35, 70, 5. 88, 9. 3,
G. 3. 280†, 282, 400, 401†, 4.
253, A. 1. 24, 443, 653, 2. 179,
3. 154, 4. 100, 431, 458, 6. 97,
206, 466, 7. 260, 8. 149, 9. 6,
84, 274†, 300, 747, 10. 19, 279,
421, 773, 12. 259†, 786, 833,
Cu. 412, Ci. 228†, 234†, 239,
262, 280, 324, 410, M. 64, Ca.
1. 4, 9 (11). 30 (vid. *quam*), L.
75†, 80; vid. *quod* coni.;
quo, E. 4. 8, 6. 73, G. 3. 149,
4. 372, 416, A. 1. 255, 544, 2.
540, 3. 22, 672, 4. 497, 5. 121,
323†, 6. 164, 602 (R Rb. Ld.
Con. *quos* MPγ F² edd.), 7.
145, 649, 708, 8. 331, 470, 9.
179, 206, 772, 10. 167, 697, 12.
639, Cu. 182 (vid. *cui*), 252†,
335†, 374;
qua, G. 3. 8, A. 1. 121 *bis*, 4.
174†, 322, 5. 397, 674, 6. 894,
7. 514, 10. 655, 879, 11. 245,
822† (qui), Ca. 9 (11). 31, 13
(5). 6; vid. *qua*;
quo, E. 9. 48, 48†, G. 2. 127†,
3. 319, 4. 248, A. 2. 163, 268,
648, 3. 604, 5. 47, 8. 47, 12.
245, Ci. 233, 263, L. 77; vid.
quo adv. ;
qui, E. 3. 92, 6. 6, 8. 108, G. 1.
22, 23, 434, 2. 351, 4. 539, A. 1.
236 *bis*, 706, 3. 98, 5. 291, 486,
594, 713, 6. 434, 583, 610, 612
bis, 661, 662, 663, 664, 7. 98,

271, 430, 682, 712 *bis*, 713,
715, 726, 728, 739, 797, 8. 52
bis, 287, 547, 602, 9. 161, 193,
387, 600, 10. 167, 168, 183 *bis*,
327, 672, 840, 11. 61, 109, 330,
879, 12. 84, 237, 241, 360, 627,
705, 706, Ci. 28, 367, D. 78†;
quae, G. 1. 383†, 4. 383 *bis*, A.
1. 362, 4. 526 *bis*, 6. 411, 11.
24†, Cu. 61, Ci. 65, 92†, 196
bis, D. 48;

quae, E. 4. 32 *bis*, 33, 10. 50,
G. 1. 6, 260, 319, 419 *bis*, 2.
47, 3. 3, 4. 274, A. 1. 109†, 3.
486, 499, 4. 240, 5. 3, 6. 461,
890, 10. 334†, 11. 102, 256,
381, Cu. 106, Ci. 152, Ca. 9
(11). 15†, 16†, D. 49;

quorum, E. 8. 3, G. 3. 90, A. 1.
163, 437, 2. 35, 206, 435, 4. 39,
5. 235, 298, 7. 99, 580, 8. 547,
9. 247, 545, 11. 670, 12. 234,
Cu. 298, 370, Ci. 423;

quarum, G. 1. 233, 2. 360, 476,
3. 69, A. 1. 72, 6. 893, 10. 225,
Cu. 95†, 252†, Ci. 94, 104;

quorum, E. 2. 71, A. 2. 6;

quibus, G. 1. 21, 206, 2. 459,
A. 1. 232, 250, 361, 2. 248, 638,
3. 493, 503, 5. 195, 235, 6. 64,
264, 608, 9. 142, 10. 714, Cu.
127; quis, A. 1. 95, 7. 444, 742,
8. 316, 10. 168, 366†, 435, Cu.
145;

quibus, G. 2. 98, 4. 165, A. 1.
703, 5. 767, 6. 9, 713, Cu. 246;
quis, Cu. 122, 151:

quibus, E. 3. 38, D. 3, 62;

quos, E. 2. 42†, 6. 70, 8. 2, G.
2. 22 (M¹ γ edd. *quas* M² Rb.),
500, 3. 73, 159, 163, 4. 478,
512, A. 1. 135, 348, 394†, 511,
650, 2. 139, 156, 197, 347, 356,
598, 3. 149, 4. 37, 536, 545†,
5. 63, 74, 190, 296†, 302, 554,

713, 770, 813, 6. 129, 326, 335,
385, 428, 442, 482, 6. 602 (vid.
quo), 666, 7. 19, 282, 684, 685,
715, 717, 726, 740, 8. 110†,
118, 500, 9. 155, 172, 308, 673,
10. 43, 205, 306, 351, 518, 519,
673, 11. 81, 106, 172, 306, 397,
429, 12. 83, 261, 271, 279, 343,
501†, 779, Cu. 155†, 360, Co.
17, Ca. 8 (10). 3, L. 67;

quas, E. 2. 52, G. 2. 22 (vid.
quos), 441, 4. 149, 345, A. 2.
156, 3. 211, 4. 488, 5. 623, 6.
450, 826, 10. 220, 460, 516, 11.
73, 657, 12. 846, Cu. 124, M.
55;

quae, E. 2. 23, 3. 13, 5. 13, 6.
25, 82, 8. 92, 9. 26†, 44, 10. 2,
G. 1. 167, 440 *bis*, A. 1. 195,
470, 2. 130, 278, 295, 712, 3.
251, 461, 463, 546, 4. 333, 495,
638, 5. 728, 6. 398†, 478, 509†,
550, 7. 217†, 8. 18, 99, 168,
173, 324†, 427, 9. 194, 210,
236, 264, 301, 361, 10. 34, 298,
499, 628, 742 (vid. *quem*), 11.
146, 281, 352, 12. 12, Cu. 305†,
Ci. 44, Co. 16 (Ben. *vimineis*
edd.), L. 7, 44†, 46;

quibus, E. 6. 70, A. 2. 352, 5.
192, 303, 402, L. 10;

quibus, G. 4. 533, A. 8. 434
bis, Ca. 13 (5). 29; quis, A. 7.
570, Cu. 389;

quibus, A. 1. 160, 10. 827, 11.
80, Ci. 44, Ca. 4 (13). 7; quis,
G. 1. 161, A. 5. 511;

  2. adi.:

qui, G. 2. 185, A. 11. 687;

quae, E. 6. 12, 7. 46†, G. 2. 57,
184, A. 2. 119, 3. 27, 94, 5. 100,
6. 653, 654, 11. 312, 12. 181,
Cu. 28 (edd. *quo* Th. Ben.), 55,
M. 77 (Rb. -*que* edd.), L. 50;
cuius (fem.), Ci. 139;

405

quem, E. 3. 22, A. 1. 546, 4. 653;

quam, A. 6. 283, 7. 409, 8. 476, 12. 48, 604, Ci. 277;

quod, A. 2. 190, 4. 109, 11. 552;

quo, G. 1. 329, 3. 461, A. 1. 442, 2. 73, 3. 168, 8. 239, 11. 638, Cu. 28 (Th. Ben. *quae* edd.);

qua, G. 4. 150;

quo, G. 3. 267, 4. 348, 386, 520, A. 5. 117, 7. 348, 477, 9. 80, 10. 500, Ci. 10†, 232, Ca. 9 (11). 37;

qui, A. 7. 682, 10. 597;

quae, E. 5. 83, G. 1. 184, A. 1. 157, 10. 642, 12. 182, M. 85;

quis (neut.), A. 7. 799;

quos, G. 2. 500, 3. 227, A. 2. 502, 11. 257;

quas, E. 2. 61†, A. 11. 164;

quae, E. 9. 21, G. 1. 97, 3. 265, A. 1. 188, 2. 5, 4. 263, 6. 568, 729, 888, 7. 21, 554, 738†, 10. 531, M. 15 (edd. *qua* Rb.), Co. 15 (edd. *sunt et* Ben.), Ca. 9 (11). 59;

quibus (masc.), E. 5. 36; quis, Ca. 3*. 17;

quibus (neut.), A. 7. 223.

QUIA. 11.

    1. c. indic.: G. 2. 286, 3. 272, A. 2. 84, 4. 538, 696, 5. 231, 12. 808, M. 105, 106;

    2. c. subi.: G. 1. 415, A. 8. 650.

QUIANAM, A. 5. 13, 10. 6.

QUICUMQUE. 37.

    1. pronom.:

quicumque, A. 5. 83, 8. 122, 9. 209, 10. 739, 11. 591, 848, L. 35 (Rb. *quodcumque* Ellis);

quaecumque, A. 1. 330, 3. 652†, 9. 99, Ci. 445;

quodcumque (nom.), A. 1. 78, 2. 77†, 9. 287, L. 35 (vid. *quicumque*);

quicumque, A. 11. 255;

    2. adi.:

quicumque, E. 10. 38;

quaecumque, A. 9. 260, 10. 49 (Con. *quacumque* P Rb. *quamcumque* MR edd.), 12. 694;

quamcumque, A. 10. 49 (vid. *quaecumque*);

quocumque, E. 5. 50, A. 8. 74 (tmesis);

quacumque, A. 12. 913†;

quocumque, A. 3. 654, A. 4. 627, 8. 75;

quicumque, A. 9. 299, 12. 61 (tmesis);

quaecumque (fem.), A. 1. 610 (tmesis), 12. 143;

quoscumque, Cu. 410;

quascumque, G. 2. 52, A. 2. 800, 3. 601;

quaecumque, G. 2. 346, A. 3. 445.

QUIDAM, G. 4. 219; quidam, G. 1. 291; quaedam (acc.), G. 1. 268.

QUIDEM. 19.

quidem, E. 9. 37, G. 2. 48, 125, 212, 3. 217, 501, 4. 457, 489, 506, A. 3. 628, 9. 796, 10. 385, 11. 49, 378, 12. 234, 808, Cu. 270, 289, Ca. 11 (14). 5. Vid. *ne quidem, quando quidem.*

QUIES. 24.

quies, G. 2. 344, 467, 4. 184, A. 1. 723, 2. 268, 3. 495, 5. 857, 6. 522, 7. 598, 8. 407, 10. 745, 12. 309, 909;

quieti, A. 5. 844;

quietem, A. 1. 691, 4. 5, 7. 414, 8. 30, 10. 217, Cu. 161†, Ci. 343;

quiete, A. 5. 836, 9. 187†, Cu. 213.

Ben.), 228, 12. 321, 500†, 634, 719, Cu. 79, 304, Ci. 188, M. 79, Ca. 4 (13). 8, 9; qui, E. 1. 18, 2. 19, 3. 8, G. 2. 488, A. 2. 75 (Rb. *quid* mss. edd.), 3. 608 (mss. edd. *quis* Gos.);

quae, E. 1. 26, 4.27, A. 2. 350, 3. 59, 6. 721, 9. 376, 12. 889;

quid, E. 5. 9, 8. 43, 107, 10. 38, G. 1. 1, A. 2. 70, 5. 410, 850, 10. 19, 77, 79, 672†, 11. 705, 12. 793, 873, Cu. 243†, Ci. 513, L. 42;

cuius (neut.), A. 7. 197;

cui (masc.), E. 1. 37, G. 3. 6 (quoi), A. 2. 121, 677, 678, 4. 323, 6. 502†, Cu. 193 (Leo *quam* edd. *qui* Ellis);

quem, E. 2. 60, A. 2. 121, 745, 3. 88, 187, 4. 11, 604, 5. 742, 6. 466, 9. 527, 10. 670†, 11. 664 *bis*, 719†, 727;

quam, G. 3. 464, A. 1. 327;

quid, E. 1. 36, 40, 2. 2, 35, 58, 3. 16, 28, 74, 6. 74, 7. 14, 8. 26, 9. 44, 46, 10. 22, G. 1. 53 *bis*, 104, 111, 311, 353, 354, 461, 462, 2. 118, 120, 434, 454, 481, 3. 258†, 264, 265, 339 *bis*, 525 *bis*, 4. 322, 325, 446, 504, A. 1. 9, 76, 231, 232, 407, 518, 745, 2. 75 (vid. *qui*), 101, 102, 154, 595, 746, 776, 3. 41, 56, 339, 368, 480†, 4. 43†, 65, 66, 235, 271†, 283, 311, 325, 368, 412, 534, 543, 595, 677, 5. 6, 14, 6. 122, 123, 318, 319, 389, 528, 601, 7. 197, 302 *bis*, 365 *bis*, 8. 15, 395, 483 *bis*, 9. 12, 94, 191, 228, 399†, 10. 36, 37, 55, 63, 87, 150 *bis*, 611, 628, 675, 825, 826, 878, 900, 11. 175, 345, 360, 386, 389†, 735, 12. 40 *bis*, 425, 486, 620, 637, 796, 798, 872, 889, Cu. 210

(Th. Ben. *quis* edd.), 223, 268†, Ci. 71, 190, 257†, 258, 265, 294†, 334, 437, Co. 5, 35, Ca. 1. 6, 9 (11). 10†, 10, 41, 42, 13 (5). 8, 9, 17, L. 51†;

quo, A. 5. 599;

quo, E. 3. 9, A. 1. 8;

qui, A. 1. 308, 369, 8. 114, 9. 376, 11. 250;

quae (neut.), G. 1. 160, 313, 2. 103, 288, 4. 393 *ter*, A. 2. 123†, 506, 3. 100, 6. 136, 711;

quibus (masc.), A. 10. 286;

quibus (neut.), A. 4. 371;

quos, A. 10. 285;

quas, A. 11. 509;

quae, E. 1. 10, 3. 42, 72, 8. 62, A. 4. 371, 5. 706, 707, 10. 162, 11. 240, Cu. 210†, Ca. 11 (14). 1;

b) indef.: quis, A. 6. 568;

cui (fem.), G. 2. 256 (edd. *quisquis* PM² Rb.);

quid, Ci. 266 (Ellis *non* edd.);

nequis, A. 1. 413;

nequid, A. 8. 205;

necui (masc.), A. 4. 16;

nequid, A. 4. 415, 6. 694, 11. 417;

neu quis, A. 1. 413, 12. 566;

seu quis, G. 3. 49, 50, A. 7. 235;

siquis, E. 6. 9 *bis*, G. 2. 49, 3. 453, 474, 563, A. 5. 410, 9. 210, 12. 68, Cu. 58, Ci. 156;

siquid, A. 1. 603;

sicui, A. 5. 363; sive . . cui (quoi), G. 3. 211;

siquem, G. 4. 6, 281, A. 7. 225, 226†;

siquam, G. 3. 489, A. 1. 322, 6. 367;

siquid, E. 3. 52, 7. 10, 9. 32, A. 4. 317 (tmesis), 382, 5. 688, 7. 273, 9. 446, 11. 374 (tmesis),

12. 152, Ca. 8 (10). 4†;
siqui, Ci. 408†;
siquos, A. 2. 420;
siqua, A. 2. 159, 9. 134, 407;
 2. adi.:
 a) interrog.: quis, E. 2. 68,
3. 103, 9. 39, G. 2. 178†, 256
(edd. *quisquis* PM² Rb.), 3.
102, 4. 315, 495, A. 1. 459, 615,
2. 594, 3. 317, 4. 10, 98†, 294†,
408, 5. 649 (P Rb. *qui* Mγ²
edd.), 670, 6. 561†, 670, 7. 38,
8. 352 (mss. edd. *qui* Gos.), 9.
36, 77†, 601, 10. 9, 72, 11. 732,
12. 500†, 621, Ca. 11 (14). 1;
qui, G. 1. 3, 4. 537, A. 5.
648, 6. 865 (PF¹ Rb. edd. *quis*
F² MR Th.), 9. 723†, Cu. 193
(vid. *cui*), Ca. 4 (13). 4 (Rb.
quis edd.);
quae, E. 2. 69, 6. 47, G. 1. 3, 2.
178, 248, 482, 3. 102, 4. 118,
A. 1. 237, 454, 460, 517, 539,
582, 616, 746, 2. 42, 69, 75,
151 *bis*, 285, 373, 519, 564,
656, 3. 318, 584, 609, 4. 290,
349, 595, 5. 4, 30, 384†, 465,
748, 6. 533, 560, 575, 615, 670,
756, 7. 197, 8. 112, 9. 67 (P¹ R
edd. *qua vi* FMγP² Rb. Ben.),
188, 191, 490, 601, 10. 9, 72,
90, 107†, 152, 164, 670, 675,
11. 250, 253, 295, 314, 733,
761, 12. 37, 313†, 637, 793,
883†, Ci. 5 (Rb. *curet* Th.
quit Ben. *quaeret* Ellis), 231
(Ben. *qua* edd.), Ca. 11 (14).
8†;
quod, A. 1. 539, 2. 656, 735;
cui (masc.), A. 9. 97, Ca. 4
(13). 5;
eui (neut.), A. 5. 625;
quem, A. 1. 241, 6. 161, 8. 15,
533;
quam, A. 2. 322, 3. 145, 4. 47,

5. 790, 6. 615, 10. 107†, Cu.
193 (vid. *qui*);
quod, A. 6. 161, 7. 307; quid,
Ca. 11 (14). 4 (edd. *quod*
Ben.);
quo, E. 6. 43, 80, G. 2. 226†,
270†, 4. 120, 284, 505†, A. 2.
74, 322, 3. 459, 608, 4. 283, 5.
599, 6. 892, 9. 269, 723, 11.
284, 12. 320; vid. *quomodo*;
qua, G. 1. 412, 2. 270, 479, 4.
55, 505 (γ Th. Con. *quae* MR
edd.), A. 4. 115, 235, 271, 5.
476, 8. 49, 9. 67, 67 (vid. *quae*),
390, 399, 11. 310†, 12. 320,
796, 873, 917, Ci. 229†, 231
(vid. *quae*), 319;
quo, E. 3. 31, G. 1. 1, 61, 354,
2. 95, A. 1. 331, 517, 6. 319,
12. 727, Ci. 265†;
qui, E. 10. 9, A. 1. 606, 3. 337,
6. 531, 712, 757, 771, 7. 37,
131, 642, 8. 385, 12. 32;
quae, A. 2. 282, 5. 475, 7. 642;
quae, E. 10. 9, G. 1. 24, 2. 177,
A. 1. 605, 2. 69, 3. 337, 4. 9,
293, 561, 5. 737, 7. 37, 131, 8.
385, 11. 294, 12. 32, Ci. 318†;
quos, G. 1. 337, 2. 122, A. 4.
409, 9. 782, 12. 658, Ca. 4 (13).
2;
quas, E. 6. 79, A. 1. 307, 6. 92,
92†, 692, 8. 538, 9. 526, 11.
508, Ca. 4 (13). 2;
quae, E. 3. 42, 5. 81 *bis*, 6. 79,
G. 2. 271 (RM edd. *qua* Ld.),
4. 505 (vid. *qua*), A. 3. 367, 4.
14, 47, 284, 368, 5. 354, 6. 198,
873, 9. 252 *bis*, 526, 782, 10.
151, 12. 658;
quibus, A. 7. 643;
quibus, E. 3. 104, 106, 6. 80,
A. 1. 331, 369, 2. 282, 6. 560,
11. 125;
quibus, A. 1. 751, 4. 13, 7. 644,

9. 269†, 399; quis, Cu. 210 (vid. *quid*);

b) indef.: nequis, E. 6. 73†; nequa, A. 3. 406, 473, 9. 321, 11. 19, 12. 565;

nequod (acc.), Ca. 10 (8). 10 (edd. *Cytorio* Ellis);

nequo (neut.), A. 1. 674;

nequa (nom.), A. 3. 453, 8. 209;

nequa, A. 2. 606;

siquis, E. 7. 44, A. 4. 319, 328, 684, 9. 211, 12. 56, 157†;

siqua, E. 7. 40, A. 2. 94, 142, 536, 3. 433, 434, 4. 327, 6. 194, 367, 459, 7. 4, 401, 559, 9. 41, 214, 493, 741, 10. 458, 792, 828, 861, 903, 11. 128, 373, 502, 12. 932;

siquod, A. 4. 520†;

siquem, A. 11. 51 (tmesis), 181;

siquam, A. 11. 308;

siqua, A. 8. 243;

siqua, E. 4. 13, 6. 57, G. 3. 83, A. 1. 603;

siquos, E. 5. 10, G. 2. 265;

siqua, A. 9. 406

siquibus (fem.), A. 1. 578.

QUISNAM. 6.

1. pronom.:

nam quis, G. 4. 445;

nam quid (acc.), A. 12. 637;

2. adi.:

quisnam, E. 9. 39 (tmesis), A. 3 338;

quaenam (fem. nom.), A. 2. 373 (tmesis), 11. 108.

QUISQUAM. 37.

quisquam, G. 1. 348, 456, 2. 315, 3. 140, 559, 4. 107, A. 1. 48, 5. 378, 6. 875, 879, 7. 703, 10. 34, 65, 11. 392, 872, 12. 323, 761, Cu. 177, 340†;

quicquam, E. 5. 53, A. 4. 317, 11. 415, 12. 882;

cuiquam (masc.), A. 7. 692, 10. 712;

quemquam, E. 3. 51, 53, 8. 35, 9. 17, A. 2. 127, 402, 11. 312;

quicquam, E. 3. 32, G. 4. 447† (quiquam), A. 8. 140†, 11. 437, Ca. 13 (5). 33 (quidquam).

QUISQUE. 50.

1. pronom.:

quisque, A. 2. 130, 395, 5. 501, 6. 743, 8. 661, 9. 464, 527, 10. 107†, 281, 11. 185, 309, 12. 129, 457, 525, 552, Ci. 89†;

quaeque, G. 1. 53, 2. 229, 270, A. 7. 400;

cuique (masc.), G. 2. 177, 3. 102, A. 5. 100, 7. 507, 9. 175, 185, 10. 107†, 111†, 467;

quemque, E. 2. 65, G. 4. 224, A. 5. 561, 7. 642, 9. 162, 11. 731, 12. 759†, Ca. 11 (14). 3†;

quamque, G. 2. 226†, 4. 178;

quaeque, A. 9. 117, Ca. 9 (11). 22 (Ben. *quoque* edd.);

quaeque, E. 7. 54;

quaeque, G. 1. 199, A. 10. 513;

2. adi.:

quisque, Cu. 96;

quaeque, G. 1. 53, 3. 66;

quemque, A. 3. 459, 6. 892;

quaeque (fem.), Ca. 9 (11). 30.

QUISQUIS. 20.

1. pronom.:

quisquis, E. 3. 109, A. 1. 387, 2. 148, 4. 577, 6. 388, 9. 22, Cu. 6;

quidquid, G. 1. 36, A. 1. 601†, 2. 49, 5. 710, 716, 11. 288, 12. 678, Ci. 89;

quidquid, A. 8. 401, 12. 891;

2. adi.:

quisquis, G. 2. 256 (PM² Rb. *quis cui* edd.), A. 10. 493;

quidquid (nom.), A. 10. 493.

quaeque Ben.), 14*. 3, L. 48.
QUOT. 19.
    1. interrog.: quot, G. 2. 108, A. 11. 665;
    2. rel.: quot, A. 2. 331, 10. 223†;
    quotannis, E. 1. 42†, 5. 67†, 79†, 7. 33†, G. 1. 198†, 2. 398†, 3. 71†, A. 5. 59 (edd. *quot annis* Con.), 6. 21 (edd. *quot annis* Con.), Ca. 3*. 4†;
    tot . . quot, G. 3. 48†, A. 4. 181, 11. 676;
    quot . . totidem, G. 4. 142†, A. 9. 121†.
QUOTIENS. 8.
    1. exclam.: quotiens, E. 3. 72, G. 1. 471, Ci. 81, 82;
    2. rel.: quotiens, A. 3. 581, 4. 351, 352, 12. 483.
QUOUSQUE, A. 5. 384 (tmesis).

Rabidus. 8.
    rabidum (neut. acc.), A. 6. 80;
    rabida, A. 6. 421;
    rabido, A. 7. 451†;
    rabidae, G. 2. 151, A. 7. 493, Ci. 136 (Th. *validas* edd.);
    rabida (nom.), A. 6. 102†;
    rabidis (masc. abl.), Ci. 79 (Ben. *-que malis* edd.).
RABIES. 8.
    rabies, G. 3. 496, A. 2. 357, 8. 327, 9. 64;
    rabiem, A. 1. 200, 5. 802, 7. 479;
    rabie, A. 6. 49.
racemus: racemos, G. 2. 60, 4. 269;
    racemis, E. 5. 7, G. 2. 102, Co. 21.
radio: radiantis (fem. gen.), A. 8. 23; radiantia (acc.), A. 8. 616.
radius. 19.

radio (abl.), E. 3. 41, A. 6. 850;
radii, G. 1. 446, 2. 86, 4. 428, A. 9. 476, 12. 163;
radiis, G. 1. 396, A. 8. 195, 9. 374;
radios, G. 2. 444, A. 8. 429, Cu. 101;
radiis, A. 4. 119, 5. 65, 6. 616, 7. 25, 142, 8. 623.
RADIX. 17.
radix, G. 2. 31, M. 77†;
radicis, G. 2. 28;
radicem, G. 2. 318, Cu. 280†;
radice, G. 1. 20, 2. 17, 292†, A. 4. 446†, 12. 773, 787;
radices (acc.), G. 4. 279;
radicibus, G. 1. 319, A. 3. 27, 650, 5. 449†, 8. 238.
rado: radit, A. 5. 170, 217;
radimus, A. 3. 700;
raduntur, A. 7. 10;
rasae (gen.), G. 2. 359†.
rameus: ramea (acc.), G. 4. 303.
Ramnusia; vid. *Rhamnusia.*
ramosus: ramosa (acc.), E. 7. 30†.
RAMUS. 49.
ramus, A. 6. 137, 187, 196;
ramum, A. 5. 854, 6. 406 *bis*, 636, 7. 418, 8. 116;
ramo, G. 4. 514, A. 6. 230, 7. 67, 135;
rami, G. 2. 55, 287, 500, A. 3. 650, 8. 318;
ramorum, G. 2. 489, A. 9. 384;
ramos, E. 8. 40, G. 1. 188, 2. 32, 296, 307, 370, 3. 333, A. 4. 485, 6. 204, 282, 8. 128, 11. 332, D. 29;
ramis, G. 2. 81, 4. 558, A. 3. 25, 5. 71, 6. 808, 7. 108, 154, 8. 250, 286, 10. 835†, 11. 5, 101, Cu. 52†, 130, 146, D. 17.
RANA, D. 74; ranae (nom.), G. 1. 378; ranis (abl.), G. 3. 431.

rapax: rapax (fem.), Cu. 331;
rapacis (acc.), G. 3. 142; ra-
paces, Cu. 103.

RAPIDUS. 40.
rapidus, G. 2. 321, 3. 114†, 4.
263, 425, A. 1. 117, 2. 305†, 5.
513, 6. 550, 10. 870, 11. 627,
12. 81;
rapida, A. 12. 339;
rapidi, G. 1. 92, Ca. 9 (11). 52;
rapidum (masc.), E. 1. 65, G.
1. 424, A. 1. 42, 644, 5. 261, 11.
562;
rapido, E. 2. 10, A. 5. 291, 7.
676†, 11. 852, 12. 478, 523,
683, 711, M. 27;
rapido, A. 4. 241;
rapidi, A. 1. 59, 11. 906, Cu.
278;
rapidis (masc.), A. 6. 75, Cu.
371 (Ben. Leo *rapinis* Rb.
vepretis Th. *sub lappis* Ellis);
rapidos, A. 11. 298, Ci. 233;
rapidis, A. 7. 31, 156;
rapidis (fem.), A. 8. 442.
rapina: rapinam, L. 79;
rapinae, A. 8. 263;
rapinas, Ca. 3*. 19;
rapinis, Cu. 371 (Rb. *vepretis*
Th. *vae rapidis* Ben. *rapidis*
Leo *sub lappis* Ellis).
rapio. 79.
rapit, G. 1. 203†, 2. 153, 3. 68,
A. 4. 286†, 6. 8, 7. 638, 725,
8. 21, 220, 9. 364, 398, 10. 178,
308, 348, 486, 519, 660, 11.
651, 12. 250, Cu. 54, 300 (Ellis
rapuit edd.);
rapitis, A. 6. 845;
rapiunt, A. 2. 374, 4. 581, 5.
660, 10. 574;
rapiebant, Cu. 282†;
rapient, D. 4;
rapui, A. 5. 810†;

rapuit, A. 1. 176, 5. 255, 9.
566, Cu. 300 (vid. *rapit*);
rapuere, A. 11. 143;
rapiat, G. 3. 137, A. 7. 340, 9.
211;
rapiant, D. 42;
rape, A. 2. 675;
rapiens, A. 10. 496;
rapiens (fem.), Ci. 393;
rapere, A. 10. 462;
rapuisse, A. 10. 14, 12. 737;
rapior, Cu. 212;
rapiuntur, Cu. 383 (Rb. *rapientur* edd. *rapiantur* Leo);
rapientur, Cu. 383 (vid. *rapiuntur*);
rapta (sunt), E. 9. 18,
rapiantur, Cu. 383 (vid. *rapiuntur*);
raptum (masc. esse), Ca. 11
(14). 6;
raptus, A. 7. 742;
rapti (masc.), A. 1. 28;
raptum, A. 7. 484, 9. 213, 11.
751, 12. 265;
raptam, G. 4. 519;
raptum, A. 12. 901;
rapta, G. 4. 456, 504†, A. 4.
198, 7. 510;
rapto, A. 8. 111, 10. 342;
rapti, A. 5. 632;
raptos, A. 1. 378, 6. 428, 8. 211
(mss. edd. *raptor* Rb.);
raptas, A. 1. 528, 8. 635, 9.
763, 11. 198, 12. 330;
rapta, G. 3. 32;
raptis (fem.), A. 6. 496;
raptis, A. 7. 520, 10. 449, 774;
neut. subst. rapto (abl.), A. 4.
217, 7. 749, 9. 613.
RAPO, A. 10. 748.
RAPTIM, G. 1. 409†, 2. 427, Ci.
541.
rapto: raptat, G. 3. 292;
raptabat, A. 8. 644;

recentes (masc.), A. 11. 233;
recentis, G. 1. 106 (Con. *sequentis* AMP edd.), 3. 301;
recentis, G. 4. 56, 304, A. 7. 748, 9. 612;
recentia, A. 6. 674;
recentibus (neut.), A. 1. 417, 2. 395;
adv. recens, G. 3. 156.
recenseo: recenset, G. 4. 436; recensebat, A. 6. 682.
recepto: receptat, A. 10. 383; receptet, G. 1. 336.
receptus: receptus (nom.), A. 11. 527 (PM¹ Rb. Th. Ben. *recessus* RM² edd.).
recessus: recessu, A. 8. 193; recessus (nom.), A. 11. 527 (RM² edd. *receptus* PM¹ Rb. Th. Ben.).
recidivus: recidiva (acc.), A. 4. 344, 7. 322, 10. 58†.
recido: recidere (inf.), G. 4. 241; recisum (neut. nom.), A. 12. 208.
recingo: recincta (abl.), A. 4. 518.
recino: recinente, Cu. 72 (edd. *recanente* Ellis); recinente (fem.), Cu. 13†.
recipio. 23.
recipit, G. 4. 404, A. 9. 727, 11. 29, M. 120†;
recepi, A. 4. 656, 6. 111;
recepit, A. 2. 524, 4. 214, 9. 348, 10. 899, M. 13 (Th. Ben. *recedunt* Rb. *recedit* Ellis);
recipi, A. 2. 187;
recepta, Ci. 517;
receptum (masc.), A. 9. 780;
recepto (masc.), A. 1. 553, 3. 666, 9. 262;
receptos, A. 1. 583, 6. 818;
receptas, A. 1. 178, 7. 244, 9. 458;

recepti, A. 5. 80.
reclamo: reclamant, G. 3. 261.
reclino: reclinant, A. 12. 130; reclinarit (indic.), L. 14†.
recludo. 13.
recludit, A. 1. 358, 4. 646, 10. 601, 12. 924;
recludunt, A. 9. 675;
reclusit, G. 4. 52;
recludat, A. 8. 244;
recludere, G. 2. 175, A. 7. 617;
recluditur, G. 2. 423;
recluso (masc. abl.), A. 9. 423;
reclusis (neut. dat.), A. 4. 63;
reclusis (neut. abl.), A. 3. 92.
recognosco: recognoscit, A. 8. 721.
recolo: recolens (masc.), A. 6. 681.
RECONDO. 7.
recondo, A. 2. 748;
recondit, A. 5. 302, 7. 774, 10. 387, 816;
recondam (indic.), A. 1. 681;
recondat, G. 3. 137.
recoquo: recoquont, A. 7. 636†; recocto (neut. abl.), A. 8. 624.
RECORDOR, A. 3. 107, 8. 156.
recrepo: recrepat, Ci. 108.
RECTOR, A. 5. 176, 8. 572;
rectorem, A. 5. 161;
rectores (acc.), A. 9. 173.
rectus; vid. *rego.*
recubo. 7.
recubare, Cu. 175;
recubans, E. 1. 1, A. 6. 418, 8. 297, Co. 29;
recubans (fem.), A. 3. 392, 8. 45†.
RECULA, M. 66†.
recumbo. 6.
recumbit, G. 3. 86, A. 9. 434, 713, 12. 59, Ci. 449;
recumbunt, G. 1. 401.
recurro: recurrit (praes.), Cu.

415

20†; recurrens (masc.), A. 7. 100.

recurso: recursat, A. 1. 662, 4. 3†; recursent, A. 12. 802†.

recursus: recursus (acc.), A. 5. 583, 10. 288.

recurvus: recurvo (neut. abl.), A. 7. 513.

RECUSO. 13.
recuso, A. 2. 704, 10. 297;
recusat, A. 2. 126, 5. 406, 417, 749;
recusant, A. 12. 747;
recusem, A. 11. 437;
recuses, E. 3. 29;
recuset, G. 1. 53;
recusent, A. 12. 12;
recusa, A. 2. 607;
recusantum (masc.), A. 7. 16.

recutio: recusso (masc. abl.), A. 2. 52.

redarguo: redarguerit (indic.), A. 11. 688†.

reddo. 56.
reddit, A. 2. 260, 323, 9. 700, 10. 530, 12. 785, Cu. 414;
reddimus, G. 2. 194;
reddunt, G. 3. 495, 4. 172, A. 8. 450, 9. 122;
reddet, A. 6. 768†, 8. 170, 9. 254;
reddemus, E. 5. 75;
reddidit, A. 2. 543, 5. 705, 6. 672, 8. 217, 11. 251†, Cu. 337†, 338†, Ci. 527†;
reddam, E. 5. 81;
reddat, A. 4. 479, 10. 684;
reddant, A. 2. 537;
redderet, E. 3. 21, A. 11. 103;
redde, A. 10. 61, 12. 936;
reddite, A. 2. 669, 9. 262;
reddere, E. 3. 24, G. 3. 491, A. 1. 409, 6. 689, Cu. 287, Ci. 255;
redduntur, A. 5. 347 (M² Gos.

reddentur Pγ¹ Rb. *reddantur* M¹ Rγ² edd.);
reddar, A. 6. 545;
reddentur, A. 5. 347 (vid. *redduntur*);
redditus est, A. 5. 178;
reddita est, A. 2. 740, 7. 95;
reddita (est), A. 12. 669, 817;
reddantur, A. 5. 347 (vid. *redduntur*);
reddi, G. 4. 225, A. 5. 342, 386, 12. 799;
redditus, A. 6. 18, 11. 269;
reddita, G. 4. 486, A. 3. 40, 333;
reddite, Ci. 286.

REDEO. 33.
redeo, E. 9. 23;
redis, Ca. 13 (5). 30;
redit, E. 4. 6, G. 1. 249, 2. 401, 3. 272, 351, 4. 444, A. 2. 275, 367, 5. 454, 6. 122, 9. 794, 11. 764, Ci. 172;
redeunt, E. 4. 6, G. 2. 520, 3. 316, A. 7. 285, Ci. 24, L. 39†;
redibat, E. 1. 35, M. 82;
redibant, A. 7. 538;
rediit, Ca. 1. 6;
rediere, A. 12. 424;
rediisse, A. 5. 196;
rediens (masc.), G. 3. 11;
redeuntis (masc.), A. 4. 556;
redeuntem (fem.), Ci. 309;
redeuntibus (masc. abl.), A. 8. 47;
rediturus, Cu. 381†;
rediture, A. 10. 507.

redimiculum: redimicula (acc.), A. 9. 616.

redimio: redimibat, A. 10. 538;
redimitus, G. 1. 349, A. 3. 81;
redimita (fem. nom.), Co. 1.

redimo: redemit, A. 6. 121; redemptum (masc.), A. 9. 213.

reditus: reditu, A. 2. 17;

reditus, A. 2. 118, 11. 54;
reditus, A. 10. 436, Cu. 320.
redivivus: rediviva (fem. nom.),
M. 62†.
redoleo: redolent, G. 4. 169, A. 1.
436.
reduco. 20.
  reducit, G. 1. 249, 4. 434, A. 1.
143, 10. 670;
  reduxi, A. 4. 375;
  reducat, A. 11. 914;
  reducant, A. 2. 178;
  reducitur, G. 3. 296;
  reducto (abl.), A. 9. 257, 10.
807;
  reducta (abl.), A. 5. 478, 6.
703, 8. 609, 10. 552, 12. 307;
  reductos, G. 4. 420, A. 1. 161,
5. 283;
  reductis, A. 8. 689;
  reductis (fem.), A. 11. 605†.
redux. 6.
  reduci (masc.), A. 9. 301;
  reducem (masc.), A. 11. 797;
  reduces (masc.), A. 1. 397;
  reduces (masc.), A. 1. 390†, 3.
96, 5. 40.
REFELLO, A. 4. 380; refellam
(indic.), A. 12. 16, 644.
REFERO. 102.
  refero, A. 2. 757, 3. 59;
  refers, A. 9. 492;
  refert, E. 6. 42†, G. 1. 440, A.
1. 94, 208, 4. 31, 333, 438, 5.
518, 7. 49, 436, 8. 154, 9. 350,
798, 10. 17, 542, 11. 124, 662,
12. 866;
  refertis, A. 4. 93;
  referunt, E. 2. 66, 6. 84, G. 3.
397, 4. 180, A. 4. 392, 5. 605,
7. 700, 8. 307, 420, 10. 506, 11.
874, 12. 657, Cu. 67 (edd.
referent Rb. Leo), 151;
  referebat, E. 7. 20, A. 5. 409,
7. 286;

referebant, G. 4. 527;
referam, G. 3. 12, A. 11. 264;
referes, A. 2. 547, 10. 863, 11.
689;
referet, E. 9. 55, G. 1. 458, A.
1. 281;
referemus, A. 11. 127;
referent, E. 4. 21, A. 12. 186,
Cu. 67 (vid. *referunt*);
rettulit, A. 5. 598, 8. 343, 11.
290, 426, Cu. 290, Ci. 256;
referam, G. 2. 118;
referat, G. 3. 121, A. 8. 560†, 9.
208, Cu. 304;
referatis, E. 3. 73;
referant, G. 3. 128, A. 11. 240;
referret, A. 4. 329, 11. 163;
refer, G. 1. 339, A. 3. 170, 6.
152, 12. 76;
referte, A. 7. 267, 10. 281 (Pγ¹
Ld. Rb. *referto* MRγ² edd.),
491, 11. 176;
referto (sec. pers.), G. 2. 409,
A. 10. 281 (vid. *referte*), Ci.
337;
referre, E. 6. 85 (M¹ P¹ R Con.
referri M² P² edd.), G. 1. 176,
A. 1. 309, 11. 509, 12. 112;
referens, G. 2. 29, 4. 485, A. 2.
204, 5. 564, 10. 766, 794, 12.
286, 348;
referens (fem.), A. 11. 183, Cu.
302;
referentem (masc.), A. 6. 825;
relatu, A. 9. 595;
referor, A. 12. 37†;
referuntur, A. 11. 623;
referri, E. 6. 85 (vid. *referre*),
G. 1. 200, 4. 225†, A. 2. 169,
12. 495;
relatum (masc.), G. 1. 458;
relatam, A. 1. 390.
REFERT, G. 2. 104, 3. 548.
reficio. 7.
  reficit, G. 3. 337, A. 11. 731;

27   417

refecit, A. 10. 234;

refice, G. 3. 70;

refectae (sunt), G. 3. 235†;

refecti (nom.), G. 3. 511, A. 12. 788.

refigo: refigunt, G. 4. 202 (Mγ Rb. Ld. Ben. *refingunt* R edd.);

refixit, A. 6. 622;

refixum (masc.), A. 5. 360;

refixa (nom.), A. 5. 527.

refingo: refingunt, G. 4. 202 (R Th. Con. *refigunt* Mγ edd.).

reflecto. 6.

reflectunt, A. 11. 622;

reflexi, A. 2. 741;

reflectas, A. 10. 632;

reflexam, A. 8. 633 (M¹ Ld. Gos. *reflexa* PRγ M² edd.);

reflexa (abl.), A. 8. 633 (vid. *reflexam*), 10. 535;

reflexis (masc. abl.), Cu. 221.

refluo: refluit, A. 8. 240, 9. 32;

refluens (masc.), A. 8. 87;

refluentibus (fem. abl.), G. 4. 262.

refodio: refossa (abl.), M. 88†.

reformido: reformidant, G. 2. 369.

refoveo: refoves, Cu. 213; refovebat, Cu. 122.

refringo: refringit, A. 6. 210.

refugio. 12.

refugis, G. 1. 177;

refugit, A. 3. 536, 12. 753;

refugit, A. 2. 12, 380, 3. 258, 6. 472, 7. 500, 618, 12. 449, Cu. 191†;

refugerit (indic.), G. 1. 442.

refulgeo. 6.

refulget, A. 8. 623;

refulsit, A. 1. 402, 588, 2. 590, 6. 204, 9. 374.

refundo: refunditur, A. 7. 590;

refusa (esse), A. 1. 126;

refuso (masc. abl.), G. 2. 163, A. 6. 107, 7. 225.

refuto: refutet, A. 12. 41.

regalis: regali (masc. abl.), A. 1. 637; regalis (fem.), A. 1. 686, 7. 75.

regemo: regementem (masc.), Cu. 386.

regia; vid. *regius.*

regificus: regifico (masc. abl.), A. 6. 605.

REGINA. 41.

regina, A. 1. 9, 46, 273, 303, 496, 697, 728, 2. 578, 4. 1, 296, 504, 586, 7. 573, 620, 8. 696, 707, 10. 705, 11. 478, 499, 845, 12. 54, 595, 659;

reginae (gen.), A. 1. 389, 6. 28, 11. 223;

reginam, A. 1. 454, 594, 660, 674, 717, 4. 133, 283, 7. 405, 11. 703, 800;

regina (voc.), A. 1. 76, 522, 2. 3, 4. 334, 6. 460.

REGIO. 18.

regio, G. 1. 53, 4. 294, A. 1. 460, 4. 42, 6. 670, 10. 44, 11. 320;

regionem, G. 2. 269, Cu. 279;

regione, A. 2. 737, 6. 886, 7. 215†, 8. 528, 9. 385, 390, 11. 530;

regionibus (abl.), G. 3. 531, A. 1. 549.

REGIUS. 31.

regius, A. 1. 677, 5. 252, 297, 7. 814;

regia (nom.), A. 1. 443, 2. 256, 783, 4. 114, 5. 645, 7. 56, 438, 10. 62, 11. 371, Ca. 9 (11). 33†;

regia (nom.), A. 7. 485;

regia, A. 1. 631, 696, 4. 221, 7. 668, 11. 236, 447;

fem. subst. regia (nom.), G. 1.

relego: relegens (masc.), A. 3. 690†.

relevo: relevaverat, Ci. 340†.

RELIGIO. 11.

religio, G. 1. 270, A. 2. 151, 3. 363†, 8. 349†, 12. 182;

religione, A. 2. 188†, 715†, 3. 409, 7. 172, 608, 8. 598.

religiosus: religiosa (acc.), A. 2. 365.

religo: religavit, A. 7. 106; religatos, A. 9. 352†.

relino: relines, G. 4. 229†.

RELINQUO. 102.

relinquo, G. 4. 148, 328, A. 3. 10, 10. 855, 12. 818;

relinquit, G. 1. 35 (P edd. *reliquit* MRγ Con.), 3. 519†, A. 3. 446†, 6. 746†, 7. 7, 9. 332, 11. 628, 12. 470 (M² V edd. *reliquit* PRγM¹ Rb. Con.), 842;

relinquont, G. 3. 547, 4. 104†, 237†, A. 3. 244†, 4. 155†, 6. 444†, 11. 830 (Rb. *relinquens* M² P² edd.); relincunt, A. 5. 316†, 472†, 8. 125†, 9. 357†, 10. 604†;

relinquam, A. 12. 62;

relinquet, A. 7. 361;

reliqui, A. 4. 315, 5. 650, 9. 390, 10. 673†, 12. 809†, D. 84†;

reliquit, E. 1. 15, 30, 5. 35, 8. 91, G. 1. 35 (vid. *relinquit*), A. 3. 57, 308, 568, 4. 129†, 277, 495, 5. 517, 6. 512, 735†, 7. 123, 600, 8. 67†, 9. 475, 657, 10. 820, 11. 1, 113, 637, 819, 845†, 12. 159, 382, 470 (vid. *relinquit*), Cu. 131;

reliquerunt, Ca. 13 (5). 35 (Ben. *liquerunt* Rb. Th. *liquere* Ellis);

relinquat, A. 4. 415†, 432, 452, 5. 326, 6. 841;

relinquant, D. 78†;

relinquere, A. 4. 281;

relinquens, G. 3. 438, Cu. 228;

relinquens (fem.), A. 11. 830 (vid. *relinquont*);

relinquor, A. 2. 678†;

relictum (est), A. 6. 509;

relinqui, A. 2. 659, 4. 466, 8. 216†;

relicti (neut.), G. 4. 127;

relictum, E. 6. 43, A. 4. 507;

relictam, G. 2. 406, A. 5. 612;

relictum, A. 2. 28;

relicto, A. 2. 657, 12. 736;

relicta, A. 2. 108, 3. 440, 9. 8, 222, Cu. 285;

relicto, A. 5. 321;

relicti, A. 2. 357, 454;

relictis (neut.), A. 4. 82;

relictas, A. 3. 123;

relictis, G. 2. 210, A. 3. 190, 11. 500;

relictis, A. 2. 351, 5. 171, 8. 109;

relictis, A. 12. 443;

subst. relictae (dat.), A. 9. 290.

reliquiae. 9.

reliquias, A. 1. 30, 598†, 3. 87†, 4. 343, 5. 47†, 787†, 6. 227†, 7. 244, 8. 356.

reluceo: relucent, A. 2. 312; reluxit, G. 4. 385, A. 12. 300.

reluctor: reluctantis (masc.), Cu. 196; reluctanti (masc. dat.), G. 4. 301.

remaneo: remanent, M. 41; remanebat, M. 8.

remeo: remeabo, A. 11. 793; remeassem, A. 2. 95.

REMETIOR, A. 5. 25; remenso (neut. abl.), A. 2. 181, 3. 143.

remex: remige, A. 4. 588, 5. 116, Ci. 111.

remigium. 7.

remigium, A. 3. 471, 6. 19;

remigio, A. 1. 301, 5. 280, 8. 80, 94;
remigiis (abl.), G. 1. 202.
reminiscor: reminiscitur, A. 10. 782.
REMITTO. 22.
remitto, A. 5. 419, 10. 492, 828, 12. 833;
remittit, G. 2. 218, 4. 36, A. 10. 839, 12. 429, Ca. 2*. 13†;
remittunt, A. 9. 635, 11. 206, 12. 929;
remittam, A. 4. 436;
remittent, G. 4. 536;
remisit, G. 1. 202, A. 2. 543, 9. 818;
remittat, A. 11. 346, 359;
remittant, A. 12. 390†;
remissos, A. 5. 99, 11. 239.
remordeo: remordet, A. 1. 261, 7. 402.
remoror: remoratur, Ci. 217; remorantur, Cu. 119 (edd. *remorantem* Leo *morantur* Ellis); remorere (subi.), Ci. 236 (edd. *morerere* Ellis); remorantem (fem.), Cu. 119 (vid. *remorantur*).
removeo. 6.
removit, G. 1. 131;
remotae (sunt), A. 1. 216, 723†;
sit remota, Ca. 3*. 8 (Ellis *sint remota* Rb.);
sint remota, Ca. 3*. 8 (vid. *sit remota*);
remoto (abl.), Cu. 198 (edd. *renatus* Th.);
remota (abl.), Cu. 73.
remugio: remugit, G. 3. 45, A. 6. 99, 9. 504, 12. 722, 928.
remulceo: remulcens (masc.), A. 11. 812.
Remulus: Remulo (dat.), A. 9. 360.

Remulus: Remuli, A. 11. 636.
Remulus: Remuli, A. 9. 633†; Remulo (dat.), A. 9. 593.
remurmuro: remurmurat, A. 10. 291.
REMUS. 38.
remus, A. 3. 384, Ci. 461;
remum, A. 6. 233;
remo, A. 8. 89;
remi, A. 1. 104, 5. 120, 205;
remorum, A. 5. 211, 10. 306;
remis, A. 3. 207, 560, 5. 15, 136, 189, 8. 108, 10. 294;
remos, A. 1. 552, 3. 510, 4. 399, 594, 5. 209, 663, 753, 10. 290;
remis, G. 1. 254, 2. 503, A. 3. 563, 668, 5. 114, 143, 153, 222, 271, 837, 6. 320, 8. 58, 690, 10. 195.
REMUS, G. 2. 533; Remo (abl.), A. 1. 292.
Remus: Remi, A. 9. 330.
renarro: renarrabat, A. 3. 717.
renascor: renatus, Cu. 198 (Th. *remoto* edd.); renatis (fem. dat.), A. 6. 600.
renideo: renidenti (neut. abl.), G. 2. 282.
renovo: renovare, A. 2. 3, 750.
REOR. 16.
reor, A. 4. 45, 5. 24, 56, 7. 273, 370, 12. 188;
reris, A. 6. 97; rere, A. 3. 381, 7. 437;
rebar, A. 6. 690;
rebare, A. 10. 608;
rati (sumus), A. 2. 25;
rear, A. 9. 253;
ratum (neut. esse), A. 9. 104;
ratus, A. 11. 712;
rata (fem. nom.), A. 10. 629†.
repello. 6.
repulit, G. 4. 233, A. 4. 214, 7. 450;
repulsos (esse), Cu. 303†;

repulsum (neut. nom.), A. 2. 545;

repulsi (nom.), A. 2. 13.

repando: rependam (indic.), A. 2. 161; rependens (fem.), A. 1. 239.

repens: repens (fem.), A. 12. 313.

REPENTE. 18.

repente, G. 3. 472, A. 1. 586, 594, 2. 380, 465†, 3. 90, 5. 315, 7. 27, 399, 8. 238, 247, 388, 525, 9. 19, 10. 40, Ci. 79, 500, Ca. 13 (5). 15.

repentinus: repentino (masc. abl.), Ci. 460; repentinis (fem. abl.), D. 56.

repercutio: repercussum (neut. nom.), A. 8. 23 (mss. Rb. in ed. mai. edd. *repercusso* Rb. in ed. min.); repercusso (masc. abl.), A. 8. 23 (vid. *repercussum*).

reperio. 16.

reperit, G. 4. 443, Ci. 181†;

repperit, G. 2. 22;

reperire, A. 5. 807, 9. 195;

repertum (est), A. 7. 507;

reperti (sunt), G. 2. 350;

repertae (sunt), G. 4. 43;

repertus, A. 6. 343;

repertum (masc.), A. 6. 145;

reperto, A. 9. 452;

reperta, A. 4. 692†, 6. 718†:

reperti, E. 2. 40;

repertis (fem. dat.), A. 6. 610;

repertis (masc. abl.), A. 4. 128.

REPERTOR, A. 12. 829; repertorem, A. 7. 772.

REPETO. 20.

repeto, A. 2. 749, 753, 3. 184, 7. 123;

repetit, A. 7. 241;

repetunt, G. 2. 329;

repetebant, Cu. 105 (edd. *repebant* Ben.);

repetent, E. 7. 39;

repetivit, Cu. 392;

repetam, A. 10. 36;

repetamus, D. 1, 14;

repetant, A. 2. 178;

repetens (masc.), G. 4. 286, A. 1. 372, 3. 436, Ci. 114;

repetentem (masc.), A. 12. 439;

repetatur, A. 7. 371;

repetita (fem. nom.), G. 1. 39.

repleo. 8.

replet, A. 11. 140†;

replebat, A. 2. 679†, 4. 189, 7. 502†;

replenda est, A. 11. 380;

repletus, Ca. 13 (5). 29†;

repleti (nom.), A. 5. 806;

repletis (masc. abl.), G. 2. 235.

repo: repebant, Cu. 105 (Ben. *repetebant* edd.).

REPONO. 28.

repono, A. 5. 484†;

reponis, A. 1. 253;

reponit, G. 3. 76, A. 5. 619, 12. 878;

reponimus, A. 3. 231;

reponunt, G. 2. 416, 3. 403, 4. 157, 378, A. 4. 392, 403, 5. 752†, 6. 220, 9. 502;

reponam, A. 11. 594;

repones, G. 1. 167, 2. 231;

reponet, G. 2. 202†;

reponas, E. 3. 54;

reponite, A. 7. 134;

reponi, A. 8. 175;

repostum (nom.), A. 1. 26;

reposto (neut. abl.), A. 11. 149;

repostae, G. 3. 527;

repostos, A. 6. 655;

repostas, A. 3. 364, 6. 59.

reporto. 9.

reportat, G. 1. 275, A. 2. 115, 7. 167, 11. 764;

reportant, G. 3. 375, A. 7. 285, 574, 11. 511;
reportent, A. 9. 193.
REPOSCO. 8.
  reposco, A. 6. 530;
  reposcit, A. 10. 374, 11. 240;
  reposcunt, A. 8. 495;
  reposcent, A. 2. 139;
  reposcite, A. 12. 573;
  reposcere, A. 7. 606†;
  reposci, A. 12. 2.
reprimo: repressit, G. 1. 132, A. 2. 378, 10. 686, 12. 939.
repugno: repugnant, M. 105†;
  repugnans (masc.), A. 11. 749.
REQUIES. 15.
  requies, G. 2. 516, 3. 110, A. 3. 393, 5. 458, 6. 600, 8. 46†, 9. 482, 12. 58, 553, Cu. 89, M. 76;
  requiem, A. 4. 433, 12. 241, Cu. 92 (Ellis *requie* edd.), 205;
  requie, Cu. 92 (vid. *requiem*).
requiesco. 11.
  requiescunt, G. 1. 82†, Ci. 233;
  requievit, A. 2. 100, Cu. 113, 157;
  requierunt, E. 8. 4, Cu. 207†;
  requiesce, E. 7. 10, Co. 31;
  requiescere, E. 1. 79, Ci. 10.
requiro. 11.
  requirit, A. 6. 710, 7. 460;
  requirunt, A. 1. 217, 7. 625, 9. 223;
  requires, G. 2. 227†;
  requiras, G. 3. 70, A. 2. 506;
  requirat, A. 2. 390, 3. 170†;
  require, A. 6. 366.
RES. 121.
  res, E. 3. 54, A. 1. 268†, 450, 515, 563, 2. 196, 322, 9. 320, 10. 861, 11. 14;
  rem, A. 3. 179, 287, 6. 846, 857, 9. 154, 232, 11. 343;
  re, A. 4. 337, 11. 302;

res, G. 2. 343, 498, A. 2. 709, 783, 7. 592, 12. 203;
rerum, E. 6. 36, G. 1. 416, 2. 490, 534, 4. 3, 382, 441, A. 1. 178, 204, 278, 282, 342, 462, 641, 672, 3. 294, 4. 232, 267, 272, 5. 714, 7. 37, 44, 600, 602, 8. 550, 730, 9. 131, 173, 188, 279, 10. 18, 40, 100, 666, 11. 310, 12. 227, 589, 665, 829, Ci. 39†, Ca. 3 (12). 7, 9 (11). 57, D. 6, 100;
rebus, G. 2. 178, 3. 290, 4. 449, A. 1. 207, 2. 350, 3. 145, 4. 49, 290, 294†, 6. 196, 272, 7. 315, 8. 365, 9. 199 (vid. abl.), 278, 301, 10. 152, 11. 335, 400, 12. 241, 643, Ci. 47 (Ben. *curae* Rb. *om.* Ellis Th.);
res, G. 2. 174, 4. 240, A. 1. 229, 526, 3. 1, 54, 5. 638, 690, 6. 267, 8. 100, 471, 626, 9. 723, 10. 14, 88, 12. 43, 148;
rebus, G. 1. 146, A. 1. 452, 4. 555, 6. 91, 8. 151, 306, 9. 157, 199 (vid. dat.), 227, 461, 10. 367, 502, 11. 445, Ci. 325.
rescendo: rescendere, Cu. 236 (edd. *inscendere* Rb. Leo).
rescindo: rescindit, A. 9. 524;
  rescindant, A. 12. 390;
  rescindere, G. 1. 280, 3. 453, A. 6. 583.
reseco: resecantur, G. 2. 78.
resero: reserat, A. 7. 613, M. 15;
  reseret, A. 8. 244†;
  reserare, A. 12. 584.
RESERVO, A. 4. 368;
  reservat, A. 5. 625;
  reservant, A. 8. 575, Ci. 318†;
  reservent, A. 8. 484.
reses: resides (masc. acc.), A. 1. 722, 6. 813†, 7. 693.
resideo: resident, Cu. 358 (Ellis *se dant* Leo *sidunt* edd.);

residebat, Ci. 126;
residebant, Cu. 106;
residere, Cu. 109;
residentes (fem. nom.), Cu. 146.
resido. 13.
residunt, A. 6. 407, 8. 467, 9. 539;
resident, A. 9. 643;
resedit, A. 1. 506, 2. 739, 5. 180, 290, 7. 27, 8. 232, 503;
residant, G. 2. 480;
resideret, A. 5. 702.
resigno: resignat, A. 4. 244.
resisto. 10.
resistit, G. 3. 502, 4. 424, A. 4. 76, 7. 586, 11. 710;
resistunt, A. 2. 335;
restitit, G. 4. 490;
resistat, A. 2. 599;
resistant, G. 4. 455;
resiste, D. 93.
RESOLVO. 14.
resolvo, A. 4. 27;
resolvit, G. 1. 44, 302, A. 3. 370;
resolvit, G. 4. 452, A. 6. 29, 422, 8. 591, 9. 517;
resolvat, A. 3. 457;
resolveret, A. 4. 695;
resolvere, A. 2. 157;
resoluta (fem. nom.), Ci. 459†;
resoluta (acc.), G. 4. 225.
resono. 15.
resonat, A. 4. 668, 5. 228, 7. 12;
resonant, E. 2. 13, 7. 13, G. 2. 328, 3. 338, A. 12. 607;
resonabit, D. 30†;
resonare, E. 1. 5, G. 1. 486;
resonante (masc.), Cu. 121;
resonantia (acc.), G. 1. 358, A. 3. 432, Cu. 147.
resorbeo: resorbens (masc.), A. 11. 627.

respecto: respectat, Ci. 469;
respectant, A. 1. 603, 11. 630;
respectare, A. 1. 396 (P Rb. *despectare* GMR edd.).
respectus: respectus, Cu. 269†;
respectu, Cu. 228.
respergo: respersi, A. 7. 547;
resperserat, Ci. 525†.
RESPICIO. 28.
respicio, A. 2. 564;
respicit, A. 4. 225, 236†, 5. 168, 689, 6. 548, 8. 697, 10. 666, Ci. 177, 470 (Ben. Ellis *suspicit* Rb. Th.);
respicimus, A. 3. 593;
respiciunt, A. 5. 666, 10. 269;
respicies, G. 1. 425;
respexi, A. 2. 741;
respexit, E. 1. 27, 29, G. 4. 491, A. 9. 389, 12. 671, Cu. 190;
respexeris (subi.), E. 8. 102;
respice, A. 2. 615, 4. 275, 7. 454, 12. 43, Ci. 454;
respiciens (masc.), A. 5. 3.
respiro: respirare, A. 9. 813.
resplendeo: resplendet, A. 12. 741 (RM² Gos. *resplendent* M¹ Pγ edd.); resplendent, A. 12. 741 (vid. *resplendet*); resplendens (fem.), D. 40†.
respondeo. 9.
respondet, G. 1. 47†, A. 6. 23, 474†;
respondent, E. 10. 8, G. 2. 64, A. 1. 585;
respondit, A. 12. 18;
responderit (subi.), E. 8. 62;
respondere, E. 7. 5.
responso: responsant, A. 12. 757.
responsum. 22.
responsum, E. 1. 44, A. 6. 672, Ci. 119;
responso, A. 6. 344;
responsa, A. 2. 376, 6. 44, 9. 134, 11. 294, Ci. 388;

REVERTOR. 10.
  revertor, A. 11. 410;
  reverti, G. 2. 312, A. 2. 750,
  3. 101, 5. 130, 6. 720, 751;
  revertens (masc.), G. 1. 274,
  4. 132;
  revertentes (masc. acc.), G. 1.
  427.
revincio: revinxit, A. 3. 76, 12.
  847;
  revinctum (masc.), A. 2. 57;
  revinctum, A. 4. 459.
reviresco: revirescere, G. 2. 313.
REVISO. 17.
  reviso, A. 2. 760, 795;
  revisit, G. 4. 390, 553, A. 1.
  415, 3. 318, 4. 396, 6. 899, 8.
  546;
  revisunt, A. 6. 330;
  revises, G. 4. 546 (mss. edd.
  revisens Th.);
  revisam, A. 2. 669;
  revisas, E. 7. 67;
  revisant, A. 6. 750;
  revisitote, Ca. 5 (7). 14;
  revisere, G. 1. 414;
  revisens, G. 4. 546 (vid. *revises*);
  revisens (fem.), A. 11. 426.
revoco. 20.
  revocat, A. 9. 125;
  revocant, A. 1. 214;
  revocabat, A. 5. 167;
  revocabo, A. 7. 40;
  revocasti, D. 54 (Rb. *revocasset* Ellis), 71;
  revocaveris, G. 4. 88;
  revocemus, D. 97;
  revocent, A. 10. 840;
  revocasset, D. 54 (vid. *revocasti*);
  revocate, A. 1. 202, 9. 261;
  revocare, G. 3. 262, A. 3. 451,
  6. 128;
  revocans (fem.), M. 86;

revocetur, G. 4. 282;
revocatus, Cu. 240;
revocatum (masc.), A. 5. 476,
7. 769;
revocato (masc.), A. 1. 235.
revolo: revolant, G. 1. 361.
REVOLVO. 13.
  revolvo, A. 2. 101;
  revolvit (praes.), Cu. 243;
  revolvere (infin.), A. 10. 61;
  revolvens (masc.), A. 9. 391†;
  revoluta est, A. 4. 691†;
  revoluta (sunt), A. 9. 476;
  revolutus, A. 5. 336, 11. 671,
  Cu. 242 (edd. *revoluto* Rb.);
  revoluta, A. 6. 449†, 10. 256;
  revoluto (masc. abl.), Cu. 242
  (vid. *revolutus*);
  revoluta (acc.), A. 10. 660, 11.
  627†.
revolubilis: revolubile (acc.), Cu.
  169.
revomo: revomentem (masc.), A.
  5. 182.
REX. 161.
  rex, G. 1. 482, 2. 98, A. 1. 52,
  65, 544, 575, 2. 648, 3.80†, 80,
  353, 375, 5. 533, 6. 55, 7. 45,
  81, 220, 423, 432, 556, 8. 102,
  185, 307, 313, 469, 481, 9. 274,
  327, 388, 10. 2, 112, 621, 655,
  743, 11. 113, 231, 301, 12. 140,
  657, 791, 851, Cu. 252, Ci. 116,
  520;
  regis, G. 2. 536, A. 2. 451, 6.
  106, 396, 810, 7. 153, 166, 585,
  752, 8. 555, 573, 9. 286, 11.
  294†, 850, 12. 289, 849, Cu.
  366, 406, Ci. 120, 359, 377;
  regi, A. 1. 137, 3. 21, 51, 6. 36,
  252, 7. 267†, 8. 17 *bis*, 9. 327,
  369, 546, 10. 66, 149, 267, 11.
  129, 176, 359, 12. 111;
  regem, G. 1. 36, 4. 75, 152, 201,
  210, 469, A. 1. 21, 38, 62, 558,

570, 2. 58, 561, 4. 196, 6. 765,
7. 251, 467, 679, 698, 8. 12, 52,
126, 495, 563, 9. 223, 728, 10.
37, 149, 224, 11. 17, 12. 10,
265, 289, 585;

rex, A. 1. 241, 2. 77, 7. 213, 10.
542, 11. 294, 344;

rege, G. 4. 212, A. 1. 553, 7.
261, 8. 292, 324, 11. 15, 230;

reges, G. 4. 21, A. 1. 624, 7. 37,
181, 474, 642, 8. 330, 374, 639,
12. 161†, 826;

regum, E. 3. 106, G. 2. 495,
504, 4. 95, 132, A. 2. 88, 484,
6. 765, 7. 316, 442, 453, 11.
353;

regibus, G. 4. 68, 106, A. 7.
174;

reges, E. 6. 3, A. 6. 817, 7. 42,
12. 530, Ci. 201, Ca. 3 (12). 4.

RHADAMANTHUS, A. 6. 566.

Rhaebus: Rhaebe, A. 10. 861.

Rhaeticus: fem. subst. Rhaetica
(voc.), G. 2. 96.

Rhamnes: Rhamnetis, A. 9. 359;
Rhamnetem, A. 9. 325; Rham-
nete, A. 9. 452.

Rhamnusia: Rhamnusia (voc.),
Ci. 228 (edd. *Ramnusia* Ellis).

Rhaucus: Rhauci, Ci. 384 (Ellis
revehi edd.).

RHEA, A. 7. 659.

RHENUS, A. 9. 727; Rheni, E.
10. 47.

Rhesus: Rhesi, G. 4. 462, A. 1.
469†, Cu. 328.

RHETOR, Ca. 2. 2†; rhetorum,
Ca. 5 (7). 1.

Rhipaeus; vid. *Riphaeus.*

Rhodius: fem. subst. Rhodia
(voc.), G. 2. 102.

RHODODAPHNE, Cu. 402†.

RHODOPE, E. 6. 30, 8. 44, G. 3.
351;
Rhodopen, G. 1. 332, 3. 462.

Rhodopeius: Rhodopeiae (nom.),
G. 4. 461.

Rhoecus (Rhoetus): Rhoeti, Cu. 27
(Th. Ben. *ponit* edd.); Rhoeci,
Cu. 67 (Th. Ben. *Boethi* edd.);
Rhoecum, G. 2. 456†.

RHOETEIUS, A. 12. 456; *fem.
subst.* Rhoeteia (nom.), A. 5.
646.

Rhoeteus: Rhoetei (neut.), Cu.
313; Rhoeteo (neut. abl.), A.
6. 505; Rhoeteas, A. 3. 108.

RHOETEUS, A. 10. 402; Rhoetea,
A. 10. 399.

Rhoetus; vid. *Rhoecus.*

Rhoetus: Rhoetum, A. 9. 344†,
345†.

Rhoetus: Rhoeti, A. 10. 388†.

rhus: rhoso (abl.), Ca. 5 (7). 2
(edd. *rore* Ben.).

rictus: rictibus (abl.), Cu. 220
(Th. Ellis *latratibus* edd.).

rideo. 10.
rident, E. 7. 55, A. 5. 182;
risit, A. 4. 128, 5. 358;
risere, E. 3. 9, 4. 62, A. 5. 181;
ridens (masc.), A. 6. 23†;
ridenti (masc. abl.), E. 4. 20;
ridentia (acc.), Ci. 103.

rigeo. 7.
riget, A. 4. 251;
rigebant, A. 5. 405, M. 36†;
rigentem (fem.), A. 1. 648, 8.
621, M. 90†;
rigentis (fem.), A. 11. 72.

rigesco: rigescunt, G. 3. 363.

rigidus. 6.
rigidum (masc.), G. 1. 508;
rigidam, G. 2. 316†;
rigido, A. 12. 304;
rigida (abl.), A. 10. 346;
rigidas, E. 6. 28†, 71.

rigo: rigat, A. 7. 738, 11. 698, 12.
308;
rigabat, A. 6. 699†, 9. 251†.

RIGOR, G. I. 143.

riguus: rigui (nom.), G. 2. 485†.

RIMA, A. 8. 392; rimis (abl.), A.
I. 123†, M. 36†.

rimor. 7.

rimatur, A. 6. 599, II. 748, Cu.
56†;

rimantur, G. I. 384, 3. 534;

rimanti (masc. dat.), A. 7. 508;

rimantibus (fem. abl.), D. 69†.

rimosus: rimosa (fem. nom.), A.
6. 414; rimosa (acc.), G. 4. 45.

RIPA. 44.

ripa, G. 3. 144†, 151, 4. 23;

ripae, A. 6. 314, 7. 106;

ripae, E. 3. 94, A. 6. 386, 410;

ripam, A. 6. 375, 425;

ripa, A. 7. 495, 8. 28, 12. 752;

ripae, G. 3. 555, 4. 121†, 527,
A. 8. 240, II. 299, 12. 756;

riparum, A. 6. 674;

ripis, A. 7. 33;

ripas, E. 7. 12, 52†, G. 3. 15,
4. 459, A. 6. 305, 319, 327, 712,
7. 201, 8. 63, 9. 105, 10. 114;

ripis, G. 2. 414†, 3. 430, A. I.
498, 8. 57, 9. 118, 680, 10. 363,
806, II. 548, Cu. 51 (Ellis
rupis Th. Ben. *rupes* Rb. Leo),
118†.

Ripeus; vid. *Ripheus.*

Riphaeus: Riphaeo (masc. abl.),
G. 3. 382† ; Riphaeas, G. I.
240†; Riphaeis (fem.), G. 4.
518†.

RIPHEUS, A. 2. 339†, 394†, 426†.

risus: risu, E. 4. 60, G. 2. 386.

RITE. 16.

rite, G. 2. 393, A. 3. 36, 107,
546, 4. 555†, 638, 5. 25, 77, 6.
145, 7. 5, 93, 8. 60, 69, 9. 352,
10. 254, 12. 213.

ritus. 6.

ritu, A. 7. 741 †, II. 611, Ci. 36,
127, 389;

ritus (acc.), A. 12. 836†.

RIVUS (RIVOS). 24.

rivos, G. 4. 19, Co. 12 (-us);

rivi, Cu. 57†;

rivo, E. 8. 101;

rivom, E. 8. 87, A. 3. 350, Cu.
390 (-um);

rivo, E. 5. 47;

rivi, L. 18;

rivos, E. 3. 111, G. I. 106, 269,
2. 165, A. 9. 456, II. 668, M.
71;

rivis, E. 10. 29†, G. I. 132, 4.
120, A. 5. 200, 6. 674†, 7. 683,
8. 445, Cu. 149.

ROBIGO, G. I. 151; robigine, G.
I. 495, 2. 220.

ROBUR (ROBOR). 35.

robur, G. 1.162, 3. 235 (robor),
A. 6. 181, II. 174;

roboris, A. 12. 783;

robur, A. 2. 230, 8. 221, 10.
479, II. 368†;

robore, G. 2. 25, 64, 3. 332, A.
2. 260, 639, 4. 441, 5. 681, 6.
214, 8. 315, II. 326†, 553, 893,
Ci. 43;

robora, G. 2. 177, A. 5. 698, 7.
610;

robora, G. I. 175, 2. 305, 3.
377, 420, A. 2. 482, 4. 399, 5.
753, 8. 518, II. 137;

roboribus, A. 2. 186.

ROBUSTUS, E. 4. 41, G. 2. 264;
robusta (acc.), G. I. 219.

rogito: rogitat, A. 10. 839†;
rogitans (fem.), A. I. 750.

ROGO. 8.

rogo, A. 8. 383;

rogamus, A. 7. 229;

rogant, E. 10. 21;

rogavi, A. 8. 376;

rogaret, E. 5. 88;

roganti (masc.), A. 2. 149;

rogantes (masc.), A. II. 101†;

rogantis (masc.), A. 8. 120.
ROGUS. 7.
rogus, A. 4. 676;
rogi, A. 10. 520;
rogum, A. 4. 640;
rogis, G. 4. 477, A. 6. 308;
rogos, A. 4. 646†, 11. 189.
ROMA. 14.
Roma, G. 2. 534, A. 5. 601, 6.
781, 7. 603, 709, Cu. 360†, Ca.
9 (11). 37;
Romae (gen.), A. 1. 7, 12. 168;
Romam, E. 1. 19, 26, G. 1. 466,
A. 8. 635;
Roma (voc.), Ca. 3 (12). 5
(edd. *Romane* Th.).
ROMANUS. 33.
Romanus, A. 9. 449;
Romana, A. 4. 275, 6. 870, 8.
99, 12. 827;
Romanum, G. 3. 148†;
Romani, A. 6. 810;
Romanæ (gen.), A. 8. 313, 12.
166;
Romanam, A. 1. 33, 6. 857, Ca.
11 (14). 6;
Romane, A. 5. 123;
Romano (neut.), A. 8. 361;
Romanae, G. 2. 498;
Romanis (fem.), A. 10. 12;
Romanos, G. 2. 148;
Romanas, G. 1. 490, A. 4. 234;
Romana, G. 1. 499, 2. 176, A.
8. 714, Ca. 14 (6). 3†;
Romanis (fem.), G. 2. 172;
masc. subst. Romanus, G. 3.
346;
Romane, A. 6. 851, Ca. 3 (12).
5 (Th. *Roma* edd.);
Romani, A. 8. 338†;
Romanorum, A. 8. 626;
Romanos, A. 1. 234, 277, 282,
6. 789.
Romuleus: Romuleo (masc. abl.),
A. 8. 654.

Romulidae: Romulidis (dat.), A.
8. 638.
ROMULUS, A. 1. 276, 6. 778, 8.
342;
Romule, G. 1. 498.
Romulus: Romula (fem. nom.),
A. 6. 876.
roridus: rorida (neut. nom.), Cu.
47 (Th Ben. *lucida* Rb. *lurida*
Leo *florida* Ellis).
roro. 6.
rorabant, A. 8. 645;
rorantes (fem. nom.), Cu. 76;
rorantibus (fem. dat.), Ci.
253;
rorantis (fem.), A. 11. 8†;
rorantia, A. 3. 567, 12. 512.
ROS. 14.
ros, E. 8. 15, G. 2. 202, 3. 326;
roris, Cu. 403†;
rorem, G. 2. 213, 4. 12, 431,
Ci. 516;
rore, E. 5. 77, A. 5. 854, 6. 230,
Ca. 5 (7). 2 (Ben. *rhoso* edd.);
rores (acc.), G. 1. 385, A. 12.
339.
ROSA. 8.
rosa, Cu. 399, Ci. 98, Co. 7†;
rosam, G. 4. 134;
rosa, A. 12. 69, Co. 14†, Ca.
1*. 1;
rosas, G. 4. 268.
rosarius: subst. rosaria (acc.), G.
4. 119.
roscidus: roscida (fem. nom.), G.
3. 337, A. 4. 700;
roscida (acc.), E. 4. 30, 8. 37,
A. 7. 683.
rosetum: rosetis (dat.), E. 5. 17.
ROSEUS. 12.
roseus, A. 11. 913, Ci. 122;
roseo (abl.), L. 73†;
rosea, A. 1. 402;
roseo, A. 2. 593, 9. 5†, Co. 32;
roseas, A. 12. 606;

Rufrae: Rufras, A. 7. 739.

ruga: rugis (abl.), A. 7. 417.

ruina. 17.

ruinam, A. 2. 310, 465†, 631, 8. 192, 9. 712, 11. 613 (mss. edd. *ruina* P² Rb. Ben.);

ruina, A. 1. 129†, 3. 414, 11. 310, 613 (vid. *ruinam*), 888, 12. 610;

ruinas, G. 4. 249, A. 1. 238, 12. 453;

ruinis, A. 1. 647, 3. 476, 571.

RUMEX, M. 73.

rumino: ruminat, E. 6. 54.

RUMOR. 7.

rumor, A. 7. 144;

rumore, A. 4. 203, 8. 90†, Ci. 87†;

rumores (acc.), A. 12. 228;

rumoribus, A. 7. 549, 9. 464.

rumpo. 62.

rumpit, A. 2. 129†, 3. 246, 7. 458†, 622 (M edd. *rupit* FR Rb.), 9. 432†, 671, 10. 337†, 659†, 11. 377, 12. 375, 683, 699, Cu. 182 (edd. *erumpit* Th. Ben.);

rumpunt, G. 2. 75, A. 2. 494, 11. 615, Co. 27†;

rumpebat, A. 4. 553;

rumpet, A. 6. 813, 12. 202†;

rumpent, G. 1. 446†, 3. 328;

rupi, A. 2. 134, 12. 30;

rupisti, Cu. 293;

rupit, A. 5. 510, 543, 7. 622 (vid. *rumpit*), 9. 580;

rupimus, A. 10. 233;

ruperunt, G. 1. 49; rupere, G. 4. 213;

ruperat, A. 11. 549;

rumpas, A. 6. 882;

rumpant, A. 8. 540;

rumperet, G. 4. 136;

rumpe, G. 3. 43, A. 4. 569, 9. 13;

rumpite, A. 3. 640;

rumpere, A. 8. 110, 9. 758, 10. 64;

rumpitur, E. 8. 71;

rumpuntur, G. 3. 428, A. 12. 527;

rupta (sunt), G. 4. 492;

rumpantur, E. 7. 26;

rumpi, A. 4. 292, 12. 582;

rupta, A. 8. 391;

rupto (masc. abl.), A. 2. 416, 7. 569;

ruptis (abl.), A. 2. 496, 3. 580;

ruptis, G. 1. 472, 510, 2. 480, 4. 556, A. 3. 27, 8. 225;

ruptis, A. 8. 651;

rumpenda est, A. 10. 372, 373.

ruo. 88.

ruis, A. 2. 520, 5. 741, 10. 811;

ruit, G. 1. 105, 313, 324, 2. 308, 3. 255, 470, 4. 439, A. 2. 64, 250, 290, 363, 3. 508, 676, 4. 429, 674, 5. 695, 6. 539, 7. 573, 8. 369, 9. 438, 474, 695, 10. 729†, 11. 448, 625, 12. 123, 291, 621, 652, 682, 685, 690;

ruitis, A. 12. 313;

ruunt, G. 2. 503, 3. 104, 244, 4. 185, A. 1. 83, 85, 4. 132, 164, 581, 5. 145, 6. 44, 9. 516, 708, 11. 236 (M Ld. Ben. *fluunt* Rγ P edd.), 461, 673, 12. 279, 369, 443; ruont, A. 12. 526;

ruebat, A. 6. 305, 7. 782, 10. 256 (P¹ R edd. *rubebat* P² Rb. *ruebant* M);

ruebant, A. 1. 35, 8. 648, 9. 182, 10. 756, 11. 211;

ruet, A. 12. 454†;

ruerat, Ci. 130 (Rb. Ben. *fuerat* mss. Th. Ellis);

ruat, A. 4. 669†, 10. 22;

ruamus, A. 2. 353;

ruere, G. 1. 200, A. 8. 525, 689, 11. 142, Cu. 352†;

ruens (masc.), G. 4. 292;
ruenti, A. 2. 771 (Pγ¹ Rb.
furenti M edd.), 12. 535;
ruenti (fem.), Cu. 337†;
ruentem, A. 10. 338, 385, 12.
305;
ruentem, A. 11. 805;
ruentes (masc.), A. 10. 573;
ruentis (masc.), A. 2. 440, 4.
401, 9. 727, 12. 505†;
masc. subst. ruentum, A. 11.
886.

RUPES. 31.
rupes, E. 6. 29, A. 7. 586, 587,
10. 693, Cu. 15;
rupis, A. 6. 42, Cu. 51 (Th.
Ben. *rupes* Rb. Leo *ripis* Ellis);
rupem, A. 8. 190;
rupe, E. 1. 56, 76, 10. 14, G. 4.
508, A. 1. 310, 3. 229, 245, 443,
647, 5. 180†, 6. 548, 8. 295,
343†;
rupes, E. 5. 63, G. 3. 253, A. 1.
162;
rupes, E. 10. 58, A. 7. 713, 10.
677, Cu. 51 (vid. *rupis*);
rupibus, G. 2. 187, 3. 273, A. 1.
429, Ci. 518, 519.

RURSUM (RUSUM). 6.
rusum, E. 10. 62 (Rb. *rursus*
M² PRγ edd.); rursum, G. 2.
78, A. 3. 229, 232, D. 68†, 75.

RURSUS. 42.
rursus, E. 10. 62 (M² PRγ edd.
rusum Rb.), 63†, G. 1. 98, 2.
480, 3. 138, 335† *bis*, 484, 4.
185, A. 2. 401, 655, 671, 751,
3. 31†, 143†, 422, 4. 531, 534,
546, 557†, 688, 5. 92, 581, 764,
6. 449, 751, 793, 7. 491†, 767,
9. 391†, 662, 11. 427, 621, 12.
280, 571, 784, Cu. 325, 329,
Ci. 381, 382, D. 14; rusus, G.
2. 232†.

rus. 30.
ruris, G. 1. 156, 168, 2. 212, 4.
128†;
rus, Ca. 6 (3). 4†;
rure, Cu. 226†;
rura, E. 1. 46, G. 1. 372, 2. 485,
500, D. 10, 61;
rura, E. 2. 28, 5. 58, G. 2. 317,
412, 3. 324, 4. 289, A. 1. 430,
4. 527, 7. 712, Cu. 21 (Ben.
cura edd.), Ci. 115, D. 2, 3†,
62, 84, 86;
rura, D. 89, 95.

ruscum: rusci, G. 2. 413†; rusco
(abl.), E. 7. 42.

RUSTICUS. 8.
rusticus, E. 2. 56, M. 3;
rustica, E. 3. 84, Co. 10;
rustica (abl.), Ca. 2*. 1, 3*. 3;
rustica (acc.), M. 29;
subst. rusticus, G. 2. 406†.

ruta: rutam, M. 90.

rutilo: rutilare, A. 8. 529.

rutilus: rutili (masc.), A. 8. 430;
rutilo (masc. dat.), G. 1. 454;
rutilum (masc.), A. 11. 487†;
rutilis (fem. abl.), G. 4. 93.

Rutulus. 64.
Rutulae (gen.), A. 10. 245;
Rutulo (masc.), A. 10. 267;
Rutulum, A. 9. 728, 12. 505;
Rutulo (masc.), A. 7. 318, 11.
88;
Rutuli, A. 12. 117;
Rutulos, A. 7. 798, 9. 130;
Rutulas, A. 12. 597;
Rutulis (masc.), A. 10. 390;
masc. subst. Rutulus, A. 8. 474,
10. 108, 232;
Rutuli, A. 7. 409, 9. 442;
Rutulo (dat.), A. 9. 65;
Rutuli, A. 7. 472, 795, 9. 123
(FRγ² edd. *Rutulis* MPγ¹ Gos.
Ben.), 161†, 236, 363, 450, 519,
683, 10. 20, 118, 679, 11. 162,

321, 628, 645, 7. 86, 419, 659, 750, 8. 179, 10. 537, 11. 768, 12. 169, Ci. 147;

sacerdos, A. 6. 554;

sacerdotes (nom.), A. 6. 661, 8. 281.

SACES, A. 12. 651.

Sacranus: Sacranae (nom.), A. 7. 796.

sacrarium: sacraria (acc.), A. 12. 199, Ci. 154.

SACRATOR, A. 10. 747.

sacrilegus: sacrilego (masc. abl.), A. 7. 595.

sacro. 23.

sacrabat, A. 8. 715;

sacrabo, A. 6. 73;

sacravit, A. 6. 18, 12. 141;

sacravimus, A. 5. 48;

sacrarunt, A. 10. 419;

sacraverat, A. 2. 502, 3. 305, 4. 200;

sacrasse, A. 7. 62, 8. 600;

sacrati (neut.), A. 3. 371;

sacratam, A. 2. 742, L. 54;

sacrato, Ca. 14 (6). 8 (Rb. *sacratos* edd.);

sacrata, A. 1. 681, 2. 245, 9. 4;

sacrato, A. 2. 165, Ci. 414;

sacratos, Ca. 14 (6). 8 (vid. *sacrato*);

sacratas, A. 12. 213;

sacrata, A. 2. 157;

sacratis (masc.), A. 7. 778.

sacrum; vid. *sacer.*

saeclum (saeculum). 22.

saecli, Ci. 13 (Th. Ben. *saeclis* Rb. *sed enim* Ellis);

saeclo, G. 1. 500;

saeclo, E. 4. 52;

saecula, G. 1. 468, A. 1. 291, 606, 8. 325, Cu. 295 (Ellis *sede* edd.), L. 47, 79 (Rb. *vita* Ellis);

saeclorum, E. 4. 5;

saeclis, Ci. 41;

saecla, E. 4. 46; saecula, G. 2. 295, A. 1. 445, 6. 235, 793, 12. 826, Cu. 375 (Th. *vincula* edd.), Ci. 537†;

saeclis, A. 8. 508†, Ci. 13 (vid. *saecli*), Ca. 9 (11). 15†.

SAEPE. 99.

saepe, E. 1. 8, 16, 18, 20, 55, 5. 36, 88, 6. 18, 51, 8. 97, 98, 9. 51, 55, G. 1. 181, 273, 316, 354, 368, 411, 451, 465, 2. 32, 147, 186, 279, 303, 3. 120, 217, 274, 282, 341, 410, 416, 486, 4. 67, 194, 217, 242, 276, A. 1. 148, 669, 2. 108, 110, 3. 185 *bis*, 4. 384, 463, 5. 273, 527, 801, 860, 8. 353, 380, 10. 620, 723, 12. 259, 802, Cu. 69, Ci. 58, 95, 108, 172, 234, 315, 524, 526, M. 107, 109, Co. 28 (Th. Ben. *sede* edd.), Ca. 1. 1, 3, 9 (11). 31, 32, 47, 48 *bis*, D. 30, 56, L. 38;

saepe etiam, G. 1. 84, 322, 365, 3. 132, 409, 4. 42, 203, Ci. 174, Ca. 9 (11). 49;

iam saepe, G. 3. 170, 4. 284;

saepius, E. 7. 67, G. 1. 379, 2. 355, 3. 464, A. 2. 456, 6. 696, 791, 8. 329, Cu. 177 (Leo Ellis *saevius* Rb. Ben. *spiris* Th.).

SAEPES, E. 1. 53;

saepem, G. 1. 270, 2. 436;

saepes (nom.), G. 2. 371;

saepibus (abl.), E. 8. 37.

saepio. 12.

saepsit, A. 1. 411, 7. 600;

saeptus, A. 1. 439, 9. 783, 11. 398;

saepta, A. 1. 506†, 9. 551, Ci. 85;

saeptum (masc.), A. 12. 750;

saeptam, A. 9. 70†;

866, 6. 697, Ci. 461, M. 47, 57,
98, Ca. 9 (11). 14;
sales (acc.), Ca. 9 (11). 62.
Salaminius: Salaminia (acc.),
Ci. 470†.
Salamis: Salamina, A. 8. 158.
SALEBROSUS, M. 111.
salictum: salicti, E. 1. 54, G. 2.
415; salicta (nom.), G. 2. 13.
salignus: saligna (abl.), G. 4.
110, Co. 23; salignas, A. 7.
632.
SALII, A. 8. 285; salios, A. 8. 663.
salio: salit, G. 1. 449;
saluere, G. 2. 384†;
saliens (masc.), A. 10. 594;
salientem (fem.), G. 3. 460;
saliente (masc.), E. 5. 47.
SALIUNCA, E. 5. 17.
SALIUS. 7.
Salius, A. 5. 298, 321, 341;
Salio, A. 5. 335, 347, 352;
Salium, A. 5. 356.
SALIUS, A. 10. 753†; Salium, A.
10. 753.
salivosus: salivosis (neut. abl.),
Ca. 13 (5). 29.
SALIX. 13.
salix, E. 3. 83, 5. 16;
salicis, Cu. 55;
salici (dat.), G. 2. 84;
salices, G. 2. 110, 434, 446;
salicum, G. 3. 175;
salices, E. 1. 78†, 3. 65, 10. 40,
G. 4. 26, 182.
Sallentinus: Sallentinos, A. 3.
400.
Salmoneus: Salmonea, A. 6. 585.
SALSUS. 11.
salsus, A. 2. 173;
salsa, G. 2. 238;
salsa, G. 2. 220, A. 3. 534;
salsae, A. 2. 133;
salsos, A. 5. 182, 237, 775;
salsas, G. 3. 395, A. 12. 173;

salsa, A. 5. 158.
SALTEM. 8.
saltem, E. 2. 71†, G. 1. 500†,
A. 1. 557, 4. 327, 6. 371†, 885†,
Ci. 234, 447.
salto: saltat, Co. 3; saltantis
(masc. acc.), E. 5. 73.
saltus. 10.
saltum, A. 12. 681;
saltu, G. 3. 141†, A. 2. 565, 6.
515, 8. 257†, 9. 553, 815, 10.
289, 12. 287†, 326†.
saltus. 20.
saltus (nom.), E. 10. 9, G. 2.
391;
saltus, E. 6. 56, 10. 57, G. 1.
16, 140, 2. 197, 471, 3. 40, 323,
337, 477, 4. 53†, A. 4. 72, 121,
7. 797, 11. 904, Cu. 23;
saltibus, G. 3. 143, 425.
salubris: salubri (masc. abl.), G.
1. 272; salubris (masc.), G. 3.
530, A. 12. 418.
salum: salo (abl.), A. 1. 537, 2. 209.
SALUS. 22.
salus, G. 3. 510†, A. 1. 555, 2.
354, 710, 9. 257, 11. 362, 399,
12. 653;
salutis, A. 2. 387, 5. 174, 6. 96,
10. 666, Ci. 276, 295 (Ellis
sepulchri edd.);
salutem, G. 4. 294, A. 1. 451,
463, 2. 354, 8. 476, 12. 241,
637, Ci. 322.
salutifer: salutiferam, Ci. 477
(Ellis *sementiferam* edd.).
saluto: salutant, A. 3. 524, 12.
257, Ca. 3*. 5;
masc. subst. salutantum, G. 2.
462.
salveo. 9.
salve, G. 2. 173, A. 5. 80, 7.
120, 8. 301, 11. 97, D. 95;
salvete, A. 5. 80, 7. 121, Ca. 5
(7). 11 (Ellis *iam sane* edd.).

SALVUS, E. 7. 9 (-os); salva
(abl.), Ci. 410.
SAME, A. 3. 271.
SAMOTHRACIA, A. 7. 208.
Samos: Samo (abl.), A. 1. 16.
Samos: Samum, A. 7. 208†.
sancio: sancit, A. 12. 200.
sanctus. 24.
   sancta, A. 7. 365, 12. 648;
   sanctum, A. 8. 382;
   sancti (neut.), A. 11. 785;
   sancto (masc.), A. 5. 603;
   sanctum, A. 1. 426;
   sanctum, A. 2. 700, Ci. 274
   (edd. *ductum* Ellis);
   sancte, A. 5. 80, Cu. 26, 37;
   sancta (voc.), Cu. 20;
   sancto (neut.), A. 8. 72†;
   sancti, G. 2. 473;
   sancta, A. 8. 131;
   sanctos, G. 2. 175, A. 2. 686,
   3. 406, Ca. 9 (11). 8†;
   sancta, A. 3. 543, Cu. 83;
   subst. sancte, A. 4. 576;
   sanctissima (fem. voc.), A. 6.
   65, 11. 158.
SANDYX, E. 4. 45.
SANE, A. 10. 48†, Ca. 5 (7). 11
   (edd. *salvete* Ellis), 7 (9). 3.
SANGUINEUS. 16.
   sanguineus, A. 12. 332;
   sanguinei (neut.), Cu. 222
   (edd. *sanguineum* Th. Ben.);
   sanguineum, Cu. 222 (vid.
   sanguinei);
   sanguineam, A. 4. 643, 7. 399,
   8. 622;
   sanguinea, Ci. 31 (Rb. *san-*
   guineo edd.);
   sanguineo, A. 8. 703, 12. 67,
   Ci. 31 (vid. *sanguinea);*
   sanguinei, A. 10. 273;
   sanguineae, A. 2. 207, 9. 733,
   Cu. 181;
   sanguineos, A. 12. 340;

sanguineis (fem.), E. 10. 27,
   G. 2. 430;
sanguineis, E. 6. 22.
SANGUIS. 118.
   sanguis, G. 2. 484, 3. 221, 508,
   A. 2. 639, 3. 30, 33, 259, 5. 396,
   415, 6. 835†, 7. 554, 10. 452,
   487, 819, 12. 51, 422, 905;
   sanguinis, E. 8. 45, A. 1. 329,
   3. 67, 6. 778, 7. 49, 11. 668;
   sanguinem, Ca. 2*. 15;
   sanguine, E. 8. 47, G. 1. 491,
   501, 2. 510, 3. 460, 463, 492,
   A. 1. 19, 235, 550, 2. 72, 74,
   116, 118, 210, 277, 366, 502,
   532, 551, 582, 662, 667, 3. 28,
   608, 622, 4. 191, 230, 621, 5.
   45, 78, 299, 328, 413, 470, 736,
   6. 87, 125, 500, 762, 7. 98, 271,
   318, 423, 534, 541, 547, 595,
   706, 766, 788, 8. 142, 261, 645,
   9. 64, 333, 349, 422, 456, 10.
   24, 203, 520, 617, 787, 832, 11.
   8, 24, 82, 88, 382, 394, 422,
   592, 633, 720, 12. 29, 36, 79,
   512, 691, 721, 765, 838, 949,
   Cu. 28, 257, 306, 323, Ci. 76,
   226, 409, 525, Ca. 3*. 15†, 9
   (11). 32.
sanies. 6.
   saniem, A. 3. 632;
   sanie, G. 3. 493, A. 2. 221, 3.
   618, 625, 8. 487.
sanus: sana (fem. nom.), A. 4.
   8; sanos, E. 8. 66.
SAPIENTIA, Ci. 14†.
sapio: sapis, Co. 29.
SAPOR. 7.
   sapor, G. 2. 246, 4. 277;
   saporem, G. 2. 126, 3. 397, 4.
   102, 267;
   sapores (acc.), G. 4. 62.
sarcina: sarcinas, Ca. 10 (8). 16.
sarcio: sarcire, G. 4. 249.

150, 2. 467, 5. 866, 7. 590, 11.
297, 12. 592, 922;

saxa, E. 8. 6, G. 1. 110, 473,
3. 230, 239, 276, 420, 521, 4.
26, 135, A. 1. 108†, 109, 139,
201, 424, 537, 2. 609, 3. 425,
432, 555, 559, 566, 576, 699,
5. 165, 166, 202, 627, 678, 6.
174, 551, 7. 684, 9. 512, 10.
362, 677, 11. 131, 473, 529,
628, Cu. 354†, L. 32†;

saxis, G. 2. 156, 522, A. 2. 608,
3. 271, 706, 5. 204, 7. 567, 8.
190, 233, 417, 9. 533, 809, 10.
130, Ci. 33.

SCABER, G. 2. 214; scabra (fem.
abl.), G. 1. 495.

SCABIES, G. 3. 441; scabiem, G.
3. 299; scabie, G. 2. 220.

SCAENA, G. 3. 24, A. 1. 164;
scaenis, A. 1. 429;
scaenis, A. 4. 471.

Scaeus: Scaeae (gen.), A. 3. 351;
Scaeas, A. 2. 612†.

SCALAE, A. 2. 442, 12. 576;
scalas, A. 9. 524†;
scalis, A. 9. 507†, 10. 654.

scando: scandit, A. 2. 237; scan-
dunt, A. 2. 401.

scatebra: scatebris (abl.), G. 1.
110†.

scelero. 12.
scelerare, A. 3. 42;
scelerata, A. 7. 461, Cu. 112,
Ci. 52†, 421;
sceleratam, A. 2. 231, 9. 137;
sceleratum, G. 2. 256, A. 6.
563;
scelerato, A. 12. 949;
scelerata (abl.), A. 3. 60;
sceleratas, A. 2. 576.

SCELUS. 27.
scelus, E. 9. 17, A. 6. 511, 742,
11. 407, Ci. 427;

sceleris, E. 4. 13, A. 3. 604†, 8.
206, Ci. 189†;

scelus, A. 1. 356, 2. 125, 229,
5. 793, 7. 307, Ci. 323;

scelere, A. 1. 347, 2. 535, Ci.
239;

scelerum, G. 1. 506, A. 2. 106,
164, 3. 331, 6. 529, 560, 626,
8. 668, 11. 258.

SCEPTRUM. 20.
sceptrum, A. 7. 247, 12. 206;
sceptri, Ci. 269;
sceptrum, G. 2. 536†, A. 1.
653, 12. 206;
sceptro, A. 8. 506;
sceptra, A. 7. 252;
sceptra, A. 1. 57, 78, 253, 4.
597, 7. 173, 422, 9. 9;
sceptris, A. 3. 296, 7. 369, 9.
267, 10. 852, 11. 238.

scholasticus: scholasticorum, Ca.
5 (7). 4.

SCILICET. 15.
scilicet, G. 1. 282, 493, 2. 61,
245, 534, 3. 266, 4. 225, A. 2.
577, 4. 379, 6. 526, 750, 11.
371, 387, 12. 570, Ca. 7 (9). 1†.

scilla: scillam, G. 3. 451†.

scindo. 20.
scindit, G. 4. 420, A. 1. 161,
587, 8. 142, 12. 870;
scindimus, G. 1. 50;
scindebat, A. 7. 510†;
scindebant, G. 1. 144;
scindere, G. 3. 160, A. 9. 146,
11. 137;
scindens (masc.), A. 10. 765†;
scinditur, A. 2. 39, 6. 182;
scissa, A. 9. 478;
scissum (masc.), Ca. 13 (5). 39†;
scissa, A. 8. 702, 12. 609;
scissa (nom.), M. 36†;
scindendum (est), G. 2. 399.

scintilla: scintillam, A. 1. 174;
scintillae, A. 12. 102.

439

scintillo: scintillare, G. 1. 392.
SCIO. 21.
    scio, E. 8. 43, A. 3. 602, 10. 904;
    scis, G. 4. 447 *bis*, A. 12. 143,
    794;
    scit, A. 11. 259;
    scitis, L. 45 (Rb. *estis* Ellis);
    sciat, G. 3. 474, A. 5. 788;
    sciret, E. 2. 35, A. 1. 63;
    scirent, G. 4. 489, A. 5. 131;
    scire, G. 2. 105, A. 1. 682, 3.
    380, 11. 344, 12. 396, 794.
Scipiades: Scipiadae, Cu. 370
    (edd. *Scipiadas* Ellis); Scipia-
    das, G. 2. 170, A. 6. 843, Cu.
    370 (vid. *Scipiadae*).
Sciron: Scironis, Ci. 465†.
scitor: scitari, A. 2. 105; scitan-
    tem (masc.), A. 2. 114 (P edd.
    scitatum M² Con.); scitatum,
    A. 2. 114 (vid. *scitantem*).
scopulus. 33.
    scopuli, A. 5. 180;
    scopulo, A. 1. 45 (vid. abl.), 5.
    159, 185;
    scopulum, A. 1. 180;
    scopulo, G. 4. 436, A. 1. 45
    (vid. dat.), 145, 5. 220, 270†,
    8. 669, 12. 531;
    scopuli, G. 3. 253, A. 1. 163, 3.
    536, 566, 7. 589†, 8. 192;
    scopulis, G. 2. 377, 3. 261, A.
    4. 445;
    scopulos, G. 3. 276, A. 1. 201,
    3. 272, 559, 575, 4. 255, 5. 169,
    864, 11. 274, 625;
    scopulis, A. 1. 166, 4. 383, Ci.
    519.
scora (scoria): scora, Ci. 249
    (Ellis *senis* edd.).
SCORPIUS, G. 1. 35; scorpios, Ci.
    535.
scribo: scribere, Ca. 9 (11). 10†;
    subst. scripta (acc.), Ca. 11
    (14). 5.

scriptor: scriptore, Ca. 9 (11).
    23.
scrobis: scrobibus, G. 2. 50, 288;
    scrobibus, G. 2. 235, 260.
scrupeus: scrupea (fem. nom.),
    A. 6. 238; scrupea (acc.), Cu.
    51.
scutatus: scutati(nom.), A. 9. 370.
scutum. 13.
    scuto (dat.), A. 10. 506;
    scuta, A. 7. 722, 9. 666;
    scutorum, A. 8. 562;
    scuta, A. 1. 101, 3. 237, 7. 796,
    8. 93, 539, 9. 229†, 12. 130,
    563;
    scutis, A. 8. 662.
SCYBALE, M. 50†, 119†; Scyba-
    len, M. 31†.
SCYLACEUM, A. 3. 553.
SCYLLA. 8.
    Scylla, A. 3. 420, 684 (FP¹ Rb.
    Scyllam M P² edd.), 7. 302,
    Cu. 331;
    Scyllam, A. 3. 424†, 432, 684
    (vid. *Scylla*);
    Scyllae, A. 6. 286, Ci. 65.
SCYLLA. 11.
    Scylla, G. 1. 405, Ci. 49, 130,
    131, 209, 386, 410;
    Scyllae (gen.), Ci. 493;
    Scyllam, E. 6. 74, Ci. 91, 455†.
Scylla: Scylla, A. 5. 122.
Scyllaeus: Scyllaeam, A. 1. 200;
    Scyllaeum, Ci. 57.
SCYPHUS, A. 8. 278.
Scyrius: Scyria (fem. nom.), A.
    2. 477.
Scythia: Scythiae (gen.), G. 3.
    197, 349†;
    Scythiam, E. 1. 65†, G. 1. 240.
se; vid. *sui.*
Sebethis: Sebethide, A. 7. 734†.
secerno. 15.
    secreta, A. 2. 299, 4. 494, L.
    15;

securi, A. 7. 304;
securos, A. 6. 715, Cu. 9 (mss.
edd. *maturos* Th. Ben.);
secura, G. 3. 376, Cu. 298.
SECUS. 18.
  haud secus, A. 2. 382, 3. 236,
  4. 447, 8. 414, 11. 456, 814, 12.
  9, 124;
  non secus, G. 3. 396, A. 8. 243,
  391, 10. 272, 12. 856;
  haud setius, A. 7. 781;
  non setius, G. 3. 367, A. 5.
  862†, 9. 441;
  nec setius, G. 2. 277†.
SED (SET). 236.
  sed, E. 3. 9 (set), 24, 43, 47, 4.
  43, 5. 19, 48, 9. 11, 36, 10. 2, G.
  1. 225, 2. 48, 63, 143, 250, 283,
  286, 335, 365, 541, 3. 137, 176,
  178†, 224, 284, 291, 354, 373†,
  404, 472, 482, 4. 193, 226,
  274, 351, 411, 448, 537, A. 1.
  60, 135, 139, 339 (set), 342,
  346, 353, 369, 515, 675, 2. 101,
  288, 315, 541, 788, 3. 37, 173,
  186, 261, 337, 571, 586, 639,
  4. 24, 98, 110, 229, 312 (P¹ Rb.
  Ben. *et* P² Mγ edd.), 345, 366,
  438, 620, 660, 697, 5. 5, 153,
  164, 195, 320, 332, 431, 463,
  531†, 734, 754, 6. 48, 84, 95,
  128, 171, 304, 315, 377, 461,
  511, 531, 538, 564, 629†, 675,
  862, 866, 896, 7. 58, 80, 104,
  239, 413, 440, 525, 704, 731,
  806, 8. 131, 162, 318, 475, 508,
  530, 672, 9. 57, 79†, 140, 146
  (mss. edd. *sic* Rb.), 283, 312,
  346, 378, 431, 519, 705, 760,
  801, 10. 292, 308, 411, 435,
  468, 510, 576, 664, 698, 713,
  735, 786, 856, 884, 11. 63, 149,
  175, 181, 309, 338, 345†, 509,
  631, 691, 816, 874, 881, 12.
  634, 765, 770, 811, Cu. 35, 41,

159, 192 (Ben. *et* edd.), 194,
198 (Rb. *et* edd. *ergo* Ben.),
277, 292, 379, 383 (set Rb. *et*
mss. edd.), Ci. 21, 42, 133, 137,
140 (Ellis *se* Rb. *ipsae* Th. *di*
Ben.), 264, 330, 334, M. 13
(Ellis *se* Th. Ben. *tenebrae*
Rb.), 58†, 63, 66, 80, 112, Ca.
1. 1 (mss. edd. *mihi* Rb.), 5†,
3*. 15, 5 (7). 14†, 7 (9). 4, 10
(8). 23, 11 (14). 7, 12 (4). 4,
14 (6). 7†, 9 (Rb. *aut* Th. *dea*
Ben. *caput* Ellis);
sed enim, A. 1. 19, 2. 164, 5.
395†, 6. 28, Ci. 13 (Ellis
saeclis Rb. *saecli* Th. Ben.);
sed neque . . nec, G. 2. 103,
136, A. 3. 242, 12. 903, Ci. 62;
sed neque . . neque, Ci. 116;
sed non, E. 9. 34, G. 3. 209,
A. 3. 255, 5. 680, 6. 140, 7. 756,
9. 328, 10. 201, 302, 11. 32,
380, Ca. 9 (11). 1;
sed non et, A. 6. 86, 7. 736, 10.
343, 584, Co. 24†;
sed si, G. 4. 281 (siquem), A. 2.
10, 5. 417, 9. 210 (siquis), Ci.
156 (set si quis Rb. *et si quis*
Th. *at si quis* Ben. *etsi quis*
Ellis);
sed sive, Ci. 66;
sed tamen, E. 1. 18, 9. 55, G. 1.
79, 305, A. 3. 541, Ci. 484.
sedeo. 46.
  sedet, E. 10. 71, G. 3. 456, A.
  1. 56, 2. 350 (Ld. *sequi* mss.
  edd.), 660, 4. 186, 5. 418, 440,
  6. 617, 7. 368, 611, 10. 159, 11.
  237, 726, 837, Cu. 234, 322
  (Ben. *erat* edd.), Ca. 10 (8).
  24;
  sedetis, A. 7. 201;
  sedent, A. 4. 473;
  sedebat, A. 2. 547, 7. 187, 9. 4;
  sedebant, A. 2. 517†, 6. 411;

sedebit, A. 6. 617;

sedit, A. 10. 785, 11. 551, Cu. 201†;

sedere, A. 6. 192, 10. 301;

sedeat, A. 6. 575;

sedeant, A. 12. 15;

sederet, A. 4. 15;

sedens, G. 4. 244†, A. 1. 295, 7. 193, 8. 720, 9. 640, 10. 218, 409;

sedens (fem.), G. 4. 514, A. 6. 555, 12. 864;

sedentes (masc. nom.), A. 11. 460;

masc. subst. sedentis (gen.), A. 11. 692.

SEDES. 86.

sedes, G. 4. 8, A. 5. 759, 8. 479, Ci. 192;

sedis, A. 2. 634;

sedem, G. 4. 228, A. 2. 716, 742, 3. 190, 452, 6. 283, 577, 7. 3, 229, 562†, 8. 347†, 463, 9. 9, 10. 3†, 11. 112, Ci. 141;

sede, A. 1. 270, 681, 2. 525, 568, 3. 687, 4. 504, 7. 193, 209, 255, 324, 454, 12. 810, Cu. 39, 295 (edd. *saecla* Ellis), 375†, Co. 28 (edd. *saepe* Th. Ben.), Ca. 10 (8). 24;

sedes, A. 3. 161, 167, 6. 431†, 7. 175, Ci. 513†;

sedibus, A. 4. 10, 6. 152, Ci. 101;

sedes, A. 1. 205, 247, 415, 557, 2. 232, 437, 642, 760, 785, 3. 88, 123, 6. 639, 7. 52, 158†, 8. 244, 362, 667, 11. 44, Cu. 275, 369, Ci. 204, 526, Ca. 14 (6). 2, D. 2;

sedibus, G. 4. 65, 471, A. 1. 84, 2. 465, 611, 654, 6. 203, 328, 371, 7. 775, 11. 532, Cu. 359, 363, Ci. 175, 513, Ca. 3 (12). 2.

sedile: sedili (abl.), A. 8. 176;

sedilia, A. 1. 167;

sedilia, A. 5. 837†;

sedilibus, G. 4. 350.

SEDITIO, A. 1. 49; seditione, A. 11. 340.

sedo: sedato (neut. abl.), A. 9. 740, 12. 18; sedatis (masc. abl.), A. 9. 30.

seduco: seduxerit (indic.), A. 4. 385.

sedulus: sedula (fem. nom.), Ci. 354, M. 119.

SEGES. 27.

seges, G. 1. 47, 77, 226, 2. 142, 267, 4. 129†, A. 3. 46, 142†, 7. 526, 12. 663;

segetis, A. 7. 808;

segeti, G. 1. 270;

segetem, G. 1. 212, 319, 2. 411, A. 2. 304;

segetes, E. 5. 33, 9. 48, G. 1. 54, 152, 3. 198, D. 43 (vid. acc.);

segetum, G. 1. 112;

segetes, E. 1. 71, G. 1. 1, M. 124†, D. 11, 43 (vid. nom.).

SEGNIS. 23.

segnis, G. 1. 151, A. 3. 513;

segnis (nom.), A. 8. 549, 10. 308, 592, 11. 21†;

segnem (masc.), G. 1. 72, A. 5. 173, 10. 700;

segnes, A. 11. 64, 736;

segnes (nom.), G. 2. 37, 4. 198†;

segnis (fem.), G. 3. 42;

masc. subst. segnes (voc.), A. 9. 787;

segnior, G. 2. 275, 3. 95, A. 4. 149, 8. 414, 10. 657, 12. 566, 615;

segnior, A. 7. 383.

segniter: segnius, A. 12. 525.

SEGNITIES, A. 2. 374.

Selinus, A. 3. 705†.
Selius: Seli (voc.), Ca. 5 (7). 3
(edd. *Stilo* Ben.).
sella: sellam, A. 11. 334.
Semel. 9.
semel, G. 2. 422, A. 3. 431, 6.
487, 9. 140, 10. 298, 570, 11.
412†, 418†, 12. 208.
Semele, Ca. 9 (11). 33†.
semen. 20.
semine, G. 1. 22, 104, 2. 14,
317, A. 7. 281, Cu. 254†;
semina, E. 6. 32, G. 2. 152,
268, Cu. 135, D. 11;
seminibus, A. 6. 731;
semina, G. 1. 193, 223, 2. 302,
324, A. 6. 6, M. 70;
seminibus, G. 2. 57, 354.
sementifer: sementiferam, Ci.
477 (edd. *salutiferam* Ellis).
sementis: sementem, G. 1. 230.
semesus: semesam, A. 3. 244†;
semesa (acc.), A. 8. 297 (M
edd. *semiesa* Gos.).
Semianimis, A. 10. 404;
semianimi (masc.), A. 12. 356;
semianimem (fem.), A. 4. 686;
semianimes (masc. nom.), A.
10. 396, 11. 635.
semifer: semifero (neut. abl.), A.
10. 212; semiferi, Ci. 494;
masc. subst. semiferi (gen.), A.
8. 267.
semihomo: semihominis, A. 8.
194.
seminex: semineci (masc.), A.
10. 462;
seminecem (masc.), A. 5. 275;
semineces (masc.), A. 9. 542;
seminecis (masc.), A. 9. 455,
12. 329 (-es).
semino: seminat, A. 6. 206.
semiputatus: semiputata (fem.
nom.), E. 2. 70.
Semita. 6.

semita, A. 1. 418, 4. 407, 9.
383, 11. 524, Ci. 216, Ca. 3*.
21†.
semitalis: semitalibus (masc.
dat.), Ca. 10 (8). 20.
semiustus; vid. *semustus.*
semivir: semiviri, A. 12. 99;
semiviro (abl.), A. 4. 215.
Semper. 65.
semper, E. 1. 7, 53, 3. 3, 62, 5.
74, 78, 6. 15, 7. 50, 8. 23 *bis,*
G. 1. 234 *bis,* 242, 248, 431,
2. 119, 219, 3. 69, 70, 356 *bis,*
4. 61, A. 1. 609, 2. 97, 163, 3.
217, 496, 4. 466, 467, 569, 5.
49, 50, 6. 56, 7. 748, 8. 76 *bis,*
195, 271, 272, 9. 247, 612, 775,
777, 10. 327, 11. 122, 378†,
391, 732, 12. 778, Cu. 78, 265†,
407, Ci. 153, 158, 288, 529, Ca.
3*. 9†, 8 (10). 3, D. 65, 81, 83,
102, 103, L. 31, 63.
semustus: semustum (neut. acc.),
A. 3. 578; semusta (nom.), A.
5. 697†; semusta, A. 11. 200
(mss. edd. *semiusta* R Gos.
Ben.).
Senatus, A. 8. 105; senatum, A.
1. 426.
senecta. 11.
senectae, A. 6. 114, 9. 481, 12.
57, 934;
senectae, G. 1. 186, 3. 96, A.
11. 165, Ci. 287, 314;
senectam, A. 10. 192;
senecta, A. 5. 395.
Senectus. 8.
senectus, G. 3. 67, A. 5. 416, 6.
304, 7. 440, 452, 8. 508, 9. 610;
Senectus, A. 6. 275.
Senex. 45.
senex, A. 7. 180;
seni (masc.), A. 8. 638;
senem (masc.), G. 2. 494, Ca.
9 (11). 16;

senibus (neut.), Ci. 41;
senes (masc.), A. 7. 206;
masc. subst. senex, E. 6. 18;
senis, G. 4. 403, A. 4. 251, D.
10 (Rb. *seni* Ellis);
seni, E. 6. 70, D. 10 (vid.
senis);
senem, G. 4. 127, 438†;
senex, E. 1. 46, 51;
senes, A. 12. 132;
senum, A. 8. 287, 9. 309;
senibus, G. 2. 135;
senes, A. 5. 715;
senior (masc.), G. 3. 97†, A. 5.
179, 704, 729, 823, 6. 304, 7.
46, 535, 736, 10. 124, 11. 31,
122, 12. 401;
senioris, A. 5. 301, 573, 719;
senioris (fem.), Cu. 186†;
senioribus (masc. dat.), Ci.
293†;
masc. subst. senior, A. 2. 509,
544, 692, 5. 409, 8. 32, 457,
10. 418.
SENI, A. 5. 561;
senos, E. 1. 43, A. 1. 393, 11.
133.
senilis: seniles (fem. nom.), Cu.
388.
senium: senio (abl.), Ci. 249
(edd. *scora* Ellis).
SENSIM, M. 5.
SENSUS. 16.
sensus, A. 4. 408;
sensum, A. 6. 747;
sensu, G. 2. 247, Cu. 10, 80
(edd. *censu* Th.), 242;
sensus, A. 12. 914;
sensibus, E. 3. 54, Cu. 387;
sensus, E. 8. 67, A. 4. 22, 422,
7. 355, 10. 642, Cu. 91, 189†.
SENTENTIA. 19.
sententia, A. 1. 237, 260, 582,
2. 35, 3. 59, 4. 287, 5. 748, 7.
611, 9. 191, 220, 10. 6, 240,

608, 11. 21, 222, 295, 314, 551,
12. 238.
sentio. 22.
sentis, A. 3. 360, 4. 542, 5. 466,
10. 623;
sentit, A. 10. 534, 12. 495 (M
edd. *sensit* P R γ Rb. Con.),
M. 7 (edd. *sensit* Ellis);
sensit, G. 1. 48, 4. 334†, A. 1.
125, 2. 377, 3. 669†, 4. 105,
588, 5. 868, 8. 393, 9. 354, 12.
495 (vid. *sentit*), Ci. 221, M. 7
(vid. *sentit*);
sensere, G. 1. 136, 2. 426, A. 9.
660;
sentiat, A. 7. 434.
sentis: sentes, A. 9. 382;
sentes, Cu. 56;
sentibus, E. 4. 29, G. 2. 411,
A. 2. 379.
sentus: senta (acc.), A. 6. 462†.
sepelio. 7.
sepulti (sunt), A. 6. 326;
sepultus, A. 3. 630;
sepulto (masc.), Ci. 385;
sepultam, A. 2. 265;
sepulto (masc.), A. 6. 424;
sepultos, A. 4. 34;
masc. subst. sepulto (dat.), A.
3. 41.
SEPTEM. 17.
septem, A. 9. 161, 10. 329;
septem, A. 1. 71, 383;
septem (neut. nom.), A. 5.
404;
septem (masc. dat.), A. 6. 646;
septem (masc. acc.), G. 4. 507,
A. 5. 85, 6. 38;
septem, G. 2. 535, 3. 355, A. 6.
783;
septem, G. 4. 292, A. 1. 192;
septem, A. 9. 30;
septem (fem. abl.), E. 2. 36,
A. 1. 170.

sequens (fem.), G. 4. 487, A. 10. 226;

sequentem (masc.), A. 8. 333, 10. 193;

sequenti (neut.), E. 8. 27;

sequentis, G. 1. 106 (AMP edd. *recentis* Con.);

sequentis, E. 3. 46, G. 1. 33, 424;

sequentia, A. 6. 110;

masc. subst. sequentem, A. 5. 227, 11. 695;

sequentum, G. 3. 111†, A. 6. 200†, 9. 394;

secutus, G. 2. 306, A. 1. 382, 3. 54, 327, 6. 170, 9. 204, 559, 10. 893, 12. 301, 354, 380;

secuta, A. 12. 423;

secutum (masc.), E. 6. 59, A. 11. 161, Ci. 12 (Ellis *om.* edd.);

secuta (abl.), A. 9. 542;

secuti, G. 4. 219, 448, A. 5. 561, 8. 52, 10. 738, 11. 758;

secutae, G. 4. 151, A. 1. 499, 7. 642;

secutos, A. 7. 652;

sequendi, A. 5. 590, 10. 182;

sequendo (abl.), A. 3. 671.

sereno: serenat, A. 1. 255, 4. 477.

serenus. 15.

serenae (gen.), G. 1. 426;

sereno (neut. dat.), A. 5. 870 (vid. abl.);

serena, A. 5. 104, 6. 707, 8. 528, 9. 630;

sereno, G. 1. 260, 340, 487, A. 3. 518, 5. 870 (vid. dat.);

serenos, A. 2. 285;

serenas, G. 1. 100, 461;

neut. subst. sereni, A. 5. 851;

serena (acc.), G. 1. 393.

SERES, G. 2. 121.

SERESTUS. 8.

Serestus, A. 9. 171, 779, 10. 541, 12. 549;

Seresti, A. 5. 487;

Serestum, A. 1. 611, 4. 288, 12. 561.

SERGESTUS. 10.

Sergestus, A. 5. 121, 185, 203, 272;

Sergesto, A. 5. 184†;

Sergestum, A. 1. 510, 4. 288, 5. 221, 282, 12. 561.

Sergius: Sergia (fem. nom.), A. 5. 121.

SERIES, A. 1. 641.

Seriphus: Seriphum, Ci. 477†.

serius: seria (acc.), E. 7. 17.

SERMO. 16.

sermo, A. 12. 940, Ci. 357;

sermonem, A. 4. 388, 12. 223, 834;

sermone, A. 1. 217, 748, 4. 189, 277, 6. 160, 470, 8. 309, 468, 9. 657;

sermonum, A. 6. 535, 8. 464.

sero. 46.

serit, A. 12. 228;

serunt, A. 11. 318;

serebat, A. 12. 520†;

serebant, A. 6. 160;

seres, G. 1. 73, 227;

serat, G. 4. 113†;

sere, G. 1. 299, 2. 275, 299, A. 7. 339;

serite, G. 1. 210;

serere, G. 2. 433†;

serentem (masc.), A. 6. 844;

masc. subst. serentis (acc.), G. 1. 193;

serendi, G. 1. 253;

satae (sunt), G. 1. 278†;

seri, G. 1. 161;

satum (masc. esse), A. 2. 540;

satas, E. 8. 99;

sata, G. 3. 176;

satis (masc.), G. 2. 141;

subst. satus, A. 4. 198, 5. 244, 424, 6. 331, 7. 152, 656;

sata, A. 12. 860;
satum (masc.), A. 10. 563;
sate, A. 6. 125, 8. 36;
sata (voc.), A. 7. 331;
sata (nom.), G. 1. 113, 2. 350;
satis (neut.), E. 3. 82, G. 1.
23, 106, 444, 2. 423, 436, A. 3.
139, 12. 454;
sata, G. 1. 325, 4. 331, A. 2.
306.
SERPENS. 15.
serpens, E. 4. 24, A. 2. 214, 5.
273, 11. 753, Cu. 164;
serpentis, A. 7. 375;
serpentem, Cu. 190;
serpentum, A. 8. 436, 12. 848;
serpentibus, G. 1. 129, 2. 215;
serpentibus, A. 4. 472, 7. 658,
Cu. 218, 234.
serpo: serpit, A. 2. 269, 12. 239;
serpant, G. 3. 469†;
serpere, E. 8. 13;
serpens (masc.), A. 5. 91.
serpullum (serpyllum): serpullum, E. 2. 11; serpulla (nom.),
G. 4. 31†.
serra: serrae (gen.), G. 1. 143.
Serranus: Serranum, A. 9. 335;
Serrano, A. 9. 454†.
Serranus: Serrane, A. 6. 844.
sertum. 11.
serta, E. 6. 16, Co. 14, D. 20;
serta, E. 10. 41†, Co. 35, Ca.
14 (6). 6;
sertis, E. 6. 19, A. 1. 417, 4.
202, 506, 7. 488.
serum: sero (abl.), G. 3. 406.
SERUS. 30.
serus, G. 1. 461, 3. 260;
sera, E. 1. 27, A. 2. 373, 8. 581,
9. 482, 10. 94, Ca. 13 (5). 11†,
L. 78;
serae (dat.), E. 8. 88, G. 3.
467†;
serum, A. 6. 764;

seram, G. 4. 138, A. 6. 569, 8.
30;
sera, G. 4. 132, A. 7. 16†, 492;
serae, A. 8. 509;
seris (masc.), G. 2. 58;
seros, G. 1. 291, 403;
seras, G. 2. 403†, 4. 144;
sera, G. 1. 251, A. 5. 524;
seris (abl.), A. 7. 597;
adv. serum, A. 12. 864†;
sera, G. 4. 122, Cu. 32.
SERVA, A. 5. 284, 9. 546.
servio: serviat, G. 1. 30;
servire, A. 4. 103†, D. 70†;
servitum, A. 2. 786.
servitium. 6.
servitio, G. 3. 168;
servitium, Ci. 291, Ca. 3 (12).
5;
servitio, E. 1. 40, A. 1. 285, 3.
327.
SERVO. 84.
servo, E. 2. 42, 3. 43, 47, 75;
servas, G. 1. 499, A. 3. 319†, 8.
37, Co. 35;
servat, G. 2. 240, 524, A. 5.
30, 6. 298, 338, 556, 7. 3, 10.
340, 12. 428;
servant, G. 3. 214, 4. 41, 383,
A. 1. 546, 2. 450, 6. 507†, 9.
222, 11. 200, Ci. 537†;
servabat, A. 4. 485, 7. 52, 11.
31, M. 20;
servabit, E. 5. 12;
servavit, A. 5. 601;
servavere, A. 8. 269;
serves, A. 2. 160, 10. 525;
servet, G. 4. 111, A. 2. 711, 4.
29, 6. 402, 575;
servetis, A. 5. 476;
servent, A. 9. 161;
servarent, A. 9. 43;
servassent, A. 2. 642;
serva, G. 1. 335, A. 2. 789, 3.
86, 11. 506;

servate, A. 1. 207, 2. 702 *bis*, 3. 266;

servare, G. 3. 160, A. 6. 200, 8. 412, 10. 288, 502, 616, Ci. 275†;

servasse, E 9. 10;

servans, A. 7. 179;

servans (fem.), G. 1. 402, A. 1. 36, Ci. 169†;

servantem, G. 4. 459;

servantem, A. 2. 568;

servantissimus, A. 2. 427;

servor, A. 10. 848;

servata (est), A. 4. 552;

servatae (sunt), A. 5. 699;

servata fuisset, Ci. 123;

servata, A. 2. 160, 715, 7. 60;

servatum (masc.), A. 3. 209, M. 96;

servatam, A. 5. 283;

servata (voc.), A. 11. 159;

servati, G. 1. 436, A. 8. 189, 12. 768;

servata (acc.), G. 4. 228, A. 5. 25;

sunt servandi, G. 1. 205.

sescenti: sescentos, A. 10. 172.

sese; vid. *sui.*

seta; vid. *saeta.*

setius; vid. *secus.*

SEU (SIVE). 83.

seu, A. 2. 739, 5. 69, 11. 327, 12. 685, 935, Co. 30, Ca. 13 (5). 10 (edd. *si* Ellis);

seu . . seu, G. 3. 49, 50; 4. 25; 33, 34; A. 2. 62; 6. 880, 881; 9. 279; 11. 69; 661; Cu. 347†, 347;

seu . . sive, E. 8. 6, 7; A. 1. 218, 219; 569, 570; 10. 109, 110; 11. 528, 529;

sive, A. 12. 858, Ci. 188, D. 96; sive . . sive, E. 5. 5, 6; G. 3. 211; A. 11. 443, 444; 778, 779; 12. 892; Ca. 10 (8). 4, 5; 18, 19;

sive . . sive . . sive, L. 32, 33, 34†;

sive . . seu, A. 2. 34; 3. 262; 4. 240, 241; 7. 199; 235; 604, 605; 9. 680;

sive . . sive . . seu, E. 10. 37, 38;

sive . . sive . . sive . . sive . . seu, Ci. 66†, 67, 68, 69, 77;

sive . . sive . . seu . . seu, G. 1. 86, 87, 89, 91;

sive . . seu . . seu, Cu. 13, 15.

severus: severum (masc.), G. 3. 37, A. 6. 374;

severis (masc.), A. 8. 638;

severos, Cu. 289†.

Severus: Severum, A. 7. 713.

SEX, A. 12. 163, 899;

sex (neut. acc.), A. 9. 272;

sex (neut. abl.), A. 11. 9.

Sextus: Sexte, Ca. 5 (7). 6.

SI. 327.

1. c. indic.: a) praes.: E. 2. 27, 73, 3. 23, 48, 52, 75, 4. 3, 13, 5. 10, 7. 10, 23, 40, 43, 44, 9. 32, 63, 10. 38, G. 1. 17, 115, 168, 189, 191, 259, 2. 461, 3. 384, 391, 4. 6, 42, 176, 314, 323, A. 1. 542, 546 *bis*, 553, 578, 603 *bis*, 2. 10, 102†, 142, 159, 349, 536, 659, 675, 690, 3. 107, 433, 434 *bis*, 551, 604†, 606, 4. 125, 232, 272, 319, 347, 382, 520, 612, 684, 5. 25, 353, 363, 383, 417, 687, 688, 692, 798 *bis*, 6. 133 *bis*, 147, 173, 194, 367 *bis*, 405, 459, 530, 675, 7. 4, 225, 226, 263, 264, 273, 310, 312, 367, 401, 402, 548, 559, 8. 140†, 400, 574, 575, 576, 9. 134, 194, 240, 446, 493, 741, 10. 44, 244, 272, 622, 792, 803, 828, 861, 864, 903, 11.

29

116 *bis*, 323, 357, 368 *bis*, 369, 373, 374, 411†, 434, 502, 705, 12. 56, 152, 157, 749, 851, 932, Cu. 63, Ci. 21, 241, 244†, 275, 322, 408, Co. 29, Ca. 1. 4†, 4 (13). 11, 9 (11). 61, 61 (edd. *et* Ellis), 62†, 11 (14). 3†, 13 (5). 33, D. 63, L. 25;

b) praes. et perf.: A. 5. 548, 11. 412;

c) imperf.: E. 2. 23, A. 11. 166, M. 67, 68;

d) fut.: E. 5. 70 *bis*, 6. 9 *bis*, G. 1. 219, 227, 424, 458, 2. 227, 233, 274, 4. 228, 251, A. 1. 372, 2. 161 *bis*, 689, 5. 347, 9. 214, Ci. 333, D. 96 (Ellis *etsi* Rb.);

e) fut. et fut. perf.: A. 3. 500;

f) perf.: G. 1. 7†, 202, 2. 128, 265, 310, 3. 83, 98, 251, 453, 4. 332, A. 1. 151, 322, 375, 2. 79, 81, 420, 3. 311, 4. 95, 317, 419, 6. 119, 121, 9. 406, 407, 10. 31, 724, 11. 308, 653†, 12. 38, 778;

g) pluperf.: G. 3. 489;

h) fut. perf.: E. 3. 98, 7. 27, 31, 36, G. 1. 67, 428, 430, 4. 28, 281, A. 4. 568, 5. 64, 6. 770, 828, 9. 267, 11. 128, 12. 41, 68, 183, Cu. 62, Ca. 4 (13). 3, 8 (10). 4†, 14 (6). 1;

2. c. subi.: a) praes.: E. 2. 57, 4. 58, 5. 9, 6. 57, 7. 55, 67, 9. 38, 10. 34, 65, 67, G. 2. 43, 49, 3. 474, A. 1. 18, 181, 4. 85, 109, 110, 669, 5. 17, 325, 6. 78, 187, 471, 625, 882, 7. 371, 8. 15, 147, 243, 560, 9. 210, 211, 10. 458, 12. 124, 204, 233, 761, Cu. 58, Ci. 12, 156 (edd. *etsi* Ellis), Ca. 13 (5). 10 (Ellis *seu* edd.);

b) imperf.: E. 9. 45, G. 2. 132, 344, 3. 563, 4. 489, A. 2. 291, 522, 4. 15, 311, 328, 340, 5. 51, 397, 398, 8. 535, 9. 172, 512, 10. 613, 628, 11. 174, 415, Cu. 319 (Th. Ben. *om.* edd.), Ci. 14;

c) perf.: G. 2. 54, 458†;

d) pluperf.: E. 1. 16, 3. 15, 6. 45, A. 2. 54 *bis*, 94, 95, 136, 189, 433, 641, 756 *bis*, 4. 18, 327, 657, 5. 410, 6. 871, 8. 396, 9. 41, 337, 757, 11. 285, Cu. 294, Ci. 422. Vid. sub *forte*, *minus*, *modo*, *quando*, *quis*, *quod*, *tamen*. ᴀᴜᴍ

sibilo: sibilat, A. 7. 447, 11. 754.

SIBILUS, E. 5. 82.

sibilus: sibila (acc.), G. 3. 421, A. 2. 211, 5. 277.

SIBYLLA. 12.

Sibylla, A. 5. 735, 6. 98, 538, 666;

Sibyllæ (gen.), A. 3. 452, 6. 10, 44, 176†, 211, 236;

Sibyllam, A. 6. 752, 897.

SIC. 188.

1. sic, E. 1. 22 *bis*, 23, 2. 55, 9. 30, 31, 10. 4, G. 1. 82, 199, 2. 533, 3. 391, 4. 210, 303, A. 1. 225, 253, 283, 444†, 2. 34, 44, 355, 440, 496, 644 *bis*, 795, 3. 375, 439, 490 *ter*, 667, 716, 4. 533, 614, 637, 660, 681, 5. 26, 50, 146, 218 *bis*, 219, 459, 622†, 6. 154, 209, 387, 441, 527, 863, 886, 7. 110, 212, 363, 607, 668, 8. 142, 325, 488, 9. 146 (Rb. *sed* mss. edd.), 641, 807, 10. 420, 870, 875 *bis*, 901, 11. 901, 906, 12. 282, 304, 361, 922, Ci. 310 (Th. *nobis* edd.), 347, 419;

ceu . . sic, A. 10. 729;

qualis . . sic, A. 10. 569;

talis . . sic, A. 9. 712;
ut . . sic, E. 5. 79, 8. 81,
A. 5. 668, Ci. 536;
velut (veluti) . . . sic, A. 1.
154, 10. 808, 12. 368, 690, 913,
Ci. 493;
  2. c. verbb. loquendi: E. 8.
16, G. 4. 386, 452, A. 1. 22,
142, 325, 325†, 386, 464,
521, 594†, 610, 614, 631, 2. 2,
50, 296, 391, 524, 544, 775, 3.
118, 153, 189, 463, 4. 8, 30,
107, 114, 222, 364, 570, 641,
685, 704, 5. 14, 72, 303, 351,
365, 400, 539, 547, 6. 1, 125,
186, 197†, 321, 341, 562†, 666,
690, 699, 854, 7. 135, 370, 435,
456, 8. 35, 79, 115, 154, 9. 5,
22, 234, 250, 295, 303, 319,
324, 403, 656, 749, 10. 228,
473, 535, 621, 11. 13, 29, 123,
251, 520, 784, 820, 12. 10, 47,
138, 159, 175, 195 *bis*, 622, 806,
807, 888, D. 25†, 47.
Sᴵᴄᴀɴɪ, A. 5. 293, 7. 795.
Sicania: Sicaniae (gen.), A. 1.
557.
Sicanius: Sicanio (masc.), A. 3.
692; Sicanium (neut.), A. 8.
416
Sicanus: Sicanae (nom.), A. 8.
328;
Sicanos, E. 10. 4, A. 5. 24, 11.
317.
sicco: siccat, E. 3. 95, Co. 17;
siccant, E. 2. 42;
siccabat, A. 4. 687, 10. 834.
siccus. 19.
sicci (masc.), G. 3. 151;
siccum (neut.), A. 8. 261;
sicca, G. 1. 214, 389, A. 5. 180,
Ci. 72 (Ben. *saeva* Rb. Ellis
vacua Th.), D. 72;
sicco, G. 2. 31, 4 97, A. 3
135†, 510, 6. 162;

siccae, A. 9. 64;
sicca (acc.), E. 7. 56;
siccis (fem.), G. 4. 427, A. 2.
358;
neut. subst. siccum (acc.), G.
3. 433, A. 10. 301;
sicco, G. 1. 363.
Sicelis: Sicelides (voc.), E. 4. 1.
sɪᴄᴜʙɪ, G. 3. 332†, 333†, A. 5.
677.
Siculus. 9.
Siculi, E. 10. 51;
Siculae, A. 1. 34;
Siculae, A. 3. 410;
Siculo (masc.), A. 7. 289;
Siculo, A. 3. 418;
Siculis (fem.), A. 3. 696·
Siculis (abl.), E. 2. 21;
Siculis, A. 1. 549;
Siculis, A. 5. 702.
sɪᴄᴜᴛ, A. 8. 22, Cu. 247, L. 50†.
Sicyonius: Sicyonia (fem. nom.),
G. 2. 519†; *subst.* Sicyonia
(acc.), Ci. 169†.
sidereus: sideream, A. 10. 3;
sidereo, A. 12. 167; siderea
(abl.), A. 3. 586.
Sidicinus: Sidicina (nom.), A. 7.
727.
sido: sidunt, A. 6. 203, Cu. 358
(edd. *se dant* Leo *resident*
Ellis).
Sidon: Sidona, A. 1. 609†.
Sidonius. 11.
Sidonia, A. 1. 446, 613, 9. 266,
11. 74;
Sidoniam, A. 1. 678, 4. 137;
Sidonio, A. 5. 571;
Sidonia, A. 4. 545;
Sidonio, Ci. 387†;
Sidonios, A. 4. 683;
Sidonias, A. 4. 75.
sɪᴅᴜs. 94.
sidus, A. 7. 215, 8. 681, 11.
260;

sideris, G. 4. 227, Cu. 165 (Ellis *subsideret* edd.), 347;

sidus, G. 1. 32, 4. 234, A. 2. 700;

sidere, E. 10. 68, G. 1. 1, 73†, 3. 324, A. 3. 204, 4. 309, 12. 451, Ci. 432 (Ellis *sidera* edd.), 534†, Ca. 9 (11). 47†;

sidera, G. 1. 204, 2. 342, A. 2. 9, 4. 81, 524, 10. 176, L. 39;

sideribus, Cu. 350;

sidera, E. 5. 43, 57, 62, 6. 84, 9. 29, G. 1. 311, 335, 2. 1, 427, 477, 4. 58, A. 1. 93, 103, 259, 608, 2. 153, 222, 488, 687, 3. 243, 360, 423, 515, 574, 599, 620, 4. 322, 489, 520, 578, 5. 126, 256, 528, 628, 6. 338, 458, 641, 795, 850, 7. 767, 8. 141, 9. 16, 93, 239, 429, 637, 10. 161, 193, 262, 667, 11. 37, 136, 833, 878, 12. 196, 197, 795, Cu. 283, 351, Ci. 7, 38, 50 (Rb. Ben. *aethera* Th. Ellis), 218, 425, 432 (vid. *sidere*), 521 (Ben. *milia* edd.), Ca. 9 (11). 45 (Ellis *frigora* edd.).

Sigeus: Sigea (neut. nom.), A. 2. 312; Sigea, Cu. 307; Sigeis (masc.), A. 7. 294.

significo: significat, A. 12. 692.

SIGNO. 15.

signo, A. 3. 287;

signat, A. 6. 780†, 7. 4 (FR edd. *signant* MPγ¹ Ld. Th.);

signant, G. 2. 269, A. 2. 423, 5. 317, 7. 4 (vid. *signat*);

signabat, Cu. 290;

signavit, A. 5. 526;

signent, G. 3. 171;

signare, G. 1. 126;

signans (masc.), A. 9. 181;

signantem (fem.), A. 2. 697;

signari, A. 12. 3;

signata (fem. nom.), G. 2. 379, 4. 15.

SIGNUM. 62.

signum, A. 7. 637;

signum, G. 1. 263, A. 1. 443, 3. 239, 519, 4. 167, 5. 130, 137, 579, 7. 513, 519, 8. 1, 523, 534, 11. 474, 12. 245;

signo, G. 1. 354, A. 5. 315, 12. 129, Ci. 243;

signa, E. 3. 40, G. 1. 439, 3. 34, A. 8. 212, 10. 310;

signorum, E. 9. 46, G. 1. 239, 257, Ci. 533;

signa, G. 1. 229, 439, 463, 471, 3. 236, 440, 503, 4. 108, A. 2. 171, 3. 388, 5. 590, 647, 6. 198, 825, 7. 138, 606, 628, 8. 52, 498, 9. 394, 10. 258, 265, 11. 19, Cu. 346†;

signis, G. 1. 351, 394, 4. 219, 253, A. 1. 648, 5. 267, 536, 9. 263, 11. 517.

SIL, Ca. 2. 4 (Ben. *sphin* Rb. Th. *psin* Ellis).

Sila: Sila, G. 3. 219†, A. 12. 715†.

Silarus: Silari, G. 3. 146†.

silentium. 8.

silentia, A. 1. 730, 2. 755, 3. 112, 11. 241, L. 17;

silentia, A. 2. 255, 10. 63, Ci. 210.

Silenus: Silenum, E. 6. 14.

sileo. 21.

silet, E. 9. 57, G. 1. 247, A. 2. 126, 4. 499, 5. 127, 10. 102;

silent, A. 1. 152, 164, 9. 190;

silebo, A. 10. 793;

sileam, A. 3. 39;

silenti (fem. abl.), A. 4. 527, 7. 87, 102;

silentes (masc.), A. 11. 120;

silentis (masc.), G. 1. 476;

silentes (fem. voc.), A. 6. 264;

silentibus, A. 9. 393;

silentibus (fem.), Ci. 163 (Rb.

in ed. min. *sitientibus* mss. Rb.
in ed. mai. edd.);
masc. subst. silentum, A. 6.
432;
siletur, G. 4. 189.
SILER, G. 2. 12.
silesco: silescit, A. 10. 101.
SILEX. 10.
silex, A. 6. 471, 602, 8. 233†;
silicis, G. 1. 135, A. 6. 7;
silici, A. 1. 174;
silice, E. 1. 15, Ca. 9 (11). 46;
silicum, M. 27;
silices, M. 23†.
siliqua: siliqua, G. 1. 74; sili-
quis (dat.), G. 1. 195.
SILVA. 146.
silva, G. 1. 152, 2. 17, 431, 3.
384, A. 3. 681, 6. 444, 7. 677,
9. 85, 381, D. 40;
silvae, G. 2. 136 (vid. nom.),
A. 6. 704 (GPRM[1] edd. *silvis*
M[2] F Con.), 9. 392, 11. 515;
silvae, G. 1. 149 (vid. nom.);
silvam, G. 1. 76, 2. 207, 414,
4. 273, A. 3. 24, 258, 6. 179,
186, 659, 8. 82, 350†, 645, 10.
887, 12. 522;
silva, G. 2. 181, A. 1. 314, 2.
696†, 6. 451, 7. 659, 10. 709,
11. 905;
silvae, E. 2. 62, 3. 57, 4. 3, 5.
28†, 6. 39, 10. 8, G. 1. 149 (vid.
dat. sing.), 2. 87, 136 (vid. gen.),
440, 520, 3. 151, 200, 223, A.
2. 418, 4. 523, 5. 288, 6. 131,
7. 515, Cu. 281, D. 13†, L. 16;
silvarum, G. 2. 21, 26, A. 6.
257†, D. 27;
silvis, E. 2. 5, G. 2. 310, 323,
342, A. 5. 301, 10. 406, 11. 531,
D. 8, 18, L. 30, 44;
silvas, E. 1. 5, 2. 60, 3. 46, 4.
3, 5. 58, 6. 2†, G. 1. 460, 481,
2. 486, 3. 40, 248, 314†, 4. 53,

329, 383, A. 2. 307, 4. 72, 5.
677, 6. 8, 7. 385†, 404, 8. 96,
9. 378†, 605, 11. 134†, 813†,
12. 688, Cu. 22, 118†, 138,
382†, Ci. 196, D. 87;
silvae, E. 8. 58, 10. 63, G. 3. 2;
silvis, E. 2. 31, 5. 43†, 7. 65†,
68, 8. 56, 97, 10. 52, G. 1. 159,
169, 187, 256, 2. 404, 3. 149,
4. 261, A. 1. 2*, 164, 552, 578,
3. 442, 583, 590, 646, 675, 4.
399, 6. 205, 271, 309, 704 (vid.
gen.), 765, 7. 172, 491, 505,
776, 10. 98, 417, 11. 686, 896,
12. 208, Cu. 48, L. 33.
SILVANUS, E. 10. 24;
Silvano, A. 8. 600;
Silvanum, G. 2. 494;
Silvane, G. 1. 20.
silvester. 12.
silvestris (nom.), E. 5. 7, A. 9.
673;
silvestrem, G. 2. 51;
silvestrem, E. 1. 2;
silvestri (fem.), E. 3. 70;
silvestri, A. 11. 554;
silvestres (masc.), G. 2. 374†;
silvestris (masc.), G. 2. 302;
silvestria, G. 2. 2;
silvestribus, A. 8. 348;
silvestribus, G. 2. 183;
silvestribus, G. 3. 411.
SILVIA, A. 7. 487, 503.
silvicola: silvicolae (dat.), A. 10.
551.
SILVIUS, A. 6. 763, 769.
SIMILIS. 29.
similis, G. 3. 193, A. 1. 589, 4.
254, 5. 254, 842, 7. 502, 9. 650,
12. 754;
similis (nom.), A. 1. 628†, 4.
558, 8. 396, 12. 477, Ca. 9 (11).
32 (edd. *Eleis* Ben.), L. 48;
similem, G. 2. 266, A. 8. 649
bis;

453

similem, E. 1. 20;
simili (fem.), A. 1. 136;
simili, A. 6. 144†;
similes, A. 5. 317, 594;
similes, G. 2. 313;
similes (masc.), E. 1. 22;
simillima (fem. nom.), G. 2.
131, A. 2. 794, 6. 522, 702†, 10.
391.
SIMOIS. 10.
Simois, A. 1. 100, 6. 88, 11.
257, Cu. 307;
Simoentis, A. 1. 618, 3. 302;
Simoenta, A. 5. 261, 634, 803,
10. 60.
SIMPLEX, G. 2. 73;
simplex (fem.), G. 3. 482;
simplicis (fem. gen.), G. 3. 528,
A. 6. 747;
simplicibus (fem. abl.), Cu. 90.
SIMUL. 81.
simul, E. 6. 26, 33, G. 1. 11, 3.
473, 4. 359, 381, A. 1. 559, 2.
524, 755, 3. 352, 471, 4. 499,
581, 5. 317, 385, 6. 335, 412†,
699, 7. 340, 393, 8. 4, 80, 9.
198, 221, 303, 324, 358, 423,
471, 561, 644, 10. 307, 856, 11.
222, 294, 363, 610, 756, 834,
908†, 12. 26, 62, 88, 326, 442,
692, 758 bis, Cu. 245 (Ben.
situlae Th. sibi Rb. frustratibus
Ellis sinite Leo), Ci. 224†, 477;
simul ac, A. 4. 90, 12. 222, Ci.
163;
simul (ac), E. 4. 26, G. 4..232,
A. 3. 630, Ci. 220;
simul cum, E. 9. 18, A. 10. 337;
simul (cum), A. 5. 357, 11. 827;
simul et, A. 1. 144, 5. 298, 8.
182, 9. 392;
simul ut, Ci. 514;
simul . . . simul, G. 3. 201; A.
1. 513; 631, 632; 2. 220, 222;
5. 675; 9. 318, 319; 12. 268.

SIMULACRUM. 9.
simulacrum, A. 2. 172, 232,
772;
simulacra, G. 1. 477, 4. 472;
simulacra, A. 2. 517, 5. 585,
674, 7. 89.
simulo. 10.
simulat, A. 1. 209;
simulant, A. 2. 17;
simularet, A. 6. 591†;
simulans, A. 1. 352;
simulans (fem.), A. 6. 517;
simulata (abl.), A. 4. 105;
simulato, A. 7. 385;
simulatos, A. 4. 512;
simulata, A. 1. 710, 3. 349.
simus: simo (masc. abl.), M.
108; simae, E. 10. 7.
SIMYLUS, M. 3†, 53†, 121†.
SIN. 23.
1. c. indic.: a) praes.: G. 3.
179, A. 2. 676, 8. 578, 10. 625,
11. 324, 419, Ci. 324, Ca. 7
(9). 3;
b) praes. et perf.: A. 1. 555;
c) fut.: G. 1. 432, 454†, 2.
195, 234, 276†, 4. 239;
d) perf.: G. 3. 504, A. 10.
33, 11. 421, Ci. 276;
e) fut. perf.: G. 2. 483, 4.
67, A. 12. 187†;
2. c. subi. in orat. obliq.:
perf.: A. 2. 192.
sincerus: sincera (fem. nom.),
M. 42†.
SINE. 41.
sine, E. 10. 48, G. 1. 161, 3. 42,
99, 274, 342†, 4. 398, A. 1. 133,
279, 2. 544, 558, 771, 777, 3.
204, 4. 550, 588, 5. 56 bis, 272,
694, 6. 292, 368, 431 bis, 534,
776, 7. 377, 8. 635, 9. 278, 343,
10. 31, 636, 640, 11. 846, 12.
798, 883, Cu. 228, 275 (edd.
Dictaeo Th. Ben.), Ci. 520, Ca.

SISER, M. 74†.
sisto. 19.
  sistit, A. 8. 85, 10. 309, 323,
  11. 853, 12. 355;
  sistimus, A. 2. 245;
  sistunt, G. 1. 479;
  sistam, A. 2. 620, 6. 676;
  sistet, A. 3. 117, 6. 858;
  sistam, Ci. 292 (edd. *bis iam*
  Ellis);
  sistat, G. 2. 489;
  siste, A. 4. 634, 6. 465;
  sistere, A. 3. 7, 4. 489, 11. 873,
  Ci. 80.
sistrum: sistro (abl.), A. 8. 696.
Sithonius: Sithonias, E. 10. 66
sitio. 7.
  sitit, E. 7. 57;
  sitiunt, G. 4. 402;
  sitiens (masc.), G. 3. 137;
  sitientia, D. 16;
  sitientis (masc.), E. 1. 64, G. 4.
  425;
  sitientibus (fem.), Ci. 163
  (mss. Rb. in ed. mai. edd.
  silentibus Rb. in ed. min.).
SITIS. 7.
  sitis, G. 3. 483;
  sitim, E. 5. 47, G. 3. 327, A. 10.
  274;
  siti, G. 2. 353†, 3. 434†, A. 4.
  42.
situla: situlae (gen.), Cu. 245
  (Th. *sinite* Leo *simul* Ben.
  frustratibus Ellis *sibi* Rb.).
situs: situ, G. 1. 72, A. 6. 462,
  7. 440, 452;
  situs (acc.), A. 3. 451.
sive; vid. *seu.*
SOCER. 10.
  socer, A. 6. 830, 7. 317, 12. 192,
  193;
  socero, A. 11. 440;
  socer, Ca. 6 (3). 1, 6;
  soceris, A. 11. 105;

soceros, A. 2. 457, 10. 79.
socio. 7.
  socias, A. 1. 600†;
  sociat, Cu. 301 (Leo *sociatae*
  edd.);
  sociarit (subi.), Cu. 193†;
  sociare, A. 4. 16, 7. 96, 12. 27;
  sociatus, A. 9. 594;
  sociatae (gen.), Cu. 301 (vid.
  sociat).
socius. 111.
  socium (neut. acc.), A. 2. 613;
  socia, A. 3. 352;
  socii, A. 3. 15;
  socios, A. 11. 521;
  socias, A. 5. 36;
  socia, A. 2. 371, 8. 120, 11. 161;
  sociis (fem.), A. 11. 533†;
  subst. socius, A. 7. 264, Cu.
  367;
  socium (masc.), A. 4. 142, 5.
  712, 6. 161, 170, 9. 199;
  sociam, E. 6. 20†, Ci. 381;
  socii, G. 1. 346, 2. 528, A. 3.
  71, 129, 240, 282, 290, 408†,
  454, 524, 532, 617, 5. 100, 778†,
  9. 54, 10. 299†, 444, 505, 738,
  799, 841, 11. 272, 865;
  sociorum (masc.), A. 3. 638,
  8. 174; socium, A. 5. 174, 9.
  558, 10. 410;
  sociis (masc.), A. 1. 309, 633,
  2. 748, 3. 234, 259, 7. 35, 9.
  818, 10. 258, 11. 2, 884;
  socios, E. 8. 70, A. 1. 194, 217,
  360, 390, 583, 2. 267, 339, 795,
  3. 471, 4. 289, 375, 572, 601,
  5. 43, 188, 283, 746, 795, 860,
  6. 184, 229, 899, 8. 56, 80, 491,
  546, 9. 71, 150, 351, 758, 768,
  780, 10. 241, 287, 293, 441,
  831, 11. 12, 22, 200, 322, 12.
  38, 110, Cu. 125;
  socii, A. 1. 198, 2. 387, 3. 560,
  5. 190, 10. 369;

sociis (masc.), A. 1. 553, 2. 316, 429, 3. 12, 9. 8.

sodalis: masc. subst. sodalis (gen.), A. 10. 386.

SOL. 79.

sol, E. 2. 67, G. 1. 232, 438, 463, 3. 357, 4. 401, 426, A. 3. 284, 508, 8. 97, Cu. 42, 107; Sol, G. 2. 321, 4. 51, A. 1. 568, 7. 100, 218, 12. 176;

solis, G. 1. 92, 402, 2. 478, 3. 277, 336, A. 1. 742, 6. 255, 796, 7. 130, 8. 68, 195, 623, 12. 115; Solis, A. 7. 11, 227, 12. 164;

soli, G. 3. 302;

solem, E. 6. 37, G. 1. 48, 398, 424, 439, 463, 2. 298, 373, 3. 439, 4. 28, A. 1. 143, 2. 475, 4. 470, 480, 6. 641, 12. 172; Sol, A. 4. 607;

sole, E. 2. 13, G. 1. 234, 288, 2. 512, 3. 132, 156, 401, A. 1. 431, 3. 568, 4. 701, 5. 89, 6. 534, 7. 527, 720, 8. 23, 9. 461, 10. 807, Ca. 2*. 7;

soles, G. 2. 481, A. 1. 745;

soles, E. 9. 52, G. 1. 393, 2. 332, A. 3. 203†, Cu. 351†, Ci. 37;

solibus, G. 1. 66†.

solacium. 6.

solacia, E. 9. 18, A. 11. 62;

solacia, A. 5. 367, 6. 377, 8. 514, Ci. 181.

SOLAMEN, A. 3. 661, 10. 493, 859.

solatium; vid. *solacium.*

soleo. 32.

solet, E. 10. 75, A. 2. 592, 6. 205;

solemus, E. 1. 20, G. 2. 186†;

solent, E. 1. 25, G. 3. 461;

solebam, E. 1. 23;

solebas, E. 3. 26;

solebat, E. 6. 70, A. 2. 456, 7. 754, 9. 300;

solebant, A. 2. 30, 12. 768;

solitus (est), E. 2. 23, A. 5. 370;

soliti (sunt), A. 7. 176;

solitae (sunt), A. 2. 462;

soliti (erant), A. 1. 730;

solitus, A. 9. 591;

solita, A. 9. 214;

solitae (gen.), A. 11. 415;

solitam, A. 8. 389;

solitum, A. 9. 129, Cu. 100 (edd. *solidum* Ellis), 163;

solito (masc.), A. 7. 357;

solito, Ca. 9 (11). 43 (Rb. *solitos* Ben. *te castra* Th. *toties* Ellis);

soliti, A. 7. 741;

solitos, Ca. 9 (11). 43 (vid. *solito*);

neut. subst. solitum (acc.), G. 1. 412, A. 11. 383.

solido: solidanda (est), G. 1. 179.

solidus. 16.

solidam, G. 3. 365†;

solidum, A. 11. 553, Cu. 100 (Ellis *solitum* edd.);

solido, G. 3. 26†, A. 6. 552;

solido, G. 2. 64, 3. 88, A. 6. 69, 9. 357;

solidi, A. 2. 765†;

solidae, A. 2. 639;

solida, A. 9. 809;

solida, A. 6. 253;

neut. subst. solidum (acc.), G. 2. 79;

solido, G. 2. 231, A. 11. 427.

solium. 10.

solium, A. 12. 849;

solio, A. 1. 506, 6. 396, 7. 169, 210, 8. 178, 541, 10. 116, 852, 11. 301.

sollemnis. 14.

sollemnem (masc.), A. 8. 102†;

sollemne, A. 12. 193;

sollemni, Ci. 127;

sollemni, Ci. 147;
sollemni, Ci. 35;
sollemnis (fem.), G. 3. 22†, A. 2. 202, 3. 301, 5. 53;
sollemnia, E. 5. 74, A. 9. 626;
subst. sollemnia (acc.), A. 5. 605, 6. 380, 8. 185.
sollers: sollers (fem.), G. 4. 327.
sollicito. 7.
 sollicitas, A. 10. 612;
 sollicitat, G. 3. 131†, A. 4. 380, 11. 254, 12. 404;
 sollicitant, G. 2. 503;
 sollicitanda (est), G. 2. 418.
SOLLICITUS. 9.
 sollicitus, A. 7. 81;
 sollicitum, G. 4. 262;
 sollicito (masc.), A. 3. 389;
 sollicitum, Cu. 385;
 sollicitam, A. 9. 89;
 sollicita (abl.), M. 6;
 sollicitis (masc.), Cu. 250;
 sollicitos, E. 10. 6, Ci. 340†.
solor. 15.
 solatur, E. 6. 46, A. 5. 41, 770, 10. 191, 12. 110, M. 30;
 solabar, A. 1. 239, 9. 489;
 solabere, G. 1. 159, A. 10. 829;
 solare, A. 9. 290;
 solans (masc.), G. 4. 464;
 solatus, A. 5. 708;
 solata (fem. nom.), G. 1. 293;
 solando (abl.), A. 4. 394.
solstitium: solstitium, E. 7. 47;
 solstitia (acc.), G. 1. 100.
SOLUM. 42.
 solum, E. 6. 35, G. 2. 204, 399, A. 4. 202 (vid. acc.), 5. 199, 6. 256, 9. 666;
 solo, G. 2. 49, A. 7. 250, 8. 38†, 11. 707;
 solum, G. 1. 64, 2. 276, 356, A. 1. 367, 3. 698, 4. 202 (vid. nom.), 7. 111, 10. 60;
 solo, E. 6. 63, G. 2. 263, 3. 117,

A. 1. 482, 2. 174, 3. 27, 392, 4. 177†, 5. 332, 6. 192, 469, 8. 45, 75, 10. 102, 180, 767, 11. 325, 485, 12. 380, 532, 547, 569, 688;
sola (acc.), G. 1. 80.
SOLUS. 87.
 solus, E. 2. 4, 3. 83, 107, 5. 8, G. 4. 517, A. 1. 664, 4. 22, 5. 225, 370, 519, 542, 7. 776, 10. 442, 11. 23, 179, 12. 16;
 sola, E. 10. 48, G. 1. 389, 2. 116, A. 3. 183, 365, 489, 660, 4. 32, 82, 423, 462, 467, 543, 5. 651, 7. 52, 8. 581, 9. 217, 257, 10. 879, 11. 504, 821, M. 54, L. 27;
 solum, A. 3. 636, 4. 324, 9. 298;
 soli (masc.), A. 10. 442, 12. 315;
 solum, E. 9. 44, A. 7. 389, 9. 200, 438, 11. 220†, 221, 434, 442, 12. 466, 467;
 solam, G. 3. 467, A. 4. 421, 9. 482, 12. 810, Ci. 231;
 solum, A. 11. 363;
 sola, A. 1. 597, Ci. 314;
 solo, A. 9. 439;
 sola, E. 10. 14, A. 4. 322, 5. 613, 6. 268, 11. 582;
 solo, G. 4. 465;
 soli, A. 2. 366, 6. 610, 12. 661;
 solae, G. 4. 153, 155;
 solorum (neut.), A. 11. 545;
 solis, G. 2. 117;
 solis (fem.), G. 1. 220, A. 9. 139;
 solos, A. 9. 138;
 sola, E. 8. 10, G. 1. 30, 3. 212;
 soli, E. 10. 32;
 solis, G. 3. 249, A. 11. 569;
 solis (fem.), Ci. 518;
 adv. solum, E. 5. 48.
SOLVO. 56.
 solvo, A. 4. 703, 10. 111;

sono. 59.

sonat, G. 2. 163, 3. 88†, 239, A. 1. 328, 6. 180, 7. 84†, 701, 9. 631, 11. 135, 652, 774 (γ Gos. Ben. *erat* M edd.), 12. 477, Cu. 149, Co. 10 (edd. *sonans* Th. Ben.);

sonant, E. 5. 64, G. 3. 555, 4. 50, A. 4. 149, 183, 7. 637, 686, 722, 12. 592, Ci. 178;

sonabant, A. 5. 866;

sonuerunt, A. 2. 113, 5. 506;

sonuere, A. 9. 732, 11. 562;

sonaret, E. 6. 44;

sonare, G. 3. 191, A. 6. 557;

sonans, G. 3. 149, 4. 370, A. 9. 125;

sonans (fem.), A. 3. 233, 6. 50, 12. 866, Cu. 17, Co. 10 (vid. *sonat*);

sonantem, G. 3. 269, A. 5. 521, 12. 529;

sonantem, G. 1. 76, A. 6. 753, 9. 660, 12. 248;

sonanti (neut.), A. 1. 246;

sonantis, E. 10. 58, G. 3. 184, 4. 364, A. 1. 200, 5. 169, Ci. 196 (-es);

sonantis, A. 11. 863;

sonantia, A. 3. 442, 6. 551†, 704, 12. 522;

sonandum (est), G. 3. 294.

sonor: sonorem, G. 3. 199†; sonore, A. 7. 462; sonoribus (abl.), A. 9. 651.

sonorus: sonoro (neut. abl.), A. 12. 712;

sonorae, Cu. 281 (edd. *sonoros* Th.);

sonoris (neut.), A. 12. 139;

sonoros, Cu. 281 (vid. *sonorae*);

sonoras, A. 1. 53.

sons: sontem (fem.), A. 10. 854†; *masc. subst.* sontis (acc.), A. 6. 570.

SONUS. 11.

sonus, G. 4. 260†, A. 2. 728, 5. 649, 9. 752, 12. 619;

sonum, G. 3. 83, A. 10. 640, 12. 449, 877;

sono, A. 2. 423, Cu. 8.

sophia: sophiae, Ci. 4, 12 (Ellis *om.* edd.); sophiae (dat.), Ci. 40.

Sophocleus: Sophocleo (masc. abl.), E. 8. 10.

sopio: sopitum (masc.), A. 1. 680;

sopitos, A. 5. 743, 8. 410, 10. 642;

sopitas, A. 8. 542.

SOPOR. 12.

sopor, E. 5. 46, G. 4. 190, A. 2. 253, 3. 173, 511, 8. 27; Sopor, A. 6. 278;

soporem, A. 4. 522, 8. 406, Cu. 158;

sopore, Cu. 207†, Ci. 315.

soporifer: soporiferum (neut. acc.), A. 4. 486.

soporo: soporatum (masc.), A. 5. 855; soporatam, A. 6. 420.

soporus: soporae (gen.), A. 6. 390†.

Soracte: Soractis, A. 7. 696, 11. 785.

sorbeo: sorbet, A. 3. 422.

sorbum: sorbis (abl.), G. 3. 380.

sordeo: sordent, E. 2. 44.

sordes: sordibus (abl.), Ci. 249.

SORDIDUS, A. 6. 301;

sordido (neut. abl.), Ca. 13 (5). 25;

sordidas, Ca. 13 (5). 28;

sordida, E. 2. 28.

SOROR. 52.

soror, G. 4. 341, A. 1. 47, 329, 4. 438, 673, 7. 487, 503, 10. 439, 12. 222, 623, 871, D. 53;

sororis, A. 4. 435, 8. 157, Ca. 13 (5). 8;

sorori, A. 4. 31, 456, 478, 6. 250, M. 28;
sororem, A. 4. 8, 179, 476, 634, 677, 12. 138, 682, 918;
soror, G. 4. 354, A. 4. 9, 47, 420, 424, 682, 11. 823, 12. 632, 676;
sorores, A. 7. 327, Ca. 4 (13). 5†;
sororum, E. 6. 65, A. 1. 322, 326, 6. 572, 7. 324 (RM² Gos. *dearum* M¹ F edd.), 454, 10. 190, 11. 215;
sorores, G. 2. 494, 4. 351, 382, Ci. 393;
sorores, Cu. 18.
SORS. 30.
sors, A. 10. 40, 11. 165, L. 77;
sortis, A. 10. 501, Cu. 301†;
sorti, A. 9. 271 (vid. abl.), 10. 450;
sortem, A. 5. 490, 6. 114, 332, 7. 254, 9. 268, 12. 243;
sorte, A. 1. 139, 508, 2. 201, 555, 5. 132, 190, 6. 431, 761, 11. 110, 12. 54, 932; sorti, G. 4. 165, A. 9. 271 (vid. dat.);
sortes, A. 4. 346, 377, 7. 269†;
sortes, A. 6. 72;
sortibus, A. 6. 22.
sortior. 10.
sortitur, A. 3. 376, 5. 756;
sortiti (sunt), A. 8. 445;
sortire, G. 3. 71†;
sortitus, A. 12. 920;
sortita (nom.), A. 9. 174;
sortiti (nom.), A. 2. 18, 3. 510, 634, Ci. 397.
sortitus: sortitus (acc.), A. 3. 323.
sospes: sospes (fem.), Cu. 39; sospite (masc.), A. 8. 470, 11. 56.
spadix: spadices (nom.), G. 3. 82†.

spargo. 53.
spargit, A. 6. 636, 7. 687, 12. 339, 418, M. 47, 96;
spargimus, A. 12. 51;
spargebat, A. 4. 584, 9. 459, 12. 113;
spargam, A. 7. 551;
sparget, Ca. 14 (6). 8†;
sparsit, E. 5. 7, A. 7. 191;
sparsere, G. 4. 522;
sparserat, A. 4. 512;
sparserit, G. 4. 29;
spargam, A. 6. 884;
spargat, E. 3. 87, A. 9. 629;
spargeret, E. 9. 20;
sparge, E. 8. 30, 82, G. 2. 347;
spargite, E. 5. 40, A. 3. 605;
spargere, A. 2. 98, 4. 601, 635, 7. 77, 754;
spargens, A. 6. 230;
spargens (fem.), A. 4. 486, 11. 650, Ci. 376†;
sparsurus, A. 11. 82;
spargitur, A. 8. 695, 11. 191;
sparguntur, A. 11. 191;
sparsa (est), A. 1. 602; sparsa est, Cu. 28;
sparsus, G. 4. 229;
sparsa, A. 5. 416, Ci. 98;
sparso (abl.), A. 12. 308;
sparsa, G. 3. 234, A. 12. 106;
sparso, A. 5. 413;
sparsi, A. 8. 645†;
sparsos, A. 4. 21;
sparsas, A. 3. 126, 4. 665;
sparsis (fem.), E. 2. 41.
Sparta: Spartae (gen.), G. 3. 405; Spartam, A. 2. 577, 10. 92.
Spartanus: Spartanae (gen.), A. 1. 316.
Sparticus: Spartica (fem. nom.), Cu. 400 (edd. *Parthica* Th.).
spartum: sparto (abl.), M. 58†.
SPARSIM, Cu. 346 (Ellis *pars* edd.).

SPARUS, A. 11. 682.

spatior: spatiatur, G. 1. 389, A. 4. 62.

spatiosus: spatiosa (abl.), M. 35†.

SPATIUM. 22.
spatium, E. 3. 105, A. 10. 400;
spatium, A. 4. 433, 6. 634, 10. 772, 12. 696, 907;
spatio, G. 1. 513 (M¹ Con. *spatia* M² R edd.), A. 5. 203, 321, 327, 10. 219, M. 63;
spatia, A. 5. 325;
spatia, G. 1. 513 (vid. *spatio*), 3. 203, A. 5. 316, 12. 129;
spatiis, G. 2. 541, 4. 147, A. 5. 584, 7. 381, 9. 275.

SPECIES. 10.
species, A. 6. 208, Cu. 140, Ci. 497, M. 118;
speciem, A. 2. 407, Ci. 70;
specie, A. 4. 170;
species (nom.), G. 1. 420, 2. 103, 4. 406.

SPECIMEN, A. 12. 164; specimen, G. 2. 241.

spectaculum: spectacula (acc.), G. 4. 3, A. 6. 37.

SPECTATOR, A. 10. 443.

specto. 15.
spectas, E. 3. 48;
spectat, G. 1. 96, A. 10. 760†, 11. 837;
spectant, A. 11. 200;
spectabat, G. 4. 367;
spectabis, G. 1. 158;
spectabit, A. 10. 245†;
spectent, A. 12. 15;
spectare, G. 2. 437, A. 5. 655;
spectans (masc.), A. 8. 68;
spectentur, A. 9. 235;
spectata (fem. nom.), A. 8. 151;
spectata (acc.), G. 1. 197.

specula. 8.

specula, E. 8. 59, A. 3. 239, 10. 454, Ci. 302;
speculis (abl.), A. 4. 586, 7. 511, 11. 526, 877.

SPECULATOR, A. 12. 349.

speculor. 9.
speculatur, A. 11. 853, Ci. 175;
speculamur, G. 1. 257;
speculantur, G. 4. 166, A. 1. 516;
speculatus, A. 5. 515, 10. 290, 769;
speculata (fem. nom.), A. 7. 477.

SPECUS. 7.
specus, G. 4. 418, A. 7. 568, 8. 241, 258, 418, 9. 700;
specubus (abl.), G. 3. 376†.

spelaeum (*speleum*): spelaeum, Ci. 467; spelaea (acc.), E. 10. 52†.

SPELUNCA. 15.
spelunca, A. 3. 424, 6. 237, 8. 193;
speluncae (gen.), A. 8. 234;
speluncam, A. 4. 124, 165, 8. 210, 212, 224, 304;
spelunca, A. 5. 213;
speluncae, G. 2. 469, 3. 145;
speluncis (abl.), G. 4. 364, A. 1. 60.

SPERCHIOS (–EUS –EOS), G. 2. 487†.

SPERNO. 7.
sperno, A. 7. 261;
spernis, E. 3. 74;
sprevisti, A. 4. 678;
spretae (gen.), A. 1. 27;
spretae (nom.), G. 4. 520;
spretis (masc.), Cu. 60 (edd. *pretiis* Leo);
spretos, G. 4. 233.

SPERO. 27.
spero, A. 4. 382;
sperat, A. 10. 291 (PRγ Rb.

spirant M edd.);

sperant, G. 1. 36†;

sperabant, A. 12. 242;

speravi, A. 4. 338, Ci. 431;

sperasti, A. 2. 658, 4. 305, 9. 561;

speravimus, A. 10. 42;

sperem, A. 5. 18;

speret, A. 4. 292;

speremus, E. 8. 26;

speraret, E. 2. 2;

sperate, G. 3. 288, A. 1. 543†, 9. 158;

sperare, G. 4. 325, A. 1. 451, 2. 354, 4. 419, 6. 376, 7. 126, Ci. 322;

sperans, A. 10. 385;

sperans (fem.), A. 6. 526;

speranda fuerunt, A. 11. 275†.

SPES. 59.

spes, E. 1. 32, A. 1. 556, 2. 137, 162, 170, 503, 803, 3. 543, 5. 183, 8. 580, 9. 131, 10. 121, 263, 11. 309, 12. 57, 168, Ci. 276, 295, 311, 321 (Th. Ben. *praes* Ellis Rb.);

spem, E. 1. 15, G. 1. 224, 3. 73, 473, 4. 162, A. 1. 209, 218, 2. 676, 4. 55, 477, 8. 218, 9. 291, 10. 107†, 371, 648, 11. 308, 411;

spes, A. 2. 281†;

spe, E. 6. 18, A. 1. 352, 4. 235, 271, 6. 876, 11. 18, 49, 437, 491, 12. 325, 796, Ci. 341†;

spes, G. 3. 105;

spes, A. 3. 103, 4. 274, 5. 672, 6. 364, 8. 514, 10. 524, 627, 12. 35.

SPHIN, Ca. 2. 4 (Rb. Th. *sil* Ben. *psin* Ellis).

SPICA, Ca. 3*. 11; spicas, D. 73; spicis, Ca. 1*. 2.

spiceus: spicea (fem. nom.), G. 1. 314.

spiculum. 21.

spicula, A. 7. 186, 12. 408;

spicula, E. 10. 60, G. 4. 74, 237, A. 5. 307, 586†, 7. 165, 497, 626, 687, 9. 606, 10. 888, 11. 575, 606, 654, 676, 773, 12. 403, 563, Ci. 299.

SPINA, G. 3. 87, A. 10. 383;

spinis (abl.), E. 5. 39, A. 3. 594†.

spinetum: spineta (nom.), E. 2. 9.

spinus: spinos, G. 4. 145†.

SPIO, G. 4. 338†, A. 5. 826†.

spira: spiram, G. 2. 154;

spiris (abl.), A. 2. 217, 12. 848, Cu. 177 (Th. *saevius* Rb. Ben. *saepius* Ellis Leo).

spirabilis: spirabile (acc.), A. 3. 600†.

spiraculum: spiracula (nom.), A. 7. 568.

spiramentum: spiramenta (acc.), G. 1. 90, 4. 39, A. 9. 580.

SPIRITUS. 11.

spiritus, E. 4. 54, G. 3. 506, 4. 300, A. 4. 336, 5. 648, 6. 726, 12. 365, Cu. 182 (Th. Ben. *spiritibus* edd.), 189, M. 108, D. 22;

spiritibus (abl.), Cu. 182 (vid. *spiritus*).

spiro. 22.

spirant, A. 5. 844, 10. 291 (M edd. *sperat* PRγ Rb.);

spiravit, G. 4. 417;

spiravere, A. 1. 404;

spirent, D. 37;

spirate, A. 3. 529;

spirare, A. 4. 562†;

spirans (masc.), A. 7. 351 (MV Rb. in ed. min. Gos. *inspirans* R edd.), 510;

spirantis (fem.), G. 4. 31;

spirantem (masc.), A. 8. 304;

spirante (masc.), G. 2. 316;
spirantes (masc.), G. 2. 140, 3. 356;
spirantia, G. 3. 34;
spirantibus (masc.), A. 7. 753;
spirantis, A. 7. 281†;
spirantis, A. 9. 645;
spirantia, A. 4. 64, 6. 847, L. 13 (Rb. *stipantia* Ellis);
spirantibus (neut.), G. 1. 327†.
SPISSUS. 7.
spissus, G. 2. 236;
spissa, A. 9. 509;
spissa, A. 5. 336, D. 51;
spisso, G. 2. 241;
spissis (fem. abl.), A. 2. 621, M. 89†.
splendeo: s p l e n d e t, A. 7. 9;
splendentibus (neut. abl.), A. 12. 417†.
splendesco: splendescere, G. 1. 46.
splendidus: s p l e n d i d a (f e m. nom.), A. 1. 637.
spolio. 9.
spoliat, M. 95†;
spoliant, A. 5. 661, 12. 297;
spoliavit, A. 6. 168;
spoliaverat, A. 11. 80;
spolior, A. 7. 599;
spoliata est, A. 5. 224;
spoliata, A. 6. 353;
spoliatum (neut. acc.), A. 12. 935.
spolium. 23.
spolium, A. 12. 94;
spolio, A. 10. 500;
spolia, A. 5. 393, 11. 15;
spoliorum, A. 11. 782;
spolia, A. 1. 486, 4. 93, 9. 457, 10. 504, 862, 11. 193, 791;
spoliis, A. 1. 289, 2. 395, 504, 6. 855, 8. 202, 9. 242, 450, 10. 449, 775, 12. 947, Cu. 83.
sponda: sponda, A. 1. 698.

spondeo: spondet, A. 12. 637†;
spondeat, A. 5. 18;
sponde, A. 9. 296;
subst. sponsae (gen.), A. 2. 345.
sponsa; vid. *spondeo.*
SPONTE. 11.
sponte, E. 4. 45, 8. 106, G. 2. 11, 47, 501, A. 4. 341, 361, 6. 82, 7. 204, 11. 828, Cu. 282.
spretus; vid. *sperno.*
spuma. 9.
spumam, A. 3. 567;
spumas, G. 3. 203, 449, A. 1. 35, 3. 208, 4. 583;
spumis, G. 3. 111, 516, A. 7. 465.
SPUMEUS, A. 2. 419, 496, 11. 626;
spumea (nom.), A. 10. 212;
spumea (nom.), A. 7. 589.
spumo. 31.
spumat, G. 2. 6;
spumant, A. 3. 534, 5. 141, 10. 208;
spumabat, A. 11. 548;
spumabant, A. 8. 672†;
spumaverit (indic.), G. 3. 309;
spumare, A. 8. 689;
spumantis (masc.), A. 1. 324†, 6. 881;
spumantem, A. 4. 158, 665, 6. 87, 9. 103, 11. 770;
spumantem, G. 4. 529, A. 1. 739, 9. 701;
spumanti (masc.), A. 9. 456 (γ edd. *spumantes* MPR Ben.), 12. 651 (-e);
spumante (neut.), A. 2. 209, Ci. 475 (-i);
spumantes (acc.), A. 9. 456 (vid. *spumanti*);
spumantis, A. 10. 300;
spumantia, E. 5. 67, G. 4. 140, A. 3. 66, 4. 135, 5. 124, 817, 12. 372;
spumantibus (fem.), A. 3. 268.

spumosus: spumosa (abl.), A. 6. 174; spumosi, A. 12. 524.
spuo: spuit (praes.), G. 4. 97.
spurcus: spurca (acc.), Ca. 13 (5). 19 (Ben. *pulchra* edd.).
squaleo. 7.
squalent, G. 1. 507;
squalentem (fem.), A. 2. 277, 10. 314, 12. 87;
squalentia, G. 4. 13;
squalentis (fem.), G. 2. 348;
squalentibus (fem.), G. 4. 91.
squalidus: squalida (neut.), Cu. 333; squalida, Ci. 506.
squalor: squalore, A. 6. 299.
squama. 9.
squamam, A. 5. 88;
squama, A. 9. 707;
squamis (abl.), G. 3. 545, 4. 93†,. A. 8. 436, 11. 488, 754, 771, Ci. 484.
SQUAMEUS, G. 2. 154; squamea (acc.), G. 3. 426, A. 2. 218.
SQUAMOSUS, G. 4. 408; squamosi (masc. gen.), Cu. 195; squamosos, Cu. 167†.
stabilis: stabilem (masc.), Ci. 378†;
stabili (neut.), E. 4. 47, A. 1. 73, 4. 126, Ci. 125.
stabulo: stabulant, A. 6. 286;
stabulare, G. 3. 224.
stabulum. 27.
stabuli, G. 4. 433†, A. 7. 512;
stabulo (abl.), G. 3. 184;
stabulis, E. 3. 80, 6. 85, G. 1. 355, 3. 407, 4. 330, A. 7. 501;
stabula, E. 6. 60, G. 3. 228†, 302, A. 6. 179, 9. 388, 10. 723;
stabulis, G. 1. 483, 3. 295†, 352, 414, 557, 4. 14, 191, A. 2. 499, 8. 207, 213, 9. 566, Cu. 45.
stagno: stagnantis (masc.), A. 3. 698; stagnantem (masc.), G. 4. 288.

stagnum. 15.
stagni, G. 4. 493 (R Rb. *stagnis* MFγ edd.), A. 8. 88;
stagna, G. 4. 18;
stagnis, A. 12. 139;
stagna, G. 3. 329, 430, A. 1. 126, 6. 323, 330, 7. 150, 10. 765, 11. 458, 12. 477, D. 78;
stagnis, G. 1. 384, 4. 493 (vid. *stagni*).
STATIO. 8.
statio, G. 4. 8, 421, A. 2. 23, 5. 128, Ci. 472;
statione, A. 9. 183, 222, 10. 297.
STATUO. 17.
statuo, A. 1. 573;
statuunt, A. 1. 724, 7. 147;
statuam, E. 5. 68, A. 9. 627;
statues, G. 3. 73, A. 2. 295;
statuent, A. 6. 380;
statui, A. 4. 655;
statuit, G. 1. 353, A. 8. 271, 12. 506, Ci. 486;
statuere, A. 2. 150, 184, 12. 385;
statuisse, A. 11. 302.
STATUS, A. 7. 38.
STELIO, G. 4. 243†.
STELLA. 13.
stella, G. 1. 222, 336, A. 2. 694;
stellarum, Ci. 534 (edd. *stellatum* Rb.);
stellis, G. 1. 137, 395;
stellas, G. 1. 365, A. 5. 42, 9. 21;
stellis, A. 3. 521, 4. 482, 6. 797, 11. 202.
stellans: stellantis (neut.), A. 7. 210.
STELLATUS, A. 4. 261; stellatum (masc.), Ci. 534 (Rb. *stellarum* edd.).
stellio; vid. *stelio.*
sterilesco: sterilescant, D. 9†.

sterilis. 10.
sterilis (nom.), G. 2. 53;
sterilem (fem.), G. 1. 70, A. 6. 251;
steriles (fem.), E. 5. 37, G. 1. 154, 2. 70, 111, 440;
steriles (masc.), G. 1. 84, A. 3. 141.
sternax: sternacis (masc. gen.), A. 12. 364.
sterno. 64.
sternit, A. 1. 190, 2. 306 *bis*, 603, 9. 571, 698, 702, 754, 10. 352, 697;
sternimus, A. 2. 385;
sternunt, G. 4. 432;
sternebat, Ci. 115;
sternet, A. 6. 858;
stravi, A. 8. 562;
stravit, G. 1. 331, A. 9. 517, 10. 311;
straverunt, A. 5. 763; stravere, A. 8. 719;
straverat, A. 12. 944;
sterneret, A. 8. 89, 11. 796;
sterne, A. 7. 426†, 11. 485;
sternere, G. 3. 298, A. 7. 692, 10. 119, 733, 12. 97, 464, 545, Ca. 9 (11). 46 (edd. *stertere* Ben.);
sternentis (masc. acc.), A. 10. 318;
sternitur, A. 5. 481, 821, 7. 533, 9. 666, 10. 429, 730, 781, 11. 87;
sternimur, A. 3. 509;
sternuntur, A. 2. 364, 10. 429;
sternetur, Ci. 440;
sternamur, A. 11. 373;
stratus, A. 10. 326, Cu. 161;
stratum (nom.), E. 9. 57;
strato (neut. abl.), A. 1. 700;
strati, G. 2. 183;
strata, E. 7. 54;
stratis (fem.), A. 7. 88;

stratis (masc.), A. 3. 247;
stratis (neut.), A. 7. 94, 8. 367;
neut. *subst.* strato (abl.), A. 3. 513;
stratis, A. 4. 82;
strata, A. 1. 422;
stratis, A. 3. 176, 4. 392†, 8. 415;
sternendus erat, A. 8. 566.
STEROPES, A. 8. 425.
sterto: stertere, Ca. 9 (11). 46 (Ben. *sternere* edd.).
STHENELUS, A. 2. 261.
Sthenelus: Sthenelum, A. 12. 341.
Sthenius: Sthenium, A. 10. 388†.
Stilo: Stilo, Ca. 5 (7). 3 (Ben. *Seli* edd.).
STIMICHON, E. 5. 55†.
stimulo: stimulat, A. 4. 576 (M edd. *instimulat* Pγ Con.);
stimulant, A. 4. 302†.
stimulus. 7.
stimulos, G. 3. 210, A. 6. 101, 9. 718;
stimulis, A. 7. 405, 11. 337, 452, 728.
stipes. 6.
stipitis, A. 7. 507;
stipite, A. 3. 43, 4. 444, M. 8;
stipitibus (abl.), A. 7. 524, 11. 894.
stipo. 10.
stipat, A. 3. 465;
stipant, G. 4. 164, 216, A. 1. 433†;
stipante (fem.), A. 1. 497†, 4. 136;
stipantia (acc.), L. 13 (Ellis *spirantia* Rb.);
stipata (fem. nom.), A. 4. 544, 10. 328, 11. 12.
stipula. 7.
stipulam, G. 1. 85;
stipula, E. 3. 27, G. 1. 315, 3. 297†;

stipulae, G. 1. 289;
stipulas, G. 1. 321;
stipulis, G. 3. 99†.
STIRIA, G. 3. 366†.
stirps. 28.
stirpis, G. 4. 282, A. 3. 326, 5. 711, 8. 629, 12. 166;
stirpem, A. 4. 622, 7. 293, 579, 12. 770;
stirpe, G. 1. 171, 2. 312, 379, 4. 322, A. 1. 626, 3. 94, 5. 297, 6. 864, 7. 99, 8. 130, 9. 603, 10. 543, 11. 394, 12. 208, 781;
stirpes (acc.), G. 2. 24;
stirpibus, G. 2. 53, 209, 367†.
STIVA, G. 1. 174 (mss. edd. *stivae* Ld.); stivae (dat.), G. 1. 174 (vid. *stiva*).
sto. 114.
stat, G. 3. 348, 4. 209, 356, A. 1. 646, 2. 333, 750, 4. 135, 539, 5. 437, 6. 22, 554, 8. 192, 10. 467, 771, 11. 817, 12. 565, 678 *bis*, 718, Ci. 105, Ca. 2*. 18†;
statis, A. 12. 425;
stant, E. 7. 53, 10. 16, G. 3. 273, 368, A. 2. 639, 767, 3. 63, 210, 277, 4. 509, 6. 300, 652, 697, 779, 901, 7. 553, 8. 592, 9. 229, 471, 10. 121, 359†, 837, 12. 663, Ca. 13 (5). 25†;
stabat, A. 2. 88, 8. 233, 653, 9. 581, 10. 654, 12. 398, 772;
stabant, A. 6. 313, 7. 275, 8. 641;
stabis, E. 7. 32;
stabit, G. 2. 395, 4. 25, Ca. 14 (6). 10;
stabunt, G. 3. 34, A. 10. 494;
stetit, G. 2. 280, A. 1. 268†, 2. 52, 163, 5. 381, 414, 477, 6. 452, 7. 291, 9. 389, 12. 422, 537, 666, 938;
stetimus, A. 11. 282;

steterunt, A. 2. 774, 3. 48, 10. 334†;
steterat, A. 2. 352, 12. 767, Cu. 281 (Ben. *steterant* Ellis *om.* edd.), Ci. 252 (edd. *fuerat* Ellis);
steterant, A. 3. 110, 9. 121†, 10. 223, Cu. 278, 281 (vid. *steterat*);
steterint, A. 3. 403;
stet, A. 6. 471;
stent, A. 4. 561;
starem, A. 12. 812†;
stares, A. 2. 56 (PRγ Th. *staret* M edd.), 11. 173;
staret, E. 2. 26, A. 2. 56 (vid. *stares*), 113;
steterit, G. 2. 270†;
state, A. 9. 376;
stare, G. 3. 84, A. 7. 374, 8. 399, 10. 455, 12. 408;
stetisse, Ca. 10 (8). 15;
stans, A. 3. 527†, 5. 775, 8. 680†, 10. 261, 12. 564;
stans (fem.), G. 3. 486;
stantem, A. 9. 575;
stantem, A. 2. 460;
stantis (masc.), A. 2. 485;
standi, A. 5. 384.
stola: stola, Ca. 13 (5). 21 (Th. *caltula* Rb. Ellis *crocotula* Ben.).
stomachus: stomacho (abl.), A. 9. 699.
storax: storace, Ci. 168.
strages. 8.
stragis, A. 6. 504, 11. 384;
stragem, G. 3. 247, 556, A. 6. 829, 12. 454;
strages (acc.), A. 9. 526, 784.
stramen: stramine, A. 11. 67.
stratum; vid. *sterno.*
strepito: strepitant, G. 1. 413;
strepitans (masc.), Co. 12 (Leo Ellis *crepitans* edd.).

STREPITUS. 8.
  strepitus, A. 1. 725;
  strepitum, G. 2. 492, A. 1. 422,
  6. 559 (FRγP¹ Ld. Ben. Rb.
  strepitu P² M edd.);
  strepitu, A. 6. 559 (vid. *strepitum*), 8. 305;
  strepitus, A. 6. 865;
  strepitus, G. 3. 79, A. 9. 394.
strepo: strepit, A. 6. 709, 9. 808†;
  strepuerunt, A. 8. 2†;
  streperet, A. 10. 568;
  strepere, E. 9. 36.
strictura: stricturae (nom.), A. 8.
  421.
strido (strideo). 33.
  stridit, G. 4. 262†, A. 4. 689;
  stridunt, A. 2. 418, 8. 420†, 12.
  691;
  stridebat, A. 1. 449;
  stridere (infin.), G. 4. 556;
  stridens, Ci. 222;
  stridens (fem.), A. 1. 102, 4.
  185, 6. 288, 9. 419, 632, 705,
  12. 319, 859, 926;
  stridentem (fem.), A. 9. 586,
  10. 645, 776;
  stridente, A. 5. 502;
  stridenti, E. 3. 27, A. 7. 531;
  stridente, A. 11. 563;
  stridentes (fem.), A. 6. 573;
  stridentia, G. 4. 310;
  stridentis (fem.), A. 7. 561;
  stridentia, G. 3. 536†, 4. 172,
  A. 7. 613, 8. 450;
  stridentibus (fem.), A. 1. 397,
  Ci. 515.
STRIDOR. 11.
  stridor, A. 1. 87, 4. 443, 6.
  558;
  stridorem, A. 11. 863, 12. 869;
  stridore, G. 1. 407, A. 7. 65, Ci.
  539;
  stridoribus (abl.), G. 2. 162, A.
  12. 590, Cu. 179.

stridulus: stridula (fem. nom.),
  A. 12. 267.
strigo: strigare, Ca. 10 (8). 19.
stringo. 25.
  stringunt, E. 9. 61, A. 12. 278;
  strinxit, A. 9. 294, 10. 478, 824
  (M edd. *subit* R *subiit* Rb.
  Con.);
  strinxerat, A. 9. 577†;
  stringat, A. 5. 163;
  stringeret, G. 1. 317, A. 10.
  568†;
  stringe, G. 2. 368;
  stringere, G. 1. 305, A. 1.
  552;
  stringentem (masc.), A. 8. 63;
  stringentia (acc.), A. 10. 331†;
  stricta, A. 2. 334;
  strictum (masc.), A. 10. 577,
  651;
  strictam, A. 6. 291;
  stricto, A. 12. 175;
  stricto, A. 4. 580, 10. 715;
  strictis (masc. abl.), A. 2. 449,
  7. 526, 12. 288, 663.
STROPHADES, A. 3. 210; Stropha-
  dum, A. 3. 209.
strophium: strophio (abl.), Co.
  32†.
struo. 13.
  struis, A. 4. 271, 12. 796;
  struit, A. 4. 235;
  struxi, A. 4. 680;
  struxere, A. 6. 215, 11. 204;
  struat, A. 8. 15;
  struerem, A. 5. 54;
  strueret, A. 2. 60;
  struere, A. 1. 704, 9. 42;
  structa (acc.), A. 3. 84, 5. 811.
Strymon: Strymonis, G. 4. 508.
Strymonius: Strymonii (masc.),
  Cu. 328;
  Strymoniam, A. 11. 580;
  Strymoniae, G. 1. 120, A. 10.
  265.

Strymonius: Strymonio (dat.), A. 10. 414.

studeo: studeas, Ci. 240.

STUDIUM. 25.

studium, G. 1. 21, 2. 195, 3. 179, A. 11. 739;

studium, G. 3. 163†, Ci. 6;

studio, E. 2. 5, G. 1. 387, 3. 318, A. 2. 63, 4. 400, 641, 6. 681, 12. 131, Ci. 208;

studiorum, G. 3. 498;

studia, G. 4. 5, A. 2. 39, Ca. 9 (11). 41;

studiis, G. 4. 564, A. 1. 14, 5. 148, 228, 450, Cu. 98.

STULTUS, E. 1. 20, 2. 39.

stupefacio: stupefactae (sunt), E. 8. 3†;

stupefacta (sunt), A. 5. 643;

stupefactus, G. 4. 365, A. 7. 119.

stupeo. 11.

stupet, G. 2. 508, A. 1. 495, 2. 31, 307, 5. 406, 7. 381, 10. 249, 446, 12. 707;

stupuere, G. 4. 481;

stupeant, E. 6. 37.

STUPOR, G. 3. 523; stupore, Ca. 6 (3). 4.

STUPPA, A. 5. 682; stuppas, M. 11.

stuppeus: stuppea (fem. nom.), A. 8. 694; stuppea (acc.), G. 1. 309, A. 2. 236.

Stygialius: Stygialia (acc.), Ci. 374 (edd. *furialia* Ellis).

Stygius. 21.

Stygii (masc.), A. 9. 104, 10. 113, 12. 816;

Stygio (masc.), A. 4. 638, 699, 6. 252;

Stygiam, A. 6. 323, 369;

Stygia, G. 4. 506, A. 5. 855, 6. 385, 391, 12. 91;

Stygii, A. 8. 296†;

Stygios, A. 6. 134;

Stygias, A. 6. 374, 7. 773, Cu. 240;

Stygiis (fem.), G. 3. 551, A. 3. 215, 7. 476.

STYX, G. 1. 243, 4. 480, A. 6. 439; Stygis, A. 6. 154†.

suadeo. 14.

suadet, A. 1. 357, 9. 340, 10. 724, 11. 254;

suadent, A. 2. 9, 4. 81;

suadebo, G. 4. 264;

suadebit, E. 1. 55;

suasi, A. 12. 814;

suasit, A. 3. 161, 10. 10, 367;

suaserunt, A. 3. 363;

suaderet, Ci. 368 (Ellis *suaderent* edd.);

suaderent, Ci. 368 (vid. *suaderet*).

SUAVIS. 10.

suavis, D. 22;

suavis (acc.), E. 2. 55;

suaves, Ci. 3;

suavibus (fem.), E. 2. 49, G. 4. 200;

adv. suave, E. 3. 63, 4. 43, Ci. 96, Co. 19, Ca. 3*. 13.

SUB. 234.

1. c. acc.: E. 5. 5, G. 1. 67, 211, 340, 445, 478, 2. 321, 409, 3. 123, 351, 402, 4. 52, 362, A. 1. 662, 2. 158, 442, 460, 3. 243, 422, 576, 4. 231, 243, 387, 494, 504, 618, 654, 660, 5. 327, 394, 853, 6. 191, 211, 255, 541, 578, 790, 7. 43, 527, 660, 768, 8. 24, 148, 165, 538, 563, 9. 483, 496, 502, 699, 10. 347, 11. 181, 397, 803, 831, 12. 14, 579, 952, M. 100, 123;

2. c. abl.: E. 1. 1, 56, 2. 13, 5. 57, 6. 54, 7. 1, 10, 54, 9. 44, 10. 14, 40, 68, G. 1. 182, 243, 2. 19, 72, 203†, 304, 356, 470,

512, 3. 55†, 85, 116, 172, 347,
376, 416, 435, 512, 515, 547, 4.
43, 116, 125, 152, 154, 193,
204†, 333, 366†, 395, 490, 508,
509, 511, 529, 566, A. 1. 36, 95,
100, 163, 166, 273, 310, 331,
431, 453, 2. 83, 188, 227 *bis*,
472, 512, 3. 5, 157, 229, 322,
390, 431, 443, 627, 636, 4. 67,
332, 491, 527, 560, 582, 689, 5.
239, 261, 285, 323, 436, 440,
516, 585, 624, 658, 681, 820,
837, 6. 101, 234, 256†, 268, 270,
284, 293, 342, 413, 459, 548,
599, 729, 741, 7. 9, 16, 82, 87,
100, 108, 179, 254, 279, 378,
457, 533, 563, 8. 28, 43, 217,
254, 292, 295, 324, 343†, 456,
515, 561, 616, 9. 15, 61, 195,
244, 247, 330, 643, 718, 10.
167, 202, 212, 235, 264, 438,
464, 469, 497, 626, 11. 23,
256†, 485, 499, 637, 849, 12.
116, 180, 410, 546, 811, 831,
950†, Cú. 64, 165 (Ellis *subsideret* edd.), 371 (Ellis *vae rapidis* Ben. *rapinis* Rb. *vepretis*
Th. *rapidis* Leo), 377†, 390,
Ci. 523, Co. 2, 9, 31, Ca. 3*.
14, 9 (11). 17.

subdo: subdit, A. 7. 347;
subdiderat, A. 12. 675;
subdita (est), G. 3. 271; est
subdita, Cu. 91.

subduco. 10.
subduxerat, A. 6. 524;
subducite, A. 1. 573;
subducere, E. 9. 7, A. 1. 551
10. 50, 81, 615;
subducitur, E. 3. 6;
subductae (sunt), A. 3. 135;
subducta (fem. abl.), A. 3.
565.

subeo. 116.
subit, G. 1. 152, A. 1. 171, 400,

2. 240, 575, 725, 5. 176, 203,
281, 339, 9. 344, 10. 338, 353,
371, 522, 588, 877, 11. 672,
763, 12. 471;
subimus, A. 3. 83, 292;
subeunt, G. 3. 67, A. 2. 467,
6. 13, 8. 125, 12. 408;
subibat, A. 3. 512, 5. 864, 7.
668†;
subibant, A. 7. 161, 8. 359, 9.
371;
subibo, A. 2. 708;
subibit, G. 2. 349, A. 6. 812;
subiit, A. 2. 560, 562, 5. 346,
8. 363†, 10. 798†, 824 (Rb. Con.
subit R *strinxit* M edd.);
subiere, A. 3. 113, 6. 222;
subeat, A. 12. 733†;
subeamus, E. 10. 66;
subeant, G. 1. 180;
subirent, A. 7. 22, 12. 899;
subisset, A. 9. 757;
subire, A. 6. 140;
subiisse, A. 4. 599;
subeuntem (masc.), A. 2. 216,
9. 570†;
subitus, A. 7. 446, 9. 475, 12.
576;
subita, G. 4. 488†, A. 7. 95†;
subitum (nom.), A. 2. 680†, 5.
522†, 7. 67, 8. 81;
subitam, A. 7. 479, 9. 33, 12.
862†;
subitum, G. 4. 554, A. 12. 566;
subito, A. 2. 692, 4. 697, 6. 710,
8. 109, 11. 699;
subita, A. 3. 259, 6. 290, 11.
538†, 796, 12. 325, 556, Ci.
214;
subitae, G. 3. 360, A. 3. 225;
subitis (fem. abl.), A. 4. 571;
adv. subito, G. 2. 268, 4. 281,
407, 499, A. 1. 88, 509, 535, 2.
731, 3. 137, 590, 5. 170, 213,
723, 790, 6. 47, 548, 7. 144,

submoveo (summoveo): summo-
vet, A. 7. 226;
summota (fem. nom.), A. 8.
193;
summotos, A. 6. 316;
summotis (fem.), E. 6. 38.
subnecto. 6.
subnectit, A. 4. 139, 5. 313, 10.
138 (M edd. *subnectens* PR
Rb. Gos.);
subnecte, G. 3. 167;
subnectens, A. 10. 138 (vid.
subnectit);
subnectens (fem.), A. 1. 492;
subnexus, A. 4. 217 (edd. *subnixus* mss. Gos. Ben.).
SUBNIXUS (SUBNISUS). 6.
subnixus, A. 4. 217 (mss. Ben.
Gos. *subnexus* edd.);
subnixa, A. 1. 506, 3. 402, Ci.
348 (edd. *subnisa* Ellis);
subnixum (masc.), Ca. 3 (12).
1;
subnisae (voc.), Ci. 195 (Rb.
Ellis *subnixae* Th. Ben.).
SUBOLES. 6.
suboles, G. 3. 308, 4. 100, A. 4.
328, Ci. 398;
subolem, G. 3. 71;
suboles (voc. sing.), E. 4. 49.
subremigo: subremigat, A. 10.
227.
subrideo: subridens (masc.), A.
1. 254, 9. 740, 10. 742, 12.
829.
subrigo: subrigit, A. 4. 183.
subsidium: subsidio (dat.), A.
10. 214, 12. 733.
subsido. 7.
subsidit, M. 42†;
subsidunt, A. 5. 820;
subsident, A. 12. 836;
subsedit, A. 5. 498, 11. 268†;
subsideret, Cu. 165 (edd. *sub
sideris* Ellis);

subsidens (masc.), A. 12. 492.
subsisto. 10.
subsistit, A. 12. 622;
substitit, A. 2. 243, 739, 8. 87,
10. 711, 11. 95, 12. 491;
substiterat, A. 11. 609†;
subsiste, A. 11. 506;
subsistere, A. 9. 806.
subsum: subest, G. 2. 49, 3. 388;
suberat, Cu. 148†;
suberunt, E. 4. 31.
subtegmen (subtemen): subteg-
mine, A. 3. 483 (GM¹ Rb.
Con. *subtemine* M² P edd.).
subtemen; vid. *subtegmen.*
subtendo: subtendit, Ci. 7 (Rb.
Ben. *suspexit* Th. *suspendit*
Ellis).
SUBTER (*adv.*), G. 3.298, A. 4. 182.
SUBTER (SUPTER *praepos.*). 9.
1. c. acc.: G. 2. 157 (Rb.
subterlabentia edd.), A. 3. 695,
8. 366, 418, 12. 532, Cu. 106;
2. c. abl.: A. 9. 514, Cu. 75,
155 (edd. *super* Ben. Ellis).
subterlabor: supterlabere (fut.),
E. 10. 4; supterlabentia (acc.),
G. 2. 157 (edd. *supter labentia*
Rb.).
subtexo: subtexere, A. 3. 582.
subtraho: subtrahe, A. 6. 465,
698; subtrahitur, A. 5. 199.
subulcus: subulci (nom.), E. 10.
19.
suburgeo: suburget, A. 5. 202†.
subvecto: subvectat, A. 6. 303†;
subvectant, A. 11. 474; sub-
vectare, A. 11. 131†.
subveho: subvehitur, A. 11. 478;
subvectus, A. 8. 58; subvecta
(fem. nom.), A. 5. 721.
subvenio: subvenit (praes.), A.
12. 406.
subvolvo: subvolvere (infin.), A.
1. 424.

succaedo; vid. *succido.*
SUCCEDO. 32.
  succedo, A. 2. 723;
  succedit, A. 7. 36, 10. 690, M. 28;
  succedimus, E. 5. 6, A. 3. 276;
  succedunt, A. 2. 478, 8. 607, 9. 222, 663, 11. 481;
  succedet, A. 12. 235;
  successit, A. 4. 10, 5. 93, 7. 501, 8. 327;
  successimus, E. 5. 19;
  succedam, A. 8. 507;
  succedat, A. 11. 826;
  succede, A. 8. 123;
  succedite, A. 1. 627;
  succedere, G. 3. 138, 418†, 464, 4. 227†, A. 3. 541, 7. 214, 10. 439, 847, 11. 103, 146, 794.
succendo: succensus, A. 7. 496.
SUCCESSUS, A. 5. 231;
  successum, A. 12. 914;
  successu, A. 2. 386, 5. 210, 12. 616.
succido: succidimus (praes.), A. 12. 911.
succido: succidet, D. 31 (Rb. *succaedet* Ellis);
  succiditur, G. 1. 297;
  succisus, A. 9. 435;
  succiso (masc. abl.), A. 9. 762, 10. 700.
succingo. 10.
  fuerat succincta, Ci. 252 (Ellis *steterat* edd.);
  succinctus, A. 7. 188, 12. 401;
  succincta, A. 6. 555, 10. 634, Cu. 331, Ci. 252;
  succinctam, E. 6. 75, A. 1. 323, Ci. 59.
succipio; vid. *suscipio.*
succumbo: succumbere, A. 4. 19†.
succus; vid. *sucus.*
succurro. 12.
  succurrit, A. 2. 317;

succurritis, A. 2. 352;
  succurre, A. 9. 290, 404;
  succurrite, A. 11. 335;
  succurrere, G. 1. 500, A. 1. 630, 2. 451, 10. 512†, 12. 813, Ci. 383, 508.
Sucro: Sucronem, A. 12. 505.
SUCUS. 6.
  sucus, E. 3. 6, G. 1. 90;
  suco (abl.), M. 102;
  sucos, G. 2. 59, 126, A. 12. 419.
sudis. 6.
  sudes (acc.), G. 2. 25†, 359†, A. 11. 473, Cu. 311 (-is Ellis *vagis* Leo *iugis* edd.);
  sudibus, A. 7. 524, 11. 894.
sudo. 9.
  sudat, Co. 25†;
  sudant, G. 1. 117, 480;
  sudabit, G. 3. 203;
  sudabunt, E. 4. 30, Ci. 438;
  sudarit, A. 2. 582;
  sudent, E. 8. 54;
  sudantia (acc.), G. 2. 118.
SUDOR. 10.
  sudor, G. 3. 444, 501, 564, A. 2. 174, 3. 175, 5. 200, 7. 459, 9. 812;
  sudore, A. 9. 458, 12. 338.
sudus (suidus): sudum (acc.), G. 4. 77; *neut. subst.* suidum (acc.), A. 8. 529 (R Rb. *sudum* MPγ edd.).
suesco: suetus (sum), A. 5. 414; suetus (est), A. 5. 402; sueti (sunt), A. 3. 541.
suffero: sufferre, A. 2. 492.
sufficio. 14.
  sufficit, G. 2. 424, A. 2. 618, 9. 810;
  sufficimus, A. 5. 22;
  sufficiunt, G. 2. 436, 4. 202, A. 9. 515, 12. 912;
  sufficiet, G. 2. 191;
  suffecit, A. 12. 739;

suffice, G. 3. 65;
sufficere, G. 3. 301, A. 9. 803;
suffecti (nom.), A. 2. 210.
suffio: suffire, G. 4. 241†.
suffodio: suffosso (masc. abl.), A.
11. 671 (M¹ Ld. Con. Ben.
suffuso RM² edd.).
suffundo: suffundit, Ci. 226 (Rb.
Ellis *suffudit* Th. Ben.);
suffudit, Ci. 226 (vid. *suffun-*
dit);
suffuderit (indic.), G. 1. 430;
suffusa, A. 1. 228;
suffuso (masc. abl.), A. 11. 671
(RM² Rb. Th. Gos. *suffosso* M¹
edd.).
suggero: suggere, A. 10. 333;
suggeritur, A. 7. 463.
SUI. 399.
sui, E. 8. 92, A. 3. 629, 5. 538
(vid. *suus*), 572 (vid. *suus*), 11.
502;
sibi, E. 3. 4, 5. 41, 6. 12, G. 1.
31, 360, 2. 22, 535, 4. 224†, 509
(R Rb. *flevisse* M edd.), A. 1.
604, 2. 130, 571, 4. 28, 467, 5.
60, 342, 6. 37, 142, 589, 783,
10. 151, 296, 462, 549, 11. 129,
219, 309, 657, 12. 350, Cu. 21
(Ben. *om.* edd.), 74, 96 (edd.
pastori Ellis), 245 (Rb. *sinite*
Leo *situlae* Th. *frustratibus*
Ellis *simul* Ben.), 394, Ci. 5,
173 (Th. *se* edd.), 255, M. 17,
54, 60, Ca. 10 (8). 21†;
se, E. 3. 19, 65, 4. 59, 6. 20, 73,
8. 97, 10. 74, G. 1. 44, 102, 187,
239, 408, 438, 2. 19, 57, 154,
219, 253, 254, 363, 402, 3. 484,
4. 142, 245, 368, 404, 411, 422†,
504†, 528, A. 1. 131, 140,
439, 488, 503, 587, 626, 674,
697, 739, 2. 26, 59, 370, 388,
395, 455, 589, 621, 696, 699,
723, 3. 151, 181, 205, 552, 656,

4. 49, 142, 192, 253, 389, 487,
556, 570, 618, 5. 243, 279, 280,
289, 369, 372, 383, 622, 657,
808, 861, 6. 15, 187, 262, 540,
727, 877, 879, 900, 7. 204, 420,
448, 466, 470, 476, 492, 536†,
579, 600, 619, 8. 12, 32, 66,
142, 170, 199, 256, 465†, 541,
611, 9. 14, 32, 321, 346, 421,
425, 549, 645, 696, 10. 66, 204,
412, 575, 588, 633, 664, 684,
734, 768, 802, 857, 892, 11.
114, 115, 406, 455, 471, 548,
661, 669, 702, 742, 762, 779,
814, 815, 829, 852, 12. 3, 108,
234, 491, 581, 600, 612†, 703,
860, 865, 886, 903, 917†, Ci.
80†, 112†, 173 (vid. *sibi*), 216,
250, 381, 499†, 540, M. 13 (Th.
Ben. *tenebrae* Rb. *sed vix* Ellis), Ca. 10 (8). 24; sese, E. 3.
66, G. 1. 336, 2. 145, 3. 78, 232,
4. 420, 441, 444, A. 1. 161, 314, 2.
408, 525, 574, 3. 215, 345, 598,
4. 11, 176, 291, 690, 5. 335,
546, 550, 618, 6. 169, 240, 337,
472, 777, 7. 193, 286, 328, 416,
529, 588, 8. 225, 547, 9. 53,
400, 444, 552, 597, 815, 10. 552,
656, 681, 796, 11. 36, 462, 565,
810, 12. 53, 227, 323, 372, 441,
658, Cu. 174 (edd. *late* Th.
Ben.), Ci. 514;
se, G. 2. 218, A. 5. 501, 11. 544,
12. 552, Cu. 318 (Leo *nise* Rb.
nisis Ellis *om.* Th. Ben.); secum, G. 1. 389, 3. 343, 4. 465,
A. 1. 37, 50, 221, 2. 652, 4. 29,
74, 475, 533, 598, 636, 662, 5.
549, 599, 6. 158, 8. 687, 9. 727,
10. 159, 285, 886, 11. 550, 12.
689, 843, Ci. 393, 469 (Ellis
eheu edd.), L. 45;
sui, A. 6. 664;
sibi, E. 8. 108, A. 6. 434, 7.

238, 9. 154, 600, 12. 241, Cu.
388, Ca. 9 (11). 30, 58;

se (acc.), E. 9. 7, G. 1. 287,
301, 413, 510†, 2. 47, 74, 287
(MVγ edd. *om.* PR Rb.), 332,
480, 481, 526, 3. 218, 4. 73,
180, 189, 432†, 473, A. 1. 210,
455 (mss. Gos. *intra se* edd.
intrans Rb.), 671, 745, 2. 24,
260, 339, 446, 454, 3. 645, 4.
193, 443, 455, 470, 627, 5. 433,
766, 6. 202, 828, 8. 13, 306,
353†, 359, 639, 9. 39, 56†, 122†,
134, 149, 457, 539, 714, 10.
259, 289, 358, 437, 11. 121,
344, 445, 632, 861, 907, 12.
114, 122, 190, 212, 457, 709,
Cu. 358 (Leo *sidunt* edd. *resident* Ellis), Ci. 140 (Rb. *di*
Ben. *ipsae* Th. *sed* Ellis); sese,
E. 6. 57, G. 1. 445, 489, 512,
4. 66, 174, 196†, A. 6. 160, 7.
472, 700, 8. 452, 9. 379, 10.
146, 12. 390, 720, Ci. 536†;

secum, A. 1. 59, 2. 179.

suidus; vid. *sudus.*

sulco: sulcat, A. 10. 197; sul-
cant, A. 5. 158.

SULCUS. 20.

sulcus, A. 2. 697, Cu. 136;

sulco, G. 2. 289;

sulcum, G. 2. 62, A. 10. 296;

sulco, G. 1. 46, 68, A. 1. 425,
6. 844;

sulci, G. 1. 216;

sulcis, E. 5. 36, G. 1. 223;

sulcos, E. 4. 33†, G. 1. 113, 2.
518, 3. 136, A. 5. 142;

sulci, D. 15†;

sulcis, G. 1. 134, 2. 24.

sulfur, sulfureus; vid. *sulp-.*

Sulmo: Sulmonis, A. 9. 412; Sul-
mone, A. 10. 517.

sulpur (sulphur sulfur): sulpure,

A. 2. 698; sulpura (acc.), G. 3.
449, Ci. 369 (sulphura).

sulpureus (sulfureus): sulpurea
(abl.), A. 7. 517†.

SUM. 776.

sum, E. 2. 25, G. 3. 289, A. 1.
378, 3. 613, 4. 595, 8. 62, Ci.
409, 411, 414;

es, E. 2. 56†, 7. 34, A. 1. 387,
2. 148, 4. 577, 6. 388, 845, 8.
122, 10. 739, 12. 830;

est, E. 2. 36, 70†, 3. 33 *bis*, 48,
54, 76, 84†, 100, 101 (R Ld.
Ben. *om.* mss. edd.), 102, 5. 4,
32, 6. 11†, 24, 7. 34, 43†, 70,
8. 33, 107, 9. 23, 38, 39, 59, 10.
52, G. 1. 25, 83, 2. 9, 104, 117,
182†, 222, 254, 255, 257†, 272†,
397, 398, 420†, 3. 72, 112†, 146,
148†, 182, 211, 266, 319, 391,
425†, 452†, 546, 4. 42, 212, 236,
254, 271, 323†, 387, 402†, 418†,
447, A. 1. 77, 159, 336†, 341,
530, 573, 601, 601†, 604, 2. 21,
49, 103, 142, 536, 584, 701†,
703†, 713, 3. 163, 312, 341†,
433, 478†, 551, 578, 604, 653,
686†, 694, 4. 237, 347, 350,
379, 481, 613†, 639†, 5. 83, 100,
124, 235, 638, 647, 711, 716,
786, 800, 6. 14, 63, 129, 133
(M¹ Rγ Con. *om.* PM² edd.),
173, 194, 264, 271, 325†, 346,
367, 390†, 459, 466, 487, 514†,
540, 611, 730, 737, 791, 7. 4,
122, 205, 263†, 268, 311†, 439,
552†, 563, 731, 784, 8. 71†, 86,
138, 352, 400, 597, 600, 9. 29†,
140, 149, 153, 187†, 195, 205
bis, 247, 260, 285, 287†, 321,
493, 508, 796, 10. 44, 51 *bis*,
74, 84, 86, 107†, 240†, 450†,
456, 468, 493, 526, 641, 714,
715, 828, 857 (Ld. *tardat* P¹
Th. Con. Ben. *tardet* M²P² Rb.

Gos.), 861, 903, 11. 16, 23†, 148, 178†, 316, 325, 369†, 432, 443, 444, 502, 509, 522, 683†, 12. 11, 20, 23†, 407, 432, 646, 678†, 694 *bis*, 735, 835, 889†, 937, Cu. 37 (Ben. *certet* Rb. Leo *crescet* Th. *restet* Ellis), 68, 295 (Leo Ellis *tuom* Rb. Th. *at nos* Ben.), 318 (edd. *om.* Leo Ben.), 361, 400, Ci. 21, 68, 119, 137, 157, 242, 261, 324, 329†, 339, 380, 385, 386, 486, 490, M. 104, Co. 9 (Th. Ben. *en* edd.), 11†, 12†, 20, 20†, 20, 23, 24†, 26, Ca. 1*. 2, 1. 4†, 2. 3 (Ellis *om.* edd.), 3*. 17, 20, 4 (13). 11, 9 (11). 55, 56, 64, 11 (14). 3, D. 66, L. 21, 24, 26, 27, 34†, 35, 41 *bis*, 46†, 78†;

sumus, A. 1. 198, 10. 230, 12. 231;

estis, A. 9. 376, L. 45 (Ellis *scitis* Rb.);

sunt, E. 1. 80, 3. 63, 9. 4, 33, 10. 39, G. 2. 22, 91 *bis*, 97, 3. 529, 4. 92, 165, A. 1. 71, 461, 462, 549, 3. 461, 469, 4. 181, 5. 353, 6. 776, 893, 7. 310, 607, 730, 8. 150, 151, 9. 136, 10. 86, 183, 516, 527, 11. 15, 311, 422, 12. 22 *bis*, 24, 182, 231, 627, Cu. 76, 225, 349, Ci. 90 (edd. *Mnemosyne* Ben.), 101, Co. 7, 13, 15 (Ben. *et quae* edd.), 17, 18, 21, 34†, Ca. 14*. 3†, D. 65;

eram, E. 8. 38, A. 8. 561, 11. 154;

eras, Ca. 8 (10). 1;

erat, E. 1. 32, 5. 89, 7. 16, G. 1. 127, 2. 133, 338, 3. 482, 511, 559, A. 1. 33, 223, 268, 343, 362, 503, 544, 2. 268, 274, 453, 664, 3. 147, 173, 4. 262, 522, 5. 289, 6. 208, 596, 7. 59, 128,

174, 246, 483, 601, 8. 26, 198, 316, 427, 676, 9. 176, 182, 530, 593, 10. 859, 11. 774 (M edd. *sonat* γ Gos. Ben.), 12. 28, 135, 226, 259, Cu. 186, 198, 288, 317, 344, Ci. 86 (Th. Ben. *atque* Rb. Ellis), M. 31†, 66†, 69, 80;

erant, G. 1. 419, 4. 128, A. 3. 585, 10. 327, 12. 546, Ca. 9 (11). 18;

eris, E. 3. 104, 5. 49, G. 1. 36†, A. 2. 149, 6. 883, 10. 864, Ca. 8 (10). 5, 11 (14). 7, D. 96, 102;

erit, E. 1. 7, 2. 53, 3. 52, 97, 4. 34, 54, 5. 70, 6. 26, 8. 7, 9, 10. 28, 70, G. 1. 68, 431, 459, 2. 234, 3. 16, 306, 4. 91, 413, A. 2. 710, 3. 393, 602, 4. 98†, 115, 127, 5. 308, 710, 814, 7. 266, 8. 46†, 272, 9. 51, 297, 10. 503, 11. 391, 428, 429, 518, 847, 12. 52, 793, 835, 883, Cu. 12, Ci. 192, 445;

erimus, A. 7. 231;

erunt, E. 4. 35, 5. 74, G. 3. 69, A. 6. 776, 852;

fui, A. 2. 6, 6. 458;

fuisti, L. 37 (Rb. *fuisset* Ellis);

fuit, E. 1. 26, 2. 14, 3. 23, 26, 40, 5. 54, 9. 11, G. 1. 491, A. 1. 12, 17, 441, 534, 545, 2. 325, 427, 513, 541, 3. 11, 16, 22, 4. 170, 317, 457, 675, 6. 237, 654, 7. 51, 171, 413, 482, 537, 650, 8. 193, 9. 86, 180, 381, 648, 10. 43, 60, 90, 400, 564, 879, 11. 32, 313, 849, 12. 933, Cu. 212, Ca. 9 (11). 12, 11 (14). 8, 14*. 2†, L. 21, 25, 48 (Rb. *foret* Ellis), 77;

fuimus, A. 2. 325;

fuistis, Ca. 5 (7). 13;

fuerunt, A. 8. 324 (Pγ Gos. *fuere* MR edd.); fuere, A. 8.

324 (vid. *fuerunt*), Ci. 310, Ca.
10 (8). 23;

fuerat, A. 4. 603, 5. 397, 6. 166,
7. 532, 8. 358, 10. 613, 11. 115,
303, 12. 519, Ci. 130 (mss. Th.
Ellis *ruerat* Rb. Ben.), 509,
Ca. 8 (10). 6, L. 69;

fuerit, E. 7. 31, G. 1. 67, A. 2.
77, 3. 499 (G² edd. *fuerint* MP
γ Th. Rb.), Ca. 4 (13). 3, 14
(6). 1;

fuerint, A. 3. 499 (vid. *fuerit*),
Cu. 62 (Rb. Leo *fulgent* Th.
Ben. *fervent* Ellis);

sim, E. 2. 19, A. 9. 216, Ca. 13
(5). 6 (Ellis *adsultem* Rb. *adsignem* Th. *dixim* Ben.);

sis, E. 5. 65, A. 1. 330, 12. 439,
Cu. 378;

sit, E. 1. 18, 3. 67, 4. 27, 5. 53,
6. 73, 8. 43, 55, 89, 106, 10.
46†, 60†, G. 1. 4, 52, 415, 2.
178, 227, 248, 252, 273, 3. 136,
193, 290, 387, 4. 9, 537, A. 1.
454, 2. 75, 350, 564, 711, 3. 59,
608, 4. 290, 5. 28, 6. 266 *bis*,
9. 213†, 653, 723, 10. 19, 152,
481, 11. 295, 314, 409, 761, 12.
826†, 827, Cu. 21 (edd. *om.*
Th. Ben.), 194†, 230 *bis*†, Ci.
13, 361 (Th. *qui nolit* Rb. Ben.
non dat Ellis), 455, M. 55, Ca.
2. 4 (edd. *elisit* Ben.), 3*. 4†, 4
(13). 12, L. 42; fuat, A. 2. 75
(Rb. *ferat* mss. edd.), 10. 108†;

sint, E. 4. 3, G. 1. 160, 2. 43,
103, 288, 4. 393, A. 2. 123, 3.
100, 262, 487, 6. 625, 711, 11.
294, 12. 826†, Cu. 3†, Ci. 306†;

esses, E. 2. 16, Ci. 304;

esset, E. 10. 37, G. 1. 195, A. 2.
248, 7. 653, 654, 777, 9. 228,
11. 174, Ci. 367 (Ellis *essent*
edd.), 488, 528†, L. 52, 57;

foret, A. 3. 417, 5. 398, 10. 328,

614, 11. 586, Ca. 10 (8). 5, L.
48 (vid. *fuit*), 57, 62;

essent, A. 6. 394, Ci. 367 (vid.
esset); forent, A. 2. 439, 8.
209;

fuerit, G. 3. 404†, A. 7. 38;

fuerint, G. 4. 393, A. 2. 506, 3.
453, 5. 475;

fuissem, E. 10. 35;

fuisset, E. 1. 16, A. 2. 54, 3.
652, 4. 18†, 603, 8. 206, 396,
397, 9. 41, 140, 759, Ci. 129,
L. 37 (vid. *fuisti*);

fuissent, E. 6. 45†, A. 2. 292,
433, 5. 621, 6. 871;

este, A. 6. 194, 258, 12. 647;

esto, E. 7. 36, A. 12. 176;

esto, A. 4. 35, 237, 7. 313, 10.
67, 280, 12. 565, 821;

sunto, A. 4. 624, 6. 153;

esse, E. 10. 75, G. 1. 122, 4.
220, 226, A. 1. 17, 733, 4. 12,
111, 5. 96, 552, 572, 757, 6.
870, 9. 102, 155, 173, 10. 221,
235, 512, 613, 759, 11. 48, 313,
364, Cu. 79, Ci. 58†, 91, 235,
331, Ca. 4 (13). 4, 9 (11). 24†,
10 (8). 13, D. 94 (Ellis *ensis*
Rb.);

futuram (esse), A. 7. 257;

futurum (esse), A. 2. 191, 6.
690, Ci. 124;

futuros (esse), A. 8. 340, Ci.
338;

fore, A. 1. 235, 444, 4. 229, 6.
345, 526, 7. 79, 9. 232, 10. 457;

fuisse, Ci. 87, Ca. 4 (13). 8, 10
(8). 2, 13;

futurum, A. 5. 522;

futurae, A. 8. 628, 10. 501;

futuro, E. 7. 28;

futurae, A. 1. 712;

futuram, Cu. 114 (Ellis *datura*
edd.);

futurum, A. 4. 622;

futura, A. 4. 644, 8. 709;
futuri, A. 9. 315;
futuris (fem.), A. 1. 210, 429;
futuris, A. 1. 504;
futuros, A. 3. 394, 4. 297;
futuras, A. 12. 504;
futuris (neut.), A. 2. 246, Ca.
9 (11). 15†;
neut. subst. futuri, A. 4. 508, 8.
580;
futuro (dat.), G. 4. 239;
futura (acc.), A. 6. 12.
SUMMA, A. 4. 237, 12. 572; sum-
mam, A. 10. 70.
summus; vid. *superus.*
sumo. 17.
sumit, A. 11. 720, 12. 949;
sumunt, G. 2. 387;
sumpsi, A. 12. 31;
sumat, A. 4. 284;
sume, E. 5. 88, A. 5. 533;
sumite, A. 2. 103, Ca. 3*. 21;
sumere, E. 6. 36, A. 2. 576, 6.
501, 7. 390;
sumpsisse, A. 2. 585;
sumptis (fem. abl.), G. 2. 125;
sumptis, A. 2. 518, 676.
sumptus: sumptus (gen.), M. 66.
SUNIUS, Ci. 472 (edd. *sinius* Ellis).
suo: suta (fuerint subi.), G. 4.
33; *subst.* suta (acc.), A. 10.
313.
SUPELLEX, G. 1. 165.
SUPER (*adv.*). 55.
super, E. 3. 38 (Rb. *superaddi-
ta* edd.), 5. 42 (Rb. *superaddite*
edd.), G. 2. 351, A. 1. 29, 2. 71,
348, 642, 722, 3. 489, 4. 273†,
497 (Rb. Con. *superimponas*
Ld. Th. Ben. *superimponant*
Gos.), 507, 606, 684, 5. 330,
482, 697, 858 (Rb. Gos. Ben.
superincumbens edd.), 6. 217,
221, 241 (R P¹ M¹ Rb. *supera*

P² M² Fγ edd.), 254 (mss. edd.
superne Th. *superinfundens*
Ld.), 750 (M¹ Rb. *supera* M²F
R edd.), 787 (PRM¹ Rb. *supera* M² edd.), 856 (Rb. *supereminet* edd.), 7. 358 (vid. *praepos.* c. abl.), 462, 562 (MR Rb.
supera γ edd.), 8. 245, 251, 9.
168, 709, 10. 158, 251 (PV
Rb. *supera* MRγ edd.), 384,
488, 556, 883, 893, 897, 11.
226, 670, 685, 880, 12. 301,
533†, Cu. 248 (edd. *supero* Th.
Ben.), 319 (edd. *asper* Th.
Ben.), 411, Ci. 51 (edd. *supervolitaverit* Th.), 192, M. 44, 51,
99, 114.
SUPER (*praepos.*). 53.
1. c. acc.: E. 6. 81 (Rb. Ben.
supervolitaverit edd.), G. 2.
373, 3. 260, A. 1. 295, 379, 680,
681, 2. 466, 695, 5. 855, 6. 239,
504, 515, 794, 7. 557, 751, 803,
8. 297, 303, 9. 283, 444, 10.
490, 736, 841, 11. 150, 317,
526, 562, Cu. 341, 354†, Ci. 347;
2. c. abl.: E. 1. 80, G. 3.
263†, 4. 559, 560, A. 1. 700,
750 *bis*, 4. 233, 6. 17, 203, 602,
7. 344, 358 (vid. adv.), 9. 61,
274 (Ld. *insuper* mss. edd.),
10. 42, 727, 839, Cu. 69, 155
(Ben. Ellis *subter* edd.), 346†,
Ca. 9 (11). 46.
superaddo: superaddite, E. 5. 42
(edd. *super addite* Rb.); super-
addita (fem. nom.), E. 3. 38
(edd. *super addita* Rb.).
superans; vid. *supero.*
SUPERBIA, A. 1. 529.
SUPERBUS. 49.
superbus, A. 5. 473, 8. 202, 12.
326, Ca. 9 (11). 6, 12 (4). 8;
superbum, A. 3. 2, 7. 630, 8.
683;

summis, A. 2. 626, 10. 766, 11. 837;

summis, G. 2. 187, A. 5. 226, 9. 199 (vid. dat.), 227, 531, 575, 744, 11. 547;

summis, G. 3. 370, A. 2. 460, M. 95;

subst. summum (neut. acc.), G. 4. 385;

summe, A. 11. 785;

summo (neut.), A. 8. 652;

summa (acc.), G. 3. 314, 4. 539, A. 5. 180.

supervenio: supervenit (praes.), E. 6. 20, A. 12. 356.

s u p e r v o l i t o: supervolitaverit (subi.), E. 6. 81 (edd. *super volitaverit* Rb. Ben.), Ci. 51 (Th. *super volitaverit* edd.).

supervolo: supervolat, A. 10. 522.

supino: supinatas, G. 2. 261.

supinus: supini (nom.), G. 3. 555†;

supinos, G. 2. 276;

supinas, A. 3. 176;

supinis (fem.), A. 4. 205.

suppleo: supplet, A. 3. 471; suppleverit (indic.), E. 7. 36†.

SUPPLEX. 24.

supplex, G. 4. 534, A. 1. 49, 4. 205, 5. 745, 6. 91, 115, 8. 145, 9. 624, 10. 523, 11. 365, 12. 930, Ci. 525;

supplex (fem.), A. 1. 64, 666, 3. 592, 4. 414, 424, 535, 8. 382, 11. 559;

supplicibus (neut. abl.), A. 3. 439, 8. 61;

masc. subst. supplicis, A. 2. 542;

supplice, A. 3. 661.

SUPPLICITER, A. 1. 481, 12. 220.

SUPPLICIUM. 9.

supplicium, A. 7. 597;

supplicium, A. 8. 495, 11. 842;

supplicio, Ci. 419;

supplicia (acc.), A. 4. 383, 6. 499, 740, 11. 258, 274.

suppono. 7.

supponunt, A. 6. 248;

supponat, G. 1. 348;

supponite, A. 11. 119;

supponens (fem.), L. 68;

supposta, A. 6. 24;

supposita (abl.), A. 7. 283;

suppositi, G. 3. 492†.

supprimo: supprimite, Ci. 404.

SUPRA (*adv.*). 8.

supra, G. 2. 158, A. 7. 32, 381, 784, 8. 149, 9. 29†, 11. 510 (M² PRγ edd. *supera* M¹ Rb.), 683.

SUPRA (*praepos*). 11.

supra, G. 1. 364 (mss. edd. *supera* Rb.), 2. 227, 4. 236, A. 3. 194, 4. 240, 702, 5. 10, 9. 553, 11. 510 (M² PRγ edd. *supera* M¹ Rb.), 12. 839 *bis*.

supremum, supremus; vid. *super-us.*

supter; vid. *subter.*

sura: suras, E. 7. 32, A. 1. 337†, 11. 488, 12. 430.

SURCULUS, G. 2. 87.

surdus: masc. subst. surdis (dat.), E. 10. 8.

surgo. 71.

surgit, E. 5. 39, A. 1. 582, 3. 513, 6. 104, 8. 68, 415, 9. 667, 10. 28 (PR edd. *surget* Mγ Ld. Ben.), 117, 11. 342, 635, 12. 313, M. 77 (Ben. *om.* edd.);

surgunt, G. 2. 14, 48, A. 1. 437, 3. 196, 4. 352, 10. 187, 476, 814;

surgebat, A. 2. 801, 3. 588, Ci. 122;

surgebant, A. 1. 448, Cu. 123;

surget, E. 4. 9, G. 1. 446†, A. 6. 762†, 10. 28 (vid. *surgit*), 12. 838;

surrexit, A. 8. 494;
surgat, A. 9. 191;
surgamus, E. 10. 75;
surge, A. 3. 169, 8. 59, 10. 241;
surgere, E. 6. 39, G. 1. 161, 396,
A. 4. 47, 6. 453, 7. 771, Ci. 221;
surgens, G. 2. 182, A. 3. 130,
5. 335, 777, 9. 30, 11. 832;
surgens (fem.), G. 3. 553, A. 4.
129, 11. 1, Cu. 402†;
surgentis (masc.), A. 6. 364,
10. 524†;
surgentem, G. 1. 374, 3. 134,
A. 4. 274, 10. 725, 12. 172;
surgentem, A. 1. 366;
surgente (masc.), G. 3. 400;
surgentis, G. 2. 333, A. 3. 481;
surgentis, G. 3. 29†, 4. 12;
surgentia, A. 4. 43, 6. 850;
surgentibus, G. 1. 356;
surgentibus, A. 6. 354;
surgentibus, G. 1. 440.
SURISCA (SYRISCA), Co. 1†.
Surrentinus: Surrentini (neut.),
Ca. 14 (6). 12.
SURSUM, Ca. 2*. 17.
SUS. 15.
sus, G. 3. 255†, 4. 407†, A. 3.
390, 8. 43†, 83†;
suis, A. 12. 170, M. 57;
sues, G. 1. 400, 2. 72, 520, A. 7.
17;
suum, A. 1. 635;
sues, G. 3. 497, A. 5. 97†, 11.
198.
suscipio (succipio). 9.
suscipit, A. 6. 723†, Cu. 360
(Ben. *suspicit* edd.);
succipiunt, A. 4. 391†, 6. 249
(edd. *suscipiunt* Ld. Gos.
Ben.), 11. 806†;
succepit, A. 1. 175†;
suscepta fuisset, A. 4. 327;
susceptum (neut. acc.), A. 6.
629, Ca. 14 (6). 1†.

suscito. 12.
suscitat, G. 1. 97, 4. 456, A. 2.
618, 5. 454, 743, 8. 410, 455, 9.
463, 10. 263, 11. 728, 12. 108,
499†.
suspectus; vid. *suspicio.*
SUSPECTUS, A. 6. 579; suspectu,
A. 9. 530.
suspendo. 31.
suspendit, A. 5. 489, 11. 11,
12. 512, Ci. 7 (Ellis *subtendit*
Rb. Ben. *suspexit* Th.);
suspendunt, G. 2. 389, 4. 162;
suspendet, A. 6. 859;
suspendi, A. 9. 408;
suspendit, G. 4. 247, A. 11.
575;
suspenderat, A. 1. 318;
suspendat, G. 4. 307;
suspendere, G. 1. 68, A. 12.
769;
sit suspensa, Ci. 321†;
suspensa, A. 7. 810, Cu. 54, Ci.
212, 389;
suspensum (masc.), A. 2. 729,
3. 372, 6. 722;
suspensam, A. 4. 9†, 5. 827, 8.
190, Ci. 144;
suspensi, A. 2. 114;
suspensae, A. 6. 741;
suspensa, M. 56;
suspensa, E. 2. 66, G. 1. 175.
suspicio. 17.
suspicis, E. 9. 46;
suspicit, A. 1. 438, 6. 668†, Cu.
360 (edd. *suscipit* Ben.), Ci.
218, 470 (Rb. Th. *respicit* Ben.
Ellis);
suspiciunt, A. 8. 527;
suspexit, Ci. 7 (Th. *subtendit*
Rb. Ben. *suspendit* Ellis);
suspexeris (indic.), G. 4. 59;
suspiciens, A. 9. 403, 10. 899,
12. 196;
suspiciens (fem.), G. 1. 376;

suspecti sint, G. 1. 443;
suspectas, A. 4. 97†;
suspecta, A. 2. 36, 3. 550.
suspiro: suspirat, L. 3; suspirans (masc.), A. 1. 371.
sustento. 6.
  sustentat, A. 10. 339, 609, 11. 224;
  sustentant, A. 12. 662†;
  sustentare, A. 11. 873;
  sustentata (fem. nom.), A. 10. 304.
sustineo. 13.
  sustinet, G. 2. 297, 515, 3. 361, A. 7. 398, 786, 8. 70, 137, 10. 810, 884, 11. 750, 12. 726;
  sustinuit, A. 9. 708, 10. 799.
susurro: susurrant, G. 4. 260;
  susurrantis, Cu. 156; susurrantis (fem. gen.), Cu. 105.
susurrus: susurro (abl.), E. 1. 55, Cu. 121.
SUTILIS, A. 12. 273; sutilis (nom.), A. 6. 414.
SUUS. 148.
  suus, G. 4. 190†, A. 7. 321;
  sua, E. 2. 65, 7. 62, A. 3. 494, 6. 206, 9. 185, 10. 467, 11. 70, 118†, Ci. 133, L. 35;
  sui, E. 5. 22, A. 5. 538 (vid. pronom.), 572 (vid. pronom.), Ci. 75 (edd. *suae* Ellis);
  suae, G. 4. 440, A. 10. 281, Ci. 75 (vid. *sui*);
  sui, A. 5. 174, L. 63;
  suo (masc.), A. 9. 362;
  suum, G. 2. 393, A. 6. 641, M. 30, 48†;
  suam, E. 10. 5, G. 4. 490, A. 4. 633;
  suum, A. 6. 142, 7. 260, 11. 744, 12. 525;
  suo, G. 4. 66, A. 6. 780, 9. 816, 11. 25, 241;
  sua, E. 1. 37, 4. 45, 8. 106, G.

2. 11, 27, 47, 501, A. 1. 377, 2. 127, 4. 233†, 6. 82, 7. 204, 10. 771, 12. 660, Cu. 282, 372, Ci. 524;
  suo, G. 2. 219, 4. 22, 178, A. 1. 277, 2. 639, 4. 553, 6. 185, 7. 103, 8. 518†, 522, 11. 669, Ca. 9 (11). 22;
  sui, A. 12. 540;
  sua, E. 3. 62, 7. 54†, A. 1. 461, 3. 469, 5. 832, 10. 111, 438, 471, 11. 422, Ca. 11 (14). 3;
  suarum, A. 10. 219;
  suis, E. 4. 46, A. 10. 392†;
  suis (fem.), A. 6. 152, Cu. 36;
  suos, E. 8. 4†, G. 3. 512, 4. 544, 552, A. 2. 293, 6. 743, Ci. 82, 426;
  suas, G. 1. 103, 2. 427, A. 1. 416, 9. 464 (M Rb. in ed. min. edd. *suos* mss. Rb. in ed. mai.), 12. 393, M. 52;
  sua, E. 6. 81, G. 1. 57, 124, 2. 82, 234, 240, 402, 458, 4. 289, A. 5. 279, 6. 233, 641, 8. 148, 9. 117, 273, 10. 260, 412, 652, 12. 2, 129, 393, Cu. 21 (Ben. *om.* edd.), 177, Ci. 51, 215, M. 108, L. 45;
  suis, A. 5. 140;
  suis, A. 11. 74;
  suis, A. 5. 54, 6. 463, 7. 240, 9. 543;
  masc. subst. suum, A. 10. 395;
  suorum, A. 4. 617, 5. 577, 6. 681, 7. 317, 9. 725, 778, 11. 185, 234, Ci. 201, 510;
  suis, A. 6. 611, Ci. 466;
  suos, G. 3. 316, A. 3. 347, 5. 600, 678, 9. 464 (vid. *suas*), 10. 512, 12. 312.
Sybaris: Sybarim, A. 12. 363.
SYCHAEUS. 8.
  Sychaeus, A. 1. 343†, 6. 474;
  Sychaei, A. 4. 20†, 502†, 632;

Sychaeum, A. 1. 348, 720;
masc. adi. Sychaeo (dat.), A. 4.
552†.
Symaethius: Symaethia (acc.),
A. 9. 584†.
Syracosius: Syracosio (masc.
abl.), E. 6. 1, Ca. 14*. 1.
Syrius: Syrio (neut. abl.), Ci.
512 (Ellis *Tyrio* edd.); Syriis
(neut. abl.), G. 2. 88†.
SYRTIS. 9.
Syrtis, A. 4. 41†, D. 53;
syrtis, A. 10. 678;
Syrtes, A. 7. 302†;
Syrtibus, A. 6. 60;
syrtis, A. 1. 111, 146;
Syrtibus, A. 5. 51, 192.

Tabella: tabella, M. 19, Ca. 14
(6). 5.
tabeo: tabentes (fem.), A. 12. 221†;
tabentis (masc.), A. 1. 173.
taberna: taberna, Co. 3.
tabes: tabis, Ci. 254†;
tabe, G. 3. 481 (Rb. *tabo* mss.
edd.), 557 (Rb. *tabo* mss. edd.),
A. 6. 442.
tabesco: tabescunt, Ci. 450 (edd.
livescunt Ellis), L. 22†; tabes-
cere, Ci. 249.
tabidulus: tabidulam, Ci. 182.
tabidus: tabida (fem. nom.), A.
3. 137.
tabula: tabula, M. 44; tabulae,
A. 1. 119; tabulas, A. 9. 537.
tabularius: subst. tabularia
(acc.), G. 2. 502.
tabulatus: neut. subst. tabulata,
A. 2. 464; tabulata, G. 2. 361,
A. 12. 672.
tabum. 7.
tabo (abl.), G. 3. 481 (mss.
edd. *tabe* Rb.), 557 (mss. edd.
tabe Rb.), A. 3. 29, 626, 8. 197,
487, 9. 472.

Taburnus: Taburnum, G. 2. 38;
Taburno, A. 12. 715.
taceo. 34.
tacet, A. 4. 525;
tacebitis, Ca. 3*. 15†;
tacui, A. 2. 94;
tacuissem, G. 4. 123†;
tacentia (neut. voc.), A. 6.
265†;
tacitus, E. 9. 21, 37, A. 4. 306,
11. 763;
tacitum, A. 4. 67;
tacitae (gen.), A. 2. 255;
tacitum, A. 6. 841;
tacitam, G. 2. 254, A. 2. 568,
12. 801;
tacitum, A. 1. 502, 6. 386, 7.
343;
tacito, A. 12. 219, 666;
tacita, A. 8. 87, Cu. 412;
tacito, A. 3. 515, Ci. 209;
taciti, A. 2. 125, 3. 667, 4. 289;
tacitis (masc.), A. 8. 108 (vid.
tacitos);
tacitos, A. 8. 108 (mss. Ld. Th.
tacitis γ^2 edd.);
tacitis (fem.), A. 7. 505, 10. 227,
564;
tacitis, A. 4. 364;
neut. subst. tacitum (acc.), A.
9. 31;
adv. tacite, L. 3.
tacitus, tacite; vid. *taceo.*
tactus: tactum, G. 3. 502; tactu,
G. 3. 416, A. 7. 618.
TAEDA. 16.
taeda, A. 9. 76;
taedae (gen.), A. 4. 18;
taedae (nom.), E. 7. 49, A. 7. 322;
taedas, G. 2. 431, A. 4. 339, 7.
388, 7. 457, 9. 109, 568, Cu. 246†;
taedis, A. 4. 505, 6. 214, 593,
7. 71, Cu. 216.
TAEDET, A. 4. 451, 5. 617, 10.
888.

taedium: taedia (nom.), G. 4.
332.

Taenarius: Taenarias, G. 4.
467†.

TAENIA, A. 7. 352; taenis (abl.),
A. 5. 269†.

TAETER, A. 10. 727†;
taetrum (masc.), A. 3. 228;
taetro (neut.), Ci. 161 (Th.
certo Rb. in ed. min. Ben. *celeri*
Rb. in ed. mai. *terret* Ellis);
taetra (acc.), D. 23;
taetris (fem.), Cu. 214.

Tagus: Tago (dat.), A. 9. 418.

Tagus: Tagi, Ca. 9 (11). 52.

talaris: neut. subst. talaria (acc.),
A. 4. 239.

talasio (thalassio): thalassio (dat.
aut voc.), Ca. 12 (4). 9 *ter* (Rb.
Ben. *Talasio* Ellis Th.), 13 (5).
16 *bis*†.

TALENTUM. 6.
talentum, A. 5. 112 (MPγ Ld.
Gos. Ben. *talenta* FR edd.);
talentum, A. 5. 248;
talenta, A. 5. 112 (vid. *talentum*), 10. 526;
talenta, A. 9. 265, 10. 531, 11.
333.

TALIS. 186.
1. adi.:
talis, G. 3. 89, 92, A. 2. 541, 5.
375, 6. 240, 10. 768, 12. 933;
talis, G. 3. 381, A. 6. 208, 9.
710†, Ca. 6 (3). 3;
tale, Ca. 3 (12). 9;
talis, Cu. 194 (edd. *tali* Ellis);
talis, A. 7. 772;
talis, Cu. 304†;
tali (neut.), A. 12. 874;
talem, A. 3. 265, 4. 227, 9. 298,
10. 597, Ci. 18, 28;
talem, A. 3. 620, 7. 404, 11.
408, Ci. 522†;
tale, G. 2. 241, A. 9. 207, 11.

417, Cu. 413, Ci. 35, 432, 481,
M. 87;

tali, A. 1. 335, Ci. 36, 87, Ca.
3 (12). 9;

tali, A. 1. 406, 4. 90, 9. 17, 10.
297, 11. 585, Ci. 89;

tali, E. 5. 53, 81, A. 2. 521, 4.
48, 276, 5. 651, 7. 192, 9. 210†,
11. 303, Ci. 18, 249;

tales (fem.), A. 6. 399;

talia, A. 10. 583;

talis, A. 3. 183, 4. 437, 5. 780,
7. 555, 9. 249, 11. 285, 12. 69;

talis, A. 1. 227, 4. 551, 5. 409,
482, 723, 7. 560, 8. 70, 10. 669,
11. 278, Cu. 369† (-es);

talia, E. 4. 46, A. 5. 852, 6. 183,
7. 21, 122, 555, 9. 431, 10. 599,
602, 12. 318;

talibus, A. 12. 229;

talibus, A. 2. 195;

talibus, A. 1. 74, 2. 336, 535,
3. 172, 4. 92, 219, 5. 534, 719,
6. 98, 124, 467, 7. 249, 284, 445,
8. 359, 611, 10. 448, 11. 376, 12.
212, 238, 351, 625, Cu. 98†;

qualis . . . talis, A. 12. 337,
456;

talis . . . qualem, G. 4. 413;

talis . . qualis . . . talis, E. 8.
85, 89;

qualis . . . talis (fem. nom.)
. . . talem (fem.), A. 1. 503;

tale . . . quale (neut. nom.),
E. 5. 45;

qualis . . . tali (neut. abl.),
A. 5. 280;

non secus ac . . . talis (fem.
nom.), A. 12. 860;

2. pronom.:
talem (fem.), G. 2. 224, A. 1.
606;

tali (masc.), Cu. 194 (vid.
talis);

talia, G. 4. 113, A. 8. 18;

485

talia, E. 3. 16, 5. 41, 10. 28, A.
1. 50, 94, 102, 131, 208, 256,
563, 2. 6, 323, 536, 588, 650,
679, 3. 344, 358, 485, 628, 690,
4. 107, 222, 362, 408, 663, 5.
16, 79, 464, 532, 6. 36, 46, 53,
372 *bis*, 529, 537, 7. 330, 8. 303,
559, 729, 9. 203, 280, 353, 621,
10. 298, 495, 523, 530, 651, 11.
399, 501, 12. 228, Ci. 426, L.
74;

talibus (neut.), A. 1. 370, 410,
559, 4. 437, 6. 40, 9. 788, 10.
96, 860†.

Talos: Talon, A. 12. 513†.
talpa: talpae (nom.), G. 1. 183.
talus: talos, Co. 37.
TAM. 49.

tam, E. 1. 41, 70, 5. 83, 6. 49,
G. 1. 37, 449, 506†, 2. 315†, 3.
247, A. 1. 539, 568, 605, 2. 373,
519, 589, 5. 144, 390, 6. 373,
501, 721, 7. 329, 8. 571, 9. 19,
77, 249, 281, 509, 11. 412, 705,
Ci. 243, 248, 290†, 291 *bis*, 301,
327, 383†, 416, Ca. 4 (13). 10
(Th. Ben. *nam* Rb. Ellis), 9
(11). 44†, 44, L. 38;

tam . . . quam (quam . . .
tam), G. 1. 204, 3. 470, A. 4.
188, 8. 723, Ci. 124;

tam magis . . . quam magis,
A. 7. 787;

quanto magis . . . tam magis,
G. 4. 412 (edd. *tanto* Rγ²
Con.).

TAMEN. 81.

tamen, E. 1. 27, 29, 79, 2. 68,
3. 7, 4. 31, 5. 50, 6. 9, 7. 17, 9. 62,
10. 31, G. 1. 198, 2. 49, 418, 3.
46, 452, 4. 45, 130, A. 1. 247,
477, 2. 185, 244, 3. 341, 4. 329,
420, 500, 5. 281, 334, 520, 731,
6. 736, 8. 566, 9. 248, 315, 422,
513, 10. 250, 509, 618, 752,

829, 11. 688, 845, 12. 377, 492,
815, Cu. 389, Ci. 44, 190, 263,
331, 384;

at tamen, E. 6. 49; attamen,
Ci. 74†;

et tamen, A. 3. 478, Ci. 508,
Ca. 5 (7). 13†;

haud (haut) tamen, A. 10. 276,
437;

nec tamen, E. 1. 57, G. 1. 118,
A. 5. 186, Ci. 255, 520;

sed tamen, E. 1. 18, 9. 55, G. 1.
79, 305, A. 3. 541, Ci. 484;

etsi . . . tamen, A. 2. 585, 9.
45, Cu. 380 (edd. *mane* Rb.
lamenta Th.), Ci. 9, 415;

quamquam . . . tamen, E. 8.
20, A. 2. 534, 4. 396, Ci. 406;

si . . . tamen, A. 5. 53, Ci.
335.

TAMQUAM, E. 10. 60.
Tanager: Tanagri, G. 3. 151.
Tanais: Tanaim, G. 4. 517†.
Tanais: Tanaim, A. 12. 513†.
TANDEM. 51.

1. in declarat. sentent.:

tandem, G. 4. 186, 344, 444, A.
2. 76†, 523, 531, 3. 131, 205†,
278, 612, 638, 718, 4. 136, 304,
333, 5. 34, 91, 727, 6. 2, 17, 83,
415, 472, 7. 259, 297, 434, 8. 73,
468, 489, 9. 778, 10. 478, 604,
11. 493, 783, M. 13;

iam tandem, A. 6. 61, 10. 890,
12. 497†, 800, Ci. 47†, 448, 454,
Ca. 14 (6). 4;

vix tandem, A. 2. 128, 3. 309,
5. 178, 11. 151;

2. in interrog. sentent.:

A. 1. 331, 369, 4. 349, 6. 687.

TANGO. 23.

tango, A. 12. 201;

tangit, A. 9. 138, 12. 57, Cu.
64 (Ben. *angit* edd. *anget* Leo.);

tangunt, A. 1. 462, 4. 596;

tetigit, A. 3. 324, 662, 4. 259;
tetigere, G. 1. 303, A. 9. 135;
tangeret, A. 11. 861;
tetigissent, A. 4. 658;
tangere, G. 4. 359, A. 4. 551,
612, 12. 933, Ca. 1. 4, 4 (13).
2†;
tetigisse, A. 7. 266;
tactu, A. 2. 683;
tacta (est), Cu. 187 (Rb. Ben.
icta edd.);
tactas, E. 1. 17.
tanquam; vid. *tamquam.*
Tantaleus: Tantaleae (gen.), Cu.
334†.
TANTUS. 217.
I tantus:
tantus, G. 2. 301, 3. 112, 4.
205, 495, A. 2. 10, 594, 6. 133,
561, 11. 323, 357, 548, 644†,
12. 621, 801;
tanta, E. 1. 26, G. 2. 344, A. 1.
132, 529, 2. 42, 503 (M edd.
ampla P² Rb.), 3. 604, 5. 465,
6. 133, 7. 263, 448, 9. 97, 10.
846, 11. 733, Ci. 380†;
tantum, E. 9. 17, A. 2. 658, 4.
150;
tanti, A. 5. 788, 9. 216, 11. 139;
tantae, G. 3. 112, A. 1. 33, 6.
405;
tanti, A. 1. 566, 6. 93, 7. 232,
8. 186, 9. 256, 10. 510, 11.
480†, 12. 559, Ci. 189 (edd.
tanto Ellis);
tanto (neut.), A. 10. 792;
tantum, A. 4. 419, 5. 4, 6. 352,
464, 9. 426;
tantam, A. 5. 802†, 8. 502, 12.
321, L. 79†;
tantum, A. 1. 231, 4. 305, 7.
307, 10. 681, 11. 368, Ci. 327;
tanto, G. 2. 153, 4. 353, A. 1.
614, 672, 3. 317, 4. 282, 8. 617,
10. 578, 12. 503†, 620, Cu. 268,

Ca. 9 (11). 23 (Ben. *o te* edd.);
tanta, A. 2. 659, 8. 693, 10.
426, 826, 11. 437;
tanto,. A. 2. 718, 3. 629, 4. 98
(mss. edd. *tanta* Th.), 5. 378,
6. 31, 188, 712, 7. 703, 8. 121,
472, 10. 668, 11. 108†, 12. 72,
835 (R Rb. *tantum* MPγ edd.);
tanti, A. 1. 606, 5. 13, 12. 922†;
tantae, A. 1. 11, 2. 282;
tanta, G. 4. 86†, 332, A. 4. 98
(vid. *tanto*), 5. 353;
tantorum, A. 2. 144, 5. 404;
tantarum, A. 4. 232, 272, 8.
273;
tantorum, A. 2. 106, 11. 228;
tantis (fem.), A. 7. 315;
tantis, A. 5. 639, Ci. 181;
tantos, G. 2. 159, A. 3. 299,
368, 4. 292, 501, 553, 7. 438,
9. 78, 10. 759, 12. 177, 635,
831, 880;
tantas, E. 3. 108, A. 1. 134, 7.
52, 9. 784, Ci. 42, Ca. 9 (11).
55;
tanta, A. 1. 615, 5. 390, 6. 369,
832, 9. 21, 200, 483, 10. 529;
tantis, A. 4. 411;
tantis, A. 6. 354, Cu. 239;
tantis, A. 3. 711, Cu. 24 (Ben.
chartis edd.);
neut. subst. tantum, G. 3. 343,
A. 6. 502, 10. 400;
tanti, A. 3. 453†;
tantum, G. 4. 450, A. 5. 616,
6. 262, 547, 801, 10. 256, 877,
12. 885, Ci. 455, L. 61;
tanto, G. 3. 476, A. 6. 79, Ci.
189 (vid. *tanti*);
adv. tantum, E. 2. 3, 28, 3. 50,
53, 5. 82, 6. 16, 29, 30, 10. 46,
G. 1. 79, 102, 2. 100, 257, 481,
3. 174, 251, 388, 4. 81, A. 1.
745, 2. 23, 690, 776, 3. 415, 4.
657, 5. 21, 162, 814, 6. 74, 869,

876, 877, 7. 319, 8. 78, 9. 282,
430, 636, 806, 10. 7, 11. 435,
12. 835 (vid. *tanto*), Ci. 258,
297;

    II tantus . . quantus:
neut. subst. quanto . . . tanto (abl.), G. 4. 412 (Rγ^2 Con.
tam tu edd.);
quantum . . . tanto, A. 12.
20;
adv. tantum . . . quantum
(quantum . . . tantum), E.
1. 24, 5. 18, 7. 51, 9. 11†, 10.
73, G. 2. 202, 292, 376, 4. 101,
A. 4. 446, 6. 199, 7. 252, Cu.
117;
tantum . . . quantus, A. 6.
578.
tapete: tapetas, A. 9. 358; tape-
tibus, A. 9. 325; tapetis (abl.),
A. 7. 277.
Tarchetius; vid. *Arcetius.*
Tarchon (Tarcho). 11.
    Tarchon, A. 8. 506, 603 (-o),
10. 153†, 290, 299, 11. 184,
729, 746, 757†;
Tarchonem, A. 11. 727;
Tarchon, A. 10. 302.
Tarde, G. 2. 3; tardius, D. 91.
tardo. 8.
    tardat, A. 10. 857 (P¹ Th. Con.
Ben. *tardet* P² M² Rb. Gos.
tarda est Ld.);
tardant, A. 6. 731;
tardabunt, L. 18;
tardet, A. 10. 857 (vid. *tardat*),
11. 21;
tardante (fem.), A. 5. 395, 12.
746 (M² Th. Gos. *tardata*
PRM¹γ edd.);
tardatur, A. 11. 550;
tardatus, A. 5. 453;
tardata (neut. nom.), A. 12.
746 (vid. *tardante*).
Tardus. 26.

tardus, A. 2. 436, Cu. 198
(edd. *tardo* Th. *virtus* Leo);
tarda, G. 2. 58, 125, A. 5. 154,
280, 8. 508, 9. 610, 10. 857
(Ld. *tardat* P¹ Th Con. Ben.
tardet P² M² Rb. Gos.);
tardi (masc.), G. 1. 273;
tardum, G. 2. 126, A. 5. 682;
tardum, A. 9. 47;
tardo, Cu. 198 (vid. *tardus*);
tarda, G. 4. 479;
tardi, E. 10. 19†;
tarda, G. 1. 163, 2. 52, A. 5.
431, Ci. 24;
tardis, G. 1. 32†;
tardis (fem.), G. 2. 482, A. 1.
746;
tardos, G. 3. 424;
tarda, A. 6. 720;
tardis (masc.), G. 2. 206, 3. 14.
Tarentum: Tarenti, G. 2. 197, A.
3. 551.
Tarpeia, A. 11. 656.
Tarpeius: Tarpeiae (gen.), A. 8.
652; Tarpeiam, A. 8. 347.
Tarquinius: Tarquinium, A. 8.
646; Tarquinii, Ca. 9 (11).
36†.
Tarquinius: Tarquinios, A. 6.
817.
Tarquitus, A. 10. 550.
Tarquitius: Tarquiti (voc.), Ca.
5 (7). 3†.
Tartareus. 7.
    Tartareus, A. 6. 551;
Tartarei (masc.), A. 6. 295;
Tartareum, A. 6. 395;
Tartaream, A. 7. 514, 12. 846;
Tartareae, A. 7. 328;
Tartareas, A. 8. 667.
Tartarus. 17.
    Tartarus, A. 6. 577;
Tartara, G. 1. 36, 4. 482, A. 5.
734, Cu. 294, 333†;
Tartara, G. 2. 292, A. 4. 243,

446, 6. 135, 543, 8. 563, 9. 496,
11. 397, 12. 14, 205, Cu. 274.
Tatius: Tatio (dat.), A. 8. 638.
TAU, Ca. 2. 4†.
taureus: taurea (neut. nom.), A.
9. 706.
taurinus: taurino (abl.), G. 4.
371; taurino, A. 1. 368; tau-
rinis (masc. abl.), G. 4. 171.
TAURUS. 42.
taurus, E. 3. 100, G. 1. 45, 218
(edd. *Taurus* Con. Ben.), 2.
146, 3. 515, A. 2. 224, 12. 103,
Ca. 14 (6). 7†;
tauri, A. 6. 24, 10. 483;
tauro, G. 3. 58;
taurum, E. 3. 86, A. 2. 202, 3.
21, 119 *bis*, 5. 236, 382, 472, 10.
455;
taure, L. 28;
tauro, A. 5. 473, L. 26;
tauri, E. 5. 33, 7. 39, G. 1. 65,
2. 140, A. 12. 716;
taurorum, A. 6. 253, 8. 180,
Ci. 525;
tauris, E. 4. 41;
tauros, E. 1. 45, G. 1. 210, 3.
212, 4. 538, 550, A. 1. 634, 8.
203, 207, 316;
tauris, A. 10. 785.
taxus: taxum, G. 4. 47;
taxi, G. 2. 113, 257, 448;
taxos, E. 9. 30.
TAYGETE (TAUGETE), G. 4. 232†.
Taygetus: Taygeti, G. 3. 44†;
Taygeta (nom.), G. 2. 488†.
tectum; vid. *tego.*
Tegeaeus: Tegeaeae (gen.), A. 5.
299†; Tegeaeum (masc.), A. 8.
459†; *subst.* Tegeaee, G. 1.
18†.
TEGMEN (TEGIMEN TEGUMEN). 19.
tegumen, A. 3. 594;
tegimen, A. 7. 666, 689 (tegmen);

tegmine, E. 1. 1, G. 4. 566, A.
1. 275, 323 (mss. edd. *tegmina*
γ¹ Rb.), 9. 577, 10. 887†, 11.
576†, Ci. 503, M. 22†, Ca. 9
(11). 17;
tegmina, A. 7. 742, 10. 476;
tegmina, A. 1. 323 (vid. *tegmine*), 7. 632, 9. 518, 11. 777;
tegminibus, Cu. 319 (Rb. Leo
ignibus hic Th. Ben. *hic manibus* Ellis).
tego. 165.
tegit, E. 7. 46, G. 4. 422, A. 4.
250, 477†, 6. 138, 444, 7. 690,
732, 9. 50, 10. 541, M. 51;
tegunt, A. 2. 159†, 10. 22;
tegebat, A. 2. 472, 8. 34, 9.
346, 11. 12, 771;
texi, A. 12. 148;
texit, G. 1. 467, A. 2. 430, 3.
45, 6. 228, 10. 424;
texere, A. 11. 681, 12. 539;
texerat, Ci. 114;
tegat, A. 12. 53;
tegant, G. 3. 145;
tegerem, A. 3. 24;
tegeret, G. 4. 414;
tege, A. 4. 637, 7. 426;
tegere, G. 1. 213, 3. 558, A. 10.
50;
tegens (fem.), A. 9. 488;
tegentem (masc.), A. 6. 498;
tegentes (masc. nom.), A. 11.
630;
tegendo (abl.), G. 3. 454;
teguntur, A. 2. 227, 8. 95;
tegentur, A. 4. 123†;
tegi, A. 10. 904, Co. 36;
tectus, G. 2. 304, A. 2. 126, 10.
802, M. 122;
tectum (neut.), A. 11. 851;
tectam, A. 9. 513, Ca. 3*. 2†;
tecti, A. 3. 583, 7. 279;
tectos, A. 3. 236;
neut. subst. tectum, A. 7. 170;

443†, 459, 527, 664, 4. 594, 5.
438, 501, 514, 582, 6. 57, 110,
835, 7. 630, 673, 8. 117, 448,
700, 9. 37, 129, 171, 329†, 409,
493, 534, 552, 555, 659, 773,
796, 10. 93, 237, 264, 329, 333,
433, 731, 801, 886, 11. 9, 80,
196, 282, 559, 578, 610, 735,
893, 12. 50, 305, 465, 682, 693,
815, Cu. 310, Ci. 160;

telis, G. 1. 489, A. 1. 191, 2.
177, 318, 332, 410, 447, 470,
520, 4. 71, 7. 520, 8. 249, 694,
9. 543, 653, 666, 793, 807, 10.
638, 644, 692, 808, 11. 117,
162, 857, 873, 12. 578, Cu. 267,
319†.

TEMERE, A. 9. 329, 375†, L. 14
(Ellis *teneramque* Rb.).

temero: temerata (acc.), A. 6. 840.

temno. 6.

temnis, A. 1. 665;

temnitis, A. 1. 542;

temnet, E. 3. 110 (Rb. *metuet*
mss. edd.);

temne, A. 7. 236;

temnere (infin.), A. 6. 620;

temnenda (fem. nom.), A. 10.
737.

TEMO, G. 1. 171, 3. 173; temone,
A. 12. 470.

TEMPE, G. 2. 469, Cu. 94; Tempe
(acc.), G. 4. 317.

tempero. 6.

temperat, G. 1. 110, 360, 3.
337, A. 1. 57, 146;

temperet, A. 2. 8.

TEMPESTAS. 22.

tempestas, G. 1. 417, 2. 310,
3. 479, A. 1. 377, 5. 694, 7. 223,
9. 20, 11. 423, 12. 284;

tempestatem, G. 1. 323;

tempestate, A. 2. 516;

tempestatum, G. 1. 27, A. 1.
80, 3. 528, 10. 37;

Tempestatibus, A. 5. 772;

tempestates, G. 1. 252, 311, A.
1. 53, 255;

tempestatibus, A. 3. 708, 7.
199.

tempestivus: tempestivam, G. 1.
256.

TEMPLUM. 42.

templum, A. 1. 416, 2. 713, 3.
531, 536, 4. 457, 7. 174;

templi, A. 1. 505, 4. 484, 7.
419;

templum, G. 3. 13, 16, A. 1.
446, 479, 496, 519, 6. 69†, 11.
477, 481;

templo, A. 1. 453, 2. 165, 404,
7. 192, 778, 8. 653;

templis, A. 4. 217;

templa, G. 2. 148, A. 3. 84, 4.
199, 6. 19, 41, 840, 7. 443, 9.
626, Cu. 84, Ca. 2*. 15, 14 (6).
5;

templis, G. 1. 480, A. 1. 632, 5.
60, 8. 718, 11. 778, Cu. 217.

temptamentum: temptamenta
(acc.), A. 8. 144.

tempto (tento). 43.

temptas, A. 10. 87;

temptat, G. 3. 232, 3. 441, A.
1. 721†, 8. 231, 11. 350, 761,
12. 104, Ci. 210;

temptamus, A. 3. 520;

temptant, G. 4. 194, A. 2. 334,
3. 240;

temptabunt, E. 1. 49;

temptasti, A. 11. 716;

temptavit, A. 12. 484;

temptarat, G. 3. 563 (M² PRγ²
edd. *temptaret* M¹ Rb. Con.);

temptet, A. 9. 67;

temptent, A. 11. 912;

temptaret, G. 3. 563 (vid.
temptarat);

temptare, E. 4. 32, G. 3. 77,
A. 2. 38†, 3. 32, 146†, 364, 4.

113, 413, 5. 499, 8. 113, 11.
437, 505, 12. 361, 806, L. 54;
temptaturum (masc. esse), A.
4. 293;
temptanti (masc. dat.), G. 4.
328;
masc. subst. temptantum, G. 2.
247;
temptatura (fem. nom.), G. 2.
94;
temptantur, G. 1. 207, Ci.
355†;
temptanda est, G. 3. 8†;
temptanda (est), G. 2. 365;
temptanda (esse), A. 2. 176.
TEMPUS. 117.
tempus, E. 3. 97, 4. 48, G. 1.
213, 305, 493, 2. 80, 542, 3.
284, 4. 283, A. 2. 268, 324, 522,
5. 638, 6. 37, 46, 9. 12, 395, 10.
11, 441, 467, 503, 622, 12. 96,
156;
temporis, A. 6. 745, Ca. 3 (12).
10;
tempus, G. 1. 253, 3. 123, A. 4.
433, 475, 6. 537, 7. 511, 9. 418,
10. 512, 11. 2, Cu. 163, Ci. 336;
tempore, E. 1. 29, 67, 7. 35, 70,
G. 1. 61, 469†, 483, 3. 245, 267,
531, 566, 4. 100, 563, A. 1. 623,
3. 309, 4. 627, 6. 409, 8. 414, 9.
80, 11. 276, 303, 459, 470, 783,
Ci. 35†, 74, 232, Ca. 9 (11).
38†, L. 58, 76;
tempora, G. 4. 231, A. 4. 294,
6. 665, 7. 37, 8. 680, 684, Cu.
9, 410, Ci. 121, 438, Ca. 4 (13).
1;
tempora, E. 3. 42, 6. 22, 8. 12,
G. 1. 28, 349, A. 1. 278, 2. 133,
684, 3. 81, 4. 423, 637, 5. 71,
72, 246, 269, 435, 539, 856, 6.
496, 691, 772, 7. 135, 8. 286,
9. 107, 588, 633, 750, 808, 10.
538, 891, 11. 489, 12. 120, 162,

173, 536, Cu. 197, Ca. 9 (11).
42;
temporibus, G. 1. 258, A. 5.
416.
TENAX. 11.
tenax, G. 2. 134;
tenax (fem.), A. 4. 188;
tenaci (abl.), G. 4. 175, A. 6.
3, 8. 453, 12. 404;
tenaci (fem.), G. 1. 179;
tenacis, G. 2. 421;
tenacis, G. 4. 161;
tenacia, G. 4. 57, 412.
TENDO. 86.
tendo, A. 3. 176;
tendis, A. 6. 388†, 9. 206;
tendit, G. 2. 292, A. 1. 18, 410,
2. 220, 321, 3. 592, 4. 446, 5.
286, 6. 541, 578, 7. 7, 9. 555,
10. 412, 571, 667, 845, 11. 494,
672, 12. 196, 579, Cu. 101;
tendimus, A. 1. 205;
tenditis, A. 5. 670, 8. 113, 9.
781;
tendunt, G. 3. 396, 507, A. 2.
205, 3. 268, 5. 155, 256, 7. 164,
8. 595, 10. 354, 11. 871, 12.
553;
tendebat, A. 1. 656, 2. 29, 674,
8. 605, 9. 351, 10. 595, 11. 99,
12. 311, Ci. 216;
tendebant, A. 6. 314, Cu. 168
(Th. *mollibant* Rb. Ben. *tollebant* Leo Ellis);
tetendit, A. 2. 688, 5. 508, 6.
685, 10. 823†, 11. 859;
tendat, G. 3. 333, A. 12. 917;
tendamus, A. 11. 414;
tendant, A. 5. 489;
tende, G. 4. 400, 535, A. 12.
938;
tendere, A. 1. 554, 5. 21, 27,
686, 6. 198, 240, 696, 7. 605,
9. 377, 606, 795, 12. 936, Ci.
183;

tendens, G. 1. 513, A. 1. 93, 5.
233;
tendens (fem.), G. 2. 296 (MP
RV² edd. *pandens* γ Rb.), 4.
498, A. 2. 405, Ci. 402†;
tendentem (masc.), A. 1. 487,
6. 684, 9. 768†;
tentis (masc. abl.), Cu. 130†.
TENEBRAE. 24.
tenebrae, G. 1. 248, A. 9. 384,
M. 13 (Rb. *se lux* Th. Ben.
sed vix Ellis);
tenebris, A. 6. 545;
tenebras, A. 8. 591, 9. 34, 150,
11. 187, Cu. 44, M. 6;
tenebris, G. 3. 401, 551, A. 2.
92, 3. 195, 5. 11, 6. 238, 734, 7.
325, 8. 255, 259, 658, 9. 425,
11. 824, Ci. 343.
tenebrosus: tenebrosa, A. 6. 107;
tenebrosum (masc.), A. 5. 839.
TENEDOS, A. 2. 21; Tenedo
(abl.), A. 2. 203, 255.
TENEO. 163.
teneo, A. 4. 380, 8. 582†;
tenes, G. 4. 322†;
tenet, E. 5. 59, G. 1. 116, A. 1.
139, 400, 670, 2. 530, 613, 4.
308, 5. 121, 154, 171, 338, 382,
775, 825 (Mγ² edd. *tenent* Pγ¹
Rb. Ben.), 6. 235, 761, 7. 250,
412 (M² R edd. *manet* M¹Vγ
Rb. Ben.), 589, 8. 75†, 9. 557,
10. 157, 226, 238 (PRγ edd.
tenent MV? Rb.), 535, 802, 11.
723, 12. 754;
tenemus, A. 2. 359, 6. 744;
tenetis, A. 1. 370, 9. 377;
tenent, G. 1. 233, 2. 12, 144,
3. 352, A. 1. 169, 2. 490, 505, 4.
527, 5. 825 (vid. *tenet*), 6. 131,
434, 7. 739, 8. 700†, 9. 169,
470, 10. 238 (vid. *tenet*), 301;
tenebam, A. 6. 358;
tenebat, E. 1. 31, G. 4. 143, A.

1. 482, 622, 3. 587, 4. 331, 5. 1,
721, 853, 6. 124, 469, 518, 7.
287, 737 (MP Ld. Th. *premebat* R edd.), 8. 194†, 308, 653,
9. 250, 11. 903, 12. 55, 673,
773;
tenebant, A. 2. 1, 209, 757†,
802, 3. 355, 5. 159, 6. 477†, 8.
204, 314, 520, 603, 657, 9. 183,
11. 121, 12. 705, M. 67;
tenebo, G. 2. 46, A. 6. 722, Ci.
309;
tenebis, G. 4. 405, A. 10. 741;
tenebit, G. 3. 16;
tenebunt, A. 9. 98, 12. 834;
tenuisti, Cu. 285†;
tenuit, G. 4. 483, A. 1. 132, 5.
258, 332, 8. 482, 9. 285, 10.
846, Cu. 118, 126;
tenuere, A. 1. 12, 2. 282, 3.
192, 5. 8, 6. 224;
teneam, A. 3. 686 (Rb. *teneant*
mss. edd.);
teneat, E. 8. 89, G. 4. 24†;
teneant, A. 1. 308, 3. 686 (vid.
teneam), 5. 164, 230, 8. 149,
D. 77;
tenerem, E. 9. 45;
teneret, A. 4. 461, 7. 735;
tenerent, G. 1. 355, A. 1. 236;
tenuissent, G. 3. 3;
tene, A. 12. 778;
teneto, A. 3. 388;
teneto, A. 3. 408;
tenere, A. 6. 284, 11. 148;
tenuisse, A. 3. 283, 4. 46;
tenens, A. 1. 57, 477, 5. 514,
7. 784, 8. 299, 9. 29†;
tenens (fem.), A. 4. 60, 11. 559;
tenentem, A. 4. 219, 5. 168,
6. 485, Cu. 189;
tenentem, A. 7. 204;
tenentes (masc.), A. 8. 640, 9.
229 (FMRγP² edd. *tuentes*
Rb.);

tepido, G. 1. 117, A. 11. 212;
tepida, A. 9. 455†;
tepido, A. 3. 66;
tepidi, A. 3. 627 (M²P¹ edd.
trepidi M¹ P² Gos.);
tepidas, M. 44.

TER. 51.

ter, E. 8. 74, G. 1. 281, 283, 345,
410, 4. 384, 385, 493†, A. 1.
116, 483, 2. 174, 792, 793, 3.
421, 566, 567, 4. 690, 691, 6.
229, 506, 700, 701, 7. 141, 8.
47, 230, 231, 232, 566, 9. 587,
10. 685 *bis*, 873, 885, 886, 11.
188, 189, Ci. 371, 372, 373;
terque quaterque, G. 2. 399,
A. 1. 94, 4. 589, 12. 155;
ter centum (tercentum), G. 1.
15, A. 1. 272, 4. 510, 7. 275, 8.
716, 9. 370, 10. 182;
ter denis, A. 10. 213. Vid. *tergeminus.*

terebinthus: terebintho (abl.), A.
10. 136†.

terebro: terebramus, A. 3. 635;
terebrare (infin.), A. 2. 38†.

teres. 8.
tereti (fem.), E. 8. 16;
tereti (abl.), A. 7. 665, Ci. 128;
tereti (fem.), A. 5. 313, 8. 633,
11. 579;
teretes (fem.), A. 7. 730;
teretis (masc.), A. 6. 207.

Tereus: Terei (gen.), E. 6. 78.

Tereus: Terea, A. 11. 675.

tergeminus: tergemini (masc.),
A. 8. 202; tergeminam, A. 4.
511.

tergeo (*tergo*): tergit, M. 109
(edd. *terget* Ellis); tergent, A.
7. 626; tertis (fem. abl.), M.
120(Ellis *lautis* Rb. Ben. *laetus* Th.).

tergum. 64.
tergo, A. 2. 231, 5. 168, 12. 432·

tergum, A. 1. 296, 5. 351, 9.
412, 764 (P² Mγ Ben. Gos.
tergus P¹ R edd.), 11. 653†;
tergo, G. 1. 174, 367, 3. 361,
408, A. 1. 186, 368, 2. 455, 3.
242, 5. 403, 7. 94, 8. 183, 697,
9. 322, 10. 646, 718, 867, 12.
292, 415, 543;
terga, G. 3. 80, 4. 13, A. 5. 405,
9. 706, M. 57;
terga, G. 1. 97, 2. 236, 271,
3. 426, 4. 85, A. 1. 635, 2. 57,
208, 219, 474, 5. 87†, 97, 419,
586, 6. 243, 422, 491, 7. 20, 8.
460, 706, 9. 610, 686, 794, 10.
365, 482, 784, 11. 81, 630, 12.
463, 645, 738, Cu. 195 (Ellis
membra edd.).

tergus: tergus, A. 9. 764 (P¹ R
edd. *tergum* P²Mγ Ben. Gos.);
tergora (acc.), A. 1. 211.

termino: terminet, A. 1. 287.

TERMINUS, G. 4. 206, A. 4. 614.

ternus. 8.
terno (masc. abl.), A. 5. 120;
terni, A. 5. 560, 580;
terna, A. 1. 266, 8. 565 (vid.
acc.);
ternos, E. 8. 77, A. 5. 247;
terna, E. 8. 73, A. 8. 565 (vid.
nom.).

tero. 14.
teris, A. 4. 271;
terit, G. 1. 298, A. 5. 324, M.
102, Ca. 3 (12). 10 (Ellis *dedit*
Th. Rb. *premit* Ben.);
teret, G. 1. 192†;
trivere, G. 2. 444;
terat, G. 4. 114;
trivisse, E. 2. 34;
terens (fem.), G. 1. 380;
teritur, G. 2. 519, A. 9. 609, 12.
273;
trita (acc.), G. 4. 63.

TERRA. 250.

terra, G. 1. 330, 2. 136†, 203,
235, 287, 3. 355, A. 1. 531, 3.
13, 164, 205†, 4. 37, 7. 644, 8.
243, 9. 132, 334, 10. 321, 378,
676, 11. 286, 12. 645, 691, 884,
Ca. 9 (11). 4 (Rb. *terrae* edd.);
√ Terra, G. 1. 278†, A. 4. 178,
12. 176;
terrae, G. 1. 63, 83, 2. 301, A.
1. 598, 3. 528, 4. 184, 5. 656†,
6. 84†, 383 (mss. edd. *terra* Th.
Con.), 7. 10, 10. 57, 11. 87
(vid. dat.), 103, 212, M. 16
(Ben. *terra* edd., vid. dat.);
√ Terrae, A. 6. 580, 595;
terrae, G. 1. 224, 2. 29, 290,
318, A. 5. 795†, 6. 358, 7. 35,
290, 10. 555, 11. 22, 87 (vid.
gen.), 205, 12. 303, M. 16 (vid.
gen.), 70, 124;
terram, G. 1. 1, 119, 147, 494,
2. 237, 259, 354, 513, 3. 160,
171, 256, 499, 524, 534, 4. 97,
A. 1. 107, 133, 478, 2. 251, 566,
781, 3. 29, 93, 273, 4. 241, 444,
491, 5. 243, 447, 6. 310, 365,
724 (PRγF¹ Rb. Gos. *terras*
GMF² edd.), 7. 369, 539, 748,
8. 719, 9. 542, 608, 10. 296,
349, 489, 11. 501, 625 (PR
edd. *terras* M Ben.), 828, 12.
197, 543, 855, 927, Cu. 393;
terra, E. 8. 93†, A. 3. 539;
√ Terra, A. 12. 778;
terra, E. 8. 40†, G. 1. 457, 2.
27, 313†, 347, 3. 377, 4. 43,
366, A. 1. 541, 629, 2. 472, 3.
60, 387, 4. 306, 349, 468, 5. 48,
6. 267, 383 (vid. *terrae* gen.),
508, 652†, 807, 811, 9. 485,
492, 10. 75, 162, 277, 831, 12.
893, M. 16 (vid. *terrae* gen.):
terrae, E. 6. 37, G. 1. 86, 184,
479, 2. 37, 45, 109, 179, 324,
3. 429, 432, A. 1. 298†, 610,

3. 72, 193, 6. 776†, Ca. 9 (11).
4 (vid. *terra*);
terrarum, E. 6. 32†, G. 1. 26,
A. 1. 233, 4. 607, 5. 695, Ci.
521 (edd. *terras* Ben.), Ca. 3
(12). 3;
terris, G. 2. 92, 479, 4. 117,
232, A. 2. 556, 4. 613, 6. 18,
312, 869, 7. 214, 8. 170;
terras, E. 3. 61, 4. 14, 51, G. 1.
288, 2. 345, 3. 239, 525, 4. 52†,
222†, A. 1. 58, 83, 224, 236,
280, 395, 2. 800, 3. 4, 44, 170,
364, 396, 601†, 4. 6, 256, 269†,
281, 352, 461, 523, 584, 654,
5. 627, 6. 58, 692, 724 (vid.
terram), 7. 148, 239, 323, 571,
8. 26, 428, 9. 19, 224, 459, 10.
3, 193, 11. 625 (vid. *terram*),
12. 451, 809, 860, Cu. 352, Ci.
413†, 521 (vid. *terrarum*), Ca.
4 (13). 2;
terris, E. 3. 104, 106, G. 1. 182,
2. 474, 538, 3. 242, A. 1. 3, 15,
460, 756, 3. 127, 147, 383, 620,
4. 271, 568, 5. 717, 803, 6. 782,
8. 132, 10. 583, 807, 12. 803,
Ci. 488, 528, Ca. 4 (13). 9, L.
25.
terrenus: terreno (masc. abl.),
A. 11. 850; terreni, A. 6. 732.
terreo. 32.
terres, A. 1. 230, 10. 879†;
terret, A. 4. 353, 12. 761, Ci.
161 (Ellis *taetro* Th. *certo* Rb.
in ed. min. Ben. *celeri* Rb. in
ed. mai.), 363;
terrent, A. 2. 728, 755, 4. 9, 9.
133, 11. 643, 12. 894, 895, Cu.
333;
terrebat, A. 8. 349;
terrebis, G. 1. 156;
terruit, A. 2. 111, 8. 298;
terreat, A. 6. 401;
terrete, A. 12. 875;

terrere, A. 2. 98, 8. 40, 9. 591;
terrentia (acc.), D. 56;
terreor, Cu. 239 *bis*;
terrentur, A. 8. 109;
terrebere, G. 1. 459;
territus, A. 5. 453, 9. 793, 11.
699, 12. 752.
terreus: terrea (fem. nom.), G. 2.
341 (M² edd. *ferrea* M¹ PRγ
Th.).
TERRIBILIS. 10.
terribilis, A. 12. 498, 947, Co.
24;
terribilem, A. 9. 503;
terribilem, A. 8. 620;
terribili, A. 4. 465, 6. 299;
terribili (fem.), A. 7. 667†;
terribiles (fem.), A. 6. 277†;
terribilis (masc.), A. 8. 266.
terrifico: terrificant, A. 4. 210.
terrificus: terrifici (nom.), A. 5.
524; terrificos, A. 8. 431†, 12.
104.
territo: territat, A. 4. 187, 11.
351, 12. 262, 852.
TERROR. 9.
terror, A. 11. 357;
terrorem, A. 7. 578, 9. 202, Cu.
399 (Leo *per orbem* Ellis *ruborem* Rb. *rubore* Th. *colore* Ben.);
terrore, A. 8. 705;
terrorum, A. 7. 552;
terroribus (abl.), A. 7. 58, 11.
448, 12. 617.
TERTIUS. 13.
tertius, A. 5. 314, 322, 495, 10.
175;
tertia (nom.), A. 1. 265, 3. 117,
5. 339, 11. 210;
tertia (nom.), A. 3. 645;
tertia, A. 3. 37, 5. 266, 6. 859†,
11. 631.
TESSERA, A. 7. 637.
testa: testae (gen.), G. 2. 351;
testa, G. 1. 391, Ci. 369.

TESTIS. 6.
testis, A. 5. 789, 9. 288, 12.
176;
testes (nom.), E. 5. 21;
testibus (abl.), E. 8. 19, Ci.
405.
TESTOR. 24.
testor, A. 2. 155, 432, 3. 599,
4. 357, 492, 5. 803, 9. 429, 11.
559, 12. 201;
testatur, A. 4. 519, 6. 619, 8.
346, 11. 221, 12. 581, Ci. 88,
109, 215†;
testamur, Ci. 273 (Th. Ellis
obtestor Rb. Ben.);
testabor, Ci. 407;
testata est, Cu. 339;
testentur, A. 3. 487;
testante (fem.), M. 32;
testatus, A. 7. 593†, 12. 496†.
testudo. 7.
testudinis, Ci. 466;
testudine, G. 2. 463, 4. 464, A.
1. 505, 2. 441, 9. 505, 514.
testum: testis (abl.), M. 51.
TETHYS, G. 1. 31, Ci. 392†.
Tetrica: Tetricae (gen.), A. 7.
713.
TEUCER (TEUCRUS), A. 3. 108;
Teucri, A. 1. 235, 4. 230, 6.
500†, 648.
Teucer (Teucrus): Teucrum, A.
1. 619.
TEUCRIA, A. 2. 26.
Teucrius: Teucria (fem. nom.),
Cu. 306.
Teucrus; vid. *Teucer.*
Teucrus. 130.
Teucri (nom.), A. 5. 530, 9.
779, 12. 117;
Teucris (masc.), A. 7. 359;
Teucros, A. 2. 747, 8. 161, 10.
866;
masc. subst. Teucri (nom.), A.
2. 252, 366, 459, 3. 352, 4. 397,

32

5. 181, 293, 450, 6. 212, 9. 34, 39, 510, 516, 636, 791, 10. 58, 11. 92, 134, 434, 12. 193, 642, 738, 744, 770, 836;

Teucrorum, A. 1. 38, 89, 248, 511, 626, 2. 326, 5. 7, 8. 470†, 9. 805, 11. 321, 385; Teucrum, A. 1. 555, 2. 281, 3. 53, 4. 48, 537, 5. 592, 675, 690, 6. 562, 7. 344, 8. 154, 513, 9. 55, 226, 10. 528, 684, 11. 690, 834, 12. 78, 562;

Teucris, A. 1. 299, 2. 247, 5. 66, 6. 54, 90, 93, 7. 155, 276, 388, 470, 8. 551, 9. 77, 130, 719, 10. 8, 44, 62, 105†, 158, 512, 617, 12. 60, 189, 629;

Teucros, A. 1. 304, 625, 2. 571, 3. 186, 4. 349, 6. 41, 67, 7. 193, 301, 476, 547, 578, 8. 10, 136, 397, 9. 68, 149, 248, 10. 22, 28, 260, 309, 690, 11. 116, 168, 175, 449, 585, 842, 872, 12. 78, 506, 812, 824;

Teucri, A. 1. 562†, 2. 48, 3. 601, 5. 474, 9. 114, 10. 430, 11. 164;

Teucris, A. 2. 427, 11. 279.

Teuthras: Teuthra (voc.), A. 10. 402†.

Teutonicus: Teutonico (masc. abl.), A. 7. 741.

texo. 14.

texit, E. 10. 71;

texunt, E. 9. 42, A. 5. 593, 11. 65;

texent, G. 4. 250;

texas, Ci. 339 (Th. *texitur* Rb. Ellis *texuis* Ben.);

texamus, A. 11. 326;

texuis (= texueris), Ci. 339 (vid. *texas*);

texitur, Ci. 339 (vid *texas*);

texuntur, Ci. 29†;

texatur, G. 1. 266;

fuerint texta, G. 4. 34;

textum (neut. acc.), A. 5. 589;

textis (neut. abl.), A. 2. 186;

neut. subst. textum (acc.), A. 8. 625;

texendae (sunt), G. 2. 371.

textilis: textilibus (neut. abl.), A. 3. 485†.

textum; vid. *texo.*

THAEMON, A. 10. 126†.

THALAMUS. 25.

thalamus, A. 6. 521, Ci. 512†;

thalami, G. 4. 374, A. 4. 18, 550, Ci. 217;

thalamo, A. 4. 392, 6. 528†;

thalamum, A. 6. 623, 7. 388;

thalamo, G. 4. 333, A. 4. 133, 495, 6. 397, 7. 253, 8. 372, 9. 594;

thalami, A. 2. 503, 6. 94, 280, 10. 498;

thalamis, A. 7. 97;

thalamos, A. 10. 389, 649;

thalamis, G. 4. 189.

Thalassio; vid. *Talasio.*

THALIA (THALEA), E. 6. 2 (Thalea); Thalia, Cu. 1†.

THALIA, G. 4. 338†, A. 5. 826.

thallus: thallo (abl.), Ci. 376†.

Thamyrus (Thamyris): Thamyrum, A. 12. 341.

Thapsus: Thapsum, A. 3. 689†.

Thasius: Thasiae (nom.), G. 2. 91.

THAUMANTIAS, A. 9. 5.

THEANO, A. 10. 703.

theatrum: theatri, A. 1. 427 (M P²γ² edd. *theatris* RF² P¹ Rb. Ben.), 5. 288, 664;

theatris (dat.), A. 1. 427 (vid. *theatri*).

Thebae: Thebas, A. 4. 470.

Thebanus: Thebana (abl.), A. 9. 697.

Themillas: Themillae (gen.), A. 9. 576.

Themon; vid. *Thaemon.*

thensaurus (thesaurus): thensauri (gen.), G. 4. 229 (P Rb. *then-sauris* Rγ^1 Con. *thesauris* Mγ^2 Th. Ld. Ben.); thensauros, A. 1. 359†; thensauris, G. 4. 229 (vid. *thensauri*).

Thermodon: Thermodontis, A. 11. 659†.

Theron: Therone, A. 10. 312.

Thersilochus: Thersilochum, A. 6. 483.

Thersilochus: Thersilochum, A. 12. 363†.

thesaurus; vid. *thensaurus.*

THESEUS, A. 6. 618; Thesei, Ci. 102†; Thesea, A. 6. 122, 393.

Thesides: Thesidae (nom.), G. 2. 383.

THESSANDRUS, A. 2. 261.

THESTYLIS, E. 2. 10, 43.

THETIS, A. 5. 825; Thetidi, G. 1. 399; Thetim, E. 4. 32†.

thiasus: thiasos, E. 5. 30; thiasis, A. 7. 581.

THOAS, A. 2. 262.

Thoas: Thoantis, A. 10. 415.

tholus: tholo (abl.), A. 9. 408.

thorax: thoracis, A. 12. 381; thoraca, A. 10. 337, 11. 9, 487; thoracas, A. 7. 633.

Thraca; vid. *Thraeca.*

THRACES, A. 3. 14.

THRACIUS, E. 4. 55†, A. 5. 536†, 565, 9. 49.

THRAECA (THRACA), A. 12. 335 (Rb. *Thraca* MPγ edd.).

THRAEICIUS (THREICIUS). 7. Thraeicius, A. 6. 645 (Rb. *Threicius* edd.); Threicio (masc.), A. 3. 51; Thraeiciam, A. 7. 208;

Thraeicia, A. 6. 120†; Thraeiciae, A. 11. 659; Thraeiciis (fem. abl.), A. 5. 312; *subst.* Threicios, A. 10. 350†.

THRAEISSA (THREISSA), A. 1. 316 (Rb. *Threissa* MPR edd.), 11. 858.

Thraex: Thraecis (masc. gen.), D. 37†.

Threicius; vid. *Thraeicius.*

Threissa; vid. *Thraeissa.*

Thronius: Thronium, A. 10. 753†.

THUCYDIDES, Ca. 2. 3.

Thule; vid. *Thyle.*

thus; vid. *tus.*

Thybris, Thybrinus; vid. *Tiberis, Tiberinus.*

Thybris: Thybrim, A. 8. 331.

THYIAS, A. 4. 302†.

THYLE (THULE), G. 1. 30†.

Thymber: Thymber, A. 10. 391; Thymbre, A. 10. 394.

thymbra: thymbrae (gen.), G. 4. 31.

THYMBRAEUS, G. 4. 323; *masc. subst.* Thymbraee, A. 3. 85.

THYMBRAEUS, A. 12. 458.

THYMBRIS, A. 10. 124†.

THYMOETES, A. 2. 32†.

THYMOETES, A. 10. 123; Thymoeten, A. 12. 364†.

thymum. 9. thymum, G. 4. 112†, 270, 304; thymo, E. 5. 77, 7. 37, G. 4. 169, 181, 241†, A. 1. 436.

THYRSIS, E. 7. 2, 3, 20; Thyrsim, E. 7. 69†; Thyrside, E. 7. 16.

thyrsus: thyrsos, A. 7. 390.

TIARAS, A. 7. 247.

TIBERINUS (THYBRINUS). 10. Tiberinus, A. 9. 125; Tiberini (neut.), A. 10. 833;

Tiberino (neut. abl.), A. 11.
449;
Thybrina, A. 12. 35 (mss. edd.
Tiberina Th. Gos.);
Tiberina, A. 1. 13;
masc. subst. Tiberinus, G. 4.
369, A. 7. 30, 8. 31;
Tiberine, A. 6. 873, 7. 797.
TIBERIS (THYBRIS). 20.
Thybris, A. 2. 782, 8. 64, 86,
330;
Thybridis, A. 3. 500, 7. 303,
436;
Tiberim, G. 1. 499, A. 7. 715
(mss. edd. *Thybrim* Gos.);
Thybrim, A. 3. 500, 5. 83, 797†,
6. 87, 7. 151, 242, 11. 393, Ca.
13 (5). 23†;
Thybri (voc.), A. 8. 72†, 540†,
10. 421†.
TIBIA. 13.
tibia, A. 9. 618, 11. 737, Co. 7;
tibia (voc.), E. 8. 21, 25, 29a,
31, 36, 42, 46, 51, 57, 61.
TIBUR, A. 7. 630.
Tiburs: Tiburtia (acc.), A. 7.
670; *masc. subst.* Tiburti
(dat.), A. 9. 360†; Tiburtum,
A. 11. 757.
Tiburtus: Tiburti, A. 7. 671, 11.
519†.
tignum: tignis (abl.), G. 4. 307†.
TIGRIS. 11.
tigris, G. 3. 248, 4. 407;
tigridis, A. 11. 577; tigris, Ci.
136;
tigrim, A. 9. 730†;
tigri, A. 10. 166;
tigres, G. 2. 151, A. 4. 367;
tigris, E. 5. 29, G. 4. 510, A.
6. 805.
Tigris: Tigrim, E. 1. 62.
TILIA, G. 1. 173;
tiliam, G. 4. 183†;
tiliae, G. 2. 449, 4. 141†.

Timavus: Timavi, E. 8. 6, G. 3.
475, A. 1. 244.
timefactus: timefacta (fem. nom.),
Cu. 366 (Rb. Ellis *legitime* Leo
Ben. *limitibus* Th.).
TIMEO. 24.
timeo, A. 2. 49;
timet, A. 1. 661, 4. 502, 11.
550, Cu. 82;
timent, A. 6. 324;
timebat, A. 2. 130;
timuit, A. 5. 505, Cu. 34, 272,
Ci. 157;
timuerunt, G. 1. 468;
timeant, A. 9. 152;
timuisset, E. 6. 50†;
time, A. 2. 607;
timere, Ci. 359;
timuisse, Ca. 9 (11). 50 (Th.
Ben. *meminisse* Rb. Ellis);
timens, A. 5. 165;
timens (fem.), A. 4. 298;
timentem, G. 4. 530, A. 2. 729,
8. 222;
timentem, A. 10. 612, 12. 875.
timidus. 8.
timidum (neut. acc.), G. 3.
422;
timidi, E. 8. 28†, G. 3. 539;
timidos, E. 6. 77, G. 3. 409;
timidis (masc.), A. 6. 263;
subst. timidam, Ci. 72 (edd.
nudam Ellis);
timidis (masc. dat.), E. 6. 20.
TIMOR. 14.
timor, A. 4. 13, 8. 224, 557, 9.
89, 385, 11. 14, Cu. 199;
timoris, A. 11. 383;
timorem, A. 1. 202, 450, 5. 812
(F¹ M Th. Con. Gos. *timores*
F² PRγ edd.), 6. 352; Timorem, A. 9. 719†;
timore, M. 120;
timores (acc.), A. 5. 812 (vid.
timorem).

2. 635, 699 (vid. *tollit*), 6. 492, Ci. 368;

tollentem (masc.), G. 3. 421, A. 12. 904;

tollitur, G. 3. 111, A. 7. 408, 9. 567, 11. 745, 12. 462;

tollimur, A. 3. 564;

tolli, A. 5. 390, 11. 59, 12. 795;

sublatus, A. 2. 338;

sublata, A. 10. 502;

sublatum (masc.), A. 9. 203, 749, 12. 729;

sublato, A. 2. 804;

sublata, A. 5. 642;

sublato, G. 3. 426†, A. 2. 474;

sublata (acc.), A. 8. 175;

sublatis (masc.), A. 12. 26;

sublatis (neut.), A. 7. 789.

TOLUMNIUS, A. 11. 429, 12. 258, 460†.

tondeo. 24.

tondent, G. 1. 15, 3. 312;

tondebat, G. 4. 137;

tondebant, Cu. 50 (edd. *tondentur* Th. Ben.);

tondebis, D. 28 (Rb. *tonderis* Ellis);

tonde, G. 2. 368;

tondere, G. 3. 561, Ci. 382;

tondens (masc.), A. 6. 598†;

tondenti (masc.), E. 1. 28;

tondentes (masc. acc.), A. 3. 538;

tonderis, D. 28 (vid. *tondebis*);

tondentur, G. 1. 290, 2. 431, Cu. 50 (vid. *tondebant*);

tonsae (gen.), G. 3. 21, A. 5. 774;

tonsum (neut.), G. 3. 448;

tonsa (abl.), A. 5. 556;

tonsis (fem.), G. 3. 443;

tonsas, G. 1. 71†;

tonsis, G. 4. 377, A. 1. 702†;

tonsis (fem.), G. 4. 277;

fem. subst. tonsae (nom.), A. 7. 28;

tonsis (dat.), A. 10. 299.

tonitrus: tonitru, A. 4. 122, 5. 694, 8. 391†.

tono. 10.

tonat, G. 1. 371, 3. 261, A. 3. 571, 4. 510, 9. 541, 12. 757;

tonant, A. 8. 419;

tona, A. 11. 383;

tonare, A. 8. 529†;

tonanti (masc. abl.), A. 8. 820.

tonsa; vid. *tondeo.*

tophus; vid. *tofus.*

TOPIA, Co. 7 (edd. *obbae* Th.).

TOREUMA, Cu. 67.

tormentum: tormenti, A. 8. 487; tormento (abl.), A. 11. 616†, 12. 922.

tornus: torno (abl.), E. 3. 38, G. 2. 449.

torpeo: torpent, G. 3. 370, A. 9. 499; torpere, G. 1. 124.

TORPOR, A. 12. 867.

Torquatus: Torquatum, A. 6. 825.

torqueo. 60.

torques, A. 4. 208, 12. 180, Ci. 257;

torquet, A. 1. 108, 117, 4. 269, 482†, 5. 177, 738, 6. 551, 797, 9. 93, 671, 724, 10. 585, 12. 536;

torquent, A. 3. 208, 532, 4. 583, 5. 831, 9. 665, 12. 578;

torquebat, A. 11. 773, 12. 901, Cu. 167;

torquebit, G. 2. 247;

torsisti, A. 5. 497;

torsit, G. 4. 529, A. 3. 669, 4. 220, 6. 547 (FP edd. *pressit* MR Gos.), 11. 578, 12. 670, 858;

torserat, A. 12. 461†;

torserit, A. 10. 334;

torqueat, G. 1. 174, A. 11. 284;
torquere, E. 10. 59, A. 7. 741†;
torquens, G. 3. 350, 433†, A. 7.
666, 9. 402;
torquens (fem.), A. 7. 399,
448;
torquentem (masc.), G. 1.
309†;
torquentia (nom.), G. 3. 254;
torquetur, Cu. 180†;
torquentur, G. 2. 448;
tortus, G. 4. 121;
torta, M. 33;
torti (masc.), A. 8. 429;
torto (abl.), A. 7. 567;
torta, G. 1. 349;
torto, G. 3. 106†, A. 7. 378;
tortos, G. 3. 38, A. 4. 575, 12.
481†.
torques: torquibus (abl.), G. 3.
168, 4. 276.
torrens; vid. *torreo.*
torreo. 18.
torrent, A. 5. 103;
torrebimus, G. 2. 396;
torrete, G. 1. 267;
torrere, A. 1. 179;
torrens (masc.), G. 4. 425†;
torrentis (fem.), A. 10. 603;
torrentem (fem.), G. 2. 451;
torrentia, E. 7. 52†;
torrentis (fem.), A. 9. 105, 10.
114;
torrentia, Ci. 161 (edd. *tirintia*
Ellis);
torrentibus (fem.), A. 6. 550;
masc. subst. torrens, A. 2. 305,
7. 567, 10. 363;
torrentur, A. 7. 720;
tostas, G. 1. 298;
tosta, A. 8. 180.
torridus: torrida (fem. nom.), E.
7. 48, G. 1. 234.
torris: torrem, A. 12. 298; torre,
A. 7. 506.

tortilis: tortile (nom.), A. 7. 351.
tortus; vid. *torqueo.*
tortus: tortus (acc.), A. 5. 276.
torus. 19.
toro, A. 4. 650, 659, 691;
toro, A. 2. 2, 4. 508, 5. 388, 6.
220, 7. 460, 8. 177, Co. 6;
tori, A. 9. 334;
toros, A. 3. 224†, 6. 674, 11.
66, 12. 7;
toris, G. 3. 81, A. 1. 708, 4.
207, 6. 604.
TORVUS (TORVOS). 13.
torvos, A. 10. 170, Cu. 176
(edd. *torvo* Ben.);
torva, E. 2. 63;
torvae (gen.), G. 3. 51;
torvam, A. 7. 415;
torvo, Cu. 173, 176 (vid. *torvos*
nom.);
torva, A. 3. 636, Cu. 303 (edd.
turba Ellis);
torvo, A. 3. 677†;
torvos, A. 6. 571†;
torva, Cu. 189;
adv. torvom, A. 7. 399;
torva, A. 6. 467.
TOT. 55.
tot, E. 9. 53, G. 1. 505, 2. 155,
156, A. 1. 9, 10, 47, 100, 204,
232, 240, 642, 2. 14, 556, 3.
282, 708, 5. 97, 615, 627, 645,
6. 59, 7. 198, 228, 328, 329,
421, 447, 8. 570, 9. 132, 453,
785, 10. 33, 57, 213, 470, 482
bis, 568 *bis,* 888 *bis,* 11. 349,
384, 430, 12. 272, 500†, Ci.
417, M. 106, Ca. 3*. 17 (Rb.
hoc Ellis), 10 (8). 17†;
tot . . . quot (quot . . . tot),
G. 3. 47, A. 11. 677;
quot . . . tot . . . tot . . .
totidem . . . tot, A. 4. 182, 183.
TOTIDEM. 18.
totidem, G. 2. 100, 4. 540, 551,

transierim, G. 2. 102, A. 10. 186;

transire, G. 4. 503.

transfero: transfert, M. 40†; transferet, A. 1. 271; transtulit, A. 2. 327.

transfigo: transfixa (nom.), A. 11. 645; transfixo (neut. abl.), A. 1. 44.

transfodio: transfossi (nom.), A. 9. 544.

transformo: transformat, G. 4. 441, A. 7. 416.

transigo: transigit, A. 9. 634 (P¹ Rb. Con. *traicit* M edd.).

transilio: transilit, A. 10. 658, 817 (Rb. *transit* R Ld. Th. Ben. *transiit* MPγ Con. Gos.), 12. 859.

transmitto: transmittunt, A. 4. 153†; transmisit, A. 3. 329; transmittere, A. 6. 313; transmissae (nom.), A. 3. 403.

transporto: transportare, A. 6. 328.

transtrum. 6. transtra, A. 10. 306†; transtra, A. 5. 663, 752; transtris, A. 3. 289, 4. 573†, 5. 136†.

transverbero: transverberat, A. 10. 336, 484, 11. 667.

transverso: transversat, M. 46 (edd. *transversa* Ben.).

transverto: transversa (abl.), M. 46 (Ben. *transversat* edd.); transversas, G. 4. 26; *adv.* transversa, E. 3. 8, A. 5. 19.

transvolo: transvolet, D. 44.

trapetus: trapetis (abl.), G. 2. 519.

trecenti: trecentos, A. 10. 173.

tremebundus; vid. *tremibundus.*

TREME, A. 2. 228 (Rb. *tremefacta* edd.), 382 (Rb. *tremefactus* edd.), 629 (Rb. *tremefacta* edd.).

tremefacio. 8. tremefecit, A. 9. 106, 10. 115; tremefecerit (subi.), A. 6. 803†; tremefactus, A. 2. 382 (edd. *treme factus* Rb.); tremefacta (fem. nom.), A. 2. 629 (edd. *treme facta* Rb.), 10. 102†, 12. 449†; tremefacta (acc.), A. 2. 228 (edd. *treme facta* Rb.).

tremendus; vid. *tremo.*

TREMESCO, A. 3. 648; tremescit, A. 12. 916, Cu. 329†; tremescunt, A. 5. 694, 11. 403.

tremibundus (tremebundus): tremibunda (fem. nom.), A. 10. 522†, Ci. 256, 342.

tremo. 30. tremit, G. 1. 330, 3. 84, A. 5. 198, 9. 715, 11. 645, 12. 445; tremunt, A. 9. 732; tremebant, A. 8. 350†; tremuerunt, G. 1. 475; tremuere, A. 8. 296; tremerent, A. 3. 627; tremere, A. 3. 90, Ci. 358; tremens, G. 3. 189, A. 5. 481; tremens (fem.), A. 2. 52; trementi (masc.), A. 5. 431; trementem, A. 2. 550, 6. 396, 8. 669; trementem, A. 2. 175, 12. 94; trementibus (masc.), A. 2. 509; trementis (fem.), A. 4. 643; trementia, A. 1. 212, M. 91; *masc. subst.* trementis (acc.), A. 12. 761; tremendum, A. 2. 199;

tremendum (masc.), G. 4.
469†;
tremenda (nom.), A. 8. 335†.
TREMOR. 7.
tremor, G. 2. 479, 3. 250, A. 2.
121, 6. 55, 7. 446, 11. 424, 12.
448.
tremulus: tremulum (nom.), A.
8. 22;
tremulo (neut. abl.), A. 7. 9;
tremulis (masc. abl.), A. 7.
395;
tremulis (fem.), E. 8. 105.
trepido. 14.
trepidat, A. 12. 403, 737;
trepidant, A. 4. 121, 9. 418,
Ci. 171;
trepident, A. 8. 246;
trepidate, A. 9. 114;
trepidare, A. 2. 685, 6. 491, 9.
538;
trepidante (fem.), Cu. 303
(Ellis *feritate* edd.);
trepidantia (acc.), G. 4. 69, A.
9. 147;
masc. subst. trepidanti (dat.),
A. 10. 788.
TREPIDUS. 28.
trepidus, A. 2. 380, 6. 290, 7.
638†;
trepida, A. 4. 642, 10. 656;
trepidi (neut.), G. 1. 296†;
trepido (masc.), A. 2. 735;
trepido (abl.), A. 4. 672, 8. 5;
trepida, A. 9. 756, 12. 901;
trepidi, A. 3. 616, 627 (M¹ P²
Gos. *tepidi* M² P¹ edd.), 666,
9. 169, 10. 283, 11. 453, 12. 730;
trepidae, G. 4. 73, A. 7. 518,
11. 805, 893, 12. 589;
trepida, A. 6. 800, 11. 300†;
trepidos, A. 9. 233, 12. 583;
masc. subst. trepidi (gen.), A.
12. 748.
TRES. 24.

tres, A. 5. 308;
tres, A. 5. 560†;
tris, A. 1. 184, 3. 203, 5. 772,
6. 484, 8. 429 *bis*, 430, 9. 329,
10. 350 (tres), 351, 12. 514;
tris, E. 3. 105, A. 1. 108, 110,
6. 355, 8. 564;
tria, G. 4. 483, A. 4. 511, 6.
421;
tribus, E. 8. 77, A. 10. 784;
tribus (fem.), G. 3. 190.
tribolus: triboli (nom.), G. 1.
153, 3. 385.
tribulum: tribula (nom.), G. 1.
164.
tribuo: tribuistis, Ci. 93†;
tribuerunt, L. 61; tribuere,
Cu. 388, Ci. 270†.
TRIBUS, A. 7. 708.
TRICHILA (TRICLIA), Co. 8 (edd.
trichila Th. Ben.).
tricorpor: tricorporis (fem. gen.),
A. 6. 289.
tridens. 8.
tridentibus (neut. abl.), A. 5.
143†, 8. 690†;
masc. subst. tridentem, A. 1.
138;
tridenti, G. 1. 13, A. 1. 145, 2.
418, 610, D. 58.
trietericus: trieterica (acc.), A. 4.
302.
trifaux: trifauci (masc. abl.), A.
6. 417.
triginta: triginta (neut. gen.), A.
3. 391, 8. 44; triginta (masc.
acc.), A. 1. 269.
trilinguis: trilingui (neut. abl.),
Cu. 166 (Th. Ben. *lingua* Rb.
Leo *linguae* Ellis).
trilix: trilicem (fem.), A. 3. 467,
5. 259, 7. 639.
Trinacria. 6.
Trinacriae (gen.), A. 5. 555,
Ca. 9 (11). 20, D. 9;

Trinacriam, A. 3. 582, 5. 393;
Trinacria, A. 3. 440.
Trinacrius. 8.
Trinacria, A. 3. 554, 5. 450;
Trinacrii (masc.), A. 3. 429,
5. 573 (P¹ R Rb. Ben. *Trinacriis* edd.);
Trinacria, A. 3. 384;
Trinacrio, A. 1. 196;
Trinacrii, A. 5. 300†, 530;
Trinacriis (masc. abl.), A. 5.
573 (vid. *Trinacrii*).
triones: triones (acc.), A. 1. 744,
3. 516.
triplex. 8.
triplex (fem.), A. 10. 202;
triplici (abl.), E. 8. 73†, A. 5.
119, 6. 549, 8. 714, Ci. 371;
triplici, A. 7. 785;
triplici, A. 10. 784.
Triptolemus: Triptolemi, Cu.
136†.
tripus: tripodes, A. 5. 110; tri-
podas, A. 3. 360, 9. 265.
TRISTIS. 79.
tristis, E. 10. 31, G. 3. 517,
4. 319, 355, A. 6. 315, 12. 409;
tristis, G. 3. 67, 4. 135, A. 2.
337, 6. 275, 695, 7. 408, 11.
534 (vid. fem. acc.), 589, Cu.
209, 246, 384;
triste, A. 6. 223, 7. 596, 9. 262,
11. 259;
tristis, G. 1. 75;
tristis (fem.), A. 6. 438 (Pγ
Rb. Ben. *tristi* edd.);
tristem (fem.), A. 5. 411;
triste, A. 2. 184, 5. 7, Cu. 27;
tristi, G. 4. 252;
tristi, G. 3. 448, A. 6. 438 (vid.
gen.), 866, 11. 839, Ci. 283†,
L. 71;
tristi, A. 6. 185, 383, 7. 545,
8. 29, 197, 522, 11. 470, 12.
160;

tristes, E. 9. 5;
tristes, A. 1. 481, 5. 734, 8.
701†, 12. 802, Cu. 233;
tristia, A. 7. 325;
tristis, G. 2. 126;
tristis, E. 2. 14, G. 4. 531, A.
1. 238, 3. 366, 6. 534, 7. 617,
11. 534 (vid. fem. nom. sing.),
Ci. 138†, 174 (-es), 536;
tristia, E. 6. 7, G. 2. 247, 4.
256, A. 2. 115, 548, 3. 301, 4.
243, 5. 840, 10. 612, Cu. 81, M.
4;
tristibus (fem.), A. 7. 787, Ci.
248;
tristibus, G. 1. 484;
subst. triste (nom.), E. 3. 80;
tristior (fem.), G. 4. 235, A. 1.
228;
tristius, A. 3. 214;
tristius, Ca. 8 (10). 4†, D. 54,
75.
trisulcus: trisulcis (fem. abl.), G.
3. 439, A. 2. 475.
triticeus: triticeam, G. 1. 219.
TRITON, A. 1. 144, 6. 173; Tri-
tones (nom.), A. 5. 824.
TRITON, A. 10. 209.
Tritonis: Tritonidis, A. 2. 226.
Tritonius: Tritonia (fem. nom.),
A. 2. 615, 5. 704, 11. 483;
fem. subst. Tritonia (nom.), A.
2. 171.
TRITURA, G. 1. 190.
triumpho: triumphata (abl.), A.
6. 836; triumphatas, G. 3. 33.
triumphus. 10.
triumphi, Ca. 9 (11). 3†;
triumpho (abl.), A. 2. 578, 8.
714;
triumphi, A. 11. 54;
triumphis, A. 6. 814, Cu. 370;
triumphos, G. 1. 504, 2. 148,
A. 8. 626;
triumphis, A. 4. 37†.

491, 11. 45, 12. 59, 653, 798,
883, Cu. 23, 269, Ci. 295,
296†, 410†, 425, Ca. 4 (13). 3,
4, 8, 9, 9 (11). 10, 23 (edd.
tanto Ben.), L. 43; tecum, E.
3. 32, 9. 18, 10. 43, G. 2. 2,
A. 1. 74, 2. 675, 3. 491, 4. 108,
5. 83, 716, 6. 370, 9. 203, 10.
902, 11. 409, 518, Ci. 153, Ca.
9 (11). 59, 14 (6). 4, L. 34†, 41;
vos, E. 5. 21, 8. 62, 10. 72, G.
1. 5, 10, A. 1. 200, 201, 369,
569, 735, 2. 375, 638, 640, 712,
3. 654, 4. 622, 5. 474, 6. 675, 7.
121, 267, 8. 572, 9. 116, 525,
10. 390, 430, 676, 12. 264, 646,
693, Ci. 198, 199†, 202, 408,
Ca. 5 (7). 3†, 11, L. 45;
vobis, E. 6. 25, 10. 11, A. 2.
349, 3. 252, 495, 5. 61, 236,
348, 638, 646, 6. 870, 7. 261,
8. 138, 9. 252, 614, 10. 6, 393,
11. 440, 12. 265, Ci. 129 (Ellis
urbis edd.), 200†, 409†, D. 9†,
L. 1, 3†, 8, 20, 21†;
vos, E. 1. 75, 2. 54, 3. 108, 7.
46, 10. 9, G. 3. 2, A. 1. 132, 2.
154, 155, 3. 94, 95, 256, 6. 63,
9. 257, 447, 601, 619, 10. 369,
374, 677, 11. 108, 164, 253, 12.
648, Cu. 295 (Leo Ellis *tuom
grave sede* Rb. Th. *nos* Ben.),
296 (Leo Ellis *has* Rb. Th.
nos Ben.), 407 *bis*, Ca. 3*. 21,
L. 4, 5† *bis*, 7 (Rb. *interea*
Ellis), 51†; vosmet, A. 1. 207;
vos, A. 9. 146;
vobis, E. 10. 35, A. 12. 695, L.
4†; vobiscum, Ca. 11 (14). 3.
TUBA. 10.
tuba, A. 5. 113, 139, 9. 503;
tubae (gen.), A. 8. 526;
tubam, A. 6. 233, 11. 424;
tubarum, G. 4. 72, A. 2. 313,
7. 628, 11. 192.

Tucca: Tucca (voc.), Ca. 1. 1.
TUEOR (TUOR). 63.
tuor, Ca. 2*. 5†, 3*. 4 (Rb.
nutrior Ellis);
tuetur, A. 4. 362;
tuemur, A. 12. 34;
tuebitur, A. 2. 523;
tuere, Cu. 21 (Th. *om.* edd.);
tueri, G. 1. 21, 2. 195, A. 1.
564, 2. 188, 4. 451, 6. 688, 7.
443, Ca. 3*. 18;
tuens (masc.), A. 9. 794, 12.
82;
tuenti (masc.), A. 2. 604, 9. 65;
tuentem (fem.), A. 6. 467, 12.
792;
tuentes (masc.), A. 5. 575, 9.
229 (Rb. *tenentes* mss. edd.);
tuentis (masc.), A. 10. 397;
tuentibus (masc.), E. 3. 8;
tuendo (abl.), A. 1. 713, 8. 265;
tutus, A. 1. 243, 5. 813, 8. 323;
tuta, A. 4. 373, 6. 238;
tutum (masc.), A. 2. 620;
tutum, A. 5. 862;
tuto, A. 3. 78;
tuta, E. 2. 40, A. 3. 387, 10.
805;
tuti, A. 9. 61, 11. 527;
tutae, G. 4. 193†;
tuta, A. 1. 164;
tutos, A. 1. 571, 9. 43†;
tuta, A. 1. 583, 4. 88, 298, 5.
171, 796, 7. 632, 8. 603;
tutis (masc.), A. 10. 713†;
neut. subst. tutum (acc.), A. 1.
391, Ci. 468;
tuta (acc.), A. 6. 358, 9. 366,
11. 871, 882;
adv. tuto, G. 2. 332, A. 11. 381;
tutior (masc.), A. 3. 377;
tutissima (fem. nom.), G. 4.
421;
tuendum est, A. 9. 175;
tuendae sunt, G. 3. 305†.

quondam . . tum, A. 5. 866;
III correl. c. coni.:
tum . . . cum (cum . . . tum),
E. 3. 10, 9. 67, G. 1. 305, 307,
308, 3. 198, 335†, 357†, 435†, 4.
523†, A. 1. 505, 4. 408 (P edd.
tunc M Gos. Ben.), 5. 659 (vid.
tum vero), 7. 126, 152, 11. 379,
Ci. 212, 310†, 311†, 335 (edd.
tunc Rb. in ed. mai. Ben. *tu*
Ellis), 337 (edd. *tunc* Rb. in ed.
mai. Ben. Ellis), D. 37;
cum (quom) . . . tum (=non
modo . . . sed etiam), Cu. 376
(Ellis *iam* . . . *tum* edd.), Ca.
9 (11). 14†;
tum . . . dum (dum . . . tum),
A. 6. 171†, 9. 540†, 10. 589;
postquam . . . tum, A. 3. 194;
tum . . si (si . . tum), E. 10.
33†, G. 1. 455, 3. 83, 474†, A.
1. 151, 2. 190, 8. 397;
ubi . . tum, G. 1. 448, 2. 368
(PV edd. *tunc* MR Con.), 368
(PV edd. *tunc* MR Con.),
369†, 3. 193†, 4. 187, 187†,
406.
tumeo. 10.
tumet, L. 12;
tument, G. 2. 324, A. 6. 49;
tumens (fem.), M. 33;
tumentem (masc.), G. 3. 421,
A. 2. 381, 8. 86†, 11. 854;
tumenti (masc.), A. 7. 810;
tumentis (masc.), A. 2. 273.
tumesco: tumescant, G. 2. 479;
tumescere, G. 1. 357, 465.
TUMIDUS. 14.
tumidus, A. 9. 596, 10. 21;
tumidum, A. 5. 820;
tumidi (neut.), A. 8. 671;
tumidum, A. 2. 472, 11. 393;
tumidum, A. 3. 157†;
tumido, A. 3. 357, 10. 387;
tumida (abl.), A. 6. 407;

tumidos, Ci. 145;
tumida, A. 1. 142;
tumidis (masc.), G. 2. 102, A.
5. 125.
TUMOR, A. 8. 40.
tumulo: tumulabis, Ci. 442 (Rb.
Ellis *tumulabit* Th. Ben.);
tumulabit, Ci. 442 (vid. *tumulabis*).
tumultus. 15.
tumultum, A. 11. 897;
tumultu, A. 2. 122, 486, 3. 99,
6. 317, 857, 8. 4, 371, 9. 397,
11. 225, 447, 662, 12. 269, 757;
tumultus (acc.), G. 1. 464.
TUMULUS. 38.
tumulus, A. 2. 713, 3. 22, Cu.
396, 411;
tumuli, A. 5. 44, 7. 6, 10. 493;
tumulo, E. 5. 42, A. 3. 63, 5.
93, 605, 760, 6. 380, 11. 103,
594;
tumulum, E. 5. 42, A. 2. 742,
3. 304, 322, 5. 76, 86, 371, 664,
6. 380, 505, 754, 874, 12. 562;
tumulo, A. 3. 40, 8. 112, 9. 195,
11. 6, 853, 12. 136, D. 86;
tumuli, A. 11. 233;
tumulis (abl.), G. 2. 276†, 3. 475.
TUNC. 23.
tunc, E. 5. 89 (P² Rb. *tum* Rγ
edd.), G. 2. 317 (MR Th. Con.
tum P edd.), A. 3. 234, 6. 505,
8. 423†, 566 (mss. Gos. *tum*
edd.), 9. 526 (MPγ Ben. Gos.
tum FR edd.), 10. 517, 11. 72
(Gos. *tum* mss. edd.), 208, Ci.
110 (Ellis *tum* edd.), 116 (Ben.
Ellis *tum* Rb. Th.), 116 (Ben.
Ellis *tum* Rb. Th.), 335 (Rb.
in ed. mai. Ben. *tum* Rb. in ed.
min. Th. *tu* Ellis), 337 (Rb.
in ed. mai. Ben. Ellis *tum* Rb.
in ed. min. Th.), M. 87 (Rb.
Ellis *tum* Th. Ben.);

tunc etiam, A. 2. 246;
tunc primum, G. 1. 136;
tunc . . . cum (cum . . . tunc),
A. 4. 408 (M Gos. Ben. *tum* P
edd.), 5. 808, 6. 520 (Rb. *tum*
mss. edd.);
ubi . . . tunc . . . tunc, G. 2.
368 *bis* (MR Con. *tum* PV
edd.).
tundo. 12.
tundit, A. 10. 731;
tunditur, G. 3. 382, A. 4. 448,
5. 125;
tunsa, M. 27†;
tunsum (masc.), G. 4. 267†;
tunsae, A. 1. 481†;
tunsa, G. 4. 302;
tusos, G. 4. 62 (Rb. *iussos* mss.
edd.);
tusas, M. 40 (Th. *fusas* edd.);
tunsis (fem.), G. 3. 133†;
tunsis, A. 11. 37.
tunica. 6.
tunicam, A. 10. 314, 818;
tunica, A. 8. 457;
tunicae, A. 9. 616;
tunicas, G. 2. 75, A. 11. 777.
TURBA. 25.
turba, A. 3. 233, 6. 305, 325,
611, 667, 7. 813, 9. 792, 10.
432, 11. 13, 34, 145, 372, 880,
12. 444, 607, Cu. 20 (Th. Ben.
ventura edd.), 267, 278;
turbam, A. 1. 191, 5. 152, 6.
753, 12. 248;
turba, A. 2. 580, 8. 300, Cu.
303 (Ellis *torva* edd.).
TURBIDUS. 17.
turbidus, G. 2. 137, 3. 350, A.
5. 696, 6. 296, 9. 57, 10. 648,
763, 11. 742, 814, 876, 12. 10,
671, 685;
turbida (fem. nom.), A. 4. 353,
12. 283;
turbida (acc.), A. 4. 245, 6. 534.

turbo. 48.
turbat, A. 1. 515, 2. 200, 12.
70;
turbant, A. 6. 800;
turbabat, A. 1. 395†;
turbabis, G. 3. 412†;
turbasti, A. 12. 633;
turbavit, A. 3. 449, 12. 246;
turbet, A. 3. 407;
turbaret, A. 12. 556;
turbare, A. 9. 409, 11. 401;
turbans (masc.), A. 9. 339;
turbanti (masc.), A. 9. 692;
turbante (masc.), A. 6. 857, 9.
397;
turbatur, E. 1. 12†;
turbantur, A. 12. 620;
turbata est, A. 11. 3;
turbati (sunt), A. 8. 4, 11. 451,
12. 269;
turbatae (sunt), A. 11. 618;
turbentur, G. 2. 106;
turbari, A. 4. 566†;
turbatus, A. 2. 67, 3. 314, 8.
29, 11. 470;
turbata, A. 12. 599;
turbati, A. 12. 302;
turbatae (gen.), A. 8. 435;
turbatum, A. 8. 223;
turbatam, A. 11. 796, 12. 160;
turbati, A. 9. 538, 735, 11. 869;
turbata, A. 6. 75;
turbatos, A. 12. 325;
turbata, G. 3. 259, A. 5. 668,
9. 13, 11. 297;
turbati, Ci. 404†;
turbatis (masc.), A. 7. 767, 9.
124†.
TURBO. 22.
turbo, G. 3. 470, A. 1. 511, 7.
378, 10. 665, Ci. 480;
turbinis, A. 10. 603, 12. 923;
turbine, G. 1. 320, A. 1. 45,
83, 442, 2. 416, 3. 573, 6. 594,
9. 91, 11. 284, 596, 12. 320,

531, 855, Cu. 318 (Rb. Ellis
aedibus Leo *om.* Th. Ben.);
turbinibus (abl.), Cu. 349.
tureus: turea (nom.), G. 2. 117;
turea (nom.), A. 6. 225.
turgeo: turgent, E. 7. 48, G. 1.
315.
turgidus: turgidos, Ca. 13 (5). 40.
turicremus: turicremis (fem.
dat.), A. 4. 453.
turifer: turiferis (fem. abl.), G.
2. 139.
turma. 11.
turmae (dat.), A. 11. 503†;
turmae, A. 5. 560, 11. 518;
turmas, G. 3. 179, A. 5. 550,
10. 239, 310, 11. 599, 620, Cu.
248†, Ci. 117.
TURNUS. 152.
Turnus, A. 7. 56, 413, 475, 577,
783, 8. 1, 9. 4, 28, 47, 269, 462,
526, 535, 559, 573, 574, 740,
789, 797, 805, 10. 20, 453, 479,
490, 500, 532, 645, 647, 657,
677, 11. 91, 129, 441, 459, 486,
507, 910, 12. 1, 164, 220, 324,
337, 353, 380, 383, 446, 502,
509, 526, 614, 631, 666, 689,
729, 742, 776, 927, 943;
Turni, A. 7. 344, 398, 650, 8.
493, 9. 73, 108, 549, 593, 10.
143, 151, 456, 463, 478, 561,
11. 114, 217, 336, 376, 12. 45,
97, 138, 243, 469, 597, 697,
765, 861, 865;
Turno, A. 7. 366, 371, 724, 8.
17, 9. 115, 126, 327, 369, 691,
10. 240, 276, 503, 629, 11. 123,
371, 825, 12. 9, 74, 183, 232,
368, 539, 570, 799, 913;
Turnum, A. 7. 434, 8. 614, 9.
3, 738, 10. 75, 308, 440, 471,
615, 624, 665, 11. 115, 178, 221,
896†, 12. 148, 317, 466, 557,
645, 652, 809;

Turne, A. 7. 421, 596, 8. 538,
9. 6, 10. 514, 11. 175, 363, 502,
12. 32, 56, 62, 625, 653, 872,
889;
Turno, A. 10. 446, 11. 223,
12. 11, 38.
turpis. 15.
turpis, G. 3. 441, A. 6. 276;
turpe, G. 3. 52;
turpi (fem.), G. 3. 96;
turpe, Ca. 13 (5). 7†;
turpi, Ci. 362;
turpi (fem.), G. 3. 557, A. 2.
400, 4. 194;
turpes (fem.), G. 4. 96†;
turpis, E. 6. 49, G. 2. 60;
turpis, G. 3. 299, 4. 395;
turpia, A. 5. 358.
turpo: turpabat, L. 71; turpans
(masc.), A. 12. 611; turpan-
tem (masc.), A. 10. 832.
turriger: turrigerae (gen.), A. 10.
253 (vid. nom.); turrigerae
(nom.), A. 7. 631, 10. 253 (vid.
gen.).
TURRIS. 20.
turris, A. 6. 554, 9. 530, 540;
turrim, A. 2. 460, 12. 673, 674;
turres, A. 4. 86;
turris, A. 2. 445, 7. 160, 11.
466, 12. 132, Ci. 173;
turribus, G. 4. 125, A. 4. 187,
9. 46†, 470, 575, 677, 10. 121,
Ci. 192.
turritus: turrita (nom.), A. 6.
785; turriti (nom.), A. 3. 536:
turritis (fem. abl.), A. 8. 693†.
TURTUR, E. 1. 58.
tus (thus). 10.
turis, Cu. 404;
ture, A. 1. 417, 11. 481, Ca. 14
(6). 5;
tura, Cu. 87;
tura, E. 8. 65, G. 1. 57, A. 8.
106†, Cu. 264 (Rb. *fata* Th.

22, 9. 31, G. 2. 524, 3. 178, 396,
A. 3. 392, 642, 4. 367, 8. 45†,
631, 11. 572, Ca. 2*. 11.
uber: uberrima (fem. nom.), G.
4. 141; uberrima (acc.), A. 3.
106.
UBI. 169.
   I interrog: 1. c. indic:
praes.: G. 2. 486†, A. 3. 88,
312, 4. 595, 5. 391, 392, 10. 73,
897, Cu. 225;
   2. c. subi: a) praes.: A. 3. 7,
7. 131;
    b) perf.: A. 2. 596†;
   II rel.: A) locat.: 1. c. indic.:
a) praes.: E. 9. 60, G. 2.
180, 528, 3. 14, 4. 49 *bis*, A. 1.
99 *bis*, 100, 205, 365 (vid. fut.),
416, 693, 2. 608, 781, 3. 105,
4. 481, 6. 195, 473, 540, 632,
796, 7. 11, 400, 764, 9. 585,
618, 10. 141, 11. 589, 12. 690,
Ci. 180†, Ca. 10 (8). 8;
    b) imperf.: A. 11. 30, 12.
768;
    c) fut.: A. 1. 365 (vid.
praes.);
    d) perf.: G. 2. 123, A. 3. 11,
8. 479;
   2. c. subi.: a) praes.: G. 2.
266, 3. 144;
    b) imperf.: A. 5. 131, 7.
776†, 777;
   B) tempor.: 1. c. indic.: a)
praes.: E. 7. 8, G. 1. 312, 2.
107, 312, 353, 3. 95, 130, 4.
234, 434, 443, 474, A. 1. 592,
2. 471, 3. 69, 670, 4. 143, 302,
5. 126, 6. 311, 707, 897 (M
edd. *ibi* FRP²γ¹ Rb. Con.
Ben.), 7. 373, 591, 611, 719,
8. 22, 10. 888, 11. 624, 702, 12.
68, 451†, 523†, Ci. 181, 378,
Ca. 13 (5). 24†;
    b) praes. et perf.: A. 4. 80;

    c) imperf.: Ci. 349;
    d) fut.: E. 3. 97, G. 1. 445,
446, 4. 405, A. 9. 98;
    e) fut. et fut. perf.: G. 3.
327, 4. 58, A. 3. 403, 410;
    f) perf.: G. 1. 250, 417, 3.
235, 271, 441†, 4. 51, 77, 186,
189, A. 1. 81, 405, 715, 2. 347,
634, 790, 3. 219, 238, 596, 4.
474, 5. 32, 139, 315, 362, 816,
6. 201, 271, 340, 628, 684, 748,
7. 323, 471, 541, 8. 175, 541,
589, 9. 549, 563, 10. 457, 633,
721, 11. 59, 492, 737, 799 (M
Ld. Th. *ut* PR edd.), 12. 81,
441†, 495, 908†, Cu. 385†, M.
92, D. 73;
    g) pluperf.: G. 3. 482, 4.
552, A. 8. 407, Ci. 340†;
    h) fut. perf.: E. 4. 37, G. 1.
208, 441, 2. 367, 3. 167, 190,
4. 88, 544, A. 3. 441, 4. 118;
ubi primum, A. 11. 19;
   2. c. subi.: praes.: Ci. 193;
quippe ubi, G. 1. 505. *Ubi
. . . tum*; vid. *tum*.
UBIQUE, A. 1. 601, 2. 368, 369,
755, 11. 646.
UCALEGON, A. 2. 312.
udus. 9.
  udae, A. 7. 533†;
  udo (masc.), G. 2. 77;
  udo (masc.), A. 5. 357;
  udo, G. 3. 388, 429, A. 5. 681,
7. 354†;
  udae, Ca. 13 (5). 14†;
  udis (masc. abl.), G. 3. 446.
UFENS, A. 7. 802.
UFENS, A. 8. 6, 10. 518, 12. 641;
  Ufentem, A. 12. 460;
  Ufens, A. 7. 745.
ulciscor: ulciscimur, A. 3. 638;
  ulcisci, A. 2. 576;
  ultus, A. 6. 840;
  ulta (fem. nom.), A. 4. 656;

ulciscendum, Ci. 158†.
ulcus: ulceris, G. 3. 454.
uligo: uligine, G. 2. 184.
ULIXES. 16.
  Ulixes, A. 2. 44, 97, 164, 261,
  762, 3. 628, 9. 602, 11. 263;
  Ulixi (gen.), E. 8. 70, A. 2. 7,
  90, 436†, 3. 273†, 613†, 691†,
  Ci. 58.
ULLUS. 87.
  ullus, G. 1. 506;
  ulla, E. 3. 52, 6. 11, G. 2. 265,
  420†, 3. 209†, 452, A. 2. 137,
  803, 3. 214, 5. 8, 28, 783, 6.
  103, 600, 8. 251, 9. 131, 10.
  121, 626, 861†, 11. 148, 12.
  203, 840, L. 24†;
  ullum, G. 2. 127, A. 2. 467, 4.
  174, 11. 279, 12. 245, Ci. 293;
  ullius (neut.), Ca. 10 (8). 3†;
  ulli (fem.), G. 2. 439†;
  ullum, A. 6. 352†;
  ullam, A. 3. 242;
  ullum, A. 8. 376;
  ullo, A. 6. 877, 9. 91;
  ulla, Cu. 65;
  ullo, G. 1. 22, 2. 205, Ci. 270†,
  L. 58†;
  ulli, G. 3. 428, 4. 516;
  ullae, G. 2. 124, 3. 352, A. 3.
  192, 6. 239, 8. 298, 11. 567;
  ulla, E. 5. 61, 10. 12, 56†, A. 1.
  169, 2. 726, D. 24;
  ullis (masc.), A. 11. 51;
  ullos, A. 3. 323;
  ullas, A. 2. 432, 4. 439, Ci. 255;
  ulla, G. 4. 398, A. 2. 43, 11.
  791, 12. 185, Ca. 10 (8). 20;
  ullis, G. 2. 133, 3. 371;
  ullis, A. 2. 159, 689, 6. 147, 12.
  782;
  ullis, G. 3. 274, 342;
  subst. ulla, E. 6. 49, G. 2. 99;
  ullius (masc.), A. 11. 354;
  ulli, A. 1. 440, 3. 621, 10. 715,

880, 11. 441, Cu. 271†, Ci. 141
  (edd. *nulli* Rb.);
  ulli (fem.), Ci. 104†;
  ullum (neut.), A. 10. 333;
  ulli, E. 5. 24. *Non ullus;* vid.
  non. Haud ullus; vid. *haud.*
ULMUS. 17.
  ulmus, G. 1. 170, A. 6. 283;
  ulmo (abl.), E. 1. 58, 2. 70, 10.
  67, G. 2. 530;
  ulmi, G. 2. 446†;
  ulmis, G. 1. 2, 2. 18, 83;
  ulmos, E. 5. 3, G. 2. 221, 361,
  367, 3. 378, 4. 144;
  ulmis, G. 2. 72.
ulna: ulnas, E. 3. 105†, G. 3.
  355†.
ulterior. 21.
  ulterioris (fem. gen.), A. 6.
  314;
  ultimus, G. 3. 424, A. 2. 248,
  4. 481, 7. 49, 9. 759, 11. 476,
  Cu. 240;
  ultima, E. 4. 4, 53, G. 1. 30, A.
  2. 668, 12. 334;
  ultima (abl.), Ca. 10 (8). 14;
  ultima (acc.), A. 4. 537, 5. 218,
  347, 6. 478, 8. 687;
  subst. ultima (acc.), A. 2. 446,
  5. 317.
ulterius; vid. *ultra.*
ULTOR. 6.
  ultor, A. 4. 625, 8. 201, 10. 864,
  11. 260;
  ultoris, A. 6. 818;
  ultorem, A. 2. 96.
ULTRA (*adv.*). 12.
  ultra, A. 3. 480, 6. 869, 9. 782,
  10. 663, 11. 411, Cu. 258, 386,
  Ci. 481 (Th. *undis* edd.);
  ulterius, A. 12. 806, 938, Ca.
  9 (11). 54, D. 66.
ULTRA (*praepos.*), E. 7. 27, A. 6.
  114.
ULTRIX. 6.

ultrix, A. 6. 570;
ultricis, A. 2. 587;
ultricem, A. 11. 590;
ultrices (nom.), A. 4. 473†, 6. 274;
ultrices (voc.), A. 4. 610.
ULTRO. 36.
  ultro, E. 3. 66, 8. 52, G. 4. 204, 265, 530, A. 2. 59, 145, 193, 279, 372, 3. 155, 4. 304, 5. 55, 446, 6. 387, 499, 7. 236, 8. 611, 9. 7, 127 *bis*, 676, 729, 10. 278 *bis*†, 282, 312, 606, 830, 11. 286, 471, 12. 3, 613†, Cu. 85, 287 (edd. *viro* Rb. Th.), Ci. 261.
ulula: ululae (nom.), E. 8. 55.
ululatus: ululatu, A. 4. 667†, 9. 477;
  ululatus (acc.), A. 11. 190;
  ululatibus, A. 7. 395.
ululo. 7.
  ululant, A. 2. 488;
  ulularunt, A. 4. 168;
  ululare, A. 6. 257†, 7. 18;
  ululante (masc.), A. 11. 662;
  ululantibus (masc. abl.), G. 1. 486;
  ululata (fem. voc.), A. 4. 609.
ulva: ulvae (dat.), Cu. 57 (Th. *undam* edd. *umbram* Ellis);
  ulvam, G. 3. 175†;
  ulva, E. 8. 87†, A. 2. 135, 6. 416.
UMBER, A. 12. 753.
UMBO, A. 9. 810, 10. 271, 884;
  umbone, A. 2. 546;
  umbonum, A. 7. 633.
UMBRA. 120.
  umbra, E. 8. 14, 10. 75, 76, G. 1. 121, 191, 2. 410, 3. 145, 4. 402, A. 2. 772, 4. 386;
  umbrae, A. 1. 441†, 6. 289;
  umbrae, G. 3. 418, 464;
  umbram, G. 1. 157 (MRγ edd.

umbras AP Rb. Ben.), 366, 2. 58, 297, 435 (MP edd. *umbras* Rγ Con.), A. 2. 420, 732, 768, 3. 589, 4. 7, 184, 6. 257†, 268, 452 (Mγ Gos. *umbras* PR edd.), 9. 314, 10. 190, 636, 11. 210, Cu. 57 (Ellis *undam* edd. *ulvae* Th.);
  umbra, E. 1. 4, 5. 70, 7. 10, 46, 9. 20, G. 2. 19, 489, 3. 334, 4. 511, A. 1. 165, 694, 2. 251, 360, 514, 6. 271, 340, 866, 8. 276, 9. 373, 10. 541, 11. 611, Cu. 122†, 157, Ci. 4†, Co. 31, Ca. 3*. 14;
  umbrae, E. 1. 83, 10. 76†, G. 1. 342, 3. 520, 4. 472, A. 1. 607, 5. 734, 6. 139, 264, 10. 593, 12. 669, D. 32;
  umbrarum, A. 6. 390;
  umbris, G. 1. 209, A. 6. 510†, 894, 10. 519, 11. 81;
  umbras, E. 2. 8, 67, 5. 5, 40†, 7. 58, G. 1. 157 (vid. *umbram*), 2. 435 (vid. *umbram*), 3. 357, 4. 146, 501, A. 2. 693, 3. 638, 4. 25, 26, 660, 5. 839†, 6. 294, 401, 404, 452 (vid. *umbram*), 461, 490, 578, 619, 9. 411, 11. 831, 12. 207, 859, 864†, 881, 952, Cu. 108, Ci. 215, D. 28†;
  umbrae, A. 5. 81;
  umbris, A. 1. 311, 547, 2. 621, 3. 230, 4. 351, 571, 7. 619, 770, 12. 53, Cu. 204†, 239.
umbraculum: umbracula (acc.), E. 9. 42.
umbrifer: umbriferum (neut. acc.), A. 6. 473; umbriferis (fem. abl.), Co. 8 (Ben. *umbrosis* edd.).
umbro: umbrantur, A. 3. 508; umbrata (acc.), A. 6. 772.
UMBRO, A. 7. 752, 10. 544.
umbrosus. 7.

umbrosa, G. 2. 66, A. 8. 34;
umbrosam, G. 3. 331;
umbrosae, A. 8. 242, Cu. 141;
umbrosa (acc.), E. 2. 3;
umbrosis (fem.), Co. 8 (edd.
umbriferis Ben.).
umecto: umectat, G. 4. 126, A. 1.
465, 11. 90.
umeo: umentem (fem.), A. 3.
589, 4. 7;
umentia (acc.), A. 7. 763†;
umentibus (fem.), A. 4. 351.
umerus. 59.
umeri, A. 10. 476;
umero, A. 5. 325;
umero, G. 3. 7, A. 1. 501, 4.
482, 5. 558, 6. 797, 8. 137, 731,
9. 303, 755, 10. 341, 765, 11.
575, 652†, 844†, 12. 941†, M.
81†;
umeri, A. 11. 643;
umeris, G. 1. 385, A. 1. 318
(vid. abl.), 2. 510, 8. 459, 9.
364, 12. 88;
umeros, G. 3. 257, A. 1. 589, 2.
721, 4. 250, 5. 135, 376, 7. 669,
815, 9. 250, 434, 11. 679, 12.
293;
umeris, G. 4. 217, A. 1. 318
(vid. dat.), 2. 558, 708, 4. 149,
263, 406, 599†, 5. 264, 421,
685, 6. 111, 301, 668, 9. 725,
10. 169, 542, 701, 11. 131, 774,
874, 12. 707, 944.
umesco: umescunt, G. 3. 111.
UMIDUS. 17.
umidus, G. 1. 462;
umida (fem. nom.), G. 2. 251,
4. 430, A. 2. 8, 605, 3. 198, 5.
738, 835, 11. 201;
umida (acc.), G. 1. 100, 142,
373, 3. 364, 4. 363, A. 4. 486,
5. 594, 12. 476.
UMOR. 18.
umor, E. 3. 82, G. 1. 43, 70,

88, 290, 417, 2. 143, 331, 4. 25,
308, D. 18;
umoris, Cu. 183;
umorem, G. 1. 114, 295, 2. 218,
424;
umore, G. 1. 117, M. 11.
UMQUAM. 21.
umquam, E. 1. 67, 3. 25, 8. 7,
A. 2. 95, 331, 6. 770, 9. 406,
447, Cu. 270†;
haut umquam, G. 2. 249, 3.
357, A. 12. 649†;
nec (neque) umquam, A. 4.
338, 529, 8. 569†;
non umquam, E. 1. 35†, A. 2.
247, 9. 256, Ci. 154, L. 29;
vix umquam, M. 83.
UNA. 39.
una, G. 2. 39, 3. 224, 404, A. 1.
85, 2. 476, 477, 3. 634, 4. 117,
704, 5. 157, 830, 831, 6. 35,
528, 752, 783, 860, 897, 7. 710,
8. 104, 105, 689, 9. 230, 631,
10. 170, 407, 470, 11. 864;
mecum una, E. 2. 31, Ca. 8
(10). 3.
unanimus: unanimam, A. 4. 8†;
unanimi, A. 12. 264†; unani-
mos, A. 7. 335†.
uncus. 12.
unci, G. 2. 223;
unci, G. 1. 19;
unco (masc. abl.), G. 2. 423,
A. 1. 169;
uncae, A. 3. 217;
uncis (abl.), A. 3. 233, 5. 255,
9. 564, 11. 723, 12. 250;
uncis (fem.), G. 2. 365, A. 6.
360.
UNDA. 157.
unda, G. 1. 360, 2. 163, 3. 240,
349, 361, 4. 361, 420, A. 1. 106,
161, 3. 195, 5. 11, 6. 326, 7.
466, 10. 212, 291, 307, 560, Cu.
17, 148, 349, 364 (Ben. *unda*

abl. edd.), D. 79;˙
undae (gen.), A. 6. 425, 438
(Pγ¹ M¹ Rb. Ben. *unda* abl.
M² R²γ² edd.);
undam, E. 10. 5, G. 1. 108,
296, 2. 451, 462, 3. 330, 4. 355,
508, 529, A. 1. 618, 3. 302, 389,
509, 6. 714, 7. 230, 436†, 8. 69,
257, 9. 22, 700, 10. 282, 833,
11. 327, Cu. 57 (edd. *ulvae* Th.
umbram Ellis), 260;
unda, G. 3. 254, 4. 352, 479†,
A. 1. 127, 3. 202, 384, 423, 565,
5. 127, 6. 174, 229, 357, 385,
6. 438 (vid. *undae* gen.), 7. 759,
8. 87, 589, 9. 790, 11. 625, 12.
91, Cu. 345 (edd. *undas* Ellis),
364 (vid. nom.);
undae, G. 2. 243, A. 3. 673, 5.
820, 8. 91, 11. 562;
undis, A. 1. 104, 4. 600, 10.
196, Cu. 338;
undas, E. 8. 59, G. 1. 386†,
438, 4. 235, 305, A. 1. 119, 147,
537, 2. 207, 3. 285, 413, 562†,
4. 253, 381, 628, 5. 165, 595
(RM² edd. *om.* P Rb.), 796,
859, 6. 295, 370, 7. 299, 529,
773†, 8. 538†, 10. 247, 650, 765,
11. 405, 12. 204, 249, Cu. 215,
345 (vid. *unda*), Ci. 416, M.
44;
undae, D. 48;
undis, E. 9. 39, G. 1. 31, 3. 560,
4. 262, 403, A. 1. 100, 177, 383,
442, 596, 3. 200, 209, 215, 268,
417, 507†, 696, 5. 151, 193,
629, 789, 868, 6. 339, 354, 7.
588, 719, 8. 710, 726, 9. 70, 99,
604, 817, 10. 48†, 227, 235,
305, 11. 299, 12. 768, 803, Cu.
272, Ci. 391, 481 (edd. *ultra*
Th.), D. 60, 69.
UNDE. 45.
   I interrog.: 1. c. indic.: a)

praes.: E. 10. 21, A. 6. 373, 8.
114, 9. 19;
   b) perf.: G. 4. 316, A. 10.
670;
   2. c. subi.: praes.: G. 1.
461, 2. 479, A. 1. 743 *bis*, 3.
145;
   II rel.: 1. c. indic.: a) praes.:
G. 1. 117, 3. 278, 4. 368, 369
bis, A. 1. 6, 245, 3. 507, 5. 123,
801, 6. 44, 658, 7. 778, 8. 71,
10. 3, Ci. 107, 303;
   b) imperf.: A. 2. 458;
   c) fut.: A. 6. 766;
   d) perf.: G. 1. 63, 2. 207, A.
1. 558, 2. 461, 3. 107, 5. 568,
6. 204, 242†;
   e) fut. perf.: G. 1. 74, D.
79†;
   2. c. subi.: a) praes.: G. 4.
282;
   b) imperf.: A. 5. 130, 6. 754,
Ci. 16;
ut . . . unde, Ca. 4 (13). 12
(edd. *inde* Ben.).
undecimus: undecimo (masc.
abl.), E. 8. 39.
UNDIQUE. 45.
undique, E. 1. 11, A. 2. 63,
414, 598, 763, 799, 3. 193 *bis*,
634, 4. 417, 5. 9 *bis*, 200, 287,
293, 7. 405, 520, 551, 582, 8. 7,
233, 598, 9. 382, 566, 720, 783,
807, 10. 808, 11. 5, 208, 388,
454, 545, 610, 767, 12. 744, Cu.
34, 181, 218, 348, Ci. 354, 452,
495 *bis*, D. 59.
undo. 10.
undabat, A. 12. 673;
undantis (neut.), A. 7. 463;
undantem, G. 2. 437, 3. 28, A.
2. 609;
undantem, G. 1. 472;
undanti (masc.), A. 10. 908;
undantis (fem.), A. 12. 471;

undantia, A. 5. 146, 6. 218.
undosus: undosum (neut. acc.),
A. 3. 693, 4. 313.
ungo; vid. *unguo.*
unguen: unguine, G. 3. 450.
unguis. 10.
  unguem, G. 2. 277;
  ungues (acc.), Ci. 507;
  unguibus, G. 3. 535, A. 4. 673,
  5. 352, 8. 553, 11. 86, 752, 12.
  255, 871.
UNGULA, G. 3. 88, A. 8. 596, 11.
  875, 12. 339, 533.
unguo (ungo). 7.
  ungunt, A. 6. 219;
  ungue, G. 4. 46;
  ungere, A. 9. 773†;
  uncta (fem. nom.), A. 4. 398,
  8. 91;
  unctos, G. 2. 384;
  uncta, Ca. 13 (5). 27†.
unicus: unica (fem. nom.), Ci.
  334, M. 31.
UNUS. 124.
  unus, G. 4. 184, A. 2. 426, 567,
  3. 716, 5. 308, 6. 47, 846, 7.
  536, 9. 182, 544, 783, 12. 282,
  M. 104;
  una, G. 1. 233, 2. 535, 3. 510,
  4. 184, 212, A. 2. 354, 710, 3.
  245, 321, 417, 4. 95, 5. 563,
  616, 10. 182, 529, 12. 57, 272,
  817, Ci. 187, 192, 295†, Ca. 1*.
  2;
  unum, G. 2. 83, A. 2. 709, 5.
  815, 10. 201, 367, 12. 643;
  unius (masc.), A. 1. 41, 2. 131;
  uni, A. 10. 691, 692;
  uni (fem.), A. 4. 19;
  unum, A. 4. 518, 5. 704, 7. 346,
  8. 447, 11. 780, 12. 694, Ci.
  534, M. 117;
  unam, G. 2. 85, A. 1. 15, 683,
  2. 716, 3. 504, 4. 110, 12. 143,
  229

unum, A. 11. 649;
uno, E. 8. 81, G. 4. 273, A. 1.
  312, 495, 2. 102, 5. 271, 8. 142,
  9. 770, 12. 514, 847, Ci. 240,
  Ca. 4 (13). 9;
una, A. 1. 47, 9. 453, 10. 487,
  497, 703;
uno, A. 2. 65, 6. 344, 10. 871,
  11. 132, 12. 667, 837;
una (acc.), A. 2. 642;
subst. unus, E. 10. 35†, A. 1.
  584, 2. 527, 5. 814;
una, E. 6. 65, A. 1. 329†, 2.
  743, 5. 644, 8. 217, 11. 586;
unius (fem.), A. 1. 251;
unum, A. 3. 602, 5. 687, 12.
  273, 490;
unam, A. 1. 113, 11. 76, 533,
  820, 12. 853, Ci. 91;
unum, E. 7. 2†, A. 3. 435 *bis*,
  4. 420, 6. 106, 8. 576, 9. 284,
  801, 10. 410, 903, 11. 352, 353,
  12. 60, 714, Ci. 332, 497.
UPILIO, E. 10. 19†.
urbanus: urbani (neut.), M. 83.
URBS. 232.
  urbs, A. 1. 12, 2. 363, 10. 180;
  urbis, G. 4. 154, 193, A. 1. 438,
  623, 2. 234, 284, 360, 507, 771,
  3. 132, 149, 393, 4. 348, 5. 119,
  7. 678, 8. 46†, 134, 479, 10.
  253 (PRV Rb. *urbes* M edd.),
  11. 466, 12. 116, 610, 619, 690,
  Cu. 363, Ci. 129 (edd. *vobis*
  Ellis), 423;
  urbi, E. 1. 34, A. 1. 419, 454,
  2. 47, 240, 352, 643, 3. 159,
  276, 5. 750, 8. 101, 9. 48, 729,
  10. 145†, 11. 206, 472, 12. 194,
  555, Ca. 9 (11). 43†;
  urbem, E. 1. 19, 9. 1, 62, G. 2.
  505, A. 1. 5, 247, 258, 338†,
  388, 522, 565, 573, 677, 2. 192,
  249, 265, 611, 749, 3. 52, 79,
  86, 255, 293, 302, 387, 441, 4.

796, 797, 12. 349, 395, 555, 636, 771, 815 *bis*, 898, Cu. 165, 313, 393†, Ci. 40 (Ellis *om.* edd.), 75, 185, 317, 366†, 488, 528, L. 62†;

  c) perf.: Ci. 48, Ca. 3*. 7, 8 (Ellis *aut* Rb.);

ut ne, Ci. 275†;

ut = utinam, A. 10. 631, Ci. 150, 228†;

  3. c. subst.:

G. 2. 12, 14, 18, 4. 195, 312, 313, A. 7. 587, 12. 262, Cu. 2, Ca. 9 (11). 6†, 6.

UTCUMQUE, A. 6. 822.

uter: utres (acc.), G. 2. 384.

UTERQUE. 32.

uterque, G. 2. 412, 3. 118, A. 2. 214, 7. 223, Cu. 296;

utraque, G. 4. 37, A. 3. 416;

utrique (fem.), A. 10. 450†;

utrumque, G. 3. 323, A. 7. 100, Cu. 103, Ci. 240;

utramque, A. 3. 504, 685, 10. 685;

utrumque, A. 4. 357, 9. 418;

utroque, A. 9. 755;

utraque, A. 5. 460;

utroque, G. 3. 33;

utrasque, A. 5. 233, 6. 685;

utraque, A. 5. 855;

utrumque (incert.), D. 96;

subst. uterque, E. 3. 28, A. 5. 426, 11. 608, Cu. 256, 317, L. 64;

utrumque (neut.), Ca. 10 (8). 19;

utrumque (neut.), A. 2. 61.

uterus. 9.

uteri, A. 2. 38†;

utero, A. 3. 428, 11. 813;

uterum, A. 2. 20, 7. 499;

utero, G. 4. 556, A. 2. 52, 243, 258.

uti; vid. *ut.*

utilitas: utilitate, Cu. 66.

utilis: utilis, G. 2. 150;

utile, G. 2. 323;

utile, G. 2. 442;

utilior (fem.), G. 2. 93.

UTINAM. 7.

  1. c. praes.: Ci. 10;

  2. c. imperf.: A. 1. 575, L. 56;

  3. c. pluperf.: E. 10. 35, A. 2. 110, 3. 615, Ci. 297.

utor: usa est, A. 1. 64;

usi (estis), A. 5. 192;

utere, A. 6. 546, 12. 932;

uti, A. 9. 240.

UTRIMQUE, A. 7. 566, 11. 524, 12. 662, M. 24†.

UTROQUE, A. 5. 469.

UVA. 16.

uva, E. 4. 29, 9. 49, G. 2. 60, Co. 21†, Ca. 2*. 8, 3*. 14;

uvae (gen.), E. 10. 36, G. 2. 191;

uvam, G. 4. 558, L. 11;

uvae, E. 5. 32, G. 1. 54;

uvis, G. 1. 9†, 2. 419;

uvas, G. 1. 448, D. 12.

UVIDUS, E. 10. 20†, G. 1. 418†.

UXOR, E. 8. 29; uxorem, Ca. 13 (5). 30.

UXORIUS, A. 4. 266†.

Vacca. 6.

vaccae (gen.), A. 4. 61;

vaccam, A. 6. 251;

vaccae, E. 6. 60, 9. 31, G. 2. 524, 3. 177.

vaccinium: vaccinia, E. 2. 18, 10. 39†; vaccinia, E. 2. 50.

VACCULA, Ca. 2*. 14†, L. 29†.

vaco. 7.

vacat, A. 10. 625, 11. 179, Cu. 263 (edd. *manet* Ellis);

vacabant, M. 57;

vacet, A. 1. 373;

vacare, A. 3. 123†;
vacantis (masc. acc.), G. 3.
477†.
vacuus (vacuos). 23.
vacuom (masc.), G. 1. 62, 3.
109 (-um), M. 67 (-um);
vacuum, A. 12. 906;
vacua, G. 4. 90, A. 4. 82†, Ci.
72 (Th. *saeva* Rb. Ellis *sicca*
Ben.), M. 53;
vacuo, A. 5. 515, 12. 710;
vacuis (fem.), G. 2. 225;
vacuos, G. 2. 54, A. 4. 588, Cu.
373 (Ben. *viduos* edd.);
vacuas, G. 3. 3, A. 6. 269, 12.
592;
vacua, A. 2. 528, 7. 379;
vacuis, G. 3. 143;
vacuis (fem.), A. 2. 761, 12.
476;
neut. subst. vacuum (acc.), G.
2. 287.
vado. 11.
vadis, Cu. 380 (Leo *audis* Ben.
vades Rb. *vagis* Th. *audieris*
Ellis);
vadit, A. 8. 702, Cu. 205;
vadimus, A. 2. 359, 396;
vades, Cu. 380 (vid. *vadis*);
vade, A. 3. 462, 480, 4. 223, 5.
548;
vadite, A. 11. 176†;
vadentem (fem.), A. 6. 263.
vadosus: vadosi (masc. gen.), A.
7. 728.
vadum. 23.
vadi, A. 10. 303 (P¹ edd. *vadis*
P² MRγ Con. Gos.);
vado (abl.), A. 11. 628;
vada, A. 3. 557, 10. 208, 291
(vid. acc.);
vadis, A. 1. 112, 9. 713, 10.
303 (vid. *vadi*), 678;
vada, A. 1. 536, 3. 706, 5. 158,
615, 6. 320, 7. 24, 198, 242, 9.

670, 10. 291 (vid. nom.), Cu.
105, 178;
vadis, A. 1. 126, 5. 221, 8. 91,
Ca. 13 (5). 25†.
VAE, E. 9. 28, Cu. 371 (Ben.
rapinis Rb. *vepretis* Th. *rapidis* Leo *sub lappis* Ellis).
vaesanus (vesanus): vaesana, A.
9. 340 (mss. Rb. Th. *vesana*
edd.), 10. 724 (PM edd. *vesana*
R Ld. Gos. Ben.); vaesano
(masc. dat.), A. 10. 583 (MP¹
Rb. Th. *vesano* P² R edd.).
vagina: vagina, A. 4. 579, 6. 260,
9. 305, 10. 475, 896.
VAGITUS, A. 6. 426.
vagor. 7.
vagatur, A. 2. 17, 4. 68;
vagantur, G. 3. 540, A. 5. 560,
6. 886, 11. 273;
vagantes (fem. nom.), Cu. 49.
VAGUS. 8.
vagus, Cu. 23;
vaga, Cu. 356;
vagi (masc. gen.), Ci. 197 (Ellis *vagae* edd.);
vagae (nom.), Cu. 48, 104†;
vagis, Cu. 380 (Th. *vadis* Leo
audis Ben. *vades* Rb. *audieris*
Ellis);
vagis (fem.), Cu. 311 (Leo
sudis Ellis *iugis* edd.);
vagae, Ci. 197 (vid. *vagi*);
vaga, D. 67.
valeo. 42.
vales, A. 4. 334, 12. 892, Ca.
13 (5). 33;
valet, A. 3. 415, 5. 67, 9. 807,
11. 873, 12. 911†;
valent, E. 9. 12, G. 2. 312, A.
2. 492, 8. 403, 11. 327, Ci. 12
(Ben. *om.* edd.), Ca. 13 (5). 5
bis;
valuit, A. 5. 510, 7. 305, 12.
782, Cu. 194†;

valeam, E. 9. 38, A. 10. 50;
valeant, A. 6. 554;
valeret, A. 12. 798;
vale, E. 3. 79 *bis*, G. 4. 497, A.
2. 789, 5. 738†, 11. 98, 827,
Ca. 5 (7). 7;
valete, Ca. 5 (7). 7†, D. 89, 95;
valuisse, A. 11. 229;
valens, A. 5. 431;
valens (fem.), Cu. 277;
valente (neut.), Ca. 2*. 20†;
valentis (masc.), G. 2. 426†;
valentes, G. 2. 70, 359 (-is).
VALERUS, A. 10. 752.
validus. 26.
  validae (gen.), Cu. 82;
  validum, A. 10. 815, Cu. 192†,
  Ci. 164;
  validam, G. 4. 331 (M² PRγ
  edd. *duram* M¹ Rb. Ld.), A. 1.
  120, 4. 441, 10. 401, 11. 651,
  696, 12. 93;
  valida, A. 11. 552, 12. 98;
  valido, G. 3. 172, Ca. 3 (12).
  1†;
  validi, A. 8. 419;
  validae, A. 10. 320;
  validis (masc.), A. 5. 15, 10.
  294;
  validas, A. 6. 833, Ci. 136
  (edd. *rabidae* Th.);
  validis, G. 2. 237;
  validis, G. 2. 367, A. 2. 50, 5.
  500;
  validis, G. 2. 447.
VALLIS (-ES). 25.
  valles, A. 7. 565, 11. 522;
  vallem, G. 3. 331, A. 8. 204;
  valle, E. 2. 40, A. 2. 748, 5.
  288, 6. 703, 8. 232, 609, 9. 4,
  Cu. 123;
  valles, E. 6. 84, G. 2. 391;
  valles, E. 5. 84, A. 1. 186 (-is),
  7. 802 (-is);
  vallibus, G. 1. 374, 2. 485, 4.

277, A. 3. 110, 4. 156, 9. 244†,
Cu. 48, 77.
vallo: vallant, A. 11. 915; vallata
  est, Ci. 79† (est edd. *om.* Ellis).
vallum. 9.
  valli, A. 9. 142;
  vallum, A. 9. 146, 506†, 524;
  vallo, A. 9. 68, 168, 519, 598;
  vallis (abl.), A. 10. 120.
vallus: vallos, G. 1. 264, 2. 25,
  409.
VANNUS, G. 1. 166†.
vanus. 21.
  vana, A. 4. 12, 8. 187, 10. 631,
  Ci. 129, L. 26;
  vanum (masc.), A. 2. 80;
  vane, A. 11. 715;
  vano, A. 11. 52;
  vana, A. 1. 352;
  vani, A. 1. 392;
  vanae, A. 10. 593;
  vanos, G. 3. 79;
  vanas, Cu. 226;
  vana, A. 6. 284, 8. 42, 259;
  vanis (fem.), G. 1. 226, A. 12.
  53;
  subst. vana (acc.), A. 2. 287,
  Ci. 441 (Th. Ben. *magna* Rb.
  Ellis);
  adv. vana, A. 11. 854.
VAPOR, A. 5. 683, 698, 7. 466.
vaporo: vaporant, A. 11. 481.
VAPPA, Co. 11.
vario: variant, A. 9. 164;
  variaverit (indic.), G. 1. 441;
  variare, A. 12. 223;
  variantibus (masc. abl.), Cu.
  88;
  variatur, M. 106.
VARIUS. 67.
  varius, A. 11. 296, 425 (M² P²
  Rb. *varii* M¹ P¹ R edd.);
  varia, G. 2. 9, Co. 28 (Rb.
  Ben. *viridis* Th. *vere* Leo *vepris*
  Ellis);

Velinus: Velinos, A. 6. 366;
  masc. subst. Velini (gen.), A. 7.
  517, 712.
velivolus: velivolum (neut. acc.),
  A. 1. 224†.
vello. 14.
  vellit, A. 2. 480, 10. 381, 11.
  566†, M. 91;
  vellit, E. 6. 4;
  vellere (infin.), G. 4. 108, A. 8.
  650, 9. 506†, 10. 889, 11. 19;
  vellens (fem.), Co. 38;
  vellitur, A. 3. 28;
  volsae (nom.), A. 11. 724;
  volsis (fem. abl.), A. 3. 650.
vellus. 12.
  velleris, A. 6. 249;
  vellera, G. 1. 397, 3. 307, Cu.
  63;
  vellera, E. 3. 95, 4. 44, G. 2.
  121, 3. 389, 562, 4. 334†;
  velleribus, A. 4. 459, 7. 95.
velo. 19.
  velat, A. 5. 72, Cu. 75;
  velamus, A. 2. 249;
  velabat, A. 8. 33;
  velabant, Cu. 47;
  velavit, A. 8. 277†, Ci. 250
  (edd. *velarat* Ellis);
  velarat, Ci. 250 (vid. *velavit*);
  velet, A. 7. 815;
  velatur, G. 3. 383†, A. 5. 134;
  velamur, A. 3. 545;
  velare (imperativ.), A. 3. 405;
  velatus, A. 10. 205;
  velatum (masc.), A. 5. 366;
  velati, A. 11. 101, 12. 120;
  velatarum, A. 3. 549;
  velatos, A. 7. 154;
  velatas, A. 3. 174.
VELOX. 10.
  velox, A. 5. 444;
  velox (fem.), G. 4. 344, Ci.
  514;
  velocis (neut.), G. 2. 530;

velocem (fem.), A. 5. 116, 11.
532, 760;
velocis (masc.), G. 3. 405, A.
5. 253;
velocius (nom.), A. 4. 174.
velum. 38.
  velum, A. 1. 103, Ci. 35;
  velo, A. 1. 400;
  vela, A. 3. 207;
  velorum, A. 3. 520;   ✗
  velis, A. 6. 302 (vid. abl.), 10.
  218 (vid. abl.), 229;
  vela, G. 1. 373, 2. 41, 4. 117,
  A. 1. 35, 2. 136†, 3. 9, 191, 268,
  357, 455, 532, 683, 4. 546, 574,
  5. 32, 281, 797, 7. 23, 8. 708,
  12. 264, Ca. 5 (7). 8;
  velis, A. 1. 469, 3. 472, 477,
  705 (Rb. *ventis* mss. edd.), 4.
  587, 5. 28, 281, 829†, 6. 302
  (vid. dat.), 7. 7, 10. 218 (vid.
  dat.).
VELUT (VELUTI). 36.
  velut (veluti), A. 1. 82, 4. 469,
  5. 439†, 7. 586, 9. 730, 10. 693,
  Cu. 318, Ci. 165, 479, 500;
  veluti . . . haut secus, A. 2.
  379;
  nec minus . . . veluti, A. 12.
  749;
  velut . . . sic, Ci. 490;
  veluti . . . talis, A. 12. 67;
  velut . . . ubi, G. 4. 433;
  veluti cum, A. 7. 462, 9. 435,
  12. 103;
  ac veluti . . . cum, G. 4. 170,
  A. 4. 402†, 441;
  ac velut . . . ubi, A. 6. 707†;
  ac velut . . . haut aliter, A.
  10. 707;
  ac velut . . . haut secus, A.
  11. 809;
  ac velut . . . non aliter, A.
  10. 405;

X/0. 218 (only dat!)

52, 697, 4. 39, 5. 504, 8. 525,
9. 412, 633, 11. 149, Ci. 200
Ca. 1. 3, 2*. 20;
venitis, Ci. 408;
veniunt, G. 1. 54, 2. 11, A. 9.
544;
veniebat, E. 2. 4, G. 4. 486;
veniam, E. 3. 49;
venies, A. 2. 781;
veniet, G. 1. 190, 493, A. 1.
283, 4. 387;
veniemus, E. 1. 65, 9. 62, A. 2.
716;
venient, E. 7. 11, 8. 28, A. 6.
85, 7. 98;
veni, A. 4. 339, 8. 145, 10. 901,
11. 112;
venisti, A. 6. 687;
venit, E. 1. 29, 4. 4, 10. 19, 20,
21, 24, 26, G. 2. 320, 519, 4.
418, A. 1. 2, 348, 353, 2. 119,
324, 3. 138, 417, 662, 5. 346,
6. 515, 7. 499, 750, 8. 319, 9.
705, 11. 421, 538†, 733, Cu.
111, Ca. 1. 1;
venimus, G. 4. 449, A. 1. 528,
2. 743, 6. 671;
venistis, A. 1. 369†, 2. 117, 8.
172;
venerunt, Ca. 9 (11). 13;
venere, E. 10. 19, G. 1. 145, A.
2. 331, 6. 163, 191, 201, 8. 328;
venerat, A. 2. 343, 6. 457, 10.
719;
venerit, E. 9. 67, Ca. 1. 5;
venias, G. 1. 29, A. 6. 389;
veniat, E. 3. 88, G. 1. 37, 90,
A. 1. 659, 4. 637;
veniant, G. 2. 108, A. 1. 518,
7. 551;
veniret, A. 11. 42;
venissem, A. 5. 400;
venisset, A. 1. 751, 11. 286,
Cu. 178;
veni, G. 2. 7, 3. 71 (Rb. Con.

anteveni edd.), A. 8. 365, 11.
856, Co. 25;
venito, E. 7. 40;
venito, E. 3. 77;
venire, A. 1. 619†, 7. 470;
venisse, A. 4. 191, 6. 86, 7. 768,
8. 120;
venturum (esse), A. 1. 22, 6.
346;
venturam (esse), A. 2. 194;
venturos (esse), A. 3. 186;
veniens, E. 8. 17†, A. 5. 373,
7. 218, 9. 668, 10. 544;
veniens (fem.), A. 4. 258, 5.
344, 11. 145;
venientis, E. 5. 82, A. 10. 456,
Cu. 168†, Ci. 350 (Ellis venientem edd.);
venientis, A. 6. 889†;
venientis, A. 11. 802;
venienti (masc.), A. 12. 299;
venientem, G. 2. 405, A. 3.
306, 5. 444, 9. 817, 12. 510,
595, Ci. 350 (vid. venientis);
venientem, A. 3. 652;
veniens (acc.), A. 9. 746;
veniente, G. 4. 466, A. 7. 587,
12. 540;
veniente (fem.), E. 9. 13, A.
10. 241;
venientis (masc.), Cu. 34;
subst. venientum, A. 6. 755;
venientum (fem.), G. 4. 167,
A. 1. 434;
venientibus (masc.), A. 2. 59,
6. 291;
venientis (masc.), A. 10. 277,
12. 446;
venturus, A. 8. 576;
ventura, A. 2. 47, 6. 790, 8.
550, Cu. 20 (edd. bona turba
Th. Ben.);
venturae, G. 4. 156, M. 4;
venturi, A. 8. 627;
venturo (neut. abl.), E. 4. 52;

ventura, G. 4. 393, A. 9. 643;
venturos, A. 3. 158, 10. 99;
ventura, A. 3. 458;
neut. subst. venturi, A. 6. 66;
ventura (acc.), A. 2. 125;
veniendi, A. 1. 414†, 6. 488;
ventumst, G. 3. 98†, A. 10.
710†, 12. 739†; ventum est, A.
12. 803; ventum (est), A. 4.
151, 8. 362;
ventum erat, A. 6. 45.
venor. 6.
venabor, E. 10. 56;
venabere, G. 3. 410;
venantis (masc. gen.), A. 7.
493;
masc. subst. venantum, A. 9.
551, 12. 5;
venatum, A. 4. 117.
venter: ventris, A. 2. 356, 3. 216;
ventrem, G. 4. 122, M. 78, Ca.
13 (5). 39†.
ventosus. 8.
ventosa, A. 11. 708, Ci. 159
(Rb. *verbo atque* Th. Ben. *verborum* Ellis);
ventosi (neut.), E. 9. 58;
ventosa (abl.), A. 11. 390;
ventosas, A. 12. 848;
ventosa, G. 1. 206, A. 6. 335;
ventosis (masc.), A. 8. 449.
VENTUS. 124.
ventus, G. 1. 421, 431, 462, 2.
311, A. 3. 130, 269, 411, 448,
568, 5. 777;
venti, A. 9. 91, Cu. 156†;
vento, A. 3. 473;
ventum, A. 5. 16, 446;
vento, G. 1. 334, 365, 431, 455,
3. 275, 4. 60, 419, 484, A. 1.
66, 182, 307, 333, 2. 25, 180†,
758†, 3. 529, 4. 46, 249, 6. 209,
7. 528†, 9. 536, 12. 685;
venti, E. 3. 81, G. 2. 263, 4. 9,
A. 1. 82, 2. 416, 3. 69, 196, 337,

5. 20, 763, 6. 362, 7. 27, 10.
356, 12. 367, 455;
ventorum, G. 1. 318, A. 1. 141,
3. 570, 10. 694;
ventis, G. 4. 9, A. 1. 69, 319,
2. 794, 4. 546, 6. 75, 702†, 7.
394, 10. 69, Cu. 380;
ventos, G. 1. 51, 352, 2. 360,
3. 233, 318, A. 1. 53, 2. 116, 3.
77, 115, 514, 4. 245, 257, 430,
705, 5. 26, 59, 527, 607, 6. 741,
7. 807, 9. 60, 10. 37, 82, 99,
248, 652, 12. 105, 345;
venti, E. 3. 73, A. 1. 133, 10.
676, Ci. 404, 407;
ventis, E. 2. 26, G. 1. 356, 435,
2. 133, 3. 302, 4. 298, A. 1. 43,
524, 551, 2. 649, 3. 253, 563,
683, 705 (mss. edd. *velis* Rb.),
4. 381, 5. 211, 319, 7. 23, 8.
682, 707, 10. 405, Cu. 212
(edd. *Averni* Th.), 348, Ci.
478, D. 59.
VENULUS, A. 8. 9, 11. 242; Ven-
ulo (dat.), A. 11. 742.
VENUS. 53.
Venus, G. 3. 267, 4. 516, A. 1.
229, 325, 335, 386, 411, 618,
691, 4. 107, 5. 779, 8. 370, 590,
608, 10. 16, 332, 608, 760, 12.
411, 416, 786, Cu. 299; venus,
Ci. 471 (Ellis *sinus* edd.);
Veneris, E. 8. 78, A. 1. 325, 2.
787, 3. 475, 4. 33, 163, 6. 26,
7. 556, 10. 132, 11. 277, Ci. 69,
D. 20, L. 59;
Veneri, E. 3. 68, 7. 62, A. 5.
760, 7. 321, 9. 135, Ci. 84;
Venerem, G. 2. 329, 3. 64, 97,
137, 210, 4. 199, A. 4. 92, 8.
699, 11. 736; venerem, M. 86,
L. 13†.
vepres: vepris, Co. 28 (Ellis *vere*
Leo *varia* Rb. Ben. *viridis*
Th.);

535

vepres, G. 3. 444, A. 8. 645;
vepres, G. 1. 271.
vepretum: vepretis (abl.), Cu.
371 (Th. *rapinis* Rb. *vae rapidis* Ben. *rapidis* Leo *sub lappis*
Ellis).
VER. 24.
ver, E. 9. 40, G. 1. 313, 2. 149,
323 *bis*, 338;
ver, G. 2. 338, 4. 77;
vere, E. 10. 74, G. 1. 43, 215,
340, 2. 319, 324, 3. 272 *bis*, 429,
4. 22, 134, Cu. 71, Co. 28 (Leo
vepris Ellis *varia* Rb. Ben. *viridis* Th.), Ca. 1*. 1, 2*. 6, 3*. 10.
verbena: verbena, A. 12. 120;
verbenas, E. 8. 65, G. 4. 131.
verber. 14.
verbere, G. 3. 106†, A. 7. 378,
Ci. 453†;
verbera, G. 3. 252, A. 6. 558;
verbera, G. 1. 309, 3. 208, A. 5.
147, 7. 336, 451, 10. 586, 12.
876, Cu. 219;
verberibus, Cu. 377.
verbero. 7.
verberat, G. 1. 141, A. 3. 423,
5. 377, 9. 669, 10. 208, 893, 11.
756.
verbum. 32.
verbo, A. 10. 547†;
verbo, A. 6. 547, Ci. 159 (Th.
Ben. *ventosa* Rb. *verborum* Ellis);
verba, A. 4. 5, 460, 12. 912;
verborum, A. 9. 280, Ci. 159
(vid. *verbo*), Ca. 2. 1;
verba, E. 9. 45, G. 2. 129†, 3.
283, A. 1. 710, 3. 348, 4. 650,
6. 231, 7. 237, 8. 155†, 404, 10.
639†, 11. 688, 12. 318, Ca. 2. 5;
verba, Ca. 5 (7). 2;
verbis, G. 3. 289, A. 2. 96, 372,
7. 330†, 9. 634, 10. 64, 11. 107,
380, Ci. 271.

VERE, A. 6. 188, 9. 617; verius,
A. 12. 694.
VEREOR. 11.
vereor, A. 1. 671, Ca. 1*. 3;
veretur, E. 3. 4, Ci. 116;
veremur, E. 9. 63†;
verebar, A. 9. 207;
vereberis, Ca. 2*. 16;
veritast, Ci. 360†;
veriti sumus, E. 9. 3;
veriti (sunt), A. 6. 613;
veritam, A. 4. 96.
Vergilius: Vergilium, G. 4. 563.
vergo: vergat, A. 12. 727; ver-
gant, G. 2. 298.
VERNA, D. 21 (Rb. *lena* Ellis).
verno: vernantia (nom.), Cu.
410.
VERO. 60.
vero, G. 2. 69, 475, 3. 314, 4.
554, A. 2. 438, 699, 4. 93, 7. 78,
8. 219, 532, 9. 275, 11. 127,
278, Ci. 425†, 530†;
at vero, G. 3. 322, A. 4. 279,
10. 762, 821, 12. 216;
iam vero, A. 11. 213, 12. 704;
nec vero, G. 2. 109, 4. 191, A.
6. 392, 431, 801, Ci. 129;
si vero, G. 1. 227, 424, 4. 251,
A. 9. 267;
seu vero, Ci. 77;
tum vero, E. 6. 27, G. 3. 505,
A. 1. 485, 2. 105, 228, 309, 624,
3. 47, 4. 397, 450, 571, 5. 172,
227, 659, 720, 7. 376, 519, 9.
73, 424, 10. 647, 11. 633, 832,
12. 257, 494, 756, 776;
ut vero, A. 11. 36.
verro. 11.
verrit, G. 3. 59;
verrimus, A. 3. 668†;
verrunt, A. 3. 208, 290, 4. 583,
5. 778, 6. 320†;
verrebant, A. 8. 674;
verrant, A. 1. 59;

verrens (masc.), G. 3. 201;
verso (neut. abl.), A. 10. 208
(vid. *verto*).

versatilis: versatile (nom.), M.
39.

versicolor: versicoloribus (neut.
dat.), A. 10. 181.

verso. 27.
versas, A. 12. 664;
versat, E. 9. 5, G. 3. 258, A. 1.
657, 4. 286†, 563, 5. 408, 460,
8. 21, 619, 9. 747†, 10. 285, 11.
669, 753, Ci. 521;
versant, G. 4. 83, 175, A. 6.
362, 8. 453;
versabat, A. 4. 630;
versemus, E. 10. 68†;
versare, A. 2. 62, 7. 336, 11
704;
versans (masc.), A. 5. 702;
versanti (masc.), A. 11. 551;
versando (abl.), G. 1. 119.

VERSUS. 24.
versus, Ca. 6 (3). 5;
versum, G. 4. 144†, Ci. 20;
versu, E. 6. 1, 10. 50†, G. 3.
339, A. 5. 119, Cu. 35 (edd.
versus Th. Ben.), Ca. 9 (11).
19;
versibus, E. 7. 23;
versus, E. 5. 2, 8. 21, 25, 29a,
31, 36, 42, 46, 51, 57, 61, Cu.
35 (vid. *versu*);
versibus, E. 7. 18, G. 2. 42,
386.

VERTEX (VORTEX). 57.
vertex, G. 1. 242, A. 1. 117†,
12. 673 (mss. edd. *vortex* Rb.);
vertice, G. 1. 481, 2. 291, 310,
440, 3. 11, 4. 529, A. 1. 114,
163, 225, 403, 2. 308, 629, 682,
3. 679, 4. 152, 168, 247, 445,
698, 5. 35, 444, 759, 6. 779,
805, 7. 567, 674, 784, 8. 139,
351, 681, 9. 29†, 682, 732, 10.

187, 230, 270, 701, 11. 526,
577, 642, 683, 12. 493, 684,
703, Ci. 34, 122, 185, 281, 307,
319, 501, 511;
vorticibus (abl.), G. 3. 241†, A.
7. 31 (ver-).

verto. 94.
vertit, A. 1. 237, 260, 6. 101,
7. 328, 10. 646, 11. 734;
vertunt, A. 5. 586, 7. 725†, 9.
165, 11. 619;
vertebat, A. 7. 539;
vertebant, A. 8. 706;
vertet, G. 4. 411†;
verti, A. 7. 309;
vertit, A. 9. 718, 800;
vertere, G. 3. 148, 365, A. 10.
593, 11. 798;
vertat, E. 9. 6;
vertamus, A. 5. 23;
vertant, A. 1. 671;
verteret, G. 1. 239, A. 1. 20;
verte, A. 12. 891;
vertite, A. 6. 833, 11. 282;
vertere, G. 1. 2, 147, 2. 33, A.
1. 528, 2. 652, 3. 146, 4. 455,
489, 5. 810, 6. 491, 7. 112, 10.
35, 88, 12. 825;
vertisse, A. 7. 407;
vertentem (fem.), A. 8. 438;
vertitur, A. 2. 250, 3. 376, 5.
626, 7. 784, 9. 29†, 646, 10.
529, 11. 683;
vertuntur, G. 1. 420, A. 1. 158,
12. 915;
versa (est), A. 10. 7;
versum (est), G. 1. 505;
verti, A. 2. 625, 7. 101;
versam (esse), A. 11. 892 (Ld.
verus mss. edd.);
versa, A. 12. 865†;
versum (masc.), A. 7. 190;
verso, A. 3. 448, 7. 621;
versa, A. 1. 478, 9. 609;
verso, G. 1. 98, A. 7. 777, 10.

208 (vid. *verro*), 11. 412, 684;
versi, A. 9. 686, 756, 10. 573,
11. 618, 12. 462;
versae, G. 3. 273;
versa, G. 3. 222, A. 5. 141;
versis (masc.), A. 10. 512;
versos, G. 3. 120, A. 11. 264,
629;
versas, A. 10. 268;
versa, G. 4. 85;
versis, G. 2. 399, A. 1. 391, Cu.
180 (Ben. *eversis* edd.);
versis, G. 3. 24, 31;
versis, A. 8. 210, 11. 93, 287;
vertenda (est), G. 1. 179.
veru: veru (abl.), A. 7. 665;
veribus, A. 5. 103;
veribus, G. 2. 396, A. 1. 212†.
VERUS. 51.
verus, A. 3. 310†, 6. 456, 11.
892 (mss. edd. *versam* Ld.);
vera, G. 4. 42, A. 1. 405, 3. 310,
551;
verum (masc.), A. 12. 435;
verum, A. 8. 332;
vera (voc.), A. 8. 301;
vero (neut.), G. 3. 280†;
vera, Ci. 306;
veris (fem.), A. 6. 894;
veras, A. 1. 409;
vera, A. 2. 78, 149†;
neut. subst. veri, A. 2. 141, 4.
188, 7. 273, 440, 452†, 10. 630;
verum, Ci. 55 *bis*, Ca. 5 (7).
12;
vera (acc.), A. 2. 161, 3. 316,
6. 100;
veris, A. 3. 434;
adv. verum, E. 1. 24, 3. 2, 35,
G. 1. 417, 3. 563†, 4. 88, 147,
200, 405, 443, A. 3. 448, 670,
4. 603, 7. 591, 11. 587, 12. 832,
Ci. 310, 378, 421, M. 54, 79,
Ca. 8 (10). 2. Vid. *vero.*
verutus: verutos, G. 2. 168.

Vesaevus: Vesaevo (neut. dat.),
G. 2. 224†.
vesanus; vid. *vaesanus.*
vescor: vescitur, A. 1. 546, 3. 339,
622, 8. 182;
vescentis (masc. acc.), A. 6.
657.
vescus: vescum (neut. acc.), G.
4. 131; vescas, G. 3. 175.
VESPER. 11.
Vesper, E. 6. 86, G. 1. 251, A.
1. 374, 8. 280, Cu. 203; vesper,
G. 1. 461, 3. 336, 4. 186, 434†,
474;
vespere, A. 5. 19.
VESTA. 9.
Vesta, A. 1. 292†, M. 52;
Vestae (gen.), A. 2. 567, 5. 744,
9. 259, Co. 26†;
Vestam, G. 4. 384, A. 2. 296:
Vesta (voc.), G. 1. 498.
VESTER. 45.
vester, E. 8. 38, A. 5. 672;
vestra, E. 10. 34, A. 1. 573, 2.
189, 7. 231, 10. 106;
vestrum, A. 2. 703, 10. 188;
vestri, E. 10. 35;
vestri, A. 1. 132;
vestro (masc.), E. 3. 85, A. 1.
137;
vestrum, E. 9. 10, 10. 70;
vestram, A. 2. 192;
vestrum, A. 2. 154;
vestro, A. 2. 432;
vestro, G. 1. 7, A. 2. 703, 6. 266;
vestri, A. 9. 254;
vestrae, A. 3. 498;
vestra, A. 5. 348, 8. 574;
vostris, E. 10. 32;
vestris (fem.), A. 1. 538, 3.
715, 7. 214;
vestros, A. 12. 778, Ca. 9 (11).
7 (edd. *nostros* Ben.);
vestras, A. 1. 140, 375, 3. 103,
5. 672, 7. 239, 11. 311†;

538

vestra, G. 1. 12, A. 11. 687, 12. 262;
vestris, A. 2. 712, 9. 783;
vestris, A. 2. 192, D. 48;
vestris, A. 9. 261.
vestibulum. 7.
vestibulum, G. 4. 20, A. 2. 469, 6. 273, 556;
vestibulo, A. 6. 575, 7. 181, Ci. 217.
vestigium. 37.
vestigia, E. 4. 13, 31, 6. 58, A. 8. 209, 10. 283, Ci. 171;
vestigia, E. 2. 12, G. 2. 258, 402, 474, 3. 59, 171, 195, A. 2. 711, 753, 3. 244, 659, 669, 4. 23, 5. 331, 566, 592, 6. 30, 159, 197†, 331, 547, 7. 689, 9. 392, 797, 10. 646, 11. 290, 573; 763, 788, Ci. 212, L. 10.
vestigo. 7.
vestigat, A. 12. 467, 482, M. 7;
vestigavit, A. 12. 588;
vestigemus, A. 7. 132;
vestiga, A. 6. 145;
vestigans (masc.), A. 12. 557.
vestio. 8.
vestit, E. 3. 39, G. 2. 219, A. 6. 640†;
vestibat, A. 8. 160;
vestiet, E. 4. 45;
vestivit, Ci. 503;
vestire, G. 2. 38, Ci. 484.
VESTIS. 40.
vestis, A. 1. 404, 2. 765, 8. 659, 9. 614;
vestis, A. 8. 723, 9. 26;
vestem, A. 4. 139, 5. 619, 685, 12. 825†, Ci. 144, 342, M. 100†;
veste, A. 2. 722, 4. 518, 687, 5. 179, 6. 359, 406, 645, 7. 167, 8. 712, 9. 488, 10. 539, 12. 169, 609, Ci. 251, 280, M. 21;
vestes, G. 3. 363, A. 1. 639, 5. 112, 7. 248;

vestes, G. 2. 464, A. 3. 483, 4. 648, 6. 221, 7. 349, 11. 72, 12. 769.
VESULUS, A. 10. 708.
veternus: masc. subst. veterno (abl.), G. 1. 124.
VETO. 14.
veto, A. 12. 806;
vetat, A. 3. 380, 8. 111;
vetant, A. 1. 541, Ca. 7 (9). 3;
vetabat, A. 2. 84;
vetabant, A. 8. 398;
vetabit, A. 9. 214;
vetabunt, E. 10. 56†;
vetuit, G. 1. 270;
vetor, A. 1. 39;
vetitos, A. 6. 623;
vetitis (neut.), A. 9. 547;
neut. subst. vetitum (acc.), A. 10. 9.
VETUS. 43.
vetus, M. 59;
vetus (fem.), A. 8. 332, Cu. 362;
veteris, A. 1. 215, 7. 204, 254, D. 33†;
veteris, A. 4. 23;
veteris, A. 1. 23, 4. 539, Cu. 145;
veterem, A. 3. 82, Ci. 109;
veterem, G. 1. 378, A. 6. 449;
vetus, A. 12. 823;
veteres (masc.), G. 2. 381, 532, A. 7. 795, 10. 184;
veterum (masc.), A. 2. 448, 484, 3. 102, 5. 39, 576, 7. 177, 8. 187, 356, 500, 9. 786, 12. 27;
veterum (neut.), A. 3. 181, 6. 527, 739, 11. 280;
veteris, A. 1. 358, 8. 600 (-es);
veteres, E. 3. 12, 9. 9;
veteres (masc. voc.), E. 9. 4;
masc. subst. veterum, G. 1. 176, A. 11. 441;
veterrima(fem.nom.),A.2.513.

VETUSTAS, A. 3. 415, 10. 792, 12. 686.

vetustus. 6.
vetustum (nom.), A. 2. 713;
vetusto (abl.), A. 11. 142;
vetusta, A. 9. 284, 10. 388;
vetusto, A. 3. 84, 8. 478.

vexo: vexasse, E. 6. 76, Ci. 60†;
vexarier, Ci. 481†;
vexatus, A. 4. 615.

VIA. 99.
via, E. 9. 1, 23, 59, 64, G. 1. 238, 2. 79, 278, 3. 8, 482, A. 1. 401, 2. 494, 3. 383, 6. 96, 194, 295, 367, 540, 9. 67 (P¹ R edd. *qua vi* FMγP² Rb. Ben.), 243, 356, 10. 373, 879, 11. 143, 151;
viae (gen.), G. 1. 41, A. 1. 358, 3. 202†, 569, 5. 273, 7. 199, 215, 9. 376;
viam, G. 1. 122, 3. 77, 141, 164, 347, 4. 562, A. 1. 382, 418, 2. 731, 3. 395, 520, 529, 685, 4. 468, 478, 5. 28, 526, 609, 807, 6. 122, 260, 629, 899, 7. 297, 8. 309, 9. 196, 10. 49, 113, 422, 477, 685, 765, 864, 11. 128, 884, 12. 368, 388, 405, 626, 913;
via, G. 2. 22 (M Serv. edd. *vias* Rb.), A. 2. 739, 10. 487;
viae, A. 8. 717;
viarum, G. 2. 284, A. 1. 422, 2. 332, 737, 3. 714, 6. 633, 8. 210, 594, 9. 385, 11. 530;
vias, G. 1. 89, 418 (mss. edd. *vices* Rb.), 2. 22 (vid. *via* abl.), 477, A. 2. 364, 697, 769, 3. 695, 5. 582, 6. 796, 8. 113, 12. 753;
viis, A. 5. 590, 11. 237.

VIATOR, G. 4. 97, A. 5. 275, 10. 805;
viator, Ca. 2*. 2, 16.

vibro. 7.
vibrant, A. 11. 606;

vibranti (abl.), A. 9. 769, 10. 484;
vibranti (fem.), Cu. 166;
vibrantibus (fem. abl.), A. 2. 211;
vibratus, A. 8. 524;
vibratos, A. 12. 100.

viburnum: viburna (acc.), E. 1. 25.

vicia: viciae (gen.), G. 1. 75;
viciam, G. 1. 227.

VICINIA, G. 4. 290.

VICINUS. 17.
vicinus, Ca. 3*. 20†;
vicina, E. 9. 28, G. 2. 224, 4. 23, A. 5. 759;
vicini (neut.), E. 1. 50;
vicino (masc. abl.), E. 1. 53;
vicinae, G. 1. 510, A. 11. 299, Ci. 101, D. 42 (Ellis *vicinas* Rb.);
vicinos, A. 3. 382, M. 71;
vicinas, D. 42 (vid. *vicinae*);
vicina, A. 1. 2*, 3. 500, 506;
masc. subst. vicine, E. 3. 53.

vicis. 16.
vicem, G. 3. 188, 4. 166, A. 12. 502, L. 40†;
vice, A. 6. 535;
vices (acc.), G. 1. 418 (Rb. *vias* mss. edd.), A. 2. 433, 3. 376, 634, 9. 164, 175, 222, Cu. 211, 226, 339†, M. 29.

VICISSIM. 8.
vicissim, E. 3. 28, 5. 50, A. 4. 80, 5. 827, 6. 531, 7. 435, 11. 123, 12. 462.

VICTIMA, E. 1. 33, G. 2. 147, A. 12. 296, Ci. 366, Ca. 14 (6). 8.

VICTOR. 71.
victor, G. 2. 171, 307, 3. 9, 17, 114, 4. 85, 561, A. 1. 192, 622, 2. 95, 3. 439, 5. 160, 261, 310, 331, 337, 473, 484, 493, 6. 168, 804, 837, 856, 7. 661, 8. 50, 61,

203, 362, 562, 686, 9. 560, 10.
409, 569, 859, 862, 11. 4, 44,
92, 247, 397, 565, 12. 383, Cu.
324†, 328, Ca. 9 (11). 3†, 4;
victoris, G. 3. 227, Ca. 13 (5). 4;
victori, A. 5. 250, 366, 9. 268;
victorem, A. 5. 245, 540, 9.
757, 10. 463;
victor, A. 10. 740;
victore, Ci. 425;
victores, A. 10. 757;
victoribus, A. 5. 111;
masc. adi. victor, G. 3. 499, A.
2. 329;
victoris, G. 3. 27, A. 3. 324;
victorem, A. 5. 372, 9. 573,
640, 11. 141;
victores, A. 2. 368, 9. 450;
victores, A. 7. 656;
victoribus, A. 3. 288.
VICTORIA. 8.
victoria, G. 3. 112, A. 2. 584,
10. 528, 11. 289, 12. 183, 626;
Victoria, A. 11. 436, 12. 187.
VICTRIX, A. 7. 544, 11. 764;
adi. victrices (fem. acc.), E. 8.
13;
victricia, A. 3. 54†.
victus. 10.
victu, G. 4. 158;
victum, G. 1. 149, 2. 460, 3.
320, A. 3. 142, 649;
victu, G. 3. 528, A. 1. 214, 8.
318, Cu. 92†.
VIDEO. 303.
video, A. 3. 26, 9. 20, 10. 674,
12. 149, Cu. 216 (Rb. *viden*
edd. *vidi* Ellis);
vides, E. 10. 48, G. 1. 56, 3.
103, 250, A. 1. 338, 583, 2. 609,
3. 316, 4. 416, 6. 323, 760, 779,
8. 117, 356, 9. 210, 739, 11.
179, 12. 33, Cu. 216 (vid.
video), Ci. 268, Ca. 2*. 3, 12
(4). 4;

videt, E. 5. 57, 7. 8, G. 1. 243,
A. 1. 128, 308†, 456, 510, 3.
518, 4. 83, 469, 5. 612, 6. 454,
495 (F^1 PRγ Th. Gos. *vidit* M
edd.), 549, 703, 7. 89, 290, 374,
9. 396, 555, 10. 652, 12. 2, 861,
918, Cu. 174, Ci. 182, 471, L.
4, 46;
videmus, G. 1. 451, 2. 32, A. 3.
220, 522, 584, 655, 11. 349;
videtis, A. 2. 350, 3. 497, 11.
309, Ca. 10 (8). 1;
vident, A. 2. 485, 6. 163, 8. 99,
529, 9. 317, 780, 12. 408;
videbat, A. 1. 466, 6. 860, 9.
352, 639;
videbant, A. 2. 125, 8. 360;
videbo, E. 1. 76, A. 5. 634, 10.
671, 12. 63, Ca. 13 (5). 22†,
37;
videbis, G. 1. 365, 455, A. 4.
490, 566, 6. 873, 11. 53, 12.
679, 839;
videbit, E. 4. 15, A. 2. 579, 11.
394, 12. 645†;
videbunt, A. 7. 101;
vidi, E. 1. 42, 2. 25, 3. 17, 8.
38, 41†, 99, G. 1. 193, 197, 318,
A. 2. 5, 347, 499, 501, 561, 746,
3. 537, 623, 626, 4. 358, 655,
6. 582, 585, 12. 638, Cu. 216
(vid. *video*), 227 (edd. *vici* Th.
Ben.), Ci. 430, 534;
vidisti, E. 3. 14, A. 9. 269;
vidit, G. 2. 502, 4. 459, 502,
A. 2. 507, 519, 3. 307, 596, 4.
453, 587, 6. 495 (vid. *videt*),
684, 8. 610, 9. 549, 10. 365,
441, 454, 721, 790, 821, 11. 40,
263, 854, 909, 12. 222, 324,
446, Cu. 201, Ci. 80;
vidimus, E. 10. 26, G. 1. 472,
A. 1. 584, 2. 643, 3. 567, 9. 244,
11. 243, 367;
vidistis, A. 1. 322;

viderunt, A. 9. 144, 10. 139, 11. 147, 12. 542; videre, E. 3. 10, 6. 14, 9. 54, G. 1. 490, A. 6. 490, 8. 107, 222, 9. 683, 10. 573, 11. 892, 12. 447, 937, Cu. 305 *bis*, 309 (Th. Ben. *funderet* Rb. *truderet* Leo Ellis), Ci. 28, 510;

videris, G. 3. 465, 4. 414; viderit, A. 1. 265; videas, E. 7: 56†, G. 1. 387; videat, G. 3. 476, A. 1. 182, 4. 617;

viderem, A. 11. 270; videres, E. 6. 27†, A. 4. 410, 8. 676, 11. 43, 12. 636, 810; videret, A. 3. 52, 11. 417, 797; viderent, G. 1. 391; viderit, A. 9. 729, 10. 744, Ci. 50 (mss. edd. *viserit* Rb.); vidisset, A. 5. 411; videre, G. 2. 438, 3. 23, 182, A. 2. 28, 6. 134, 818, Ca. 1. 1, 4 (13). 2†;

vidisse, G. 4. 127, A. 3. 431, 6. 454, 487, 8. 353, Ci. 455; videns, E. 1. 69, 8. 19; videns (fem.), A. 6. 419; videnti (masc.), E. 6. 21; videntem (masc.), A. 2. 555, 9. 345;

videntes (masc. nom.), G. 1. 354; visurus, A. 8. 576; visura, G. 2. 68; visuram, Ci. 248†; visuri, A. 5. 108; videndi, E. 1. 26, A. 2. 137; videndo (abl.), G. 3. 215; visu, A. 1. 111, 3. 621, 6. 277, 7. 78, 8. 234, 9. 465†, 521, 10. 637, 12. 252†, Ci. 161 (Ellis *nisu* Rb. Ben. *viro* Th.); videor, E. 9. 35, 10. 58, A. 9. 195;

videtur, G. 1. 395, A. 4. 467; videmur, A. 12. 910; videntur, G. 3. 108, A. 1. 396, 494, 5. 231; videbar, A. 2. 279, 730, 3. 174†; videbatur, A. 8. 707; videbitur, E. 4. 16; visus (est), G. 4. 89, A. 2. 271, 682, 732, 8. 33, 9. 111; visa est, A. 4. 287, 557, 12. 147†; visa (est), G. 3. 510, A. 1. 326, 2. 773, 3. 206, 5. 637†, 722, 768, 6. 871, 7. 73, 406; visum est, G. 4. 394, A. 9. 375†; visum (est), A. 2. 428, 624, 3. 2; visi (sunt), A. 3. 150; visae (sunt), A. 6. 257†; visa (sunt), G. 1. 478, A. 3. 90, 4. 461, 8. 525; videar, E. 7. 41†; viderer, A. 4. 330; videri, E. 3. 65, 6. 24, A. 2. 461, 591, 6. 49, 8. 604, 10. 267, 12. 216; visa, A. 5. 610; visum (neut. acc.), A. 6. 409; viso (neut.), A. 10. 787; videndam, A. 2. 589. Vid. *visum.*

viduo: viduasset, A. 8. 571; viduata (acc.), G. 4. 518.

viduus: viduos, Cu. 373 (edd. *vacuos* Ben.).

vigeo: viget, A. 4. 175; vigebat, A. 2. 88; vigeant, Cu. 372; vigentum (masc. gen.), Ci. 524 (Ellis *nitentum* edd.).

vigil. 7.

vigilem (masc.), A. 4. 200; vigiles (masc. nom.), A. 4. 182; *masc. subst.* vigiles, A. 2. 266, 335;

vigilum, A. 9. 159, Ci. 207;
vigiles, A. 9. 221.
VIGILANTIA, G. 2. 265.
vigilo. 8.
vigilas, A. 10. 228;
vigila, A. 10. 229;
vigilate, A. 4. 573;
vigilare, Ci. 231;
vigilantem (masc.), A. 9. 345;
vigilantibus (masc. abl.), A. 5.
438;
vigilata (acc.), Ci. 46;
vigilanda (sint), G. 1. 313.
viginti: viginti (masc. acc.), A. 1.
634†; viginti (masc.), A. 9. 48.
VIGOR, G. 4. 418, A. 6. 730;
vigorem, A. 9. 611.
VILICUS, Ca. 2*. 19.
vilis. 6.
vilis (fem. nom.), G. 1. 165;
vilem (masc.), G. 1. 227;
vili (masc.), M. 5;
viles (fem. nom.), A. 11. 372;
vilibus (neut. abl.), G. 1. 274;
vilior (masc.), E. 7. 42.
villa: villarum, E. 1. 82.
villosus: villosi, A. 8. 177; vil-
losae (gen.), M. 22; villosa
(acc.), A. 8. 266.
villula: villulam, Ca. 2*. 4†, 3*.
1; villula (voc.), Ca. 8 (10). 1.
villus: villis (abl.), G. 3. 386,
446, 4. 377, A. 1. 702, 5. 352.
vimen. 13.
vimen, G. 4. 123, A. 3. 31;
vimine, G. 2. 241, 3. 166, 4. 34,
A. 6. 137, 11. 65, Ca. 3*. 2†;
vimina, G. 2. 414, M. 61;
vimina, G. 2. 245;
viminibus, E. 2. 72, G. 2. 446.
vimineus: vimineas, G. 1. 95;
vimineis (masc.), Co. 16 (edd.
quae niveis Ben.).
vincio. 9.
vinxerat, A. 11. 81;

vincire, A. 1. 337†;
vinctura (fem. nom.), G. 2. 94;
vinctae (sunt), G. 2. 416;
vinctus, A. 1. 295, Cu. 234†;
vincta (nom.), Ci. 416†, 417;
vincti (nom.), A. 12. 120.
vinco. 91.
vincit, E. 10. 69†, G. 2. 295,
Cu. 244†, Ci. 427†, 437 (Rb.
Th. *vicit* Ben. Ellis);
vincunt, A. 1. 727;
vincet, E. 4. 55 (P² R edd.
vincat P¹ Rb.), 7. 64, A. 6. 823;
vici, A. 11. 160, Cu. 227 (Th.
Ben. *vidi* mss. edd.);
vicisti, A. 12. 936;
vicit, G. 1. 145, A. 1. 122, 6.
688, Ci. 437 (vid. *vincit*);
vicerat, Ci. 341 (Th. *luserat*
edd.), Ca. 9 (11). 26;
vincat, E. 4. 55 (vid. *vincet*),
G. 2. 518, A. 11. 354;
vincant, A. 10. 43;
vinceret, Ci. 77, 437;
vincite, A. 5. 196;
vincere, G. 2. 123, 3. 289, 560,
A. 5. 194, 6. 148, 10. 43, Cu.
194, 286, Ca. 9 (11). 16, 48, 54;
vicisse, A. 11. 712;
vincor, A. 7. 310†;
victa est, A. 4. 95;
vincantur, A. 9. 92;
vinci, A. 12. 527;
victum (masc. esse), E. 4. 59†;
victus, E. 3. 21, G. 3. 225, 4.
443, 491, A. 2. 699, 4. 370, 9.
337, 12. 29 *bis*, 254, 571, 833;
victa, G. 1. 180, A. 7. 440†,
452, Cu. 110;
victae (gen.), A. 11. 402;
victo (masc.), G. 3. 102;
victum, E. 7. 69, A. 10. 842,
12. 640, 936†, 943;
victam, A. 1. 37, 4. 434, 5.
156†;

614, 857 (MRγ P¹ edd. *quam-vis* P² Rb.), 864, 898, 11. 148, 373, 12. 150, 203, Cu. 343†;

vim, G. 4. 399, A. 1. 69, 2. 452†, 3. 242, 5. 454, 6. 400, 10. 77, 547, 695, 11. 750, 12. 199, 799;

vi, G. 1. 169, 2. 428, 479, 3. 107, 220, 4. 174, 398, 450, A. 1. 4, 271, 2. 491, 494, 3. 56, 414, 417, 454, 5. 641, 855, 6. 349†, 8. 243, 452, 9. 67 (FMγ P² Rb. Ben. *quae via* P¹ R edd.), 399, 532, 724, 747, 11. 744, 12. 93, 254, 263, 552, 720, 917;

vires, G. 3. 235, A. 2. 170, 639, 4. 627, 5. 396, 475, 684, 7. 301, 8. 473, 509, 9. 499, 10. 203, 12. 424, 912, Cu. 388, Ci. 214, 448, D. 37;

viribus, A. 8. 404, Cu. 36;

vires, G. 1. 86†, 2. 286, 427 (-is), 3. 209 (-is), 215 (-is), 229 (-is), A. 1. 214, 2. 617, 4. 175, 5. 191, 415 (-is), 446, 455, 466, 680, 6. 114 (-is), 771, 806 (PR Rb. Con. *factis* M edd.), 833, 8. 687, 9. 611, 717, 764, 802, 10. 786 (-is), 11. 71, 401, 539†, Ci. 136†, M. 103, 114;

vires, A. 1. 664;

viribus, G. 2. 360, 3. 99, A. 2. 50, 5. 67, 226, 368, 500, 809, 6. 147, 394, 7. 258, 8. 441, 9. 431, 531, 744, 10. 357, 431, 459, 474, 636, 748, 811, 11. 750, 12. 218, 230, 528, 782.

VISCUM, A. 6. 205; visco (abl.), G. 1. 139, 4. 41.

viscus. 18.

viscera, G. 4. 302;

viscera, G. 3. 559, 4. 555, A. 1. 211, 3. 575, 5. 103, 6. 253, 599, 833, 7. 374, 8. 180, 644, 12.

214, Cu. 215, Ci. 182, 225;

visceribus, A. 3. 622, 10. 727.

viso. 6.

visam (indic.), D. 86;

viserit (subi.), Ci. 50 (Rb. *viderit* mss. edd.);

visere, Ci. 173;

visentem (masc.), A. 8. 157;

visendi, A. 2. 63;

visenda (neut. nom.), G. 4. 309.

visum: visum, A. 4. 456; visis (abl.), A. 3. 172.

visus. 12.

visu, A. 2. 212, 382, 3. 308, 5. 90, 6. 710, 8. 109, 10. 447, 11. 271;

visus, Cu. 168 (edd. *nisus* Rb. Ben.);

visus, A. 2. 605, 3. 36, 4. 277.

VITA. 77.

vita, G. 2. 467†, 3. 10, 4. 252, A. 4. 705, 5. 724, 6. 608, 661, 735, 10. 629, 819, 11. 831, 12. 952, Cu. 40, 212;

vitae (gen.), E. 4. 53, G. 4. 326, A. 6. 428†, 828, 7. 771, 10. 468, 11. 180, Cu. 135, 276†, 376, 385, 414, Ci. 296†, Ca. 4 (13). 1, L. 52;

vitam, E. 4. 15, G. 2. 532, 538, 3. 547, A. 2. 92, 145, 532, 562, 637, 641, 3. 315, 646, 4. 340, 550, 5. 230, 517, 6. 663, 7. 534, 8. 409, 577, 579, 9. 497, 687, 704, 10. 69, 11. 118, 177, 617, 12. 879, Cu. 97, 288 (edd. *invictae* Th. Ben.), Ci. 527, Ca. 5 (7). 10;

vita, L. 79 (Ellis *saecla* Rb.);

vita, G. 4. 475, A. 5. 724, 6. 168, 306, 9. 206, 212, 12. 765, 814, Cu. 212, L. 57;

vitae, A. 6. 728;

vitas, G. 4. 224, A. 6. 292, 433.

vitalis: vitalis (fem. acc.), A. 1.
388.
VITECULA, L. 12†.
viteus: vitea (acc.), G. 3. 380.
vitiosus: vitiosae (gen.), G. 2.
453.
VITIS. 29.
  vitis, E. 2. 70, 3. 38, 5. 32, 7.
61;
  vitis, G. 2. 262;
  viti, G. 1. 265;
  vitem, G. 1. 284†, 2. 273, 289,
407;
  vite, E. 10. 40, G. 4. 269;
  vites, E. 9. 42, G. 2. 63, 91, 97,
416;
  vitibus, E. 5. 32, G. 2. 233,
397, 410†;
  vites, E. 1. 73, 3. 11 (-is), G. 1.
2†, 2. 191 (-is), 299 (-is), 4. 331
(-is), D. 42;
  vitibus, G. 2. 221.
VITISATOR, A. 7. 179.
VITIUM, G. 1. 88, 3. 454, Ci. 69;
  vitio (abl.), E. 7. 57.
VITO, A. 3. 367;
  vitant, Ci. 352;
  vitare, Cu. 184†;
  vitavisse, A. 2. 433.
vitreus: vitrea (abl.), A. 7. 759;
  vitreis (neut. abl.), G. 4. 350.
vitrum: vitro (abl.), Co. 29
vitta. 22.
  vittae (gen.), A. 7. 352;
  vittam, L. 54†;
  vitta, E. 8. 64, G. 3. 487, A. 4.
637, 6. 665, 7. 418, 8. 128, 10.
538†;
  vittae, A. 2. 133;
  vittas, A. 2. 168, 221, 296, 3.
370, 7. 237, 403, Ci. 511;
  vittae, A. 2. 156;
  vittis, A. 3. 64, 81, 5. 366, 6.
281†.
vitula. 6.

vitulam, E. 3. 29, 48, 85;
vitula, E. 3. 77†, 109, G. 4.
547.
VITULUS. 8.
  vitulus, G. 4. 299;
  vituli (nom.), G. 3. 494, D. 4;
  vitulos, G. 2. 195, 3. 157, 164,
4. 434, A. 5. 772.
vivax: vivacis, E. 7. 30; vivacis
(fem. gen.), G. 2. 181.
VIVIDUS, A. 12. 753;
  vivida (fem. nom.), A. 5. 754,
10. 609, 11. 386.
VIVO. 27.
  vivo, A. 3. 315, 8. 576†, 10.
855;
  vivis, A. 3. 311;
  vivit, G. 3. 454, A. 4. 67, 5.
681, Ci. 294;
  vixi, A. 4. 653;
  vixit, Ci. 86 (Th. Ben. *vixerat*
Rb. *dixerat* Ellis);
  viximus, A. 10. 862;
  vixerat, Ci. 86 (vid. *vixit*);
  viveret, E. 9. 16;
  vixet (= vixisset), A. 11. 118;
  vivite, E. 8. 58, A. 3. 493, Co.
38;
  vivere, A. 1. 218, 7. 749, 9. 613,
Ci. 294†, 397;
  vivens (masc.), A. 10. 849;
  viventis (masc. acc.), A. 10.
519;
  vivendi, A. 10. 846, Ci. 314;
  vivendo (abl.), A. 11. 160;
  victu, A. 1. 445.
VIVUS (VIVOS). 19.
  vivos, A. 12. 235;
  vivom (masc.), A. 6. 531;
  vivo, A. 1. 721;
  vivo, A. 1. 167, 2. 719, 3. 688;
  vivi, E. 9. 2, G. 2. 469;
  vivis (masc.), A. 6. 654;
  vivis (neut.), A. 8. 485;
  vivos, A. 6. 848;

4. 266, A. 5. 221, 860, 8. 712, 9. 768, 12. 638;

vocantes (masc. nom.), G. 3. 148;

vocantia (acc.), A. 5. 656;

vocantibus (masc.), G. 3. 322;

vocamur, A. 3. 494;

vocabitur, A. 1. 290;

vocari, G. 1. 42, A. 7. 168, 256, 264, 578, 8. 322, 10. 241, 11. 220, 12. 824, Ci. 57 (Ellis *voraci* edd.);

vocatus, G. 4. 7, A. 3. 395;

vocati (nom.), A. 2. 437, 5. 471, 581†;

vocatis (masc.), A. 11. 105;

vocatos, A. 1. 219;

vocatis (masc.), A. 3. 253, 5. 211, 244, 758, 7. 246, 8. 707, 11. 379.

volaema: volaemis (abl.), G. 2. 88.

volatilis: volatile, A. 8. 694; volatile, A. 4. 71.

Volcanius: Volcania (fem. nom.), A. 8. 422, 10. 408;

Volcania (acc.), A. 8. 535, 12. 739, Cu. 320.

VOLCANUS (VULCANUS). 17.

Volcanus, A. 5. 662, 8. 198, 9. 76; Vulcanus, M. 52, D. 52, L. 70;

Volcani, G. 4. 346, A. 8. 422, 729, 9. 148, 10. 543, 11. 439†; Volcano, A. 7. 679;

Volcanum, A. 7. 77, 8. 372;

Volcano, G. 1. 295, A. 2. 311†.

VOLCENS (VOLSCENS). 7.

Volcens, A. 9. 375†, 420†;

Volcentem, A. 9. 439†, 451†;

Volcente, A. 9. 370†, 439†, 10. 563†.

volema; vid. *volaema.*

volgo: volgare, A. 10. 64;

volgatur, A. 12. 608;

volgata (sunt), G. 3. 4;

volgata (fem. nom.), A. 8. 554;

volgata (acc.), A. 1. 457.

VOLGO. 8.

volgo, E. 4. 25, G. 1. 476, 3. 246, 363, 494, A. 3. 643, 6. 283, Ci. 64†.

VOLGUS. 12.

volgus, A. 1. 149, 2. 39, 12. 131;

volgi, G. 4. 69, A. 2. 119, 11. 451, 12. 223, Ci. 2;

volgus, G. 3. 469, A. 1. 190, 2. 99 (volgum), 798†.

volito. 20.

volitant, A. 6. 329, 12. 126;

volitabant, A. 11. 546;

volitaverit (subi.), E. 6. 81 (Rb. Ben. *supervolitaverit* edd.), Ci. 51 (edd. *supervolitaverit* Th.);

volitare, G. 1. 368, 3. 9, A. 5. 666, 6. 293, 10. 641, Ci. 522†;

volitans, A. 7. 378, 8. 655, 12. 328;

volitans (fem.), A. 9. 473;

volitantem (fem.), Ci. 307;

volitantes (fem. acc.), Ci. 117†;

volitantia, A. 3. 450, 7. 89;

masc. subst. volitans, G. 3. 147.

volnero: volneret, A. 8. 583.

VOLNIFICUS, A. 8. 446†.

VOLNUS (VULNUS). 81.

volnus, A. 4. 67, 689, 7. 533, 10. 850, 11. 698, 823;

volneris, A. 9. 700, 748, 11. 639;

volnus, A. 1. 36, 4. 2†, 9. 578, 745, 10. 488, 733, 11. 40, 749, 12. 389, 420, Ca. 10 (8). 11 (vulnus);

volnere, G. 4. 238†, A. 2. 436, 529, 561, 5. 278†, 436, 6. 450, 497, 7. 757 (M¹ R Ld. Gos.

volnera PM² edd.), 9. 580, 751, 10. 486 (M edd. *corpore* γ Rb. *pectore* R), 781, 842, 857, 11. 277, 591, 669, 792, 817, 848, 12. 5, 51, 160, 323, 376, 422, 640†, 797, 943, 948, Ci. 270 (vul-), 282 (vul-);
volnera, A. 10. 29, 11. 643;
volnera, G. 3. 257, 455, 4. 218, A. 2. 278, 286, 3. 242, 4. 683, 5. 433, 6. 446†, 660†, 7. 182†, 757 (vid. *volnere*), 9. 401, 487, 10. 140, 560, 834, 848, 11. 647, 12. 528, 720†, Cu. 250, 310 (vul-), 321 (vul-);
volneribus, G. 3. 221, A. 2. 630†, 11. 56.
volo. 67.
volat, G. 1. 364, 3. 107†, 201, A. 1. 300, 3. 121, 4. 184, 255, 5. 324, 338, 819, 7. 392, 466, 8. 111, 554, 9. 698, 10. 883, 11. 746, 12. 450, 480, 650, 855, 923;
volamus, A. 3. 124;
volant, G. 4. 103, A. 1. 150, 10. 584, 11. 381, 12. 334, 455†, 656;
volabat, A. 4. 256;
volabant, A. 6. 706, 7. 34;
volaret, A. 7. 808;
volare, G. 4. 226, A. 12. 596, Ca. 10 (8). 5†;
volans, G. 2. 41, 3. 194, A. 1. 156, 4. 246, 5. 861, 9. 47, 12. 247;
volans (fem.), A. 5. 215, 512, 525, 9. 411, 10. 336, 476, 664, 777, 11. 139, 751, 12. 270, 478;
volantis (neut.), Ca. 10 (8). 3;
volantem (fem.), A. 5. 219, 12. 370;
volantes (fem.), A. 6. 191;
volantia, A. 5. 528;
volantis, G. 3. 181†;

volantis, G. 1. 321†, 4. 16;
fem. subst. volantes, A. 6. 239†;
volantum, A. 6. 728†;
volando (abl.), A. 6. 199.
volo. 82.
vis, E. 3. 28, A. 6. 817, 12. 833, Co. 30, 36;
volt, G. 2. 218, A. 6. 318;
voltis, E. 6. 25, A. 1. 572;
volunt, A. 5. 230, 769, 12. 242;
volebat, A. 1. 626;
volebant, E. 7. 19;
voles, G. 2. 52 (Mγ² edd. *voces* γ¹ Con.);
volent, A. 6. 75, 86;
volui, E. 2. 58, A. 8. 378;
voluisti, A. 10. 669;
voluit, G. 1. 122, A. 1. 629, 5. 533, 8. 128, 12. 635, 774;
voluistis, A. 5. 50;
voluere, A. 7. 238;
velim, A. 2. 800, 9. 212, Ci. 306, Ca. 2*. 19;
velis, G. 1. 26, A. 1. 733, 11. 528, Ci. 331†;
velit, G. 2. 105 *bis*, A. 2. 104, 4. 111, 488, 5. 60, 7. 340†, 558, 12. 571;
velint, A. 5. 291, 486;
vellem, E. 1. 10, A. 4. 16, 11. 111, 303, 584, Ci. 36, 153;
velles, A. 11. 153;
vellet, A. 2. 653;
vellent, A. 6. 436;
voluissent, A. 2. 641;
velle, G. 4. 448, A. 4. 540, 6. 751, 9. 539, 12. 910, Ci. 13, 316;
volens, A. 6. 146, 10. 677, 12. 833†;
volens (fem.), A. 3. 457;
volentem (masc.), G. 4. 501†, A. 2. 790, 4. 390 (M Ld. *parantem* P edd.), 5. 712, 750†, 8. 133, 12. 203;

volente (masc.), A. 1. 303;
volentes (masc.),, G. 3. 129, A.
8. 275;
volentia, G. 2. 500;
volentis (masc.), G. 4. 561;
volentibus (masc.), A. 7. 216.
volpes: volpes (acc.), E. 3. 91.
Volscens; vid. *Volcens.*
Volscus. 10.
Volsca (abl.), A. 7. 803†;
masc. subst. Volsci (nom.), A.
9. 505, 11. 546, 800†;
Volscorum, A. 11. 167, 432,
463, 498†, 898;
Volscos, G. 2. 168.
VOLTUR, A. 6. 597.
Volturnus: Volturni, A. 7. 729†.
VOLTUS (VULTUS). 43.
voltus, E. 1. 63, A. 1. 327, 5.
649, 6. 47;
voltum, G. 4. 254, A. 1. 465,
561†, 3. 320, 5. 848, 6. 470, 8.
156, 266, 9. 251, 10. 821;
voltu, G. 1. 452, 4. 371†, A. 1.
209†, 255, 4. 477†, 556, 6. 156,
862, 12. 807, Cu. 120, 322†
(vul-), Ci. 429 (vul-), M. 108
(vul-);
voltus, A. 3. 216, 4. 4, Ci. 260
(vul-);
voltus, A. 1. 684, 710, 2. 286,
539, 3. 173, 6. 755, 848, 7. 20†,
265, 416, 12. 70, Cu. 327
(vul-), M. 85† (vul-).
volubilis: volubile (acc.), A. 7.
382.
volucer. 36.
volucri (masc.), A. 2. 794, 6.
702†;
volucrem, A. 1. 317, Ca. 9 (11).
26†;
volucrem, A. 5. 488, 11. 858;
volucri, A. 10. 440;
volucri, A. 5. 242, 544;
volucri, Ci. 503;

volucres (fem.), A. 12. 415;
volucrum (masc.), Ca. 9 (11).
29 (edd. *multum* Ellis);
volucris, G. 2. 217†;
volucris, A. 5. 503†, 8. 433, 11.
795, Cu. 253;
fem. subst. volucres, G. 1. 383,
470, 3. 243, 4. 14, A. 3. 262, 4.
525, 7. 33, 12. 251, Cu. 146;
volucrum, A. 3. 216, 361, 7.
705†, 8. 235, 456, 10. 177;
volucres, E. 6. 42, A. 3. 241;
volucres, A. 12. 876, Ci. 197.
volumen. 7.
volumen, Ci. 100;
volumine, A. 2. 208, Cu. 32;
volumina (acc.), G. 3. 192, A.
5. 85, 408, 11. 753.
VOLUNTAS. 6.
voluntas, A. 4. 125, 6. 675, 7.
548, 12. 647, 808, Cu. 230.
VOLUPTAS. 9.
voluptas, E. 2. 65, 5. 58, G. 3.
130†, A. 3. 660, 8. 581, 10. 846,
Cu. 89†, L. 21, 60.
Volusus: Voluse, A. 11. 463.
volutabrum: volutabris (abl.), G.
3. 411†.
VOLUTO. 11.
voluto, E. 9. 37;
volutat, A. 4. 533, 6. 157, 185,
10. 159, 12. 843;
volutant, A. 1. 725†, 5. 149,
10. 98;
volutans, A. 3. 607;
volutans (fem.), A. 1. 50.
volvo. 68.
volvis, A. 12. 831;
volvit, G. 3. 85, A. 1. 101, 3.
376, 7. 254†, 8. 618, 10. 447,
12. 329;
volvont, A. 1. 86, 2. 706†, 3.
196, 6. 616, 9. 516†;
volvebat, Ci. 401;
volvebant, A. 9. 512;

volves, A. 8. 539†;
volvere, A. 6. 748;
volveret, G. 4. 525;
volvere, G. 1. 473, A. 1. 9, 22,
3. 206, 11. 529;
volvens, A. 1. 262, 305, 3. 102,
7. 251, 12. 939, Cu. 163, 169;
volvens (fem.), G. 2. 295, A. 4.
363, 643, Ci. 174;
volventia, G. 1. 163;
volventia, Cu. 195;
volventibus (masc.), A. 1. 234;
volvitur, G. 2. 402, 3. 438, A.
1. 116, 2. 759, 6. 659, 7. 350,
9. 36, 414, 433, 10. 590, 11.
640, 876, 889, 12. 591;
volvimur, A. 5. 629;
volvontur, A. 4. 449, 524, 6.
581, 7. 718, 11. 635†;
volvebantur, L. 47;
volutae (sunt), A. 10. 790;
volvantur, A. 4. 671†;
volvi, A. 10. 700;
volutus, G. 3. 238, 521, A. 10.
403, 12. 672, 906;
volvenda (fem. nom.), A. 9. 7;
volvendis (masc. abl.), A. 1.
269†.
VOMIS (VOMER). 13.
vomer, G. 1. 46†, 162 (-is);
vomeris, G. 1. 262, 2. 223, A.
7. 635;
vomere, G. 2. 203†, 211, 356†,
424, 3. 515, 525, A. 7. 798, 11.
318.
vomo. 12.
vomit, G. 2. 462, 3. 516, A. 9.
349, 10. 271, 349;
vomunt, A. 8. 681;
vomens, A. 8. 199, 9. 414, 11.
668;
vomens (fem.), A. 5. 682;
vomentem, A. 8. 259;
vomentem, A. 8. 620 (MR
edd. *minantem* Pγ¹ Rb.).

VORAGO, A. 7. 569;
voragine, A. 6. 296, 9. 105, 10.
114, Ca. 10 (8). 15.
vorax: voraci (neut. abl.), Ci.
57 (edd. *vocari* Ellis).
voro: vorat, A. 1. 117.
vortex; vid. *vertex.*
vosmet; vid. *tu.*
votum; vid. *voveo.*
votus; vid. *voveo.*
VOVEO. 51.
voveo, A. 10. 774, 11. 558;
votas, A. 12. 769;
neut. subst. voti, A. 5. 237, 11.
794, Cu. 21 (Th. *bona* edd.
om. Ben.);
votum, A. 2. 17, 8. 715;
voto, Ci. 84 (Ellis *votorum* Rb.
Ben. *lucrorum* Th.);
vota, A. 4. 65, 11. 158, Ci. 23†,
L. 61 (Ellis *fata* Rb.);
votorum, Ci. 84 (vid. *voto*);
votis, G. 1. 47†, 4. 536, A. 4.
158, D. 25, 47;
vota, E. 5. 74, 79, G. 1. 436,
A. 3. 404, 438, 5. 53, 234, 514,
6. 51, 7. 471, 8. 556, 9. 624, 11.
4, 50, 12. 780, Ca. 10 (8). 20†,
D. 3, 62;
votis, E. 5. 80†, G. 1. 42, 157,
A. 1. 290, 3. 261, 279, 548, 7.
597, 8. 61, 9. 24, 310, 10. 279,
12. 259, Ci. 377.
VOX. 147.
vox, E. 9. 53, G. 1. 476, 2. 44,
3. 45, 4. 71, 525, A. 1. 328, 2.
119, 774, 3. 40, 48, 93, 228, 4.
280, 5. 616, 6. 626, 686, 7. 95,
117, 9. 112, 12. 868, 912, Cu.
150, 252†, Ci. 312;
vocis, G. 4. 50, A. 3. 669†, 5.
649, 7. 534, 11. 151 (PγM Con.
Ben. Gos. *voci* R edd.), 343†;
voci, A. 2. 534, 11. 151 (vid.
vocis);

vocem, A. 1. 371, 725, 2. 129, 3. 246, 457, 648, 4. 359, 558, 621, 5. 149, 6. 492, 7. 514, 519, 8. 156, 217, 9. 324, 650, 10. 348, 11. 798, 12. 64, 472, 825, 929;

voce, E. 3. 51, 5. 48, G. 1. 388, 4. 320, 505, A. 1. 94, 208, 406, 2. 127, 378, 688, 3. 68, 172, 177, 320, 461, 4. 76, 681, 5. 161, 245, 345, 467, 6. 186 (R Con. *forte* MP edd.), 247, 506, 619, 7. 212, 544, 9. 17, 403†, 10. 193, 628, 644, 667, 873, 11. 784, 12. 483, 580, 638, Cu. 279, 384, 412, Ci. 88, M. 30, 93, L. 6; voces, A. 4. 460, 6. 44, 426, Cu. 5, 151 (vid. acc.);

vocum, A. 6. 646;

voces, E. 5. 62, G. 1. 410, A. 1. 409, 2. 98, 280, 768, 3. 556, 4. 439, 463, 5. 409, 482, 723, 6. 689, 7. 90, 560, 8. 70, 10. 322, 11. 377, 482, 534, 840, 12. 318, Cu. 151 (vid. nom.), Ci. 107, 255, 400, D. 1, 50†;

vocibus, A. 1. 64, 671, 3. 314, 4. 304, 447, 5. 708, 6. 499, 7. 420, 9. 83, 11. 274, 730, Ci. 341, 355.

Vulcanius, etc.; vid. *Volcanius*, etc.

XANTHO, G. 4. 336.
XANTHUS. 9.
  Xanthus, A. 5. 808, 6. 88†;
  Xanthi, A. 3. 497, Cu. 14, 307;
  Xanthum, A. 1. 473, 5. 634, 803†, 10. 60.
Xanthus: Xanthi, A. 3. 350.
Xanthus: Xanthi, A. 4. 143.

ZACYNTHOS, A. 3. 270.
Zanclaeus: Zanclaea (fem. nom.), Cu. 332†.
ZEPHYRUS. 19.
  zephyrus, Ci. 25†; Zephyrus, A. 2. 417;
  zephyri, G. 1. 371, 2. 330†;
  zephyrum, G. 3. 134, 273, A. 12. 334; Zephyrum, A. 1. 131;
  zephyro, G. 1. 44, 2. 106;
  zephyri, A. 5. 33, 10. 103;
  Zephyris, A. 3. 120;
  zephyros, G. 4. 138, A. 4. 223, 562;
  zephyris, E. 5. 5†, G. 3. 322, 4. 305.
zona: zonae (nom.), G. 1. 233.

LANCASTER PRESS, INC.
LANCASTER, PA.